国家社科基金项目

U0950733

西部地区贫困县政府公共服务能力研究

龙立军　著

新华出版社

图书在版编目（CIP）数据

西部地区贫困县政府公共服务能力研究 / 龙立军著
. -- 北京 : 新华出版社, 2020.6
ISBN 978-7-5166-5154-4

Ⅰ.①西… Ⅱ.①龙… Ⅲ.①县-地方政府-公共服务-研究-西北地区②县-地方政府-公共服务-研究-西南地区 Ⅳ.①D625

中国版本图书馆 CIP 数据核字（2020）第 093061 号

西部地区贫困县政府公共服务能力研究

作　　者: 龙立军

责任编辑: 徐文贤　　**封面设计**: 王　艳

出版发行: 新华出版社
地　　址: 北京石景山区京原路 8 号　　**邮　　编**: 100040
网　　址: http: //www. xinhuanet. com/publish
经　　销: 新华书店
购书热线: 010-63077122　　**中国新闻书店购书热线**: 010-63072012

照　　排: 北京海胜印刷排版工作室
印　　刷: 天津雅泽印刷有限公司
成品尺寸: 185mm×260mm
印　　张: 29.5　　**字　　数**: 680 千字
版　　次: 2020 年 7 月第一版　　**印　　次**: 2020 年 7 月第一次印刷
书　　号: ISBN 978-7-5166-5154-4
定　　价: 88.00 元

西部地区贫困县政府公共服务能力研究

——以滇黔桂三省为例

进入新世纪以来，尤其是进入新时代以来，西部地区贫困县的贫困问题备受习总书记和党中央国务院的关心和牵挂。而贫困问题的解决，有赖于政府推动经济社会全面发展的能力，有赖于从外部输入更多的公共资源和提供更多的公共物品，并使之与激发内生活力相结合。这其中，政府公共服务能力的提升扮演着至关重要的一个环节。虽然，自西部大开发以来，西部地区贫困县在政治、经济、社会、文化、生态等方面取得了长足进步，然而，政府公共服务能力的现状仍然令人担忧。西部广大民族地区贫困县，是有着特殊地位和重要战略价值的组成部分，其公共服务的投入、需求、供给均有较大特殊性。现实的差距，使得加快推进这些地方的全面进步与发展，缩小与国内发达省份及地区的差距，尤其是在缩小基本公共服务差距上，已成为这些地方全面发展的必然选择。改善和提高西部地区贫困县的基本公共服务供给上，需要在现代变革与社会稳定的前提下进行，树立科学的社会发展观，维系和开发更加符合地区实际的政府公共服务能力，构建城乡一体化、均等化的基本公共服务供给机制，为西部地区贫困县实现国家全面建设小康社会和构建现代化的治理体系以及治理能力提供可靠保证。同时，十九大以来，西部地区在推进精准扶贫和决胜全面建成小康社会的过程中，西部广大民族地区贫困县在社会转型中面临着更加复杂的现实局面，例如民族利益觉醒、利益分化和利益诉求更加剧烈，这对基本公共服务的供给提出了更高和更为具体的要求，加之西部地区特殊的历史、文化、宗教、传统等因素的综合作用，使得民族地区基本公共服务能力面临更加艰巨的考验，这势必会危及全面建成小康和实现西部地区各民族共同繁荣的中国梦。

目 录

第一章　绪　论

第一节　研究缘起

从现实的角度来看，西部地区贫困县基本公共服务的地区差异较大，均等化程度较低。这种差距，不仅体现在西部地区贫困县内部的城乡差异之间，也体现在西部地区边疆贫困县与内陆地区贫困县之间。并且，西部地区贫困县基本公共服务可及性上也有民族间差异，这集中体现在那些人口较少民族或居住地域较为偏远山区民族或直过民族，因交通闭塞与环境恶劣以及生态脆弱，其难以享受到与区位优势相对较好的其他民族大致均衡的基本公共服务。这些情况均对西部地区贫困县政府公共服务的供给方式、投入能力、服务效率、供需结构、服务方向、服务机制等形成了巨大挑战。这些问题如若得不到有效解决，势必会阻碍这些贫困县各族民众享受到与其他先发展地区大致相同的改革开放成果和国家福利，也将导致民族地区与非民族地区、贫困地区和非贫困地区之间的差距拉大，进而影响民族地区基本公共服务获得上的不公平感，增加这些民族地区的不稳定因素与不和谐因素。

因此，在大力推进基本公共服务均等化和推进国家治理能力现代化的情形下，如何有效提高西部地区贫困县政府公共服务能力是当前亟待解决的问题，也是本研究的选题缘由。

本课题拟通过吸收新公共服务理论和治理理论的基础上，以及国内其他学者研究成果的基础上，为西部地区贫困县政府公共服务能力评价构建起一套符合西部地区贫困县实际的指标体系，并从西部地区经济社会发展的现实情形出发，阐释西部地区贫困县所受到的制约因素。同时，通过基本公共服务满意度的评价，并检验其中介效应，能够为影响因子与公共服务能力之间找到中介变量和传导机制。本课题也希望通过对西部地区贫困县政府公共服务能力现状进行分析和梳理，在构建起五个维度的公共服务亚能力的基础上，经过信效度分析，得出西部地区贫困县政府公共服务能力状况的一般性结论，运用多元回归分析方法，找到影响因子与公共服务能力之间的因果关系，并考察其影响程度的显著性，有针对性地探讨提高西部地区贫困县政府公共服务能力的对策和建议。

第二节　文献回顾

现有政府公共服务能力研究成果主要体现在以下两个方面：

一、政府公共服务能力研究

对于政府公共服务能力的研究主要有三种进路：一是定性与定量分析路径（沈荣华，2004；张正岩，2011；张立荣、李晓园，2010；王敬尧，2009），二是比较分析路径（刘寅斌，2010,），三是公共服务绩效评价路径（孔进，2010）。学者们在政府公共服务能力问题上，综合运用这些分析框架从不同的视角对公共服务能力及其评价展开了深入的研究。归纳起来，这些研究集中探讨这样五个方面的问题：一是公共服务能力内涵、动力、制约因素、能力结构、评价问题；二是基本公共服务均等化问题；三是公共服务供给能力问题；四是公共服务能力体系完善问题；五是公共服务能力创新问题。

具体来说，从经济、社会、政治和信息与技术等影响因素的角度研究公共服务供给能力（张云开等，2010），从国外政府服务模式变革趋势与中国政府公共服务模式转换来研究的（沈荣华，2004）；从文化的角度研究公共文化服务能力的（孔进，2010）；以中部省份某县或某区为例来研究公共服务能力的（梁满艳，2010；王敬尧，2009），从实证检测角度对公共服务能力结构进行理论建构的（张立荣等，2010），从地方政府公共服务能力与动力关系视角来探讨的（丁辉侠，2012）。谭兴中从西部一般县级政府公共服务能力面临的挑战和如何完善西部县级政府公共服务体制来切入分析的，张正岩从五种能力的视角来建构起县级政府公共服务能力评价模型，即政策问题认定能力、方案规划选择能力、政策执行能力、政策评估能力、政策调整能力，雷晓康等从强县扩权角度探讨基层政府公共服务供给能力的（雷晓康，2011），张雷宝从历史的视角对改革开放以来公共基础设施服务均等化进行了研究（张雷宝，2009），刘寅斌从社会保障能力、公共环境能力、科技教育能力、自身行政能力四个维度对31个省级地方政府公共服务能力进行了比较研究（刘寅斌等，2010）。

二、民族地区公共服务能力研究

该领域研究主要侧重于从公共服务水平和财政的视角来审视。方茜运用系统分析方法ISM建立了“民族地区公共服务能力解释结构模型”，该模型可让管理者从投入到产出的动态过程中，掌握公共服务能力的形成和提高，并且还构建了民族地区公共服务能力评价指标体系，运用层次分析法确定了指标权重，从一般能力和特殊能力两个视角，对民族地区公共服务能力状况进行比较研究（方茜，2009；2010）。张冰则是利用Topsis法，选取广西12个市基于2006年人均GDP、人均一般预算收入等进行公共服务能力比较分析（张冰，2009）。郑洲则从教育专题切入来探讨四川民族地区农村基本公共服务供给能力（郑洲，2011）。柳劲松则是从民族地区乡镇公共卫生服务能力研究（柳劲松，

2009)。田华从外部输入和内部建设两个角度入手探讨民族自治地方基本公共服务提供能力建设的途径（田华，2010)，霍晓英则从自治权、绩效观、评价体系、财政体系和地方治理等角度来探讨公共服务能力创新的路径（霍晓英，2007)。另外，还有不少学者从财政角度探讨的，如民族地区公共服务的财政支撑能力（苏祖勤，2010)、内蒙古基层政府公共服务能力财政政策的探讨（史生荣，2010)。

因此，总的来看，现有研究开始注重紧密联系公共服务能力的背景因素探讨，如经济发展、社会管理、政策执行、制度创新对公共服务能力的作用（张正岩，2011)，也开始注重对评价指标体系的分类化和精细化（刘寅斌，2010)，还注重回归方程、数据验证、Topsis 分析法的运用（王敬尧，2009；张立荣，2010；柳劲松，2009)。研究的基本态势是注重考察的多视角性和多学科性，研究的方式趋向微观性和实证性。

上述研究无疑较有启发意义，但是也存在几个方面的不足：

一是外部环境因素考虑不足。近年来西部地区，统筹城乡发展、农地产权改革、普遍推行新农保、林改等措施，这些改革对县级政府公共服务运行方式产生了巨大的影响和冲击。但是这些政策变化及对政府公共服务能力带来的冲击和影响，学者们并没有将其纳入分析框架，也没有学者进行及时的深入研究和评估，尤其是对地方政府推行省直管县、大部制改革等措施将会对政府公共服务能力的影响考虑不足。

二是与西部地区特殊性结合的专门研究较少。现有研究，重宏观轻微观，要素抽取的随意性较大，重视普遍轻特殊，现有研究对象多集中于一般意义的基层或县级政府，且东、中部地区居多，而西部地区较少，尤其是西部地区更少，同时，重视官方统计数据而轻一手实证数据，因而，以西部地区县级政府为对象，有针对性地从理论上对西部地区县级政府的公共服务能力状况和提升途径进行总结和概括不够。换言之，现有研究缺乏针对其公共服务能力低下和弱化的原因及其发生机理的考察。

第三节　研究思路

本研究选取西部地区中滇黔桂三省九个贫困县的公共服务的受众，即广大西部地区的各族民众为调查对象，主要基于以下考虑：一是从代表性和典型性角度出发，西部地区不同区域之间经济发展很不平衡，农村人口和城镇人口的收入差距不断扩大，民族地区与一般地区的差距也在加大，贫困县与一般县市的差距也在拉大，这些特征在很大程度上体现了西部其他民族省份的地区差距、城乡差距和民族差距的现状特征，选取三省民族地区贫困县的实际情况为例，就具有一定的代表性和典型性。二是滇黔桂三省的发展水平，尤其是民族地区的发展水平落后于全国一般水平，其推进公共服务能力建设工作必然面临更大的难题，其公共服务能力的现状水平如何和受到哪些突出因素制约是我们推进西部地区公共服务能力建设工作的前提和基础，通过实证资料的收集，能够更好地分析和把握这些问题。三是研究设计将侧重于供给主体与供给客体结合的视角。这种研究设计，既考虑到了政府公共服务供给能力，也考虑到了基本公共服务能力的感知性，也就是说，基本公共服务能力的作用对象或终端才是检验其真正效果之处。换言之，客观与主观相结合才是衡量公共服务能力的重要尺度。因而，这是一种考察民族地区公共服务能力较为合理的分析进路。鉴于此，它既需要充分考虑到作为供给主体的政府实施行为，而且也要考虑到公共服务供给客体的获取程度与实际感受，互动视角就有其优势，这才是客观衡量公共服务能力的有效思路。在数据收集中，这既需要从各省统计年鉴中去考察政府的公共服务能力现状，也要从基本公共服务客体，即公共服务能力的受众角度考察公共服务能力的感受与效果。四是我们采取配额抽样和随机抽样相结合的方式，就能照顾到“点”与“面”的结合。选取的点既有贫困的民族自治县，也有普通的贫困县，在西部地区中也具有较强的代表性。

资料的收集主要通过以下两种方式：一是各省历年统计资料，特别是近五年来的统计年鉴。二是通过问卷调查所获得的实证资料数据。对数据的分析，我们将以描述性统计为主。

本研究将围绕“民族地区贫困县公共服务能力的现状如何?”“公共服务能力包括哪些维度，或者说包括哪些构成变量?”、“哪些因素将影响贫困县公共服务能力的指数，影响程度有多大?”、“公共服务能力受到哪些中介因素影响，作用机制如何?”、“如何有效提升贫困县公共服务能力水平?”这样五个问题展开。

第一，将阐述研究的背景，并对学界有关研究进行梳理，并在此基础上明确现有研究的成果与不足之处，为本研究提供借鉴价值。

第二，根据现有研究成果，找到公共服务能力研究维度的理论依据，确定贫困县公共服务能力的构成维度，构建起适合民族地区贫困县公共服务能力研究的分析框架或评价指标体系。

第三，对贫困县公共服务能力研究提出理论假设，变量定义和测量，设计相关调查问卷，并进行组织调查和问卷数据处理，调查内容为民族地区贫困县公共服务能力相关的政府公共服务投入能力维度、公共资源配置能力维度、公共危机管理能力维度、公共政策执行能力维度、民族需求服务能力维度等五大方面。根据提供基本公共服务的范围和民族地区实际需求，从一般公共服务能力和特殊民族需求公共服务能力，将税收、转移支付、人力资源、外部社会支持、公平性、效率性、优先性、可靠性、信息沟通、沟通机制、应急处置、善后处理、政策执行效率、政策执行机制、民族语言、民族文化、民族宗教和反贫困等方面内容确定为构成变量。设定影响公共服务能力的因素为五个主要方面，即行政生态要素、公务员素质要素、政府回应要素、系统互动要素和基本公共服务均等化要素，其中，行政生态要素包含了政治环境、经济环境、社会环境、技术环境等项。公务员素质因素包括了公务员素质、公务员能力和公务员培训等。政府回应要素则包括了责任机制、回应机制、回应行为和公民参与等内容。系统互动要素包括了干群关系、政府信任、利益表达、依法行政等项。基本公共服务均等化因素包括对基本公共服务均等化的评价。而公共服务满意度则是对公共服务能力质量状况的评价，公共服务满意度包括了对基础教育、公共医疗卫生、公共文化设施、公共交通、基本社会保障、社会服务、环境保护、食品安全等项。

第四，对研究结果进行分析和讨论，哪些与研究设计和假设相符，哪些与假设不符，进行解释和说明。

第五，对研究进行总结，以检验出的数据分析当前民族地区贫困县公共服务能力的作用机制问题，并提出公共服务能力建设的政策性建议和行动路径。

本研究借鉴李晓园教授提出的技术路线图①，确定本研究的技术路线为：

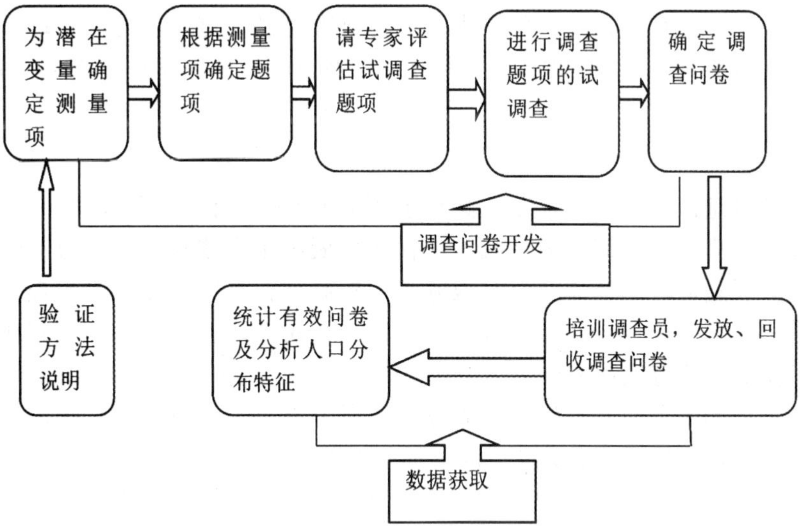

图 1-1 技术路线图

第四节 研究意义

一、理论意义

第一，西部地区贫困县政府公共服务能力研究有利于为西部地区，特别是贫穷落后地区的服务型政府建设与和谐社会构建提供理论资源。本课题可以为西部地区贫困县政府公共服务能力所面临的问题与挑战进行合理的解释，为“后税改时代”的政府公共服务供给模式的转型与重构做出理论阐释。

第二，西部地区贫困县政府公共服务能力研究有利于为广大西部地区的社会稳定和民族地区全面发展提供智力支持。当代历史发展对西部地区贫困县政府公共服务能力提出的新目标、新需求，这要求其供给结构、治理机制、服务模式等均须适应新形势、新需求，同时，变革基本公共服务能力要素，补齐能力短板，强化核心公共服务能力，通过对实践经验的总结，寻求理论的凝练与解释，为进一步提高基本公共服务能力找到理论视角。

第三，西部地区贫困县政府公共服务能力研究有利于深化西部地区公共服务能力问

① 李晓园．当代中国县级政府公共服务能力及其影响因素的实证研究［M］．北京：中国社会科学出版社，2010，p. 80.

题的结构与难点的认识，弄清其现状、要素、影响因素、机制等，通过系统化和理论化的研究，增强公共服务供给能力的表述和强调，为公共服务理论、公共选择理论等的应用做好铺垫；

第四，西部地区贫困县政府公共服务能力研究有利于进一步充实行政管理理论，促进政治学、行政管理等学科建设，对民族地区行政管理理论的发展起到推动作用。

二、现实意义

第一，西部地区贫困县政府公共服务能力研究有利于加强民族团结、实现民族平等、维护祖国统一和完整。西部地区是我国现代化发展中不可或缺的一部分，也是发展比较薄弱的部分。通过对贫困县政府公共服务能力的研究，有助于提高和增强其公共服务能力，加强公共服务供给，能切实推进西部地区广大民众对公共产品的获得感，进而增强其幸福感，这有助于夯实和铸牢中华民族共同体意识，维护和强化祖国的统一和完整。

第二，西部地区贫困县政府公共服务能力研究有利于维持社会、政治稳定，重构政府的公共服务职能，增强和促进社会的公平与正义。

第三，西部地区贫困县政府公共服务能力研究有利于加大各级政府对于公共服务的供给和增强地方政府能力，促进服务型政府的建设；

第四，西部地区贫困县政府公共服务能力研究有利于理顺民族关系，化解民族矛盾，促进各民族分享社会发展带来的现代化成果和政府公共服务；

第五，西部地区贫困县政府公共服务能力研究有利于在社会利益分层背景下，政府积极回应人们对公共服务在数量和质量上的快速增长。从西部地区贫困县政府公共服务能力面临的挑战与机遇出发，对提升路径进行探讨，就是从政府能力的规律和逻辑的角度，就能为改善和提高民众享有更多更好的基本公共服务找到现实依据。

第六，西部地区贫困县政府公共服务能力研究有利于增强西部地区少数民族社会的向心力和凝聚力，增强其政治认同感，推动西部地区构建社会主义和谐社会建设。现代国家的一个显著性特点就在于需要为境内各族民众提供均等化的公共服务和公共产品，也需要为公民提供各种权利，同时，也需要赢得民族国家内部各成员的拥护和拥戴，强化其政治认同。现代国家发展，是一个双重过程，既需要完成民族—国家建构，也需要完成民主—国家建构，前者就要求国内成员能享受国民待遇和国家所提供的公共服务和公共福利，后者就要求所有共同体成员要享有民主权利，以民主方式满足其自豪感和归属感，进而完成国家整合与一体化。因此，该项研究就有利于提高西部地区贫困县民众的政治认同，为社会主义和谐社会建设贡献实践经验。

第二章　研究设计

第一节　概念界定

一、民族地区

一般而言，民族地区又叫做少数民族地区，是指以少数民族人民为主聚集生活的地区。它通常包括的要素有：一是特定的一个或几个少数民族时世代生活的地方，二是人口较为集中，人口比例较大的地方，三是拥有浓郁的民族特色民族习惯以及文化，四是享有国家法律保障并赋予的一定的自治权。因而，民族地区也就涉及三个层面的内容，其一是和省级行政单位平级的自治区，这就包括了五个少数民族自治区，因贵州省不是其范围，故本项研究没有考虑该层面的内容。其二是和地级市相平行的自治州，其三是喝县级地位相当的自治县，因贵州拥有三个自治州和其他一些自治县，因而该研究所涉及的民族地区主要就是指自治州与自治县的范围，这些地区既拥有国家民族区域自治制度所给予的自治权，同时也是各少数民族为主的各族同胞世代居住和繁衍生息之所。

二、基本公共服务

目前，国内学者对基本公共服务的概念与内涵的理解存在较大分歧，究其原因，在于研究视角的差异与“基本”二字涵盖范围的差异所致。有学者从需求、权利、范围和职能四维度对什么是基本公共服务进行了概括，认为从需求导向角度来界定基本公共服务的代表人物是刘尚希，其观点是从消费需求层次看，与低层次消费需求有直接关联的是基本公共服务，同时人们的差异消费需求也属于基本公共服务（刘尚希，2007），也有研究者认为覆盖全体公民、满足公民对公共资源最低需求的公共服务即为基本公共服务（课题组，2008）；而从权利角度界定基本公共服务的代表性学者是唐钧，他认为对公民生存权、健康权、居住权、受教育权、工作权和资产权形成保障的就是基本公共服务（唐钧，2006）；而张立荣教授则是从范围角度界定的，其观点认为居民在生产、生活中共同享用的在消费上具有非竞争性、在效用上具有不可分割性、在收益上具有非排他性的公共设施和服务就是基本公共服务（张立荣，2011），也有学者从公益性、可经营性两个角度界定公共服务（蔡放波，2007）；而从职能角度界定的学者则是将基本公共服务理解为政府的经济调节、市场监管、社会管理和基本公共服务四职能之一①。也有学者根据基本公共服务的范围，将现有研究划分为“窄”、“宽”、“中”三种观点，其中，“窄派”观点认为公共教育、公共医疗和社会保障等具有公民权利的社会性公共服务理解为基本公共服务，而“宽派”观点则将教育、医疗、社会保障等社会性服务，生产、生活基础设施、环境保护等经济性服务，以及一般行政管理、法律、司法等维持性服务理解为基本公共服务，“中派”观点则将就业、社会保障、基础教育、基本医疗、公共文化等民生类与公共事业性公共服务以及公益性基础设施、环境保护、公共安全性服务等理解为基本公共服务②。学者郭小聪、代凯等人则认为：“基本公共服务是公共服务范围中最基础、最核心和最应该优先保证的部分，包括基础教育、医疗卫生、社会保障和就业等领域。”③麻宝斌教授则借鉴中国（海南）改革发展研究院的观点指出，在一定社会共识基础上，根据本国经济、社会发展情况，为维持社会基本的社会正义和凝聚力，为保护个人最基本的生存权和发展权，为实现人的全面发展而提供的基本社会条件就是基本公共服务④。项继权教授则将公共服务划分为“基本公共服务”和“非基本公共服务”，并认为前者是政府必须承担和满足的公共产品和服务，后者则可以通过政府以外的社会组织或市场来提供⑤。总体来看，对于什么是基本公共服务，“理论界普遍认为，基本公共服务是指覆盖全体公民、满足公民对公共资源最低需求的公共服务，涉及义务教育、医疗、住房、治安、社会保障、基础设施、环境保护等方面。”⑥

以上研究无疑具有极大的参考价值，也是本研究的基础。根据以上学者的观点，并结合党中央《关于构建社会主义和谐社会若干重大问题的决定》中所规定的基本公共服务内容，即将教育、卫生、文化、就业再就业服务、社会保障、生态环境、公共基础设施、社会治安等直接与民生问题密切相关的公共服务领域规定为主要内容⑦。而本研究的对基本公共服务的理解是，与发展性公共服务需求相对应的，具有非竞争性和非排他性的，由政府根据经济社会发展阶段和水平来提供的满足人们较低需求层次的基本社会条件和公共性消费品，包括环境保护、基础教育、公共医疗卫生、公共安全、基本社会保障、公共基础设施、就业与反贫困、社会公平与正义等领域的公共物品或准公共物品。

三、公共服务能力

目前，学界对公共服务能力的界定是建立在对政府能力的理解之上的。而对政府能力的理解，在国外的代表人物是阿尔蒙德、科尔曼等人，例如，阿尔蒙德就认为政府能

① 姜晓萍，吴菁．国内外基本公共服务均等化研究述评［J］．上海行政学院学报，2012，（5）．

② 刘德吉．国内外公共服务均等化问题研究综述［J］．上海行政学院学报，2009，（6）．

③ 郭小聪，代凯．国内近五年基本公共服务均等化研究：综述与评估［J］．中国人民大学学报，2013，（1）．

④ 麻宝斌，季英伟．中共基本公共服务均等化改革分析［J］．社会科学战线，2009，（12）．

⑤ 项继权．基本公共服务均等化：政策目标与制度保障［J］．华中师范大学学报（人文社会科学版），2008，(1).

⑥ 陈文权，张欣．十七大以来我国理论界关于“基本公共服务均等化”的讨论综述［J］．云南行政学院学报，2008，（5）．

⑦ 王桢桢，郭正林．公共服务均等化的影响因素及标准化体系建构［J］．学术研究，2009，（6）．

否成功适应环境挑战的程度就是政府能力①。国内有代表性的学者则有施雪华、王绍光、周平、张国庆等人。例如，周平教授就认为，政府能力是指："县级政府能力是县级政府的一种功能性力量，是指县级政府运用权力、履行职能，应对环境挑战，解决面临问题的能力，概括地说，就是县级政府治理县域社会的治理能力。"② 而对于什么是公共服务能力，则不同学者从不同角度给出了说明，其中有代表性的学者有张国庆、谭兴中、谢来位、张世杰等人。例如，学者谢来位就认为，公共服务能力是指政府为主体的公共组织在满足公众需求中的本领，核心是公共服务的有效性③。学者张世杰认为，公共服务能力是指政府作为主要承担主体为社会提供公共产品和服务，不断满足人民群众日益增长的社会需求的本领和力量④。而对于民族自治地区政府公共服务能力，鄂义太等人给出的界定是，它是通过民族自治地方政府职能实现的，依靠政府公共政策的制定和执行而成为一种有组织的产出，在经济战略发展、组织制度创新、政策制定执行、社会管理控制、公共服务供给、市场培育监控、精神文化塑造等几个方面具体表现出来的，是外显的可直观感受的有效治理社会所具有的能量和能力的总和⑤。结合各学者的观点和民族地区贫困县的实际，本课题所理解的公共服务能力，是指拥有公共权力的政府，为满足贫困地区各族人民对基本生活必需品和公共产品的需求，利用自身职能有效调动各种资源和权力（包括自治权），有效地产出和供给一般公共产品和特殊民族需求品的力量总和。这种能力既包括产出公需物品与社会秩序的能力，也包括维护民族传统与民族特色的能力，尤其是包括消除贫穷与匮乏，实现人生存与发展的能力。

第二节 资料来源与样本情况

一、资料来源

本课题分析的统计资料来源于各省近五年来的统计年鉴，也来源于《中国县域统计年鉴》和《中国民族统计年鉴》，实证调查数据资料来源于对西部地区贫困县进行实地调研所得的资料，也来源于国家社科基金 2013 年青年课题《西部地区贫困县政府公共服务能力研究》在 2018 年 12 月–2019 年 1 月实施的问卷调查所取得的抽样问卷数据。本报告以问卷调查为主，以观察法和文献法为辅的方式收集研究资料。这次问卷调查运用配额抽样和简单随机抽样的方法，在贵州、云南、广西三地所获得有效样本 899 个。在正式调查之前，我们就近选择了 50 个受访者进行了试调查，在此基础上进行了调查问卷，特别是有关量表的信度和效度的评估，发现了一些调查问卷初稿中的问题，进一步修改后，

① 冉光和等．地方政府财政能力不均衡的研究述评［J］．江苏社会科学，2010，（5）．
② 周平．县级政府能力的构成和评估［J］．云南行政学院学报，2002，（5）．
③ 谢来位．公共服务能力建设要点分析［J］．行政与法，2006，（2）．
④ 张世杰．振兴东北战略中提高政府公共服务能力的意义及对策分析［J］．渤海大学学报，2008，（1）．
⑤ 鄂义太等．民族自治地方政府公共服务能力研究［M］．北京：中央民族大学出版社，2015，p. 58.

我们再进行了大样本的调查。抽样调查具体分为两个步骤，第一步采用配额方法，在贵州、广西、云南三省中，每个样本省配额300份调查问卷，第二步首先采取贫困县整群抽样法，在贵州的六枝特区、水城县、盘县、正安县、道真县、务川县等47个贫困县中随机抽取3个贫困县为样本县，分别抽中了毕节市的赫章县、黔东南州的黄平县和从江县；在云南的东川区、禄劝县、富源县、会泽县、施甸县、龙陵县、昌宁县、昭阳区、鲁甸县等67个贫困县中也是随机抽取3个贫困县为样本县，分别抽中了盐津县、永平县和宁蒗县；在广西的隆安县、马山县、上林县、融水县、三江县、龙胜县、田东县、德保县、靖西县、那坡县、凌云县等27个贫困县中，抽中了富川县、东兰县和三江县。其次，在每个县中随机抽取100个家庭作为问卷调查对象，再在每个家庭中抽取1名18岁以上的成年人（选择生日最接近5月1日的）进行问卷调查，这样最终获得了900个受访者作为调查总样本。此次共发放问卷900份，回收有效问卷899份，有效回收率为99.8%。

同时，为了保证抽样调查问卷的有效性，此次调查的调查员来自高校中生源地来自调查目的地的学生的原则进行招募，并对这些学生进行了为期三天的培训，使她们都较好地掌握了调查的目的、性质、内容和方法，并掌握了一些调查访问的关键技巧和提问注意事项。我们将调查员分为9个组，每个组配备3名调查员，并在每个组中指派一名组织能力强的学生作为组长，负责向课题组反馈调查情况和遇到的问题。调查采取结构式访问和自填式问卷相结合的方式进行，对于文化程度较高和理解力较强的受访者采用自填式问卷调查，对于文化程度较低或理解力有困难的少数民族受访者，则以问卷为访谈提纲，边问边答，由调查员代填的方式完成问卷。在问卷调查实施过程中，课题组的人员始终在调查第一线，指导和核实调查资料，从而保证了良好的问卷质量。

二、样本情况

样本对象主要分布的基本情况为：①性别分布：男性，占比49.1%；女性，占比50.9%。②年龄分布：最小年龄为18岁，最大年龄为79岁，平均年龄35.7岁，标准差12.19岁。其中，20岁以下，占比1.2%；20－30岁，占比37.5%；30－40岁，占比25.8%；40-50岁，占比20%；50-60岁，占比9.8%；60岁以上，占比5.6%。③受教育程度分布：最小受教育年龄为0年，最大受教育年龄为20年，平均为11.08年，标准差为4.8。其中，未上过学，占比3.4%；小学，占比15.2%；初中，占比18.7%；高中，占比20.2%；大学专科，占比19.4%；大学本科，占比14%；研究生，占比9%。④民族分布：汉族334人，占比37.2%；苗族82人，占比9.1%；布依族3人，占比0.3%；侗族144人，占比16%；壮族89人，占比9.9%；白族18人，占比2%；哈尼族1人，占比0.1%；彝族129人，占比14.4%；瑶族85人，占比9.5%；仫佬族3人，占比0.3%；回族9人，占比1.0%；土家族1人，占比0.1%。⑤职业状况：农业劳动者147人，占比16.5%；企业人员54人，占比6%；事业单位人员169人，占比18.9%；政府机关人员90人，占比10.1%；个体劳动者/个体工商户100人，占比11.2%；打工者130人，占比14.6%；私营企业主15人，占比1.7%；学生134人，占比15%；待业人员25人，占比2.8%；退休人员28人，占比3.1%；村干部1人，占比0.1%。⑥政治面貌：中共党员216人，占比24.2%；非中共党员675人，占比75.8%。⑦婚姻状况：已婚576人，占比

64.9%；未婚311人，占比35.1%。⑧居住地状况：住农村的有374人，占比41.8%；住乡镇所在地的有140人，占比15.6%；住县城的有320人，占比35.8%；住市城区的有38人，占比4.2%；住城郊结合部的有23人，占比2.6%。

被调查者的家庭经济情况的调查是从客观月收入方面来入手的。从统计情况来看，表2-1反映出，被调查的868受访者中，家庭月收入的均值在2949.49元，标准差为4133.02元。其中，这些受访者大致可以划分为0-1500、1500-3500、3500以上这样三个收入等级，占比分别为39.3%、30%、30.7%（见表2-1），可见低收入受访者最多，其次是高收入受访者，相对较少的是中等收入受访者。

表2-1　月收入描述统计

	个案数	最小值	最大值	平均值	标准差	偏度		峰度	
	统计	统计	统计	统计	统计	统计	标准误差	统计	标准误差
月收入	868	0	100000	2949.49	4133.015	15.250	0.083	351.057	0.166
有效个案数（成列）	868								

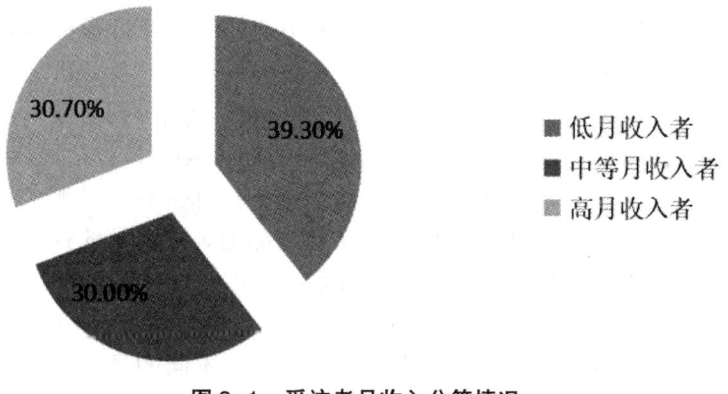

图2-1　受访者月收入分等情况

第三节　分析框架

本研究借鉴戴维·伊斯顿政治系统理论，着重考察西部地区贫困县政府公共服务能力系统，以及系统与环境之间的关系。本项研究内容侧重于：在构建西部地区贫困县政府公共服务能力评价指标体系的基础上，从五个亚能力维度构建起量表，设计相关调查指标以应用于对西部地区贫困县政府公共服务能力现状的考察，然后从行政生态要素、公务员素质要素、政府回应要素、系统互动要素，以及公共服务均等化要素等方面接着分析其影响因素，并将基本公共服务满意度评价作为中介效应环节，探讨和检验这些影响因素和中介环节是否发挥显著性影响，最后探讨重塑和提高西部地区贫困县政府公共服务能力的有效途径。

由于西部地区贫困县政府公共服务能力评价的复杂性和特殊性，使得对公共服务能力进行测量和定量研究较为困难，其关键点就在于能力的构成维度是否有合理性，并能通过因子分析得到验证。从实证的角度看，现有学界对基本公共服务能力进行测量有代表性的学者是张立荣、李晓园、张序、方茜、鄂义太等人。其中，比较有启发意义的测量体系是张立荣教授、李晓园教授、张序研究员构建的理论模型。张立荣教授研究的评估指标体系主要围绕县级政府的规划能力、资源汲取能力、资源配置能力、执行能力、危机管理能力构成①。规划能力测量指标，包括了政策环境的把握力、县域环境的把握力、规划编制程序的公正性、规划内容的公平性、规划的可持续发展性等五个方面构成。资源汲取能力测量指标，包括了税收、民营资本参与、政策和社会捐助等特殊资源、吸引外资、府际合作等五个方面构成。资源配置能力测量指标，包括了资源配置的制度方式、资源配置的公平性、县域资源配置的优化度、资源配置的效率性等四个方面构成。执行能力测量指标，包括了执行流程制度、执行控制机制、执行理解、执行认同、执行资源等五个方面构成。危机管理能力指标，包括了危机管理机制、危机信息沟通、危机事件预警、危机应急处置、突发事件风险预控方法等五个方面构成。李晓园教授在其《当代中国县级政府公共服务能力及其影响因素的实证研究》和《包容性增长视角下的县级政府公共服务能力研究》两本专著中，也是运用这样一个评价指标体系通过结构方程模型对县级政府公共服务能力进行了研究，只不过，她还进一步分析了行政环境、人力资源、政府回应、行政文化四个要素的影响作用②。张序研究员则从效果类评价指标（包括就业服务、社会保障、就业服务在内的 10 个一般能力要素和包括民族特殊用品供应、民族文化弘扬在内的 3 个特殊能力要素）、效率类评价指标（如公共服务投入能力、公共服务产出能力）③。借鉴已有的研究成果，并结合西部地区贫困县的特点，本研究从政府能力系统、影响因素以及公共服务满意度评价系统角度，设计了西部地区贫困县政府公共服务能力状况评估的指标体系，其中包括 3 个一级指标，24 个二级指标，48 个三级指标。与现有评价指标体系侧重于客观性指标数据的收集不同的是，本项研究的指标体系侧重于从西部地区贫困县基本公共服务受众方面的认知——感受角度分析政府公共服务能力现状的实际情形和绩效程度，其具体的指标体系如下：

---

① 张立荣，李晓园．县级政府公共服务能力结构的理论建构、实证检测及政策建议［J］．中国行政管理，2010，（5）：121.

② 李晓园．当代中国县级政府公共服务能力及其影响因素的实证研究［M］．北京：中国社会科学出版社，2010. 李晓园．包容性增长视角下的县级公共服务能力研究［M］．北京：中国社会科学出版社，2016.

③ 张序．中国民族地区公共服务能力研究［M］．北京：民族出版社，2011，pp. 157-159.

表 2-2　西部地区贫困县政府公共服务能力评价指标体系

	一级指标	二级指标	三级指标
西部地区贫困县政府公共服务能力研究	公共服务供给能力	公共服务投入能力	税收、转移支付、人力资源、外部支持
		公共资源配置能力	公平性、效率性、优先性、可靠性
		公共危机管理能力	信息沟通、机制、应急处置、善后处理
		公共政策执行能力	执行效率、执行机制
		民族需求服务能力	民族语言、民族文化、民族宗教、反贫困
	公共服务能力影响因素	行政生态要素	政治环境、经济环境、社会环境、技术环境
		公务员素质要素	公务员素质和能力、公务员培训
		政府回应要素	责任机制、回应机制、回应行为、公民参与
		系统互动要素	干群关系、政府信任、利益表达、依法行政
		基本公共服务均等化	基本公共服务均等化评价
	公共服务满意度	社会公平发展	
		生活满意度	
		文化设施满意度	
		休闲娱乐设施满意度	体育健身器材、文化广场、图书室
		交通满意度	
		教育满意度	
		医疗满意度	
		社会保障满意度	
		社会服务满意度	
		社会治安满意度	
		食品安全满意度	
		生态环境满意度	
		民族需求满意度	
		贫困治理满意度	

第三章　西部地区贫困县政府公共服务能力相关描述性统计

党的十九大提出推进治理体系和治理能力现代化的战略举措，然而西部地区贫困县政府公共服务的现状，尤其是公共服务能力的现状却并不令人满意，这成为推进治理体系现代化亟待解决的问题，如何在共享发展理念的思路下切实推进民族地区贫困县公共服务能力的提升，处理好改革、稳定、发展三者之间的关系，有效促进西部地区贫困县各族群众在不同民族之间、不同社会群体之间共享改革发展的成果，有效供给基本公共服务以破解发展的不平衡、不协调带来的非均等化问题，更好更多地享受到基本公共服务，成为十分重要而现实的课题。

第一节　研究前提

目前，学界对政府公共服务能力的测量及指标体系的设计有三种研究进路。第一种是间接测量的研究进路，其代表人物是方茜、张冰等人，其主要运用的方法是 ISM 方法和 Topsis 法。方茜运用系统分析方法 ISM 建立了“民族地区公共服务能力解释结构模型”，运用层次分析法确定了指标权重，从一般能力和特殊能力两个视角，对民族地区公共服务能力状况进行比较研究（方茜，2009；2010），其研究结果表明，整个民族地区的公共服务能力均较为低下，除了义务教育、公共卫生与基础医疗、公共安全之外的其他要素均表现较差，民族地区特殊能力各地差异也较大，表现出非均衡发展的局面①。张冰则是利用 Topsis 法，选取广西 12 个市基于 2006 年人均 GDP、人均一般预算收入等进行公共服务能力比较分析（张冰，2009），其认为农村基本的公共服务能力存在较大差异，一半以上的地区的基本公共服务能力低于最优方案，民族地区的财政能力是政府实现基本公共服务能力均等化的最大障碍②。第二种是直接测量的研究进路，这种方法运用的较为常见，代表学者也较多，如刘波、张立荣、李晓园、张序、张正岩、梁满艳等，其主要是通过构建起公共服务能力指标体系或能力结构模型，再选取相应指标，借助因子分析、聚类分析的方法，对公共服务能力进行评估或排名。李晓园教授选取了湖北、江西两省

① 方茜．民族地区公共服务能力的比较研究［J］．生态经济，2010，（5）．

② 张冰．民族地区基层政府公共服务能力均等化评价［J］．湖北社会科学，2009，（11）．

18 个县的调查数据，从公共服务规划能力、资源汲取能力、资源配置能力、执行能力、危机管理能力五个方向对这些地方的政府公共服务能力进行了测量，并具体分析了行政环境、人力资源、政府回应和行政文化四个因素的影响作用①。学者张序则将公共服务能力划分为静态能力和动态能力两类，静态能力包括公共服务投入能力、各类公共服务能力，动态能力则包括公共服务供给能力和公共服务治理能力，在此基础上，运用客观构权法和主观构权法，构建了一个公共服务能力建设研究框架，并认为公共服务能力建设的核心是公共服务财政能力建设、公共服务供给能力建设和公共服务治理能力建设②。第三种是双选评估指标的研究进路。这方面的代表人物是学者雷玉琼，她运用“管理能力与利益相关主体满意”的双选评估模式，去揭示政府公共服务能力所包含的潜在公共服务供给能力和有效公共服务供给能力两个维度，构建了 27 个代表政府潜在公共服务能力的基础指标和 20 个代表有效公共服务能力的具体公共服务项目③。同时，有学者归纳为，目前对政府公共服务能力指标选择上主要有四种思路，一是用各项公共服务产出代表政府公共服务能力，利用年鉴中的面板数据定量计算各类政府的公共服务能力，这也是主流研究思路；二是用经济和财政统计指标代表公共服务能力；三是将经济和财政指标作为因变量，用公共服务支出代表政府公共服务能力作为自变量进行回归分析；四是从广义公共服务出发设计指标体系，具体指标涉及政府多方面职能及其发挥④。为了研究的需要，本文所理解的政府公共服务能力也是采用第三种双选评估指标的研究进路，即采取“管理能力与利益相关主体满意”的双选评估模式。对此，有学者指出，该研究进路的优势性一面，如反映了组织内部若干行为能力，又体现出外部公众的满意程度，其管理导向意义则在于有利于提升政府内部管理能力，又能建设群众满意政府为导向等。⑤ 政府公共服务能力与公共服务满意度双重视角是一种考察西部地区贫困县政府公共服务能力建设较为合理的分析进路，因为它不仅充分考虑到了作为主要公共服务能力建设主体的政府行为表现，而且还考虑到了公共服务能力所影响的对象——民众的实际获得感与公共服务可及性的问题，互动视角才是客观衡量西部地区贫困县政府公共服务能力的有效思路。换言之，政府系统与社会系统相结合才是衡量西部地区贫困县政府公共服务能力的重要尺度。然而，现有测量指标体系多是从客观统计年鉴数据和财政经济数据角度来考察公共服务能力状况，而从民众的感知和可获得性角度考察的较少，鉴于此，这既需要从民众感知政府公共服务能力的视角去考察政府的公共服务能力构成现状，也要从民族地区民众获得基本公共服务满意度的角度，即公共服务的受众角度考察西部地区贫困县政府公共服务能力的实际效果。因而，西部地区被调查者对政府公共服务能力的感知与评价的问题将集中在这样三个方面：一是关于政府基本公共服务能力状况的度量，侧重于考察公共服务投入能力、公共资源配置能力、公共危机管理能力、公共政策执行能力、民族需求服务能力等方面内容，其中，公共服务投入能力将从税收（公共资源汲取）、转移支付、人力资源、外部支持/支援等视角来衡量，公共资源配置能力将从公共资源配置

① 李晓园．县级政府公共服务能力与其影响因素关系研究［J］．公共管理学报，2010，（4）．
② 张序，劳承玉．公共服务能力建设：一个研究框架［J］．理论与改革，2013，（2）．
③ 雷玉琼，李岚．乡镇政府公共服务供给能力评估指标体系建构［J］．中国行政管理，2015，（11）．
④ 雷玉琼，李岚．乡镇政府公共服务供给能力评估指标体系建构［J］．中国行政管理，2015，（11）．
⑤ 吴建南，杨宇谦．政府绩效评价：指标设计与模式构建［J］．西安交通大学学报（社会科学版），2007，（5）．

的公平性、公共资源配置的效率性、公共资源配置的优先性、公共资源配置的可靠性等视角来衡量，公共危机管理能力将从信息沟通、危机应对机制、应急处置表现、善后处理表现等视角来衡量，公共政策执行能力将从公共政策执行效率、公共政策执行机制等视角来衡量，民族需求服务能力将考虑到民族地区各族群众最迫切的民族需求从民族语言、民族宗教、民族文化、反贫困以及民族区域自治等视角来衡量；二是关于基本公共服务满意度的评价，侧重于考察西部地区贫困县政府提供的与民众日常生活息息相关的文化设施、休闲娱乐设施、交通、基础教育、社会保障、社会服务、生态环境、食品安全等方面的评价，对社会治安、民族需求、贫困治理的等方面内容的评价，对政府提供的基本生活、社会公平发展以及经济形势等方面服务的评价，也包括对于当前社会问题，诸如社会治安、社会保障体系、社会安全、突发性事件、上访/维权、城乡差异、贫富差距、民族关系、社会流动、社会公平、经济形势、贫困发生率、失业率等方面的民众评价；三是关于政府公共服务能力影响因素指标。这包括行政生态要素、公务员素质要素、政府回应要素、政府系统与社会系统间互动要素、基本公共服务均等化等五个方面的内容。其中，行政形态要素包括政治环境、经济环境、社会环境和技术环境四大方面内容，公务员素质要素包括公务员素质、公务员能力和公务员培训情况等内容，政府回应要素包括责任机制、回应机制、政府回应行为、公民参与等内容，系统间互动要素包括干群关系、政府信任、利益表达、依法行政等内容，而基本公共服务均等化要素则直接包括对基本公共服务均等化的评价。

这三方面的问题集中地反映在民族地区贫困县各族民众对政府公共服务的“认知”与“情感”两个层面，前者反映了西部贫困县政府公共服务能力表现出的实际行动状况；后者是人们对西部地区贫困县政府公共服务供给的价值评价与心理倾向。因而，从这两个层面出发就能较为准确地把握和分析西部地区贫困县政府公共服务能力状况。本调查把上述认识和思路具体化为一系列相关的调查指标，通过将这些指标条理化和操作化后形成调查问卷。经过专家咨询、试调查等必要环节后，问卷才作为正式调查问卷发放。

这次调查以配额抽样和简单随机抽样相结合的办法，以西部地区贫困县民众为调查对象，这些对象分布于贵州省黔东南苗族侗族自治州黄平县、黔东南苗族侗族自治州从江县、毕节市赫章县，云南省大理白族自治州永平县、丽江市宁蒗彝族自治县、昭通市盐津县，广西壮族自治区柳州市三江侗族自治县、广西贺州市富川瑶族自治县、广西河池市东兰县等地。所获数据资料，使用社会科学统计分析软件 spss23.0 进行分析。在研究设计上，调查问卷中的变量多为定类变量和定序变量（多采用李克特七级量表测量，少数题项采取李克特五级量表），因而对这些变量在描述统计层次上做了频数和百分比的单变量分析、双变量交叉列表分析和非参数卡方（x2）检验，同时，对相关量表进行因子分子和聚类分析，也进行信度和效度分析，而在相关性分析上，主要使用双变量相关分析和多变量分析，检验变量相关性时主要使用的是皮尔逊相关系数和斯皮尔曼相关系数。样本数据经单样本 K-S 检验，呈正态分布。

第二节 民族地区贫困县政府公共服务能力现状描述性统计

一、公共服务投入能力

1. 公共财政汲取能力

从2017年的财政收入来看（数据来源：中国县域统计年鉴2018），贵州从江县财政收入是67363万元，贵州黄平县的财政收入是52384万元，贵州赫章县的财政收入是128570万元，广西富川县的财政收入是38916万元，广西东兰县的财政收入是30666万元，广西三江县的财政收入是22098万元，云南永平县的财政收入是22586万元，云南宁蒗县的财政收入是24152万元，云南盐津县的财政收入是24644万元，这九个县的均值是45709万元（见图3-1）。可见，贵州三县均高于平均财政收入水平，而广西和云南的六个县均低于平均财政收入水平。

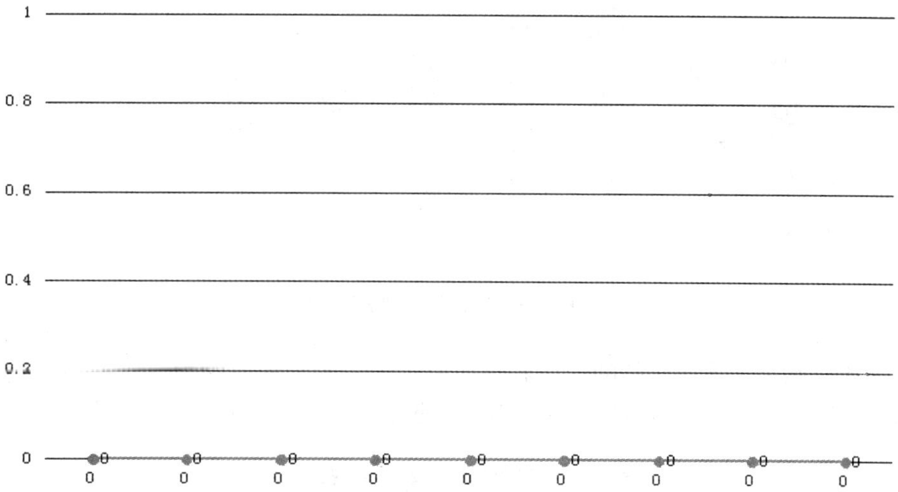

图3-1 2017年财政收入

经计算，2017年云南省贫困县（注：缺东川区的数据）的平均财政收入为46761万元，由此可见，永平县、宁蒗县、盐津县均低于云南省贫困县平均财政收入水平，属于财政汲取能力中下水平。而2017年广西壮族自治区贫困县的平均财政收入为36966万元，因而，除了富川县高于此水平外，其他两县均低于平均水平，这样，富川县属于财政汲取能力中上水平，东兰县和三江县属于财政汲取能力中下水平。2017年贵州省贫困县平均财政收入为86994万元，可见，赫章县是高于财政收入平均水平的，而黄平县和从江县都低于这平均水平，因而，赫章县属于财政汲取能力中上水平，而黄平县和从江县则属于财政汲取能力中下水平。

在问卷中，通过了询问“本地税收征管得力，本地政府不差钱”来测量民众对民族地区贫困县税收情况（该题项体现的是政府财政汲取能力）的感知。经统计，选“完全不同意”的有 81 人，占比 9%，选“不同意”的有 110 人，占比 12.2%，选“不太同意”的有 163 人，占比 18.2%，选“说不清”的有 306 人，占比 34.1%，选“比较同意”的有 111 人，占比 12.4%，选“同意”的有 70 人，占比 7.8%，选“非常同意”的有 57 人，占比 6.3%（如图 3-2 所示）。可见，西部地区贫困县的民众有近四成的民众认为贫困县的税收困难，政府公共财政资金并非不差钱，这负面评价的民众的累计百分比为 39.4%。而对政府税收得力政府不差钱的受访者只占到了两成多的比例，正面评价的民众的累计百分比为 26.5%，同时，值得注意的是，有 34.1%的受访者并未表达出对此项问题的评价，这说明民众对政府的税收感知也不明显，可能对政府税收状况并没有渠道获知，也可能是民众不愿对政府情况过多评论有关。

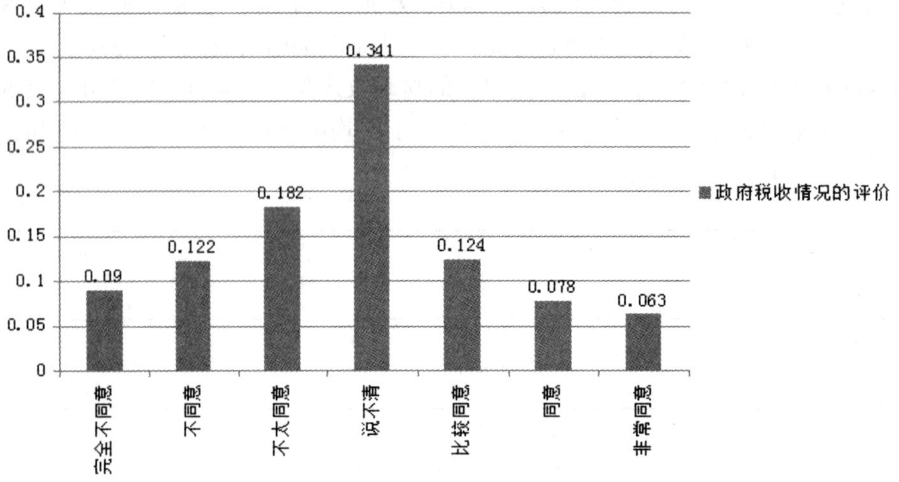

图 3-2　对治理主体的认知

表 3-1 反映出了不同年龄的受访者对西部地区贫困县税收能力（财政汲取能力）的认识情况。经卡方检验，不同年龄受访者对税收能力的认知存在显著性差异。

表 3-1　年龄与税收能力的交叉列表

年龄分组	项目	税收能力							总计
		完全不同意	不同意	不太同意	说不清	比较同意	同意	非常同意	
20 岁以下	计数	1	1	1	7	0	1	0	11
	占税收能力的百分比	1.3%	0.9%	0.6%	2.3%	0.0%	1.4%	0.0%	1.2%
	占总计的百分比	0.1%	0.1%	0.1%	0.8%	0.0%	0.1%	0.0%	1.2%
20-30 岁	计数	26	42	77	101	41	30	14	331
	占税收能力的百分比	32.5%	38.5%	48.1%	33.7%	37.6%	42.9%	24.6%	37.4%
	占总计的百分比	2.9%	4.7%	8.7%	11.4%	4.6%	3.4%	1.6%	37.4%

续表

年龄分组	项　目	税收能力							总计
		完全不同意	不同意	不太同意	说不清	比较同意	同意	非常同意	
30-40 岁	计数	26	14	39	80	39	13	18	229
	占税收能力的百分比	32.5%	12.8%	24.4%	26.7%	35.8%	18.6%	31.6%	25.9%
	占总计的百分比	2.9%	1.6%	4.4%	9.0%	4.4%	1.5%	2.0%	25.9%
40-50 岁	计数	13	29	23	66	15	18	13	177
	占税收能力的百分比	16.3%	26.6%	14.4%	22.0%	13.8%	25.7%	22.8%	20.0%
	占总计的百分比	1.5%	3.3%	2.6%	7.5%	1.7%	2.0%	1.5%	20.0%
50-60 岁	计数	10	12	10	34	10	2	9	87
	占税收能力的百分比	12.5%	11.0%	6.3%	11.3%	9.2%	2.9%	15.8%	9.8%
	占总计的百分比	1.1%	1.4%	1.1%	3.8%	1.1%	0.2%	1.0%	9.8%
60 岁以上	计数	4	11	10	12	4	6	3	50
	占税收能力的百分比	5.0%	10.1%	6.3%	4.0%	3.7%	8.6%	5.3%	5.6%
	占总计的百分比	0.5%	1.2%	1.1%	1.4%	0.5%	0.7%	0.3%	5.6%
总计	计数	80	109	160	300	109	70	57	885
	占税收能力的百分比	100.0%	100.0%	100.0%	100.0%	100.0%	100.0%	100.0%	100.0%
	占总计的百分比	9.0%	12.3%	18.1%	33.9%	12.3%	7.9%	6.4%	100.0%

表 3-2 反映出了不同教育程度的受访者对西部地区贫困县税收能力（财政汲取能力）的认识情况。经卡方检验，不同教育程度受访者对税收能力的认知存在显著性差异。

表 3-2　不同受教育者与税收能力认知的交叉列表

教育分组	项　目	税收能力							总计
		完全不同意	不同意	不太同意	说不清	比较同意	同意	非常同意	
未上学	计数	0	0	4	13	7	1	6	31
	占税收能力的百分比	0.0%	0.0%	2.5%	4.2%	6.3%	1.4%	10.5%	3.5%
	占总计的百分比	0.0%	0.0%	0.4%	1.4%	0.8%	0.1%	0.7%	3.5%
小学	计数	6	9	20	65	15	5	17	137
	占税收能力的百分比	7.4%	8.2%	12.3%	21.2%	13.5%	7.1%	29.8%	15.3%
	占总计的百分比	0.7%	1.0%	2.2%	7.2%	1.7%	0.6%	1.9%	15.3%

续表

教育分组	项目	税收能力							总计
		完全不同意	不同意	不太同意	说不清	比较同意	同意	非常同意	
初中	计数	9	21	34	59	19	12	14	168
	占税收能力的百分比	11.1%	19.1%	20.9%	19.3%	17.1%	17.1%	24.6%	18.7%
	占总计的百分比	1.0%	2.3%	3.8%	6.6%	2.1%	1.3%	1.6%	18.7%
高中	计数	21	20	30	65	21	17	8	182
	占税收能力的百分比	25.9%	18.2%	18.4%	21.2%	18.9%	24.3%	14.0%	20.3%
	占总计的百分比	2.3%	2.2%	3.3%	7.2%	2.3%	1.9%	0.9%	20.3%
专科	计数	11	29	40	52	24	13	5	174
	占税收能力的百分比	13.6%	26.4%	24.5%	17.0%	21.6%	18.6%	8.8%	19.4%
	占总计的百分比	1.2%	3.2%	4.5%	5.8%	2.7%	1.4%	0.6%	19.4%
本科	计数	23	22	19	25	19	15	3	126
	占税收能力的百分比	28.4%	20.0%	11.7%	8.2%	17.1%	21.4%	5.3%	14.0%
	占总计的百分比	2.6%	2.4%	2.1%	2.8%	2.1%	1.7%	0.3%	14.0%
研究生	计数	11	9	16	27	6	7	4	80
	占税收能力的百分比	13.6%	8.2%	9.8%	8.8%	5.4%	10.0%	7.0%	8.9%
	占总计的百分比	1.2%	1.0%	1.8%	3.0%	0.7%	0.8%	0.4%	8.9%
总计	计数	81	110	163	306	111	70	57	898
	占税收能力的百分比	100.0%	100.0%	100.0%	100.0%	100.0%	100.0%	100.0%	100.0%
	占总计的百分比	9.0%	12.2%	18.2%	34.1%	12.4%	7.8%	6.3%	100.0%

表 3-3 反映出了三个省份的受访者对西部地区贫困县税收能力（财政汲取能力）的认识情况。经卡方检验，不同省份受访者对税收能力的认知存在显著性差异。

表 3-3　不同省份与税收能力认知的交叉列表

省份	项目	税收能力							总计
		完全不同意	不同意	不太同意	说不清	比较同意	同意	非常同意	
贵州	计数	29	40	56	81	43	34	15	298
	占税收能力的百分比	35.8%	36.4%	34.4%	26.5%	38.7%	48.6%	26.3%	33.2%
	占总计的百分比	3.2%	4.5%	6.2%	9.0%	4.8%	3.8%	1.7%	33.2%

续表

省份	项目	税收能力：完全不同意	不同意	不太同意	说不清	比较同意	同意	非常同意	总计
云南	计数	41	48	51	100	22	12	26	300
	占税收能力的百分比	50. 6%	43. 6%	31. 3%	32. 7%	19. 8%	17. 1%	45. 6%	33. 4%
	占总计的百分比	4. 6%	5. 3%	5. 7%	11. 1%	2. 4%	1. 3%	2. 9%	33. 4%
广西	计数	11	22	56	125	46	24	16	300
	占税收能力的百分比	13. 6%	20. 0%	34. 4%	40. 8%	41. 4%	34. 3%	28. 1%	33. 4%
	占总计的百分比	1. 2%	2. 4%	6. 2%	13. 9%	5. 1%	2. 7%	1. 8%	33. 4%
总计	计数	81	110	163	306	111	70	57	898
	占税收能力的百分比	100. 0%	100. 0%	100. 0%	100. 0%	100. 0%	100. 0%	100. 0%	100. 0%
	占总计的百分比	9. 0%	12. 2%	18. 2%	34. 1%	12. 4%	7. 8%	6. 3%	100. 0%

表 3-4 反映出了不同职业的受访者对西部地区贫困县税收能力（财政汲取能力）的认识情况。经卡方检验，不同职业受访者对税收能力的认知存在显著性差异。

表 3-4　不同职业与税收能力认知的交叉列表

职业	项目	税收能力：完全不同意	不同意	不太同意	说不清	比较同意	同意	非常同意	总计
农业劳动者	计数	6	5	17	82	16	6	15	147
	占税收能力的百分比	7. 4%	4. 6%	10. 4%	27. 0%	14. 7%	8. 7%	26. 3%	16. 5%
	占总计的百分比	0. 7%	0. 6%	1. 9%	9. 2%	1. 8%	0. 7%	1. 7%	16. 5%
企业工人	计数	4	14	9	18	2	5	2	54
	占税收能力的百分比	4. 9%	12. 8%	5. 5%	5. 9%	1. 8%	7. 2%	3. 5%	6. 1%
	占总计的百分比	0. 4%	1. 6%	1. 0%	2. 0%	0. 2%	0. 6%	0. 2%	6. 1%
事业单位人员	计数	23	20	20	45	33	16	12	169
	占税收能力的百分比	28. 4%	18. 3%	12. 3%	14. 8%	30. 3%	23. 2%	21. 1%	18. 9%
	占总计的百分比	2. 6%	2. 2%	2. 2%	5. 0%	3. 7%	1. 8%	1. 3%	18. 9%
政府机关人员	计数	9	20	15	11	6	21	7	89
	占税收能力的百分比	11. 1%	18. 3%	9. 2%	3. 6%	5. 5%	30. 4%	12. 3%	10. 0%
	占总计的百分比	1. 0%	2. 2%	1. 7%	1. 2%	0. 7%	2. 4%	0. 8%	10. 0%

续表

职业	项目	税收能力							总计
		完全不同意	不同意	不太同意	说不清	比较同意	同意	非常同意	
个体劳动者/个体工商户	计数	11	8	25	32	15	4	5	100
	占税收能力的百分比	13.6%	7.3%	15.3%	10.5%	13.8%	5.8%	8.8%	11.2%
	占总计的百分比	1.2%	0.9%	2.8%	3.6%	1.7%	0.4%	0.6%	11.2%
打工者	计数	10	11	28	54	12	4	11	130
	占税收能力的百分比	12.3%	10.1%	17.2%	17.8%	11.0%	5.8%	19.3%	14.6%
	占总计的百分比	1.1%	1.2%	3.1%	6.1%	1.3%	0.4%	1.2%	14.6%
私营企业主	计数	1	3	3	4	1	2	1	15
	占税收能力的百分比	1.2%	2.8%	1.8%	1.3%	0.9%	2.9%	1.8%	1.7%
	占总计的百分比	0.1%	0.3%	0.3%	0.4%	0.1%	0.2%	0.1%	1.7%
学生	计数	10	20	37	41	18	7	1	134
	占税收能力的百分比	12.3%	18.3%	22.7%	13.5%	16.5%	10.1%	1.8%	15.0%
	占总计的百分比	1.1%	2.2%	4.1%	4.6%	2.0%	0.8%	0.1%	15.0%
待业人员	计数	1	3	6	12	3	0	0	25
	占税收能力的百分比	1.2%	2.8%	3.7%	3.9%	2.8%	0.0%	0.0%	2.8%
	占总计的百分比	0.1%	0.3%	0.7%	1.3%	0.3%	0.0%	0.0%	2.8%
退休人员	计数	6	5	3	4	3	4	3	28
	占税收能力的百分比	7.4%	4.6%	1.8%	1.3%	2.8%	5.8%	5.3%	3.1%
	占总计的百分比	0.7%	0.6%	0.3%	0.4%	0.3%	0.4%	0.3%	3.1%
村干部	计数	0	0	0	1	0	0	0	1
	占税收能力的百分比	0.0%	0.0%	0.0%	0.3%	0.0%	0.0%	0.0%	0.1%
	占总计的百分比	0.0%	0.0%	0.0%	0.1%	0.0%	0.0%	0.0%	0.1%
总计	计数	81	109	163	304	109	69	57	892
	占税收能力的百分比	100.0%	100.0%	100.0%	100.0%	100.0%	100.0%	100.0%	100.0%
	占总计的百分比	9.1%	12.2%	18.3%	34.1%	12.2%	7.7%	6.4%	100.0%

表3-5反映出了不同民族的受访者对西部地区贫困县税收能力（财政汲取能力）的认识情况。经卡方检验，不同民族受访者对税收能力的认知存在显著性差异。

表 3-5　不同民族与税收能力认知的交叉列表

民族	项目	税收能力：完全不同意	不同意	不太同意	说不清	比较同意	同意	非常同意	总计
汉族	计数	59	67	56	95	23	27	6	333
	占税收能力的百分比	72.8%	61.5%	34.4%	31.0%	20.7%	38.6%	10.5%	37.1%
	占总计的百分比	6.6%	7.5%	6.2%	10.6%	2.6%	3.0%	0.7%	37.1%
苗族	计数	3	10	16	27	14	7	5	82
	占税收能力的百分比	3.7%	9.2%	9.8%	8.8%	12.6%	10.0%	8.8%	9.1%
	占总计的百分比	0.3%	1.1%	1.8%	3.0%	1.6%	0.8%	0.6%	9.1%
布依族	计数	0	0	1	0	0	1	1	3
	占税收能力的百分比	0.0%	0.0%	0.6%	0.0%	0.0%	1.4%	1.8%	0.3%
	占总计的百分比	0.0%	0.0%	0.1%	0.0%	0.0%	0.1%	0.1%	0.3%
侗族	计数	6	8	22	61	26	15	6	144
	占税收能力的百分比	7.4%	7.3%	13.5%	19.9%	23.4%	21.4%	10.5%	16.1%
	占总计的百分比	0.7%	0.9%	2.5%	6.8%	2.9%	1.7%	0.7%	16.1%
壮族	计数	4	5	14	38	15	8	5	89
	占税收能力的百分比	4.9%	4.6%	8.6%	12.4%	13.5%	11.4%	8.8%	9.9%
	占总计的百分比	0.4%	0.6%	1.6%	4.2%	1.7%	0.9%	0.6%	9.9%
白族	计数	3	5	3	5	1	0	1	18
	占税收能力的百分比	3.7%	4.6%	1.8%	1.6%	0.9%	0.0%	1.8%	2.0%
	占总计的百分比	0.3%	0.6%	0.3%	0.6%	0.1%	0.0%	0.1%	2.0%
哈尼族	计数	0	1	0	0	0	0	0	1
	占税收能力的百分比	0.0%	0.9%	0.0%	0.0%	0.0%	0.0%	0.0%	0.1%
	占总计的百分比	0.0%	0.1%	0.0%	0.0%	0.0%	0.0%	0.0%	0.1%
彝族	计数	3	3	28	49	19	4	23	129
	占税收能力的百分比	3.7%	2.8%	17.2%	16.0%	17.1%	5.7%	40.4%	14.4%
	占总计的百分比	0.3%	0.3%	3.1%	5.5%	2.1%	0.4%	2.6%	14.4%
瑶族	计数	2	9	19	26	13	6	10	85
	占税收能力的百分比	2.5%	8.3%	11.7%	8.5%	11.7%	8.6%	17.5%	9.5%
	占总计的百分比	0.2%	1.0%	2.1%	2.9%	1.4%	0.7%	1.1%	9.5%
仫佬族	计数	0	0	1	2	0	0	0	3
	占税收能力的百分比	0.0%	0.0%	0.6%	0.7%	0.0%	0.0%	0.0%	0.3%
	占总计的百分比	0.0%	0.0%	0.1%	0.2%	0.0%	0.0%	0.0%	0.3%

续表

民族	项目	税收能力							总计
		完全不同意	不同意	不太同意	说不清	比较同意	同意	非常同意	
回族	计数	1	1	3	2	0	2	0	9
	占税收能力的百分比	1.2%	0.9%	1.8%	0.7%	0.0%	2.9%	0.0%	1.0%
	占总计的百分比	0.1%	0.1%	0.3%	0.2%	0.0%	0.2%	0.0%	1.0%
土家族	计数	0	0	0	1	0	0	0	1
	占税收能力的百分比	0.0%	0.0%	0.0%	0.3%	0.0%	0.0%	0.0%	0.1%
	占总计的百分比	0.0%	0.0%	0.0%	0.1%	0.0%	0.0%	0.0%	0.1%
总计	计数	81	109	163	306	111	70	57	897
	占税收能力的百分比	100.0%	100.0%	100.0%	100.0%	100.0%	100.0%	100.0%	100.0%
	占总计的百分比	9.0%	12.2%	18.2%	34.1%	12.4%	7.8%	6.4%	100.0%

表 3-6 反映出了不同政治面貌的受访者对西部地区贫困县税收能力（财政汲取能力）的认识情况。经卡方检验，不同政治面貌受访者对税收能力的认知存在显著性差异。

表 3-6 不同政治面貌与税收能力认知的交叉列表

政治成分	项目	税收能力							总计
		完全不同意	不同意	不太同意	说不清	比较同意	同意	非常同意	
党员	计数	25	42	28	54	23	23	21	216
	占税收能力的百分比	32.1%	38.5%	17.3%	17.8%	20.7%	32.9%	36.8%	24.3%
	占总计的百分比	2.8%	4.7%	3.1%	6.1%	2.6%	2.6%	2.4%	24.3%
非党员	计数	53	67	134	249	88	47	36	674
	占税收能力的百分比	67.9%	61.5%	82.7%	82.2%	79.3%	67.1%	63.2%	75.7%
	占总计的百分比	6.0%	7.5%	15.1%	28.0%	9.9%	5.3%	4.0%	75.7%
总计	计数	78	109	162	303	111	70	57	890
	占税收能力的百分比	100.0%	100.0%	100.0%	100.0%	100.0%	100.0%	100.0%	100.0%
	占总计的百分比	8.8%	12.2%	18.2%	34.0%	12.5%	7.9%	6.4%	100.0%

表 3-7 反映出了不同婚姻状况的受访者对西部地区贫困县税收能力（财政汲取能力）的认识情况。经卡方检验，不同婚姻状况受访者对税收能力的认知存在显著性差异。

表 3-7　不同婚姻状况与税收能力认知的交叉列表

婚否	项目	税收能力							总计
		完全不同意	不同意	不太同意	说不清	比较同意	同意	非常同意	
已婚	计数	55	71	90	199	72	43	46	576
	占税收能力的百分比	69.6%	65.7%	55.9%	65.9%	65.5%	61.4%	82.1%	65.0%
	占总计的百分比	6.2%	8.0%	10.2%	22.5%	8.1%	4.9%	5.2%	65.0%
未婚	计数	24	37	71	103	38	27	10	310
	占税收能力的百分比	30.4%	34.3%	44.1%	34.1%	34.5%	38.6%	17.9%	35.0%
	占总计的百分比	2.7%	4.2%	8.0%	11.6%	4.3%	3.0%	1.1%	35.0%
总计	计数	79	108	161	302	110	70	56	886
	占税收能力的百分比	100.0%	100.0%	100.0%	100.0%	100.0%	100.0%	100.0%	100.0%
	占总计的百分比	8.9%	12.2%	18.2%	34.1%	12.4%	7.9%	6.3%	100.0%

表 3-8 反映出了不同居住地的受访者对西部地区贫困县税收能力（财政汲取能力）的认识情况。经卡方检验，不同居住地的受访者对税收能力的认知存在显著性差异。

表 3-8　不同居住地与税收能力认知的交叉列表

居住地	项目	税收能力							总计
		完全不同意	不同意	不太同意	说不清	比较同意	同意	非常同意	
农村	计数	12	26	72	165	45	25	29	374
	占税收能力的百分比	14.8%	23.6%	44.2%	54.5%	40.5%	35.7%	51.8%	41.8%
	占总计的百分比	1.3%	2.9%	8.1%	18.5%	5.0%	2.8%	3.2%	41.8%
乡镇所在地	计数	17	15	27	40	21	8	12	140
	占税收能力的百分比	21.0%	13.6%	16.6%	13.2%	18.9%	11.4%	21.4%	15.7%
	占总计的百分比	1.9%	1.7%	3.0%	4.5%	2.3%	0.9%	1.3%	15.7%
县城	计数	45	61	55	79	33	32	14	319
	占税收能力的百分比	55.6%	55.5%	33.7%	26.1%	29.7%	45.7%	25.0%	35.7%
	占总计的百分比	5.0%	6.8%	6.2%	8.8%	3.7%	3.6%	1.6%	35.7%
市城区	计数	3	3	7	12	9	3	1	38
	占税收能力的百分比	3.7%	2.7%	4.3%	4.0%	8.1%	4.3%	1.8%	4.3%
	占总计的百分比	0.3%	0.3%	0.8%	1.3%	1.0%	0.3%	0.1%	4.3%

续表

居住地	项目	税收能力							总计
		完全不同意	不同意	不太同意	说不清	比较同意	同意	非常同意	
城郊结合部	计数	4	5	2	7	3	2	0	23
	占税收能力的百分比	4.9%	4.5%	1.2%	2.3%	2.7%	2.9%	0.0%	2.6%
	占总计的百分比	0.4%	0.6%	0.2%	0.8%	0.3%	0.2%	0.0%	2.6%
总计	计数	81	110	163	303	111	70	56	894
	占税收能力的百分比	100.0%	100.0%	100.0%	100.0%	100.0%	100.0%	100.0%	100.0%
	占总计的百分比	9.1%	12.3%	18.2%	33.9%	12.4%	7.8%	6.3%	100.0%

2. 财政转移支付能力

由于没有专门的财政转移支付数据，但政府公共财政收入中包含了税收、财政转移支付收入以及其他收入，因而，暂且用公共财政收入来减去税收的值来衡量财政转移支付收入。根据 2017 年中国县域统计年鉴的数据，贵州从江县的财政转移支付收入为 14392 万元，贵州黄平县的财政转移支付收入为 14384 万元，贵州赫章县的财政转移支付收入为 51522 万元，广西富川县的财政转移支付收入为 12947 万元，广西东兰县的财政转移支付收入为 21013 万元，广西三江县的财政转移支付收入为-10916 万元，云南永平县的财政转移支付收入为-5636 万元，云南宁蒗县的财政转移支付收入为 14118 万元，云南盐津县的财政转移支付收入为 15211 万元，可见，财政转移支付能力排序依次是贵州赫章县、广西东兰县、云南盐津县、贵州从江县、贵州黄平县、云南宁蒗县、云南永平县、广西三江县，这九个贫困县的财政转移支付收入均值为 14115 万元。

题项“本民族地区有较好的特殊政策待遇，能获得较大力度的转移支付”来测量民众对民族地区贫困县财政转移支付能力的运行评价，进而展现的是民族地区贫困县获得外部尤其是上级支持的能力。经统计，选“完全不同意”的有 32 人，占比 3.6%，选“不同意”的有 65 人，占比 7.2%，选“不太同意”的有 91 人，占比 10.1%，选“说不清”的有 304 人，占比 33.9%，选“比较同意”的有 200 人，占比 22.3%，选“同意”的有 136 人，占比 15.1%，选“非常同意”的有 70 人，占比 7.8%（如图 3-3 所示）。可见，对该财政转移支付能力表示负面评价的有两成多的人，对接近四成多的人表达了正面评价，值得注意的是，也有近三成多的人不愿意发表意见。这说明，西部地区贫困县民众还是较为欢迎上级为主的外部支持，财政转移支付能力比较受到民众接受。

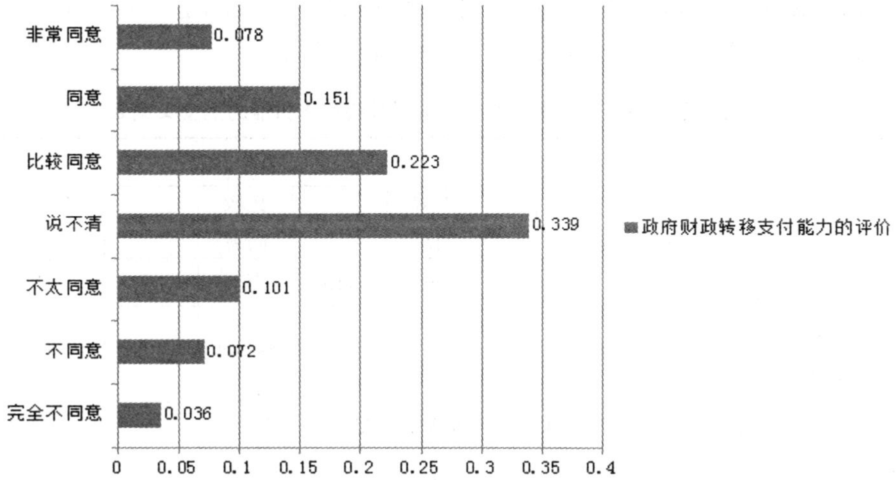

图 3-3　对财政转移支付能力实施的评价

表 3-9 反映出了不同省份的受访者对民族地区财政转移支付能力的评价。经卡方检验，三省受访者对财政转移支付能力的评价有显著性差异。

表 3-9　不同省份与民族地区财政转移支付能力评价的交叉列表

年龄分组	项　目	转移支付能力							总计
		完全不同意	不同意	不太同意	说不清	比较同意	同意	非常同意	
贵州	计数	13	18	33	89	72	50	23	298
	占转移支付能力的百分比	40.6%	27.7%	36.3%	29.3%	36.0%	36.8%	32.9%	33.2%
	占总计的百分比	1.4%	2.0%	3.7%	9.9%	8.0%	5.6%	2.6%	33.2%
云南	计数	13	36	25	106	50	44	26	300
	占转移支付能力的百分比	40.6%	55.4%	27.5%	34.9%	25.0%	32.4%	37.1%	33.4%
	占总计的百分比	1.4%	4.0%	2.8%	11.8%	5.6%	4.9%	2.9%	33.4%
广西	计数	6	11	33	109	78	42	21	300
	占转移支付能力的百分比	18.8%	16.9%	36.3%	35.9%	39.0%	30.9%	30.0%	33.4%
	占总计的百分比	0.7%	1.2%	3.7%	12.1%	8.7%	4.7%	2.3%	33.4%
总计	计数	32	65	91	304	200	136	70	898
	占转移支付能力的百分比	100.0%	100.0%	100.0%	100.0%	100.0%	100.0%	100.0%	100.0%
	占总计的百分比	3.6%	7.2%	10.1%	33.9%	22.3%	15.1%	7.8%	100.0%

表 3-10 反映出了不同民族的受访者对民族地区财政转移支付能力的评价。经卡方检验，不同民族受访者的财政转移支付能力评价有显著性差异。

表 3-10 不同民族受访者与民族地区财政转移支付能力的交叉列表

民族	项目	转移支付能力							总计
		完全不同意	不同意	不太同意	说不清	比较同意	同意	非常同意	
汉族	计数	21	40	39	115	51	49	18	333
	占转移支付能力的百分比	65.6%	61.5%	42.9%	38.0%	25.5%	36.0%	25.7%	37.1%
	占总计的百分比	2.3%	4.5%	4.3%	12.8%	5.7%	5.5%	2.0%	37.1%
苗族	计数	0	8	7	23	22	17	5	82
	占转移支付能力的百分比	0.0%	12.3%	7.7%	7.6%	11.0%	12.5%	7.1%	9.1%
	占总计的百分比	0.0%	0.9%	0.8%	2.6%	2.5%	1.9%	0.6%	9.1%
布依族	计数	0	0	1	0	0	1	1	3
	占转移支付能力的百分比	0.0%	0.0%	1.1%	0.0%	0.0%	0.7%	1.4%	0.3%
	占总计的百分比	0.0%	0.0%	0.1%	0.0%	0.0%	0.1%	0.1%	0.3%
侗族	计数	4	4	11	41	54	21	9	144
	占转移支付能力的百分比	12.5%	6.2%	12.1%	13.5%	27.0%	15.4%	12.9%	16.1%
	占总计的百分比	0.4%	0.4%	1.2%	4.6%	6.0%	2.3%	1.0%	16.1%
壮族	计数	2	2	11	37	24	9	4	89
	占转移支付能力的百分比	6.3%	3.1%	12.1%	12.2%	12.0%	6.6%	5.7%	9.9%
	占总计的百分比	0.2%	0.2%	1.2%	4.1%	2.7%	1.0%	0.4%	9.9%
白族	计数	2	2	1	8	3	2	0	18
	占转移支付能力的百分比	6.3%	3.1%	1.1%	2.6%	1.5%	1.5%	0.0%	2.0%
	占总计的百分比	0.2%	0.2%	0.1%	0.9%	0.3%	0.2%	0.0%	2.0%
哈尼族	计数	0	0	0	0	1	0	0	1
	占转移支付能力的百分比	0.0%	0.0%	0.0%	0.0%	0.5%	0.0%	0.0%	0.1%
	占总计的百分比	0.0%	0.0%	0.0%	0.0%	0.1%	0.0%	0.0%	0.1%

续表

民族	项目	转移支付能力							总计
		完全不同意	不同意	不太同意	说不清	比较同意	同意	非常同意	
彝族	计数	2	2	6	43	30	23	23	129
	占转移支付能力的百分比	6.3%	3.1%	6.6%	14.2%	15.0%	16.9%	32.9%	14.4%
	占总计的百分比	0.2%	0.2%	0.7%	4.8%	3.3%	2.6%	2.6%	14.4%
瑶族	计数	0	6	12	32	14	11	10	85
	占转移支付能力的百分比	0.0%	9.2%	13.2%	10.6%	7.0%	8.1%	14.3%	9.5%
	占总计的百分比	0.0%	0.7%	1.3%	3.6%	1.6%	1.2%	1.1%	9.5%
仫佬族	计数	0	0	0	1	0	2	0	3
	占转移支付能力的百分比	0.0%	0.0%	0.0%	0.3%	0.0%	1.5%	0.0%	0.3%
	占总计的百分比	0.0%	0.0%	0.0%	0.1%	0.0%	0.2%	0.0%	0.3%
回族	计数	1	1	3	3	0	1	0	9
	占转移支付能力的百分比	3.1%	1.5%	3.3%	1.0%	0.0%	0.7%	0.0%	1.0%
	占总计的百分比	0.1%	0.1%	0.3%	0.3%	0.0%	0.1%	0.0%	1.0%
土家族	计数	0	0	0	0	1	0	0	1
	占转移支付能力的百分比	0.0%	0.0%	0.0%	0.0%	0.5%	0.0%	0.0%	0.1%
	占总计的百分比	0.0%	0.0%	0.0%	0.0%	0.1%	0.0%	0.0%	0.1%
总计	计数	32	65	91	303	200	136	70	897
	占转移支付能力的百分比	100.0%	100.0%	100.0%	100.0%	100.0%	100.0%	100.0%	100.0%
	占总计的百分比	3.6%	7.2%	10.1%	33.8%	22.3%	15.2%	7.8%	100.0%

表3-11反映出了不同月收入受访者对财政转移支付能力的评价。经卡方检验，不同收入的受访者的财政转移支付能力评价有显著性差异。

表 3-11　不同月收入受访者与财政转移支付能力的交叉列表

收入分组	项目	转移支付能力							总计
		完全不同意	不同意	不太同意	说不清	比较同意	同意	非常同意	
低收入者	计数	6	12	27	147	85	44	32	353
	占转移支付能力的百分比	18.8%	18.5%	29.7%	48.4%	42.5%	32.4%	45.7%	39.3%
	占总计的百分比	0.7%	1.3%	3.0%	16.4%	9.5%	4.9%	3.6%	39.3%
中等收入者	计数	10	13	36	95	56	37	23	270
	占转移支付能力的百分比	31.3%	20.0%	39.6%	31.3%	28.0%	27.2%	32.9%	30.1%
	占总计的百分比	1.1%	1.4%	4.0%	10.6%	6.2%	4.1%	2.6%	30.1%
高收入者	计数	16	40	28	62	59	55	15	275
	占转移支付能力的百分比	50.0%	61.5%	30.8%	20.4%	29.5%	40.4%	21.4%	30.6%
	占总计的百分比	1.8%	4.5%	3.1%	6.9%	6.6%	6.1%	1.7%	30.6%
总计	计数	32	65	91	304	200	136	70	898
	占转移支付能力的百分比	100.0%	100.0%	100.0%	100.0%	100.0%	100.0%	100.0%	100.0%
	占总计的百分比	3.6%	7.2%	10.1%	33.9%	22.3%	15.1%	7.8%	100.0%

表 3-12 反映出了不同职业受访者对民族地区财政转移支付能力的评价。经卡方检验，不同职业受访者的财政转移支付能力评价有显著性差异。

表 3-12　不同职业受访者与民族地区财政转移支付能力的交叉列表

职业	项目	转移支付能力							总计
		完全不同意	不同意	不太同意	说不清	比较同意	同意	非常同意	
农业劳动者	计数	1	4	8	62	46	13	13	147
	占转移支付能力的百分比	3.1%	6.2%	8.8%	20.5%	23.1%	9.8%	18.6%	16.5%
	占总计的百分比	0.1%	0.4%	0.9%	7.0%	5.2%	1.5%	1.5%	16.5%

续表

职业 \ 项目		转移支付能力							总计
		完全不同意	不同意	不太同意	说不清	比较同意	同意	非常同意	
企业工人	计数	3	2	10	19	8	8	4	54
	占转移支付能力的百分比	9.4%	3.1%	11.0%	6.3%	4.0%	6.0%	5.7%	6.1%
	占总计的百分比	0.3%	0.2%	1.1%	2.1%	0.9%	0.9%	0.4%	6.1%
事业单位人员	计数	7	24	11	34	40	40	13	169
	占转移支付能力的百分比	21.9%	36.9%	12.1%	11.3%	20.1%	30.1%	18.6%	18.9%
	占总计的百分比	0.8%	2.7%	1.2%	3.8%	4.5%	4.5%	1.5%	18.9%
政府机关人员	计数	5	12	10	12	15	21	14	89
	占转移支付能力的百分比	15.6%	18.5%	11.0%	4.0%	7.5%	15.8%	20.0%	10.0%
	占总计的百分比	0.6%	1.3%	1.1%	1.3%	1.7%	2.4%	1.6%	10.0%
个体劳动者/个体工商户	计数	8	5	10	34	28	9	6	100
	占转移支付能力的百分比	25.0%	7.7%	11.0%	11.3%	14.1%	6.8%	8.6%	11.2%
	占总计的百分比	0.9%	0.6%	1.1%	3.8%	3.1%	1.0%	0.7%	11.2%
打工者	计数	4	5	14	57	24	16	10	130
	占转移支付能力的百分比	12.5%	7.7%	15.4%	18.9%	12.1%	12.0%	14.3%	14.6%
	占总计的百分比	0.4%	0.6%	1.6%	6.4%	2.7%	1.8%	1.1%	14.6%
私营企业主	计数	0	2	3	5	3	2	0	15
	占转移支付能力的百分比	0.0%	3.1%	3.3%	1.7%	1.5%	1.5%	0.0%	1.7%
	占总计的百分比	0.0%	0.2%	0.3%	0.6%	0.3%	0.2%	0.0%	1.7%
学生	计数	4	6	19	56	27	15	7	134
	占转移支付能力的百分比	12.5%	9.2%	20.9%	18.5%	13.6%	11.3%	10.0%	15.0%
	占总计的百分比	0.4%	0.7%	2.1%	6.3%	3.0%	1.7%	0.8%	15.0%

续表

职业	项目	转移支付能力							总计
		完全不同意	不同意	不太同意	说不清	比较同意	同意	非常同意	
待业人员	计数	0	3	5	11	4	2	0	25
	占转移支付能力的百分比	0.0%	4.6%	5.5%	3.6%	2.0%	1.5%	0.0%	2.8%
	占总计的百分比	0.0%	0.3%	0.6%	1.2%	0.4%	0.2%	0.0%	2.8%
退休人员	计数	0	2	1	12	4	6	3	28
	占转移支付能力的百分比	0.0%	3.1%	1.1%	4.0%	2.0%	4.5%	4.3%	3.1%
	占总计的百分比	0.0%	0.2%	0.1%	1.3%	0.4%	0.7%	0.3%	3.1%
村干部	计数	0	0	0	0	0	1	0	1
	占转移支付能力的百分比	0.0%	0.0%	0.0%	0.0%	0.0%	0.8%	0.0%	0.1%
	占总计的百分比	0.0%	0.0%	0.0%	0.0%	0.0%	0.1%	0.0%	0.1%
总计	计数	32	65	91	302	199	133	70	892
	占转移支付能力的百分比	100.0%	100.0%	100.0%	100.0%	100.0%	100.0%	100.0%	100.0%
	占总计的百分比	3.6%	7.3%	10.2%	33.9%	22.3%	14.9%	7.8%	100.0%

表 3-13 反映出了不同政治面貌受访者对民族地区财政转移支付能力的评价。经卡方检验，不同政治面貌受访者的财政转移支付能力评价有显著性差异。

表 3-13　不同政治面貌受访者与民族地区财政转移支付能力的交叉列表

政治成分	项目	转移支付能力							总计
		完全不同意	不同意	不太同意	说不清	比较同意	同意	非常同意	
党员	计数	13	27	15	44	45	43	29	216
	占转移支付能力的百分比	40.6%	42.2%	16.9%	14.7%	22.6%	31.6%	41.4%	24.3%
	占总计的百分比	1.5%	3.0%	1.7%	4.9%	5.1%	4.8%	3.3%	24.3%

续表

政治成分	项　目	转移支付能力							总计
		完全不同意	不同意	不太同意	说不清	比较同意	同意	非常同意	
非党员	计数	19	37	74	256	154	93	41	674
	占转移支付能力的百分比	59.4%	57.8%	83.1%	85.3%	77.4%	68.4%	58.6%	75.7%
	占总计的百分比	2.1%	4.2%	8.3%	28.8%	17.3%	10.4%	4.6%	75.7%
总计	计数	32	64	89	300	199	136	70	890
	占转移支付能力的百分比	100.0%	100.0%	100.0%	100.0%	100.0%	100.0%	100.0%	100.0%
	占总计的百分比	3.6%	7.2%	10.0%	33.7%	22.4%	15.3%	7.9%	100.0%

表3-14反映出了不同受教育程度受访者对民族地区财政转移支付能力的评价。经卡方检验，不同受教育程度受访者的财政转移支付能力评价有显著性差异。

表3-14　不同受教育程度受访者与民族地区财政转移支付能力的交叉列表

教育分组	项　目	转移支付能力							总计
		完全不同意	不同意	不太同意	说不清	比较同意	同意	非常同意	
未上学	计数	0	0	1	11	6	7	6	31
	占转移支付能力的百分比	0.0%	0.0%	1.1%	3.6%	3.0%	5.1%	8.6%	3.5%
	占总计的百分比	0.0%	0.0%	0.1%	1.2%	0.7%	0.8%	0.7%	3.5%
小学	计数	1	2	8	55	37	17	17	137
	占转移支付能力的百分比	3.1%	3.1%	8.8%	18.1%	18.5%	12.5%	24.3%	15.3%
	占总计的百分比	0.1%	0.2%	0.9%	6.1%	4.1%	1.9%	1.9%	15.3%
初中	计数	1	10	16	73	37	17	14	168
	占转移支付能力的百分比	3.1%	15.4%	17.6%	24.0%	18.5%	12.5%	20.0%	18.7%
	占总计的百分比	0.1%	1.1%	1.8%	8.1%	4.1%	1.9%	1.6%	18.7%

续表

教育分组	项目	转移支付能力							总计
		完全不同意	不同意	不太同意	说不清	比较同意	同意	非常同意	
高中	计数	11	16	21	57	39	26	12	182
	占转移支付能力的百分比	34.4%	24.6%	23.1%	18.8%	19.5%	19.1%	17.1%	20.3%
	占总计的百分比	1.2%	1.8%	2.3%	6.3%	4.3%	2.9%	1.3%	20.3%
专科	计数	6	18	22	51	43	27	7	174
	占转移支付能力的百分比	18.8%	27.7%	24.2%	16.8%	21.5%	19.9%	10.0%	19.4%
	占总计的百分比	0.7%	2.0%	2.4%	5.7%	4.8%	3.0%	0.8%	19.4%
本科	计数	10	15	12	30	25	27	7	126
	占转移支付能力的百分比	31.3%	23.1%	13.2%	9.9%	12.5%	19.9%	10.0%	14.0%
	占总计的百分比	1.1%	1.7%	1.3%	3.3%	2.8%	3.0%	0.8%	14.0%
研究生	计数	3	4	11	27	13	15	7	80
	占转移支付能力的百分比	9.4%	6.2%	12.1%	8.9%	6.5%	11.0%	10.0%	8.9%
	占总计的百分比	0.3%	0.4%	1.2%	3.0%	1.4%	1.7%	0.8%	8.9%
总计	计数	32	65	91	304	200	136	70	898
	占转移支付能力的百分比	100.0%	100.0%	100.0%	100.0%	100.0%	100.0%	100.0%	100.0%
	占总计的百分比	3.6%	7.2%	10.1%	33.9%	22.3%	15.1%	7.8%	100.0%

表3-15反映出了不同居住地受访者对民族地区财政转移支付能力的评价。经卡方检验，不同居住地受访者的财政转移支付能力评价有显著性差异。

表 3-15　不同居住地受访者与民族地区财政转移支付能力的交叉列表

居住地	项目	转移支付能力							总计
		完全不同意	不同意	不太同意	说不清	比较同意	同意	非常同意	
农村	计数	4	11	32	149	89	57	32	374
	占转移支付能力的百分比	12.5%	16.9%	35.6%	49.2%	44.5%	42.2%	46.4%	41.8%
	占总计的百分比	0.4%	1.2%	3.6%	16.7%	10.0%	6.4%	3.6%	41.8%
乡镇所在地	计数	7	12	15	41	38	16	11	140
	占转移支付能力的百分比	21.9%	18.5%	16.7%	13.5%	19.0%	11.9%	15.9%	15.7%
	占总计的百分比	0.8%	1.3%	1.7%	4.6%	4.3%	1.8%	1.2%	15.7%
县城	计数	19	35	37	91	59	54	24	319
	占转移支付能力的百分比	59.4%	53.8%	41.1%	30.0%	29.5%	40.0%	34.8%	35.7%
	占总计的百分比	2.1%	3.9%	4.1%	10.2%	6.6%	6.0%	2.7%	35.7%
市城区	计数	1	3	4	13	9	6	2	38
	占转移支付能力的百分比	3.1%	4.6%	4.4%	4.3%	4.5%	4.4%	2.9%	4.3%
	占总计的百分比	0.1%	0.3%	0.4%	1.5%	1.0%	0.7%	0.2%	4.3%
城郊结合部	计数	1	4	2	9	5	2	0	23
	占转移支付能力的百分比	3.1%	6.2%	2.2%	3.0%	2.5%	1.5%	0.0%	2.6%
	占总计的百分比	0.1%	0.4%	0.2%	1.0%	0.6%	0.2%	0.0%	2.6%
总计	计数	32	65	90	303	200	135	69	894
	占转移支付能力的百分比	100.0%	100.0%	100.0%	100.0%	100.0%	100.0%	100.0%	100.0%
	占总计的百分比	3.6%	7.3%	10.1%	33.9%	22.4%	15.1%	7.7%	100.0%

3. 民族干部配备能力

题项“本地政府的民族干部配备得比较多”来测量政府的人力资源投入能力，展现的是政府的民族干部配备能力情况。经统计，选“完全不同意”的有 16 人，占比 1.8%，选“不同意”的有 41 人，占比 4.6%，选“不太同意”的有 102 人，占比 11.4%，选“说不清”的有 301 人，占比 33.7%，选“比较同意”的有 198 人，占比 22.2%，选“同意”的有 156 人，占比 17.5%，选“非常同意”的有 79 人，占比 8.8%（如图 3-4 所示)。可见，对该题项表达负面评价的受访者不足两成的人，对接近五成的人表达了正面评价，但是，也有三成多的人不愿意发表意见。这说明，西部地区贫困县受访民众对于政府民族干部配备能力给予了积极评价。

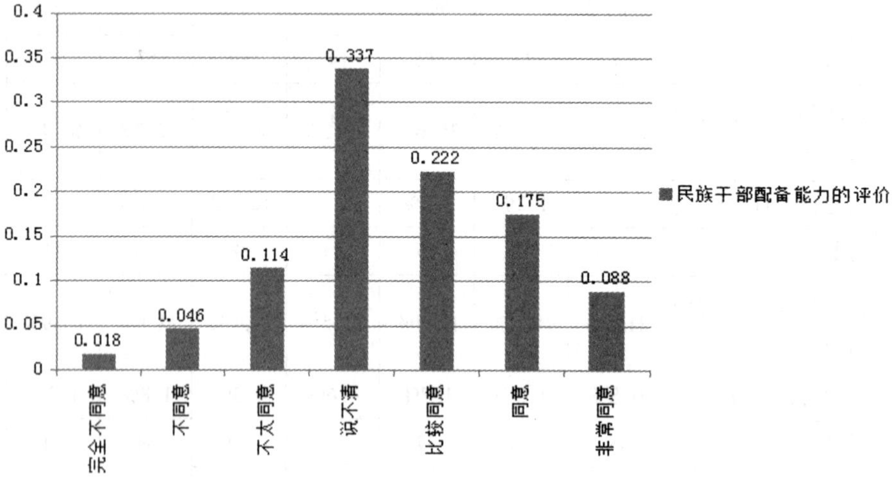

图 3-4　民族干部配备能力情况

表 3-16 反映出了不同省份受访者对民族干部配备能力的评价情况。经卡方检验，不同省份受访者对政府民族干部配备能力的评价有显著性差异。

表 3-16　不同省份受访者与民族干部配备能力的交叉列表

省份	项目	干部配备能力							总计
		完全不同意	不同意	不太同意	说不清	比较同意	同意	非常同意	
贵州	计数	5	10	13	103	80	66	18	295
	占干部配备能力的百分比	31.3%	24.4%	12.7%	34.2%	40.4%	42.3%	22.8%	33.0%
	占总计的百分比	0.6%	1.1%	1.5%	11.5%	9.0%	7.4%	2.0%	33.0%
云南	计数	6	19	67	105	35	24	44	300
	占干部配备能力的百分比	37.5%	46.3%	65.7%	34.9%	17.7%	15.4%	55.7%	33.6%
	占总计的百分比	0.7%	2.1%	7.5%	11.8%	3.9%	2.7%	4.9%	33.6%
广西	计数	5	12	22	93	83	66	17	298
	占干部配备能力的百分比	31.3%	29.3%	21.6%	30.9%	41.9%	42.3%	21.5%	33.4%
	占总计的百分比	0.6%	1.3%	2.5%	10.4%	9.3%	7.4%	1.9%	33.4%

续表

省份＼项目		干部配备能力							总计
		完全不同意	不同意	不太同意	说不清	比较同意	同意	非常同意	
总计	计数	16	41	102	301	198	156	79	893
	占干部配备能力的百分比	100.0%	100.0%	100.0%	100.0%	100.0%	100.0%	100.0%	100.0%
	占总计的百分比	1.8%	4.6%	11.4%	33.7%	22.2%	17.5%	8.8%	100.0%

表 3-17 反映出了不同年龄受访者对民族干部配备能力的评价情况。经卡方检验，不同年龄受访者对政府民族干部配备能力的评价有显著性差异。

表 3-17　不同年龄受访者与民族干部配备能力的交叉列表

年龄分组＼项目		干部配备能力							总计
		完全不同意	不同意	不太同意	说不清	比较同意	同意	非常同意	
20 岁以下	计数	0	0	1	5	0	4	1	11
	占干部配备能力的百分比	0.0%	0.0%	1.0%	1.7%	0.0%	2.6%	1.3%	1.3%
	占总计的百分比	0.0%	0.0%	0.1%	0.6%	0.0%	0.5%	0.1%	1.3%
20–30 岁	计数	4	14	31	129	78	53	20	329
	占干部配备能力的百分比	25.0%	34.1%	30.7%	43.7%	40.4%	34.0%	25.6%	37.4%
	占总计的百分比	0.5%	1.6%	3.5%	14.7%	8.9%	6.0%	2.3%	37.4%
30–40 岁	计数	4	13	37	66	47	36	26	229
	占干部配备能力的百分比	25.0%	31.7%	36.6%	22.4%	24.4%	23.1%	33.3%	26.0%
	占总计的百分比	0.5%	1.5%	4.2%	7.5%	5.3%	4.1%	3.0%	26.0%
40–50 岁	计数	5	6	19	53	37	38	17	175
	占干部配备能力的百分比	31.3%	14.6%	18.8%	18.0%	19.2%	24.4%	21.8%	19.9%
	占总计的百分比	0.6%	0.7%	2.2%	6.0%	4.2%	4.3%	1.9%	19.9%

续表

年龄分组	项　目	干部配备能力							总计
		完全不同意	不同意	不太同意	说不清	比较同意	同意	非常同意	
50-60 岁	计数	1	2	11	31	16	14	12	87
	占干部配备能力的百分比	6.3%	4.9%	10.9%	10.5%	8.3%	9.0%	15.4%	9.9%
	占总计的百分比	0.1%	0.2%	1.3%	3.5%	1.8%	1.6%	1.4%	9.9%
60 岁以上	计数	2	6	2	11	15	11	2	49
	占干部配备能力的百分比	12.5%	14.6%	2.0%	3.7%	7.8%	7.1%	2.6%	5.6%
	占总计的百分比	0.2%	0.7%	0.2%	1.3%	1.7%	1.3%	0.2%	5.6%
总计	计数	16	41	101	295	193	156	78	880
	占干部配备能力的百分比	100.0%	100.0%	100.0%	100.0%	100.0%	100.0%	100.0%	100.0%
	占总计的百分比	1.8%	4.7%	11.5%	33.5%	21.9%	17.7%	8.9%	100.0%

表 3-18 反映出了不同受教育程度受访者对民族干部配备能力的评价情况。经卡方检验，不同受教育程度受访者对政府民族干部配备能力的评价有显著性差异。

表 3-18　不同受教育程度受访者与民族干部配备能力的交叉列表

教育分组	项　目	干部配备能力							总计
		完全不同意	不同意	不太同意	说不清	比较同意	同意	非常同意	
未上学	计数	0	0	7	7	1	3	13	31
	占干部配备能力的百分比	0.0%	0.0%	6.9%	2.3%	0.5%	1.9%	16.5%	3.5%
	占总计的百分比	0.0%	0.0%	0.8%	0.8%	0.1%	0.3%	1.5%	3.5%
小学	计数	0	2	32	41	19	21	21	136
	占干部配备能力的百分比	0.0%	4.9%	31.4%	13.6%	9.6%	13.5%	26.6%	15.2%
	占总计的百分比	0.0%	0.2%	3.6%	4.6%	2.1%	2.4%	2.4%	15.2%

续表

教育分组	项　目	干部配备能力							总计
		完全不同意	不同意	不太同意	说不清	比较同意	同意	非常同意	
初中	计数	1	6	15	61	39	29	16	167
	占干部配备能力的百分比	6.3%	14.6%	14.7%	20.3%	19.7%	18.6%	20.3%	18.7%
	占总计的百分比	0.1%	0.7%	1.7%	6.8%	4.4%	3.2%	1.8%	18.7%
高中	计数	6	7	12	63	44	38	11	181
	占干部配备能力的百分比	37.5%	17.1%	11.8%	20.9%	22.2%	24.4%	13.9%	20.3%
	占总计的百分比	0.7%	0.8%	1.3%	7.1%	4.9%	4.3%	1.2%	20.3%
专科	计数	4	12	24	51	49	27	5	172
	占干部配备能力的百分比	25.0%	29.3%	23.5%	16.9%	24.7%	17.3%	6.3%	19.3%
	占总计的百分比	0.4%	1.3%	2.7%	5.7%	5.5%	3.0%	0.6%	19.3%
本科	计数	3	11	8	45	24	27	8	126
	占干部配备能力的百分比	18.8%	26.8%	7.8%	15.0%	12.1%	17.3%	10.1%	14.1%
	占总计的百分比	0.3%	1.2%	0.9%	5.0%	2.7%	3.0%	0.9%	14.1%
研究生	计数	2	3	4	33	22	11	5	80
	占干部配备能力的百分比	12.5%	7.3%	3.9%	11.0%	11.1%	7.1%	6.3%	9.0%
	占总计的百分比	0.2%	0.3%	0.4%	3.7%	2.5%	1.2%	0.6%	9.0%
总计	计数	16	41	102	301	198	156	79	893
	占干部配备能力的百分比	100.0%	100.0%	100.0%	100.0%	100.0%	100.0%	100.0%	100.0%
	占总计的百分比	1.8%	4.6%	11.4%	33.7%	22.2%	17.5%	8.8%	100.0%

表3-19反映出了不同民族受访者对民族干部配备能力的评价情况。经卡方检验，不同民族受访者对政府民族干部配备能力的评价有显著性差异。

表3-19 不同民族受访者与民族干部配备能力的交叉列表

民族	项目	干部配备能力							总计
		完全不同意	不同意	不太同意	说不清	比较同意	同意	非常同意	
汉族	计数	10	21	30	141	58	61	10	331
	占干部配备能力的百分比	62.5%	51.2%	29.4%	47.0%	29.3%	39.1%	12.7%	37.1%
	占总计的百分比	1.1%	2.4%	3.4%	15.8%	6.5%	6.8%	1.1%	37.1%
苗族	计数	0	4	6	24	24	20	4	82
	占干部配备能力的百分比	0.0%	9.8%	5.9%	8.0%	12.1%	12.8%	5.1%	9.2%
	占总计的百分比	0.0%	0.4%	0.7%	2.7%	2.7%	2.2%	0.4%	9.2%
布依族	计数	0	0	1	0	0	1	1	3
	占干部配备能力的百分比	0.0%	0.0%	1.0%	0.0%	0.0%	0.6%	1.3%	0.3%
	占总计的百分比	0.0%	0.0%	0.1%	0.0%	0.0%	0.1%	0.1%	0.3%
侗族	计数	3	5	3	46	48	29	9	143
	占干部配备能力的百分比	18.8%	12.2%	2.9%	15.3%	24.2%	18.6%	11.4%	16.0%
	占总计的百分比	0.3%	0.6%	0.3%	5.2%	5.4%	3.3%	1.0%	16.0%
壮族	计数	1	1	6	22	33	22	3	88
	占干部配备能力的百分比	6.3%	2.4%	5.9%	7.3%	16.7%	14.1%	3.8%	9.9%
	占总计的百分比	0.1%	0.1%	0.7%	2.5%	3.7%	2.5%	0.3%	9.9%
白族	计数	0	1	0	8	4	4	1	18
	占干部配备能力的百分比	0.0%	2.4%	0.0%	2.7%	2.0%	2.6%	1.3%	2.0%
	占总计的百分比	0.0%	0.1%	0.0%	0.9%	0.4%	0.4%	0.1%	2.0%
哈尼族	计数	0	0	0	0	1	0	0	1
	占干部配备能力的百分比	0.0%	0.0%	0.0%	0.0%	0.5%	0.0%	0.0%	0.1%
	占总计的百分比	0.0%	0.0%	0.0%	0.0%	0.1%	0.0%	0.0%	0.1%

续表

民族	项目	干部配备能力							总计
		完全不同意	不同意	不太同意	说不清	比较同意	同意	非常同意	
彝族	计数	0	3	44	23	13	7	39	129
	占干部配备能力的百分比	0.0%	7.3%	43.1%	7.7%	6.6%	4.5%	49.4%	14.5%
	占总计的百分比	0.0%	0.3%	4.9%	2.6%	1.5%	0.8%	4.4%	14.5%
瑶族	计数	1	6	8	34	16	8	11	84
	占干部配备能力的百分比	6.3%	14.6%	7.8%	11.3%	8.1%	5.1%	13.9%	9.4%
	占总计的百分比	0.1%	0.7%	0.9%	3.8%	1.8%	0.9%	1.2%	9.4%
仫佬族	计数	0	0	0	0	0	3	0	3
	占干部配备能力的百分比	0.0%	0.0%	0.0%	0.0%	0.0%	1.9%	0.0%	0.3%
	占总计的百分比	0.0%	0.0%	0.0%	0.0%	0.0%	0.3%	0.0%	0.3%
回族	计数	1	0	4	1	1	1	1	9
	占干部配备能力的百分比	6.3%	0.0%	3.9%	0.3%	0.5%	0.6%	1.3%	1.0%
	占总计的百分比	0.1%	0.0%	0.4%	0.1%	0.1%	0.1%	0.1%	1.0%
土家族	计数	0	0	0	1	0	0	0	1
	占干部配备能力的百分比	0.0%	0.0%	0.0%	0.3%	0.0%	0.0%	0.0%	0.1%
	占总计的百分比	0.0%	0.0%	0.0%	0.1%	0.0%	0.0%	0.0%	0.1%
总计	计数	16	41	102	300	198	156	79	892
	占干部配备能力的百分比	100.0%	100.0%	100.0%	100.0%	100.0%	100.0%	100.0%	100.0%
	占总计的百分比	1.8%	4.6%	11.4%	33.6%	22.2%	17.5%	8.9%	100.0%

表3-20反映出了不同职业受访者对民族干部配备能力的评价情况。经卡方检验，不同职业受访者对政府民族干部配备能力的评价有显著性差异。

表 3-20　不同职业受访者与民族干部配备能力的交叉列表

职业	项目	干部配备能力							总计
		完全不同意	不同意	不太同意	说不清	比较同意	同意	非常同意	
农业劳动者	计数	2	3	15	59	33	19	15	146
	占干部配备能力的百分比	12.5%	7.3%	14.7%	19.7%	16.8%	12.3%	19.2%	16.5%
	占总计的百分比	0.2%	0.3%	1.7%	6.7%	3.7%	2.1%	1.7%	16.5%
企业工人	计数	0	4	8	23	11	7	1	54
	占干部配备能力的百分比	0.0%	9.8%	7.8%	7.7%	5.6%	4.5%	1.3%	6.1%
	占总计的百分比	0.0%	0.5%	0.9%	2.6%	1.2%	0.8%	0.1%	6.1%
事业单位人员	计数	4	11	23	39	37	32	21	167
	占干部配备能力的百分比	25.0%	26.8%	22.5%	13.0%	18.9%	20.8%	26.9%	18.8%
	占总计的百分比	0.5%	1.2%	2.6%	4.4%	4.2%	3.6%	2.4%	18.8%
政府机关人员	计数	3	3	11	17	13	33	9	89
	占干部配备能力的百分比	18.8%	7.3%	10.8%	5.7%	6.6%	21.4%	11.5%	10.0%
	占总计的百分比	0.3%	0.3%	1.2%	1.9%	1.5%	3.7%	1.0%	10.0%
个体劳动者/个体工商户	计数	1	9	12	31	20	18	9	100
	占干部配备能力的百分比	6.3%	22.0%	11.8%	10.3%	10.2%	11.7%	11.5%	11.3%
	占总计的百分比	0.1%	1.0%	1.4%	3.5%	2.3%	2.0%	1.0%	11.3%
打工者	计数	4	1	15	49	26	18	17	130
	占干部配备能力的百分比	25.0%	2.4%	14.7%	16.3%	13.3%	11.7%	21.8%	14.7%
	占总计的百分比	0.5%	0.1%	1.7%	5.5%	2.9%	2.0%	1.9%	14.7%
私营企业主	计数	0	0	1	8	4	2	0	15
	占干部配备能力的百分比	0.0%	0.0%	1.0%	2.7%	2.0%	1.3%	0.0%	1.7%
	占总计的百分比	0.0%	0.0%	0.1%	0.9%	0.5%	0.2%	0.0%	1.7%

续表

职业	项目	干部配备能力							总计
		完全不同意	不同意	不太同意	说不清	比较同意	同意	非常同意	
学生	计数	2	9	13	54	39	12	3	132
	占干部配备能力的百分比	12.5%	22.0%	12.7%	18.0%	19.9%	7.8%	3.8%	14.9%
	占总计的百分比	0.2%	1.0%	1.5%	6.1%	4.4%	1.4%	0.3%	14.9%
待业人员	计数	0	0	3	12	6	4	0	25
	占干部配备能力的百分比	0.0%	0.0%	2.9%	4.0%	3.1%	2.6%	0.0%	2.8%
	占总计的百分比	0.0%	0.0%	0.3%	1.4%	0.7%	0.5%	0.0%	2.8%
退休人员	计数	0	1	1	8	7	8	3	28
	占干部配备能力的百分比	0.0%	2.4%	1.0%	2.7%	3.6%	5.2%	3.8%	3.2%
	占总计的百分比	0.0%	0.1%	0.1%	0.9%	0.8%	0.9%	0.3%	3.2%
村干部	计数	0	0	0	0	0	1	0	1
	占干部配备能力的百分比	0.0%	0.0%	0.0%	0.0%	0.0%	0.6%	0.0%	0.1%
	占总计的百分比	0.0%	0.0%	0.0%	0.0%	0.0%	0.1%	0.0%	0.1%
总计	计数	16	41	102	300	196	154	78	887
	占干部配备能力的百分比	100.0%	100.0%	100.0%	100.0%	100.0%	100.0%	100.0%	100.0%
	占总计的百分比	1.8%	4.6%	11.5%	33.8%	22.1%	17.4%	8.8%	100.0%

表3-21反映出了不同政治面貌受访者对民族干部配备能力的评价情况。经卡方检验，不同政治面貌受访者对政府民族干部配备能力的评价有显著性差异。

表 3-21　不同政治面貌受访者与民族干部配备能力的交叉列表

政治成分	项　目	干部配备能力							总计
		完全不同意	不同意	不太同意	说不清	比较同意	同意	非常同意	
党员	计数	5	15	33	45	46	48	24	216
	占干部配备能力的百分比	31.3%	36.6%	33.0%	15.2%	23.4%	31.0%	30.4%	24.4%
	占总计的百分比	0.6%	1.7%	3.7%	5.1%	5.2%	5.4%	2.7%	24.4%
非党员	计数	11	26	67	252	151	107	55	669
	占干部配备能力的百分比	68.8%	63.4%	67.0%	84.8%	76.6%	69.0%	69.6%	75.6%
	占总计的百分比	1.2%	2.9%	7.6%	28.5%	17.1%	12.1%	6.2%	75.6%
总计	计数	16	41	100	297	197	155	79	885
	占干部配备能力的百分比	100.0%	100.0%	100.0%	100.0%	100.0%	100.0%	100.0%	100.0%
	占总计的百分比	1.8%	4.6%	11.3%	33.6%	22.3%	17.5%	8.9%	100.0%

表 3-22 反映出了不同婚姻状况受访者对民族干部配备能力的评价情况。经卡方检验，不同婚姻状况受访者对政府民族干部配备能力的评价有显著性差异。

表 3-22　不同婚姻状况受访者与民族干部配备能力的交叉列表

婚否	项　目	干部配备能力							总计
		完全不同意	不同意	不太同意	说不清	比较同意	同意	非常同意	
已婚	计数	14	22	72	181	117	104	64	574
	占干部配备能力的百分比	87.5%	53.7%	73.5%	60.7%	59.4%	67.5%	83.1%	65.2%
	占总计的百分比	1.6%	2.5%	8.2%	20.5%	13.3%	11.8%	7.3%	65.2%
未婚	计数	2	19	26	117	80	50	13	307
	占干部配备能力的百分比	12.5%	46.3%	26.5%	39.3%	40.6%	32.5%	16.9%	34.8%
	占总计的百分比	0.2%	2.2%	3.0%	13.3%	9.1%	5.7%	1.5%	34.8%
总计	计数	16	41	98	298	197	154	77	881
	占干部配备能力的百分比	100.0%	100.0%	100.0%	100.0%	100.0%	100.0%	100.0%	100.0%
	占总计的百分比	1.8%	4.7%	11.1%	33.8%	22.4%	17.5%	8.7%	100.0%

表 3-23 反映出了不同收入水平受访者对民族干部配备能力的评价情况。经卡方检验，不同收入水平受访者对政府民族干部配备能力的评价有显著性差异。

表 3-23　不同收入水平受访者与民族干部配备能力的交叉列表

收入分组	项　目	干部配备能力							总计
		完全不同意	不同意	不太同意	说不清	比较同意	同意	非常同意	
低收入者	计数	2	9	55	124	74	45	42	351
	占干部配备能力的百分比	12.5%	22.0%	53.9%	41.2%	37.4%	28.8%	53.2%	39.3%
	占总计的百分比	0.2%	1.0%	6.2%	13.9%	8.3%	5.0%	4.7%	39.3%
中等收入者	计数	8	10	21	92	66	50	20	267
	占干部配备能力的百分比	50.0%	24.4%	20.6%	30.6%	33.3%	32.1%	25.3%	29.9%
	占总计的百分比	0.9%	1.1%	2.4%	10.3%	7.4%	5.6%	2.2%	29.9%
高收入者	计数	6	22	26	85	58	61	17	275
	占干部配备能力的百分比	37.5%	53.7%	25.5%	28.2%	29.3%	39.1%	21.5%	30.8%
	占总计的百分比	0.7%	2.5%	2.9%	9.5%	6.5%	6.8%	1.9%	30.8%
总计	计数	16	41	102	301	198	156	79	893
	占干部配备能力的百分比	100.0%	100.0%	100.0%	100.0%	100.0%	100.0%	100.0%	100.0%
	占总计的百分比	1.8%	4.6%	11.4%	33.7%	22.2%	17.5%	8.8%	100.0%

表 3-24 反映出了不同居住地受访者对民族干部配备能力的评价情况。经卡方检验，不同居住地受访者对政府民族干部配备能力的评价有显著性差异。

表 3-24　不同居住地受访者与民族干部配备能力的交叉列表

居住地	项　目	干部配备能力							总计
		完全不同意	不同意	不太同意	说不清	比较同意	同意	非常同意	
农村	计数	3	9	64	127	74	46	48	371
	占干部配备能力的百分比	18.8%	22.0%	62.7%	42.5%	37.6%	29.5%	61.5%	41.7%
	占总计的百分比	0.3%	1.0%	7.2%	14.3%	8.3%	5.2%	5.4%	41.7%

续表

居住地	项目	干部配备能力							总计
		完全不同意	不同意	不太同意	说不清	比较同意	同意	非常同意	
乡镇所在地	计数	5	5	7	39	39	34	11	140
	占干部配备能力的百分比	31.3%	12.2%	6.9%	13.0%	19.8%	21.8%	14.1%	15.7%
	占总计的百分比	0.6%	0.6%	0.8%	4.4%	4.4%	3.8%	1.2%	15.7%
县城	计数	7	24	28	112	65	63	18	317
	占干部配备能力的百分比	43.8%	58.5%	27.5%	37.5%	33.0%	40.4%	23.1%	35.7%
	占总计的百分比	0.8%	2.7%	3.1%	12.6%	7.3%	7.1%	2.0%	35.7%
市城区	计数	0	3	1	13	14	6	1	38
	占干部配备能力的百分比	0.0%	7.3%	1.0%	4.3%	7.1%	3.8%	1.3%	4.3%
	占总计的百分比	0.0%	0.3%	0.1%	1.5%	1.6%	0.7%	0.1%	4.3%
城郊结合部	计数	1	0	2	8	5	7	0	23
	占干部配备能力的百分比	6.3%	0.0%	2.0%	2.7%	2.5%	4.5%	0.0%	2.6%
	占总计的百分比	0.1%	0.0%	0.2%	0.9%	0.6%	0.8%	0.0%	2.6%
总计	计数	16	41	102	299	197	156	78	889
	占干部配备能力的百分比	100.0%	100.0%	100.0%	100.0%	100.0%	100.0%	100.0%	100.0%
	占总计的百分比	1.8%	4.6%	11.5%	33.6%	22.2%	17.5%	8.8%	100.0%

4. 获得外部支持能力

题项“本民族地区能获得较多的外部帮扶或社会各界资助”来测量民众对西部地区贫困县获得外部支持能力的看法。经统计，选“完全不同意”的有 17 人，占比 1.9%，选“不同意”的有 45 人，占比 5%，选“不太同意”的有 112 人，占比 12.5%，选“说不清”的有 271 人，占比 30.2%，选“比较同意”的有 215 人，占比 24%，选“同意”的有 162 人，占比 18.1%，选“非常同意”的有 74 人，占比 8.3%（如图 3-5 所示）。可见，对该题项表达不同意的有近两成的人，对接近五成多的人表达了赞同，但是，也有三成多的人不愿意发表意见。这说明，西部地区贫困县民众还是倾向于获得更多的外部支持，寻求外部帮助的能力表现得比较重要。

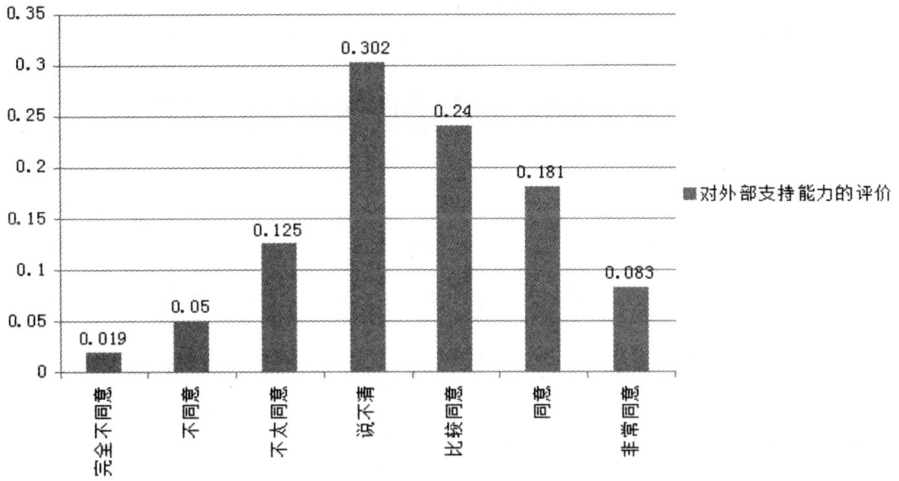

图 3-5 民众对获得外部支持能力的看法

表 3-25 反映出了不同省份受访者对获得外部支持能力的看法情况。经卡方检验，不同省份受访者在获得外部支持能力看法上有显著性差异。

表 3-25 不同省份受访者与获得外部支持能力的交叉列表

省份	项目	社会支持能力							总计
		完全不同意	不同意	不太同意	说不清	比较同意	同意	非常同意	
贵州	计数	5	10	30	97	71	64	20	297
	占社会支持能力的百分比	29.4%	22.2%	26.8%	35.8%	33.0%	39.5%	27.0%	33.1%
	占总计的百分比	0.6%	1.1%	3.3%	10.8%	7.9%	7.1%	2.2%	33.1%
云南	计数	6	26	55	83	61	38	30	299
	占社会支持能力的百分比	35.3%	57.8%	49.1%	30.6%	28.4%	23.5%	40.5%	33.4%
	占总计的百分比	0.7%	2.9%	6.1%	9.3%	6.8%	4.2%	3.3%	33.4%
广西	计数	6	9	27	91	83	60	24	300
	占社会支持能力的百分比	35.3%	20.0%	24.1%	33.6%	38.6%	37.0%	32.4%	33.5%
	占总计的百分比	0.7%	1.0%	3.0%	10.2%	9.3%	6.7%	2.7%	33.5%
总计	计数	17	45	112	271	215	162	74	896
	占社会支持能力的百分比	100.0%	100.0%	100.0%	100.0%	100.0%	100.0%	100.0%	100.0%
	占总计的百分比	1.9%	5.0%	12.5%	30.2%	24.0%	18.1%	8.3%	100.0%

表3-26反映出了不同受教育程度受访者对获得外部支持能力的看法情况。经卡方检验，不同受教育程度受访者在获得外部支持能力看法上有显著性差异。

表3-26 不同受教育程度受访者与获得外部支持能力的交叉列表

教育分组	项目	社会支持能力							总计
		完全不同意	不同意	不太同意	说不清	比较同意	同意	非常同意	
未上学	计数	0	0	4	10	10	1	6	31
	占社会支持能力的百分比	0.0%	0.0%	3.6%	3.7%	4.7%	0.6%	8.1%	3.5%
	占总计的百分比	0.0%	0.0%	0.4%	1.1%	1.1%	0.1%	0.7%	3.5%
小学	计数	2	3	21	52	27	15	17	137
	占社会支持能力的百分比	11.8%	6.7%	18.8%	19.2%	12.6%	9.3%	23.0%	15.3%
	占总计的百分比	0.2%	0.3%	2.3%	5.8%	3.0%	1.7%	1.9%	15.3%
初中	计数	4	6	20	57	35	31	15	168
	占社会支持能力的百分比	23.5%	13.3%	17.9%	21.0%	16.3%	19.1%	20.3%	18.8%
	占总计的百分比	0.4%	0.7%	2.2%	6.4%	3.9%	3.5%	1.7%	18.8%
高中	计数	5	13	20	52	33	43	16	182
	占社会支持能力的百分比	29.4%	28.9%	17.9%	19.2%	15.3%	26.5%	21.6%	20.3%
	占总计的百分比	0.6%	1.5%	2.2%	5.8%	3.7%	4.8%	1.8%	20.3%
专科	计数	2	11	20	46	52	35	8	174
	占社会支持能力的百分比	11.8%	24.4%	17.9%	17.0%	24.2%	21.6%	10.8%	19.4%
	占总计的百分比	0.2%	1.2%	2.2%	5.1%	5.8%	3.9%	0.9%	19.4%
本科	计数	2	11	18	34	32	19	8	124
	占社会支持能力的百分比	11.8%	24.4%	16.1%	12.5%	14.9%	11.7%	10.8%	13.8%
	占总计的百分比	0.2%	1.2%	2.0%	3.8%	3.6%	2.1%	0.9%	13.8%

续表

教育分组	项目	社会支持能力							总计
		完全不同意	不同意	不太同意	说不清	比较同意	同意	非常同意	
研究生	计数	2	1	9	20	26	18	4	80
	占社会支持能力的百分比	11.8%	2.2%	8.0%	7.4%	12.1%	11.1%	5.4%	8.9%
	占总计的百分比	0.2%	0.1%	1.0%	2.2%	2.9%	2.0%	0.4%	8.9%
总计	计数	17	45	112	271	215	162	74	896
	占社会支持能力的百分比	100.0%	100.0%	100.0%	100.0%	100.0%	100.0%	100.0%	100.0%
	占总计的百分比	1.9%	5.0%	12.5%	30.2%	24.0%	18.1%	8.3%	100.0%

表3-27反映出了不同收入受访者对获得外部支持能力的看法情况。经卡方检验，不同收入受访者在获得外部支持能力看法上有显著性差异。

表3-27 不同收入受访者与获得外部支持能力的交叉列表

收入分组	项目	社会支持能力							总计
		完全不同意	不同意	不太同意	说不清	比较同意	同意	非常同意	
低收入者	计数	3	11	42	118	95	49	34	352
	占社会支持能力的百分比	17.6%	24.4%	37.5%	43.5%	44.2%	30.2%	45.9%	39.3%
	占总计的百分比	0.3%	1.2%	4.7%	13.2%	10.6%	5.5%	3.8%	39.3%
中等收入者	计数	9	14	32	91	59	42	23	270
	占社会支持能力的百分比	52.9%	31.1%	28.6%	33.6%	27.4%	25.9%	31.1%	30.1%
	占总计的百分比	1.0%	1.6%	3.6%	10.2%	6.6%	4.7%	2.6%	30.1%
高收入者	计数	5	20	38	62	61	71	17	274
	占社会支持能力的百分比	29.4%	44.4%	33.9%	22.9%	28.4%	43.8%	23.0%	30.6%
	占总计的百分比	0.6%	2.2%	4.2%	6.9%	6.8%	7.9%	1.9%	30.6%
总计	计数	17	45	112	271	215	162	74	896
	占社会支持能力的百分比	100.0%	100.0%	100.0%	100.0%	100.0%	100.0%	100.0%	100.0%
	占总计的百分比	1.9%	5.0%	12.5%	30.2%	24.0%	18.1%	8.3%	100.0%

表 3-28 反映出了不同民族受访者对获得外部支持能力的看法情况。经卡方检验，不同民族受访者在获得外部支持能力看法上有显著性差异。

表 3-28 不同民族受访者与获得外部支持能力的交叉列表

教育分组	项目	社会支持能力							总计
		完全不同意	不同意	不太同意	说不清	比较同意	同意	非常同意	
汉族	计数	7	27	47	101	66	71	13	332
	占社会支持能力的百分比	41.2%	61.4%	42.0%	37.3%	30.7%	43.8%	17.6%	37.1%
	占总计的百分比	0.8%	3.0%	5.3%	11.3%	7.4%	7.9%	1.5%	37.1%
苗族	计数	1	1	12	20	23	18	7	82
	占社会支持能力的百分比	5.9%	2.3%	10.7%	7.4%	10.7%	11.1%	9.5%	9.2%
	占总计的百分比	0.1%	0.1%	1.3%	2.2%	2.6%	2.0%	0.8%	9.2%
布依族	计数	0	0	1	0	0	1	1	3
	占社会支持能力的百分比	0.0%	0.0%	0.9%	0.0%	0.0%	0.6%	1.4%	0.3%
	占总计的百分比	0.0%	0.0%	0.1%	0.0%	0.0%	0.1%	0.1%	0.3%
侗族	计数	4	4	6	39	47	30	14	144
	占社会支持能力的百分比	23.5%	9.1%	5.4%	14.4%	21.9%	18.5%	18.9%	16.1%
	占总计的百分比	0.4%	0.4%	0.7%	4.4%	5.3%	3.4%	1.6%	16.1%
壮族	计数	1	3	8	30	29	11	7	89
	占社会支持能力的百分比	5.9%	6.8%	7.1%	11.1%	13.5%	6.8%	9.5%	9.9%
	占总计的百分比	0.1%	0.3%	0.9%	3.4%	3.2%	1.2%	0.8%	9.9%
白族	计数	0	2	1	5	6	3	1	18
	占社会支持能力的百分比	0.0%	4.5%	0.9%	1.8%	2.8%	1.9%	1.4%	2.0%
	占总计的百分比	0.0%	0.2%	0.1%	0.6%	0.7%	0.3%	0.1%	2.0%
哈尼族	计数	0	0	0	0	1	0	0	1
	占社会支持能力的百分比	0.0%	0.0%	0.0%	0.0%	0.5%	0.0%	0.0%	0.1%
	占总计的百分比	0.0%	0.0%	0.0%	0.0%	0.1%	0.0%	0.0%	0.1%

续表

教育分组	项 目	社会支持能力							总计
		完全不同意	不同意	不太同意	说不清	比较同意	同意	非常同意	
彝族	计数	2	3	26	46	22	5	24	128
	占社会支持能力的百分比	11.8%	6.8%	23.2%	17.0%	10.2%	3.1%	32.4%	14.3%
	占总计的百分比	0.2%	0.3%	2.9%	5.1%	2.5%	0.6%	2.7%	14.3%
瑶族	计数	1	2	10	28	18	20	6	85
	占社会支持能力的百分比	5.9%	4.5%	8.9%	10.3%	8.4%	12.3%	8.1%	9.5%
	占总计的百分比	0.1%	0.2%	1.1%	3.1%	2.0%	2.2%	0.7%	9.5%
仫佬族	计数	0	0	0	1	0	2	0	3
	占社会支持能力的百分比	0.0%	0.0%	0.0%	0.4%	0.0%	1.2%	0.0%	0.3%
	占总计的百分比	0.0%	0.0%	0.0%	0.1%	0.0%	0.2%	0.0%	0.3%
回族	计数	1	2	1	0	3	1	1	9
	占社会支持能力的百分比	5.9%	4.5%	0.9%	0.0%	1.4%	0.6%	1.4%	1.0%
	占总计的百分比	0.1%	0.2%	0.1%	0.0%	0.3%	0.1%	0.1%	1.0%
土家族	计数	0	0	0	1	0	0	0	1
	占社会支持能力的百分比	0.0%	0.0%	0.0%	0.4%	0.0%	0.0%	0.0%	0.1%
	占总计的百分比	0.0%	0.0%	0.0%	0.1%	0.0%	0.0%	0.0%	0.1%
总计	计数	17	44	112	271	215	162	74	895
	占社会支持能力的百分比	100.0%	100.0%	100.0%	100.0%	100.0%	100.0%	100.0%	100.0%
	占总计的百分比	1.9%	4.9%	12.5%	30.3%	24.0%	18.1%	8.3%	100.0%

表3-29反映出了不同职业受访者对获得外部支持能力的看法情况。经卡方检验，不同职业受访者在获得外部支持能力看法上有显著性差异。

表 3-29 不同职业受访者与获得外部支持能力的交叉列表

职业	项目	社会支持能力							总计
		完全不同意	不同意	不太同意	说不清	比较同意	同意	非常同意	
农业劳动者	计数	2	5	14	58	35	20	13	147
	占社会支持能力的百分比	11.8%	11.1%	12.5%	21.6%	16.5%	12.4%	17.6%	16.5%
	占总计的百分比	0.2%	0.6%	1.6%	6.5%	3.9%	2.2%	1.5%	16.5%
企业工人	计数	0	2	16	16	6	12	2	54
	占社会支持能力的百分比	0.0%	4.4%	14.3%	5.9%	2.8%	7.5%	2.7%	6.1%
	占总计的百分比	0.0%	0.2%	1.8%	1.8%	0.7%	1.3%	0.2%	6.1%
事业单位人员	计数	3	10	20	46	40	28	21	168
	占社会支持能力的百分比	17.6%	22.2%	17.9%	17.1%	18.9%	17.4%	28.4%	18.9%
	占总计的百分比	0.3%	1.1%	2.2%	5.2%	4.5%	3.1%	2.4%	18.9%
政府机关人员	计数	3	5	14	9	26	25	7	89
	占社会支持能力的百分比	17.6%	11.1%	12.5%	3.3%	12.3%	15.5%	9.5%	10.0%
	占总计的百分比	0.3%	0.6%	1.6%	1.0%	2.9%	2.8%	0.8%	10.0%
个体劳动者/个体工商户	计数	5	5	10	34	21	15	10	100
	占社会支持能力的百分比	29.4%	11.1%	8.9%	12.6%	9.9%	9.3%	13.5%	11.2%
	占总计的百分比	0.6%	0.6%	1.1%	3.8%	2.4%	1.7%	1.1%	11.2%
打工者	计数	3	7	14	50	28	18	10	130
	占社会支持能力的百分比	17.6%	15.6%	12.5%	18.6%	13.2%	11.2%	13.5%	14.6%
	占总计的百分比	0.3%	0.8%	1.6%	5.6%	3.1%	2.0%	1.1%	14.6%
私营企业主	计数	0	1	2	7	3	2	0	15
	占社会支持能力的百分比	0.0%	2.2%	1.8%	2.6%	1.4%	1.2%	0.0%	1.7%
	占总计的百分比	0.0%	0.1%	0.2%	0.8%	0.3%	0.2%	0.0%	1.7%

续表

职业	项目	社会支持能力							总计
		完全不同意	不同意	不太同意	说不清	比较同意	同意	非常同意	
学生	计数	0	8	17	38	44	22	5	134
	占社会支持能力的百分比	0.0%	17.8%	15.2%	14.1%	20.8%	13.7%	6.8%	15.1%
	占总计的百分比	0.0%	0.9%	1.9%	4.3%	4.9%	2.5%	0.6%	15.1%
待业人员	计数	1	1	3	6	6	4	3	24
	占社会支持能力的百分比	5.9%	2.2%	2.7%	2.2%	2.8%	2.5%	4.1%	2.7%
	占总计的百分比	0.1%	0.1%	0.3%	0.7%	0.7%	0.4%	0.3%	2.7%
退休人员	计数	0	1	2	4	3	15	3	28
	占社会支持能力的百分比	0.0%	2.2%	1.8%	1.5%	1.4%	9.3%	4.1%	3.1%
	占总计的百分比	0.0%	0.1%	0.2%	0.4%	0.3%	1.7%	0.3%	3.1%
村干部	计数	0	0	0	1	0	0	0	1
	占社会支持能力的百分比	0.0%	0.0%	0.0%	0.4%	0.0%	0.0%	0.0%	0.1%
	占总计的百分比	0.0%	0.0%	0.0%	0.1%	0.0%	0.0%	0.0%	0.1%
总计	计数	17	45	112	269	212	161	74	890
	占社会支持能力的百分比	100.0%	100.0%	100.0%	100.0%	100.0%	100.0%	100.0%	100.0%
	占总计的百分比	1.9%	5.1%	12.6%	30.2%	23.8%	18.1%	8.3%	100.0%

表3-30反映出了不同政治面貌受访者对获得外部支持能力的看法情况。经卡方检验，不同政治面貌受访者在获得外部支持能力看法上有显著性差异。

表 3-30 不同政治面貌受访者与获得外部支持能力的交叉列表

政治成分	项 目	社会支持能力							总计
		完全不同意	不同意	不太同意	说不清	比较同意	同意	非常同意	
党员	计数	4	14	29	47	47	48	27	216
	占社会支持能力的百分比	23.5%	31.1%	26.4%	17.5%	21.9%	30.0%	37.0%	24.3%
	占总计的百分比	0.5%	1.6%	3.3%	5.3%	5.3%	5.4%	3.0%	24.3%
非党员	计数	13	31	81	221	168	112	46	672
	占社会支持能力的百分比	76.5%	68.9%	73.6%	82.5%	78.1%	70.0%	63.0%	75.7%
	占总计的百分比	1.5%	3.5%	9.1%	24.9%	18.9%	12.6%	5.2%	75.7%
总计	计数	17	45	110	268	215	160	73	888
	占社会支持能力的百分比	100.0%	100.0%	100.0%	100.0%	100.0%	100.0%	100.0%	100.0%
	占总计的百分比	1.9%	5.1%	12.4%	30.2%	24.2%	18.0%	8.2%	100.0%

表 3-31 反映出了不同婚姻状况受访者对获得外部支持能力的看法情况。经卡方检验，不同婚姻状况受访者在获得外部支持能力看法上有显著性差异。

表 3-31 不同婚姻状况受访者与获得外部支持能力的交叉列表

婚否	项 目	社会支持能力							总计
		完全不同意	不同意	不太同意	说不清	比较同意	同意	非常同意	
已婚	计数	14	23	65	183	129	108	53	575
	占社会支持能力的百分比	82.4%	52.3%	59.1%	68.3%	60.3%	67.5%	74.6%	65.0%
	占总计的百分比	1.6%	2.6%	7.4%	20.7%	14.6%	12.2%	6.0%	65.0%
未婚	计数	3	21	45	85	85	52	18	309
	占社会支持能力的百分比	17.6%	47.7%	40.9%	31.7%	39.7%	32.5%	25.4%	35.0%
	占总计的百分比	0.3%	2.4%	5.1%	9.6%	9.6%	5.9%	2.0%	35.0%

续表

婚否	项　目	社会支持能力							总计
		完全不同意	不同意	不太同意	说不清	比较同意	同意	非常同意	
总计	计数	17	44	110	268	214	160	71	884
	占社会支持能力的百分比	100.0%	100.0%	100.0%	100.0%	100.0%	100.0%	100.0%	100.0%
	占总计的百分比	1.9%	5.0%	12.4%	30.3%	24.2%	18.1%	8.0%	100.0%

表3-32反映出了不同居住地受访者对获得外部支持能力的看法情况。经卡方检验，不同居住地受访者在获得外部支持能力看法上有显著性差异。

表3-32　不同居住地受访者与获得外部支持能力的交叉列表

居住地	项　目	社会支持能力							总计
		完全不同意	不同意	不太同意	说不清	比较同意	同意	非常同意	
农村	计数	5	10	52	135	95	43	34	374
	占社会支持能力的百分比	29.4%	22.2%	46.4%	49.8%	44.4%	26.9%	46.6%	41.9%
	占总计的百分比	0.6%	1.1%	5.8%	15.1%	10.7%	4.8%	3.8%	41.9%
乡镇所在地	计数	2	10	11	42	30	35	10	140
	占社会支持能力的百分比	11.8%	22.2%	9.8%	15.5%	14.0%	21.9%	13.7%	15.7%
	占总计的百分比	0.2%	1.1%	1.2%	4.7%	3.4%	3.9%	1.1%	15.7%
县城	计数	8	22	43	74	72	72	26	317
	占社会支持能力的百分比	47.1%	48.9%	38.4%	27.3%	33.6%	45.0%	35.6%	35.5%
	占总计的百分比	0.9%	2.5%	4.8%	8.3%	8.1%	8.1%	2.9%	35.5%
市城区	计数	0	2	6	12	10	7	1	38
	占社会支持能力的百分比	0.0%	4.4%	5.4%	4.4%	4.7%	4.4%	1.4%	4.3%
	占总计的百分比	0.0%	0.2%	0.7%	1.3%	1.1%	0.8%	0.1%	4.3%

续表

居住地	项目	社会支持能力							总计
		完全不同意	不同意	不太同意	说不清	比较同意	同意	非常同意	
城郊结合部	计数	2	1	0	8	7	3	2	23
	占社会支持能力的百分比	11.8%	2.2%	0.0%	3.0%	3.3%	1.9%	2.7%	2.6%
	占总计的百分比	0.2%	0.1%	0.0%	0.9%	0.8%	0.3%	0.2%	2.6%
总计	计数	17	45	112	271	214	160	73	892
	占社会支持能力的百分比	100.0%	100.0%	100.0%	100.0%	100.0%	100.0%	100.0%	100.0%
	占总计的百分比	1.9%	5.0%	12.6%	30.4%	24.0%	17.9%	8.2%	100.0%

二、公共资源配置能力

1. 公共资源配置的公平性能力

题项“本地政府制定经济社会发展规划时兼顾了公平和效率”是用来测量西部地区贫困县民众对政府公共资源配置能力问题看法的，主要侧重于测量公共资源配置中的公平性问题。经统计，选“完全不同意”的有 15 人，占比 1.7%，选“不同意”的有 34 人，占比 3.8%，选“不太同意”的有 160 人，占比 17.9%，选“说不清”的有 251 人，占比 28.1%，选“比较同意”的有 211 人，占比 23.6%，选“同意”的有 138 人，占比 15.5%，选“非常同意”的有 84 人，占比 9.4%（如图 3-6 所示）。这说明，有四成多的受访民众认为公共资源配置没有体现公平性，有超过五成的民众不愿表达意见，有四成多的民众认为政府在公共资源配置中体现了公平性，对此问题给予积极评价的民众还是占有相对多数，但民众不愿意表态仍是不可忽视的问题。

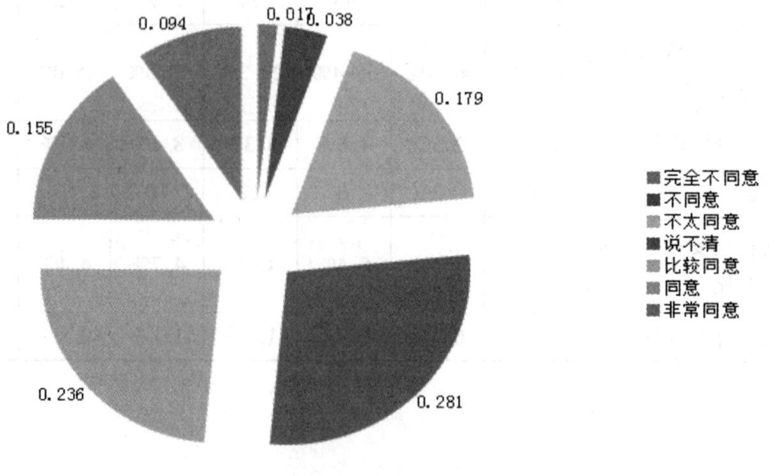

图 3-6　对公共资源配置能力公平性问题的看法

表 3-33 反映出了不同省份受访者对公共资源配置能力公平性问题的看法情况。经卡方检验，不同省份受访者在公共资源配置能力公平性问题看法上有显著性差异。

表 3-33　不同省份受访者与公共资源配置能力公平性的交叉列表

省份	项　目	配置能力公平性							总计
		完全不同意	不同意	不太同意	说不清	比较同意	同意	非常同意	
贵州	计数	4	11	29	103	74	53	22	296
	占配置能力公平性的百分比	26.7%	32.4%	18.1%	41.0%	35.1%	38.4%	26.2%	33.1%
	占总计的百分比	0.4%	1.2%	3.2%	11.5%	8.3%	5.9%	2.5%	33.1%
云南	计数	6	13	81	70	53	31	45	299
	占配置能力公平性的百分比	40.0%	38.2%	50.6%	27.9%	25.1%	22.5%	53.6%	33.5%
	占总计的百分比	0.7%	1.5%	9.1%	7.8%	5.9%	3.5%	5.0%	33.5%
广西	计数	5	10	50	78	84	54	17	298
	占配置能力公平性的百分比	33.3%	29.4%	31.3%	31.1%	39.8%	39.1%	20.2%	33.4%
	占总计的百分比	0.6%	1.1%	5.6%	8.7%	9.4%	6.0%	1.9%	33.4%
总计	计数	15	34	160	251	211	138	84	893
	占配置能力公平性的百分比	100.0%	100.0%	100.0%	100.0%	100.0%	100.0%	100.0%	100.0%
	占总计的百分比	1.7%	3.8%	17.9%	28.1%	23.6%	15.5%	9.4%	100.0%

表 3-34 反映出了不同性别受访者对公共资源配置能力公平性问题的看法情况。经卡方检验，不同性别受访者在公共资源配置能力公平性问题看法上没有显著性差异。

表 3-34　不同性别受访者与公共资源配置能力公平性的交叉列表

教育分组	项　目	配置能力公平性							总计
		完全不同意	不同意	不太同意	说不清	比较同意	同意	非常同意	
男	计数	8	17	85	110	96	75	43	434
	占配置能力公平性的百分比	53.3%	51.5%	53.1%	44.5%	45.7%	55.1%	51.2%	49.0%
	占总计的百分比	0.9%	1.9%	9.6%	12.4%	10.8%	8.5%	4.9%	49.0%

续表

教育分组	项目	配置能力公平性							总计
		完全不同意	不同意	不太同意	说不清	比较同意	同意	非常同意	
女	计数	7	16	75	137	114	61	41	451
	占配置能力公平性的百分比	46.7%	48.5%	46.9%	55.5%	54.3%	44.9%	48.8%	51.0%
	占总计的百分比	0.8%	1.8%	8.5%	15.5%	12.9%	6.9%	4.6%	51.0%
总计	计数	15	33	160	247	210	136	84	885
	占配置能力公平性的百分比	100.0%	100.0%	100.0%	100.0%	100.0%	100.0%	100.0%	100.0%
	占总计的百分比	1.7%	3.7%	18.1%	27.9%	23.7%	15.4%	9.5%	100.0%

表3-35反映出了不同受教育程度受访者对公共资源配置能力公平性问题的看法情况。经卡方检验，不同受教育程度受访者在公共资源配置能力公平性问题看法上有显著性差异。

表3-35　不同受教育程度受访者与公共资源配置能力公平性的交叉列表

教育分组	项目	配置能力公平性							总计
		完全不同意	不同意	不太同意	说不清	比较同意	同意	非常同意	
未上学	计数	0	0	10	6	1	2	12	31
	占配置能力公平性的百分比	0.0%	0.0%	6.3%	2.4%	0.5%	1.4%	14.3%	3.5%
	占总计的百分比	0.0%	0.0%	1.1%	0.7%	0.1%	0.2%	1.3%	3.5%
小学	计数	2	4	43	36	15	13	24	137
	占配置能力公平性的百分比	13.3%	11.8%	26.9%	14.3%	7.1%	9.4%	28.6%	15.3%
	占总计的百分比	0.2%	0.4%	4.8%	4.0%	1.7%	1.5%	2.7%	15.3%
初中	计数	2	5	31	55	39	20	13	165
	占配置能力公平性的百分比	13.3%	14.7%	19.4%	21.9%	18.5%	14.5%	15.5%	18.5%
	占总计的百分比	0.2%	0.6%	3.5%	6.2%	4.4%	2.2%	1.5%	18.5%

续表

教育分组	项目	配置能力公平性							总计
		完全不同意	不同意	不太同意	说不清	比较同意	同意	非常同意	
高中	计数	5	9	28	53	39	32	16	182
	占配置能力公平性的百分比	33.3%	26.5%	17.5%	21.1%	18.5%	23.2%	19.0%	20.4%
	占总计的百分比	0.6%	1.0%	3.1%	5.9%	4.4%	3.6%	1.8%	20.4%
专科	计数	3	6	24	47	54	34	6	174
	占配置能力公平性的百分比	20.0%	17.6%	15.0%	18.7%	25.6%	24.6%	7.1%	19.5%
	占总计的百分比	0.3%	0.7%	2.7%	5.3%	6.0%	3.8%	0.7%	19.5%
本科	计数	2	7	13	34	45	18	6	125
	占配置能力公平性的百分比	13.3%	20.6%	8.1%	13.5%	21.3%	13.0%	7.1%	14.0%
	占总计的百分比	0.2%	0.8%	1.5%	3.8%	5.0%	2.0%	0.7%	14.0%
研究生	计数	1	3	11	20	18	19	7	79
	占配置能力公平性的百分比	6.7%	8.8%	6.9%	8.0%	8.5%	13.8%	8.3%	8.8%
	占总计的百分比	0.1%	0.3%	1.2%	2.2%	2.0%	2.1%	0.8%	8.8%
总计	计数	15	34	160	251	211	138	84	893
	占配置能力公平性的百分比	100.0%	100.0%	100.0%	100.0%	100.0%	100.0%	100.0%	100.0%
	占总计的百分比	1.7%	3.8%	17.9%	28.1%	23.6%	15.5%	9.4%	100.0%

表3-36反映出了不同月收入受访者对公共资源配置能力公平性问题的看法情况。经卡方检验，不同月收入受访者在公共资源配置能力公平性问题看法上有显著性差异。

表 3-36 不同月收入受访者与公共资源配置能力公平性的交叉列表

收入分组	项目	配置能力公平性							总计
		完全不同意	不同意	不太同意	说不清	比较同意	同意	非常同意	
低收入者	计数	0	8	80	98	82	38	43	349
	占配置能力公平性的百分比	0.0%	23.5%	50.0%	39.0%	38.9%	27.5%	51.2%	39.1%
	占总计的百分比	0.0%	0.9%	9.0%	11.0%	9.2%	4.3%	4.8%	39.1%
中等收入者	计数	10	15	44	85	54	40	21	269
	占配置能力公平性的百分比	66.7%	44.1%	27.5%	33.9%	25.6%	29.0%	25.0%	30.1%
	占总计的百分比	1.1%	1.7%	4.9%	9.5%	6.0%	4.5%	2.4%	30.1%
高收入者	计数	5	11	36	68	75	60	20	275
	占配置能力公平性的百分比	33.3%	32.4%	22.5%	27.1%	35.5%	43.5%	23.8%	30.8%
	占总计的百分比	0.6%	1.2%	4.0%	7.6%	8.4%	6.7%	2.2%	30.8%
总计	计数	15	34	160	251	211	138	84	893
	占配置能力公平性的百分比	100.0%	100.0%	100.0%	100.0%	100.0%	100.0%	100.0%	100.0%
	占总计的百分比	1.7%	3.8%	17.9%	28.1%	23.6%	15.5%	9.4%	100.0%

表 3-37 反映出了不同民族受访者对公共资源配置能力公平性问题的看法情况。经卡方检验，不同民族受访者在公共资源配置能力公平性问题看法上有显著性差异。

表 3-37 不同民族受访者与公共资源配置能力公平性的交叉列表

民族	项目	配置能力公平性							总计
		完全不同意	不同意	不太同意	说不清	比较同意	同意	非常同意	
汉族	计数	9	21	45	100	86	54	17	332
	占配置能力公平性的百分比	60.0%	61.8%	28.1%	40.0%	40.8%	39.1%	20.2%	37.2%
	占总计的百分比	1.0%	2.4%	5.0%	11.2%	9.6%	6.1%	1.9%	37.2%

续表

民族	项目	配置能力公平性							总计
		完全不同意	不同意	不太同意	说不清	比较同意	同意	非常同意	
苗族	计数	1	4	11	25	20	18	3	82
	占配置能力公平性的百分比	6.7%	11.8%	6.9%	10.0%	9.5%	13.0%	3.6%	9.2%
	占总计的百分比	0.1%	0.4%	1.2%	2.8%	2.2%	2.0%	0.3%	9.2%
布依族	计数	0	0	1	1	0	0	1	3
	占配置能力公平性的百分比	0.0%	0.0%	0.6%	0.4%	0.0%	0.0%	1.2%	0.3%
	占总计的百分比	0.0%	0.0%	0.1%	0.1%	0.0%	0.0%	0.1%	0.3%
侗族	计数	2	2	17	40	41	28	12	142
	占配置能力公平性的百分比	13.3%	5.9%	10.6%	16.0%	19.4%	20.3%	14.3%	15.9%
	占总计的百分比	0.2%	0.2%	1.9%	4.5%	4.6%	3.1%	1.3%	15.9%
壮族	计数	1	3	12	31	26	11	5	89
	占配置能力公平性的百分比	6.7%	8.8%	7.5%	12.4%	12.3%	8.0%	6.0%	10.0%
	占总计的百分比	0.1%	0.3%	1.3%	3.5%	2.9%	1.2%	0.6%	10.0%
白族	计数	0	1	3	7	4	2	1	18
	占配置能力公平性的百分比	0.0%	2.9%	1.9%	2.8%	1.9%	1.4%	1.2%	2.0%
	占总计的百分比	0.0%	0.1%	0.3%	0.8%	0.4%	0.2%	0.1%	2.0%
哈尼族	计数	0	0	0	1	0	0	0	1
	占配置能力公平性的百分比	0.0%	0.0%	0.0%	0.4%	0.0%	0.0%	0.0%	0.1%
	占总计的百分比	0.0%	0.0%	0.0%	0.1%	0.0%	0.0%	0.0%	0.1%
彝族	计数	0	0	51	25	5	7	39	127
	占配置能力公平性的百分比	0.0%	0.0%	31.9%	10.0%	2.4%	5.1%	46.4%	14.2%
	占总计的百分比	0.0%	0.0%	5.7%	2.8%	0.6%	0.8%	4.4%	14.2%

续表

民族	项目	配置能力公平性							总计
		完全不同意	不同意	不太同意	说不清	比较同意	同意	非常同意	
瑶族	计数	1	3	16	17	26	16	6	85
	占配置能力公平性的百分比	6.7%	8.8%	10.0%	6.8%	12.3%	11.6%	7.1%	9.5%
	占总计的百分比	0.1%	0.3%	1.8%	1.9%	2.9%	1.8%	0.7%	9.5%
仫佬族	计数	0	0	0	1	1	1	0	3
	占配置能力公平性的百分比	0.0%	0.0%	0.0%	0.4%	0.5%	0.7%	0.0%	0.3%
	占总计的百分比	0.0%	0.0%	0.0%	0.1%	0.1%	0.1%	0.0%	0.3%
回族	计数	1	0	4	2	1	1	0	9
	占配置能力公平性的百分比	6.7%	0.0%	2.5%	0.8%	0.5%	0.7%	0.0%	1.0%
	占总计的百分比	0.1%	0.0%	0.4%	0.2%	0.1%	0.1%	0.0%	1.0%
土家族	计数	0	0	0	0	1	0	0	1
	占配置能力公平性的百分比	0.0%	0.0%	0.0%	0.0%	0.5%	0.0%	0.0%	0.1%
	占总计的百分比	0.0%	0.0%	0.0%	0.0%	0.1%	0.0%	0.0%	0.1%
总计	计数	15	34	160	250	211	138	84	892
	占配置能力公平性的百分比	100.0%	100.0%	100.0%	100.0%	100.0%	100.0%	100.0%	100.0%
	占总计的百分比	1.7%	3.8%	17.9%	28.0%	23.7%	15.5%	9.4%	100.0%

表 3-38 反映出了不同职业受访者对公共资源配置能力公平性问题的看法情况。经卡方检验，不同职业受访者在公共资源配置能力公平性问题看法上有显著性差异。

表 3-38 不同职业受访者与公共资源配置能力公平性的交叉列表

职业	项目	配置能力公平性							总计
		完全不同意	不同意	不太同意	说不清	比较同意	同意	非常同意	
农业劳动者	计数	1	2	35	52	19	24	13	146
	占配置能力公平性的百分比	6.7%	5.9%	21.9%	20.9%	9.1%	17.5%	15.7%	16.5%
	占总计的百分比	0.1%	0.2%	3.9%	5.9%	2.1%	2.7%	1.5%	16.5%
企业工人	计数	1	4	9	18	12	9	1	54
	占配置能力公平性的百分比	6.7%	11.8%	5.6%	7.2%	5.7%	6.6%	1.2%	6.1%
	占总计的百分比	0.1%	0.5%	1.0%	2.0%	1.4%	1.0%	0.1%	6.1%
事业单位人员	计数	2	7	30	35	41	32	22	169
	占配置能力公平性的百分比	13.3%	20.6%	18.8%	14.1%	19.6%	23.4%	26.5%	19.1%
	占总计的百分比	0.2%	0.8%	3.4%	3.9%	4.6%	3.6%	2.5%	19.1%
政府机关人员	计数	1	6	6	14	22	28	12	89
	占配置能力公平性的百分比	6.7%	17.6%	3.8%	5.6%	10.5%	20.4%	14.5%	10.0%
	占总计的百分比	0.1%	0.7%	0.7%	1.6%	2.5%	3.2%	1.4%	10.0%
个体劳动者/个体工商户	计数	4	2	21	30	22	9	11	99
	占配置能力公平性的百分比	26.7%	5.9%	13.1%	12.0%	10.5%	6.6%	13.3%	11.2%
	占总计的百分比	0.5%	0.2%	2.4%	3.4%	2.5%	1.0%	1.2%	11.2%
打工者	计数	6	7	30	33	24	12	17	129
	占配置能力公平性的百分比	40.0%	20.6%	18.8%	13.3%	11.5%	8.8%	20.5%	14.5%
	占总计的百分比	0.7%	0.8%	3.4%	3.7%	2.7%	1.4%	1.9%	14.5%
私营企业主	计数	0	0	3	6	3	3	0	15
	占配置能力公平性的百分比	0.0%	0.0%	1.9%	2.4%	1.4%	2.2%	0.0%	1.7%
	占总计的百分比	0.0%	0.0%	0.3%	0.7%	0.3%	0.3%	0.0%	1.7%

续表

职业 \ 项目		配置能力公平性							总计
		完全不同意	不同意	不太同意	说不清	比较同意	同意	非常同意	
学生	计数	0	4	20	41	50	12	5	132
	占配置能力公平性的百分比	0.0%	11.8%	12.5%	16.5%	23.9%	8.8%	6.0%	14.9%
	占总计的百分比	0.0%	0.5%	2.3%	4.6%	5.6%	1.4%	0.6%	14.9%
待业人员	计数	0	2	4	9	7	3	0	25
	占配置能力公平性的百分比	0.0%	5.9%	2.5%	3.6%	3.3%	2.2%	0.0%	2.8%
	占总计的百分比	0.0%	0.2%	0.5%	1.0%	0.8%	0.3%	0.0%	2.8%
退休人员	计数	0	0	2	11	9	4	2	28
	占配置能力公平性的百分比	0.0%	0.0%	1.3%	4.4%	4.3%	2.9%	2.4%	3.2%
	占总计的百分比	0.0%	0.0%	0.2%	1.2%	1.0%	0.5%	0.2%	3.2%
村干部	计数	0	0	0	0	0	1	0	1
	占配置能力公平性的百分比	0.0%	0.0%	0.0%	0.0%	0.0%	0.7%	0.0%	0.1%
	占总计的百分比	0.0%	0.0%	0.0%	0.0%	0.0%	0.1%	0.0%	0.1%
总计	计数	15	34	160	249	209	137	83	887
	占配置能力公平性的百分比	100.0%	100.0%	100.0%	100.0%	100.0%	100.0%	100.0%	100.0%
	占总计的百分比	1.7%	3.8%	18.0%	28.1%	23.6%	15.4%	9.4%	100.0%

表3-39反映出了不同政治面貌受访者对公共资源配置能力公平性问题的看法情况。经卡方检验，不同政治面貌受访者在公共资源配置能力公平性问题看法上有显著性差异。

表 3-39　不同政治面貌受访者与公共资源配置能力公平性的交叉列表

政治成分	项　目	配置能力公平性							总计
		完全不同意	不同意	不太同意	说不清	比较同意	同意	非常同意	
党员	计数	1	8	35	38	54	53	27	216
	占配置能力公平性的百分比	6.7%	23.5%	22.3%	15.3%	25.8%	38.4%	32.1%	24.4%
	占总计的百分比	0.1%	0.9%	4.0%	4.3%	6.1%	6.0%	3.0%	24.4%
非党员	计数	14	26	122	211	155	85	57	670
	占配置能力公平性的百分比	93.3%	76.5%	77.7%	84.7%	74.2%	61.6%	67.9%	75.6%
	占总计的百分比	1.6%	2.9%	13.8%	23.8%	17.5%	9.6%	6.4%	75.6%
总计	计数	15	34	157	249	209	138	84	886
	占配置能力公平性的百分比	100.0%	100.0%	100.0%	100.0%	100.0%	100.0%	100.0%	100.0%
	占总计的百分比	1.7%	3.8%	17.7%	28.1%	23.6%	15.6%	9.5%	100.0%

表 3-40 反映出了不同婚姻状况受访者对公共资源配置能力公平性问题的看法情况。经卡方检验，不同婚姻状况受访者在公共资源配置能力公平性问题看法上有显著性差异。

表 3-40　不同婚姻状况受访者与公共资源配置能力公平性的交叉列表

婚否	项　目	配置能力公平性							总计
		完全不同意	不同意	不太同意	说不清	比较同意	同意	非常同意	
已婚	计数	10	21	102	167	118	89	68	575
	占配置能力公平性的百分比	66.7%	61.8%	65.8%	67.1%	56.7%	65.0%	81.9%	65.3%
	占总计的百分比	1.1%	2.4%	11.6%	19.0%	13.4%	10.1%	7.7%	65.3%
未婚	计数	5	13	53	82	90	48	15	306
	占配置能力公平性的百分比	33.3%	38.2%	34.2%	32.9%	43.3%	35.0%	18.1%	34.7%
	占总计的百分比	0.6%	1.5%	6.0%	9.3%	10.2%	5.4%	1.7%	34.7%
总计	计数	15	34	155	249	208	137	83	881
	占配置能力公平性的百分比	100.0%	100.0%	100.0%	100.0%	100.0%	100.0%	100.0%	100.0%
	占总计的百分比	1.7%	3.9%	17.6%	28.3%	23.6%	15.6%	9.4%	100.0%

表 3-41 反映出了不同居住地受访者对公共资源配置能力公平性问题的看法情况。经卡方检验，不同居住地受访者在公共资源配置能力公平性问题看法上有显著性差异。

表 3-41　不同居住地受访者与公共资源配置能力公平性的交叉列表

居住地	项　目	配置能力公平性							总计
		完全不同意	不同意	不太同意	说不清	比较同意	同意	非常同意	
农村	计数	4	9	91	102	71	44	49	370
	占配置能力公平性的百分比	26.7%	26.5%	56.9%	41.0%	33.8%	31.9%	59.0%	41.6%
	占总计的百分比	0.4%	1.0%	10.2%	11.5%	8.0%	4.9%	5.5%	41.6%
乡镇所在地	计数	1	9	20	34	35	31	10	140
	占配置能力公平性的百分比	6.7%	26.5%	12.5%	13.7%	16.7%	22.5%	12.0%	15.7%
	占总计的百分比	0.1%	1.0%	2.2%	3.8%	3.9%	3.5%	1.1%	15.7%
县城	计数	9	13	47	90	84	54	22	319
	占配置能力公平性的百分比	60.0%	38.2%	29.4%	36.1%	40.0%	39.1%	26.5%	35.9%
	占总计的百分比	1.0%	1.5%	5.3%	10.1%	9.4%	6.1%	2.5%	35.9%
市城区	计数	0	2	1	13	13	7	1	37
	占配置能力公平性的百分比	0.0%	5.9%	0.6%	5.2%	6.2%	5.1%	1.2%	4.2%
	占总计的百分比	0.0%	0.2%	0.1%	1.5%	1.5%	0.8%	0.1%	4.2%
城郊结合部	计数	1	1	1	10	7	2	1	23
	占配置能力公平性的百分比	6.7%	2.9%	0.6%	4.0%	3.3%	1.4%	1.2%	2.6%
	占总计的百分比	0.1%	0.1%	0.1%	1.1%	0.8%	0.2%	0.1%	2.6%
总计	计数	15	34	160	249	210	138	83	889
	占配置能力公平性的百分比	100.0%	100.0%	100.0%	100.0%	100.0%	100.0%	100.0%	100.0%
	占总计的百分比	1.7%	3.8%	18.0%	28.0%	23.6%	15.5%	9.3%	100.0%

2. 公共资源配置的效率性能力

从 2017 年和 2016 年中国县域统计年鉴的统计数据来看，贵州从江县地区生产总值增加了 36284 万元，增长率为 6.3%；贵州黄平县地区生产总值增加了 62266 万元，增长率为12.1%；贵州赫章县地区生产总值增加了184405万元，增长率为14.7%；云南永平县地区生产总值增加了34929万元，增长率为9.2%；云南宁蒗县地区生产总值增加了30074万元，增长率为9%；云南盐津县地区生产总值增加了24763万元，增长率为5.9%；广西富川县地区生产总值增加了31614万元，增长率为4.7%；广西东兰县地区生产总值增加了23737万元，增长率为9.1%；广西三江县地区生产总值增加了47207万元，增长率为10%；因此，从地区经济增长率来看，依次顺序为赫章县、黄平县、三江县、永平县、东兰县、宁蒗县、从江县、盐津县、富川县。

题项“近五年来，本地的经济社会发展效果明显”是用来评估西部地区贫困县民众对政府公共资源配置能力的看法，侧重于测量的是公共资源配置能力的效率性问题。经统计，选“完全不同意”的有9人，占比1.0%，选“不同意”的有28人，占比3.1%，选“不太同意”的有92人，占比10.3%，选“说不清”的有180人，占比20.1%，选“比较同意”的有256人，占比28.6%，选“同意”的有241人，占比26.9%，选“非常同意”的有90人，占比10%（如图3-7所示）。这说明，有不到两成的受访者不认可经济社会发展的效果，超过六成的受访者对公共资源配置能力的效率性给予了积极评价，民族地区经济社会发展的成果得到了较大多数的民众认可，也有两成多的人不愿意发表意见。可见，西部地区贫困县民众对公共资源配置能力的效率性持认同和接纳的态度，不认可的民众是少数人。

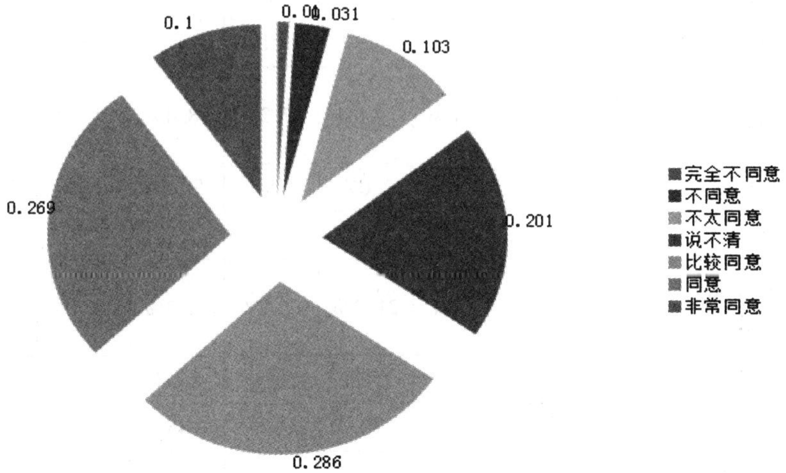

图3-7 对公共资源配置能力效率性的看法

表3-42反映出了不同受教育程度受访者对公共资源配置能力效率性问题的看法情况。经卡方检验，不同受教育程度受访者在公共资源配置能力效率性问题看法上有显著性差异。

表 3-42　不同受教育程度受访者与公共资源配置能力效率性的交叉列表

教育分组	项目	配置能力公平性							总计
		完全不同意	不同意	不太同意	说不清	比较同意	同意	非常同意	
未上学	计数	0	0	3	12	9	1	6	31
	占配置能力效率性的百分比	0.0%	0.0%	3.3%	6.7%	3.5%	0.4%	6.7%	3.5%
	占总计的百分比	0.0%	0.0%	0.3%	1.3%	1.0%	0.1%	0.7%	3.5%
小学	计数	0	2	21	43	34	18	19	137
	占配置能力效率性的百分比	0.0%	7.1%	22.8%	23.9%	13.3%	7.5%	21.1%	15.3%
	占总计的百分比	0.0%	0.2%	2.3%	4.8%	3.8%	2.0%	2.1%	15.3%
初中	计数	0	8	16	42	41	41	18	166
	占配置能力效率性的百分比	0.0%	28.6%	17.4%	23.3%	16.0%	17.0%	20.0%	18.5%
	占总计的百分比	0.0%	0.9%	1.8%	4.7%	4.6%	4.6%	2.0%	18.5%
高中	计数	1	7	18	31	47	60	18	182
	占配置能力效率性的百分比	11.1%	25.0%	19.6%	17.2%	18.4%	24.9%	20.0%	20.3%
	占总计的百分比	0.1%	0.8%	2.0%	3.5%	5.2%	6.7%	2.0%	20.3%
专科	计数	3	4	20	22	57	57	11	174
	占配置能力效率性的百分比	33.3%	14.3%	21.7%	12.2%	22.3%	23.7%	12.2%	19.4%
	占总计的百分比	0.3%	0.4%	2.2%	2.5%	6.4%	6.4%	1.2%	19.4%
本科	计数	4	5	7	17	45	39	9	126
	占配置能力效率性的百分比	44.4%	17.9%	7.6%	9.4%	17.6%	16.2%	10.0%	14.1%
	占总计的百分比	0.4%	0.6%	0.8%	1.9%	5.0%	4.4%	1.0%	14.1%
研究生	计数	1	2	7	13	23	25	9	80
	占配置能力效率性的百分比	11.1%	7.1%	7.6%	7.2%	9.0%	10.4%	10.0%	8.9%
	占总计的百分比	0.1%	0.2%	0.8%	1.5%	2.6%	2.8%	1.0%	8.9%

续表

教育分组	项　目	配置能力公平性							总计
		完全不同意	不同意	不太同意	说不清	比较同意	同意	非常同意	
总计	计数	9	28	92	180	256	241	90	896
	占配置能力效率性的百分比	100.0%	100.0%	100.0%	100.0%	100.0%	100.0%	100.0%	100.0%
	占总计的百分比	1.0%	3.1%	10.3%	20.1%	28.6%	26.9%	10.0%	100.0%

表 3-43 反映出了不同收入水平受访者对公共资源配置能力效率性问题的看法情况。经卡方检验，不同收入水平受访者在公共资源配置能力效率性问题看法上有显著性差异。

表 3-43　不同收入水平受访者与公共资源配置能力效率性的交叉列表

收入分组	项　目	配置能力公平性							总计
		完全不同意	不同意	不太同意	说不清	比较同意	同意	非常同意	
低收入者	计数	2	5	49	89	108	61	38	352
	占配置能力效率性的百分比	22.2%	17.9%	53.3%	49.4%	42.2%	25.3%	42.2%	39.3%
	占总计的百分比	0.2%	0.6%	5.5%	9.9%	12.1%	6.8%	4.2%	39.3%
中等收入者	计数	3	12	28	61	63	76	26	269
	占配置能力效率性的百分比	33.3%	42.9%	30.4%	33.9%	24.6%	31.5%	28.9%	30.0%
	占总计的百分比	0.3%	1.3%	3.1%	6.8%	7.0%	8.5%	2.9%	30.0%
高收入者	计数	4	11	15	30	85	104	26	275
	占配置能力效率性的百分比	44.4%	39.3%	16.3%	16.7%	33.2%	43.2%	28.9%	30.7%
	占总计的百分比	0.4%	1.2%	1.7%	3.3%	9.5%	11.6%	2.9%	30.7%
总计	计数	9	28	92	180	256	241	90	896
	占配置能力效率性的百分比	100.0%	100.0%	100.0%	100.0%	100.0%	100.0%	100.0%	100.0%
	占总计的百分比	1.0%	3.1%	10.3%	20.1%	28.6%	26.9%	10.0%	100.0%

表 3-44 反映出了不同民族受访者对公共资源配置能力效率性问题的看法情况。经卡方检验，不同民族受访者在公共资源配置能力效率性问题看法上有显著性差异。

表 3-44　不同民族受访者与公共资源配置能力效率性的交叉列表

民族	项目	配置能力公平性							总计
		完全不同意	不同意	不太同意	说不清	比较同意	同意	非常同意	
汉族	计数	3	16	22	54	101	112	24	332
	占配置能力效率性的百分比	33.3%	57.1%	23.9%	30.0%	39.5%	46.7%	26.7%	37.1%
	占总计的百分比	0.3%	1.8%	2.5%	6.0%	11.3%	12.5%	2.7%	37.1%
苗族	计数	0	4	12	14	25	20	7	82
	占配置能力效率性的百分比	0.0%	14.3%	13.0%	7.8%	9.8%	8.3%	7.8%	9.2%
	占总计的百分比	0.0%	0.4%	1.3%	1.6%	2.8%	2.2%	0.8%	9.2%
布依族	计数	0	0	1	0	0	1	1	3
	占配置能力效率性的百分比	0.0%	0.0%	1.1%	0.0%	0.0%	0.4%	1.1%	0.3%
	占总计的百分比	0.0%	0.0%	0.1%	0.0%	0.0%	0.1%	0.1%	0.3%
侗族	计数	2	4	11	30	47	34	16	144
	占配置能力效率性的百分比	22.2%	14.3%	12.0%	16.7%	18.4%	14.2%	17.8%	16.1%
	占总计的百分比	0.2%	0.4%	1.2%	3.4%	5.3%	3.8%	1.8%	16.1%
壮族	计数	0	2	11	14	27	28	7	89
	占配置能力效率性的百分比	0.0%	7.1%	12.0%	7.8%	10.5%	11.7%	7.8%	9.9%
	占总计的百分比	0.0%	0.2%	1.2%	1.6%	3.0%	3.1%	0.8%	9.9%
白族	计数	2	1	3	3	5	3	1	18
	占配置能力效率性的百分比	22.2%	3.6%	3.3%	1.7%	2.0%	1.3%	1.1%	2.0%
	占总计的百分比	0.2%	0.1%	0.3%	0.3%	0.6%	0.3%	0.1%	2.0%
哈尼族	计数	0	0	0	0	0	1	0	1
	占配置能力效率性的百分比	0.0%	0.0%	0.0%	0.0%	0.0%	0.4%	0.0%	0.1%
	占总计的百分比	0.0%	0.0%	0.0%	0.0%	0.0%	0.1%	0.0%	0.1%

续表

民族	项目	配置能力公平性							总计
		完全不同意	不同意	不太同意	说不清	比较同意	同意	非常同意	
彝族	计数	0	1	23	42	26	11	25	128
	占配置能力效率性的百分比	0.0%	3.6%	25.0%	23.3%	10.2%	4.6%	27.8%	14.3%
	占总计的百分比	0.0%	0.1%	2.6%	4.7%	2.9%	1.2%	2.8%	14.3%
瑶族	计数	2	0	8	22	23	21	9	85
	占配置能力效率性的百分比	22.2%	0.0%	8.7%	12.2%	9.0%	8.8%	10.0%	9.5%
	占总计的百分比	0.2%	0.0%	0.9%	2.5%	2.6%	2.3%	1.0%	9.5%
仫佬族	计数	0	0	0	0	0	3	0	3
	占配置能力效率性的百分比	0.0%	0.0%	0.0%	0.0%	0.0%	1.3%	0.0%	0.3%
	占总计的百分比	0.0%	0.0%	0.0%	0.0%	0.0%	0.3%	0.0%	0.3%
回族	计数	0	0	1	1	1	6	0	9
	占配置能力效率性的百分比	0.0%	0.0%	1.1%	0.6%	0.4%	2.5%	0.0%	1.0%
	占总计的百分比	0.0%	0.0%	0.1%	0.1%	0.1%	0.7%	0.0%	1.0%
土家族	计数	0	0	0	0	1	0	0	1
	占配置能力效率性的百分比	0.0%	0.0%	0.0%	0.0%	0.4%	0.0%	0.0%	0.1%
	占总计的百分比	0.0%	0.0%	0.0%	0.0%	0.1%	0.0%	0.0%	0.1%
总计	计数	9	28	92	180	256	240	90	895
	占配置能力效率性的百分比	100.0%	100.0%	100.0%	100.0%	100.0%	100.0%	100.0%	100.0%
	占总计的百分比	1.0%	3.1%	10.3%	20.1%	28.6%	26.8%	10.1%	100.0%

表 3-45 反映出了不同职业受访者对公共资源配置能力效率性问题的看法情况。经卡方检验，不同职业受访者在公共资源配置能力效率性问题看法上有显著性差异。

表 3-45　不同职业受访者与公共资源配置能力效率性的交叉列表

职业	项目	配置能力公平性							总计
		完全不同意	不同意	不太同意	说不清	比较同意	同意	非常同意	
农业劳动者	计数	0	0	16	50	39	27	15	147
	占配置能力效率性的百分比	0.0%	0.0%	17.4%	28.1%	15.3%	11.3%	16.7%	16.5%
	占总计的百分比	0.0%	0.0%	1.8%	5.6%	4.4%	3.0%	1.7%	16.5%
企业工人	计数	0	1	4	12	13	19	5	54
	占配置能力效率性的百分比	0.0%	3.6%	4.3%	6.7%	5.1%	8.0%	5.6%	6.1%
	占总计的百分比	0.0%	0.1%	0.4%	1.3%	1.5%	2.1%	0.6%	6.1%
事业单位人员	计数	3	6	17	24	54	41	24	169
	占配置能力效率性的百分比	33.3%	21.4%	18.5%	13.5%	21.2%	17.2%	26.7%	19.0%
	占总计的百分比	0.3%	0.7%	1.9%	2.7%	6.1%	4.6%	2.7%	19.0%
政府机关人员	计数	1	5	2	5	28	38	10	89
	占配置能力效率性的百分比	11.1%	17.9%	2.2%	2.8%	11.0%	16.0%	11.1%	10.0%
	占总计的百分比	0.1%	0.6%	0.2%	0.6%	3.1%	4.3%	1.1%	10.0%
个体劳动者/个体工商户	计数	2	5	15	19	23	26	9	99
	占配置能力效率性的百分比	22.2%	17.9%	16.3%	10.7%	9.0%	10.9%	10.0%	11.1%
	占总计的百分比	0.2%	0.6%	1.7%	2.1%	2.6%	2.9%	1.0%	11.1%
打工者	计数	1	4	17	34	35	23	15	129
	占配置能力效率性的百分比	11.1%	14.3%	18.5%	19.1%	13.7%	9.7%	16.7%	14.5%
	占总计的百分比	0.1%	0.4%	1.9%	3.8%	3.9%	2.6%	1.7%	14.5%
私营企业主	计数	0	0	1	3	5	6	0	15
	占配置能力效率性的百分比	0.0%	0.0%	1.1%	1.7%	2.0%	2.5%	0.0%	1.7%
	占总计的百分比	0.0%	0.0%	0.1%	0.3%	0.6%	0.7%	0.0%	1.7%

续表

职业	项目	配置能力公平性							总计
		完全不同意	不同意	不太同意	说不清	比较同意	同意	非常同意	
学生	计数	2	4	15	25	51	30	7	134
	占配置能力效率性的百分比	22.2%	14.3%	16.3%	14.0%	20.0%	12.6%	7.8%	15.1%
	占总计的百分比	0.2%	0.4%	1.7%	2.8%	5.7%	3.4%	0.8%	15.1%
待业人员	计数	0	2	4	4	4	10	1	25
	占配置能力效率性的百分比	0.0%	7.1%	4.3%	2.2%	1.6%	4.2%	1.1%	2.8%
	占总计的百分比	0.0%	0.2%	0.4%	0.4%	0.4%	1.1%	0.1%	2.8%
退休人员	计数	0	1	1	2	3	17	4	28
	占配置能力效率性的百分比	0.0%	3.6%	1.1%	1.1%	1.2%	7.1%	4.4%	3.1%
	占总计的百分比	0.0%	0.1%	0.1%	0.2%	0.3%	1.9%	0.4%	3.1%
村干部	计数	0	0	0	0	0	1	0	1
	占配置能力效率性的百分比	0.0%	0.0%	0.0%	0.0%	0.0%	0.4%	0.0%	0.1%
	占总计的百分比	0.0%	0.0%	0.0%	0.0%	0.0%	0.1%	0.0%	0.1%
总计	计数	9	28	92	178	255	238	90	890
	占配置能力效率性的百分比	100.0%	100.0%	100.0%	100.0%	100.0%	100.0%	100.0%	100.0%
	占总计的百分比	1.0%	3.1%	10.3%	20.0%	28.7%	26.7%	10.1%	100.0%

表3-46反映出了不同政治面貌受访者对公共资源配置能力效率性问题的看法情况。经卡方检验，不同政治面貌受访者在公共资源配置能力效率性问题看法上有显著性差异。

表 3-46　不同政治面貌受访者与公共资源配置能力效率性的交叉列表

政治成分	项　目	配置能力公平性							总计
		完全不同意	不同意	不太同意	说不清	比较同意	同意	非常同意	
党员	计数	1	11	14	28	53	71	38	216
	占配置能力效率性的百分比	11.1%	42.3%	15.4%	15.6%	20.9%	29.6%	42.7%	24.3%
	占总计的百分比	0.1%	1.2%	1.6%	3.2%	6.0%	8.0%	4.3%	24.3%
非党员	计数	8	15	77	151	201	169	51	672
	占配置能力效率性的百分比	88.9%	57.7%	84.6%	84.4%	79.1%	70.4%	57.3%	75.7%
	占总计的百分比	0.9%	1.7%	8.7%	17.0%	22.6%	19.0%	5.7%	75.7%
总计	计数	9	26	91	179	254	240	89	888
	占配置能力效率性的百分比	100.0%	100.0%	100.0%	100.0%	100.0%	100.0%	100.0%	100.0%
	占总计的百分比	1.0%	2.9%	10.2%	20.2%	28.6%	27.0%	10.0%	100.0%

表 3-47 反映出了不同居住地受访者对公共资源配置能力效率性问题的看法情况。经卡方检验，不同居住地受访者在公共资源配置能力效率性问题看法上有显著性差异。

表 3-47　不同居住地受访者与公共资源配置能力效率性的交叉列表

居住地	项　目	配置能力公平性							总计
		完全不同意	不同意	不太同意	说不清	比较同意	同意	非常同意	
农村	计数	3	3	49	109	97	71	42	374
	占配置能力效率性的百分比	33.3%	10.7%	53.3%	60.6%	38.0%	29.6%	47.7%	41.9%
	占总计的百分比	0.3%	0.3%	5.5%	12.2%	10.9%	8.0%	4.7%	41.9%
乡镇所在地	计数	1	4	16	24	37	45	13	140
	占配置能力效率性的百分比	11.1%	14.3%	17.4%	13.3%	14.5%	18.8%	14.8%	15.7%
	占总计的百分比	0.1%	0.4%	1.8%	2.7%	4.1%	5.0%	1.5%	15.7%

续表

居住地 \ 项目		配置能力公平性							总计
		完全不同意	不同意	不太同意	说不清	比较同意	同意	非常同意	
县城	计数	5	16	21	35	101	110	30	318
	占配置能力效率性的百分比	55.6%	57.1%	22.8%	19.4%	39.6%	45.8%	34.1%	35.7%
	占总计的百分比	0.6%	1.8%	2.4%	3.9%	11.3%	12.3%	3.4%	35.7%
市城区	计数	0	2	4	8	11	11	2	38
	占配置能力效率性的百分比	0.0%	7.1%	4.3%	4.4%	4.3%	4.6%	2.3%	4.3%
	占总计的百分比	0.0%	0.2%	0.4%	0.9%	1.2%	1.2%	0.2%	4.3%
城郊结合部	计数	0	3	2	4	9	3	1	22
	占配置能力效率性的百分比	0.0%	10.7%	2.2%	2.2%	3.5%	1.3%	1.1%	2.5%
	占总计的百分比	0.0%	0.3%	0.2%	0.4%	1.0%	0.3%	0.1%	2.5%
总计	计数	9	28	92	180	255	240	88	892
	占配置能力效率性的百分比	100.0%	100.0%	100.0%	100.0%	100.0%	100.0%	100.0%	100.0%
	占总计的百分比	1.0%	3.1%	10.3%	20.2%	28.6%	26.9%	9.9%	100.0%

3. 公共资源配置的优先性能力

题项“政府编制的经济社会发展规划充分体现了本县特色”是用来测量西部地区贫困县民众对公共资源配置能力的看法，侧重于测量的是公共资源配置能力优先性的评价。经统计，选“完全不同意”的有分22人，占比2.5%，选“不同意”的有分42人，占比4.7%，选“不太同意”的有68人，占比7.6%，选“说不清”的有243人，占比27.1%，选“比较同意”的有236人，占比26.3%，选“同意”的有235人，占比26.2%，选“非常同意”的有50人，占比5.6%（如图3-8所示）。这说明，有接近六成的受访者认为西部地区贫困县公共资源配置能力的优先性上表现较好，给予负面的受访者不足两成，也有两成多的人不愿意发表意见，可见，在经济社会发展层面西部地区贫困县也取得了较为显著的成绩。

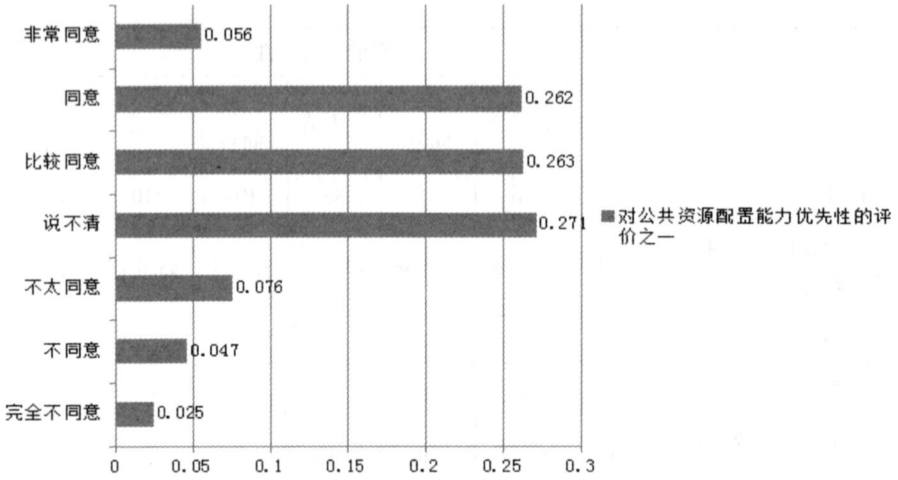

图 3-8　对公共资源配置能力优先性之一的看法

表 3-48 反映出了不同省份受访者对公共资源配置能力优先性问题的看法情况。经卡方检验，不同省份受访者在公共资源配置能力优先性问题看法上有显著性差异。

表 3-48　不同省份受访者与公共资源配置能力优先性的交叉列表

省份	项目	配置能力优先性 1							总计
		完全不同意	不同意	不太同意	说不清	比较同意	同意	非常同意	
贵州	计数	4	22	22	84	72	73	19	296
	占配置能力优先性 1 的百分比	18.2%	52.4%	32.4%	34.6%	30.5%	31.1%	38.0%	33.0%
	占总计的百分比	0.4%	2.5%	2.5%	9.4%	8.0%	8.1%	2.1%	33.0%
云南	计数	7	11	25	65	82	101	9	300
	占配置能力优先性 1 的百分比	31.8%	26.2%	36.8%	26.7%	34.7%	43.0%	18.0%	33.5%
	占总计的百分比	0.8%	1.2%	2.8%	7.3%	9.2%	11.3%	1.0%	33.5%
广西	计数	11	9	21	94	82	61	22	300
	占配置能力优先性 1 的百分比	50.0%	21.4%	30.9%	38.7%	34.7%	26.0%	44.0%	33.5%
	占总计的百分比	1.2%	1.0%	2.3%	10.5%	9.2%	6.8%	2.5%	33.5%
总计	计数	22	42	68	243	236	235	50	896
	占配置能力优先性 1 的百分比	100.0%	100.0%	100.0%	100.0%	100.0%	100.0%	100.0%	100.0%
	占总计的百分比	2.5%	4.7%	7.6%	27.1%	26.3%	26.2%	5.6%	100.0%

表3-49反映出了不同年龄受访者对公共资源配置能力优先性问题的看法情况。经卡方检验，不同年龄受访者在公共资源配置能力优先性问题看法上有显著性差异。

表3-49　不同年龄受访者与公共资源配置能力优先性的交叉列表

年龄分组	项　目	配置能力优先性1							总计
		完全不同意	不同意	不太同意	说不清	比较同意	同意	非常同意	
20岁以下	计数	0	0	1	3	2	2	3	11
	占配置能力优先性1的百分比	0.0%	0.0%	1.5%	1.3%	0.9%	0.9%	6.0%	1.2%
	占总计的百分比	0.0%	0.0%	0.1%	0.3%	0.2%	0.2%	0.3%	1.2%
20-30岁	计数	6	23	33	85	101	64	19	331
	占配置能力优先性1的百分比	27.3%	54.8%	50.0%	35.7%	43.5%	27.5%	38.0%	37.5%
	占总计的百分比	0.7%	2.6%	3.7%	9.6%	11.4%	7.2%	2.2%	37.5%
30-40岁	计数	10	5	11	54	65	71	11	227
	占配置能力优先性1的百分比	45.5%	11.9%	16.7%	22.7%	28.0%	30.5%	22.0%	25.7%
	占总计的百分比	1.1%	0.6%	1.2%	6.1%	7.4%	8.0%	1.2%	25.7%
40-50岁	计数	2	9	12	55	36	52	11	177
	占配置能力优先性1的百分比	9.1%	21.4%	18.2%	23.1%	15.5%	22.3%	22.0%	20.0%
	占总计的百分比	0.2%	1.0%	1.4%	6.2%	4.1%	5.9%	1.2%	20.0%
50-60岁	计数	1	1	5	27	17	31	5	87
	占配置能力优先性1的百分比	4.5%	2.4%	7.6%	11.3%	7.3%	13.3%	10.0%	9.9%
	占总计的百分比	0.1%	0.1%	0.6%	3.1%	1.9%	3.5%	0.6%	9.9%
60岁以上	计数	3	4	4	14	11	13	1	50
	占配置能力优先性1的百分比	13.6%	9.5%	6.1%	5.9%	4.7%	5.6%	2.0%	5.7%
	占总计的百分比	0.3%	0.5%	0.5%	1.6%	1.2%	1.5%	0.1%	5.7%
总计	计数	22	42	66	238	232	233	50	883
	占配置能力优先性1的百分比	100.0%	100.0%	100.0%	100.0%	100.0%	100.0%	100.0%	100.0%
	占总计的百分比	2.5%	4.8%	7.5%	27.0%	26.3%	26.4%	5.7%	100.0%

表 3-50 反映出了不同受教育程度受访者对公共资源配置能力优先性问题的看法情况。经卡方检验，不同受教育程度受访者在公共资源配置能力优先性问题看法上有显著性差异。

表 3-50　不同受教育程度受访者与公共资源配置能力优先性的交叉列表

教育分组	项目	配置能力优先性 1							总计
		完全不同意	不同意	不太同意	说不清	比较同意	同意	非常同意	
未上学	计数	1	0	0	9	5	16	0	31
	占配置能力优先性 1 的百分比	4.5%	0.0%	0.0%	3.7%	2.1%	6.8%	0.0%	3.5%
	占总计的百分比	0.1%	0.0%	0.0%	1.0%	0.6%	1.8%	0.0%	3.5%
小学	计数	2	2	7	37	38	48	3	137
	占配置能力优先性 1 的百分比	9.1%	4.8%	10.3%	15.2%	16.1%	20.4%	6.0%	15.3%
	占总计的百分比	0.2%	0.2%	0.8%	4.1%	4.2%	5.4%	0.3%	15.3%
初中	计数	2	8	14	62	40	32	10	168
	占配置能力优先性 1 的百分比	9.1%	19.0%	20.6%	25.5%	16.9%	13.6%	20.0%	18.8%
	占总计的百分比	0.2%	0.9%	1.6%	6.9%	4.5%	3.6%	1.1%	18.8%
高中	计数	5	9	19	50	41	44	14	182
	占配置能力优先性 1 的百分比	22.7%	21.4%	27.9%	20.6%	17.4%	18.7%	28.0%	20.3%
	占总计的百分比	0.6%	1.0%	2.1%	5.6%	4.6%	4.9%	1.6%	20.3%
专科	计数	8	8	12	38	53	46	9	174
	占配置能力优先性 1 的百分比	36.4%	19.0%	17.6%	15.6%	22.5%	19.6%	18.0%	19.4%
	占总计的百分比	0.9%	0.9%	1.3%	4.2%	5.9%	5.1%	1.0%	19.4%
本科	计数	2	12	11	28	33	30	8	124
	占配置能力优先性 1 的百分比	9.1%	28.6%	16.2%	11.5%	14.0%	12.8%	16.0%	13.8%
	占总计的百分比	0.2%	1.3%	1.2%	3.1%	3.7%	3.3%	0.9%	13.8%

续表

教育分组	项　目	配置能力优先性 1							总计
		完全不同意	不同意	不太同意	说不清	比较同意	同意	非常同意	
研究生	计数	2	3	5	19	26	19	6	80
	占配置能力优先性 1 的百分比	9.1%	7.1%	7.4%	7.8%	11.0%	8.1%	12.0%	8.9%
	占总计的百分比	0.2%	0.3%	0.6%	2.1%	2.9%	2.1%	0.7%	8.9%
总计	计数	22	42	68	243	236	235	50	896
	占配置能力优先性 1 的百分比	100.0%	100.0%	100.0%	100.0%	100.0%	100.0%	100.0%	100.0%
	占总计的百分比	2.5%	4.7%	7.6%	27.1%	26.3%	26.2%	5.6%	100.0%

表 3-51 反映出了不同收入水平受访者对公共资源配置能力优先性问题的看法情况。经卡方检验，不同收入水平受访者在公共资源配置能力优先性问题看法上有显著性差异。

表 3-51　不同收入水平受访者与公共资源配置能力优先性的交叉列表

收入分组	项　目	配置能力优先性 1							总计
		完全不同意	不同意	不太同意	说不清	比较同意	同意	非常同意	
低收入者	计数	5	12	19	97	104	105	11	353
	占配置能力优先性 1 的百分比	22.7%	28.6%	27.9%	39.9%	44.1%	44.7%	22.0%	39.4%
	占总计的百分比	0.6%	1.3%	2.1%	10.8%	11.6%	11.7%	1.2%	39.4%
中等收入者	计数	10	12	24	91	61	51	21	270
	占配置能力优先性 1 的百分比	45.5%	28.6%	35.3%	37.4%	25.8%	21.7%	42.0%	30.1%
	占总计的百分比	1.1%	1.3%	2.7%	10.2%	6.8%	5.7%	2.3%	30.1%
高收入者	计数	7	18	25	55	71	79	18	273
	占配置能力优先性 1 的百分比	31.8%	42.9%	36.8%	22.6%	30.1%	33.6%	36.0%	30.5%
	占总计的百分比	0.8%	2.0%	2.8%	6.1%	7.9%	8.8%	2.0%	30.5%
总计	计数	22	42	68	243	236	235	50	896
	占配置能力优先性 1 的百分比	100.0%	100.0%	100.0%	100.0%	100.0%	100.0%	100.0%	100.0%
	占总计的百分比	2.5%	4.7%	7.6%	27.1%	26.3%	26.2%	5.6%	100.0%

表 3-52 反映出了不同民族受访者对公共资源配置能力优先性问题的看法情况。经卡方检验，不同民族受访者在公共资源配置能力优先性问题看法上有显著性差异。

表 3-52　不同民族受访者与公共资源配置能力优先性的交叉列表

民族	项目	配置能力优先性 1							总计
		完全不同意	不同意	不太同意	说不清	比较同意	同意	非常同意	
汉族	计数	5	25	31	96	79	80	17	333
	占配置能力优先性 1 的百分比	22.7%	59.5%	45.6%	39.7%	33.5%	34.0%	34.0%	37.2%
	占总计的百分比	0.6%	2.8%	3.5%	10.7%	8.8%	8.9%	1.9%	37.2%
苗族	计数	3	3	7	24	22	18	5	82
	占配置能力优先性 1 的百分比	13.6%	7.1%	10.3%	9.9%	9.3%	7.7%	10.0%	9.2%
	占总计的百分比	0.3%	0.3%	0.8%	2.7%	2.5%	2.0%	0.6%	9.2%
布依族	计数	0	0	0	1	0	1	1	3
	占配置能力优先性 1 的百分比	0.0%	0.0%	0.0%	0.4%	0.0%	0.4%	2.0%	0.3%
	占总计的百分比	0.0%	0.0%	0.0%	0.1%	0.0%	0.1%	0.1%	0.3%
侗族	计数	5	3	10	42	44	30	10	144
	占配置能力优先性 1 的百分比	22.7%	7.1%	14.7%	17.4%	18.6%	12.8%	20.0%	16.1%
	占总计的百分比	0.6%	0.3%	1.1%	4.7%	4.9%	3.4%	1.1%	16.1%
壮族	计数	4	4	5	26	30	14	6	89
	占配置能力优先性 1 的百分比	18.2%	9.5%	7.4%	10.7%	12.7%	6.0%	12.0%	9.9%
	占总计的百分比	0.4%	0.4%	0.6%	2.9%	3.4%	1.6%	0.7%	9.9%
白族	计数	1	1	3	4	5	2	0	16
	占配置能力优先性 1 的百分比	4.5%	2.4%	4.4%	1.7%	2.1%	0.9%	0.0%	1.8%
	占总计的百分比	0.1%	0.1%	0.3%	0.4%	0.6%	0.2%	0.0%	1.8%
哈尼族	计数	0	0	0	0	1	0	0	1
	占配置能力优先性 1 的百分比	0.0%	0.0%	0.0%	0.0%	0.4%	0.0%	0.0%	0.1%
	占总计的百分比	0.0%	0.0%	0.0%	0.0%	0.1%	0.0%	0.0%	0.1%

续表

民族	项　目	配置能力优先性 1 完全不同意	不同意	不太同意	说不清	比较同意	同意	非常同意	总计
彝族	计数	1	2	3	21	32	69	1	129
	占配置能力优先性 1 的百分比	4.5%	4.8%	4.4%	8.7%	13.6%	29.4%	2.0%	14.4%
	占总计的百分比	0.1%	0.2%	0.3%	2.3%	3.6%	7.7%	0.1%	14.4%
瑶族	计数	2	3	8	26	19	18	9	85
	占配置能力优先性 1 的百分比	9.1%	7.1%	11.8%	10.7%	8.1%	7.7%	18.0%	9.5%
	占总计的百分比	0.2%	0.3%	0.9%	2.9%	2.1%	2.0%	1.0%	9.5%
仫佬族	计数	0	0	0	1	1	1	0	3
	占配置能力优先性 1 的百分比	0.0%	0.0%	0.0%	0.4%	0.4%	0.4%	0.0%	0.3%
	占总计的百分比	0.0%	0.0%	0.0%	0.1%	0.1%	0.1%	0.0%	0.3%
回族	计数	1	1	1	1	2	2	1	9
	占配置能力优先性 1 的百分比	4.5%	2.4%	1.5%	0.4%	0.8%	0.9%	2.0%	1.0%
	占总计的百分比	0.1%	0.1%	0.1%	0.1%	0.2%	0.2%	0.1%	1.0%
土家族	计数	0	0	0	0	1	0	0	1
	占配置能力优先性 1 的百分比	0.0%	0.0%	0.0%	0.0%	0.4%	0.0%	0.0%	0.1%
	占总计的百分比	0.0%	0.0%	0.0%	0.0%	0.1%	0.0%	0.0%	0.1%
总计	计数	22	42	68	242	236	235	50	895
	占配置能力优先性 1 的百分比	100.0%	100.0%	100.0%	100.0%	100.0%	100.0%	100.0%	100.0%
	占总计的百分比	2.5%	4.7%	7.6%	27.0%	26.4%	26.3%	5.6%	100.0%

表 3-53 反映出了不同职业受访者对公共资源配置能力优先性问题的看法情况。经卡方检验，不同职业受访者在公共资源配置能力优先性问题看法上有显著性差异。

表 3-53　不同职业受访者与公共资源配置能力优先性的交叉列表

职业	项目	配置能力优先性 1							总计
		完全不同意	不同意	不太同意	说不清	比较同意	同意	非常同意	
农业劳动者	计数	2	1	10	54	33	43	4	147
	占配置能力优先性 1 的百分比	9.1%	2.4%	14.7%	22.3%	14.2%	18.5%	8.0%	16.5%
	占总计的百分比	0.2%	0.1%	1.1%	6.1%	3.7%	4.8%	0.4%	16.5%
企业工人	计数	1	3	9	21	11	6	3	54
	占配置能力优先性 1 的百分比	4.5%	7.1%	13.2%	8.7%	4.7%	2.6%	6.0%	6.1%
	占总计的百分比	0.1%	0.3%	1.0%	2.4%	1.2%	0.7%	0.3%	6.1%
事业单位人员	计数	5	10	10	32	41	57	14	169
	占配置能力优先性 1 的百分比	22.7%	23.8%	14.7%	13.2%	17.6%	24.5%	28.0%	19.0%
	占总计的百分比	0.6%	1.1%	1.1%	3.6%	4.6%	6.4%	1.6%	19.0%
政府机关人员	计数	3	6	3	14	23	31	9	89
	占配置能力优先性 1 的百分比	13.6%	14.3%	4.4%	5.8%	9.9%	13.3%	18.0%	10.0%
	占总计的百分比	0.3%	0.7%	0.3%	1.6%	2.6%	3.5%	1.0%	10.0%
个体劳动者/个体工商户	计数	3	3	9	29	22	29	3	98
	占配置能力优先性 1 的百分比	13.6%	7.1%	13.2%	12.0%	9.4%	12.4%	6.0%	11.0%
	占总计的百分比	0.3%	0.3%	1.0%	3.3%	2.5%	3.3%	0.3%	11.0%
打工者	计数	4	7	9	41	34	25	10	130
	占配置能力优先性 1 的百分比	18.2%	16.7%	13.2%	16.9%	14.6%	10.7%	20.0%	14.6%
	占总计的百分比	0.4%	0.8%	1.0%	4.6%	3.8%	2.8%	1.1%	14.6%
私营企业主	计数	0	0	1	4	7	3	0	15
	占配置能力优先性 1 的百分比	0.0%	0.0%	1.5%	1.7%	3.0%	1.3%	0.0%	1.7%
	占总计的百分比	0.0%	0.0%	0.1%	0.4%	0.8%	0.3%	0.0%	1.7%

续表

职业	项目	配置能力优先性1							总计
		完全不同意	不同意	不太同意	说不清	比较同意	同意	非常同意	
学生	计数	3	7	11	36	53	20	4	134
	占配置能力优先性1的百分比	13.6%	16.7%	16.2%	14.9%	22.7%	8.6%	8.0%	15.1%
	占总计的百分比	0.3%	0.8%	1.2%	4.0%	6.0%	2.2%	0.4%	15.1%
待业人员	计数	1	5	3	8	3	5	0	25
	占配置能力优先性1的百分比	4.5%	11.9%	4.4%	3.3%	1.3%	2.1%	0.0%	2.8%
	占总计的百分比	0.1%	0.6%	0.3%	0.9%	0.3%	0.6%	0.0%	2.8%
退休人员	计数	0	0	3	3	6	13	3	28
	占配置能力优先性1的百分比	0.0%	0.0%	4.4%	1.2%	2.6%	5.6%	6.0%	3.1%
	占总计的百分比	0.0%	0.0%	0.3%	0.3%	0.7%	1.5%	0.3%	3.1%
村干部	计数	0	0	0	0	0	1	0	1
	占配置能力优先性1的百分比	0.0%	0.0%	0.0%	0.0%	0.0%	0.4%	0.0%	0.1%
	占总计的百分比	0.0%	0.0%	0.0%	0.0%	0.0%	0.1%	0.0%	0.1%
总计	计数	22	42	68	242	233	233	50	890
	占配置能力优先性1的百分比	100.0%	100.0%	100.0%	100.0%	100.0%	100.0%	100.0%	100.0%
	占总计的百分比	2.5%	4.7%	7.6%	27.2%	26.2%	26.2%	5.6%	100.0%

表3-54反映出了不同政治面貌受访者对公共资源配置能力优先性问题的看法情况。经卡方检验，不同政治面貌受访者在公共资源配置能力优先性问题看法上有显著性差异。

表 3-54　不同政治面貌受访者与公共资源配置能力优先性的交叉列表

政治成分	项目	配置能力优先性 1							总计
		完全不同意	不同意	不太同意	说不清	比较同意	同意	非常同意	
中共党员	计数	5	12	16	30	58	74	21	216
	占配置能力优先性 1 的百分比	22.7%	29.3%	24.2%	12.5%	24.6%	31.8%	42.0%	24.3%
	占总计的百分比	0.6%	1.4%	1.8%	3.4%	6.5%	8.3%	2.4%	24.3%
非中共党员	计数	17	29	50	210	178	159	29	672
	占配置能力优先性 1 的百分比	77.3%	70.7%	75.8%	87.5%	75.4%	68.2%	58.0%	75.7%
	占总计的百分比	1.9%	3.3%	5.6%	23.6%	20.0%	17.9%	3.3%	75.7%
总计	计数	22	41	66	240	236	233	50	888
	占配置能力优先性 1 的百分比	100.0%	100.0%	100.0%	100.0%	100.0%	100.0%	100.0%	100.0%
	占总计的百分比	2.5%	4.6%	7.4%	27.0%	26.6%	26.2%	5.6%	100.0%

表 3-55 反映出了不同婚姻状况受访者对公共资源配置能力优先性问题的看法情况。经卡方检验，不同婚姻状况受访者在公共资源配置能力优先性问题看法上有显著性差异。

表 3-55　不同婚姻状况受访者与公共资源配置能力优先性的交叉列表

婚否	项目	配置能力优先性 1							总计
		完全不同意	不同意	不太同意	说不清	比较同意	同意	非常同意	
已婚	计数	14	19	40	158	132	179	34	576
	占配置能力优先性 1 的百分比	63.6%	45.2%	61.5%	66.1%	56.2%	77.2%	69.4%	65.2%
	占总计的百分比	1.6%	2.1%	4.5%	17.9%	14.9%	20.2%	3.8%	65.2%
未婚	计数	8	23	25	81	103	53	15	308
	占配置能力优先性 1 的百分比	36.4%	54.8%	38.5%	33.9%	43.8%	22.8%	30.6%	34.8%
	占总计的百分比	0.9%	2.6%	2.8%	9.2%	11.7%	6.0%	1.7%	34.8%
总计	计数	22	42	65	239	235	232	49	884
	占配置能力优先性 1 的百分比	100.0%	100.0%	100.0%	100.0%	100.0%	100.0%	100.0%	100.0%
	占总计的百分比	2.5%	4.8%	7.4%	27.0%	26.6%	26.2%	5.5%	100.0%

表 3-56 反映出了不同居住地受访者对公共资源配置能力优先性问题的看法情况。经卡方检验，不同居住地受访者在公共资源配置能力优先性问题看法上有显著性差异。

表 3-56　不同居住地受访者与公共资源配置能力优先性的交叉列表

居住地 \ 项目		配置能力优先性 1							总计
		完全不同意	不同意	不太同意	说不清	比较同意	同意	非常同意	
农村	计数	7	11	22	106	97	117	14	374
	占配置能力优先性 1 的百分比	31.8%	26.2%	32.4%	43.8%	41.1%	50.2%	28.6%	41.9%
	占总计的百分比	0.8%	1.2%	2.5%	11.9%	10.9%	13.1%	1.6%	41.9%
乡镇所在地	计数	3	4	12	37	42	28	14	140
	占配置能力优先性 1 的百分比	13.6%	9.5%	17.6%	15.3%	17.8%	12.0%	28.6%	15.7%
	占总计的百分比	0.3%	0.4%	1.3%	4.1%	4.7%	3.1%	1.6%	15.7%
县城	计数	11	19	32	78	79	79	19	317
	占配置能力优先性 1 的百分比	50.0%	45.2%	47.1%	32.2%	33.5%	33.9%	38.8%	35.5%
	占总计的百分比	1.2%	2.1%	3.6%	8.7%	8.9%	8.9%	2.1%	35.5%
市城区	计数	0	1	0	16	14	6	1	38
	占配置能力优先性 1 的百分比	0.0%	2.4%	0.0%	6.6%	5.9%	2.6%	2.0%	4.3%
	占总计的百分比	0.0%	0.1%	0.0%	1.8%	1.6%	0.7%	0.1%	4.3%
城郊结合部	计数	1	7	2	5	4	3	1	23
	占配置能力优先性 1 的百分比	4.5%	16.7%	2.9%	2.1%	1.7%	1.3%	2.0%	2.6%
	占总计的百分比	0.1%	0.8%	0.2%	0.6%	0.4%	0.3%	0.1%	2.6%
总计	计数	22	42	68	242	236	233	49	892
	占配置能力优先性 1 的百分比	100.0%	100.0%	100.0%	100.0%	100.0%	100.0%	100.0%	100.0%
	占总计的百分比	2.5%	4.7%	7.6%	27.1%	26.5%	26.1%	5.5%	100.0%

从卫生医疗机构床位数来看公共资源配置的优先性，广西富川县从 2016 年的 945 个床位增长到了 2017 年的 1068 个床位，广西东兰县从 2016 年的 968 个床位增长到了 2017 年的 1014 个床位，但广西三江县从 2016 年的 1219 个床位减少到了 2017 年的 1172 个床

位；云南永平县从 2016 年的 863 个床位增长到了 2017 年的 894 个床位，云南宁蒗县从 2016 年的 726 个床位增长到了 2017 年的 782 个床位，但云南盐津县从 2016 年的 1469 个床位减少到了 2017 年的 1455 个床位；贵州从江县从 2016 年的 1027 个床位增长到了 2017 年的 1131 个床位，贵州黄平县从 2016 年的 1528 个床位增长到了 2017 年的 2030 个床位，贵州赫章县从 2016 年的 3010 个床位增长到了 2017 年的 3210 个床位；总体来看，除了两个县在减少投入外，大部分贫困县对医疗公共服务的投入是增加的。

题项“近五年来，本地政府加大了对基础教育、医疗、社会保障等基本公共服务方面的投入”也是用来测量西部地区贫困县民众对公共资源配置能力的看法，侧重于测量的是对公共资源配置能力中对基本公共服务方面的优先性考虑和倾斜。经统计，选“完全不同意”的有 12 人，占比 1.3%，选“不同意”的有 34 人，占比 3.8%，选“不太同意”的有 62 人，占比 6.9%，选“说不清”的有 155 人，占比 17.3%，选“比较同意”的有 231 人，占比 25.8%，选“同意”的有 284 人，占比 31.7%，选“非常同意”的有 117 人，占比 13.1%（如图 3-9 所示）。这说明，有超过七成的受访者认为西部地区贫困县政府公共资源配置能力上优先考虑了基本公共服务类的投入，认为没有优先考虑公共资源配置中的基本公共服务事项的受访者占一成多，有不到两成的人不愿意发表意见。

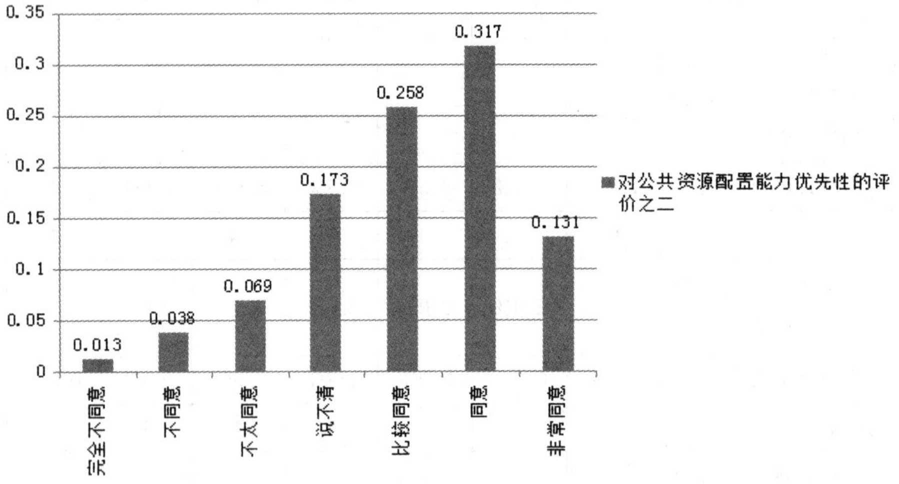

图 3-9　对公共资源配置能力优先性之二的看法

表 3-57 反映出了不同省份受访者对公共资源配置能力优先性问题之二的看法情况。经卡方检验，不同省份受访者在公共资源配置能力优先性问题之二的看法上有显著性差异。

表 3-57　不同省份受访者与公共资源配置能力优先性之二的交叉列表

省份	项　目	配置能力优先性 2							总计
		完全不同意	不同意	不太同意	说不清	比较同意	同意	非常同意	
贵州	计数	1	21	29	50	78	77	40	296
	占配置能力优先性 2 的百分比	8.3%	61.8%	46.8%	32.3%	33.8%	27.1%	34.2%	33.1%
	占总计的百分比	0.1%	2.3%	3.2%	5.6%	8.7%	8.6%	4.5%	33.1%
云南	计数	4	6	9	68	71	102	39	299
	占配置能力优先性 2 的百分比	33.3%	17.6%	14.5%	43.9%	30.7%	35.9%	33.3%	33.4%
	占总计的百分比	0.4%	0.7%	1.0%	7.6%	7.9%	11.4%	4.4%	33.4%
广西	计数	7	7	24	37	82	105	38	300
	占配置能力优先性 2 的百分比	58.3%	20.6%	38.7%	23.9%	35.5%	37.0%	32.5%	33.5%
	占总计的百分比	0.8%	0.8%	2.7%	4.1%	9.2%	11.7%	4.2%	33.5%
总计	计数	12	34	62	155	231	284	117	895
	占配置能力优先性 2 的百分比	100.0%	100.0%	100.0%	100.0%	100.0%	100.0%	100.0%	100.0%
	占总计的百分比	1.3%	3.8%	6.9%	17.3%	25.8%	31.7%	13.1%	100.0%

表 3-58 反映出了不同年龄受访者对公共资源配置能力优先性问题之二的看法情况。经卡方检验，不同年龄受访者在公共资源配置能力优先性问题之二的看法上有显著性差异。

表 3-58　不同年龄受访者与公共资源配置能力优先性之二的交叉列表

年龄分组	项　目	配置能力优先性 2							总计
		完全不同意	不同意	不太同意	说不清	比较同意	同意	非常同意	
20 岁以下	计数	0	0	1	2	1	2	5	11
	占配置能力优先性 2 的百分比	0.0%	0.0%	1.6%	1.3%	0.4%	0.7%	4.3%	1.2%
	占总计的百分比	0.0%	0.0%	0.1%	0.2%	0.1%	0.2%	0.6%	1.2%

续表

年龄分组	项目	配置能力优先性2							总计
		完全不同意	不同意	不太同意	说不清	比较同意	同意	非常同意	
20-30岁	计数	4	10	30	65	96	88	38	331
	占配置能力优先性2的百分比	33.3%	29.4%	49.2%	42.8%	42.3%	31.5%	32.5%	37.5%
	占总计的百分比	0.5%	1.1%	3.4%	7.4%	10.9%	10.0%	4.3%	37.5%
30-40岁	计数	3	5	16	43	62	63	34	226
	占配置能力优先性2的百分比	25.0%	14.7%	26.2%	28.3%	27.3%	22.6%	29.1%	25.6%
	占总计的百分比	0.3%	0.6%	1.8%	4.9%	7.0%	7.1%	3.9%	25.6%
40-50岁	计数	3	7	8	18	40	78	23	177
	占配置能力优先性2的百分比	25.0%	20.6%	13.1%	11.8%	17.6%	28.0%	19.7%	20.1%
	占总计的百分比	0.3%	0.8%	0.9%	2.0%	4.5%	8.8%	2.6%	20.1%
50-60岁	计数	1	8	4	14	16	32	12	87
	占配置能力优先性2的百分比	8.3%	23.5%	6.6%	9.2%	7.0%	11.5%	10.3%	9.9%
	占总计的百分比	0.1%	0.9%	0.5%	1.6%	1.8%	3.6%	1.4%	9.9%
60岁以上	计数	1	4	2	10	12	16	5	50
	占配置能力优先性2的百分比	8.3%	11.8%	3.3%	6.6%	5.3%	5.7%	4.3%	5.7%
	占总计的百分比	0.1%	0.5%	0.2%	1.1%	1.4%	1.8%	0.6%	5.7%
总计	计数	12	34	61	152	227	279	117	882
	占配置能力优先性2的百分比	100.0%	100.0%	100.0%	100.0%	100.0%	100.0%	100.0%	100.0%
	占总计的百分比	1.4%	3.9%	6.9%	17.2%	25.7%	31.6%	13.3%	100.0%

表3-59反映出了不同受教育程度受访者对公共资源配置能力优先性问题之二的看法情况。经卡方检验，不同受教育程度受访者在公共资源配置能力优先性问题之二的看法上有显著性差异。

表 3-59　不同受教育程度受访者与公共资源配置能力优先性之二的交叉列表

教育分组	项　目	配置能力优先性 2							总计
		完全不同意	不同意	不太同意	说不清	比较同意	同意	非常同意	
未上学	计数	0	0	0	11	4	9	7	31
	占配置能力优先性 2 的百分比	0.0%	0.0%	0.0%	7.1%	1.7%	3.2%	6.0%	3.5%
	占总计的百分比	0.0%	0.0%	0.0%	1.2%	0.4%	1.0%	0.8%	3.5%
小学	计数	0	3	6	32	36	40	19	136
	占配置能力优先性 2 的百分比	0.0%	8.8%	9.7%	20.6%	15.6%	14.1%	16.2%	15.2%
	占总计的百分比	0.0%	0.3%	0.7%	3.6%	4.0%	4.5%	2.1%	15.2%
初中	计数	1	7	14	31	41	52	22	168
	占配置能力优先性 2 的百分比	8.3%	20.6%	22.6%	20.0%	17.7%	18.3%	18.8%	18.8%
	占总计的百分比	0.1%	0.8%	1.6%	3.5%	4.6%	5.8%	2.5%	18.8%
高中	计数	6	11	9	27	42	59	28	182
	占配置能力优先性 2 的百分比	50.0%	32.4%	14.5%	17.4%	18.2%	20.8%	23.9%	20.3%
	占总计的百分比	0.7%	1.2%	1.0%	3.0%	4.7%	6.6%	3.1%	20.3%
专科	计数	3	9	12	27	46	58	19	174
	占配置能力优先性 2 的百分比	25.0%	26.5%	19.4%	17.4%	19.9%	20.4%	16.2%	19.4%
	占总计的百分比	0.3%	1.0%	1.3%	3.0%	5.1%	6.5%	2.1%	19.4%
本科	计数	1	3	16	12	38	40	14	124
	占配置能力优先性 2 的百分比	8.3%	8.8%	25.8%	7.7%	16.5%	14.1%	12.0%	13.9%
	占总计的百分比	0.1%	0.3%	1.8%	1.3%	4.2%	4.5%	1.6%	13.9%
研究生	计数	1	1	5	15	24	26	8	80
	占配置能力优先性 2 的百分比	8.3%	2.9%	8.1%	9.7%	10.4%	9.2%	6.8%	8.9%
	占总计的百分比	0.1%	0.1%	0.6%	1.7%	2.7%	2.9%	0.9%	8.9%

续表

教育分组	项目	配置能力优先性2							总计
		完全不同意	不同意	不太同意	说不清	比较同意	同意	非常同意	
总计	计数	12	34	62	155	231	284	117	895
	占配置能力优先性2的百分比	100.0%	100.0%	100.0%	100.0%	100.0%	100.0%	100.0%	100.0%
	占总计的百分比	1.3%	3.8%	6.9%	17.3%	25.8%	31.7%	13.1%	100.0%

表3-60反映出了不同民族受访者对公共资源配置能力优先性问题之二的看法情况。经卡方检验，不同民族受访者在公共资源配置能力优先性问题之二的看法上有显著性差异。

表3-60　不同民族受访者与公共资源配置能力优先性之二的交叉列表

民族	项目	配置能力优先性2							总计
		完全不同意	不同意	不太同意	说不清	比较同意	同意	非常同意	
汉族	计数	6	20	21	48	80	118	40	333
	占配置能力优先性2的百分比	50.0%	58.8%	33.9%	31.0%	34.6%	41.7%	34.2%	37.2%
	占总计的百分比	0.7%	2.2%	2.3%	5.4%	8.9%	13.2%	4.5%	37.2%
苗族	计数	1	1	9	14	24	24	9	82
	占配置能力优先性2的百分比	8.3%	2.9%	14.5%	9.0%	10.4%	8.5%	7.7%	9.2%
	占总计的百分比	0.1%	0.1%	1.0%	1.6%	2.7%	2.7%	1.0%	9.2%
布依族	计数	0	0	1	0	0	1	1	3
	占配置能力优先性2的百分比	0.0%	0.0%	1.6%	0.0%	0.0%	0.4%	0.9%	0.3%
	占总计的百分比	0.0%	0.0%	0.1%	0.0%	0.0%	0.1%	0.1%	0.3%
侗族	计数	2	3	8	23	45	48	15	144
	占配置能力优先性2的百分比	16.7%	8.8%	12.9%	14.8%	19.5%	17.0%	12.8%	16.1%
	占总计的百分比	0.2%	0.3%	0.9%	2.6%	5.0%	5.4%	1.7%	16.1%

续表

民族	项目	配置能力优先性 2							总计
		完全不同意	不同意	不太同意	说不清	比较同意	同意	非常同意	
壮族	计数	2	2	6	16	23	27	13	89
	占配置能力优先性 2 的百分比	16.7%	5.9%	9.7%	10.3%	10.0%	9.5%	11.1%	10.0%
	占总计的百分比	0.2%	0.2%	0.7%	1.8%	2.6%	3.0%	1.5%	10.0%
白族	计数	0	3	2	2	4	2	2	15
	占配置能力优先性 2 的百分比	0.0%	8.8%	3.2%	1.3%	1.7%	0.7%	1.7%	1.7%
	占总计的百分比	0.0%	0.3%	0.2%	0.2%	0.4%	0.2%	0.2%	1.7%
哈尼族	计数	0	0	0	0	0	1	0	1
	占配置能力优先性 2 的百分比	0.0%	0.0%	0.0%	0.0%	0.0%	0.4%	0.0%	0.1%
	占总计的百分比	0.0%	0.0%	0.0%	0.0%	0.0%	0.1%	0.0%	0.1%
彝族	计数	0	2	5	41	30	27	24	129
	占配置能力优先性 2 的百分比	0.0%	5.9%	8.1%	26.5%	13.0%	9.5%	20.5%	14.4%
	占总计的百分比	0.0%	0.2%	0.6%	4.6%	3.4%	3.0%	2.7%	14.4%
瑶族	计数	1	3	8	11	22	29	11	85
	占配置能力优先性 2 的百分比	8.3%	8.8%	12.9%	7.1%	9.5%	10.2%	9.4%	9.5%
	占总计的百分比	0.1%	0.3%	0.9%	1.2%	2.5%	3.2%	1.2%	9.5%
仫佬族	计数	0	0	0	0	0	1	2	3
	占配置能力优先性 2 的百分比	0.0%	0.0%	0.0%	0.0%	0.0%	0.4%	1.7%	0.3%
	占总计的百分比	0.0%	0.0%	0.0%	0.0%	0.0%	0.1%	0.2%	0.3%
回族	计数	0	0	2	0	3	4	0	9
	占配置能力优先性 2 的百分比	0.0%	0.0%	3.2%	0.0%	1.3%	1.4%	0.0%	1.0%
	占总计的百分比	0.0%	0.0%	0.2%	0.0%	0.3%	0.4%	0.0%	1.0%

续表

民族 \ 项目		配置能力优先性 2							总计
		完全不同意	不同意	不太同意	说不清	比较同意	同意	非常同意	
土家族	计数	0	0	0	0	0	1	0	1
	占配置能力优先性 2 的百分比	0.0%	0.0%	0.0%	0.0%	0.0%	0.4%	0.0%	0.1%
	占总计的百分比	0.0%	0.0%	0.0%	0.0%	0.0%	0.1%	0.0%	0.1%
总计	计数	12	34	62	155	231	283	117	894
	占配置能力优先性 2 的百分比	100.0%	100.0%	100.0%	100.0%	100.0%	100.0%	100.0%	100.0%
	占总计的百分比	1.3%	3.8%	6.9%	17.3%	25.8%	31.7%	13.1%	100.0%

表 3-61 反映出了不同职业受访者对公共资源配置能力优先性问题之二的看法情况。经卡方检验，不同职业受访者在公共资源配置能力优先性问题之二的看法上有显著性差异。

表 3-61 不同职业受访者与公共资源配置能力优先性之二的交叉列表

职业 \ 项目		配置能力优先性 2							总计
		完全不同意	不同意	不太同意	说不清	比较同意	同意	非常同意	
农业劳动者	计数	1	2	4	32	36	50	22	147
	占配置能力优先性 2 的百分比	8.3%	5.9%	6.5%	20.8%	15.7%	17.8%	19.0%	16.5%
	占总计的百分比	0.1%	0.2%	0.4%	3.6%	4.0%	5.6%	2.5%	16.5%
企业工人	计数	2	1	5	8	14	17	7	54
	占配置能力优先性 2 的百分比	16.7%	2.9%	8.1%	5.2%	6.1%	6.0%	6.0%	6.1%
	占总计的百分比	0.2%	0.1%	0.6%	0.9%	1.6%	1.9%	0.8%	6.1%
事业单位人员	计数	1	7	13	24	45	51	27	168
	占配置能力优先性 2 的百分比	8.3%	20.6%	21.0%	15.6%	19.6%	18.1%	23.3%	18.9%
	占总计的百分比	0.1%	0.8%	1.5%	2.7%	5.1%	5.7%	3.0%	18.9%

续表

职业	项目	配置能力优先性 2							总计
		完全不同意	不同意	不太同意	说不清	比较同意	同意	非常同意	
政府机关人员	计数	1	3	3	8	15	43	16	89
	占配置能力优先性 2 的百分比	8. 3%	8. 8%	4. 8%	5. 2%	6. 5%	15. 3%	13. 8%	10. 0%
	占总计的百分比	0. 1%	0. 3%	0. 3%	0. 9%	1. 7%	4. 8%	1. 8%	10. 0%
个体劳动者/个体工商户	计数	3	0	9	20	24	31	11	98
	占配置能力优先性 2 的百分比	25. 0%	0. 0%	14. 5%	13. 0%	10. 4%	11. 0%	9. 5%	11. 0%
	占总计的百分比	0. 3%	0. 0%	1. 0%	2. 2%	2. 7%	3. 5%	1. 2%	11. 0%
打工者	计数	1	6	9	24	37	39	14	130
	占配置能力优先性 2 的百分比	8. 3%	17. 6%	14. 5%	15. 6%	16. 1%	13. 9%	12. 1%	14. 6%
	占总计的百分比	0. 1%	0. 7%	1. 0%	2. 7%	4. 2%	4. 4%	1. 6%	14. 6%
私营企业主	计数	0	0	1	4	4	5	1	15
	占配置能力优先性 2 的百分比	0. 0%	0. 0%	1. 6%	2. 6%	1. 7%	1. 8%	0. 9%	1. 7%
	占总计的百分比	0. 0%	0. 0%	0. 1%	0. 4%	0. 4%	0. 6%	0. 1%	1. 7%
学生	计数	3	6	11	29	46	29	10	134
	占配置能力优先性 2 的百分比	25. 0%	17. 6%	17. 7%	18. 8%	20. 0%	10. 3%	8. 6%	15. 1%
	占总计的百分比	0. 3%	0. 7%	1. 2%	3. 3%	5. 2%	3. 3%	1. 1%	15. 1%
待业人员	计数	0	2	6	3	4	8	2	25
	占配置能力优先性 2 的百分比	0. 0%	5. 9%	9. 7%	1. 9%	1. 7%	2. 8%	1. 7%	2. 8%
	占总计的百分比	0. 0%	0. 2%	0. 7%	0. 3%	0. 4%	0. 9%	0. 2%	2. 8%
退休人员	计数	0	7	1	2	5	7	6	28
	占配置能力优先性 2 的百分比	0. 0%	20. 6%	1. 6%	1. 3%	2. 2%	2. 5%	5. 2%	3. 1%
	占总计的百分比	0. 0%	0. 8%	0. 1%	0. 2%	0. 6%	0. 8%	0. 7%	3. 1%

续表

职业 \ 项目		配置能力优先性2							总计
		完全不同意	不同意	不太同意	说不清	比较同意	同意	非常同意	
村干部	计数	0	0	0	0	0	1	0	1
	占配置能力优先性2的百分比	0.0%	0.0%	0.0%	0.0%	0.0%	0.4%	0.0%	0.1%
	占总计的百分比	0.0%	0.0%	0.0%	0.0%	0.0%	0.1%	0.0%	0.1%
总计	计数	12	34	62	154	230	281	116	889
	占配置能力优先性2的百分比	100.0%	100.0%	100.0%	100.0%	100.0%	100.0%	100.0%	100.0%
	占总计的百分比	1.3%	3.8%	7.0%	17.3%	25.9%	31.6%	13.0%	100.0%

表3-62反映出了不同政治面貌受访者对公共资源配置能力优先性问题之二的看法情况。经卡方检验，不同政治面貌受访者在公共资源配置能力优先性问题之二的看法上有显著性差异。

表3-62 不同政治面貌受访者与公共资源配置能力优先性之二的交叉列表

政治成分 \ 项目		配置能力优先性2							总计
		完全不同意	不同意	不太同意	说不清	比较同意	同意	非常同意	
中共党员	计数	2	13	7	24	46	80	43	215
	占配置能力优先性2的百分比	18.2%	39.4%	12.1%	15.6%	19.9%	28.2%	37.1%	24.2%
	占总计的百分比	0.2%	1.5%	0.8%	2.7%	5.2%	9.0%	4.8%	24.2%
非中共党员	计数	9	20	51	130	185	204	73	672
	占配置能力优先性2的百分比	81.8%	60.6%	87.9%	84.4%	80.1%	71.8%	62.9%	75.8%
	占总计的百分比	1.0%	2.3%	5.7%	14.7%	20.9%	23.0%	8.2%	75.8%
总计	计数	11	33	58	154	231	284	116	887
	占配置能力优先性2的百分比	100.0%	100.0%	100.0%	100.0%	100.0%	100.0%	100.0%	100.0%
	占总计的百分比	1.2%	3.7%	6.5%	17.4%	26.0%	32.0%	13.1%	100.0%

表3-63反映出了不同婚姻状况受访者对公共资源配置能力优先性问题之二的看法情况。经卡方检验，不同婚姻状况受访者在公共资源配置能力优先性问题之二的看法上有

显著性差异。

表 3-63　不同婚姻状况受访者与公共资源配置能力优先性之二的交叉列表

婚否 \ 项目		配置能力优先性 2							总计
		完全不同意	不同意	不太同意	说不清	比较同意	同意	非常同意	
已婚	计数	8	22	30	91	142	199	83	575
	占配置能力优先性 2 的百分比	72.7%	66.7%	50.8%	59.5%	61.5%	70.8%	72.2%	65.1%
	占总计的百分比	0.9%	2.5%	3.4%	10.3%	16.1%	22.5%	9.4%	65.1%
未婚	计数	3	11	29	62	89	82	32	308
	占配置能力优先性 2 的百分比	27.3%	33.3%	49.2%	40.5%	38.5%	29.2%	27.8%	34.9%
	占总计的百分比	0.3%	1.2%	3.3%	7.0%	10.1%	9.3%	3.6%	34.9%
总计	计数	11	33	59	153	231	281	115	883
	占配置能力优先性 2 的百分比	100.0%	100.0%	100.0%	100.0%	100.0%	100.0%	100.0%	100.0%
	占总计的百分比	1.2%	3.7%	6.7%	17.3%	26.2%	31.8%	13.0%	100.0%

表 3-64 反映出了不同居住地受访者对公共资源配置能力优先性问题之二的看法情况。经卡方检验，不同居住地受访者在公共资源配置能力优先性问题之二的看法上有显著性差异。

表 3-64　不同居住地受访者与公共资源配置能力优先性之二的交叉列表

居住地 \ 项目		配置能力优先性 2							总计
		完全不同意	不同意	不太同意	说不清	比较同意	同意	非常同意	
农村	计数	2	4	23	84	98	110	53	374
	占配置能力优先性 2 的百分比	16.7%	11.8%	37.7%	54.5%	42.4%	38.7%	46.1%	42.0%
	占总计的百分比	0.2%	0.4%	2.6%	9.4%	11.0%	12.3%	5.9%	42.0%
乡镇所在地	计数	5	3	9	16	38	52	17	140
	占配置能力优先性 2 的百分比	41.7%	8.8%	14.8%	10.4%	16.5%	18.3%	14.8%	15.7%
	占总计的百分比	0.6%	0.3%	1.0%	1.8%	4.3%	5.8%	1.9%	15.7%

续表

居住地	项目	配置能力优先性 2							总计
		完全不同意	不同意	不太同意	说不清	比较同意	同意	非常同意	
县城	计数	5	23	26	42	73	110	37	316
	占配置能力优先性 2 的百分比	41.7%	67.6%	42.6%	27.3%	31.6%	38.7%	32.2%	35.5%
	占总计的百分比	0.6%	2.6%	2.9%	4.7%	8.2%	12.3%	4.2%	35.5%
市城区	计数	0	1	1	8	14	8	6	38
	占配置能力优先性 2 的百分比	0.0%	2.9%	1.6%	5.2%	6.1%	2.8%	5.2%	4.3%
	占总计的百分比	0.0%	0.1%	0.1%	0.9%	1.6%	0.9%	0.7%	4.3%
城郊结合部	计数	0	3	2	4	8	4	2	23
	占配置能力优先性 2 的百分比	0.0%	8.8%	3.3%	2.6%	3.5%	1.4%	1.7%	2.6%
	占总计的百分比	0.0%	0.3%	0.2%	0.4%	0.9%	0.4%	0.2%	2.6%
总计	计数	12	34	61	154	231	284	115	891
	占配置能力优先性 2 的百分比	100.0%	100.0%	100.0%	100.0%	100.0%	100.0%	100.0%	100.0%
	占总计的百分比	1.3%	3.8%	6.8%	17.3%	25.9%	31.9%	12.9%	100.0%

4. 公共资源配置的可靠性能力

题项"本地政府能准确、及时地完成向公民承诺的事情"是用来测量西部地区贫困县民众对公共资源配置能力的看法，侧重于测量的是公共资源配置能力的可靠性问题。经统计，选"完全不同意"的有 24 人，占比 2.7%，选"不同意"的有 39 人，占比 4.4%，选"不太同意"的有 102 人，占比 11.4%，选"说不清"的有 257 人，占比 28.7%，选"比较同意"的有 223 人，占比 24.9%，选"同意"的有 204 人，占比 22.8%，选"非常同意"的有 47 人，占比 5.2%（如图 3-10 所示）。这说明，有超过五成的受访者认为政府在公共资源配置能力的可靠性上表现得好，认为表现的不好的受访者占比不足两成，也有接近三成的人不愿意发表意见。

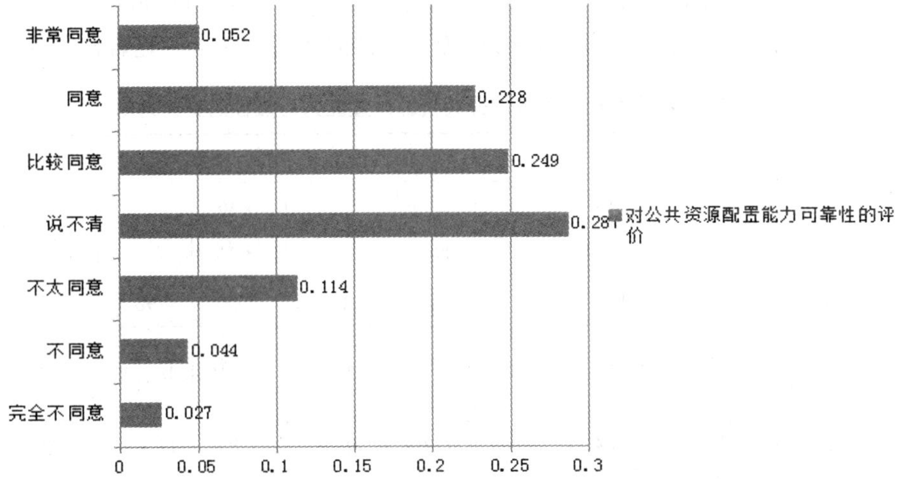

图 3-10 公共资源配置能力可靠性的评价

表 3-65 反映出了不同省份受访者对公共资源配置能力可靠性问题的看法情况。经卡方检验，不同省份受访者在公共资源配置能力可靠性问题的看法上有显著性差异。

表 3-65 不同省份受访者与公共资源配置能力可靠性的交叉列表

省份	项目	配置能力可靠性							总计
		完全不同意	不同意	不太同意	说不清	比较同意	同意	非常同意	
贵州	计数	8	10	44	108	66	39	23	298
	占配置能力可靠性的百分比	33.3%	25.6%	43.1%	42.0%	29.6%	19.1%	48.9%	33.3%
	占总计的百分比	0.9%	1.1%	4.9%	12.1%	7.4%	4.4%	2.6%	33.3%
云南	计数	10	13	31	73	66	103	4	300
	占配置能力可靠性的百分比	41.7%	33.3%	30.4%	28.4%	29.6%	50.5%	8.5%	33.5%
	占总计的百分比	1.1%	1.5%	3.5%	8.1%	7.4%	11.5%	0.4%	33.5%
广西	计数	6	16	27	76	91	62	20	298
	占配置能力可靠性的百分比	25.0%	41.0%	26.5%	29.6%	40.8%	30.4%	42.6%	33.3%
	占总计的百分比	0.7%	1.8%	3.0%	8.5%	10.2%	6.9%	2.2%	33.3%
总计	计数	24	39	102	257	223	204	47	896
	占配置能力可靠性的百分比	100.0%	100.0%	100.0%	100.0%	100.0%	100.0%	100.0%	100.0%
	占总计的百分比	2.7%	4.4%	11.4%	28.7%	24.9%	22.8%	5.2%	100.0%

表 3-66 反映出了不同性别受访者对公共资源配置能力可靠性问题的看法情况。经卡方检验，不同性别受访者在公共资源配置能力可靠性问题的看法上有显著性差异。

表 3-66 不同性别受访者与公共资源配置能力可靠性的交叉列表

性别	项目	配置能力可靠性							总计
		完全不同意	不同意	不太同意	说不清	比较同意	同意	非常同意	
男	计数	13	23	42	111	122	98	27	436
	占配置能力可靠性的百分比	54.2%	59.0%	41.6%	43.5%	55.7%	48.3%	58.7%	49.2%
	占总计的百分比	1.5%	2.6%	4.7%	12.5%	13.8%	11.0%	3.0%	49.2%
女	计数	11	16	59	144	97	105	19	451
	占配置能力可靠性的百分比	45.8%	41.0%	58.4%	56.5%	44.3%	51.7%	41.3%	50.8%
	占总计的百分比	1.2%	1.8%	6.7%	16.2%	10.9%	11.8%	2.1%	50.8%
总计	计数	24	39	101	255	219	203	46	887
	占配置能力可靠性的百分比	100.0%	100.0%	100.0%	100.0%	100.0%	100.0%	100.0%	100.0%
	占总计的百分比	2.7%	4.4%	11.4%	28.7%	24.7%	22.9%	5.2%	100.0%

表 3-67 反映出了不同年龄受访者对公共资源配置能力可靠性问题的看法情况。经卡方检验，不同年龄受访者在公共资源配置能力可靠性问题的看法上有显著性差异。

表 3-67 不同年龄受访者与公共资源配置能力可靠性的交叉列表

年龄分组	项目	配置能力可靠性							总计
		完全不同意	不同意	不太同意	说不清	比较同意	同意	非常同意	
20 岁以下	计数	0	0	4	1	2	1	3	11
	占配置能力可靠性的百分比	0.0%	0.0%	3.9%	0.4%	0.9%	0.5%	6.4%	1.2%
	占总计的百分比	0.0%	0.0%	0.5%	0.1%	0.2%	0.1%	0.3%	1.2%
20-30 岁	计数	7	17	43	107	75	66	14	329
	占配置能力可靠性的百分比	30.4%	43.6%	42.2%	42.5%	34.4%	32.7%	29.8%	37.3%
	占总计的百分比	0.8%	1.9%	4.9%	12.1%	8.5%	7.5%	1.6%	37.3%

续表

年龄分组	项　目	配置能力可靠性							总计
		完全不同意	不同意	不太同意	说不清	比较同意	同意	非常同意	
30-40岁	计数	7	6	27	65	48	62	14	229
	占配置能力可靠性的百分比	30.4%	15.4%	26.5%	25.8%	22.0%	30.7%	29.8%	25.9%
	占总计的百分比	0.8%	0.7%	3.1%	7.4%	5.4%	7.0%	1.6%	25.9%
40-50岁	计数	6	10	15	42	53	46	5	177
	占配置能力可靠性的百分比	26.1%	25.6%	14.7%	16.7%	24.3%	22.8%	10.6%	20.0%
	占总计的百分比	0.7%	1.1%	1.7%	4.8%	6.0%	5.2%	0.6%	20.0%
50-60岁	计数	0	4	6	19	29	22	7	87
	占配置能力可靠性的百分比	0.0%	10.3%	5.9%	7.5%	13.3%	10.9%	14.9%	9.9%
	占总计的百分比	0.0%	0.5%	0.7%	2.2%	3.3%	2.5%	0.8%	9.9%
60岁以上	计数	3	2	7	18	11	5	4	50
	占配置能力可靠性的百分比	13.0%	5.1%	6.9%	7.1%	5.0%	2.5%	8.5%	5.7%
	占总计的百分比	0.3%	0.2%	0.8%	2.0%	1.2%	0.6%	0.5%	5.7%
总计	计数	23	39	102	252	218	202	47	883
	占配置能力可靠性的百分比	100.0%	100.0%	100.0%	100.0%	100.0%	100.0%	100.0%	100.0%
	占总计的百分比	2.6%	4.4%	11.6%	28.5%	24.7%	22.9%	5.3%	100.0%

表3-68反映出了不同受教育程度受访者对公共资源配置能力可靠性问题的看法情况。经卡方检验，不同受教育程度受访者在公共资源配置能力可靠性问题的看法上有显著性差异。

表 3-68　不同受教育程度受访者与公共资源配置能力可靠性的交叉列表

教育分组	项　目	配置能力可靠性							总计
		完全不同意	不同意	不太同意	说不清	比较同意	同意	非常同意	
未上学	计数	0	1	1	8	4	16	1	31
	占配置能力可靠性的百分比	0.0%	2.6%	1.0%	3.1%	1.8%	7.8%	2.1%	3.5%
	占总计的百分比	0.0%	0.1%	0.1%	0.9%	0.4%	1.8%	0.1%	3.5%
小学	计数	2	6	12	31	36	46	4	137
	占配置能力可靠性的百分比	8.3%	15.4%	11.8%	12.1%	16.1%	22.5%	8.5%	15.3%
	占总计的百分比	0.2%	0.7%	1.3%	3.5%	4.0%	5.1%	0.4%	15.3%
初中	计数	5	7	16	59	37	34	10	168
	占配置能力可靠性的百分比	20.8%	17.9%	15.7%	23.0%	16.6%	16.7%	21.3%	18.8%
	占总计的百分比	0.6%	0.8%	1.8%	6.6%	4.1%	3.8%	1.1%	18.8%
高中	计数	10	9	16	43	58	32	14	182
	占配置能力可靠性的百分比	41.7%	23.1%	15.7%	16.7%	26.0%	15.7%	29.8%	20.3%
	占总计的百分比	1.1%	1.0%	1.8%	4.8%	6.5%	3.6%	1.6%	20.3%
专科	计数	2	10	21	49	49	36	6	173
	占配置能力可靠性的百分比	8.3%	25.6%	20.6%	19.1%	22.0%	17.6%	12.8%	19.3%
	占总计的百分比	0.2%	1.1%	2.3%	5.5%	5.5%	4.0%	0.7%	19.3%
本科	计数	3	6	27	35	28	22	5	126
	占配置能力可靠性的百分比	12.5%	15.4%	26.5%	13.6%	12.6%	10.8%	10.6%	14.1%
	占总计的百分比	0.3%	0.7%	3.0%	3.9%	3.1%	2.5%	0.6%	14.1%
研究生	计数	2	0	9	32	11	18	7	79
	占配置能力可靠性的百分比	8.3%	0.0%	8.8%	12.5%	4.9%	8.8%	14.9%	8.8%
	占总计的百分比	0.2%	0.0%	1.0%	3.6%	1.2%	2.0%	0.8%	8.8%

续表

教育分组	项目	配置能力可靠性							总计
		完全不同意	不同意	不太同意	说不清	比较同意	同意	非常同意	
总计	计数	24	39	102	257	223	204	47	896
	占配置能力可靠性的百分比	100.0%	100.0%	100.0%	100.0%	100.0%	100.0%	100.0%	100.0%
	占总计的百分比	2.7%	4.4%	11.4%	28.7%	24.9%	22.8%	5.2%	100.0%

表 3-69 反映出了不同民族受访者对公共资源配置能力可靠性问题的看法情况。经卡方检验，不同民族受访者在公共资源配置能力可靠性问题的看法上有显著性差异。

表 3-69　不同民族受访者与公共资源配置能力可靠性的交叉列表

民族	项目	配置能力可靠性							总计
		完全不同意	不同意	不太同意	说不清	比较同意	同意	非常同意	
汉族	计数	15	16	56	91	84	60	11	333
	占配置能力可靠性的百分比	62.5%	42.1%	54.9%	35.4%	37.7%	29.4%	23.4%	37.2%
	占总计的百分比	1.7%	1.8%	6.3%	10.2%	9.4%	6.7%	1.2%	37.2%
苗族	计数	1	3	7	34	16	13	8	82
	占配置能力可靠性的百分比	4.2%	7.9%	6.9%	13.2%	7.2%	6.4%	17.0%	9.2%
	占总计的百分比	0.1%	0.3%	0.8%	3.8%	1.8%	1.5%	0.9%	9.2%
布依族	计数	0	0	1	0	1	0	1	3
	占配置能力可靠性的百分比	0.0%	0.0%	1.0%	0.0%	0.4%	0.0%	2.1%	0.3%
	占总计的百分比	0.0%	0.0%	0.1%	0.0%	0.1%	0.0%	0.1%	0.3%
侗族	计数	3	3	9	44	48	26	11	144
	占配置能力可靠性的百分比	12.5%	7.9%	8.8%	17.1%	21.5%	12.7%	23.4%	16.1%
	占总计的百分比	0.3%	0.3%	1.0%	4.9%	5.4%	2.9%	1.2%	16.1%

续表

民族	项目	配置能力可靠性							总计
		完全不同意	不同意	不太同意	说不清	比较同意	同意	非常同意	
壮族	计数	2	4	3	27	30	18	5	89
	占配置能力可靠性的百分比	8.3%	10.5%	2.9%	10.5%	13.5%	8.8%	10.6%	9.9%
	占总计的百分比	0.2%	0.4%	0.3%	3.0%	3.4%	2.0%	0.6%	9.9%
白族	计数	1	2	3	5	5	2	0	18
	占配置能力可靠性的百分比	4.2%	5.3%	2.9%	1.9%	2.2%	1.0%	0.0%	2.0%
	占总计的百分比	0.1%	0.2%	0.3%	0.6%	0.6%	0.2%	0.0%	2.0%
哈尼族	计数	0	0	0	1	0	0	0	1
	占配置能力可靠性的百分比	0.0%	0.0%	0.0%	0.4%	0.0%	0.0%	0.0%	0.1%
	占总计的百分比	0.0%	0.0%	0.0%	0.1%	0.0%	0.0%	0.0%	0.1%
彝族	计数	0	3	8	28	22	66	2	129
	占配置能力可靠性的百分比	0.0%	7.9%	7.8%	10.9%	9.9%	32.4%	4.3%	14.4%
	占总计的百分比	0.0%	0.3%	0.9%	3.1%	2.5%	7.4%	0.2%	14.4%
瑶族	计数	2	6	13	21	15	18	8	83
	占配置能力可靠性的百分比	8.3%	15.8%	12.7%	8.2%	6.7%	8.8%	17.0%	9.3%
	占总计的百分比	0.2%	0.7%	1.5%	2.3%	1.7%	2.0%	0.9%	9.3%
仫佬族	计数	0	0	0	1	1	1	0	3
	占配置能力可靠性的百分比	0.0%	0.0%	0.0%	0.4%	0.4%	0.5%	0.0%	0.3%
	占总计的百分比	0.0%	0.0%	0.0%	0.1%	0.1%	0.1%	0.0%	0.3%
回族	计数	0	1	2	4	1	0	1	9
	占配置能力可靠性的百分比	0.0%	2.6%	2.0%	1.6%	0.4%	0.0%	2.1%	1.0%
	占总计的百分比	0.0%	0.1%	0.2%	0.4%	0.1%	0.0%	0.1%	1.0%

续表

民族 \ 项目		配置能力可靠性							总计
		完全不同意	不同意	不太同意	说不清	比较同意	同意	非常同意	
土家族	计数	0	0	0	1	0	0	0	1
	占配置能力可靠性的百分比	0.0%	0.0%	0.0%	0.4%	0.0%	0.0%	0.0%	0.1%
	占总计的百分比	0.0%	0.0%	0.0%	0.1%	0.0%	0.0%	0.0%	0.1%
总计	计数	24	38	102	257	223	204	47	895
	占配置能力可靠性的百分比	100.0%	100.0%	100.0%	100.0%	100.0%	100.0%	100.0%	100.0%
	占总计的百分比	2.7%	4.2%	11.4%	28.7%	24.9%	22.8%	5.3%	100.0%

表3-70反映出了不同职业受访者对公共资源配置能力可靠性问题的看法情况。经卡方检验，不同职业受访者在公共资源配置能力可靠性问题的看法上有显著性差异。

表3-70　不同职业受访者与公共资源配置能力可靠性的交叉列表

职业 \ 项目		配置能力可靠性							总计
		完全不同意	不同意	不太同意	说不清	比较同意	同意	非常同意	
农业劳动者	计数	1	7	10	47	40	34	8	147
	占配置能力可靠性的百分比	4.2%	17.9%	9.8%	18.5%	18.1%	16.7%	17.0%	16.5%
	占总计的百分比	0.1%	0.8%	1.1%	5.3%	4.5%	3.8%	0.9%	16.5%
企业工人	计数	1	3	8	20	10	10	2	54
	占配置能力可靠性的百分比	4.2%	7.7%	7.8%	7.9%	4.5%	4.9%	4.3%	6.1%
	占总计的百分比	0.1%	0.3%	0.9%	2.2%	1.1%	1.1%	0.2%	6.1%
事业单位人员	计数	6	5	23	32	47	44	12	169
	占配置能力可靠性的百分比	25.0%	12.8%	22.5%	12.6%	21.3%	21.7%	25.5%	19.0%
	占总计的百分比	0.7%	0.6%	2.6%	3.6%	5.3%	4.9%	1.3%	19.0%

续表

职业	项目	配置能力可靠性							总计
		完全不同意	不同意	不太同意	说不清	比较同意	同意	非常同意	
政府机关人员	计数	1	2	6	16	28	26	10	89
	占配置能力可靠性的百分比	4.2%	5.1%	5.9%	6.3%	12.7%	12.8%	21.3%	10.0%
	占总计的百分比	0.1%	0.2%	0.7%	1.8%	3.1%	2.9%	1.1%	10.0%
个体劳动者/个体工商户	计数	3	4	18	29	23	20	3	100
	占配置能力可靠性的百分比	12.5%	10.3%	17.6%	11.4%	10.4%	9.9%	6.4%	11.2%
	占总计的百分比	0.3%	0.4%	2.0%	3.3%	2.6%	2.2%	0.3%	11.2%
打工者	计数	10	6	10	41	28	34	1	130
	占配置能力可靠性的百分比	41.7%	15.4%	9.8%	16.1%	12.7%	16.7%	2.1%	14.6%
	占总计的百分比	1.1%	0.7%	1.1%	4.6%	3.1%	3.8%	0.1%	14.6%
私营企业主	计数	0	1	0	8	3	2	1	15
	占配置能力可靠性的百分比	0.0%	2.6%	0.0%	3.1%	1.4%	1.0%	2.1%	1.7%
	占总计的百分比	0.0%	0.1%	0.0%	0.9%	0.3%	0.2%	0.1%	1.7%
学生	计数	2	8	24	45	30	17	6	132
	占配置能力可靠性的百分比	8.3%	20.5%	23.5%	17.7%	13.6%	8.4%	12.8%	14.8%
	占总计的百分比	0.2%	0.9%	2.7%	5.1%	3.4%	1.9%	0.7%	14.8%
待业人员	计数	0	3	3	9	5	5	0	25
	占配置能力可靠性的百分比	0.0%	7.7%	2.9%	3.5%	2.3%	2.5%	0.0%	2.8%
	占总计的百分比	0.0%	0.3%	0.3%	1.0%	0.6%	0.6%	0.0%	2.8%
退休人员	计数	0	0	0	7	7	10	4	28
	占配置能力可靠性的百分比	0.0%	0.0%	0.0%	2.8%	3.2%	4.9%	8.5%	3.1%
	占总计的百分比	0.0%	0.0%	0.0%	0.8%	0.8%	1.1%	0.4%	3.1%

续表

职业 \ 项目		配置能力可靠性							总计
		完全不同意	不同意	不太同意	说不清	比较同意	同意	非常同意	
村干部	计数	0	0	0	0	0	1	0	1
	占配置能力可靠性的百分比	0.0%	0.0%	0.0%	0.0%	0.0%	0.5%	0.0%	0.1%
	占总计的百分比	0.0%	0.0%	0.0%	0.0%	0.0%	0.1%	0.0%	0.1%
总计	计数	24	39	102	254	221	203	47	890
	占配置能力可靠性的百分比	100.0%	100.0%	100.0%	100.0%	100.0%	100.0%	100.0%	100.0%
	占总计的百分比	2.7%	4.4%	11.5%	28.5%	24.8%	22.8%	5.3%	100.0%

表 3-71 反映出了不同政治面貌受访者对公共资源配置能力可靠性问题的看法情况。经卡方检验，不同政治面貌受访者在公共资源配置能力可靠性问题的看法上有显著性差异。

表 3-71　不同政治面貌受访者与公共资源配置能力可靠性的交叉列表

政治成分 \ 项目		配置能力可靠性							总计
		完全不同意	不同意	不太同意	说不清	比较同意	同意	非常同意	
中共党员	计数	5	8	13	41	68	61	20	216
	占配置能力可靠性的百分比	20.8%	20.5%	13.3%	16.0%	30.6%	30.0%	43.5%	24.3%
	占总计的百分比	0.6%	0.9%	1.5%	4.6%	7.7%	6.9%	2.3%	24.3%
非中共党员	计数	19	31	85	215	154	142	26	672
	占配置能力可靠性的百分比	79.2%	79.5%	86.7%	84.0%	69.4%	70.0%	56.5%	75.7%
	占总计的百分比	2.1%	3.5%	9.6%	24.2%	17.3%	16.0%	2.9%	75.7%
总计	计数	24	39	98	256	222	203	46	888
	占配置能力可靠性的百分比	100.0%	100.0%	100.0%	100.0%	100.0%	100.0%	100.0%	100.0%
	占总计的百分比	2.7%	4.4%	11.0%	28.8%	25.0%	22.9%	5.2%	100.0%

表 3-72 反映出了不同婚姻状况受访者对公共资源配置能力可靠性问题的看法情况。经卡方检验，不同婚姻状况受访者在公共资源配置能力可靠性问题的看法上有显著性差异。

表 3-72 不同婚姻状况受访者与公共资源配置能力可靠性的交叉列表

婚否	项目	配置能力可靠性							总计
		完全不同意	不同意	不太同意	说不清	比较同意	同意	非常同意	
已婚	计数	16	21	50	152	152	154	31	576
	占配置能力可靠性的百分比	69.6%	53.8%	51.5%	59.6%	68.5%	76.2%	67.4%	65.2%
	占总计的百分比	1.8%	2.4%	5.7%	17.2%	17.2%	17.4%	3.5%	65.2%
未婚	计数	7	18	47	103	70	48	15	308
	占配置能力可靠性的百分比	30.4%	46.2%	48.5%	40.4%	31.5%	23.8%	32.6%	34.8%
	占总计的百分比	0.8%	2.0%	5.3%	11.7%	7.9%	5.4%	1.7%	34.8%
总计	计数	23	39	97	255	222	202	46	884
	占配置能力可靠性的百分比	100.0%	100.0%	100.0%	100.0%	100.0%	100.0%	100.0%	100.0%
	占总计的百分比	2.6%	4.4%	11.0%	28.8%	25.1%	22.9%	5.2%	100.0%

表 3-73 反映出了不同居住地受访者对公共资源配置能力可靠性问题的看法情况。经卡方检验，不同居住地受访者在公共资源配置能力可靠性问题的看法上有显著性差异。

表 3-73 不同居住地受访者与公共资源配置能力可靠性的交叉列表

居住地	项目	配置能力可靠性							总计
		完全不同意	不同意	不太同意	说不清	比较同意	同意	非常同意	
农村	计数	3	15	34	115	87	107	12	373
	占配置能力可靠性的百分比	12.5%	38.5%	33.3%	44.9%	39.2%	52.5%	26.7%	41.8%
	占总计的百分比	0.3%	1.7%	3.8%	12.9%	9.8%	12.0%	1.3%	41.8%
乡镇所在地	计数	5	7	14	29	41	34	10	140
	占配置能力可靠性的百分比	20.8%	17.9%	13.7%	11.3%	18.5%	16.7%	22.2%	15.7%
	占总计的百分比	0.6%	0.8%	1.6%	3.3%	4.6%	3.8%	1.1%	15.7%

续表

居住地 \ 项目		配置能力可靠性							总计
		完全不同意	不同意	不太同意	说不清	比较同意	同意	非常同意	
县城	计数	13	14	48	91	78	54	20	318
	占配置能力可靠性的百分比	54.2%	35.9%	47.1%	35.5%	35.1%	26.5%	44.4%	35.7%
	占总计的百分比	1.5%	1.6%	5.4%	10.2%	8.7%	6.1%	2.2%	35.7%
市城区	计数	1	2	4	13	10	6	2	38
	占配置能力可靠性的百分比	4.2%	5.1%	3.9%	5.1%	4.5%	2.9%	4.4%	4.3%
	占总计的百分比	0.1%	0.2%	0.4%	1.5%	1.1%	0.7%	0.2%	4.3%
城郊结合部	计数	2	1	2	8	6	3	1	23
	占配置能力可靠性的百分比	8.3%	2.6%	2.0%	3.1%	2.7%	1.5%	2.2%	2.6%
	占总计的百分比	0.2%	0.1%	0.2%	0.9%	0.7%	0.3%	0.1%	2.6%
总计	计数	24	39	102	256	222	204	45	892
	占配置能力可靠性的百分比	100.0%	100.0%	100.0%	100.0%	100.0%	100.0%	100.0%	100.0%
	占总计的百分比	2.7%	4.4%	11.4%	28.7%	24.9%	22.9%	5.0%	100.0%

三、公共危机管理能力

1. 信息沟通能力

题项“在发生地震、群体性事件等危机时，政府能及时通报和反馈有关信息，稳定群众情绪”是用来测量西部地区贫困县民众对公共危机管理能力中信息沟通的看法。经统计，选“完全不同意”的有 11 人，占比 1.2%，选“不同意”的有 19 人，占比 2.1%，选“不太同意”的有 81 人，占比 9%，选“说不清”的有 235 人，占比 26.2%，选“比较同意”的有 264 人，占比 29.4%，选“同意”的有 199 人，占比 22.2%，选“非常同意”的有 88 人，占比 9.8%（如图 3-11 所示）。这说明，有超过六成的受访者认为西部地区贫困县在重大危机中政府的信息沟通做得较好，认为政府做得不好的受访者占一成多，也有三成多的人不愿意发表意见。

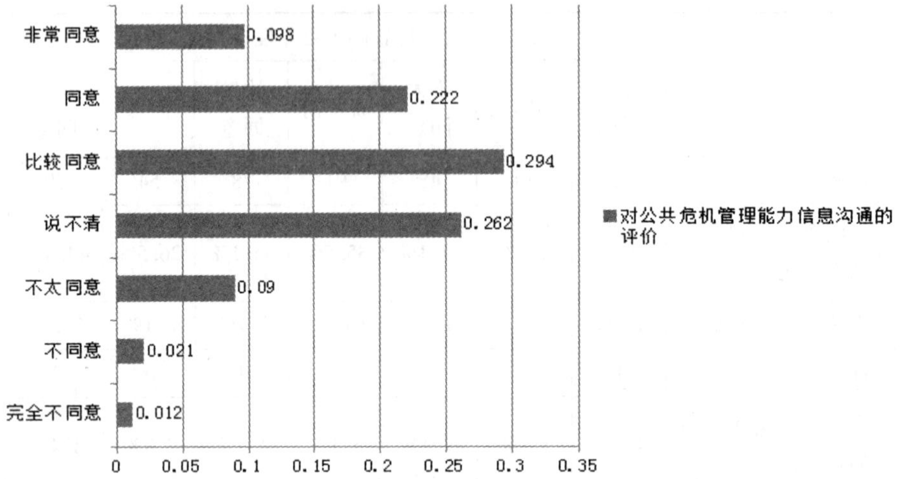

图 3-11 对政府公共危机管理中的信息沟通的看法

表 3-74 反映出了不同受教育程度受访者对公共危机管理能力信息沟通问题的看法情况。经卡方检验，不同受教育程度受访者在公共危机管理能力信息沟通问题的看法上有显著性差异。

表 3-74 不同受教育程度受访者与公共危机管理能力信息沟通的交叉列表

教育分组	项目	危机管理能力信息沟通							总计
		完全不同意	不同意	不太同意	说不清	比较同意	同意	非常同意	
未上学	计数	0	2	3	12	7	1	6	31
	占危机管理能力信息沟通的百分比	0.0%	10.5%	3.7%	5.1%	2.7%	0.5%	6.8%	3.5%
	占总计的百分比	0.0%	0.2%	0.3%	1.3%	0.8%	0.1%	0.7%	3.5%
小学	计数	1	2	18	49	30	23	14	137
	占危机管理能力信息沟通的百分比	9.1%	10.5%	22.2%	20.9%	11.4%	11.6%	15.9%	15.3%
	占总计的百分比	0.1%	0.2%	2.0%	5.5%	3.3%	2.6%	1.6%	15.3%
初中	计数	0	3	13	47	47	33	25	168
	占危机管理能力信息沟通的百分比	0.0%	15.8%	16.0%	20.0%	17.8%	16.6%	28.4%	18.7%
	占总计的百分比	0.0%	0.3%	1.4%	5.2%	5.2%	3.7%	2.8%	18.7%

续表

教育分组	项　目	危机管理能力信息沟通							总计
		完全不同意	不同意	不太同意	说不清	比较同意	同意	非常同意	
高中	计数	6	3	13	41	60	44	15	182
	占危机管理能力信息沟通的百分比	54.5%	15.8%	16.0%	17.4%	22.7%	22.1%	17.0%	20.3%
	占总计的百分比	0.7%	0.3%	1.4%	4.6%	6.7%	4.9%	1.7%	20.3%
专科	计数	3	5	14	40	56	46	10	174
	占危机管理能力信息沟通的百分比	27.3%	26.3%	17.3%	17.0%	21.2%	23.1%	11.4%	19.4%
	占总计的百分比	0.3%	0.6%	1.6%	4.5%	6.2%	5.1%	1.1%	19.4%
本科	计数	0	3	15	22	46	30	10	126
	占危机管理能力信息沟通的百分比	0.0%	15.8%	18.5%	9.4%	17.4%	15.1%	11.4%	14.0%
	占总计的百分比	0.0%	0.3%	1.7%	2.5%	5.1%	3.3%	1.1%	14.0%
研究生	计数	1	1	5	24	18	22	8	79
	占危机管理能力信息沟通的百分比	9.1%	5.3%	6.2%	10.2%	6.8%	11.1%	9.1%	8.8%
	占总计的百分比	0.1%	0.1%	0.6%	2.7%	2.0%	2.5%	0.9%	8.8%
总计	计数	11	19	81	235	264	199	88	897
	占危机管理能力信息沟通的百分比	100.0%	100.0%	100.0%	100.0%	100.0%	100.0%	100.0%	100.0%
	占总计的百分比	1.2%	2.1%	9.0%	26.2%	29.4%	22.2%	9.8%	100.0%

表3-75反映出了不同收入水平受访者对公共危机管理能力信息沟通问题的看法情况。经卡方检验，不同收入水平受访者在公共危机管理能力信息沟通问题的看法上有显著性差异。

表 3-75　不同收入水平受访者与公共危机管理能力信息沟通的交叉列表

收入分组	项　目	危机管理能力信息沟通							总计
		完全不同意	不同意	不太同意	说不清	比较同意	同意	非常同意	
低收入者	计数	1	9	42	113	96	58	34	353
	占危机管理能力信息沟通的百分比	9.1%	47.4%	51.9%	48.1%	36.4%	29.1%	38.6%	39.4%
	占总计的百分比	0.1%	1.0%	4.7%	12.6%	10.7%	6.5%	3.8%	39.4%
中等收入者	计数	5	5	24	68	82	56	29	269
	占危机管理能力信息沟通的百分比	45.5%	26.3%	29.6%	28.9%	31.1%	28.1%	33.0%	30.0%
	占总计的百分比	0.6%	0.6%	2.7%	7.6%	9.1%	6.2%	3.2%	30.0%
高收入者	计数	5	5	15	54	86	85	25	275
	占危机管理能力信息沟通的百分比	45.5%	26.3%	18.5%	23.0%	32.6%	42.7%	28.4%	30.7%
	占总计的百分比	0.6%	0.6%	1.7%	6.0%	9.6%	9.5%	2.8%	30.7%
总计	计数	11	19	81	235	264	199	88	897
	占危机管理能力信息沟通的百分比	100.0%	100.0%	100.0%	100.0%	100.0%	100.0%	100.0%	100.0%
	占总计的百分比	1.2%	2.1%	9.0%	26.2%	29.4%	22.2%	9.8%	100.0%

表 3-76 反映出了不同民族受访者对公共危机管理能力信息沟通问题的看法情况。经卡方检验，不同民族受访者在公共危机管理能力信息沟通问题的看法上有显著性差异。

表 3-76　不同民族受访者与公共危机管理能力信息沟通的交叉列表

民族	项　目	危机管理能力信息沟通							总计
		完全不同意	不同意	不太同意	说不清	比较同意	同意	非常同意	
汉族	计数	5	8	25	72	108	94	21	333
	占危机管理能力信息沟通的百分比	45.5%	42.1%	30.9%	30.8%	40.9%	47.2%	23.9%	37.2%
	占总计的百分比	0.6%	0.9%	2.8%	8.0%	12.1%	10.5%	2.3%	37.2%
苗族	计数	0	2	5	18	28	22	7	82
	占危机管理能力信息沟通的百分比	0.0%	10.5%	6.2%	7.7%	10.6%	11.1%	8.0%	9.2%
	占总计的百分比	0.0%	0.2%	0.6%	2.0%	3.1%	2.5%	0.8%	9.2%

续表

民族	项目	危机管理能力信息沟通：完全不同意	不同意	不太同意	说不清	比较同意	同意	非常同意	总计
布依族	计数	0	0	1	0	0	1	1	3
	占危机管理能力信息沟通的百分比	0.0%	0.0%	1.2%	0.0%	0.0%	0.5%	1.1%	0.3%
	占总计的百分比	0.0%	0.0%	0.1%	0.0%	0.0%	0.1%	0.1%	0.3%
侗族	计数	4	1	6	31	50	37	14	143
	占危机管理能力信息沟通的百分比	36.4%	5.3%	7.4%	13.2%	18.9%	18.6%	15.9%	16.0%
	占总计的百分比	0.4%	0.1%	0.7%	3.5%	5.6%	4.1%	1.6%	16.0%
壮族	计数	1	5	3	35	25	13	7	89
	占危机管理能力信息沟通的百分比	9.1%	26.3%	3.7%	15.0%	9.5%	6.5%	8.0%	9.9%
	占总计的百分比	0.1%	0.6%	0.3%	3.9%	2.8%	1.5%	0.8%	9.9%
白族	计数	1	2	3	5	5	0	2	18
	占危机管理能力信息沟通的百分比	9.1%	10.5%	3.7%	2.1%	1.9%	0.0%	2.3%	2.0%
	占总计的百分比	0.1%	0.2%	0.3%	0.6%	0.6%	0.0%	0.2%	2.0%
哈尼族	计数	0	0	0	0	1	0	0	1
	占危机管理能力信息沟通的百分比	0.0%	0.0%	0.0%	0.0%	0.4%	0.0%	0.0%	0.1%
	占总计的百分比	0.0%	0.0%	0.0%	0.0%	0.1%	0.0%	0.0%	0.1%
彝族	计数	0	0	24	46	26	9	24	129
	占危机管理能力信息沟通的百分比	0.0%	0.0%	29.6%	19.7%	9.8%	4.5%	27.3%	14.4%
	占总计的百分比	0.0%	0.0%	2.7%	5.1%	2.9%	1.0%	2.7%	14.4%
瑶族	计数	0	1	12	24	17	20	11	85
	占危机管理能力信息沟通的百分比	0.0%	5.3%	14.8%	10.3%	6.4%	10.1%	12.5%	9.5%
	占总计的百分比	0.0%	0.1%	1.3%	2.7%	1.9%	2.2%	1.2%	9.5%

续表

民族	项目	危机管理能力信息沟通							总计
		完全不同意	不同意	不太同意	说不清	比较同意	同意	非常同意	
仫佬族	计数	0	0	0	1	0	1	1	3
	占危机管理能力信息沟通的百分比	0.0%	0.0%	0.0%	0.4%	0.0%	0.5%	1.1%	0.3%
	占总计的百分比	0.0%	0.0%	0.0%	0.1%	0.0%	0.1%	0.1%	0.3%
回族	计数	0	0	2	2	3	2	0	9
	占危机管理能力信息沟通的百分比	0.0%	0.0%	2.5%	0.9%	1.1%	1.0%	0.0%	1.0%
	占总计的百分比	0.0%	0.0%	0.2%	0.2%	0.3%	0.2%	0.0%	1.0%
土家族	计数	0	0	0	0	1	0	0	1
	占危机管理能力信息沟通的百分比	0.0%	0.0%	0.0%	0.0%	0.4%	0.0%	0.0%	0.1%
	占总计的百分比	0.0%	0.0%	0.0%	0.0%	0.1%	0.0%	0.0%	0.1%
总计	计数	11	19	81	234	264	199	88	896
	占危机管理能力信息沟通的百分比	100.0%	100.0%	100.0%	100.0%	100.0%	100.0%	100.0%	100.0%
	占总计的百分比	1.2%	2.1%	9.0%	26.1%	29.5%	22.2%	9.8%	100.0%

表3-77反映出了不同职业受访者对公共危机管理能力信息沟通问题的看法情况。经卡方检验，不同职业受访者在公共危机管理能力信息沟通问题的看法上有显著性差异。

表3-77　不同职业受访者与公共危机管理能力信息沟通的交叉列表

职业	项目	危机管理能力信息沟通							总计
		完全不同意	不同意	不太同意	说不清	比较同意	同意	非常同意	
农业劳动者	计数	0	3	7	56	36	31	14	147
	占危机管理能力信息沟通的百分比	0.0%	15.8%	8.6%	23.9%	13.8%	15.7%	15.9%	16.5%
	占总计的百分比	0.0%	0.3%	0.8%	6.3%	4.0%	3.5%	1.6%	16.5%
企业工人	计数	1	0	7	19	10	11	6	54
	占危机管理能力信息沟通的百分比	9.1%	0.0%	8.6%	8.1%	3.8%	5.6%	6.8%	6.1%
	占总计的百分比	0.1%	0.0%	0.8%	2.1%	1.1%	1.2%	0.7%	6.1%

续表

职业＼项目		危机管理能力信息沟通							总计
		完全不同意	不同意	不太同意	说不清	比较同意	同意	非常同意	
事业单位人员	计数	3	5	14	26	58	41	22	169
	占危机管理能力信息沟通的百分比	27.3%	26.3%	17.3%	11.1%	22.2%	20.8%	25.0%	19.0%
	占总计的百分比	0.3%	0.6%	1.6%	2.9%	6.5%	4.6%	2.5%	19.0%
政府机关人员	计数	3	0	5	8	18	40	15	89
	占危机管理能力信息沟通的百分比	27.3%	0.0%	6.2%	3.4%	6.9%	20.3%	17.0%	10.0%
	占总计的百分比	0.3%	0.0%	0.6%	0.9%	2.0%	4.5%	1.7%	10.0%
个体劳动者/个体工商户	计数	1	2	8	27	35	20	7	100
	占危机管理能力信息沟通的百分比	9.1%	10.5%	9.9%	11.5%	13.4%	10.2%	8.0%	11.2%
	占总计的百分比	0.1%	0.2%	0.9%	3.0%	3.9%	2.2%	0.8%	11.2%
打工者	计数	2	2	17	41	36	19	13	130
	占危机管理能力信息沟通的百分比	18.2%	10.5%	21.0%	17.5%	13.8%	9.6%	14.8%	14.6%
	占总计的百分比	0.2%	0.2%	1.9%	4.6%	4.0%	2.1%	1.5%	14.6%
私营企业主	计数	0	1	0	7	4	3	0	15
	占危机管理能力信息沟通的百分比	0.0%	5.3%	0.0%	3.0%	1.5%	1.5%	0.0%	1.7%
	占总计的百分比	0.0%	0.1%	0.0%	0.8%	0.4%	0.3%	0.0%	1.7%
学生	计数	1	5	16	41	45	21	5	134
	占危机管理能力信息沟通的百分比	9.1%	26.3%	19.8%	17.5%	17.2%	10.7%	5.7%	15.0%
	占总计的百分比	0.1%	0.6%	1.8%	4.6%	5.1%	2.4%	0.6%	15.0%
待业人员	计数	0	1	6	6	5	5	2	25
	占危机管理能力信息沟通的百分比	0.0%	5.3%	7.4%	2.6%	1.9%	2.5%	2.3%	2.8%
	占总计的百分比	0.0%	0.1%	0.7%	0.7%	0.6%	0.6%	0.2%	2.8%

续表

职业 \ 项目		危机管理能力信息沟通							总计
		完全不同意	不同意	不太同意	说不清	比较同意	同意	非常同意	
退休人员	计数	0	0	1	3	14	5	4	27
	占危机管理能力信息沟通的百分比	0.0%	0.0%	1.2%	1.3%	5.4%	2.5%	4.5%	3.0%
	占总计的百分比	0.0%	0.0%	0.1%	0.3%	1.6%	0.6%	0.4%	3.0%
村干部	计数	0	0	0	0	0	1	0	1
	占危机管理能力信息沟通的百分比	0.0%	0.0%	0.0%	0.0%	0.0%	0.5%	0.0%	0.1%
	占总计的百分比	0.0%	0.0%	0.0%	0.0%	0.0%	0.1%	0.0%	0.1%
总计	计数	11	19	81	234	261	197	88	891
	占危机管理能力信息沟通的百分比	100.0%	100.0%	100.0%	100.0%	100.0%	100.0%	100.0%	100.0%
	占总计的百分比	1.2%	2.1%	9.1%	26.3%	29.3%	22.1%	9.9%	100.0%

表 3-78 反映出了不同政治面貌受访者对公共危机管理能力信息沟通问题的看法情况。经卡方检验，不同政治面貌受访者在公共危机管理能力信息沟通问题的看法上有显著性差异。

表 3-78 不同政治面貌受访者与公共危机管理能力信息沟通的交叉列表

政治成分 \ 项目		危机管理能力信息沟通							总计
		完全不同意	不同意	不太同意	说不清	比较同意	同意	非常同意	
中共党员	计数	5	2	11	32	59	72	35	216
	占危机管理能力信息沟通的百分比	45.5%	10.5%	13.9%	13.8%	22.5%	36.4%	39.8%	24.3%
	占总计的百分比	0.6%	0.2%	1.2%	3.6%	6.6%	8.1%	3.9%	24.3%
非中共党员	计数	6	17	68	200	203	126	53	673
	占危机管理能力信息沟通的百分比	54.5%	89.5%	86.1%	86.2%	77.5%	63.6%	60.2%	75.7%
	占总计的百分比	0.7%	1.9%	7.6%	22.5%	22.8%	14.2%	6.0%	75.7%

续表

政治成分	项目	危机管理能力信息沟通 完全不同意	不同意	不太同意	说不清	比较同意	同意	非常同意	总计
总计	计数	11	19	79	232	262	198	88	889
	占危机管理能力信息沟通的百分比	100.0%	100.0%	100.0%	100.0%	100.0%	100.0%	100.0%	100.0%
	占总计的百分比	1.2%	2.1%	8.9%	26.1%	29.5%	22.3%	9.9%	100.0%

表 3-79 反映出了不同婚姻状况受访者对公共危机管理能力信息沟通问题的看法情况。经卡方检验，不同婚姻状况受访者在公共危机管理能力信息沟通问题的看法上有显著性差异。

表 3-79　不同婚姻状况受访者与公共危机管理能力信息沟通的交叉列表

婚否	项目	危机管理能力信息沟通 完全不同意	不同意	不太同意	说不清	比较同意	同意	非常同意	总计
已婚	计数	8	10	43	144	161	139	70	575
	占危机管理能力信息沟通的百分比	72.7%	52.6%	54.4%	62.1%	61.2%	71.6%	80.5%	65.0%
	占总计的百分比	0.9%	1.1%	4.9%	16.3%	18.2%	15.7%	7.9%	65.0%
未婚	计数	3	9	36	88	102	55	17	310
	占危机管理能力信息沟通的百分比	27.3%	47.4%	45.6%	37.9%	38.8%	28.4%	19.5%	35.0%
	占总计的百分比	0.3%	1.0%	4.1%	9.9%	11.5%	6.2%	1.9%	35.0%
总计	计数	11	19	79	232	263	194	87	885
	占危机管理能力信息沟通的百分比	100.0%	100.0%	100.0%	100.0%	100.0%	100.0%	100.0%	100.0%
	占总计的百分比	1.2%	2.1%	8.9%	26.2%	29.7%	21.9%	9.8%	100.0%

表 3-80 反映出了不同居住地受访者对公共危机管理能力信息沟通问题的看法情况。经卡方检验，不同居住地受访者在公共危机管理能力信息沟通问题的看法上有显著性差异。

表 3-80　不同居住地受访者与公共危机管理能力信息沟通的交叉列表

居住地	项　目	危机管理能力信息沟通							总计
		完全不同意	不同意	不太同意	说不清	比较同意	同意	非常同意	
农村	计数	2	9	42	122	102	60	37	374
	占危机管理能力信息沟通的百分比	18.2%	47.4%	51.9%	52.1%	38.6%	30.3%	42.5%	41.8%
	占总计的百分比	0.2%	1.0%	4.7%	13.6%	11.4%	6.7%	4.1%	41.8%
乡镇所在地	计数	2	1	11	20	47	42	17	140
	占危机管理能力信息沟通的百分比	18.2%	5.3%	13.6%	8.5%	17.8%	21.2%	19.5%	15.7%
	占总计的百分比	0.2%	0.1%	1.2%	2.2%	5.3%	4.7%	1.9%	15.7%
县城	计数	6	8	26	67	98	83	31	319
	占危机管理能力信息沟通的百分比	54.5%	42.1%	32.1%	28.6%	37.1%	41.9%	35.6%	35.7%
	占总计的百分比	0.7%	0.9%	2.9%	7.5%	11.0%	9.3%	3.5%	35.7%
市城区	计数	1	1	0	15	11	9	1	38
	占危机管理能力信息沟通的百分比	9.1%	5.3%	0.0%	6.4%	4.2%	4.5%	1.1%	4.3%
	占总计的百分比	0.1%	0.1%	0.0%	1.7%	1.2%	1.0%	0.1%	4.3%
城郊结合部	计数	0	0	2	10	6	4	1	23
	占危机管理能力信息沟通的百分比	0.0%	0.0%	2.5%	4.3%	2.3%	2.0%	1.1%	2.6%
	占总计的百分比	0.0%	0.0%	0.2%	1.1%	0.7%	0.4%	0.1%	2.6%
总计	计数	11	19	81	234	264	198	87	894
	占危机管理能力信息沟通的百分比	100.0%	100.0%	100.0%	100.0%	100.0%	100.0%	100.0%	100.0%
	占总计的百分比	1.2%	2.1%	9.1%	26.2%	29.5%	22.1%	9.7%	100.0%

2. 危机管理机制

题项“本地政府已建立减灾防灾机制，有明确的责任人”是用来测量西部地区贫困县公共危机管理能力中管理机制的看法。经统计，选“完全不同意”的有 11 人，占比 1.2%，选“不同意”的有 28 人，占比 3.1%，选“不太同意”的有 53 人，占比 5.9%，选“说不清”的有 206 人，占比 23%，选“比较同意”的有 258 人，占比 28.8%，选“同意”的有 269 人，占比 30%，选“非常同意”的有 72 人，占比 8%（如图 3-12 所示)。这说明，西部地区贫困县有超过六成的受访者认为在公共危机管理中政府建立了相应的危机应对机制，能有效处理发生天灾人祸时的局面，认为政府危机管理机制建设得不好的受访者占一成多，也有三成多的人不愿意发表意见。

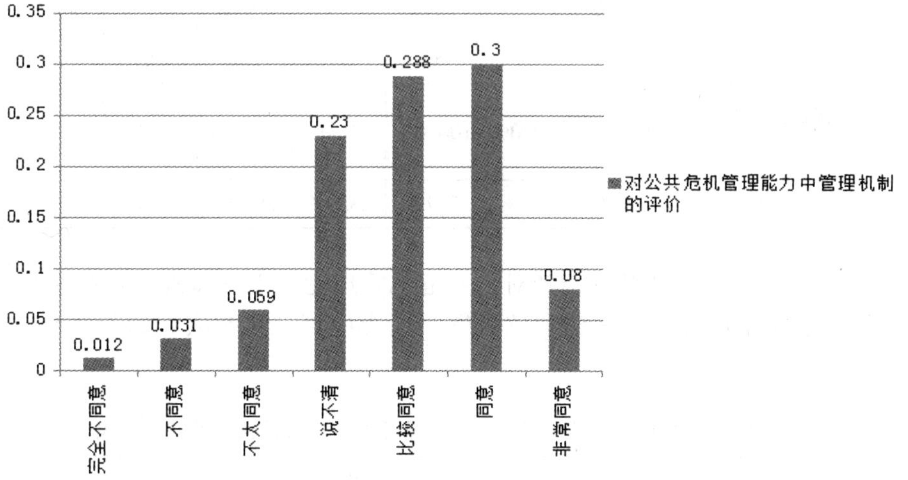

图 3-12　对政府公共危机管理能力中管理机制的看法

表 3-81 反映出了不同省份受访者对公共危机管理能力中管理机制问题的看法情况。经卡方检验，不同省份受访者在公共危机管理能力中管理机制问题的看法上有显著性差异。

表 3-81　不同省份受访者与公共危机管理能力中管理机制的交叉列表

省份	项目	危机管理能力机制							总计
		完全不同意	不同意	不太同意	说不清	比较同意	同意	非常同意	
贵州	计数	1	13	23	75	90	66	29	297
	占危机管理能力机制的百分比	9.1%	46.4%	43.4%	36.4%	34.9%	24.5%	40.3%	33.1%
	占总计的百分比	0.1%	1.4%	2.6%	8.4%	10.0%	7.4%	3.2%	33.1%
云南	计数	3	6	9	55	79	132	16	300
	占危机管理能力机制的百分比	27.3%	21.4%	17.0%	26.7%	30.6%	49.1%	22.2%	33.4%
	占总计的百分比	0.3%	0.7%	1.0%	6.1%	8.8%	14.7%	1.8%	33.4%
广西	计数	7	9	21	76	89	71	27	300
	占危机管理能力机制的百分比	63.6%	32.1%	39.6%	36.9%	34.5%	26.4%	37.5%	33.4%
	占总计的百分比	0.8%	1.0%	2.3%	8.5%	9.9%	7.9%	3.0%	33.4%

续表

省份	项目	危机管理能力机制							总计
		完全不同意	不同意	不太同意	说不清	比较同意	同意	非常同意	
总计	计数	11	28	53	206	258	269	72	897
	占危机管理能力机制的百分比	100.0%	100.0%	100.0%	100.0%	100.0%	100.0%	100.0%	100.0%
	占总计的百分比	1.2%	3.1%	5.9%	23.0%	28.8%	30.0%	8.0%	100.0%

表3-82反映出了不同年龄受访者对公共危机管理能力中管理机制问题的看法情况。经卡方检验，不同年龄受访者在公共危机管理能力中管理机制问题的看法上有显著性差异。

表3-82　不同年龄受访者与公共危机管理能力中管理机制的交叉列表

年龄分组	项目	危机管理能力机制							总计
		完全不同意	不同意	不太同意	说不清	比较同意	同意	非常同意	
20岁以下	计数	0	0	2	4	0	2	3	11
	占危机管理能力机制的百分比	0.0%	0.0%	3.8%	2.0%	0.0%	0.8%	4.2%	1.2%
	占总计的百分比	0.0%	0.0%	0.2%	0.5%	0.0%	0.2%	0.3%	1.2%
20-30岁	计数	5	10	27	81	102	83	22	330
	占危机管理能力机制的百分比	45.5%	35.7%	51.9%	39.7%	40.3%	31.4%	30.6%	37.3%
	占总计的百分比	0.6%	1.1%	3.1%	9.2%	11.5%	9.4%	2.5%	37.3%
30-40岁	计数	4	7	5	51	61	80	21	229
	占危机管理能力机制的百分比	36.4%	25.0%	9.6%	25.0%	24.1%	30.3%	29.2%	25.9%
	占总计的百分比	0.5%	0.8%	0.6%	5.8%	6.9%	9.0%	2.4%	25.9%
40-50岁	计数	1	6	9	37	55	59	10	177
	占危机管理能力机制的百分比	9.1%	21.4%	17.3%	18.1%	21.7%	22.3%	13.9%	20.0%
	占总计的百分比	0.1%	0.7%	1.0%	4.2%	6.2%	6.7%	1.1%	20.0%

续表

年龄分组	项　目	危机管理能力机制							总计
		完全不同意	不同意	不太同意	说不清	比较同意	同意	非常同意	
50-60 岁	计数	0	1	2	20	19	32	13	87
	占危机管理能力机制的百分比	0.0%	3.6%	3.8%	9.8%	7.5%	12.1%	18.1%	9.8%
	占总计的百分比	0.0%	0.1%	0.2%	2.3%	2.1%	3.6%	1.5%	9.8%
60 岁以上	计数	1	4	7	11	16	8	3	50
	占危机管理能力机制的百分比	9.1%	14.3%	13.5%	5.4%	6.3%	3.0%	4.2%	5.7%
	占总计的百分比	0.1%	0.5%	0.8%	1.2%	1.8%	0.9%	0.3%	5.7%
总计	计数	11	28	52	204	253	264	72	884
	占危机管理能力机制的百分比	100.0%	100.0%	100.0%	100.0%	100.0%	100.0%	100.0%	100.0%
	占总计的百分比	1.2%	3.2%	5.9%	23.1%	28.6%	29.9%	8.1%	100.0%

表 3-83 反映出了不同受教育程度受访者对公共危机管理能力中管理机制问题的看法情况。经卡方检验，不同受教育程度受访者在公共危机管理能力中管理机制问题的看法上有显著性差异。

表 3-83　不同受教育程度受访者与公共危机管理能力中管理机制的交叉列表

教育分组	项　目	危机管理能力机制							总计
		完全不同意	不同意	不太同意	说不清	比较同意	同意	非常同意	
未上学	计数	0	1	0	8	4	17	1	31
	占危机管理能力机制的百分比	0.0%	3.6%	0.0%	3.9%	1.6%	6.3%	1.4%	3.5%
	占总计的百分比	0.0%	0.1%	0.0%	0.9%	0.4%	1.9%	0.1%	3.5%
小学	计数	2	1	4	30	44	53	3	137
	占危机管理能力机制的百分比	18.2%	3.6%	7.5%	14.6%	17.1%	19.7%	4.2%	15.3%
	占总计的百分比	0.2%	0.1%	0.4%	3.3%	4.9%	5.9%	0.3%	15.3%

续表

教育分组	项目	危机管理能力机制							总计
		完全不同意	不同意	不太同意	说不清	比较同意	同意	非常同意	
初中	计数	1	2	17	44	42	42	20	168
	占危机管理能力机制的百分比	9.1%	7.1%	32.1%	21.4%	16.3%	15.6%	27.8%	18.7%
	占总计的百分比	0.1%	0.2%	1.9%	4.9%	4.7%	4.7%	2.2%	18.7%
高中	计数	5	7	10	39	53	50	18	182
	占危机管理能力机制的百分比	45.5%	25.0%	18.9%	18.9%	20.5%	18.6%	25.0%	20.3%
	占总计的百分比	0.6%	0.8%	1.1%	4.3%	5.9%	5.6%	2.0%	20.3%
专科	计数	3	6	7	42	59	46	11	174
	占危机管理能力机制的百分比	27.3%	21.4%	13.2%	20.4%	22.9%	17.1%	15.3%	19.4%
	占总计的百分比	0.3%	0.7%	0.8%	4.7%	6.6%	5.1%	1.2%	19.4%
本科	计数	0	8	9	28	34	38	9	126
	占危机管理能力机制的百分比	0.0%	28.6%	17.0%	13.6%	13.2%	14.1%	12.5%	14.0%
	占总计的百分比	0.0%	0.9%	1.0%	3.1%	3.8%	4.2%	1.0%	14.0%
研究生	计数	0	3	6	15	22	23	10	79
	占危机管理能力机制的百分比	0.0%	10.7%	11.3%	7.3%	8.5%	8.6%	13.9%	8.8%
	占总计的百分比	0.0%	0.3%	0.7%	1.7%	2.5%	2.6%	1.1%	8.8%
总计	计数	11	28	53	206	258	269	72	897
	占危机管理能力机制的百分比	100.0%	100.0%	100.0%	100.0%	100.0%	100.0%	100.0%	100.0%
	占总计的百分比	1.2%	3.1%	5.9%	23.0%	28.8%	30.0%	8.0%	100.0%

表3-84反映出了不同收入水平受访者对公共危机管理能力中管理机制问题的看法情况。经卡方检验，不同收入水平受访者在公共危机管理能力中管理机制问题的看法上有显著性差异。

表 3-84 不同收入水平受访者与公共危机管理能力中管理机制的交叉列表

收入分组	项 目	危机管理能力机制							总计
		完全不同意	不同意	不太同意	说不清	比较同意	同意	非常同意	
低收入者	计数	2	11	22	92	99	109	17	352
	占危机管理能力机制的百分比	18. 2%	39. 3%	41. 5%	44. 7%	38. 4%	40. 5%	23. 6%	39. 2%
	占总计的百分比	0. 2%	1. 2%	2. 5%	10. 3%	11. 0%	12. 2%	1. 9%	39. 2%
中等收入者	计数	6	8	14	68	83	63	28	270
	占危机管理能力机制的百分比	54. 5%	28. 6%	26. 4%	33. 0%	32. 2%	23. 4%	38. 9%	30. 1%
	占总计的百分比	0. 7%	0. 9%	1. 6%	7. 6%	9. 3%	7. 0%	3. 1%	30. 1%
高收入者	计数	3	9	17	46	76	97	27	275
	占危机管理能力机制的百分比	27. 3%	32. 1%	32. 1%	22. 3%	29. 5%	36. 1%	37. 5%	30. 7%
	占总计的百分比	0. 3%	1. 0%	1. 9%	5. 1%	8. 5%	10. 8%	3. 0%	30. 7%
总计	计数	11	28	53	206	258	269	72	897
	占危机管理能力机制的百分比	100. 0%	100. 0%	100. 0%	100. 0%	100. 0%	100. 0%	100. 0%	100. 0%
	占总计的百分比	1. 2%	3. 1%	5. 9%	23. 0%	28. 8%	30. 0%	8. 0%	100. 0%

表 3-85 反映出了不同民族受访者对公共危机管理能力中管理机制问题的看法情况。经卡方检验，不同民族受访者在公共危机管理能力中管理机制问题的看法上有显著性差异。

表 3-85 不同民族受访者与公共危机管理能力中管理机制的交叉列表

民族	项 目	危机管理能力机制							总计
		完全不同意	不同意	不太同意	说不清	比较同意	同意	非常同意	
汉族	计数	4	12	23	79	92	99	23	332
	占危机管理能力机制的百分比	36. 4%	44. 4%	43. 4%	38. 3%	35. 7%	36. 8%	31. 9%	37. 1%
	占总计的百分比	0. 4%	1. 3%	2. 6%	8. 8%	10. 3%	11. 0%	2. 6%	37. 1%

续表

民族	项目	危机管理能力机制							总计
		完全不同意	不同意	不太同意	说不清	比较同意	同意	非常同意	
苗族	计数	0	2	6	17	24	21	12	82
	占危机管理能力机制的百分比	0.0%	7.4%	11.3%	8.3%	9.3%	7.8%	16.7%	9.2%
	占总计的百分比	0.0%	0.2%	0.7%	1.9%	2.7%	2.3%	1.3%	9.2%
布依族	计数	0	0	1	0	1	0	1	3
	占危机管理能力机制的百分比	0.0%	0.0%	1.9%	0.0%	0.4%	0.0%	1.4%	0.3%
	占总计的百分比	0.0%	0.0%	0.1%	0.0%	0.1%	0.0%	0.1%	0.3%
侗族	计数	4	3	4	29	54	34	16	144
	占危机管理能力机制的百分比	36.4%	11.1%	7.5%	14.1%	20.9%	12.6%	22.2%	16.1%
	占总计的百分比	0.4%	0.3%	0.4%	3.2%	6.0%	3.8%	1.8%	16.1%
壮族	计数	0	4	6	25	28	17	9	89
	占危机管理能力机制的百分比	0.0%	14.8%	11.3%	12.1%	10.9%	6.3%	12.5%	9.9%
	占总计的百分比	0.0%	0.4%	0.7%	2.8%	3.1%	1.9%	1.0%	9.9%
白族	计数	1	2	1	5	5	2	2	18
	占危机管理能力机制的百分比	9.1%	7.4%	1.9%	2.4%	1.9%	0.7%	2.8%	2.0%
	占总计的百分比	0.1%	0.2%	0.1%	0.6%	0.6%	0.2%	0.2%	2.0%
哈尼族	计数	0	0	0	0	1	0	0	1
	占危机管理能力机制的百分比	0.0%	0.0%	0.0%	0.0%	0.4%	0.0%	0.0%	0.1%
	占总计的百分比	0.0%	0.0%	0.0%	0.0%	0.1%	0.0%	0.0%	0.1%
彝族	计数	0	1	2	22	32	70	2	129
	占危机管理能力机制的百分比	0.0%	3.7%	3.8%	10.7%	12.4%	26.0%	2.8%	14.4%
	占总计的百分比	0.0%	0.1%	0.2%	2.5%	3.6%	7.8%	0.2%	14.4%

续表

民族	项目	危机管理能力机制							总计
		完全不同意	不同意	不太同意	说不清	比较同意	同意	非常同意	
瑶族	计数	2	2	9	25	18	23	6	85
	占危机管理能力机制的百分比	18.2%	7.4%	17.0%	12.1%	7.0%	8.6%	8.3%	9.5%
	占总计的百分比	0.2%	0.2%	1.0%	2.8%	2.0%	2.6%	0.7%	9.5%
仫佬族	计数	0	0	0	1	0	1	1	3
	占危机管理能力机制的百分比	0.0%	0.0%	0.0%	0.5%	0.0%	0.4%	1.4%	0.3%
	占总计的百分比	0.0%	0.0%	0.0%	0.1%	0.0%	0.1%	0.1%	0.3%
回族	计数	0	1	1	3	3	1	0	9
	占危机管理能力机制的百分比	0.0%	3.7%	1.9%	1.5%	1.2%	0.4%	0.0%	1.0%
	占总计的百分比	0.0%	0.1%	0.1%	0.3%	0.3%	0.1%	0.0%	1.0%
土家族	计数	0	0	0	0	0	1	0	1
	占危机管理能力机制的百分比	0.0%	0.0%	0.0%	0.0%	0.0%	0.4%	0.0%	0.1%
	占总计的百分比	0.0%	0.0%	0.0%	0.0%	0.0%	0.1%	0.0%	0.1%
总计	计数	11	27	53	206	258	269	72	896
	占危机管理能力机制的百分比	100.0%	100.0%	100.0%	100.0%	100.0%	100.0%	100.0%	100.0%
	占总计的百分比	1.2%	3.0%	5.9%	23.0%	28.8%	30.0%	8.0%	100.0%

表3-86反映出了不同职业受访者对公共危机管理能力中管理机制问题的看法情况。经卡方检验，不同职业受访者在公共危机管理能力中管理机制问题的看法上有显著性差异。

表 3-86　不同职业受访者与公共危机管理能力中管理机制的交叉列表

职业	项目	危机管理能力机制：完全不同意	不同意	不太同意	说不清	比较同意	同意	非常同意	总计
农业劳动者	计数	1	5	4	38	43	45	11	147
	占危机管理能力机制的百分比	9.1%	17.9%	7.5%	18.7%	16.8%	16.8%	15.3%	16.5%
	占总计的百分比	0.1%	0.6%	0.4%	4.3%	4.8%	5.1%	1.2%	16.5%
企业工人	计数	1	2	9	13	12	11	6	54
	占危机管理能力机制的百分比	9.1%	7.1%	17.0%	6.4%	4.7%	4.1%	8.3%	6.1%
	占总计的百分比	0.1%	0.2%	1.0%	1.5%	1.3%	1.2%	0.7%	6.1%
事业单位人员	计数	2	5	4	23	58	58	19	169
	占危机管理能力机制的百分比	18.2%	17.9%	7.5%	11.3%	22.7%	21.6%	26.4%	19.0%
	占总计的百分比	0.2%	0.6%	0.4%	2.6%	6.5%	6.5%	2.1%	19.0%
政府机关人员	计数	3	3	1	6	19	43	14	89
	占危机管理能力机制的百分比	27.3%	10.7%	1.9%	3.0%	7.4%	16.0%	19.4%	10.0%
	占总计的百分比	0.3%	0.3%	0.1%	0.7%	2.1%	4.8%	1.6%	10.0%
个体劳动者/个体工商户	计数	1	2	6	28	27	32	4	100
	占危机管理能力机制的百分比	9.1%	7.1%	11.3%	13.8%	10.5%	11.9%	5.6%	11.2%
	占总计的百分比	0.1%	0.2%	0.7%	3.1%	3.0%	3.6%	0.4%	11.2%
打工者	计数	1	2	10	40	36	35	6	130
	占危机管理能力机制的百分比	9.1%	7.1%	18.9%	19.7%	14.1%	13.1%	8.3%	14.6%
	占总计的百分比	0.1%	0.2%	1.1%	4.5%	4.0%	3.9%	0.7%	14.6%
私营企业主	计数	0	0	1	6	5	2	1	15
	占危机管理能力机制的百分比	0.0%	0.0%	1.9%	3.0%	2.0%	0.7%	1.4%	1.7%
	占总计的百分比	0.0%	0.0%	0.1%	0.7%	0.6%	0.2%	0.1%	1.7%

续表

职业	项　目	危机管理能力机制							总计
		完全不同意	不同意	不太同意	说不清	比较同意	同意	非常同意	
学生	计数	2	7	14	33	46	27	4	133
	占危机管理能力机制的百分比	18.2%	25.0%	26.4%	16.3%	18.0%	10.1%	5.6%	14.9%
	占总计的百分比	0.2%	0.8%	1.6%	3.7%	5.2%	3.0%	0.4%	14.9%
待业人员	计数	0	1	3	11	4	3	3	25
	占危机管理能力机制的百分比	0.0%	3.6%	5.7%	5.4%	1.6%	1.1%	4.2%	2.8%
	占总计的百分比	0.0%	0.1%	0.3%	1.2%	0.4%	0.3%	0.3%	2.8%
退休人员	计数	0	1	1	5	6	11	4	28
	占危机管理能力机制的百分比	0.0%	3.6%	1.9%	2.5%	2.3%	4.1%	5.6%	3.1%
	占总计的百分比	0.0%	0.1%	0.1%	0.6%	0.7%	1.2%	0.4%	3.1%
村干部	计数	0	0	0	0	0	1	0	1
	占危机管理能力机制的百分比	0.0%	0.0%	0.0%	0.0%	0.0%	0.4%	0.0%	0.1%
	占总计的百分比	0.0%	0.0%	0.0%	0.0%	0.0%	0.1%	0.0%	0.1%
总计	计数	11	28	53	203	256	268	72	891
	占危机管理能力机制的百分比	100.0%	100.0%	100.0%	100.0%	100.0%	100.0%	100.0%	100.0%
	占总计的百分比	1.2%	3.1%	5.9%	22.8%	28.7%	30.1%	8.1%	100.0%

表3-87反映出了不同政治面貌受访者对公共危机管理能力中管理机制问题的看法情况。经卡方检验，不同政治面貌受访者在公共危机管理能力中管理机制问题的看法上有显著性差异。

表 3-87 不同政治面貌受访者与公共危机管理能力中管理机制的交叉列表

政治成分	项目	危机管理能力机制							总计
		完全不同意	不同意	不太同意	说不清	比较同意	同意	非常同意	
中共党员	计数	4	6	5	23	67	81	30	216
	占危机管理能力机制的百分比	36.4%	21.4%	9.8%	11.2%	26.3%	30.2%	42.3%	24.3%
	占总计的百分比	0.4%	0.7%	0.6%	2.6%	7.5%	9.1%	3.4%	24.3%
非中共党员	计数	7	22	46	182	188	187	41	673
	占危机管理能力机制的百分比	63.6%	78.6%	90.2%	88.8%	73.7%	69.8%	57.7%	75.7%
	占总计的百分比	0.8%	2.5%	5.2%	20.5%	21.1%	21.0%	4.6%	75.7%
总计	计数	11	28	51	205	255	268	71	889
	占危机管理能力机制的百分比	100.0%	100.0%	100.0%	100.0%	100.0%	100.0%	100.0%	100.0%
	占总计的百分比	1.2%	3.1%	5.7%	23.1%	28.7%	30.1%	8.0%	100.0%

表 3-88 反映出了不同婚姻状况受访者对公共危机管理能力中管理机制问题的看法情况。经卡方检验，不同婚姻状况受访者在公共危机管理能力中管理机制问题的看法上有显著性差异。

表 3-88 不同婚姻状况受访者与公共危机管理能力中管理机制的交叉列表

婚否	项目	危机管理能力机制							总计
		完全不同意	不同意	不太同意	说不清	比较同意	同意	非常同意	
已婚	计数	7	15	23	127	154	196	54	576
	占危机管理能力机制的百分比	63.6%	53.6%	46.0%	62.3%	60.2%	74.0%	76.1%	65.1%
	占总计的百分比	0.8%	1.7%	2.6%	14.4%	17.4%	22.1%	6.1%	65.1%
未婚	计数	4	13	27	77	102	69	17	309
	占危机管理能力机制的百分比	36.4%	46.4%	54.0%	37.7%	39.8%	26.0%	23.9%	34.9%
	占总计的百分比	0.5%	1.5%	3.1%	8.7%	11.5%	7.8%	1.9%	34.9%

续表

婚否 \ 项目		危机管理能力机制							总计
		完全不同意	不同意	不太同意	说不清	比较同意	同意	非常同意	
总计	计数	11	28	50	204	256	265	71	885
	占危机管理能力机制的百分比	100.0%	100.0%	100.0%	100.0%	100.0%	100.0%	100.0%	100.0%
	占总计的百分比	1.2%	3.2%	5.6%	23.1%	28.9%	29.9%	8.0%	100.0%

3. 应急处置能力

题项“发生天灾人祸时，政府能很快组织人力、物力进行救援”是用来测量西部地区贫困县民众对政府公共危机管理能力中应急处置的看法。经统计，选“完全不同意”的有16人，占比1.8%，选“不同意”的有24人，占比2.7%，选“不太同意”的有96人，占比10.7%，选“说不清”的有164人，占比18.3%，选“比较同意”的有239人，占比26.6%，选“同意”的有238人，占比26.5%，选“非常同意”的有120人，占比13.4%（如图3-13所示）。这说明，有超过六成的受访者认为民族地区政府在公共危机管理能力中应急处置表现得好，认为公共危机管理能力上应急处置表现得不好的受访者占一成多，也有一成多的人不愿意发表意见。

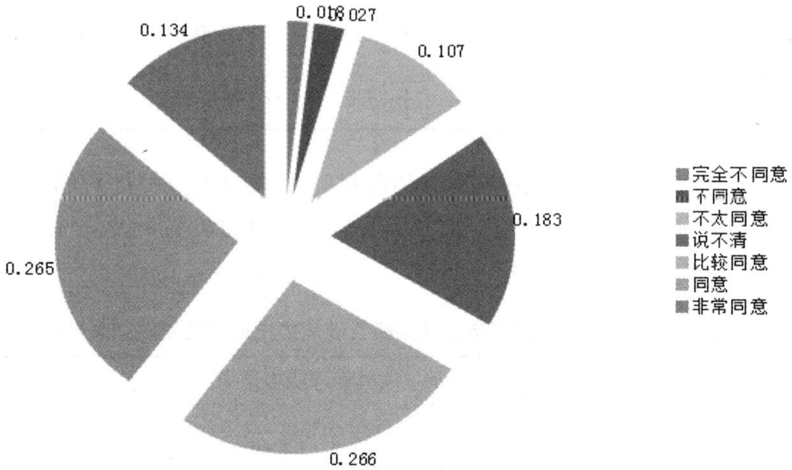

图3-13　对政府公共危机管理能力中应急处置的看法

表3-89反映出了不同省份受访者对公共危机管理能力中应急处置问题的看法情况。经卡方检验，不同省份受访者在公共危机管理能力中应急处置问题的看法上有显著性差异。

表 3-89 不同省份受访者与公共危机管理能力中应急处置的交叉列表

省份	项目	危机管理能力应急处置							总计
		完全不同意	不同意	不太同意	说不清	比较同意	同意	非常同意	
贵州	计数	2	9	19	67	98	68	35	298
	占危机管理能力应急处置的百分比	12.5%	37.5%	19.8%	40.9%	41.0%	28.6%	29.2%	33.2%
	占总计的百分比	0.2%	1.0%	2.1%	7.5%	10.9%	7.6%	3.9%	33.2%
云南	计数	3	5	54	41	54	82	61	300
	占危机管理能力应急处置的百分比	18.8%	20.8%	56.3%	25.0%	22.6%	34.5%	50.8%	33.4%
	占总计的百分比	0.3%	0.6%	6.0%	4.6%	6.0%	9.1%	6.8%	33.4%
广西	计数	11	10	23	56	87	88	24	299
	占危机管理能力应急处置的百分比	68.8%	41.7%	24.0%	34.1%	36.4%	37.0%	20.0%	33.3%
	占总计的百分比	1.2%	1.1%	2.6%	6.2%	9.7%	9.8%	2.7%	33.3%
总计	计数	16	24	96	164	239	238	120	897
	占危机管理能力应急处置的百分比	100.0%	100.0%	100.0%	100.0%	100.0%	100.0%	100.0%	100.0%
	占总计的百分比	1.8%	2.7%	10.7%	18.3%	26.6%	26.5%	13.4%	100.0%

表 3-90 反映出了不同年龄受访者对公共危机管理能力中应急处置问题的看法情况。经卡方检验，不同年龄受访者在公共危机管理能力中应急处置问题的看法上有显著性差异。

表 3-90 不同年龄受访者与公共危机管理能力中应急处置的交叉列表

年龄分组	项目	危机管理能力应急处置							总计
		完全不同意	不同意	不太同意	说不清	比较同意	同意	非常同意	
20 岁以下	计数	0	1	3	2	0	2	3	11
	占危机管理能力应急处置的百分比	0.0%	4.3%	3.1%	1.2%	0.0%	0.9%	2.5%	1.2%
	占总计的百分比	0.0%	0.1%	0.3%	0.2%	0.0%	0.2%	0.3%	1.2%

续表

年龄分组	项目	危机管理能力应急处置							总计
		完全不同意	不同意	不太同意	说不清	比较同意	同意	非常同意	
20-30 岁	计数	5	14	33	66	95	88	29	330
	占危机管理能力应急处置的百分比	31. 3%	60. 9%	34. 4%	40. 7%	40. 9%	37. 4%	24. 2%	37. 3%
	占总计的百分比	0. 6%	1. 6%	3. 7%	7. 5%	10. 7%	10. 0%	3. 3%	37. 3%
30-40 岁	计数	6	3	31	43	49	58	39	229
	占危机管理能力应急处置的百分比	37. 5%	13. 0%	32. 3%	26. 5%	21. 1%	24. 7%	32. 5%	25. 9%
	占总计的百分比	0. 7%	0. 3%	3. 5%	4. 9%	5. 5%	6. 6%	4. 4%	25. 9%
40-50 岁	计数	2	4	16	32	44	54	25	177
	占危机管理能力应急处置的百分比	12. 5%	17. 4%	16. 7%	19. 8%	19. 0%	23. 0%	20. 8%	20. 0%
	占总计的百分比	0. 2%	0. 5%	1. 8%	3. 6%	5. 0%	6. 1%	2. 8%	20. 0%
50-60 岁	计数	1	1	8	9	28	20	20	87
	占危机管理能力应急处置的百分比	6. 3%	4. 3%	8. 3%	5. 6%	12. 1%	8. 5%	16. 7%	9. 8%
	占总计的百分比	0. 1%	0. 1%	0. 9%	1. 0%	3. 2%	2. 3%	2. 3%	9. 8%
60 岁以上	计数	2	0	5	10	16	13	4	50
	占危机管理能力应急处置的百分比	12. 5%	0. 0%	5. 2%	6. 2%	6. 9%	5. 5%	3. 3%	5. 7%
	占总计的百分比	0. 2%	0. 0%	0. 6%	1. 1%	1. 8%	1. 5%	0. 5%	5. 7%
总计	计数	16	23	96	162	232	235	120	884
	占危机管理能力应急处置的百分比	100. 0%	100. 0%	100. 0%	100. 0%	100. 0%	100. 0%	100. 0%	100. 0%
	占总计的百分比	1. 8%	2. 6%	10. 9%	18. 3%	26. 2%	26. 6%	13. 6%	100. 0%

表 3-91 反映出了不同受教育程度受访者对公共危机管理能力中应急处置问题的看法情况。经卡方检验，不同受教育程度受访者在公共危机管理能力中应急处置问题的看法上有显著性差异。

表 3-91 不同受教育程度受访者与公共危机管理能力中应急处置的交叉列表

教育分组	项目	危机管理能力应急处置							总计
		完全不同意	不同意	不太同意	说不清	比较同意	同意	非常同意	
未上学	计数	0	1	7	6	1	4	12	31
	占危机管理能力应急处置的百分比	0.0%	4.2%	7.3%	3.7%	0.4%	1.7%	10.0%	3.5%
	占总计的百分比	0.0%	0.1%	0.8%	0.7%	0.1%	0.4%	1.3%	3.5%
小学	计数	1	4	32	22	29	25	24	137
	占危机管理能力应急处置的百分比	6.3%	16.7%	33.3%	13.4%	12.1%	10.5%	20.0%	15.3%
	占总计的百分比	0.1%	0.4%	3.6%	2.5%	3.2%	2.8%	2.7%	15.3%
初中	计数	2	2	16	29	47	44	27	167
	占危机管理能力应急处置的百分比	12.5%	8.3%	16.7%	17.7%	19.7%	18.5%	22.5%	18.6%
	占总计的百分比	0.2%	0.2%	1.8%	3.2%	5.2%	4.9%	3.0%	18.6%
高中	计数	8	5	12	35	49	51	22	182
	占危机管理能力应急处置的百分比	50.0%	20.8%	12.5%	21.3%	20.5%	21.4%	18.3%	20.3%
	占总计的百分比	0.9%	0.6%	1.3%	3.9%	5.5%	5.7%	2.5%	20.3%
专科	计数	3	6	13	38	50	49	15	174
	占危机管理能力应急处置的百分比	18.8%	25.0%	13.5%	23.2%	20.9%	20.6%	12.5%	19.4%
	占总计的百分比	0.3%	0.7%	1.4%	4.2%	5.6%	5.5%	1.7%	19.4%
本科	计数	0	4	12	20	40	40	10	126
	占危机管理能力应急处置的百分比	0.0%	16.7%	12.5%	12.2%	16.7%	16.8%	8.3%	14.0%
	占总计的百分比	0.0%	0.4%	1.3%	2.2%	4.5%	4.5%	1.1%	14.0%
研究生	计数	2	2	4	14	23	25	10	80
	占危机管理能力应急处置的百分比	12.5%	8.3%	4.2%	8.5%	9.6%	10.5%	8.3%	8.9%
	占总计的百分比	0.2%	0.2%	0.4%	1.6%	2.6%	2.8%	1.1%	8.9%

续表

教育分组	项目	危机管理能力应急处置							总计
		完全不同意	不同意	不太同意	说不清	比较同意	同意	非常同意	
总计	计数	16	24	96	164	239	238	120	897
	占危机管理能力应急处置的百分比	100.0%	100.0%	100.0%	100.0%	100.0%	100.0%	100.0%	100.0%
	占总计的百分比	1.8%	2.7%	10.7%	18.3%	26.6%	26.5%	13.4%	100.0%

表3-92反映出了不同收入水平受访者对公共危机管理能力中应急处置问题的看法情况。经卡方检验，不同收入水平受访者在公共危机管理能力中应急处置问题的看法上有显著性差异。

表3-92 不同收入水平受访者与公共危机管理能力中应急处置的交叉列表

收入分组	项目	危机管理能力应急处置							总计
		完全不同意	不同意	不太同意	说不清	比较同意	同意	非常同意	
低收入者	计数	5	14	56	75	83	72	48	353
	占危机管理能力应急处置的百分比	31.3%	58.3%	58.3%	45.7%	34.7%	30.3%	40.0%	39.4%
	占总计的百分比	0.6%	1.6%	6.2%	8.4%	9.3%	8.0%	5.4%	39.4%
中等收入者	计数	7	8	20	49	74	71	40	269
	占危机管理能力应急处置的百分比	43.8%	33.3%	20.8%	29.9%	31.0%	29.8%	33.3%	30.0%
	占总计的百分比	0.8%	0.9%	2.2%	5.5%	8.2%	7.9%	4.5%	30.0%
高收入者	计数	4	2	20	40	82	95	32	275
	占危机管理能力应急处置的百分比	25.0%	8.3%	20.8%	24.4%	34.3%	39.9%	26.7%	30.7%
	占总计的百分比	0.4%	0.2%	2.2%	4.5%	9.1%	10.6%	3.6%	30.7%
总计	计数	16	24	96	164	239	238	120	897
	占危机管理能力应急处置的百分比	100.0%	100.0%	100.0%	100.0%	100.0%	100.0%	100.0%	100.0%
	占总计的百分比	1.8%	2.7%	10.7%	18.3%	26.6%	26.5%	13.4%	100.0%

表3-93反映出了不同民族受访者对公共危机管理能力中应急处置问题的看法情况。经卡方检验，不同民族受访者在公共危机管理能力中应急处置问题的看法上有显著性差异。

表 3-93　不同民族受访者与公共危机管理能力中应急处置的交叉列表

民族	项目	危机管理能力应急处置							总计
		完全不同意	不同意	不太同意	说不清	比较同意	同意	非常同意	
汉族	计数	5	11	20	58	101	106	32	333
	占危机管理能力应急处置的百分比	31.3%	47.8%	20.8%	35.4%	42.3%	44.5%	26.7%	37.2%
	占总计的百分比	0.6%	1.2%	2.2%	6.5%	11.3%	11.8%	3.6%	37.2%
苗族	计数	0	1	5	13	24	30	9	82
	占危机管理能力应急处置的百分比	0.0%	4.3%	5.2%	7.9%	10.0%	12.6%	7.5%	9.2%
	占总计的百分比	0.0%	0.1%	0.6%	1.5%	2.7%	3.3%	1.0%	9.2%
布依族	计数	0	0	1	0	0	1	1	3
	占危机管理能力应急处置的百分比	0.0%	0.0%	1.0%	0.0%	0.0%	0.4%	0.8%	0.3%
	占总计的百分比	0.0%	0.0%	0.1%	0.0%	0.0%	0.1%	0.1%	0.3%
侗族	计数	5	0	8	21	50	38	21	143
	占危机管理能力应急处置的百分比	31.3%	0.0%	8.3%	12.8%	20.9%	16.0%	17.5%	16.0%
	占总计的百分比	0.6%	0.0%	0.9%	2.3%	5.6%	4.2%	2.3%	16.0%
壮族	计数	0	4	7	23	28	20	7	89
	占危机管理能力应急处置的百分比	0.0%	17.4%	7.3%	14.0%	11.7%	8.4%	5.8%	9.9%
	占总计的百分比	0.0%	0.4%	0.8%	2.6%	3.1%	2.2%	0.8%	9.9%
白族	计数	1	1	1	6	5	1	3	18
	占危机管理能力应急处置的百分比	6.3%	4.3%	1.0%	3.7%	2.1%	0.4%	2.5%	2.0%
	占总计的百分比	0.1%	0.1%	0.1%	0.7%	0.6%	0.1%	0.3%	2.0%
哈尼族	计数	0	0	0	0	1	0	0	1
	占危机管理能力应急处置的百分比	0.0%	0.0%	0.0%	0.0%	0.4%	0.0%	0.0%	0.1%
	占总计的百分比	0.0%	0.0%	0.0%	0.0%	0.1%	0.0%	0.0%	0.1%

续表

民族	项目	危机管理能力应急处置							总计
		完全不同意	不同意	不太同意	说不清	比较同意	同意	非常同意	
彝族	计数	0	0	44	23	11	11	40	129
	占危机管理能力应急处置的百分比	0.0%	0.0%	45.8%	14.0%	4.6%	4.6%	33.3%	14.4%
	占总计的百分比	0.0%	0.0%	4.9%	2.6%	1.2%	1.2%	4.5%	14.4%
瑶族	计数	5	5	8	17	17	27	6	85
	占危机管理能力应急处置的百分比	31.3%	21.7%	8.3%	10.4%	7.1%	11.3%	5.0%	9.5%
	占总计的百分比	0.6%	0.6%	0.9%	1.9%	1.9%	3.0%	0.7%	9.5%
仫佬族	计数	0	0	0	1	0	1	1	3
	占危机管理能力应急处置的百分比	0.0%	0.0%	0.0%	0.6%	0.0%	0.4%	0.8%	0.3%
	占总计的百分比	0.0%	0.0%	0.0%	0.1%	0.0%	0.1%	0.1%	0.3%
回族	计数	0	1	2	2	2	2	0	9
	占危机管理能力应急处置的百分比	0.0%	4.3%	2.1%	1.2%	0.8%	0.8%	0.0%	1.0%
	占总计的百分比	0.0%	0.1%	0.2%	0.2%	0.2%	0.2%	0.0%	1.0%
土家族	计数	0	0	0	0	0	1	0	1
	占危机管理能力应急处置的百分比	0.0%	0.0%	0.0%	0.0%	0.0%	0.4%	0.0%	0.1%
	占总计的百分比	0.0%	0.0%	0.0%	0.0%	0.0%	0.1%	0.0%	0.1%
总计	计数	16	23	96	164	239	238	120	896
	占危机管理能力应急处置的百分比	100.0%	100.0%	100.0%	100.0%	100.0%	100.0%	100.0%	100.0%
	占总计的百分比	1.8%	2.6%	10.7%	18.3%	26.7%	26.6%	13.4%	100.0%

表3-94反映出了不同职业受访者对公共危机管理能力中应急处置问题的看法情况。经卡方检验，不同职业受访者在公共危机管理能力中应急处置问题的看法上有显著性差异。

表 3-94　不同职业受访者与公共危机管理能力中应急处置的交叉列表

职业	项目	危机管理能力应急处置							总计
		完全不同意	不同意	不太同意	说不清	比较同意	同意	非常同意	
农业劳动者	计数	3	4	13	39	32	40	16	147
	占危机管理能力应急处置的百分比	18. 8%	16. 7%	13. 5%	23. 9%	13. 4%	17. 1%	13. 3%	16. 5%
	占总计的百分比	0. 3%	0. 4%	1. 5%	4. 4%	3. 6%	4. 5%	1. 8%	16. 5%
企业工人	计数	1	3	3	15	10	15	7	54
	占危机管理能力应急处置的百分比	6. 3%	12. 5%	3. 1%	9. 2%	4. 2%	6. 4%	5. 8%	6. 1%
	占总计的百分比	0. 1%	0. 3%	0. 3%	1. 7%	1. 1%	1. 7%	0. 8%	6. 1%
事业单位人员	计数	2	3	19	16	51	47	31	169
	占危机管理能力应急处置的百分比	12. 5%	12. 5%	19. 8%	9. 8%	21. 4%	20. 1%	25. 8%	19. 0%
	占总计的百分比	0. 2%	0. 3%	2. 1%	1. 8%	5. 7%	5. 3%	3. 5%	19. 0%
政府机关人员	计数	4	0	5	4	16	39	21	89
	占危机管理能力应急处置的百分比	25. 0%	0. 0%	5. 2%	2. 5%	6. 7%	16. 7%	17. 5%	10. 0%
	占总计的百分比	0. 4%	0. 0%	0. 6%	0. 4%	1. 8%	4. 4%	2. 4%	10. 0%
个体劳动者/个体工商户	计数	1	1	15	19	31	21	12	100
	占危机管理能力应急处置的百分比	6. 3%	4. 2%	15. 6%	11. 7%	13. 0%	9. 0%	10. 0%	11. 2%
	占总计的百分比	0. 1%	0. 1%	1. 7%	2. 1%	3. 5%	2. 4%	1. 3%	11. 2%
打工者	计数	2	3	20	23	34	29	18	129
	占危机管理能力应急处置的百分比	12. 5%	12. 5%	20. 8%	14. 1%	14. 3%	12. 4%	15. 0%	14. 5%
	占总计的百分比	0. 2%	0. 3%	2. 2%	2. 6%	3. 8%	3. 3%	2. 0%	14. 5%
私营企业主	计数	0	0	3	4	3	4	1	15
	占危机管理能力应急处置的百分比	0. 0%	0. 0%	3. 1%	2. 5%	1. 3%	1. 7%	0. 8%	1. 7%
	占总计的百分比	0. 0%	0. 0%	0. 3%	0. 4%	0. 3%	0. 4%	0. 1%	1. 7%

续表

职业	项目	危机管理能力应急处置							总计
		完全不同意	不同意	不太同意	说不清	比较同意	同意	非常同意	
学生	计数	3	7	14	34	42	28	6	134
	占危机管理能力应急处置的百分比	18.8%	29.2%	14.6%	20.9%	17.6%	12.0%	5.0%	15.0%
	占总计的百分比	0.3%	0.8%	1.6%	3.8%	4.7%	3.1%	0.7%	15.0%
待业人员	计数	0	3	3	7	4	4	4	25
	占危机管理能力应急处置的百分比	0.0%	12.5%	3.1%	4.3%	1.7%	1.7%	3.3%	2.8%
	占总计的百分比	0.0%	0.3%	0.3%	0.8%	0.4%	0.4%	0.4%	2.8%
退休人员	计数	0	0	1	2	15	6	4	28
	占危机管理能力应急处置的百分比	0.0%	0.0%	1.0%	1.2%	6.3%	2.6%	3.3%	3.1%
	占总计的百分比	0.0%	0.0%	0.1%	0.2%	1.7%	0.7%	0.4%	3.1%
村干部	计数	0	0	0	0	0	1	0	1
	占危机管理能力应急处置的百分比	0.0%	0.0%	0.0%	0.0%	0.0%	0.4%	0.0%	0.1%
	占总计的百分比	0.0%	0.0%	0.0%	0.0%	0.0%	0.1%	0.0%	0.1%
总计	计数	16	24	96	163	238	234	120	891
	占危机管理能力应急处置的百分比	100.0%	100.0%	100.0%	100.0%	100.0%	100.0%	100.0%	100.0%
	占总计的百分比	1.8%	2.7%	10.8%	18.3%	26.7%	26.3%	13.5%	100.0%

表3-95反映出了不同政治面貌受访者对公共危机管理能力中应急处置问题的看法情况。经卡方检验，不同政治面貌受访者在公共危机管理能力中应急处置问题的看法上有显著性差异。

表 3-95　不同政治面貌受访者与公共危机管理能力中应急处置的交叉列表

政治成分	项　目	危机管理能力应急处置							总计
		完全不同意	不同意	不太同意	说不清	比较同意	同意	非常同意	
中共党员	计数	4	2	21	17	44	84	44	216
	占危机管理能力应急处置的百分比	25.0%	8.3%	22.1%	10.5%	18.5%	35.9%	36.7%	24.3%
	占总计的百分比	0.4%	0.2%	2.4%	1.9%	4.9%	9.4%	4.9%	24.3%
非中共党员	计数	12	22	74	145	194	150	76	673
	占危机管理能力应急处置的百分比	75.0%	91.7%	77.9%	89.5%	81.5%	64.1%	63.3%	75.7%
	占总计的百分比	1.3%	2.5%	8.3%	16.3%	21.8%	16.9%	8.5%	75.7%
总计	计数	16	24	95	162	238	234	120	889
	占危机管理能力应急处置的百分比	100.0%	100.0%	100.0%	100.0%	100.0%	100.0%	100.0%	100.0%
	占总计的百分比	1.8%	2.7%	10.7%	18.2%	26.8%	26.3%	13.5%	100.0%

表 3-96 反映出了不同婚姻状况受访者对公共危机管理能力中应急处置问题的看法情况。经卡方检验，不同婚姻状况受访者在公共危机管理能力中应急处置问题的看法上有显著性差异。

表 3-96　不同婚姻状况受访者与公共危机管理能力中应急处置的交叉列表

婚否	项　目	危机管理能力应急处置							总计
		完全不同意	不同意	不太同意	说不清	比较同意	同意	非常同意	
已婚	计数	11	9	63	98	139	155	100	575
	占危机管理能力应急处置的百分比	68.8%	37.5%	66.3%	60.5%	58.4%	67.1%	84.0%	65.0%
	占总计的百分比	1.2%	1.0%	7.1%	11.1%	15.7%	17.5%	11.3%	65.0%
未婚	计数	5	15	32	64	99	76	19	310
	占危机管理能力应急处置的百分比	31.3%	62.5%	33.7%	39.5%	41.6%	32.9%	16.0%	35.0%
	占总计的百分比	0.6%	1.7%	3.6%	7.2%	11.2%	8.6%	2.1%	35.0%

续表

婚否 \ 项目		危机管理能力应急处置							总计
		完全不同意	不同意	不太同意	说不清	比较同意	同意	非常同意	
总计	计数	16	24	95	162	238	231	119	885
	占危机管理能力应急处置的百分比	100.0%	100.0%	100.0%	100.0%	100.0%	100.0%	100.0%	100.0%
	占总计的百分比	1.8%	2.7%	10.7%	18.3%	26.9%	26.1%	13.4%	100.0%

表3-97反映出了不同居住地受访者对公共危机管理能力中应急处置问题的看法情况。经卡方检验，不同居住地受访者在公共危机管理能力中应急处置问题的看法上有显著性差异。

表3-97　不同居住地受访者与公共危机管理能力中应急处置的交叉列表

居住地 \ 项目		危机管理能力应急处置							总计
		完全不同意	不同意	不太同意	说不清	比较同意	同意	非常同意	
农村	计数	7	9	62	85	72	83	55	373
	占危机管理能力应急处置的百分比	43.8%	37.5%	64.6%	52.1%	30.3%	35.0%	46.2%	41.8%
	占总计的百分比	0.8%	1.0%	6.9%	9.5%	8.1%	9.3%	6.2%	41.8%
乡镇所在地	计数	2	2	6	18	42	50	20	140
	占危机管理能力应急处置的百分比	12.5%	8.3%	6.3%	11.0%	17.6%	21.1%	16.8%	15.7%
	占总计的百分比	0.2%	0.2%	0.7%	2.0%	4.7%	5.6%	2.2%	15.7%
县城	计数	7	10	25	46	104	86	41	319
	占危机管理能力应急处置的百分比	43.8%	41.7%	26.0%	28.2%	43.7%	36.3%	34.5%	35.7%
	占总计的百分比	0.8%	1.1%	2.8%	5.2%	11.6%	9.6%	4.6%	35.7%
市城区	计数	0	2	1	8	15	10	2	38
	占危机管理能力应急处置的百分比	0.0%	8.3%	1.0%	4.9%	6.3%	4.2%	1.7%	4.3%
	占总计的百分比	0.0%	0.2%	0.1%	0.9%	1.7%	1.1%	0.2%	4.3%

续表

居住地	项　目	危机管理能力应急处置							总计
		完全不同意	不同意	不太同意	说不清	比较同意	同意	非常同意	
城郊结合部	计数	0	1	2	6	5	8	1	23
	占危机管理能力应急处置的百分比	0.0%	4.2%	2.1%	3.7%	2.1%	3.4%	0.8%	2.6%
	占总计的百分比	0.0%	0.1%	0.2%	0.7%	0.6%	0.9%	0.1%	2.6%
总计	计数	16	24	96	163	238	237	119	893
	占危机管理能力应急处置的百分比	100.0%	100.0%	100.0%	100.0%	100.0%	100.0%	100.0%	100.0%
	占总计的百分比	1.8%	2.7%	10.8%	18.3%	26.7%	26.5%	13.3%	100.0%

4. 危机善后处理能力

题项“危机过后，政府能迅速组织灾后重建工作，恢复秩序”是用来测量西部地区贫困县民众对政府公共危机管理能力中善后处理的看法。经统计，选“完全不同意”的有 17 人，占比 1.9%，选“不同意”的有 29 人，占比 3.2%，选“不太同意”的有 39 人，占比 4.3%，选“说不清”的有 197 人，占比 22%，选“比较同意”的有 272 人，占比 30.3%，选“同意”的有 237 人，占比 26.4%，选“非常同意”的有 106 人，占比 11.8%（如图 3-14 所示）。这说明，有接近七成的受访者认为西部地区贫困县在公共危机管理能力中善后处理表现得好，认为善后处理表现得不好的受访者占比不足一成，也有两成多的人不愿意发表意见。

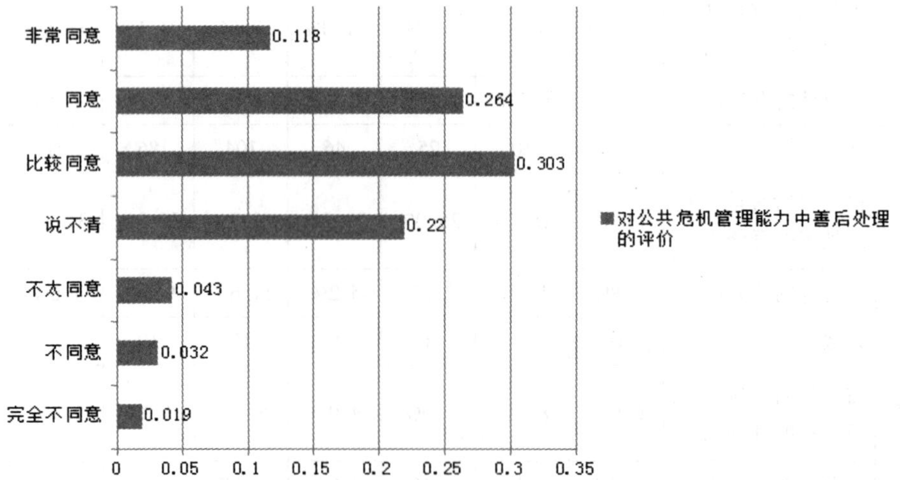

图 3-14　对政府公共危机管理能力中善后处理的看法

表 3-98 反映出了不同年龄受访者对公共危机管理能力中善后处理问题的看法情况。经卡方检验，不同年龄受访者在公共危机管理能力中善后处理问题的看法上有显著性差异。

表 3-98　不同年龄受访者与公共危机管理能力中善后处理的交叉列表

年龄分组	项　目	危机管理能力善后处理							总计
		完全不同意	不同意	不太同意	说不清	比较同意	同意	非常同意	
20 岁以下	计数	0	1	1	4	0	3	2	11
	占危机管理能力善后处理的百分比	0.0%	3.4%	2.6%	2.1%	0.0%	1.3%	1.9%	1.2%
	占总计的百分比	0.0%	0.1%	0.1%	0.5%	0.0%	0.3%	0.2%	1.2%
20-30 岁	计数	9	10	21	80	107	72	31	330
	占危机管理能力善后处理的百分比	56.3%	34.5%	53.8%	41.0%	40.7%	30.5%	29.2%	37.3%
	占总计的百分比	1.0%	1.1%	2.4%	9.0%	12.1%	8.1%	3.5%	37.3%
30-40 岁	计数	6	5	3	61	61	61	32	229
	占危机管理能力善后处理的百分比	37.5%	17.2%	7.7%	31.3%	23.2%	25.8%	30.2%	25.9%
	占总计的百分比	0.7%	0.6%	0.3%	6.9%	6.9%	6.9%	3.6%	25.9%
40-50 岁	计数	1	8	4	27	53	60	24	177
	占危机管理能力善后处理的百分比	6.3%	27.6%	10.3%	13.8%	20.2%	25.4%	22.6%	20.0%
	占总计的百分比	0.1%	0.9%	0.5%	3.1%	6.0%	6.8%	2.7%	20.0%
50-60 岁	计数	0	3	3	13	27	26	15	87
	占危机管理能力善后处理的百分比	0.0%	10.3%	7.7%	6.7%	10.3%	11.0%	14.2%	9.8%
	占总计的百分比	0.0%	0.3%	0.3%	1.5%	3.1%	2.9%	1.7%	9.8%
60 岁以上	计数	0	2	7	10	15	14	2	50
	占危机管理能力善后处理的百分比	0.0%	6.9%	17.9%	5.1%	5.7%	5.9%	1.9%	5.7%
	占总计的百分比	0.0%	0.2%	0.8%	1.1%	1.7%	1.6%	0.2%	5.7%
总计	计数	16	29	39	195	263	236	106	884
	占危机管理能力善后处理的百分比	100.0%	100.0%	100.0%	100.0%	100.0%	100.0%	100.0%	100.0%
	占总计的百分比	1.8%	3.3%	4.4%	22.1%	29.8%	26.7%	12.0%	100.0%

表 3-99 反映出了不同收入水平受访者对公共危机管理能力中善后处理问题的看法情况。经卡方检验，不同收入水平受访者在公共危机管理能力中善后处理问题的看法上有显著性差异。

表 3-99　不同收入水平受访者与公共危机管理能力中善后处理的交叉列表

收入分组	项　目	危机管理能力善后处理							总计
		完全不同意	不同意	不太同意	说不清	比较同意	同意	非常同意	
低收入者	计数	3	11	19	99	115	71	34	352
	占危机管理能力善后处理的百分比	17.6%	37.9%	48.7%	50.3%	42.3%	30.0%	32.1%	39.2%
	占总计的百分比	0.3%	1.2%	2.1%	11.0%	12.8%	7.9%	3.8%	39.2%
中等收入者	计数	9	14	9	46	88	63	41	270
	占危机管理能力善后处理的百分比	52.9%	48.3%	23.1%	23.4%	32.4%	26.6%	38.7%	30.1%
	占总计的百分比	1.0%	1.6%	1.0%	5.1%	9.8%	7.0%	4.6%	30.1%
高收入者	计数	5	4	11	52	69	103	31	275
	占危机管理能力善后处理的百分比	29.4%	13.8%	28.2%	26.4%	25.4%	43.5%	29.2%	30.7%
	占总计的百分比	0.6%	0.4%	1.2%	5.8%	7.7%	11.5%	3.5%	30.7%
总计	计数	17	29	39	197	272	237	106	897
	占危机管理能力善后处理的百分比	100.0%	100.0%	100.0%	100.0%	100.0%	100.0%	100.0%	100.0%
	占总计的百分比	1.9%	3.2%	4.3%	22.0%	30.3%	26.4%	11.8%	100.0%

表 3-100 反映出了不同民族受访者对公共危机管理能力中善后处理问题的看法情况。经卡方检验，不同民族受访者在公共危机管理能力中善后处理问题的看法上有显著性差异。

表 3-100　不同民族受访者与公共危机管理能力中善后处理的交叉列表

民族	项目	危机管理能力善后处理							总计
		完全不同意	不同意	不太同意	说不清	比较同意	同意	非常同意	
汉族	计数	8	13	17	62	93	109	31	333
	占危机管理能力善后处理的百分比	47.1%	46.4%	43.6%	31.5%	34.2%	46.0%	29.2%	37.2%
	占总计的百分比	0.9%	1.5%	1.9%	6.9%	10.4%	12.2%	3.5%	37.2%
苗族	计数	1	0	4	18	26	23	10	82
	占危机管理能力善后处理的百分比	5.9%	0.0%	10.3%	9.1%	9.6%	9.7%	9.4%	9.2%
	占总计的百分比	0.1%	0.0%	0.4%	2.0%	2.9%	2.6%	1.1%	9.2%
布依族	计数	0	0	1	0	0	1	1	3
	占危机管理能力善后处理的百分比	0.0%	0.0%	2.6%	0.0%	0.0%	0.4%	0.9%	0.3%
	占总计的百分比	0.0%	0.0%	0.1%	0.0%	0.0%	0.1%	0.1%	0.3%
侗族	计数	5	2	4	18	58	38	18	143
	占危机管理能力善后处理的百分比	29.4%	7.1%	10.3%	9.1%	21.3%	16.0%	17.0%	16.0%
	占总计的百分比	0.6%	0.2%	0.4%	2.0%	6.5%	4.2%	2.0%	16.0%
壮族	计数	0	4	0	24	34	17	10	89
	占危机管理能力善后处理的百分比	0.0%	14.3%	0.0%	12.2%	12.5%	7.2%	9.4%	9.9%
	占总计的百分比	0.0%	0.4%	0.0%	2.7%	3.8%	1.9%	1.1%	9.9%
白族	计数	1	2	2	4	5	2	2	18
	占危机管理能力善后处理的百分比	5.9%	7.1%	5.1%	2.0%	1.8%	0.8%	1.9%	2.0%
	占总计的百分比	0.1%	0.2%	0.2%	0.4%	0.6%	0.2%	0.2%	2.0%
哈尼族	计数	0	0	0	0	1	0	0	1
	占危机管理能力善后处理的百分比	0.0%	0.0%	0.0%	0.0%	0.4%	0.0%	0.0%	0.1%
	占总计的百分比	0.0%	0.0%	0.0%	0.0%	0.1%	0.0%	0.0%	0.1%

续表

民族	项目	危机管理能力善后处理							总计
		完全不同意	不同意	不太同意	说不清	比较同意	同意	非常同意	
彝族	计数	0	0	1	49	28	26	25	129
	占危机管理能力善后处理的百分比	0.0%	0.0%	2.6%	24.9%	10.3%	11.0%	23.6%	14.4%
	占总计的百分比	0.0%	0.0%	0.1%	5.5%	3.1%	2.9%	2.8%	14.4%
瑶族	计数	2	6	9	18	25	17	8	85
	占危机管理能力善后处理的百分比	11.8%	21.4%	23.1%	9.1%	9.2%	7.2%	7.5%	9.5%
	占总计的百分比	0.2%	0.7%	1.0%	2.0%	2.8%	1.9%	0.9%	9.5%
仫佬族	计数	0	0	0	1	0	1	1	3
	占危机管理能力善后处理的百分比	0.0%	0.0%	0.0%	0.5%	0.0%	0.4%	0.9%	0.3%
	占总计的百分比	0.0%	0.0%	0.0%	0.1%	0.0%	0.1%	0.1%	0.3%
回族	计数	0	1	1	3	2	2	0	9
	占危机管理能力善后处理的百分比	0.0%	3.6%	2.6%	1.5%	0.7%	0.8%	0.0%	1.0%
	占总计的百分比	0.0%	0.1%	0.1%	0.3%	0.2%	0.2%	0.0%	1.0%
土家族	计数	0	0	0	0	0	1	0	1
	占危机管理能力善后处理的百分比	0.0%	0.0%	0.0%	0.0%	0.0%	0.4%	0.0%	0.1%
	占总计的百分比	0.0%	0.0%	0.0%	0.0%	0.0%	0.1%	0.0%	0.1%
总计	计数	17	28	39	197	272	237	106	896
	占危机管理能力善后处理的百分比	100.0%	100.0%	100.0%	100.0%	100.0%	100.0%	100.0%	100.0%
	占总计的百分比	1.9%	3.1%	4.4%	22.0%	30.4%	26.5%	11.8%	100.0%

表3-101反映出了不同职业受访者对公共危机管理能力中善后处理问题的看法情况。经卡方检验，不同职业受访者在公共危机管理能力中善后处理问题的看法上有显著性差异。

表 3-101　不同职业受访者与公共危机管理能力中善后处理的交叉列表

职业	项目	危机管理能力善后处理							总计
		完全不同意	不同意	不太同意	说不清	比较同意	同意	非常同意	
农业劳动者	计数	4	7	3	36	42	41	14	147
	占危机管理能力善后处理的百分比	23.5%	24.1%	7.7%	18.3%	15.7%	17.4%	13.2%	16.5%
	占总计的百分比	0.4%	0.8%	0.3%	4.0%	4.7%	4.6%	1.6%	16.5%
企业工人	计数	2	3	3	10	11	16	9	54
	占危机管理能力善后处理的百分比	11.8%	10.3%	7.7%	5.1%	4.1%	6.8%	8.5%	6.1%
	占总计的百分比	0.2%	0.3%	0.3%	1.1%	1.2%	1.8%	1.0%	6.1%
事业单位人员	计数	3	4	4	29	51	50	28	169
	占危机管理能力善后处理的百分比	17.6%	13.8%	10.3%	14.7%	19.1%	21.2%	26.4%	19.0%
	占总计的百分比	0.3%	0.4%	0.4%	3.3%	5.7%	5.6%	3.1%	19.0%
政府机关人员	计数	4	0	4	6	16	40	19	89
	占危机管理能力善后处理的百分比	23.5%	0.0%	10.3%	3.0%	6.0%	16.9%	17.9%	10.0%
	占总计的百分比	0.4%	0.0%	0.4%	0.7%	1.8%	4.5%	2.1%	10.0%
个体劳动者/个体工商户	计数	1	3	5	28	30	24	9	100
	占危机管理能力善后处理的百分比	5.9%	10.3%	12.8%	14.2%	11.2%	10.2%	8.5%	11.2%
	占总计的百分比	0.1%	0.3%	0.6%	3.1%	3.4%	2.7%	1.0%	11.2%
打工者	计数	1	3	2	35	50	25	14	130
	占危机管理能力善后处理的百分比	5.9%	10.3%	5.1%	17.8%	18.7%	10.6%	13.2%	14.6%
	占总计的百分比	0.1%	0.3%	0.2%	3.9%	5.6%	2.8%	1.6%	14.6%
私营企业主	计数	0	0	2	5	5	2	1	15
	占危机管理能力善后处理的百分比	0.0%	0.0%	5.1%	2.5%	1.9%	0.8%	0.9%	1.7%
	占总计的百分比	0.0%	0.0%	0.2%	0.6%	0.6%	0.2%	0.1%	1.7%

续表

职业	项目	危机管理能力善后处理							总计
		完全不同意	不同意	不太同意	说不清	比较同意	同意	非常同意	
学生	计数	2	7	12	41	47	19	5	133
	占危机管理能力善后处理的百分比	11. 8%	24. 1%	30. 8%	20. 8%	17. 6%	8. 1%	4. 7%	14. 9%
	占总计的百分比	0. 2%	0. 8%	1. 3%	4. 6%	5. 3%	2. 1%	0. 6%	14. 9%
待业人员	计数	0	1	3	5	8	5	3	25
	占危机管理能力善后处理的百分比	0. 0%	3. 4%	7. 7%	2. 5%	3. 0%	2. 1%	2. 8%	2. 8%
	占总计的百分比	0. 0%	0. 1%	0. 3%	0. 6%	0. 9%	0. 6%	0. 3%	2. 8%
退休人员	计数	0	1	1	2	7	13	4	28
	占危机管理能力善后处理的百分比	0. 0%	3. 4%	2. 6%	1. 0%	2. 6%	5. 5%	3. 8%	3. 1%
	占总计的百分比	0. 0%	0. 1%	0. 1%	0. 2%	0. 8%	1. 5%	0. 4%	3. 1%
村干部	计数	0	0	0	0	0	1	0	1
	占危机管理能力善后处理的百分比	0. 0%	0. 0%	0. 0%	0. 0%	0. 0%	0. 4%	0. 0%	0. 1%
	占总计的百分比	0. 0%	0. 0%	0. 0%	0. 0%	0. 0%	0. 1%	0. 0%	0. 1%
总计	计数	17	29	39	197	267	236	106	891
	占危机管理能力善后处理的百分比	100. 0%	100. 0%	100. 0%	100. 0%	100. 0%	100. 0%	100. 0%	100. 0%
	占总计的百分比	1. 9%	3. 3%	4. 4%	22. 1%	30. 0%	26. 5%	11. 9%	100. 0%

表 3-102 反映出了不同政治面貌受访者对公共危机管理能力中善后处理问题的看法情况。经卡方检验，不同政治面貌受访者在公共危机管理能力中善后处理问题的看法上有显著性差异。

表 3-102　不同政治面貌受访者与公共危机管理能力中善后处理的交叉列表

政治成分	项　目	危机管理能力善后处理							总计
		完全不同意	不同意	不太同意	说不清	比较同意	同意	非常同意	
中共党员	计数	6	3	5	32	46	80	44	216
	占危机管理能力善后处理的百分比	35.3%	10.3%	13.5%	16.3%	17.0%	34.2%	41.9%	24.3%
	占总计的百分比	0.7%	0.3%	0.6%	3.6%	5.2%	9.0%	4.9%	24.3%
非中共党员	计数	11	26	32	164	225	154	61	673
	占危机管理能力善后处理的百分比	64.7%	89.7%	86.5%	83.7%	83.0%	65.8%	58.1%	75.7%
	占总计的百分比	1.2%	2.9%	3.6%	18.4%	25.3%	17.3%	6.9%	75.7%
总计	计数	17	29	37	196	271	234	105	889
	占危机管理能力善后处理的百分比	100.0%	100.0%	100.0%	100.0%	100.0%	100.0%	100.0%	100.0%
	占总计的百分比	1.9%	3.3%	4.2%	22.0%	30.5%	26.3%	11.8%	100.0%

表 3-103 反映出了不同婚姻状况受访者对公共危机管理能力中善后处理问题的看法情况。经卡方检验，不同婚姻状况受访者在公共危机管理能力中善后处理问题的看法上有显著性差异。

表 3-103　不同婚姻状况受访者与公共危机管理能力中善后处理的交叉列表

婚否	项　目	危机管理能力善后处理							总计
		完全不同意	不同意	不太同意	说不清	比较同意	同意	非常同意	
已婚	计数	12	17	14	117	163	174	79	576
	占危机管理能力善后处理的百分比	70.6%	58.6%	37.8%	59.7%	60.8%	74.4%	76.0%	65.1%
	占总计的百分比	1.4%	1.9%	1.6%	13.2%	18.4%	19.7%	8.9%	65.1%
未婚	计数	5	12	23	79	105	60	25	309
	占危机管理能力善后处理的百分比	29.4%	41.4%	62.2%	40.3%	39.2%	25.6%	24.0%	34.9%
	占总计的百分比	0.6%	1.4%	2.6%	8.9%	11.9%	6.8%	2.8%	34.9%

续表

婚否	项目	危机管理能力善后处理							总计
		完全不同意	不同意	不太同意	说不清	比较同意	同意	非常同意	
总计	计数	17	29	37	196	268	234	104	885
	占危机管理能力善后处理的百分比	100.0%	100.0%	100.0%	100.0%	100.0%	100.0%	100.0%	100.0%
	占总计的百分比	1.9%	3.3%	4.2%	22.1%	30.3%	26.4%	11.8%	100.0%

表 3-104 反映出了不同居住地受访者对公共危机管理能力中善后处理问题的看法情况。经卡方检验，不同居住地受访者在公共危机管理能力中善后处理问题的看法上有显著性差异。

表 3-104 不同居住地受访者与公共危机管理能力中善后处理的交叉列表

居住地	项目	危机管理能力善后处理							总计
		完全不同意	不同意	不太同意	说不清	比较同意	同意	非常同意	
农村	计数	6	10	15	107	110	86	39	373
	占危机管理能力善后处理的百分比	35.3%	34.5%	38.5%	54.3%	40.7%	36.4%	37.1%	41.8%
	占总计的百分比	0.7%	1.1%	1.7%	12.0%	12.3%	9.6%	4.4%	41.8%
乡镇所在地	计数	2	4	3	18	48	43	22	140
	占危机管理能力善后处理的百分比	11.8%	13.8%	7.7%	9.1%	17.8%	18.2%	21.0%	15.7%
	占总计的百分比	0.2%	0.4%	0.3%	2.0%	5.4%	4.8%	2.5%	15.7%
县城	计数	7	13	19	60	88	91	41	319
	占危机管理能力善后处理的百分比	41.2%	44.8%	48.7%	30.5%	32.6%	38.6%	39.0%	35.7%
	占总计的百分比	0.8%	1.5%	2.1%	6.7%	9.9%	10.2%	4.6%	35.7%
市城区	计数	2	1	1	8	17	7	2	38
	占危机管理能力善后处理的百分比	11.8%	3.4%	2.6%	4.1%	6.3%	3.0%	1.9%	4.3%
	占总计的百分比	0.2%	0.1%	0.1%	0.9%	1.9%	0.8%	0.2%	4.3%

续表

居住地 \ 项目		危机管理能力善后处理							总计
		完全不同意	不同意	不太同意	说不清	比较同意	同意	非常同意	
城郊结合部	计数	0	1	1	4	7	9	1	23
	占危机管理能力善后处理的百分比	0.0%	3.4%	2.6%	2.0%	2.6%	3.8%	1.0%	2.6%
	占总计的百分比	0.0%	0.1%	0.1%	0.4%	0.8%	1.0%	0.1%	2.6%
总计	计数	17	29	39	197	270	236	105	893
	占危机管理能力善后处理的百分比	100.0%	100.0%	100.0%	100.0%	100.0%	100.0%	100.0%	100.0%
	占总计的百分比	1.9%	3.2%	4.4%	22.1%	30.2%	26.4%	11.8%	100.0%

四、公共政策执行能力

1. 执行效率

题项“找政府人员办事，通常都能得到迅速处理或答复”是用来测量西部地区贫困县民众对政府公共政策执行能力方面执行效率的看法，侧重于考察的是人员效率层面。经统计，选“完全不同意”的有 26 人，占比 2.9%，选“不同意”的有 32 人，占比 3.6%，选“不太同意”的有 140 人，占比 15.6%，选“说不清”的有 199 人，占比 22.2%，选“比较同意”的有 205 人，占比 22.9%，选“同意”的有 204 人，占比 22.7%，选“非常同意”的有 91 人，占比 10.1%（如图 3-15 所示）。这说明，有超过五成的受访者认为政府公共政策执行效率表现得好，认为公共政策执行效率表现得不好的受访者也占两成多，也有超过四成的人不愿意发表意见。

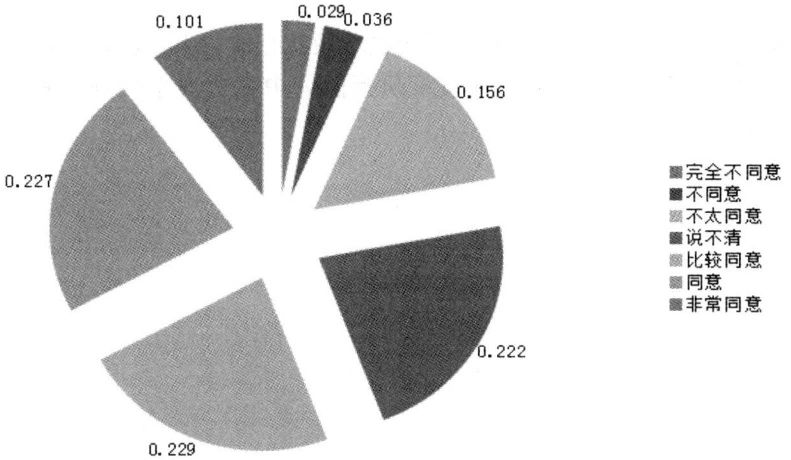

图 3-15 对公共政策执行能力中执行效率的看法

表 3-105 反映出了不同省份受访者对公共政策执行能力中人员效率问题的看法情况。经卡方检验，不同省份受访者在公共政策执行能力中人员效率问题的看法上有显著性差异。

表 3-105　不同省份受访者与公共政策执行能力中人员效率的交叉列表

省份	项目	政策执行能力效率 1							总计
		完全不同意	不同意	不太同意	说不清	比较同意	同意	非常同意	
贵州	计数	9	10	37	74	70	76	22	298
	占政策执行能力效率 1 的百分比	34.6%	31.3%	26.4%	37.2%	34.1%	37.3%	24.2%	33.2%
	占总计的百分比	1.0%	1.1%	4.1%	8.2%	7.8%	8.5%	2.5%	33.2%
云南	计数	8	10	69	66	40	62	45	300
	占政策执行能力效率 1 的百分比	30.8%	31.3%	49.3%	33.2%	19.5%	30.4%	49.5%	33.4%
	占总计的百分比	0.9%	1.1%	7.7%	7.4%	4.5%	6.9%	5.0%	33.4%
广西	计数	9	12	34	59	95	66	24	299
	占政策执行能力效率 1 的百分比	34.6%	37.5%	24.3%	29.6%	46.3%	32.4%	26.4%	33.3%
	占总计的百分比	1.0%	1.3%	3.8%	6.6%	10.6%	7.4%	2.7%	33.3%
总计	计数	26	32	140	199	205	204	91	897
	占政策执行能力效率 1 的百分比	100.0%	100.0%	100.0%	100.0%	100.0%	100.0%	100.0%	100.0%
	占总计的百分比	2.9%	3.6%	15.6%	22.2%	22.9%	22.7%	10.1%	100.0%

表 3-106 反映出了不同年龄受访者对公共政策执行能力中人员效率问题的看法情况。经卡方检验，不同年龄受访者在公共政策执行能力中人员效率问题的看法上有显著性差异。

表 3-106　不同年龄受访者与公共政策执行能力中人员效率的交叉列表

年龄分组	项　目	政策执行能力效率 1							总计
		完全不同意	不同意	不太同意	说不清	比较同意	同意	非常同意	
20 岁以下	计数	0	1	1	4	1	3	1	11
	占政策执行能力效率 1 的百分比	0.0%	3.2%	0.7%	2.0%	0.5%	1.5%	1.1%	1.2%
	占总计的百分比	0.0%	0.1%	0.1%	0.5%	0.1%	0.3%	0.1%	1.2%
20-30 岁	计数	12	8	51	74	85	77	24	331
	占政策执行能力效率 1 的百分比	48.0%	25.8%	36.4%	37.8%	42.3%	38.5%	26.4%	37.4%
	占总计的百分比	1.4%	0.9%	5.8%	8.4%	9.6%	8.7%	2.7%	37.4%
30-40 岁	计数	8	9	48	47	44	42	31	229
	占政策执行能力效率 1 的百分比	32.0%	29.0%	34.3%	24.0%	21.9%	21.0%	34.1%	25.9%
	占总计的百分比	0.9%	1.0%	5.4%	5.3%	5.0%	4.8%	3.5%	25.9%
40-50 岁	计数	1	7	21	36	38	55	18	176
	占政策执行能力效率 1 的百分比	4.0%	22.6%	15.0%	18.4%	18.9%	27.5%	19.8%	19.9%
	占总计的百分比	0.1%	0.8%	2.4%	4.1%	4.3%	6.2%	2.0%	19.9%
50-60 岁	计数	0	5	10	20	21	18	13	87
	占政策执行能力效率 1 的百分比	0.0%	16.1%	7.1%	10.2%	10.4%	9.0%	14.3%	9.8%
	占总计的百分比	0.0%	0.6%	1.1%	2.3%	2.4%	2.0%	1.5%	9.8%
60 岁以上	计数	4	1	9	15	12	5	4	50
	占政策执行能力效率 1 的百分比	16.0%	3.2%	6.4%	7.7%	6.0%	2.5%	4.4%	5.7%
	占总计的百分比	0.5%	0.1%	1.0%	1.7%	1.4%	0.6%	0.5%	5.7%
总计	计数	25	31	140	196	201	200	91	884
	占政策执行能力效率 1 的百分比	100.0%	100.0%	100.0%	100.0%	100.0%	100.0%	100.0%	100.0%
	占总计的百分比	2.8%	3.5%	15.8%	22.2%	22.7%	22.6%	10.3%	100.0%

表 3-107 反映出了不同受教育程度受访者对公共政策执行能力中人员效率问题的看法情况。经卡方检验，不同受教育程度受访者在公共政策执行能力中人员效率问题的看法上有显著性差异。

表 3-107　不同受教育程度受访者与公共政策执行能力中人员效率的交叉列表

教育分组	项目	政策执行能力效率 1							总计
		完全不同意	不同意	不太同意	说不清	比较同意	同意	非常同意	
未上学	计数	0	0	7	6	3	2	13	31
	占政策执行能力效率 1 的百分比	0.0%	0.0%	5.0%	3.0%	1.5%	1.0%	14.3%	3.5%
	占总计的百分比	0.0%	0.0%	0.8%	0.7%	0.3%	0.2%	1.4%	3.5%
小学	计数	1	6	36	32	22	16	23	136
	占政策执行能力效率 1 的百分比	3.8%	18.8%	25.7%	16.1%	10.7%	7.8%	25.3%	15.2%
	占总计的百分比	0.1%	0.7%	4.0%	3.6%	2.5%	1.8%	2.6%	15.2%
初中	计数	3	8	24	42	46	25	20	168
	占政策执行能力效率 1 的百分比	11.5%	25.0%	17.1%	21.1%	22.4%	12.3%	22.0%	18.7%
	占总计的百分比	0.3%	0.9%	2.7%	4.7%	5.1%	2.8%	2.2%	18.7%
高中	计数	9	8	14	43	46	49	13	182
	占政策执行能力效率 1 的百分比	34.6%	25.0%	10.0%	21.6%	22.4%	24.0%	14.3%	20.3%
	占总计的百分比	1.0%	0.9%	1.6%	4.8%	5.1%	5.5%	1.4%	20.3%
专科	计数	8	6	25	39	45	43	8	174
	占政策执行能力效率 1 的百分比	30.8%	18.8%	17.9%	19.6%	22.0%	21.1%	8.8%	19.4%
	占总计的百分比	0.9%	0.7%	2.8%	4.3%	5.0%	4.8%	0.9%	19.4%
本科	计数	2	2	26	23	25	41	7	126
	占政策执行能力效率 1 的百分比	7.7%	6.3%	18.6%	11.6%	12.2%	20.1%	7.7%	14.0%
	占总计的百分比	0.2%	0.2%	2.9%	2.6%	2.8%	4.6%	0.8%	14.0%

续表

教育分组	项　目	政策执行能力效率 1							总计
		完全不同意	不同意	不太同意	说不清	比较同意	同意	非常同意	
研究生	计数	3	2	8	14	18	28	7	80
	占政策执行能力效率 1 的百分比	11.5%	6.3%	5.7%	7.0%	8.8%	13.7%	7.7%	8.9%
	占总计的百分比	0.3%	0.2%	0.9%	1.6%	2.0%	3.1%	0.8%	8.9%
总计	计数	26	32	140	199	205	204	91	897
	占政策执行能力效率 1 的百分比	100.0%	100.0%	100.0%	100.0%	100.0%	100.0%	100.0%	100.0%
	占总计的百分比	2.9%	3.6%	15.6%	22.2%	22.9%	22.7%	10.1%	100.0%

表 3-108 反映出了不同收入水平受访者对公共政策执行能力中人员效率问题的看法情况。经卡方检验，不同收入水平受访者在公共政策执行能力中人员效率问题的看法上有显著性差异。

表 3-108　不同收入水平受访者与公共政策执行能力中人员效率的交叉列表

收入分组	项　目	政策执行能力效率 1							总计
		完全不同意	不同意	不太同意	说不清	比较同意	同意	非常同意	
低收入者	计数	7	12	71	89	79	51	43	352
	占政策执行能力效率 1 的百分比	26.9%	37.5%	50.7%	44.7%	38.5%	25.0%	47.3%	39.2%
	占总计的百分比	0.8%	1.3%	7.9%	9.9%	8.8%	5.7%	4.8%	39.2%
中等收入者	计数	13	14	37	57	57	62	30	270
	占政策执行能力效率 1 的百分比	50.0%	43.8%	26.4%	28.6%	27.8%	30.4%	33.0%	30.1%
	占总计的百分比	1.4%	1.6%	4.1%	6.4%	6.4%	6.9%	3.3%	30.1%
高收入者	计数	6	6	32	53	69	91	18	275
	占政策执行能力效率 1 的百分比	23.1%	18.8%	22.9%	26.6%	33.7%	44.6%	19.8%	30.7%
	占总计的百分比	0.7%	0.7%	3.6%	5.9%	7.7%	10.1%	2.0%	30.7%

续表

收入分组	项目	政策执行能力效率1							总计
		完全不同意	不同意	不太同意	说不清	比较同意	同意	非常同意	
总计	计数	26	32	140	199	205	204	91	897
	占政策执行能力效率1的百分比	100.0%	100.0%	100.0%	100.0%	100.0%	100.0%	100.0%	100.0%
	占总计的百分比	2.9%	3.6%	15.6%	22.2%	22.9%	22.7%	10.1%	100.0%

表3-109反映出了不同民族受访者对公共政策执行能力中人员效率问题的看法情况。经卡方检验，不同民族受访者在公共政策执行能力中人员效率问题的看法上有显著性差异。

表3-109　不同民族受访者与公共政策执行能力中人员效率的交叉列表

民族	项目	政策执行能力效率1							总计
		完全不同意	不同意	不太同意	说不清	比较同意	同意	非常同意	
汉族	计数	14	18	44	73	67	104	13	333
	占政策执行能力效率1的百分比	53.8%	56.3%	31.4%	36.9%	32.7%	51.0%	14.3%	37.2%
	占总计的百分比	1.6%	2.0%	4.9%	8.1%	7.5%	11.6%	1.5%	37.2%
苗族	计数	0	0	10	24	22	19	7	82
	占政策执行能力效率1的百分比	0.0%	0.0%	7.1%	12.1%	10.7%	9.3%	7.7%	9.2%
	占总计的百分比	0.0%	0.0%	1.1%	2.7%	2.5%	2.1%	0.8%	9.2%
布依族	计数	0	0	1	0	1	0	1	3
	占政策执行能力效率1的百分比	0.0%	0.0%	0.7%	0.0%	0.5%	0.0%	1.1%	0.3%
	占总计的百分比	0.0%	0.0%	0.1%	0.0%	0.1%	0.0%	0.1%	0.3%
侗族	计数	6	2	10	29	59	24	13	143
	占政策执行能力效率1的百分比	23.1%	6.3%	7.1%	14.6%	28.8%	11.8%	14.3%	16.0%
	占总计的百分比	0.7%	0.2%	1.1%	3.2%	6.6%	2.7%	1.5%	16.0%

续表

民族	项目	政策执行能力效率1							总计
		完全不同意	不同意	不太同意	说不清	比较同意	同意	非常同意	
壮族	计数	0	5	3	19	32	24	6	89
	占政策执行能力效率1的百分比	0.0%	15.6%	2.1%	9.6%	15.6%	11.8%	6.6%	9.9%
	占总计的百分比	0.0%	0.6%	0.3%	2.1%	3.6%	2.7%	0.7%	9.9%
白族	计数	0	1	3	9	3	1	1	18
	占政策执行能力效率1的百分比	0.0%	3.1%	2.1%	4.5%	1.5%	0.5%	1.1%	2.0%
	占总计的百分比	0.0%	0.1%	0.3%	1.0%	0.3%	0.1%	0.1%	2.0%
哈尼族	计数	0	0	0	1	0	0	0	1
	占政策执行能力效率1的百分比	0.0%	0.0%	0.0%	0.5%	0.0%	0.0%	0.0%	0.1%
	占总计的百分比	0.0%	0.0%	0.0%	0.1%	0.0%	0.0%	0.0%	0.1%
彝族	计数	2	2	47	20	7	11	40	129
	占政策执行能力效率1的百分比	7.7%	6.3%	33.6%	10.1%	3.4%	5.4%	44.0%	14.4%
	占总计的百分比	0.2%	0.2%	5.2%	2.2%	0.8%	1.2%	4.5%	14.4%
瑶族	计数	4	4	18	21	12	16	10	85
	占政策执行能力效率1的百分比	15.4%	12.5%	12.9%	10.6%	5.9%	7.8%	11.0%	9.5%
	占总计的百分比	0.4%	0.4%	2.0%	2.3%	1.3%	1.8%	1.1%	9.5%
仫佬族	计数	0	0	0	0	1	2	0	3
	占政策执行能力效率1的百分比	0.0%	0.0%	0.0%	0.0%	0.5%	1.0%	0.0%	0.3%
	占总计的百分比	0.0%	0.0%	0.0%	0.0%	0.1%	0.2%	0.0%	0.3%
回族	计数	0	0	4	1	1	3	0	9
	占政策执行能力效率1的百分比	0.0%	0.0%	2.9%	0.5%	0.5%	1.5%	0.0%	1.0%
	占总计的百分比	0.0%	0.0%	0.4%	0.1%	0.1%	0.3%	0.0%	1.0%

续表

民族	项目	政策执行能力效率1							总计
		完全不同意	不同意	不太同意	说不清	比较同意	同意	非常同意	
土家族	计数	0	0	0	1	0	0	0	1
	占政策执行能力效率1的百分比	0.0%	0.0%	0.0%	0.5%	0.0%	0.0%	0.0%	0.1%
	占总计的百分比	0.0%	0.0%	0.0%	0.1%	0.0%	0.0%	0.0%	0.1%
总计	计数	26	32	140	198	205	204	91	896
	占政策执行能力效率1的百分比	100.0%	100.0%	100.0%	100.0%	100.0%	100.0%	100.0%	100.0%
	占总计的百分比	2.9%	3.6%	15.6%	22.1%	22.9%	22.8%	10.2%	100.0%

表3-110反映出了不同职业受访者对公共政策执行能力中人员效率问题的看法情况。经卡方检验，不同职业受访者在公共政策执行能力中人员效率问题的看法上有显著性差异。

表3-110 不同职业受访者与公共政策执行能力中人员效率的交叉列表

职业	项目	政策执行能力效率1							总计
		完全不同意	不同意	不太同意	说不清	比较同意	同意	非常同意	
农业劳动者	计数	0	8	20	44	30	29	16	147
	占政策执行能力效率1的百分比	0.0%	25.0%	14.3%	22.2%	14.8%	14.4%	17.8%	16.5%
	占总计的百分比	0.0%	0.9%	2.2%	4.9%	3.4%	3.3%	1.8%	16.5%
企业工人	计数	5	2	10	13	7	14	3	54
	占政策执行能力效率1的百分比	19.2%	6.3%	7.1%	6.6%	3.4%	6.9%	3.3%	6.1%
	占总计的百分比	0.6%	0.2%	1.1%	1.5%	0.8%	1.6%	0.3%	6.1%
事业单位人员	计数	4	3	35	28	38	40	21	169
	占政策执行能力效率1的百分比	15.4%	9.4%	25.0%	14.1%	18.7%	19.8%	23.3%	19.0%
	占总计的百分比	0.4%	0.3%	3.9%	3.1%	4.3%	4.5%	2.4%	19.0%

续表

职业 \ 项目		政策执行能力效率1							总计
		完全不同意	不同意	不太同意	说不清	比较同意	同意	非常同意	
政府机关人员	计数	5	0	4	7	18	41	14	89
	占政策执行能力效率1的百分比	19.2%	0.0%	2.9%	3.5%	8.9%	20.3%	15.6%	10.0%
	占总计的百分比	0.6%	0.0%	0.4%	0.8%	2.0%	4.6%	1.6%	10.0%
个体劳动者/个体工商户	计数	2	3	16	25	27	17	9	99
	占政策执行能力效率1的百分比	7.7%	9.4%	11.4%	12.6%	13.3%	8.4%	10.0%	11.1%
	占总计的百分比	0.2%	0.3%	1.8%	2.8%	3.0%	1.9%	1.0%	11.1%
打工者	计数	4	5	27	28	32	17	17	130
	占政策执行能力效率1的百分比	15.4%	15.6%	19.3%	14.1%	15.8%	8.4%	18.9%	14.6%
	占总计的百分比	0.4%	0.6%	3.0%	3.1%	3.6%	1.9%	1.9%	14.6%
私营企业主	计数	0	0	1	6	4	4	0	15
	占政策执行能力效率1的百分比	0.0%	0.0%	0.7%	3.0%	2.0%	2.0%	0.0%	1.7%
	占总计的百分比	0.0%	0.0%	0.1%	0.7%	0.4%	0.4%	0.0%	1.7%
学生	计数	6	8	22	34	36	25	3	134
	占政策执行能力效率1的百分比	23.1%	25.0%	15.7%	17.2%	17.7%	12.4%	3.3%	15.0%
	占总计的百分比	0.7%	0.9%	2.5%	3.8%	4.0%	2.8%	0.3%	15.0%
待业人员	计数	0	3	4	9	5	3	1	25
	占政策执行能力效率1的百分比	0.0%	9.4%	2.9%	4.5%	2.5%	1.5%	1.1%	2.8%
	占总计的百分比	0.0%	0.3%	0.4%	1.0%	0.6%	0.3%	0.1%	2.8%
退休人员	计数	0	0	1	4	6	11	6	28
	占政策执行能力效率1的百分比	0.0%	0.0%	0.7%	2.0%	3.0%	5.4%	6.7%	3.1%
	占总计的百分比	0.0%	0.0%	0.1%	0.4%	0.7%	1.2%	0.7%	3.1%

续表

职业	项目	政策执行能力效率1							总计
		完全不同意	不同意	不太同意	说不清	比较同意	同意	非常同意	
村干部	计数	0	0	0	0	0	1	0	1
	占政策执行能力效率1的百分比	0.0%	0.0%	0.0%	0.0%	0.0%	0.5%	0.0%	0.1%
	占总计的百分比	0.0%	0.0%	0.0%	0.0%	0.0%	0.1%	0.0%	0.1%
总计	计数	26	32	140	198	203	202	90	891
	占政策执行能力效率1的百分比	100.0%	100.0%	100.0%	100.0%	100.0%	100.0%	100.0%	100.0%
	占总计的百分比	2.9%	3.6%	15.7%	22.2%	22.8%	22.7%	10.1%	100.0%

表3-112反映出了不同政治面貌受访者对公共政策执行能力中人员效率问题的看法情况。经卡方检验，不同政治面貌受访者在公共政策执行能力中人员效率问题的看法上有显著性差异。

表3-112　不同政治面貌受访者与公共政策执行能力中人员效率的交叉列表

政治成分	项目	政策执行能力效率1							总计
		完全不同意	不同意	不太同意	说不清	比较同意	同意	非常同意	
中共党员	计数	5	3	33	27	46	66	36	216
	占政策执行能力效率1的百分比	20.0%	9.7%	23.9%	13.6%	22.4%	32.8%	39.6%	24.3%
	占总计的百分比	0.6%	0.3%	3.7%	3.0%	5.2%	7.4%	4.0%	24.3%
非中共党员	计数	20	28	105	171	159	135	55	673
	占政策执行能力效率1的百分比	80.0%	90.3%	76.1%	86.4%	77.6%	67.2%	60.4%	75.7%
	占总计的百分比	2.2%	3.1%	11.8%	19.2%	17.9%	15.2%	6.2%	75.7%
总计	计数	25	31	138	198	205	201	91	889
	占政策执行能力效率1的百分比	100.0%	100.0%	100.0%	100.0%	100.0%	100.0%	100.0%	100.0%
	占总计的百分比	2.8%	3.5%	15.5%	22.3%	23.1%	22.6%	10.2%	100.0%

表 3-113 反映出了不同婚姻状况受访者对公共政策执行能力中人员效率问题的看法情况。经卡方检验，不同婚姻状况受访者在公共政策执行能力中人员效率问题的看法上有显著性差异。

表 3-113　不同婚姻状况受访者与公共政策执行能力中人员效率的交叉列表

婚否	项目	政策执行能力效率 1							总计
		完全不同意	不同意	不太同意	说不清	比较同意	同意	非常同意	
已婚	计数	13	16	93	126	123	129	75	575
	占政策执行能力效率 1 的百分比	52.0%	51.6%	67.4%	64.0%	60.0%	64.5%	84.3%	65.0%
	占总计的百分比	1.5%	1.8%	10.5%	14.2%	13.9%	14.6%	8.5%	65.0%
未婚	计数	12	15	45	71	82	71	14	310
	占政策执行能力效率 1 的百分比	48.0%	48.4%	32.6%	36.0%	40.0%	35.5%	15.7%	35.0%
	占总计的百分比	1.4%	1.7%	5.1%	8.0%	9.3%	8.0%	1.6%	35.0%
总计	计数	25	31	138	197	205	200	89	885
	占政策执行能力效率 1 的百分比	100.0%	100.0%	100.0%	100.0%	100.0%	100.0%	100.0%	100.0%
	占总计的百分比	2.8%	3.5%	15.6%	22.3%	23.2%	22.6%	10.1%	100.0%

表 3-114 反映出了不同居住地受访者对公共政策执行能力中人员效率问题的看法情况。经卡方检验，不同居住地受访者在公共政策执行能力中人员效率问题的看法上有显著性差异。

表 3-114　不同居住地受访者与公共政策执行能力中人员效率的交叉列表

居住地	项目	政策执行能力效率 1							总计
		完全不同意	不同意	不太同意	说不清	比较同意	同意	非常同意	
农村	计数	3	12	81	90	74	64	50	374
	占政策执行能力效率 1 的百分比	11.5%	37.5%	57.9%	45.5%	36.3%	31.5%	55.6%	41.9%
	占总计的百分比	0.3%	1.3%	9.1%	10.1%	8.3%	7.2%	5.6%	41.9%
乡镇所在地	计数	6	4	8	27	38	42	14	139
	占政策执行能力效率 1 的百分比	23.1%	12.5%	5.7%	13.6%	18.6%	20.7%	15.6%	15.6%
	占总计的百分比	0.7%	0.4%	0.9%	3.0%	4.3%	4.7%	1.6%	15.6%

续表

居住地	项目	政策执行能力效率1							总计
		完全不同意	不同意	不太同意	说不清	比较同意	同意	非常同意	
县城	计数	14	15	45	64	70	87	24	319
	占政策执行能力效率1的百分比	53.8%	46.9%	32.1%	32.3%	34.3%	42.9%	26.7%	35.7%
	占总计的百分比	1.6%	1.7%	5.0%	7.2%	7.8%	9.7%	2.7%	35.7%
市城区	计数	2	0	4	8	16	7	1	38
	占政策执行能力效率1的百分比	7.7%	0.0%	2.9%	4.0%	7.8%	3.4%	1.1%	4.3%
	占总计的百分比	0.2%	0.0%	0.4%	0.9%	1.8%	0.8%	0.1%	4.3%
城郊结合部	计数	1	1	2	9	6	3	1	23
	占政策执行能力效率1的百分比	3.8%	3.1%	1.4%	4.5%	2.9%	1.5%	1.1%	2.6%
	占总计的百分比	0.1%	0.1%	0.2%	1.0%	0.7%	0.3%	0.1%	2.6%
总计	计数	26	32	140	198	204	203	90	893
	占政策执行能力效率1的百分比	100.0%	100.0%	100.0%	100.0%	100.0%	100.0%	100.0%	100.0%
	占总计的百分比	2.9%	3.6%	15.7%	22.2%	22.8%	22.7%	10.1%	100.0%

题项“本地政府有了现代化的公共服务设施，有政务中心或网上办事大厅”也是用来测量西部地区贫困县民众对公共政策执行能力上执行效率的看法，侧重于考察的是技术效率层面。经统计，选“完全不同意”的有11人，占比1.2%，选“不同意”的有25人，占比2.8%，选“不太同意”的有61人，占比6.8%，选“说不清”的有192人，占比21.4%，选“比较同意”的有247人，占比27.5%，选“同意”的有249人，占比27.8%，选“非常同意”的有112人，占比12.5%（如图3-16所示）。这说明，有超过六成的受访者认为西部地区贫困县政府公共政策执行效率在技术效率方面表现得好，认为公共政策执行效率表现得不好的受访者占一成多，也有三成多的人不愿意发表意见。

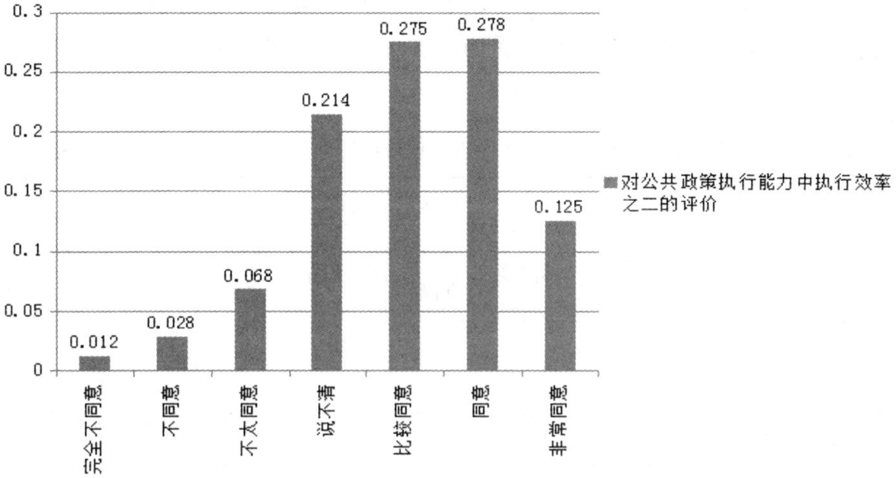

图 3-16　对政府公共政策执行效率技术效率方面的看法

表 3-115 反映出了不同省份受访者对公共政策执行能力中技术效率问题的看法情况。经卡方检验，不同省份受访者在公共政策执行能力中技术效率问题的看法上有显著性差异。

表 3-115　不同省份受访者与公共政策执行能力中技术效率的交叉列表

省份	项　目	政策执行能力效率 2							总计
		完全不同意	不同意	不太同意	说不清	比较同意	同意	非常同意	
贵州	计数	2	11	11	57	84	87	46	298
	占政策执行能力效率 2 的百分比	18.2%	44.0%	18.0%	29.7%	34.0%	34.9%	41.1%	33.2%
	占总计的百分比	0.2%	1.2%	1.2%	6.4%	9.4%	9.7%	5.1%	33.2%
云南	计数	3	5	28	70	82	72	40	300
	占政策执行能力效率 2 的百分比	27.3%	20.0%	45.9%	36.5%	33.2%	28.9%	35.7%	33.4%
	占总计的百分比	0.3%	0.6%	3.1%	7.8%	9.1%	8.0%	4.5%	33.4%
广西	计数	6	9	22	65	81	90	26	299
	占政策执行能力效率 2 的百分比	54.5%	36.0%	36.1%	33.9%	32.8%	36.1%	23.2%	33.3%
	占总计的百分比	0.7%	1.0%	2.5%	7.2%	9.0%	10.0%	2.9%	33.3%
总计	计数	11	25	61	192	247	249	112	897
	占政策执行能力效率 2 的百分比	100.0%	100.0%	100.0%	100.0%	100.0%	100.0%	100.0%	100.0%
	占总计的百分比	1.2%	2.8%	6.8%	21.4%	27.5%	27.8%	12.5%	100.0%

表 3-116 反映出了不同受教育程度受访者对公共政策执行能力中技术效率问题的看法情况。经卡方检验，不同受教育程度受访者在公共政策执行能力中技术效率问题的看法上有显著性差异。

表 3-116　不同受教育程度受访者与公共政策执行能力中技术效率的交叉列表

教育分组	项目	政策执行能力效率 2							总计
		完全不同意	不同意	不太同意	说不清	比较同意	同意	非常同意	
未上学	计数	0	1	3	10	8	2	7	31
	占政策执行能力效率 2 的百分比	0.0%	4.0%	4.9%	5.2%	3.2%	0.8%	6.3%	3.5%
	占总计的百分比	0.0%	0.1%	0.3%	1.1%	0.9%	0.2%	0.8%	3.5%
小学	计数	3	1	17	50	21	29	15	136
	占政策执行能力效率 2 的百分比	27.3%	4.0%	27.9%	26.0%	8.5%	11.6%	13.4%	15.2%
	占总计的百分比	0.3%	0.1%	1.9%	5.6%	2.3%	3.2%	1.7%	15.2%
初中	计数	1	3	13	39	48	39	25	168
	占政策执行能力效率 2 的百分比	9.1%	12.0%	21.3%	20.3%	19.4%	15.7%	22.3%	18.7%
	占总计的百分比	0.1%	0.3%	1.4%	4.3%	5.4%	4.3%	2.8%	18.7%
高中	计数	1	9	9	42	49	48	24	182
	占政策执行能力效率 2 的百分比	9.1%	36.0%	14.8%	21.9%	19.8%	19.3%	21.4%	20.3%
	占总计的百分比	0.1%	1.0%	1.0%	4.7%	5.5%	5.4%	2.7%	20.3%
专科	计数	5	5	9	24	57	53	21	174
	占政策执行能力效率 2 的百分比	45.5%	20.0%	14.8%	12.5%	23.1%	21.3%	18.8%	19.4%
	占总计的百分比	0.6%	0.6%	1.0%	2.7%	6.4%	5.9%	2.3%	19.4%
本科	计数	1	3	7	11	46	50	8	126
	占政策执行能力效率 2 的百分比	9.1%	12.0%	11.5%	5.7%	18.6%	20.1%	7.1%	14.0%
	占总计的百分比	0.1%	0.3%	0.8%	1.2%	5.1%	5.6%	0.9%	14.0%

续表

教育分组	项目	政策执行能力效率 2							总计
		完全不同意	不同意	不太同意	说不清	比较同意	同意	非常同意	
研究生	计数	0	3	3	16	18	28	12	80
	占政策执行能力效率 2 的百分比	0. 0%	12. 0%	4. 9%	8. 3%	7. 3%	11. 2%	10. 7%	8. 9%
	占总计的百分比	0. 0%	0. 3%	0. 3%	1. 8%	2. 0%	3. 1%	1. 3%	8. 9%
总计	计数	11	25	61	192	247	249	112	897
	占政策执行能力效率 2 的百分比	100. 0%	100. 0%	100. 0%	100. 0%	100. 0%	100. 0%	100. 0%	100. 0%
	占总计的百分比	1. 2%	2. 8%	6. 8%	21. 4%	27. 5%	27. 8%	12. 5%	100. 0%

表 3-117 反映出了不同收入水平受访者对公共政策执行能力中技术效率问题的看法情况。经卡方检验，不同收入水平受访者在公共政策执行能力中技术效率问题的看法上有显著性差异。

表 3-117 不同收入水平受访者与公共政策执行能力中技术效率的交叉列表

收入分组	项目	政策执行能力效率 2							总计
		完全不同意	不同意	不太同意	说不清	比较同意	同意	非常同意	
低收入者	计数	5	11	31	104	87	82	32	352
	占政策执行能力效率 2 的百分比	45. 5%	44. 0%	50. 8%	54. 2%	35. 2%	32. 9%	28. 6%	39. 2%
	占总计的百分比	0. 6%	1. 2%	3. 5%	11. 6%	9. 7%	9. 1%	3. 6%	39. 2%
中等收入者	计数	3	6	20	56	80	66	39	270
	占政策执行能力效率 2 的百分比	27. 3%	24. 0%	32. 8%	29. 2%	32. 4%	26. 5%	34. 8%	30. 1%
	占总计的百分比	0. 3%	0. 7%	2. 2%	6. 2%	8. 9%	7. 4%	4. 3%	30. 1%
高收入者	计数	3	8	10	32	80	101	41	275
	占政策执行能力效率 2 的百分比	27. 3%	32. 0%	16. 4%	16. 7%	32. 4%	40. 6%	36. 6%	30. 7%
	占总计的百分比	0. 3%	0. 9%	1. 1%	3. 6%	8. 9%	11. 3%	4. 6%	30. 7%
总计	计数	11	25	61	192	247	249	112	897
	占政策执行能力效率 2 的百分比	100. 0%	100. 0%	100. 0%	100. 0%	100. 0%	100. 0%	100. 0%	100. 0%
	占总计的百分比	1. 2%	2. 8%	6. 8%	21. 4%	27. 5%	27. 8%	12. 5%	100. 0%

表 3-118 反映出了不同民族受访者对公共政策执行能力中技术效率问题的看法情况。经卡方检验，不同民族受访者在公共政策执行能力中技术效率问题的看法上有显著性差异。

表 3-118　不同民族受访者与公共政策执行能力中技术效率的交叉列表

民族	项　目	政策执行能力效率 2							总计
		完全不同意	不同意	不太同意	说不清	比较同意	同意	非常同意	
汉族	计数	3	9	12	52	111	109	36	332
	占政策执行能力效率 2 的百分比	27.3%	36.0%	19.7%	27.1%	45.1%	43.8%	32.1%	37.1%
	占总计的百分比	0.3%	1.0%	1.3%	5.8%	12.4%	12.2%	4.0%	37.1%
苗族	计数	1	1	5	16	17	27	15	82
	占政策执行能力效率 2 的百分比	9.1%	4.0%	8.2%	8.3%	6.9%	10.8%	13.4%	9.2%
	占总计的百分比	0.1%	0.1%	0.6%	1.8%	1.9%	3.0%	1.7%	9.2%
布依族	计数	0	1	0	0	0	1	1	3
	占政策执行能力效率 2 的百分比	0.0%	4.0%	0.0%	0.0%	0.0%	0.4%	0.9%	0.3%
	占总计的百分比	0.0%	0.1%	0.0%	0.0%	0.0%	0.1%	0.1%	0.3%
侗族	计数	2	4	6	25	37	57	13	144
	占政策执行能力效率 2 的百分比	18.2%	16.0%	9.8%	13.0%	15.0%	22.9%	11.6%	16.1%
	占总计的百分比	0.2%	0.4%	0.7%	2.8%	4.1%	6.4%	1.5%	16.1%
壮族	计数	0	1	8	23	32	19	6	89
	占政策执行能力效率 2 的百分比	0.0%	4.0%	13.1%	12.0%	13.0%	7.6%	5.4%	9.9%
	占总计的百分比	0.0%	0.1%	0.9%	2.6%	3.6%	2.1%	0.7%	9.9%
白族	计数	1	3	0	3	7	4	0	18
	占政策执行能力效率 2 的百分比	9.1%	12.0%	0.0%	1.6%	2.8%	1.6%	0.0%	2.0%
	占总计的百分比	0.1%	0.3%	0.0%	0.3%	0.8%	0.4%	0.0%	2.0%

续表

民族	项目	政策执行能力效率 2							总计
		完全不同意	不同意	不太同意	说不清	比较同意	同意	非常同意	
哈尼族	计数	0	0	0	0	0	1	0	1
	占政策执行能力效率 2 的百分比	0. 0%	0. 0%	0. 0%	0. 0%	0. 0%	0. 4%	0. 0%	0. 1%
	占总计的百分比	0. 0%	0. 0%	0. 0%	0. 0%	0. 0%	0. 1%	0. 0%	0. 1%
彝族	计数	1	0	22	47	23	10	26	129
	占政策执行能力效率 2 的百分比	9. 1%	0. 0%	36. 1%	24. 5%	9. 3%	4. 0%	23. 2%	14. 4%
	占总计的百分比	0. 1%	0. 0%	2. 5%	5. 2%	2. 6%	1. 1%	2. 9%	14. 4%
瑶族	计数	3	5	8	23	17	17	12	85
	占政策执行能力效率 2 的百分比	27. 3%	20. 0%	13. 1%	12. 0%	6. 9%	6. 8%	10. 7%	9. 5%
	占总计的百分比	0. 3%	0. 6%	0. 9%	2. 6%	1. 9%	1. 9%	1. 3%	9. 5%
仫佬族	计数	0	0	0	1	0	0	2	3
	占政策执行能力效率 2 的百分比	0. 0%	0. 0%	0. 0%	0. 5%	0. 0%	0. 0%	1. 8%	0. 3%
	占总计的百分比	0. 0%	0. 0%	0. 0%	0. 1%	0. 0%	0. 0%	0. 2%	0. 3%
回族	计数	0	1	0	2	2	3	1	9
	占政策执行能力效率 2 的百分比	0. 0%	4. 0%	0. 0%	1. 0%	0. 8%	1. 2%	0. 9%	1. 0%
	占总计的百分比	0. 0%	0. 1%	0. 0%	0. 2%	0. 2%	0. 3%	0. 1%	1. 0%
土家族	计数	0	0	0	0	0	1	0	1
	占政策执行能力效率 2 的百分比	0. 0%	0. 0%	0. 0%	0. 0%	0. 0%	0. 4%	0. 0%	0. 1%
	占总计的百分比	0. 0%	0. 0%	0. 0%	0. 0%	0. 0%	0. 1%	0. 0%	0. 1%
总计	计数	11	25	61	192	246	249	112	896
	占政策执行能力效率 2 的百分比	100. 0%	100. 0%	100. 0%	100. 0%	100. 0%	100. 0%	100. 0%	100. 0%
	占总计的百分比	1. 2%	2. 8%	6. 8%	21. 4%	27. 5%	27. 8%	12. 5%	100. 0%

表3-119反映出了不同职业受访者对公共政策执行能力中技术效率问题的看法情况。经卡方检验，不同职业受访者在公共政策执行能力中技术效率问题的看法上有显著性差异。

表3-119 不同职业受访者与公共政策执行能力中技术效率的交叉列表

职业	项目	政策执行能力效率2							总计
		完全不同意	不同意	不太同意	说不清	比较同意	同意	非常同意	
农业劳动者	计数	1	3	12	46	28	40	17	147
	占政策执行能力效率2的百分比	9.1%	12.0%	19.7%	24.1%	11.4%	16.2%	15.3%	16.5%
	占总计的百分比	0.1%	0.3%	1.3%	5.2%	3.1%	4.5%	1.9%	16.5%
企业工人	计数	1	1	3	14	13	15	7	54
	占政策执行能力效率2的百分比	9.1%	4.0%	4.9%	7.3%	5.3%	6.1%	6.3%	6.1%
	占总计的百分比	0.1%	0.1%	0.3%	1.6%	1.5%	1.7%	0.8%	6.1%
事业单位人员	计数	3	4	12	18	52	51	29	169
	占政策执行能力效率2的百分比	27.3%	16.0%	19.7%	9.4%	21.2%	20.6%	26.1%	19.0%
	占总计的百分比	0.3%	0.4%	1.3%	2.0%	5.8%	5.7%	3.3%	19.0%
政府机关人员	计数	1	3	4	3	15	44	19	89
	占政策执行能力效率2的百分比	9.1%	12.0%	6.6%	1.6%	6.1%	17.8%	17.1%	10.0%
	占总计的百分比	0.1%	0.3%	0.4%	0.3%	1.7%	4.9%	2.1%	10.0%
个体劳动者/个体工商户	计数	1	5	7	24	23	30	10	100
	占政策执行能力效率2的百分比	9.1%	20.0%	11.5%	12.6%	9.4%	12.1%	9.0%	11.2%
	占总计的百分比	0.1%	0.6%	0.8%	2.7%	2.6%	3.4%	1.1%	11.2%
打工者	计数	0	3	11	31	45	26	13	129
	占政策执行能力效率2的百分比	0.0%	12.0%	18.0%	16.2%	18.4%	10.5%	11.7%	14.5%
	占总计的百分比	0.0%	0.3%	1.2%	3.5%	5.1%	2.9%	1.5%	14.5%
私营企业主	计数	0	0	0	7	2	3	3	15
	占政策执行能力效率2的百分比	0.0%	0.0%	0.0%	3.7%	0.8%	1.2%	2.7%	1.7%
	占总计的百分比	0.0%	0.0%	0.0%	0.8%	0.2%	0.3%	0.3%	1.7%

续表

职业 \ 项目		政策执行能力效率2							总计
		完全不同意	不同意	不太同意	说不清	比较同意	同意	非常同意	
学生	计数	4	4	9	39	44	30	4	134
	占政策执行能力效率2的百分比	36.4%	16.0%	14.8%	20.4%	18.0%	12.1%	3.6%	15.0%
	占总计的百分比	0.4%	0.4%	1.0%	4.4%	4.9%	3.4%	0.4%	15.0%
待业人员	计数	0	2	2	6	8	6	1	25
	占政策执行能力效率2的百分比	0.0%	8.0%	3.3%	3.1%	3.3%	2.4%	0.9%	2.8%
	占总计的百分比	0.0%	0.2%	0.2%	0.7%	0.9%	0.7%	0.1%	2.8%
退休人员	计数	0	0	1	3	15	1	8	28
	占政策执行能力效率2的百分比	0.0%	0.0%	1.6%	1.6%	6.1%	0.4%	7.2%	3.1%
	占总计的百分比	0.0%	0.0%	0.1%	0.3%	1.7%	0.1%	0.9%	3.1%
村干部	计数	0	0	0	0	0	1	0	1
	占政策执行能力效率2的百分比	0.0%	0.0%	0.0%	0.0%	0.0%	0.4%	0.0%	0.1%
	占总计的百分比	0.0%	0.0%	0.0%	0.0%	0.0%	0.1%	0.0%	0.1%
总计	计数	11	25	61	191	245	247	111	891
	占政策执行能力效率2的百分比	100.0%	100.0%	100.0%	100.0%	100.0%	100.0%	100.0%	100.0%
	占总计的百分比	1.2%	2.8%	6.8%	21.4%	27.5%	27.7%	12.5%	100.0%

表3-120反映出了不同政治面貌受访者对公共政策执行能力中技术效率问题的看法情况。经卡方检验，不同政治面貌受访者在公共政策执行能力中技术效率问题的看法上有显著性差异。

表 3-120　不同政治面貌受访者与公共政策执行能力中技术效率的交叉列表

政治成分	项目	政策执行能力效率 2							总计
		完全不同意	不同意	不太同意	说不清	比较同意	同意	非常同意	
中共党员	计数	4	5	11	24	51	75	46	216
	占政策执行能力效率 2 的百分比	36.4%	20.0%	18.3%	12.8%	20.8%	30.1%	41.4%	24.3%
	占总计的百分比	0.4%	0.6%	1.2%	2.7%	5.7%	8.4%	5.2%	24.3%
非中共党员	计数	7	20	49	164	194	174	65	673
	占政策执行能力效率 2 的百分比	63.6%	80.0%	81.7%	87.2%	79.2%	69.9%	58.6%	75.7%
	占总计的百分比	0.8%	2.2%	5.5%	18.4%	21.8%	19.6%	7.3%	75.7%
总计	计数	11	25	60	188	245	249	111	889
	占政策执行能力效率 2 的百分比	100.0%	100.0%	100.0%	100.0%	100.0%	100.0%	100.0%	100.0%
	占总计的百分比	1.2%	2.8%	6.7%	21.1%	27.6%	28.0%	12.5%	100.0%

表 3-121 反映出了不同婚姻状况受访者对公共政策执行能力中技术效率问题的看法情况。经卡方检验，不同婚姻状况受访者在公共政策执行能力中技术效率问题的看法上有显著性差异。

表 3-121　不同婚姻状况受访者与公共政策执行能力中技术效率的交叉列表

婚否	项目	政策执行能力效率 2							总计
		完全不同意	不同意	不太同意	说不清	比较同意	同意	非常同意	
已婚	计数	7	16	40	120	150	153	89	575
	占政策执行能力效率 2 的百分比	63.6%	64.0%	66.7%	63.5%	61.2%	62.4%	80.9%	65.0%
	占总计的百分比	0.8%	1.8%	4.5%	13.6%	16.9%	17.3%	10.1%	65.0%
未婚	计数	4	9	20	69	95	92	21	310
	占政策执行能力效率 2 的百分比	36.4%	36.0%	33.3%	36.5%	38.8%	37.6%	19.1%	35.0%
	占总计的百分比	0.5%	1.0%	2.3%	7.8%	10.7%	10.4%	2.4%	35.0%

续表

婚否 \ 项目		政策执行能力效率 2							总计
		完全不同意	不同意	不太同意	说不清	比较同意	同意	非常同意	
总计	计数	11	25	60	189	245	245	110	885
	占政策执行能力效率 2 的百分比	100.0%	100.0%	100.0%	100.0%	100.0%	100.0%	100.0%	100.0%
	占总计的百分比	1.2%	2.8%	6.8%	21.4%	27.7%	27.7%	12.4%	100.0%

表 3-122 反映出了不同居住地受访者对公共政策执行能力中技术效率问题的看法情况。经卡方检验，不同居住地受访者在公共政策执行能力中技术效率问题的看法上有显著性差异。

表 3-122 不同居住地受访者与公共政策执行能力中技术效率的交叉列表

居住地 \ 项目		政策执行能力效率 2							总计
		完全不同意	不同意	不太同意	说不清	比较同意	同意	非常同意	
农村	计数	6	5	39	111	92	80	41	374
	占政策执行能力效率 2 的百分比	54.5%	20.0%	65.0%	57.8%	37.4%	32.1%	37.3%	41.9%
	占总计的百分比	0.7%	0.6%	4.4%	12.4%	10.3%	9.0%	4.6%	41.9%
乡镇所在地	计数	1	5	6	23	39	49	16	139
	占政策执行能力效率 2 的百分比	9.1%	20.0%	10.0%	12.0%	15.9%	19.7%	14.5%	15.6%
	占总计的百分比	0.1%	0.6%	0.7%	2.6%	4.4%	5.5%	1.8%	15.6%
县城	计数	4	13	12	42	101	99	48	319
	占政策执行能力效率 2 的百分比	36.4%	52.0%	20.0%	21.9%	41.1%	39.8%	43.6%	35.7%
	占总计的百分比	0.4%	1.5%	1.3%	4.7%	11.3%	11.1%	5.4%	35.7%
市城区	计数	0	1	2	11	10	10	4	38
	占政策执行能力效率 2 的百分比	0.0%	4.0%	3.3%	5.7%	4.1%	4.0%	3.6%	4.3%
	占总计的百分比	0.0%	0.1%	0.2%	1.2%	1.1%	1.1%	0.4%	4.3%

续表

居住地	项目	政策执行能力效率 2							总计
		完全不同意	不同意	不太同意	说不清	比较同意	同意	非常同意	
城郊结合部	计数	0	1	1	5	4	11	1	23
	占政策执行能力效率 2 的百分比	0.0%	4.0%	1.7%	2.6%	1.6%	4.4%	0.9%	2.6%
	占总计的百分比	0.0%	0.1%	0.1%	0.6%	0.4%	1.2%	0.1%	2.6%
总计	计数	11	25	60	192	246	249	110	893
	占政策执行能力效率 2 的百分比	100.0%	100.0%	100.0%	100.0%	100.0%	100.0%	100.0%	100.0%
	占总计的百分比	1.2%	2.8%	6.7%	21.5%	27.5%	27.9%	12.3%	100.0%

2. 执行机制

题项"当地政府各部门都有完善的执行流程及协调机制，办事顺畅"是用来测量西部地区贫困县民众对政府公共政策执行能力执行机制的看法。经统计，选"完全不同意"的有 16 人，占比 1.8%，选"不同意"的有 25 人，占比 2.8%，选"不太同意"的有 72 人，占比 8%，选"说不清"的有 180 人，占比 20.1%，选"比较同意"的有 248 人，占比 27.7%，选"同意"的有 289 人，占比 32.3%，选"完全同意"的有 66 人，占比 7.4%（如图 3-17 所示）。这表明，有超过六成的受访者认为西部地区贫困县政府公共政策执行能力在执行机制上表现较好，认为公共政策执行能力的执行机制表现不好的受访者占一成多，也有三成多的人不愿意发表意见。

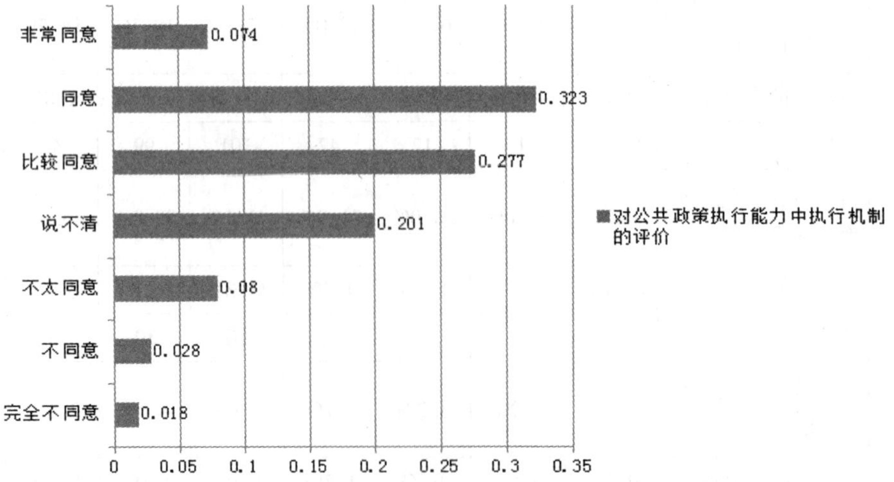

图 3-17　对政府公共政策执行能力上执行机制的看法

表3-123反映出了不同省份受访者对公共政策执行能力中执行机制问题的看法情况。经卡方检验，不同省份受访者在公共政策执行能力中执行机制问题的看法上有显著性差异。

表3-123　不同省份受访者与公共政策执行能力中执行机制的交叉列表

省份	项目	政策执行能力机制							总计
		完全不同意	不同意	不太同意	说不清	比较同意	同意	非常同意	
贵州	计数	6	5	21	82	68	88	27	297
	占政策执行能力机制的百分比	37.5%	20.0%	29.2%	45.6%	27.4%	30.4%	40.9%	33.1%
	占总计的百分比	0.7%	0.6%	2.3%	9.2%	7.6%	9.8%	3.0%	33.1%
云南	计数	5	11	23	54	74	124	9	300
	占政策执行能力机制的百分比	31.3%	44.0%	31.9%	30.0%	29.8%	42.9%	13.6%	33.5%
	占总计的百分比	0.6%	1.2%	2.6%	6.0%	8.3%	13.8%	1.0%	33.5%
广西	计数	5	9	28	44	106	77	30	299
	占政策执行能力机制的百分比	31.3%	36.0%	38.9%	24.4%	42.7%	26.6%	45.5%	33.4%
	占总计的百分比	0.6%	1.0%	3.1%	4.9%	11.8%	8.6%	3.3%	33.4%
总计	计数	16	25	72	180	248	289	66	896
	占政策执行能力机制的百分比	100.0%	100.0%	100.0%	100.0%	100.0%	100.0%	100.0%	100.0%
	占总计的百分比	1.8%	2.8%	8.0%	20.1%	27.7%	32.3%	7.4%	100.0%

表3-124反映出了不同年龄受访者对公共政策执行能力中执行机制问题的看法情况。经卡方检验，不同年龄受访者在公共政策执行能力中执行机制问题的看法上有显著性差异。

表3-124　不同年龄受访者与公共政策执行能力中执行机制的交叉列表

年龄分组	项目	政策执行能力机制							总计
		完全不同意	不同意	不太同意	说不清	比较同意	同意	非常同意	
20岁以下	计数	0	0	1	4	3	1	2	11
	占政策执行能力机制的百分比	0.0%	0.0%	1.4%	2.2%	1.2%	0.3%	3.1%	1.2%
	占总计的百分比	0.0%	0.0%	0.1%	0.5%	0.3%	0.1%	0.2%	1.2%

续表

年龄分组	项目	政策执行能力机制							总计
		完全不同意	不同意	不太同意	说不清	比较同意	同意	非常同意	
20-30 岁	计数	7	9	36	69	86	98	25	330
	占政策执行能力机制的百分比	43.8%	37.5%	50.7%	38.8%	35.5%	34.1%	38.5%	37.4%
	占总计的百分比	0.8%	1.0%	4.1%	7.8%	9.7%	11.1%	2.8%	37.4%
30-40 岁	计数	5	6	12	48	66	75	17	229
	占政策执行能力机制的百分比	31.3%	25.0%	16.9%	27.0%	27.3%	26.1%	26.2%	25.9%
	占总计的百分比	0.6%	0.7%	1.4%	5.4%	7.5%	8.5%	1.9%	25.9%
40-50 岁	计数	2	7	11	29	54	66	7	176
	占政策执行能力机制的百分比	12.5%	29.2%	15.5%	16.3%	22.3%	23.0%	10.8%	19.9%
	占总计的百分比	0.2%	0.8%	1.2%	3.3%	6.1%	7.5%	0.8%	19.9%
50-60 岁	计数	0	2	2	16	19	40	8	87
	占政策执行能力机制的百分比	0.0%	8.3%	2.8%	9.0%	7.9%	13.9%	12.3%	9.9%
	占总计的百分比	0.0%	0.2%	0.2%	1.8%	2.2%	4.5%	0.9%	9.9%
60 岁以上	计数	2	0	9	12	14	7	6	50
	占政策执行能力机制的百分比	12.5%	0.0%	12.7%	6.7%	5.8%	2.4%	9.2%	5.7%
	占总计的百分比	0.2%	0.0%	1.0%	1.4%	1.6%	0.8%	0.7%	5.7%
总计	计数	16	24	71	178	242	287	65	883
	占政策执行能力机制的百分比	100.0%	100.0%	100.0%	100.0%	100.0%	100.0%	100.0%	100.0%
	占总计的百分比	1.8%	2.7%	8.0%	20.2%	27.4%	32.5%	7.4%	100.0%

表 3-125 反映出了不同受教育程度受访者对公共政策执行能力中执行机制问题的看法情况。经卡方检验，不同受教育程度受访者在公共政策执行能力中执行机制问题的看法上有显著性差异。

表 3-125 不同受教育程度受访者与公共政策执行能力中执行机制的交叉列表

教育分组	项目	政策执行能力机制							总计
		完全不同意	不同意	不太同意	说不清	比较同意	同意	非常同意	
未上学	计数	0	0	0	6	7	17	1	31
	占政策执行能力机制的百分比	0.0%	0.0%	0.0%	3.3%	2.8%	5.9%	1.5%	3.5%
	占总计的百分比	0.0%	0.0%	0.0%	0.7%	0.8%	1.9%	0.1%	3.5%
小学	计数	2	3	8	26	42	53	2	136
	占政策执行能力机制的百分比	12.5%	12.0%	11.1%	14.4%	16.9%	18.3%	3.0%	15.2%
	占总计的百分比	0.2%	0.3%	0.9%	2.9%	4.7%	5.9%	0.2%	15.2%
初中	计数	2	5	14	33	46	51	17	168
	占政策执行能力机制的百分比	12.5%	20.0%	19.4%	18.3%	18.5%	17.6%	25.8%	18.8%
	占总计的百分比	0.2%	0.6%	1.6%	3.7%	5.1%	5.7%	1.9%	18.8%
高中	计数	6	7	12	41	51	46	19	182
	占政策执行能力机制的百分比	37.5%	28.0%	16.7%	22.8%	20.6%	15.9%	28.8%	20.3%
	占总计的百分比	0.7%	0.8%	1.3%	4.6%	5.7%	5.1%	2.1%	20.3%
专科	计数	3	9	15	27	52	57	11	174
	占政策执行能力机制的百分比	18.8%	36.0%	20.8%	15.0%	21.0%	19.7%	16.7%	19.4%
	占总计的百分比	0.3%	1.0%	1.7%	3.0%	5.8%	6.4%	1.2%	19.4%
本科	计数	2	1	13	31	29	43	6	125
	占政策执行能力机制的百分比	12.5%	4.0%	18.1%	17.2%	11.7%	14.9%	9.1%	14.0%
	占总计的百分比	0.2%	0.1%	1.5%	3.5%	3.2%	4.8%	0.7%	14.0%
研究生	计数	1	0	10	16	21	22	10	80
	占政策执行能力机制的百分比	6.3%	0.0%	13.9%	8.9%	8.5%	7.6%	15.2%	8.9%
	占总计的百分比	0.1%	0.0%	1.1%	1.8%	2.3%	2.5%	1.1%	8.9%

续表

教育分组	项 目	政策执行能力机制							总计
		完全不同意	不同意	不太同意	说不清	比较同意	同意	非常同意	
总计	计数	16	25	72	180	248	289	66	896
	占政策执行能力机制的百分比	100.0%	100.0%	100.0%	100.0%	100.0%	100.0%	100.0%	100.0%
	占总计的百分比	1.8%	2.8%	8.0%	20.1%	27.7%	32.3%	7.4%	100.0%

表3-126反映出了不同收入受访者对公共政策执行能力中执行机制问题的看法情况。经卡方检验，不同收入受访者在公共政策执行能力中执行机制问题的看法上有显著性差异。

表3-126 不同收入受访者与公共政策执行能力中执行机制的交叉列表

收入分组	项 目	政策执行能力机制							总计
		完全不同意	不同意	不太同意	说不清	比较同意	同意	非常同意	
低收入者	计数	3	11	27	76	113	105	17	352
	占政策执行能力机制的百分比	18.8%	44.0%	37.5%	42.2%	45.6%	36.3%	25.8%	39.3%
	占总计的百分比	0.3%	1.2%	3.0%	8.5%	12.6%	11.7%	1.9%	39.3%
中等收入者	计数	6	8	25	59	64	80	28	270
	占政策执行能力机制的百分比	37.5%	32.0%	34.7%	32.8%	25.8%	27.7%	42.4%	30.1%
	占总计的百分比	0.7%	0.9%	2.8%	6.6%	7.1%	8.9%	3.1%	30.1%
高收入者	计数	7	6	20	45	71	104	21	274
	占政策执行能力机制的百分比	43.8%	24.0%	27.8%	25.0%	28.6%	36.0%	31.8%	30.6%
	占总计的百分比	0.8%	0.7%	2.2%	5.0%	7.9%	11.6%	2.3%	30.6%
总计	计数	16	25	72	180	248	289	66	896
	占政策执行能力机制的百分比	100.0%	100.0%	100.0%	100.0%	100.0%	100.0%	100.0%	100.0%
	占总计的百分比	1.8%	2.8%	8.0%	20.1%	27.7%	32.3%	7.4%	100.0%

表3-127反映出了不同民族受访者对公共政策执行能力中执行机制问题的看法情况。经卡方检验，不同民族受访者在公共政策执行能力中执行机制问题的看法上有显著性差异。

表 3-127　不同民族受访者与公共政策执行能力中执行机制的交叉列表

民族	项目	政策执行能力机制							总计
		完全不同意	不同意	不太同意	说不清	比较同意	同意	非常同意	
汉族	计数	11	8	32	73	80	109	19	332
	占政策执行能力机制的百分比	68.8%	32.0%	44.4%	40.8%	32.3%	37.7%	28.8%	37.1%
	占总计的百分比	1.2%	0.9%	3.6%	8.2%	8.9%	12.2%	2.1%	37.1%
苗族	计数	0	1	6	22	20	24	9	82
	占政策执行能力机制的百分比	0.0%	4.0%	8.3%	12.3%	8.1%	8.3%	13.6%	9.2%
	占总计的百分比	0.0%	0.1%	0.7%	2.5%	2.2%	2.7%	1.0%	9.2%
布依族	计数	0	0	1	0	1	0	1	3
	占政策执行能力机制的百分比	0.0%	0.0%	1.4%	0.0%	0.4%	0.0%	1.5%	0.3%
	占总计的百分比	0.0%	0.0%	0.1%	0.0%	0.1%	0.0%	0.1%	0.3%
侗族	计数	3	3	4	26	54	40	14	144
	占政策执行能力机制的百分比	18.8%	12.0%	5.6%	14.5%	21.8%	13.8%	21.2%	16.1%
	占总计的百分比	0.3%	0.3%	0.4%	2.9%	6.0%	4.5%	1.6%	16.1%
壮族	计数	0	1	5	12	40	25	6	89
	占政策执行能力机制的百分比	0.0%	4.0%	6.9%	6.7%	16.1%	8.7%	9.1%	9.9%
	占总计的百分比	0.0%	0.1%	0.6%	1.3%	4.5%	2.8%	0.7%	9.9%
白族	计数	1	2	1	5	5	4	0	18
	占政策执行能力机制的百分比	6.3%	8.0%	1.4%	2.8%	2.0%	1.4%	0.0%	2.0%
	占总计的百分比	0.1%	0.2%	0.1%	0.6%	0.6%	0.4%	0.0%	2.0%
哈尼族	计数	0	0	0	0	1	0	0	1
	占政策执行能力机制的百分比	0.0%	0.0%	0.0%	0.0%	0.4%	0.0%	0.0%	0.1%
	占总计的百分比	0.0%	0.0%	0.0%	0.0%	0.1%	0.0%	0.0%	0.1%

续表

民族	项目	政策执行能力机制							总计
		完全不同意	不同意	不太同意	说不清	比较同意	同意	非常同意	
彝族	计数	0	4	6	20	27	69	3	129
	占政策执行能力机制的百分比	0.0%	16.0%	8.3%	11.2%	10.9%	23.9%	4.5%	14.4%
	占总计的百分比	0.0%	0.4%	0.7%	2.2%	3.0%	7.7%	0.3%	14.4%
瑶族	计数	1	5	16	19	18	12	13	84
	占政策执行能力机制的百分比	6.3%	20.0%	22.2%	10.6%	7.3%	4.2%	19.7%	9.4%
	占总计的百分比	0.1%	0.6%	1.8%	2.1%	2.0%	1.3%	1.5%	9.4%
仫佬族	计数	0	0	0	0	0	3	0	3
	占政策执行能力机制的百分比	0.0%	0.0%	0.0%	0.0%	0.0%	1.0%	0.0%	0.3%
	占总计的百分比	0.0%	0.0%	0.0%	0.0%	0.0%	0.3%	0.0%	0.3%
回族	计数	0	1	1	2	2	2	1	9
	占政策执行能力机制的百分比	0.0%	4.0%	1.4%	1.1%	0.8%	0.7%	1.5%	1.0%
	占总计的百分比	0.0%	0.1%	0.1%	0.2%	0.2%	0.2%	0.1%	1.0%
土家族	计数	0	0	0	0	0	1	0	1
	占政策执行能力机制的百分比	0.0%	0.0%	0.0%	0.0%	0.0%	0.3%	0.0%	0.1%
	占总计的百分比	0.0%	0.0%	0.0%	0.0%	0.0%	0.1%	0.0%	0.1%
总计	计数	16	25	72	179	248	289	66	895
	占政策执行能力机制的百分比	100.0%	100.0%	100.0%	100.0%	100.0%	100.0%	100.0%	100.0%
	占总计的百分比	1.8%	2.8%	8.0%	20.0%	27.7%	32.3%	7.4%	100.0%

表3-128反映出了不同职业受访者对公共政策执行能力中执行机制问题的看法情况。经卡方检验，不同职业受访者在公共政策执行能力中执行机制问题的看法上有显著性差异。

表 3-128 不同职业受访者与公共政策执行能力中执行机制的交叉列表

职业	项目	政策执行能力机制							总计
		完全不同意	不同意	不太同意	说不清	比较同意	同意	非常同意	
农业劳动者	计数	0	5	8	30	49	45	9	146
	占政策执行能力机制的百分比	0.0%	20.0%	11.1%	16.8%	19.9%	15.7%	13.8%	16.4%
	占总计的百分比	0.0%	0.6%	0.9%	3.4%	5.5%	5.1%	1.0%	16.4%
企业工人	计数	3	0	5	20	11	12	3	54
	占政策执行能力机制的百分比	18.8%	0.0%	6.9%	11.2%	4.5%	4.2%	4.6%	6.1%
	占总计的百分比	0.3%	0.0%	0.6%	2.2%	1.2%	1.3%	0.3%	6.1%
事业单位人员	计数	4	3	11	26	42	70	13	169
	占政策执行能力机制的百分比	25.0%	12.0%	15.3%	14.5%	17.1%	24.4%	20.0%	19.0%
	占总计的百分比	0.4%	0.3%	1.2%	2.9%	4.7%	7.9%	1.5%	19.0%
政府机关人员	计数	2	2	3	7	22	37	15	88
	占政策执行能力机制的百分比	12.5%	8.0%	4.2%	3.9%	8.9%	12.9%	23.1%	9.9%
	占总计的百分比	0.2%	0.2%	0.3%	0.8%	2.5%	4.2%	1.7%	9.9%
个体劳动者/个体工商户	计数	2	3	6	21	28	35	5	100
	占政策执行能力机制的百分比	12.5%	12.0%	8.3%	11.7%	11.4%	12.2%	7.7%	11.2%
	占总计的百分比	0.2%	0.3%	0.7%	2.4%	3.1%	3.9%	0.6%	11.2%
打工者	计数	3	5	11	29	35	41	6	130
	占政策执行能力机制的百分比	18.8%	20.0%	15.3%	16.2%	14.2%	14.3%	9.2%	14.6%
	占总计的百分比	0.3%	0.6%	1.2%	3.3%	3.9%	4.6%	0.7%	14.6%
私营企业主	计数	0	0	2	4	5	3	1	15
	占政策执行能力机制的百分比	0.0%	0.0%	2.8%	2.2%	2.0%	1.0%	1.5%	1.7%
	占总计的百分比	0.0%	0.0%	0.2%	0.4%	0.6%	0.3%	0.1%	1.7%

续表

职业	项目	政策执行能力机制							总计
		完全不同意	不同意	不太同意	说不清	比较同意	同意	非常同意	
学生	计数	2	6	19	29	47	24	7	134
	占政策执行能力机制的百分比	12.5%	24.0%	26.4%	16.2%	19.1%	8.4%	10.8%	15.1%
	占总计的百分比	0.2%	0.7%	2.1%	3.3%	5.3%	2.7%	0.8%	15.1%
待业人员	计数	0	1	5	8	2	8	1	25
	占政策执行能力机制的百分比	0.0%	4.0%	6.9%	4.5%	0.8%	2.8%	1.5%	2.8%
	占总计的百分比	0.0%	0.1%	0.6%	0.9%	0.2%	0.9%	0.1%	2.8%
退休人员	计数	0	0	2	5	5	11	5	28
	占政策执行能力机制的百分比	0.0%	0.0%	2.8%	2.8%	2.0%	3.8%	7.7%	3.1%
	占总计的百分比	0.0%	0.0%	0.2%	0.6%	0.6%	1.2%	0.6%	3.1%
村干部	计数	0	0	0	0	0	1	0	1
	占政策执行能力机制的百分比	0.0%	0.0%	0.0%	0.0%	0.0%	0.3%	0.0%	0.1%
	占总计的百分比	0.0%	0.0%	0.0%	0.0%	0.0%	0.1%	0.0%	0.1%
总计	计数	16	25	72	179	246	287	65	890
	占政策执行能力机制的百分比	100.0%	100.0%	100.0%	100.0%	100.0%	100.0%	100.0%	100.0%
	占总计的百分比	1.8%	2.8%	8.1%	20.1%	27.6%	32.2%	7.3%	100.0%

表 3-129 反映出了不同政治面貌受访者对公共政策执行能力中执行机制问题的看法情况。经卡方检验，不同政治面貌受访者在公共政策执行能力中执行机制问题的看法上有显著性差异。

表 3-129　不同政治面貌受访者与公共政策执行能力中执行机制的交叉列表

政治成分	项　目	政策执行能力机制							总计
		完全不同意	不同意	不太同意	说不清	比较同意	同意	非常同意	
中共党员	计数	4	6	13	23	56	84	30	216
	占政策执行能力机制的百分比	26.7%	24.0%	18.3%	12.9%	22.8%	29.2%	46.2%	24.3%
	占总计的百分比	0.5%	0.7%	1.5%	2.6%	6.3%	9.5%	3.4%	24.3%
非中共党员	计数	11	19	58	155	190	204	35	672
	占政策执行能力机制的百分比	73.3%	76.0%	81.7%	87.1%	77.2%	70.8%	53.8%	75.7%
	占总计的百分比	1.2%	2.1%	6.5%	17.5%	21.4%	23.0%	3.9%	75.7%
总计	计数	15	25	71	178	246	288	65	888
	占政策执行能力机制的百分比	100.0%	100.0%	100.0%	100.0%	100.0%	100.0%	100.0%	100.0%
	占总计的百分比	1.7%	2.8%	8.0%	20.0%	27.7%	32.4%	7.3%	100.0%

表 3-130 反映出了不同婚姻状况受访者对公共政策执行能力中执行机制问题的看法情况。经卡方检验，不同婚姻状况受访者在公共政策执行能力中执行机制问题的看法上有显著性差异。

表 3-130　不同婚姻状况受访者与公共政策执行能力中执行机制的交叉列表

婚否	项　目	政策执行能力机制							总计
		完全不同意	不同意	不太同意	说不清	比较同意	同意	非常同意	
已婚	计数	12	15	31	108	151	212	46	575
	占政策执行能力机制的百分比	80.0%	60.0%	43.7%	61.0%	61.1%	74.4%	71.9%	65.0%
	占总计的百分比	1.4%	1.7%	3.5%	12.2%	17.1%	24.0%	5.2%	65.0%
未婚	计数	3	10	40	69	96	73	18	309
	占政策执行能力机制的百分比	20.0%	40.0%	56.3%	39.0%	38.9%	25.6%	28.1%	35.0%
	占总计的百分比	0.3%	1.1%	4.5%	7.8%	10.9%	8.3%	2.0%	35.0%

续表

婚否	项目	政策执行能力机制							总计
		完全不同意	不同意	不太同意	说不清	比较同意	同意	非常同意	
总计	计数	15	25	71	177	247	285	64	884
	占政策执行能力机制的百分比	100.0%	100.0%	100.0%	100.0%	100.0%	100.0%	100.0%	100.0%
	占总计的百分比	1.7%	2.8%	8.0%	20.0%	27.9%	32.2%	7.2%	100.0%

表3-131反映出了不同居住地受访者对公共政策执行能力中执行机制问题的看法情况。经卡方检验，不同居住地受访者在公共政策执行能力中执行机制问题的看法上有显著性差异。

表3-131　不同居住地受访者与公共政策执行能力中执行机制的交叉列表

居住地	项目	政策执行能力机制							总计
		完全不同意	不同意	不太同意	说不清	比较同意	同意	非常同意	
农村	计数	2	9	29	75	109	130	19	373
	占政策执行能力机制的百分比	12.5%	36.0%	40.8%	41.9%	44.0%	45.0%	29.7%	41.8%
	占总计的百分比	0.2%	1.0%	3.3%	8.4%	12.2%	14.6%	2.1%	41.8%
乡镇所在地	计数	3	5	7	16	48	45	16	140
	占政策执行能力机制的百分比	18.8%	20.0%	9.9%	8.9%	19.4%	15.6%	25.0%	15.7%
	占总计的百分比	0.3%	0.6%	0.8%	1.8%	5.4%	5.0%	1.8%	15.7%
县城	计数	11	9	30	71	75	95	27	318
	占政策执行能力机制的百分比	68.8%	36.0%	42.3%	39.7%	30.2%	32.9%	42.2%	35.7%
	占总计的百分比	1.2%	1.0%	3.4%	8.0%	8.4%	10.7%	3.0%	35.7%
市城区	计数	0	1	4	11	12	9	1	38
	占政策执行能力机制的百分比	0.0%	4.0%	5.6%	6.1%	4.8%	3.1%	1.6%	4.3%
	占总计的百分比	0.0%	0.1%	0.4%	1.2%	1.3%	1.0%	0.1%	4.3%

续表

居住地 \ 项目		政策执行能力机制							总计
		完全不同意	不同意	不太同意	说不清	比较同意	同意	非常同意	
城郊结合部	计数	0	1	1	6	4	10	1	23
	占政策执行能力机制的百分比	0.0%	4.0%	1.4%	3.4%	1.6%	3.5%	1.6%	2.6%
	占总计的百分比	0.0%	0.1%	0.1%	0.7%	0.4%	1.1%	0.1%	2.6%
总计	计数	16	25	71	179	248	289	64	892
	占政策执行能力机制的百分比	100.0%	100.0%	100.0%	100.0%	100.0%	100.0%	100.0%	100.0%
	占总计的百分比	1.8%	2.8%	8.0%	20.1%	27.8%	32.4%	7.2%	100.0%

五、民族需求服务能力

1. 民族语言文字服务能力

题项“本地区，公民使用本民族语言文字得到大力鼓励和支持”是用来测量西部地区贫困县民众对民族需求服务能力的看法，侧重于考察的是对民族语言、文字使用上的鼓励和提倡。经统计，选“完全不同意”的有 17 人，占比 1.9%，选“不同意”的有 20 人，占比 2.2%，选“不太同意”的有 88 人，占比 9.8%，选“说不清”的有 225 人，占比 25.1%，选“比较同意”的有 199 人，占比 22.2%，选“同意”的有 241 人，占比 26.8%，选“非常同意”的有 108 人，占比 12%（如图 3-18 所示）。这表明，有超过六成的受访者认为西部地区贫困县政府在民族需求服务能力中提倡使用本民族语言上表现好，认为提倡使用本民族语言上表现不好的受访者占一成多，也有两成多的人不愿意发表意见。

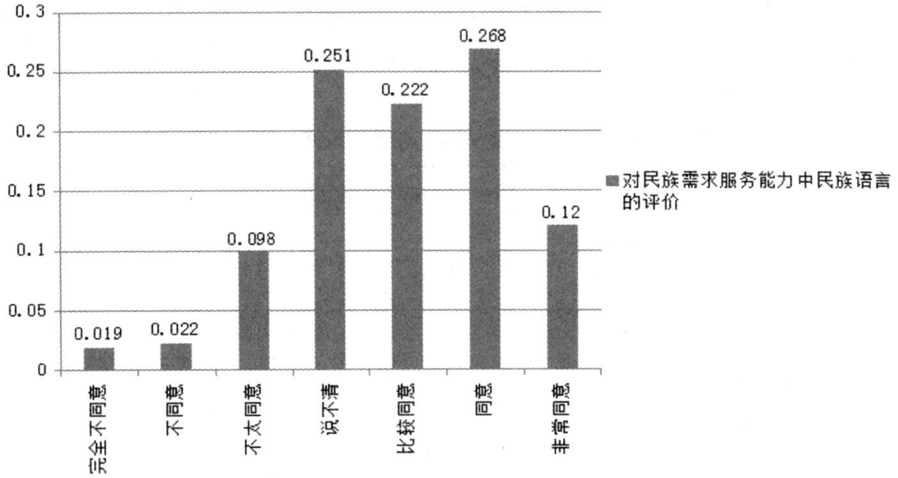

图 3-18　对民族需求服务能力之民族语言鼓励的看法

表 3-132 反映出了不同省份受访者对民族需求服务能力中民族语言提倡问题的看法情况。经卡方检验，不同省份受访者在民族需求服务能力中提倡民族语言问题的看法上有显著性差异。

表 3-132　不同省份受访者与民族需求服务能力中提倡民族语言的交叉列表

省份	项目	民族需求服务能力文字							总计
		完全不同意	不同意	不太同意	说不清	比较同意	同意	非常同意	
贵州	计数	6	8	22	93	65	73	31	298
	占民族需求服务能力文字的百分比	35.3%	40.0%	25.0%	41.3%	32.7%	30.3%	28.7%	33.2%
	占总计的百分比	0.7%	0.9%	2.4%	10.4%	7.2%	8.1%	3.5%	33.2%
云南	计数	3	7	51	80	46	60	53	300
	占民族需求服务能力文字的百分比	17.6%	35.0%	58.0%	35.6%	23.1%	24.9%	49.1%	33.4%
	占总计的百分比	0.3%	0.8%	5.7%	8.9%	5.1%	6.7%	5.9%	33.4%
广西	计数	8	5	15	52	88	108	24	300
	占民族需求服务能力文字的百分比	47.1%	25.0%	17.0%	23.1%	44.2%	44.8%	22.2%	33.4%
	占总计的百分比	0.9%	0.6%	1.7%	5.8%	9.8%	12.0%	2.7%	33.4%
总计	计数	17	20	88	225	199	241	108	898
	占民族需求服务能力文字的百分比	100.0%	100.0%	100.0%	100.0%	100.0%	100.0%	100.0%	100.0%
	占总计的百分比	1.9%	2.2%	9.8%	25.1%	22.2%	26.8%	12.0%	100.0%

表 3-133 反映出了不同受教育程度受访者对民族需求服务能力中民族语言提倡问题的看法情况。经卡方检验，不同受教育程度受访者在民族需求服务能力中提倡民族语言问题的看法上有显著性差异。

表 3-133　不同受教育程度受访者与提倡民族语言的交叉列表

教育分组	项目	民族需求服务能力文字							总计
		完全不同意	不同意	不太同意	说不清	比较同意	同意	非常同意	
未上学	计数	0	0	7	6	2	3	13	31
	占民族需求服务能力文字的百分比	0.0%	0.0%	8.0%	2.7%	1.0%	1.2%	12.0%	3.5%
	占总计的百分比	0.0%	0.0%	0.8%	0.7%	0.2%	0.3%	1.4%	3.5%

续表

教育分组	项　目	民族需求服务能力文字							总计
		完全不同意	不同意	不太同意	说不清	比较同意	同意	非常同意	
小学	计数	2	4	33	27	23	26	22	137
	占民族需求服务能力文字的百分比	11.8%	20.0%	37.5%	12.0%	11.6%	10.8%	20.4%	15.3%
	占总计的百分比	0.2%	0.4%	3.7%	3.0%	2.6%	2.9%	2.4%	15.3%
初中	计数	2	3	13	36	37	53	24	168
	占民族需求服务能力文字的百分比	11.8%	15.0%	14.8%	16.0%	18.6%	22.0%	22.2%	18.7%
	占总计的百分比	0.2%	0.3%	1.4%	4.0%	4.1%	5.9%	2.7%	18.7%
高中	计数	8	4	7	62	43	43	15	182
	占民族需求服务能力文字的百分比	47.1%	20.0%	8.0%	27.6%	21.6%	17.8%	13.9%	20.3%
	占总计的百分比	0.9%	0.4%	0.8%	6.9%	4.8%	4.8%	1.7%	20.3%
专科	计数	4	4	13	40	46	52	15	174
	占民族需求服务能力文字的百分比	23.5%	20.0%	14.8%	17.8%	23.1%	21.6%	13.9%	19.4%
	占总计的百分比	0.4%	0.4%	1.4%	4.5%	5.1%	5.8%	1.7%	19.4%
本科	计数	0	4	13	34	26	38	11	126
	占民族需求服务能力文字的百分比	0.0%	20.0%	14.8%	15.1%	13.1%	15.8%	10.2%	14.0%
	占总计的百分比	0.0%	0.4%	1.4%	3.8%	2.9%	4.2%	1.2%	14.0%
研究生	计数	1	1	2	20	22	26	8	80
	占民族需求服务能力文字的百分比	5.9%	5.0%	2.3%	8.9%	11.1%	10.8%	7.4%	8.9%
	占总计的百分比	0.1%	0.1%	0.2%	2.2%	2.4%	2.9%	0.9%	8.9%
总计	计数	17	20	88	225	199	241	108	898
	占民族需求服务能力文字的百分比	100.0%	100.0%	100.0%	100.0%	100.0%	100.0%	100.0%	100.0%
	占总计的百分比	1.9%	2.2%	9.8%	25.1%	22.2%	26.8%	12.0%	100.0%

表 3-134 反映出了不同收入水平受访者对民族需求服务能力中民族语言提倡问题的看法情况。经卡方检验，不同收入水平受访者在民族需求服务能力中提倡民族语言问题的看法上有显著性差异。

表 3-134　不同收入水平受访者与提倡民族语言的交叉列表

收入分组	项　目	民族需求服务能力文字							总计
		完全不同意	不同意	不太同意	说不清	比较同意	同意	非常同意	
低收入者	计数	4	4	53	91	81	74	46	353
	占民族需求服务能力文字的百分比	23.5%	20.0%	60.2%	40.4%	40.7%	30.7%	42.6%	39.3%
	占总计的百分比	0.4%	0.4%	5.9%	10.1%	9.0%	8.2%	5.1%	39.3%
中等收入者	计数	9	9	20	67	51	78	36	270
	占民族需求服务能力文字的百分比	52.9%	45.0%	22.7%	29.8%	25.6%	32.4%	33.3%	30.1%
	占总计的百分比	1.0%	1.0%	2.2%	7.5%	5.7%	8.7%	4.0%	30.1%
高收入者	计数	4	7	15	67	67	89	26	275
	占民族需求服务能力文字的百分比	23.5%	35.0%	17.0%	29.8%	33.7%	36.9%	24.1%	30.6%
	占总计的百分比	0.4%	0.8%	1.7%	7.5%	7.5%	9.9%	2.9%	30.6%
总计	计数	17	20	88	225	199	241	108	898
	占民族需求服务能力文字的百分比	100.0%	100.0%	100.0%	100.0%	100.0%	100.0%	100.0%	100.0%
	占总计的百分比	1.9%	2.2%	9.8%	25.1%	22.2%	26.8%	12.0%	100.0%

表 3-135 反映出了不同民族受访者对民族需求服务能力中民族语言提倡问题的看法情况。经卡方检验，不同民族受访者在民族需求服务能力中提倡民族语言问题的看法上有显著性差异。

表 3-135　不同民族受访者与提倡民族语言的交叉列表

民族	项　目	民族需求服务能力文字							总计
		完全不同意	不同意	不太同意	说不清	比较同意	同意	非常同意	
汉族	计数	7	6	20	104	72	102	22	333
	占民族需求服务能力文字的百分比	41.2%	30.0%	22.7%	46.4%	36.2%	42.3%	20.4%	37.1%
	占总计的百分比	0.8%	0.7%	2.2%	11.6%	8.0%	11.4%	2.5%	37.1%

续表

民族	项目	民族需求服务能力文字							总计
		完全不同意	不同意	不太同意	说不清	比较同意	同意	非常同意	
苗族	计数	0	2	7	19	22	23	9	82
	占民族需求服务能力文字的百分比	0.0%	10.0%	8.0%	8.5%	11.1%	9.5%	8.3%	9.1%
	占总计的百分比	0.0%	0.2%	0.8%	2.1%	2.5%	2.6%	1.0%	9.1%
布依族	计数	0	0	1	0	0	1	1	3
	占民族需求服务能力文字的百分比	0.0%	0.0%	1.1%	0.0%	0.0%	0.4%	0.9%	0.3%
	占总计的百分比	0.0%	0.0%	0.1%	0.0%	0.0%	0.1%	0.1%	0.3%
侗族	计数	5	2	6	26	44	49	12	144
	占民族需求服务能力文字的百分比	29.4%	10.0%	6.8%	11.6%	22.1%	20.3%	11.1%	16.1%
	占总计的百分比	0.6%	0.2%	0.7%	2.9%	4.9%	5.5%	1.3%	16.1%
壮族	计数	1	1	1	16	27	35	8	89
	占民族需求服务能力文字的百分比	5.9%	5.0%	1.1%	7.1%	13.6%	14.5%	7.4%	9.9%
	占总计的百分比	0.1%	0.1%	0.1%	1.8%	3.0%	3.9%	0.9%	9.9%
白族	计数	1	3	0	4	5	1	4	18
	占民族需求服务能力文字的百分比	5.9%	15.0%	0.0%	1.8%	2.5%	0.4%	3.7%	2.0%
	占总计的百分比	0.1%	0.3%	0.0%	0.4%	0.6%	0.1%	0.4%	2.0%
哈尼族	计数	0	0	0	0	1	0	0	1
	占民族需求服务能力文字的百分比	0.0%	0.0%	0.0%	0.0%	0.5%	0.0%	0.0%	0.1%
	占总计的百分比	0.0%	0.0%	0.0%	0.0%	0.1%	0.0%	0.0%	0.1%
彝族	计数	1	3	44	28	6	6	41	129
	占民族需求服务能力文字的百分比	5.9%	15.0%	50.0%	12.5%	3.0%	2.5%	38.0%	14.4%
	占总计的百分比	0.1%	0.3%	4.9%	3.1%	0.7%	0.7%	4.6%	14.4%

续表

民族 \ 项目		民族需求服务能力文字							总计
		完全不同意	不同意	不太同意	说不清	比较同意	同意	非常同意	
瑶族	计数	2	2	8	22	21	21	9	85
	占民族需求服务能力文字的百分比	11.8%	10.0%	9.1%	9.8%	10.6%	8.7%	8.3%	9.5%
	占总计的百分比	0.2%	0.2%	0.9%	2.5%	2.3%	2.3%	1.0%	9.5%
仫佬族	计数	0	0	0	0	0	2	1	3
	占民族需求服务能力文字的百分比	0.0%	0.0%	0.0%	0.0%	0.0%	0.8%	0.9%	0.3%
	占总计的百分比	0.0%	0.0%	0.0%	0.0%	0.0%	0.2%	0.1%	0.3%
回族	计数	0	1	1	5	1	0	1	9
	占民族需求服务能力文字的百分比	0.0%	5.0%	1.1%	2.2%	0.5%	0.0%	0.9%	1.0%
	占总计的百分比	0.0%	0.1%	0.1%	0.6%	0.1%	0.0%	0.1%	1.0%
土家族	计数	0	0	0	0	0	1	0	1
	占民族需求服务能力文字的百分比	0.0%	0.0%	0.0%	0.0%	0.0%	0.4%	0.0%	0.1%
	占总计的百分比	0.0%	0.0%	0.0%	0.0%	0.0%	0.1%	0.0%	0.1%
总计	计数	17	20	88	224	199	241	108	897
	占民族需求服务能力文字的百分比	100.0%	100.0%	100.0%	100.0%	100.0%	100.0%	100.0%	100.0%
	占总计的百分比	1.9%	2.2%	9.8%	25.0%	22.2%	26.9%	12.0%	100.0%

表3-136反映出了不同职业受访者对民族需求服务能力中民族语言提倡问题的看法情况。经卡方检验，不同职业受访者在民族需求服务能力中提倡民族语言问题的看法上有显著性差异。

表 3-136　不同职业受访者与提倡民族语言的交叉列表

职业	项　目	民族需求服务能力文字							总计
		完全不同意	不同意	不太同意	说不清	比较同意	同意	非常同意	
农业劳动者	计数	0	5	18	40	22	45	17	147
	占民族需求服务能力文字的百分比	0.0%	25.0%	20.5%	17.8%	11.3%	18.8%	15.9%	16.5%
	占总计的百分比	0.0%	0.6%	2.0%	4.5%	2.5%	5.0%	1.9%	16.5%
企业工人	计数	2	2	2	26	8	12	2	54
	占民族需求服务能力文字的百分比	11.8%	10.0%	2.3%	11.6%	4.1%	5.0%	1.9%	6.1%
	占总计的百分比	0.2%	0.2%	0.2%	2.9%	0.9%	1.3%	0.2%	6.1%
事业单位人员	计数	3	5	23	23	41	48	26	169
	占民族需求服务能力文字的百分比	17.6%	25.0%	26.1%	10.2%	21.0%	20.0%	24.3%	18.9%
	占总计的百分比	0.3%	0.6%	2.6%	2.6%	4.6%	5.4%	2.9%	18.9%
政府机关人员	计数	4	0	1	14	19	36	15	89
	占民族需求服务能力文字的百分比	23.5%	0.0%	1.1%	6.2%	9.7%	15.0%	14.0%	10.0%
	占总计的百分比	0.4%	0.0%	0.1%	1.6%	2.1%	4.0%	1.7%	10.0%
个体劳动者/个体工商户	计数	3	2	10	25	22	25	13	100
	占民族需求服务能力文字的百分比	17.6%	10.0%	11.4%	11.1%	11.3%	10.4%	12.1%	11.2%
	占总计的百分比	0.3%	0.2%	1.1%	2.8%	2.5%	2.8%	1.5%	11.2%
打工者	计数	2	2	18	31	25	33	19	130
	占民族需求服务能力文字的百分比	11.8%	10.0%	20.5%	13.8%	12.8%	13.8%	17.8%	14.6%
	占总计的百分比	0.2%	0.2%	2.0%	3.5%	2.8%	3.7%	2.1%	14.6%
私营企业主	计数	0	1	1	6	5	1	1	15
	占民族需求服务能力文字的百分比	0.0%	5.0%	1.1%	2.7%	2.6%	0.4%	0.9%	1.7%
	占总计的百分比	0.0%	0.1%	0.1%	0.7%	0.6%	0.1%	0.1%	1.7%

续表

职业	项目	民族需求服务能力文字							总计
		完全不同意	不同意	不太同意	说不清	比较同意	同意	非常同意	
学生	计数	3	2	10	42	41	30	6	134
	占民族需求服务能力文字的百分比	17.6%	10.0%	11.4%	18.7%	21.0%	12.5%	5.6%	15.0%
	占总计的百分比	0.3%	0.2%	1.1%	4.7%	4.6%	3.4%	0.7%	15.0%
待业人员	计数	0	1	4	6	5	6	3	25
	占民族需求服务能力文字的百分比	0.0%	5.0%	4.5%	2.7%	2.6%	2.5%	2.8%	2.8%
	占总计的百分比	0.0%	0.1%	0.4%	0.7%	0.6%	0.7%	0.3%	2.8%
退休人员	计数	0	0	1	11	7	4	5	28
	占民族需求服务能力文字的百分比	0.0%	0.0%	1.1%	4.9%	3.6%	1.7%	4.7%	3.1%
	占总计的百分比	0.0%	0.0%	0.1%	1.2%	0.8%	0.4%	0.6%	3.1%
村干部	计数	0	0	0	1	0	0	0	1
	占民族需求服务能力文字的百分比	0.0%	0.0%	0.0%	0.4%	0.0%	0.0%	0.0%	0.1%
	占总计的百分比	0.0%	0.0%	0.0%	0.1%	0.0%	0.0%	0.0%	0.1%
总计	计数	17	20	88	225	195	240	107	892
	占民族需求服务能力文字的百分比	100.0%	100.0%	100.0%	100.0%	100.0%	100.0%	100.0%	100.0%
	占总计的百分比	1.9%	2.2%	9.9%	25.2%	21.9%	26.9%	12.0%	100.0%

表 3-137 反映出了不同政治面貌受访者对民族需求服务能力中民族语言提倡问题的看法情况。经卡方检验，不同政治面貌受访者在民族需求服务能力中提倡民族语言问题的看法上有显著性差异。

表 3-137 不同政治面貌受访者与提倡民族语言的交叉列表

政治成分	项目	民族需求服务能力文字							总计
		完全不同意	不同意	不太同意	说不清	比较同意	同意	非常同意	
中共党员	计数	6	5	22	37	40	71	35	216
	占民族需求服务能力文字的百分比	35.3%	25.0%	25.0%	16.7%	20.4%	29.6%	32.4%	24.3%
	占总计的百分比	0.7%	0.6%	2.5%	4.2%	4.5%	8.0%	3.9%	24.3%
非中共党员	计数	11	15	66	184	156	169	73	674
	占民族需求服务能力文字的百分比	64.7%	75.0%	75.0%	83.3%	79.6%	70.4%	67.6%	75.7%
	占总计的百分比	1.2%	1.7%	7.4%	20.7%	17.5%	19.0%	8.2%	75.7%
总计	计数	17	20	88	221	196	240	108	890
	占民族需求服务能力文字的百分比	100.0%	100.0%	100.0%	100.0%	100.0%	100.0%	100.0%	100.0%
	占总计的百分比	1.9%	2.2%	9.9%	24.8%	22.0%	27.0%	12.1%	100.0%

表 3-138 反映出了不同婚姻状况受访者对民族需求服务能力中民族语言提倡问题的看法情况。经卡方检验，不同婚姻状况受访者在民族需求服务能力中提倡民族语言问题的看法上有显著性差异。

表 3-138 不同婚姻状况受访者与提倡民族语言的交叉列表

婚否	项目	民族需求服务能力文字							总计
		完全不同意	不同意	不太同意	说不清	比较同意	同意	非常同意	
已婚	计数	11	14	65	139	109	153	85	576
	占民族需求服务能力文字的百分比	64.7%	70.0%	74.7%	62.6%	55.3%	64.6%	80.2%	65.0%
	占总计的百分比	1.2%	1.6%	7.3%	15.7%	12.3%	17.3%	9.6%	65.0%
未婚	计数	6	6	22	83	88	84	21	310
	占民族需求服务能力文字的百分比	35.3%	30.0%	25.3%	37.4%	44.7%	35.4%	19.8%	35.0%
	占总计的百分比	0.7%	0.7%	2.5%	9.4%	9.9%	9.5%	2.4%	35.0%

续表

婚否 \ 项目		民族需求服务能力文字							总计
		完全不同意	不同意	不太同意	说不清	比较同意	同意	非常同意	
总计	计数	17	20	87	222	197	237	106	886
	占民族需求服务能力文字的百分比	100.0%	100.0%	100.0%	100.0%	100.0%	100.0%	100.0%	100.0%
	占总计的百分比	1.9%	2.3%	9.8%	25.1%	22.2%	26.7%	12.0%	100.0%

表3-139反映出了不同居住地受访者对民族需求服务能力中民族语言提倡问题的看法情况。经卡方检验，不同居住地受访者在民族需求服务能力中提倡民族语言问题的看法上有显著性差异。

表3-139　不同居住地受访者与提倡民族语言的交叉列表

居住地 \ 项目		民族需求服务能力文字							总计
		完全不同意	不同意	不太同意	说不清	比较同意	同意	非常同意	
农村	计数	4	7	61	86	65	92	59	374
	占民族需求服务能力文字的百分比	23.5%	36.8%	69.3%	38.6%	32.7%	38.2%	55.1%	41.8%
	占总计的百分比	0.4%	0.8%	6.8%	9.6%	7.3%	10.3%	6.6%	41.8%
乡镇所在地	计数	2	0	6	29	40	46	17	140
	占民族需求服务能力文字的百分比	11.8%	0.0%	6.8%	13.0%	20.1%	19.1%	15.9%	15.7%
	占总计的百分比	0.2%	0.0%	0.7%	3.2%	4.5%	5.1%	1.9%	15.7%
县城	计数	11	9	19	91	75	86	28	319
	占民族需求服务能力文字的百分比	64.7%	47.4%	21.6%	40.8%	37.7%	35.7%	26.2%	35.7%
	占总计的百分比	1.2%	1.0%	2.1%	10.2%	8.4%	9.6%	3.1%	35.7%
市城区	计数	0	2	1	11	14	8	2	38
	占民族需求服务能力文字的百分比	0.0%	10.5%	1.1%	4.9%	7.0%	3.3%	1.9%	4.3%
	占总计的百分比	0.0%	0.2%	0.1%	1.2%	1.6%	0.9%	0.2%	4.3%

续表

居住地 \ 项目		民族需求服务能力文字							总计
		完全不同意	不同意	不太同意	说不清	比较同意	同意	非常同意	
城郊结合部	计数	0	1	1	6	5	9	1	23
	占民族需求服务能力文字的百分比	0.0%	5.3%	1.1%	2.7%	2.5%	3.7%	0.9%	2.6%
	占总计的百分比	0.0%	0.1%	0.1%	0.7%	0.6%	1.0%	0.1%	2.6%
总计	计数	17	19	88	223	199	241	107	894
	占民族需求服务能力文字的百分比	100.0%	100.0%	100.0%	100.0%	100.0%	100.0%	100.0%	100.0%
	占总计的百分比	1.9%	2.1%	9.8%	24.9%	22.3%	27.0%	12.0%	100.0%

2. 民族文化服务能力

题项“在当地，本民族的风俗和文化得到了很好地保护和弘扬”是用来测量西部地区贫困县民众对民族需求服务能力的看法，侧重于考察的是对民族文化风俗习惯的保护和弘扬。经统计，选“完全不同意”的有 17 人，占比 1.9%，选“不同意”的有 11 人，占比 1.2%，选“不太同意”的有 65 人，占比 7.2%，选“说不清”的有 180 人，占比 20%，选“比较同意”的有 196 人，占比 21.8%，选“同意”的有 315 人，占比 35.1%，选“非常同意”的有 114 人，占比 12.7%（如图 3-19 所示）。这表明，有接近七成的受访者认为西部地区贫困县政府在民族需求服务能力中保护和弘扬民族文化习俗上表现好，认为保护和弘扬民族文化习俗表现不好的受访者占一成多，也有两成的人不愿意发表意见。

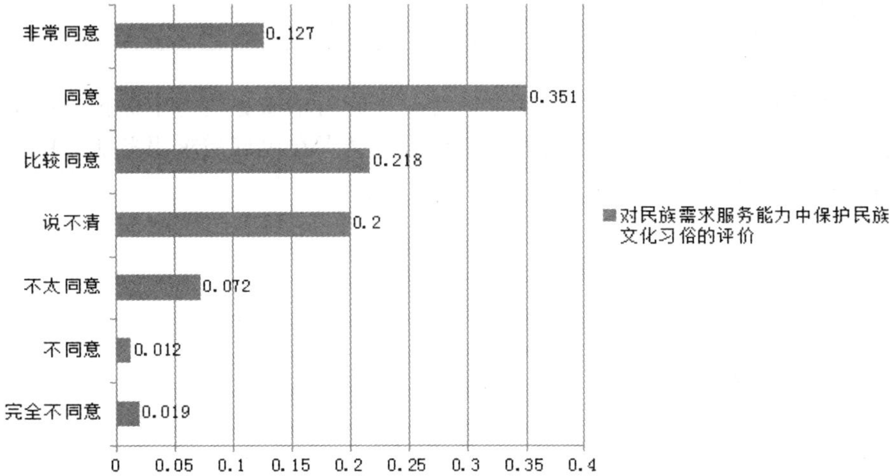

图 3-19　对民族需求服务能力之民族文化习俗的看法

表 3-140 反映出了不同省份受访者对民族需求服务能力中保护民族文化习俗问题的看法情况。经卡方检验，不同省份受访者在民族需求服务能力中保护民族文化习俗的看法上有显著性差异。

表 3-140　不同省份受访者与保护民族文化习俗的交叉列表

省份	项目	民族需求服务能力文字							总计
		完全不同意	不同意	不太同意	说不清	比较同意	同意	非常同意	
贵州	计数	4	3	23	62	63	103	40	298
	占民族需求服务能力文化的百分比	23.5%	27.3%	35.4%	34.4%	32.1%	32.7%	35.1%	33.2%
	占总计的百分比	0.4%	0.3%	2.6%	6.9%	7.0%	11.5%	4.5%	33.2%
云南	计数	2	5	29	75	65	87	37	300
	占民族需求服务能力文化的百分比	11.8%	45.5%	44.6%	41.7%	33.2%	27.6%	32.5%	33.4%
	占总计的百分比	0.2%	0.6%	3.2%	8.4%	7.2%	9.7%	4.1%	33.4%
广西	计数	11	3	13	43	68	125	37	300
	占民族需求服务能力文化的百分比	64.7%	27.3%	20.0%	23.9%	34.7%	39.7%	32.5%	33.4%
	占总计的百分比	1.2%	0.3%	1.4%	4.8%	7.6%	13.9%	4.1%	33.4%
总计	计数	17	11	65	180	196	315	114	898
	占民族需求服务能力文化的百分比	100.0%	100.0%	100.0%	100.0%	100.0%	100.0%	100.0%	100.0%
	占总计的百分比	1.9%	1.2%	7.2%	20.0%	21.8%	35.1%	12.7%	100.0%

表 3-141 反映出了不同受教育程度受访者对民族需求服务能力中保护民族文化习俗问题的看法情况。经卡方检验，不同受教育程度受访者在民族需求服务能力中保护民族文化习俗的看法上有显著性差异。

表 3-141　不同受教育程度受访者与保护民族文化习俗的交叉列表

教育分组	项　目	民族需求服务能力文字							总计
		完全不同意	不同意	不太同意	说不清	比较同意	同意	非常同意	
未上学	计数	0	0	3	11	8	1	8	31
	占民族需求服务能力文化的百分比	0.0%	0.0%	4.6%	6.1%	4.1%	0.3%	7.0%	3.5%
	占总计的百分比	0.0%	0.0%	0.3%	1.2%	0.9%	0.1%	0.9%	3.5%
小学	计数	1	2	17	40	18	39	20	137
	占民族需求服务能力文化的百分比	5.9%	18.2%	26.2%	22.2%	9.2%	12.4%	17.5%	15.3%
	占总计的百分比	0.1%	0.2%	1.9%	4.5%	2.0%	4.3%	2.2%	15.3%
初中	计数	2	2	11	30	34	66	23	168
	占民族需求服务能力文化的百分比	11.8%	18.2%	16.9%	16.7%	17.3%	21.0%	20.2%	18.7%
	占总计的百分比	0.2%	0.2%	1.2%	3.3%	3.8%	7.3%	2.6%	18.7%
高中	计数	8	4	10	38	44	55	23	182
	占民族需求服务能力文化的百分比	47.1%	36.4%	15.4%	21.1%	22.4%	17.5%	20.2%	20.3%
	占总计的百分比	0.9%	0.4%	1.1%	4.2%	4.9%	6.1%	2.6%	20.3%
专科	计数	4	1	7	29	43	71	19	174
	占民族需求服务能力文化的百分比	23.5%	9.1%	10.8%	16.1%	21.9%	22.5%	16.7%	19.4%
	占总计的百分比	0.4%	0.1%	0.8%	3.2%	4.8%	7.9%	2.1%	19.4%
本科	计数	1	1	14	20	29	49	12	126
	占民族需求服务能力文化的百分比	5.9%	9.1%	21.5%	11.1%	14.8%	15.6%	10.5%	14.0%
	占总计的百分比	0.1%	0.1%	1.6%	2.2%	3.2%	5.5%	1.3%	14.0%
研究生	计数	1	1	3	12	20	34	9	80
	占民族需求服务能力文化的百分比	5.9%	9.1%	4.6%	6.7%	10.2%	10.8%	7.9%	8.9%
	占总计的百分比	0.1%	0.1%	0.3%	1.3%	2.2%	3.8%	1.0%	8.9%

续表

教育分组	项　目	民族需求服务能力文字							总计
		完全不同意	不同意	不太同意	说不清	比较同意	同意	非常同意	
总计	计数	17	11	65	180	196	315	114	898
	占民族需求服务能力文化的百分比	100.0%	100.0%	100.0%	100.0%	100.0%	100.0%	100.0%	100.0%
	占总计的百分比	1.9%	1.2%	7.2%	20.0%	21.8%	35.1%	12.7%	100.0%

表 3-142 反映出了不同收入水平受访者对民族需求服务能力中保护民族文化习俗问题的看法情况。经卡方检验，不同收入水平受访者在民族需求服务能力中保护民族文化习俗的看法上有显著性差异。

表 3-142　不同收入水平受访者与保护民族文化习俗的交叉列表

收入分组	项　目	民族需求服务能力文字							总计
		完全不同意	不同意	不太同意	说不清	比较同意	同意	非常同意	
低收入者	计数	5	2	35	93	71	108	39	353
	占民族需求服务能力文化的百分比	29.4%	18.2%	53.8%	51.7%	36.2%	34.3%	34.2%	39.3%
	占总计的百分比	0.6%	0.2%	3.9%	10.4%	7.9%	12.0%	4.3%	39.3%
中等收入者	计数	10	3	15	50	59	90	43	270
	占民族需求服务能力文化的百分比	58.8%	27.3%	23.1%	27.8%	30.1%	28.6%	37.7%	30.1%
	占总计的百分比	1.1%	0.3%	1.7%	5.6%	6.6%	10.0%	4.8%	30.1%
高收入者	计数	2	6	15	37	66	117	32	275
	占民族需求服务能力文化的百分比	11.8%	54.5%	23.1%	20.6%	33.7%	37.1%	28.1%	30.6%
	占总计的百分比	0.2%	0.7%	1.7%	4.1%	7.3%	13.0%	3.6%	30.6%
总计	计数	17	11	65	180	196	315	114	898
	占民族需求服务能力文化的百分比	100.0%	100.0%	100.0%	100.0%	100.0%	100.0%	100.0%	100.0%
	占总计的百分比	1.9%	1.2%	7.2%	20.0%	21.8%	35.1%	12.7%	100.0%

表 3-143 反映出了不同民族受访者对民族需求服务能力中保护民族文化习俗问题的看法情况。经卡方检验，不同民族受访者在民族需求服务能力中保护民族文化习俗的看

法上有显著性差异。

表 3-143　不同民族受访者与保护民族文化习俗的交叉列表

民族	项目	民族需求服务能力文字							总计
		完全不同意	不同意	不太同意	说不清	比较同意	同意	非常同意	
汉族	计数	6	1	15	63	73	148	27	333
	占民族需求服务能力文化的百分比	35.3%	9.1%	23.1%	35.2%	37.2%	47.0%	23.7%	37.1%
	占总计的百分比	0.7%	0.1%	1.7%	7.0%	8.1%	16.5%	3.0%	37.1%
苗族	计数	0	0	6	18	13	34	11	82
	占民族需求服务能力文化的百分比	0.0%	0.0%	9.2%	10.1%	6.6%	10.8%	9.6%	9.1%
	占总计的百分比	0.0%	0.0%	0.7%	2.0%	1.4%	3.8%	1.2%	9.1%
布依族	计数	0	0	0	1	0	1	1	3
	占民族需求服务能力文化的百分比	0.0%	0.0%	0.0%	0.6%	0.0%	0.3%	0.9%	0.3%
	占总计的百分比	0.0%	0.0%	0.0%	0.1%	0.0%	0.1%	0.1%	0.3%
侗族	计数	5	2	6	14	32	63	22	144
	占民族需求服务能力文化的百分比	29.4%	18.2%	9.2%	7.8%	16.3%	20.0%	19.3%	16.1%
	占总计的百分比	0.6%	0.2%	0.7%	1.6%	3.6%	7.0%	2.5%	16.1%
壮族	计数	3	0	1	21	24	32	8	89
	占民族需求服务能力文化的百分比	17.6%	0.0%	1.5%	11.7%	12.2%	10.2%	7.0%	9.9%
	占总计的百分比	0.3%	0.0%	0.1%	2.3%	2.7%	3.6%	0.9%	9.9%
白族	计数	0	1	5	1	5	5	1	18
	占民族需求服务能力文化的百分比	0.0%	9.1%	7.7%	0.6%	2.6%	1.6%	0.9%	2.0%
	占总计的百分比	0.0%	0.1%	0.6%	0.1%	0.6%	0.6%	0.1%	2.0%
哈尼族	计数	0	0	0	0	1	0	0	1
	占民族需求服务能力文化的百分比	0.0%	0.0%	0.0%	0.0%	0.5%	0.0%	0.0%	0.1%
	占总计的百分比	0.0%	0.0%	0.0%	0.0%	0.1%	0.0%	0.0%	0.1%

续表

民族	项目	民族需求服务能力文字							总计
		完全不同意	不同意	不太同意	说不清	比较同意	同意	非常同意	
彝族	计数	1	4	23	44	23	9	25	129
	占民族需求服务能力文化的百分比	5.9%	36.4%	35.4%	24.6%	11.7%	2.9%	21.9%	14.4%
	占总计的百分比	0.1%	0.4%	2.6%	4.9%	2.6%	1.0%	2.8%	14.4%
瑶族	计数	2	2	8	15	23	19	16	85
	占民族需求服务能力文化的百分比	11.8%	18.2%	12.3%	8.4%	11.7%	6.0%	14.0%	9.5%
	占总计的百分比	0.2%	0.2%	0.9%	1.7%	2.6%	2.1%	1.8%	9.5%
仫佬族	计数	0	0	0	0	0	2	1	3
	占民族需求服务能力文化的百分比	0.0%	0.0%	0.0%	0.0%	0.0%	0.6%	0.9%	0.3%
	占总计的百分比	0.0%	0.0%	0.0%	0.0%	0.0%	0.2%	0.1%	0.3%
回族	计数	0	1	1	2	2	2	1	9
	占民族需求服务能力文化的百分比	0.0%	9.1%	1.5%	1.1%	1.0%	0.6%	0.9%	1.0%
	占总计的百分比	0.0%	0.1%	0.1%	0.2%	0.2%	0.2%	0.1%	1.0%
土家族	计数	0	0	0	0	0	0	1	1
	占民族需求服务能力文化的百分比	0.0%	0.0%	0.0%	0.0%	0.0%	0.0%	0.9%	0.1%
	占总计的百分比	0.0%	0.0%	0.0%	0.0%	0.0%	0.0%	0.1%	0.1%
总计	计数	17	11	65	179	196	315	114	897
	占民族需求服务能力文化的百分比	100.0%	100.0%	100.0%	100.0%	100.0%	100.0%	100.0%	100.0%
	占总计的百分比	1.9%	1.2%	7.2%	20.0%	21.9%	35.1%	12.7%	100.0%

表 3-144 反映出了不同职业受访者对民族需求服务能力中保护民族文化习俗问题的看法情况。经卡方检验，不同职业受访者在民族需求服务能力中保护民族文化习俗的看法上有显著性差异。

表 3-144　不同职业受访者与保护民族文化习俗的交叉列表

职业	项目	民族需求服务能力文字							总计
		完全不同意	不同意	不太同意	说不清	比较同意	同意	非常同意	
农业劳动者	计数	1	4	8	40	20	55	19	147
	占民族需求服务能力文化的百分比	5.9%	36.4%	12.3%	22.3%	10.3%	17.6%	16.8%	16.5%
	占总计的百分比	0.1%	0.4%	0.9%	4.5%	2.2%	6.2%	2.1%	16.5%
企业工人	计数	2	0	8	14	9	15	6	54
	占民族需求服务能力文化的百分比	11.8%	0.0%	12.3%	7.8%	4.6%	4.8%	5.3%	6.1%
	占总计的百分比	0.2%	0.0%	0.9%	1.6%	1.0%	1.7%	0.7%	6.1%
事业单位人员	计数	2	2	20	20	41	58	26	169
	占民族需求服务能力文化的百分比	11.8%	18.2%	30.8%	11.2%	21.1%	18.5%	23.0%	18.9%
	占总计的百分比	0.2%	0.2%	2.2%	2.2%	4.6%	6.5%	2.9%	18.9%
政府机关人员	计数	4	0	1	5	20	42	17	89
	占民族需求服务能力文化的百分比	23.5%	0.0%	1.5%	2.8%	10.3%	13.4%	15.0%	10.0%
	占总计的百分比	0.4%	0.0%	0.1%	0.6%	2.2%	4.7%	1.9%	10.0%
个体劳动者/个体工商户	计数	1	2	5	19	22	36	15	100
	占民族需求服务能力文化的百分比	5.9%	18.2%	7.7%	10.6%	11.3%	11.5%	13.3%	11.2%
	占总计的百分比	0.1%	0.2%	0.6%	2.1%	2.5%	4.0%	1.7%	11.2%
打工者	计数	3	1	11	37	27	37	14	130
	占民族需求服务能力文化的百分比	17.6%	9.1%	16.9%	20.7%	13.9%	11.8%	12.4%	14.6%
	占总计的百分比	0.3%	0.1%	1.2%	4.1%	3.0%	4.1%	1.6%	14.6%
私营企业主	计数	0	1	0	5	5	3	1	15
	占民族需求服务能力文化的百分比	0.0%	9.1%	0.0%	2.8%	2.6%	1.0%	0.9%	1.7%
	占总计的百分比	0.0%	0.1%	0.0%	0.6%	0.6%	0.3%	0.1%	1.7%

续表

职业	项目	民族需求服务能力文字							总计
		完全不同意	不同意	不太同意	说不清	比较同意	同意	非常同意	
学生	计数	3	1	8	29	36	50	7	134
	占民族需求服务能力文化的百分比	17.6%	9.1%	12.3%	16.2%	18.6%	16.0%	6.2%	15.0%
	占总计的百分比	0.3%	0.1%	0.9%	3.3%	4.0%	5.6%	0.8%	15.0%
待业人员	计数	1	0	4	6	6	6	2	25
	占民族需求服务能力文化的百分比	5.9%	0.0%	6.2%	3.4%	3.1%	1.9%	1.8%	2.8%
	占总计的百分比	0.1%	0.0%	0.4%	0.7%	0.7%	0.7%	0.2%	2.8%
退休人员	计数	0	0	0	4	8	10	6	28
	占民族需求服务能力文化的百分比	0.0%	0.0%	0.0%	2.2%	4.1%	3.2%	5.3%	3.1%
	占总计的百分比	0.0%	0.0%	0.0%	0.4%	0.9%	1.1%	0.7%	3.1%
村干部	计数	0	0	0	0	0	1	0	1
	占民族需求服务能力文化的百分比	0.0%	0.0%	0.0%	0.0%	0.0%	0.3%	0.0%	0.1%
	占总计的百分比	0.0%	0.0%	0.0%	0.0%	0.0%	0.1%	0.0%	0.1%
总计	计数	17	11	65	179	194	313	113	892
	占民族需求服务能力文化的百分比	100.0%	100.0%	100.0%	100.0%	100.0%	100.0%	100.0%	100.0%
	占总计的百分比	1.9%	1.2%	7.3%	20.1%	21.7%	35.1%	12.7%	100.0%

表3-145反映出了不同政治面貌受访者对民族需求服务能力中保护民族文化习俗问题的看法情况。经卡方检验，不同政治面貌受访者在民族需求服务能力中保护民族文化习俗的看法上有显著性差异。

表 3-145　不同政治面貌受访者与保护民族文化习俗的交叉列表

政治成分	项　目	民族需求服务能力文字							总计
		完全不同意	不同意	不太同意	说不清	比较同意	同意	非常同意	
中共党员	计数	5	0	15	31	43	76	46	216
	占民族需求服务能力文化的百分比	29.4%	0.0%	23.8%	17.4%	22.3%	24.2%	40.4%	24.3%
	占总计的百分比	0.6%	0.0%	1.7%	3.5%	4.8%	8.5%	5.2%	24.3%
非中共党员	计数	12	11	48	147	150	238	68	674
	占民族需求服务能力文化的百分比	70.6%	100.0%	76.2%	82.6%	77.7%	75.8%	59.6%	75.7%
	占总计的百分比	1.3%	1.2%	5.4%	16.5%	16.9%	26.7%	7.6%	75.7%
总计	计数	17	11	63	178	193	314	114	890
	占民族需求服务能力文化的百分比	100.0%	100.0%	100.0%	100.0%	100.0%	100.0%	100.0%	100.0%
	占总计的百分比	1.9%	1.2%	7.1%	20.0%	21.7%	35.3%	12.8%	100.0%

表 3-146 反映出了不同婚姻状况受访者对民族需求服务能力中保护民族文化习俗问题的看法情况。经卡方检验，不同婚姻状况受访者在民族需求服务能力中保护民族文化习俗的看法上有显著性差异。

表 3-146　不同婚姻状况受访者与保护民族文化习俗的交叉列表

婚否	项　目	民族需求服务能力文字							总计
		完全不同意	不同意	不太同意	说不清	比较同意	同意	非常同意	
已婚	计数	11	10	42	121	112	192	88	576
	占民族需求服务能力文化的百分比	64.7%	90.9%	66.7%	67.6%	57.7%	61.7%	79.3%	65.0%
	占总计的百分比	1.2%	1.1%	4.7%	13.7%	12.6%	21.7%	9.9%	65.0%
未婚	计数	6	1	21	58	82	119	23	310
	占民族需求服务能力文化的百分比	35.3%	9.1%	33.3%	32.4%	42.3%	38.3%	20.7%	35.0%
	占总计的百分比	0.7%	0.1%	2.4%	6.5%	9.3%	13.4%	2.6%	35.0%

续表

婚否 \ 项目		民族需求服务能力文字							总计
		完全不同意	不同意	不太同意	说不清	比较同意	同意	非常同意	
总计	计数	17	11	63	179	194	311	111	886
	占民族需求服务能力文化的百分比	100.0%	100.0%	100.0%	100.0%	100.0%	100.0%	100.0%	100.0%
	占总计的百分比	1.9%	1.2%	7.1%	20.2%	21.9%	35.1%	12.5%	100.0%

3. 民族宗教信仰服务能力

题项“本地区，民族自己的宗教信仰是受政府保护和尊重的”是用来测量西部地区贫困县民众对民族需求服务能力的看法，侧重于考察的是对民族宗教的保护和尊重问题。经统计，选“完全不同意”的有 10 人，占比 1.1%，选“不同意”的有 14 人，占比 1.6%，选“不太同意”的有 23 人，占比 2.6%，选“说不清”的有 185 人，占比 20.6%，选“比较同意”的有 217 人，占比 24.2%，选“同意”的有 331 人，占比 36.9%，选“非常同意”的有 118 人，占比 13.1%（如图 3-20 所示）。这表明，有超过六成的受访者认为西部地区贫困县政府在民族需求服务能力中保护和尊重民族宗教信仰上表现好，认为保护和尊重民族宗教信仰上表现不好的受访者占一成多，也有两成多的人不愿意发表意见。

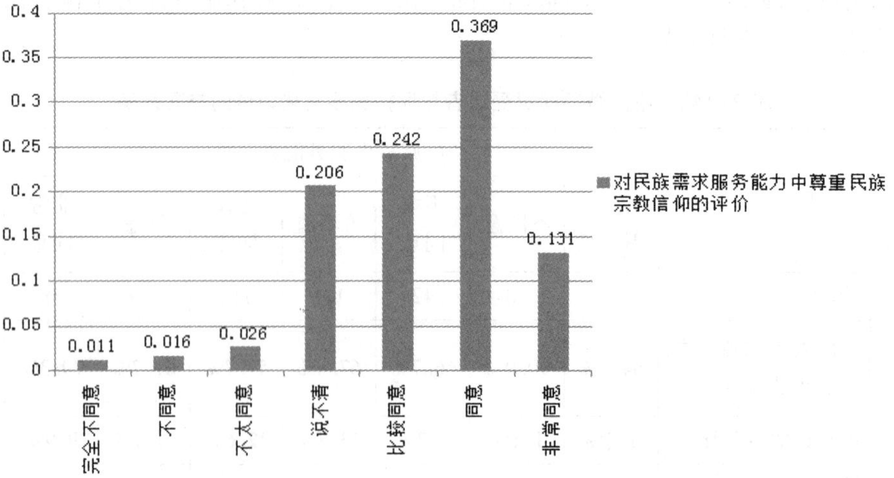

图 3-20　对民族需求服务能力之民族宗教信仰的看法

表 3-147 反映出了不同省份受访者对民族需求服务能力中尊重民族宗教信仰问题的看法情况。经卡方检验，不同省份受访者在民族需求服务能力中尊重民族宗教信仰的看法上有显著性差异。

表 3-147　不同省份受访者与尊重民族宗教信仰的交叉列表

省份	项目	民族需求服务能力宗教							总计
		完全不同意	不同意	不太同意	说不清	比较同意	同意	非常同意	
贵州	计数	1	4	9	63	81	101	39	298
	占民族需求服务能力宗教的百分比	10.0%	28.6%	39.1%	34.1%	37.3%	30.5%	33.1%	33.2%
	占总计的百分比	0.1%	0.4%	1.0%	7.0%	9.0%	11.2%	4.3%	33.2%
云南	计数	2	1	4	74	71	107	41	300
	占民族需求服务能力宗教的百分比	20.0%	7.1%	17.4%	40.0%	32.7%	32.3%	34.7%	33.4%
	占总计的百分比	0.2%	0.1%	0.4%	8.2%	7.9%	11.9%	4.6%	33.4%
广西	计数	7	9	10	48	65	123	38	300
	占民族需求服务能力宗教的百分比	70.0%	64.3%	43.5%	25.9%	30.0%	37.2%	32.2%	33.4%
	占总计的百分比	0.8%	1.0%	1.1%	5.3%	7.2%	13.7%	4.2%	33.4%
总计	计数	10	14	23	185	217	331	118	898
	占民族需求服务能力宗教的百分比	100.0%	100.0%	100.0%	100.0%	100.0%	100.0%	100.0%	100.0%
	占总计的百分比	1.1%	1.6%	2.6%	20.6%	24.2%	36.9%	13.1%	100.0%

表 3-148 反映出了不同受教育程度受访者对民族需求服务能力中尊重民族宗教信仰问题的看法情况。经卡方检验，不同受教育程度受访者在民族需求服务能力中尊重民族宗教信仰的看法上有显著性差异。

表 3-148　不同受教育程度受访者与尊重民族宗教信仰的交叉列表

教育分组	项目	民族需求服务能力宗教							总计
		完全不同意	不同意	不太同意	说不清	比较同意	同意	非常同意	
未上学	计数	0	1	0	11	5	7	7	31
	占民族需求服务能力宗教的百分比	0.0%	7.1%	0.0%	5.9%	2.3%	2.1%	5.9%	3.5%
	占总计的百分比	0.0%	0.1%	0.0%	1.2%	0.6%	0.8%	0.8%	3.5%

续表

教育分组	项目	民族需求服务能力宗教							总计
		完全不同意	不同意	不太同意	说不清	比较同意	同意	非常同意	
小学	计数	1	2	2	38	33	43	18	137
	占民族需求服务能力宗教的百分比	10.0%	14.3%	8.7%	20.5%	15.2%	13.0%	15.3%	15.3%
	占总计的百分比	0.1%	0.2%	0.2%	4.2%	3.7%	4.8%	2.0%	15.3%
初中	计数	0	3	5	33	33	63	31	168
	占民族需求服务能力宗教的百分比	0.0%	21.4%	21.7%	17.8%	15.2%	19.0%	26.3%	18.7%
	占总计的百分比	0.0%	0.3%	0.6%	3.7%	3.7%	7.0%	3.5%	18.7%
高中	计数	4	2	5	48	42	63	18	182
	占民族需求服务能力宗教的百分比	40.0%	14.3%	21.7%	25.9%	19.4%	19.0%	15.3%	20.3%
	占总计的百分比	0.4%	0.2%	0.6%	5.3%	4.7%	7.0%	2.0%	20.3%
专科	计数	4	5	6	20	41	78	20	174
	占民族需求服务能力宗教的百分比	40.0%	35.7%	26.1%	10.8%	18.9%	23.6%	16.9%	19.4%
	占总计的百分比	0.4%	0.6%	0.7%	2.2%	4.6%	8.7%	2.2%	19.4%
本科	计数	1	0	2	23	38	48	14	126
	占民族需求服务能力宗教的百分比	10.0%	0.0%	8.7%	12.4%	17.5%	14.5%	11.9%	14.0%
	占总计的百分比	0.1%	0.0%	0.2%	2.6%	4.2%	5.3%	1.6%	14.0%
研究生	计数	0	1	3	12	25	29	10	80
	占民族需求服务能力宗教的百分比	0.0%	7.1%	13.0%	6.5%	11.5%	8.8%	8.5%	8.9%
	占总计的百分比	0.0%	0.1%	0.3%	1.3%	2.8%	3.2%	1.1%	8.9%
总计	计数	10	14	23	185	217	331	118	898
	占民族需求服务能力宗教的百分比	100.0%	100.0%	100.0%	100.0%	100.0%	100.0%	100.0%	100.0%
	占总计的百分比	1.1%	1.6%	2.6%	20.6%	24.2%	36.9%	13.1%	100.0%

表 3-149 反映出了不同收入水平受访者对民族需求服务能力中尊重民族宗教信仰问题的看法情况。经卡方检验，不同收入水平受访者在民族需求服务能力中尊重民族宗教信仰的看法上有显著性差异。

表 3-149　不同收入水平受访者与尊重民族宗教信仰的交叉列表

收入分组	项　目	民族需求服务能力宗教							总计
		完全不同意	不同意	不太同意	说不清	比较同意	同意	非常同意	
低收入者	计数	4	5	12	92	75	121	44	353
	占民族需求服务能力宗教的百分比	40.0%	35.7%	52.2%	49.7%	34.6%	36.6%	37.3%	39.3%
	占总计的百分比	0.4%	0.6%	1.3%	10.2%	8.4%	13.5%	4.9%	39.3%
中等收入者	计数	4	7	5	56	62	93	43	270
	占民族需求服务能力宗教的百分比	40.0%	50.0%	21.7%	30.3%	28.6%	28.1%	36.4%	30.1%
	占总计的百分比	0.4%	0.8%	0.6%	6.2%	6.9%	10.4%	4.8%	30.1%
高收入者	计数	2	2	6	37	80	117	31	275
	占民族需求服务能力宗教的百分比	20.0%	14.3%	26.1%	20.0%	36.9%	35.3%	26.3%	30.6%
	占总计的百分比	0.2%	0.2%	0.7%	4.1%	8.9%	13.0%	3.5%	30.6%
总计	计数	10	14	23	185	217	331	118	898
	占民族需求服务能力宗教的百分比	100.0%	100.0%	100.0%	100.0%	100.0%	100.0%	100.0%	100.0%
	占总计的百分比	1.1%	1.6%	2.6%	20.6%	24.2%	36.9%	13.1%	100.0%

表 3-150 反映出了不同民族受访者对民族需求服务能力中尊重民族宗教信仰问题的看法情况。经卡方检验，不同民族受访者在民族需求服务能力中尊重民族宗教信仰的看法上有显著性差异。

表 3-150　不同民族受访者与尊重民族宗教信仰的交叉列表

民族	项　目	民族需求服务能力宗教							总计
		完全不同意	不同意	不太同意	说不清	比较同意	同意	非常同意	
汉族	计数	4	3	4	65	84	141	32	333
	占民族需求服务能力宗教的百分比	40.0%	21.4%	17.4%	35.3%	38.7%	42.6%	27.1%	37.1%
	占总计的百分比	0.4%	0.3%	0.4%	7.2%	9.4%	15.7%	3.6%	37.1%

续表

民族	项目	民族需求服务能力宗教							总计
		完全不同意	不同意	不太同意	说不清	比较同意	同意	非常同意	
苗族	计数	0	1	3	21	13	30	14	82
	占民族需求服务能力宗教的百分比	0.0%	7.1%	13.0%	11.4%	6.0%	9.1%	11.9%	9.1%
	占总计的百分比	0.0%	0.1%	0.3%	2.3%	1.4%	3.3%	1.6%	9.1%
布依族	计数	0	0	1	0	0	1	1	3
	占民族需求服务能力宗教的百分比	0.0%	0.0%	4.3%	0.0%	0.0%	0.3%	0.8%	0.3%
	占总计的百分比	0.0%	0.0%	0.1%	0.0%	0.0%	0.1%	0.1%	0.3%
侗族	计数	4	2	5	15	39	62	17	144
	占民族需求服务能力宗教的百分比	40.0%	14.3%	21.7%	8.2%	18.0%	18.7%	14.4%	16.1%
	占总计的百分比	0.4%	0.2%	0.6%	1.7%	4.3%	6.9%	1.9%	16.1%
壮族	计数	0	5	1	21	19	34	9	89
	占民族需求服务能力宗教的百分比	0.0%	35.7%	4.3%	11.4%	8.8%	10.3%	7.6%	9.9%
	占总计的百分比	0.0%	0.6%	0.1%	2.3%	2.1%	3.8%	1.0%	9.9%
白族	计数	0	0	2	3	5	8	0	18
	占民族需求服务能力宗教的百分比	0.0%	0.0%	8.7%	1.6%	2.3%	2.4%	0.0%	2.0%
	占总计的百分比	0.0%	0.0%	0.2%	0.3%	0.6%	0.9%	0.0%	2.0%
哈尼族	计数	0	0	0	0	1	0	0	1
	占民族需求服务能力宗教的百分比	0.0%	0.0%	0.0%	0.0%	0.5%	0.0%	0.0%	0.1%
	占总计的百分比	0.0%	0.0%	0.0%	0.0%	0.1%	0.0%	0.0%	0.1%
彝族	计数	0	0	2	42	33	25	27	129
	占民族需求服务能力宗教的百分比	0.0%	0.0%	8.7%	22.8%	15.2%	7.6%	22.9%	14.4%
	占总计的百分比	0.0%	0.0%	0.2%	4.7%	3.7%	2.8%	3.0%	14.4%

续表

民族	项目	民族需求服务能力宗教							总计
		完全不同意	不同意	不太同意	说不清	比较同意	同意	非常同意	
瑶族	计数	2	2	5	15	21	22	18	85
	占民族需求服务能力宗教的百分比	20.0%	14.3%	21.7%	8.2%	9.7%	6.6%	15.3%	9.5%
	占总计的百分比	0.2%	0.2%	0.6%	1.7%	2.3%	2.5%	2.0%	9.5%
仫佬族	计数	0	0	0	0	0	3	0	3
	占民族需求服务能力宗教的百分比	0.0%	0.0%	0.0%	0.0%	0.0%	0.9%	0.0%	0.3%
	占总计的百分比	0.0%	0.0%	0.0%	0.0%	0.0%	0.3%	0.0%	0.3%
回族	计数	0	1	0	2	2	4	0	9
	占民族需求服务能力宗教的百分比	0.0%	7.1%	0.0%	1.1%	0.9%	1.2%	0.0%	1.0%
	占总计的百分比	0.0%	0.1%	0.0%	0.2%	0.2%	0.4%	0.0%	1.0%
土家族	计数	0	0	0	0	0	1	0	1
	占民族需求服务能力宗教的百分比	0.0%	0.0%	0.0%	0.0%	0.0%	0.3%	0.0%	0.1%
	占总计的百分比	0.0%	0.0%	0.0%	0.0%	0.0%	0.1%	0.0%	0.1%
总计	计数	10	14	23	184	217	331	118	897
	占民族需求服务能力宗教的百分比	100.0%	100.0%	100.0%	100.0%	100.0%	100.0%	100.0%	100.0%
	占总计的百分比	1.1%	1.6%	2.6%	20.5%	24.2%	36.9%	13.2%	100.0%

表3-151反映出了不同职业受访者对民族需求服务能力中尊重民族宗教信仰问题的看法情况。经卡方检验，不同职业受访者在民族需求服务能力中尊重民族宗教信仰的看法上有显著性差异。

表 3-151　不同职业受访者与尊重民族宗教信仰的交叉列表

职业	项目	民族需求服务能力宗教							总计
		完全不同意	不同意	不太同意	说不清	比较同意	同意	非常同意	
农业劳动者	计数	0	2	1	42	25	58	19	147
	占民族需求服务能力宗教的百分比	0.0%	14.3%	4.3%	23.0%	11.6%	17.7%	16.1%	16.5%
	占总计的百分比	0.0%	0.2%	0.1%	4.7%	2.8%	6.5%	2.1%	16.5%
企业工人	计数	1	0	3	18	13	15	4	54
	占民族需求服务能力宗教的百分比	10.0%	0.0%	13.0%	9.8%	6.0%	4.6%	3.4%	6.1%
	占总计的百分比	0.1%	0.0%	0.3%	2.0%	1.5%	1.7%	0.4%	6.1%
事业单位人员	计数	2	3	2	22	52	63	25	169
	占民族需求服务能力宗教的百分比	20.0%	21.4%	8.7%	12.0%	24.1%	19.2%	21.2%	18.9%
	占总计的百分比	0.2%	0.3%	0.2%	2.5%	5.8%	7.1%	2.8%	18.9%
政府机关人员	计数	3	0	1	4	22	40	19	89
	占民族需求服务能力宗教的百分比	30.0%	0.0%	4.3%	2.2%	10.2%	12.2%	16.1%	10.0%
	占总计的百分比	0.3%	0.0%	0.1%	0.4%	2.5%	4.5%	2.1%	10.0%
个体劳动者/个体工商户	计数	1	1	3	26	20	36	13	100
	占民族需求服务能力宗教的百分比	10.0%	7.1%	13.0%	14.2%	9.3%	11.0%	11.0%	11.2%
	占总计的百分比	0.1%	0.1%	0.3%	2.9%	2.2%	4.0%	1.5%	11.2%
打工者	计数	0	4	3	31	34	44	14	130
	占民族需求服务能力宗教的百分比	0.0%	28.6%	13.0%	16.9%	15.7%	13.4%	11.9%	14.6%
	占总计的百分比	0.0%	0.4%	0.3%	3.5%	3.8%	4.9%	1.6%	14.6%
私营企业主	计数	0	0	0	7	5	2	1	15
	占民族需求服务能力宗教的百分比	0.0%	0.0%	0.0%	3.8%	2.3%	0.6%	0.8%	1.7%
	占总计的百分比	0.0%	0.0%	0.0%	0.8%	0.6%	0.2%	0.1%	1.7%

续表

职业 \ 项目		民族需求服务能力宗教							总计
		完全不同意	不同意	不太同意	说不清	比较同意	同意	非常同意	
学生	计数	3	3	7	25	34	49	13	134
	占民族需求服务能力宗教的百分比	30.0%	21.4%	30.4%	13.7%	15.7%	14.9%	11.0%	15.0%
	占总计的百分比	0.3%	0.3%	0.8%	2.8%	3.8%	5.5%	1.5%	15.0%
待业人员	计数	0	1	3	6	3	9	3	25
	占民族需求服务能力宗教的百分比	0.0%	7.1%	13.0%	3.3%	1.4%	2.7%	2.5%	2.8%
	占总计的百分比	0.0%	0.1%	0.3%	0.7%	0.3%	1.0%	0.3%	2.8%
退休人员	计数	0	0	0	2	8	11	7	28
	占民族需求服务能力宗教的百分比	0.0%	0.0%	0.0%	1.1%	3.7%	3.4%	5.9%	3.1%
	占总计的百分比	0.0%	0.0%	0.0%	0.2%	0.9%	1.2%	0.8%	3.1%
村干部	计数	0	0	0	0	0	1	0	1
	占民族需求服务能力宗教的百分比	0.0%	0.0%	0.0%	0.0%	0.0%	0.3%	0.0%	0.1%
	占总计的百分比	0.0%	0.0%	0.0%	0.0%	0.0%	0.1%	0.0%	0.1%
总计	计数	10	14	23	183	216	328	118	892
	占民族需求服务能力宗教的百分比	100.0%	100.0%	100.0%	100.0%	100.0%	100.0%	100.0%	100.0%
	占总计的百分比	1.1%	1.6%	2.6%	20.5%	24.2%	36.8%	13.2%	100.0%

表3-152反映出了不同政治面貌受访者对民族需求服务能力中尊重民族宗教信仰问题的看法情况。经卡方检验，不同政治面貌受访者在民族需求服务能力中尊重民族宗教信仰的看法上有显著性差异。

表 3-152　不同政治面貌受访者与尊重民族宗教信仰的交叉列表

政治成分	项　目	民族需求服务能力宗教							总计
		完全不同意	不同意	不太同意	说不清	比较同意	同意	非常同意	
中共党员	计数	4	2	3	34	47	84	42	216
	占民族需求服务能力宗教的百分比	40.0%	14.3%	13.0%	18.8%	22.0%	25.5%	35.6%	24.3%
	占总计的百分比	0.4%	0.2%	0.3%	3.8%	5.3%	9.4%	4.7%	24.3%
非中共党员	计数	6	12	20	147	167	246	76	674
	占民族需求服务能力宗教的百分比	60.0%	85.7%	87.0%	81.2%	78.0%	74.5%	64.4%	75.7%
	占总计的百分比	0.7%	1.3%	2.2%	16.5%	18.8%	27.6%	8.5%	75.7%
总计	计数	10	14	23	181	214	330	118	890
	占民族需求服务能力宗教的百分比	100.0%	100.0%	100.0%	100.0%	100.0%	100.0%	100.0%	100.0%
	占总计的百分比	1.1%	1.6%	2.6%	20.3%	24.0%	37.1%	13.3%	100.0%

表 3-153 反映出了不同婚姻状况受访者对民族需求服务能力中尊重民族宗教信仰问题的看法情况。经卡方检验，不同婚姻状况受访者在民族需求服务能力中尊重民族宗教信仰的看法上有显著性差异。

表 3-153　不同婚姻状况受访者与尊重民族宗教信仰的交叉列表

婚否	项　目	民族需求服务能力宗教							总计
		完全不同意	不同意	不太同意	说不清	比较同意	同意	非常同意	
已婚	计数	7	9	7	122	132	212	87	576
	占民族需求服务能力宗教的百分比	70.0%	64.3%	30.4%	67.0%	61.4%	65.0%	75.0%	65.0%
	占总计的百分比	0.8%	1.0%	0.8%	13.8%	14.9%	23.9%	9.8%	65.0%
未婚	计数	3	5	16	60	83	114	29	310
	占民族需求服务能力宗教的百分比	30.0%	35.7%	69.6%	33.0%	38.6%	35.0%	25.0%	35.0%
	占总计的百分比	0.3%	0.6%	1.8%	6.8%	9.4%	12.9%	3.3%	35.0%

续表

婚否 \ 项目		民族需求服务能力宗教							总计
		完全不同意	不同意	不太同意	说不清	比较同意	同意	非常同意	
总计	计数	10	14	23	182	215	326	116	886
	占民族需求服务能力宗教的百分比	100.0%	100.0%	100.0%	100.0%	100.0%	100.0%	100.0%	100.0%
	占总计的百分比	1.1%	1.6%	2.6%	20.5%	24.3%	36.8%	13.1%	100.0%

4. 民族贫困治理能力

题项“政府在努力解决贫困问题，使老百姓过上好日子”是用来测量西部地区贫困县民众对民族需求服务能力的看法，侧重于考察的是对贫困问题的治理问题。经统计，选“完全不同意”的有 14 人，占比 1.6%，选“不同意”的有 12 人，占比 1.3%，选“不太同意”的有 44 人，占比 4.9%，选“说不清”的有 123 人，占比 13.7%，选“比较同意”的有 237 人，占比 26.4%，选“同意”的有 345 人，占比 38.4%，选“非常同意”的有 123 人，占比 13.7%（如图 3-21 所示）。这表明，有接近八成的受访者认为西部地区贫困县政府在民族需求服务能力中消除贫困上表现好，认为消除贫困上表现不好的受访者不足一成多，也有一成多的人不愿意发表意见，可见，虽然贫困问题在西部地区贫困县中占有极为特殊的位置，但是，政府一直致力于解决民族地区贫困问题受到各族群众较大程度的认同，尤其是，进入新时代以来，精准扶贫战略更是让西部广大民族地区贫困县的民众受到大力帮扶和有效脱贫，取得的成绩有目共睹，这使得受访者对民族需求服务中较为迫切的贫困治理问题给予了很高的积极评价。

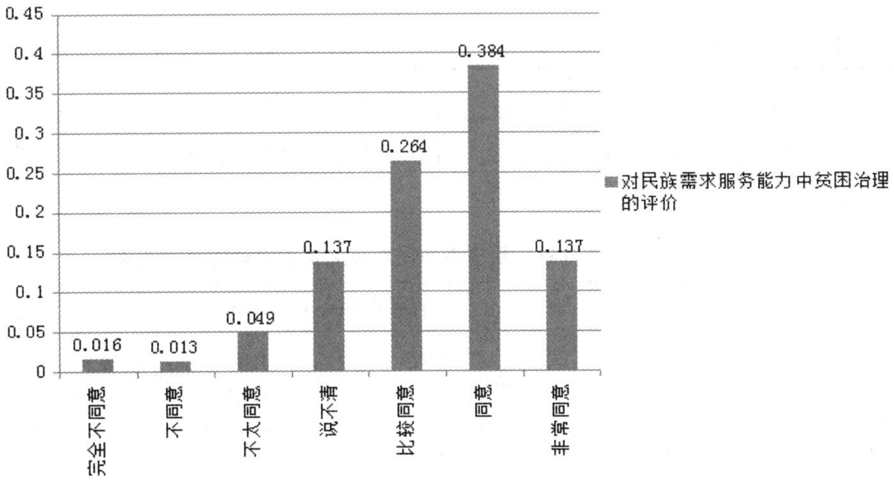

图 3-21　对民族需求服务能力之民族贫困治理的看法

表 3-154 反映出了不同省份受访者对民族需求服务能力中贫困治理问题的看法情况。经卡方检验，不同省份受访者在民族需求服务能力中贫困治理的看法上有显著性差异。

表 3-154　不同省份受访者与民族地区贫困治理的交叉列表

省份	项目	民族需求服务能力贫困							总计
		完全不同意	不同意	不太同意	说不清	比较同意	同意	非常同意	
贵州	计数	0	3	23	46	101	87	38	298
	占民族需求服务能力贫困的百分比	0.0%	25.0%	52.3%	37.4%	42.6%	25.2%	30.9%	33.2%
	占总计的百分比	0.0%	0.3%	2.6%	5.1%	11.2%	9.7%	4.2%	33.2%
云南	计数	4	1	7	37	59	147	45	300
	占民族需求服务能力贫困的百分比	28.6%	8.3%	15.9%	30.1%	24.9%	42.6%	36.6%	33.4%
	占总计的百分比	0.4%	0.1%	0.8%	4.1%	6.6%	16.4%	5.0%	33.4%
广西	计数	10	8	14	40	77	111	40	300
	占民族需求服务能力贫困的百分比	71.4%	66.7%	31.8%	32.5%	32.5%	32.2%	32.5%	33.4%
	占总计的百分比	1.1%	0.9%	1.6%	4.5%	8.6%	12.4%	4.5%	33.4%
总计	计数	14	12	44	123	237	345	123	898
	占民族需求服务能力贫困的百分比	100.0%	100.0%	100.0%	100.0%	100.0%	100.0%	100.0%	100.0%
	占总计的百分比	1.6%	1.3%	4.9%	13.7%	26.4%	38.4%	13.7%	100.0%

表 3-155 反映出了不同受教育程度受访者对民族需求服务能力中贫困治理问题的看法情况。经卡方检验，不同受教育程度受访者在民族需求服务能力中贫困治理的看法上有显著性差异。

表 3-155　不同受教育程度受访者与民族地区贫困治理的交叉列表

教育分组	项目	民族需求服务能力贫困							总计
		完全不同意	不同意	不太同意	说不清	比较同意	同意	非常同意	
未上学	计数	0	1	1	7	5	16	1	31
	占民族需求服务能力贫困的百分比	0.0%	8.3%	2.3%	5.7%	2.1%	4.6%	0.8%	3.5%
	占总计的百分比	0.0%	0.1%	0.1%	0.8%	0.6%	1.8%	0.1%	3.5%

续表

教育分组	项　目	民族需求服务能力贫困							总计
		完全不同意	不同意	不太同意	说不清	比较同意	同意	非常同意	
小学	计数	2	0	8	15	38	69	5	137
	占民族需求服务能力贫困的百分比	14.3%	0.0%	18.2%	12.2%	16.0%	20.0%	4.1%	15.3%
	占总计的百分比	0.2%	0.0%	0.9%	1.7%	4.2%	7.7%	0.6%	15.3%
初中	计数	2	4	5	24	39	64	30	168
	占民族需求服务能力贫困的百分比	14.3%	33.3%	11.4%	19.5%	16.5%	18.6%	24.4%	18.7%
	占总计的百分比	0.2%	0.4%	0.6%	2.7%	4.3%	7.1%	3.3%	18.7%
高中	计数	6	2	10	33	48	54	29	182
	占民族需求服务能力贫困的百分比	42.9%	16.7%	22.7%	26.8%	20.3%	15.7%	23.6%	20.3%
	占总计的百分比	0.7%	0.2%	1.1%	3.7%	5.3%	6.0%	3.2%	20.3%
专科	计数	3	3	11	24	46	62	25	174
	占民族需求服务能力贫困的百分比	21.4%	25.0%	25.0%	19.5%	19.4%	18.0%	20.3%	19.4%
	占总计的百分比	0.3%	0.3%	1.2%	2.7%	5.1%	6.9%	2.8%	19.4%
本科	计数	0	0	5	13	39	47	22	126
	占民族需求服务能力贫困的百分比	0.0%	0.0%	11.4%	10.6%	16.5%	13.6%	17.9%	14.0%
	占总计的百分比	0.0%	0.0%	0.6%	1.4%	4.3%	5.2%	2.4%	14.0%
研究生	计数	1	2	4	7	22	33	11	80
	占民族需求服务能力贫困的百分比	7.1%	16.7%	9.1%	5.7%	9.3%	9.6%	8.9%	8.9%
	占总计的百分比	0.1%	0.2%	0.4%	0.8%	2.4%	3.7%	1.2%	8.9%
总计	计数	14	12	44	123	237	345	123	898
	占民族需求服务能力贫困的百分比	100.0%	100.0%	100.0%	100.0%	100.0%	100.0%	100.0%	100.0%
	占总计的百分比	1.6%	1.3%	4.9%	13.7%	26.4%	38.4%	13.7%	100.0%

表 3-156 反映出了不同收入水平受访者对民族需求服务能力中贫困治理问题的看法情况。经卡方检验，不同收入水平受访者在民族需求服务能力中贫困治理的看法上有显著性差异。

表 3-156　不同收入水平受访者与民族地区贫困治理的交叉列表

收入分组	项　目	民族需求服务能力贫困							总计
		完全不同意	不同意	不太同意	说不清	比较同意	同意	非常同意	
低收入者	计数	5	5	21	56	86	149	31	353
	占民族需求服务能力贫困的百分比	35.7%	41.7%	47.7%	45.5%	36.3%	43.2%	25.2%	39.3%
	占总计的百分比	0.6%	0.6%	2.3%	6.2%	9.6%	16.6%	3.5%	39.3%
中等收入者	计数	7	3	10	41	75	80	54	270
	占民族需求服务能力贫困的百分比	50.0%	25.0%	22.7%	33.3%	31.6%	23.2%	43.9%	30.1%
	占总计的百分比	0.8%	0.3%	1.1%	4.6%	8.4%	8.9%	6.0%	30.1%
高收入者	计数	2	4	13	26	76	116	38	275
	占民族需求服务能力贫困的百分比	14.3%	33.3%	29.5%	21.1%	32.1%	33.6%	30.9%	30.6%
	占总计的百分比	0.2%	0.4%	1.4%	2.9%	8.5%	12.9%	4.2%	30.6%
总计	计数	14	12	44	123	237	345	123	898
	占民族需求服务能力贫困的百分比	100.0%	100.0%	100.0%	100.0%	100.0%	100.0%	100.0%	100.0%
	占总计的百分比	1.6%	1.3%	4.9%	13.7%	26.4%	38.4%	13.7%	100.0%

表 3-157 反映出了不同民族受访者对民族需求服务能力中贫困治理问题的看法情况。经卡方检验，不同民族受访者在民族需求服务能力中贫困治理的看法上有显著性差异。

表 3-157　不同民族受访者与民族地区贫困治理的交叉列表

民族	项　目	民族需求服务能力贫困							总计
		完全不同意	不同意	不太同意	说不清	比较同意	同意	非常同意	
汉族	计数	4	3	15	38	91	134	48	333
	占民族需求服务能力贫困的百分比	28.6%	25.0%	34.1%	31.1%	38.4%	38.8%	39.0%	37.1%
	占总计的百分比	0.4%	0.3%	1.7%	4.2%	10.1%	14.9%	5.4%	37.1%

续表

民族	项　目	民族需求服务能力贫困							总计
		完全不同意	不同意	不太同意	说不清	比较同意	同意	非常同意	
苗族	计数	0	0	10	14	18	26	14	82
	占民族需求服务能力贫困的百分比	0.0%	0.0%	22.7%	11.5%	7.6%	7.5%	11.4%	9.1%
	占总计的百分比	0.0%	0.0%	1.1%	1.6%	2.0%	2.9%	1.6%	9.1%
布依族	计数	0	0	1	0	1	0	1	3
	占民族需求服务能力贫困的百分比	0.0%	0.0%	2.3%	0.0%	0.4%	0.0%	0.8%	0.3%
	占总计的百分比	0.0%	0.0%	0.1%	0.0%	0.1%	0.0%	0.1%	0.3%
侗族	计数	5	2	6	14	43	57	17	144
	占民族需求服务能力贫困的百分比	35.7%	16.7%	13.6%	11.5%	18.1%	16.5%	13.8%	16.1%
	占总计的百分比	0.6%	0.2%	0.7%	1.6%	4.8%	6.4%	1.9%	16.1%
壮族	计数	1	3	2	18	25	27	13	89
	占民族需求服务能力贫困的百分比	7.1%	25.0%	4.5%	14.8%	10.5%	7.8%	10.6%	9.9%
	占总计的百分比	0.1%	0.3%	0.2%	2.0%	2.8%	3.0%	1.4%	9.9%
白族	计数	2	1	1	1	3	5	5	18
	占民族需求服务能力贫困的百分比	14.3%	8.3%	2.3%	0.8%	1.3%	1.4%	4.1%	2.0%
	占总计的百分比	0.2%	0.1%	0.1%	0.1%	0.3%	0.6%	0.6%	2.0%
哈尼族	计数	0	0	0	0	1	0	0	1
	占民族需求服务能力贫困的百分比	0.0%	0.0%	0.0%	0.0%	0.4%	0.0%	0.0%	0.1%
	占总计的百分比	0.0%	0.0%	0.0%	0.0%	0.1%	0.0%	0.0%	0.1%
彝族	计数	0	1	3	21	30	70	4	129
	占民族需求服务能力贫困的百分比	0.0%	8.3%	6.8%	17.2%	12.7%	20.3%	3.3%	14.4%
	占总计的百分比	0.0%	0.1%	0.3%	2.3%	3.3%	7.8%	0.4%	14.4%

续表

民族	项目	民族需求服务能力贫困							总计
		完全不同意	不同意	不太同意	说不清	比较同意	同意	非常同意	
瑶族	计数	2	2	5	16	24	17	19	85
	占民族需求服务能力贫困的百分比	14.3%	16.7%	11.4%	13.1%	10.1%	4.9%	15.4%	9.5%
	占总计的百分比	0.2%	0.2%	0.6%	1.8%	2.7%	1.9%	2.1%	9.5%
仫佬族	计数	0	0	0	0	0	3	0	3
	占民族需求服务能力贫困的百分比	0.0%	0.0%	0.0%	0.0%	0.0%	0.9%	0.0%	0.3%
	占总计的百分比	0.0%	0.0%	0.0%	0.0%	0.0%	0.3%	0.0%	0.3%
回族	计数	0	0	1	0	1	6	1	9
	占民族需求服务能力贫困的百分比	0.0%	0.0%	2.3%	0.0%	0.4%	1.7%	0.8%	1.0%
	占总计的百分比	0.0%	0.0%	0.1%	0.0%	0.1%	0.7%	0.1%	1.0%
土家族	计数	0	0	0	0	0	0	1	1
	占民族需求服务能力贫困的百分比	0.0%	0.0%	0.0%	0.0%	0.0%	0.0%	0.8%	0.1%
	占总计的百分比	0.0%	0.0%	0.0%	0.0%	0.0%	0.0%	0.1%	0.1%
总计	计数	14	12	44	122	237	345	123	897
	占民族需求服务能力贫困的百分比	100.0%	100.0%	100.0%	100.0%	100.0%	100.0%	100.0%	100.0%
	占总计的百分比	1.6%	1.3%	4.9%	13.6%	26.4%	38.5%	13.7%	100.0%

表3-158反映出了不同职业受访者对民族需求服务能力中贫困治理问题的看法情况。经卡方检验，不同职业受访者在民族需求服务能力中贫困治理的看法上有显著性差异。

表 3-158　不同职业受访者与民族地区贫困治理的交叉列表

职业	项目	民族需求服务能力贫困							总计
		完全不同意	不同意	不太同意	说不清	比较同意	同意	非常同意	
农业劳动者	计数	1	2	7	22	35	68	12	147
	占民族需求服务能力贫困的百分比	7.1%	16.7%	15.9%	18.3%	14.8%	19.8%	9.8%	16.5%
	占总计的百分比	0.1%	0.2%	0.8%	2.5%	3.9%	7.6%	1.3%	16.5%
企业工人	计数	1	0	4	9	17	12	11	54
	占民族需求服务能力贫困的百分比	7.1%	0.0%	9.1%	7.5%	7.2%	3.5%	9.0%	6.1%
	占总计的百分比	0.1%	0.0%	0.4%	1.0%	1.9%	1.3%	1.2%	6.1%
事业单位人员	计数	2	2	5	17	50	70	23	169
	占民族需求服务能力贫困的百分比	14.3%	16.7%	11.4%	14.2%	21.1%	20.4%	18.9%	18.9%
	占总计的百分比	0.2%	0.2%	0.6%	1.9%	5.6%	7.8%	2.6%	18.9%
政府机关人员	计数	4	1	1	1	16	44	22	89
	占民族需求服务能力贫困的百分比	28.6%	8.3%	2.3%	0.8%	6.8%	12.8%	18.0%	10.0%
	占总计的百分比	0.4%	0.1%	0.1%	0.1%	1.8%	4.9%	2.5%	10.0%
个体劳动者/个体工商户	计数	2	2	4	14	31	37	10	100
	占民族需求服务能力贫困的百分比	14.3%	16.7%	9.1%	11.7%	13.1%	10.8%	8.2%	11.2%
	占总计的百分比	0.2%	0.2%	0.4%	1.6%	3.5%	4.1%	1.1%	11.2%
打工者	计数	2	1	6	20	39	47	15	130
	占民族需求服务能力贫困的百分比	14.3%	8.3%	13.6%	16.7%	16.5%	13.7%	12.3%	14.6%
	占总计的百分比	0.2%	0.1%	0.7%	2.2%	4.4%	5.3%	1.7%	14.6%
私营企业主	计数	0	0	1	6	4	4	0	15
	占民族需求服务能力贫困的百分比	0.0%	0.0%	2.3%	5.0%	1.7%	1.2%	0.0%	1.7%
	占总计的百分比	0.0%	0.0%	0.1%	0.7%	0.4%	0.4%	0.0%	1.7%

续表

职业	项目	民族需求服务能力贫困							总计
		完全不同意	不同意	不太同意	说不清	比较同意	同意	非常同意	
学生	计数	2	3	12	22	32	45	18	134
	占民族需求服务能力贫困的百分比	14.3%	25.0%	27.3%	18.3%	13.5%	13.1%	14.8%	15.0%
	占总计的百分比	0.2%	0.3%	1.3%	2.5%	3.6%	5.0%	2.0%	15.0%
待业人员	计数	0	1	4	4	6	4	6	25
	占民族需求服务能力贫困的百分比	0.0%	8.3%	9.1%	3.3%	2.5%	1.2%	4.9%	2.8%
	占总计的百分比	0.0%	0.1%	0.4%	0.4%	0.7%	0.4%	0.7%	2.8%
退休人员	计数	0	0	0	5	7	11	5	28
	占民族需求服务能力贫困的百分比	0.0%	0.0%	0.0%	4.2%	3.0%	3.2%	4.1%	3.1%
	占总计的百分比	0.0%	0.0%	0.0%	0.6%	0.8%	1.2%	0.6%	3.1%
村干部	计数	0	0	0	0	0	1	0	1
	占民族需求服务能力贫困的百分比	0.0%	0.0%	0.0%	0.0%	0.0%	0.3%	0.0%	0.1%
	占总计的百分比	0.0%	0.0%	0.0%	0.0%	0.0%	0.1%	0.0%	0.1%
总计	计数	14	12	44	120	237	343	122	892
	占民族需求服务能力贫困的百分比	100.0%	100.0%	100.0%	100.0%	100.0%	100.0%	100.0%	100.0%
	占总计的百分比	1.6%	1.3%	4.9%	13.5%	26.6%	38.5%	13.7%	100.0%

表3-159反映出了不同政治面貌受访者对民族需求服务能力中贫困治理问题的看法情况。经卡方检验，不同政治面貌受访者在民族需求服务能力中贫困治理的看法上有显著性差异。

表 3-159 不同政治面貌受访者与民族地区贫困治理的交叉列表

政治成分	项目	民族需求服务能力贫困							总计
		完全不同意	不同意	不太同意	说不清	比较同意	同意	非常同意	
中共党员	计数	4	1	7	16	50	92	46	216
	占民族需求服务能力贫困的百分比	30.8%	8.3%	16.7%	13.2%	21.2%	26.8%	37.4%	24.3%
	占总计的百分比	0.4%	0.1%	0.8%	1.8%	5.6%	10.3%	5.2%	24.3%
非中共党员	计数	9	11	35	105	186	251	77	674
	占民族需求服务能力贫困的百分比	69.2%	91.7%	83.3%	86.8%	78.8%	73.2%	62.6%	75.7%
	占总计的百分比	1.0%	1.2%	3.9%	11.8%	20.9%	28.2%	8.7%	75.7%
总计	计数	13	12	42	121	236	343	123	890
	占民族需求服务能力贫困的百分比	100.0%	100.0%	100.0%	100.0%	100.0%	100.0%	100.0%	100.0%
	占总计的百分比	1.5%	1.3%	4.7%	13.6%	26.5%	38.5%	13.8%	100.0%

表 3-160 反映出了不同婚姻状况受访者对民族需求服务能力中贫困治理问题的看法情况。经卡方检验，不同婚姻状况受访者在民族需求服务能力中贫困治理的看法上有显著性差异。

表 3-160 不同婚姻状况受访者与民族地区贫困治理的交叉列表

婚否	项目	民族需求服务能力贫困							总计
		完全不同意	不同意	不太同意	说不清	比较同意	同意	非常同意	
已婚	计数	11	7	19	68	158	235	78	576
	占民族需求服务能力贫困的百分比	84.6%	58.3%	45.2%	56.2%	66.9%	68.9%	64.5%	65.0%
	占总计的百分比	1.2%	0.8%	2.1%	7.7%	17.8%	26.5%	8.8%	65.0%
未婚	计数	2	5	23	53	78	106	43	310
	占民族需求服务能力贫困的百分比	15.4%	41.7%	54.8%	43.8%	33.1%	31.1%	35.5%	35.0%
	占总计的百分比	0.2%	0.6%	2.6%	6.0%	8.8%	12.0%	4.9%	35.0%
总计	计数	13	12	42	121	236	341	121	886
	占民族需求服务能力贫困的百分比	100.0%	100.0%	100.0%	100.0%	100.0%	100.0%	100.0%	100.0%
	占总计的百分比	1.5%	1.4%	4.7%	13.7%	26.6%	38.5%	13.7%	100.0%

第三节　公共服务能力影响因素

一、行政生态要素

1. 政治环境

题项“您对民族区域自治制度在本地区实施情况的看法”是用来测量西部地区贫困县民众对民族区域自治制度落实情况的看法。经统计，选“非常不满意”的有26人，占比2.9%，选“不满意”的有21人，占比2.3%，选“不太满意”的有44人，占比4.9%，选“说不清”的有226人，占比25.3%，选“比较满意”的有311人，占比34.7%，选“满意”的有201人，占比22.5%，选“非常满意”的有66人，占比7.4%（如图3-22所示）。这表明，有超过六成的受访者认为西部地区贫困县政府在民族区域自治制度实施上表现好，认为民族区域自治制度落实表现不好的受访者占一成多，也有两成多的人不愿意发表意见。

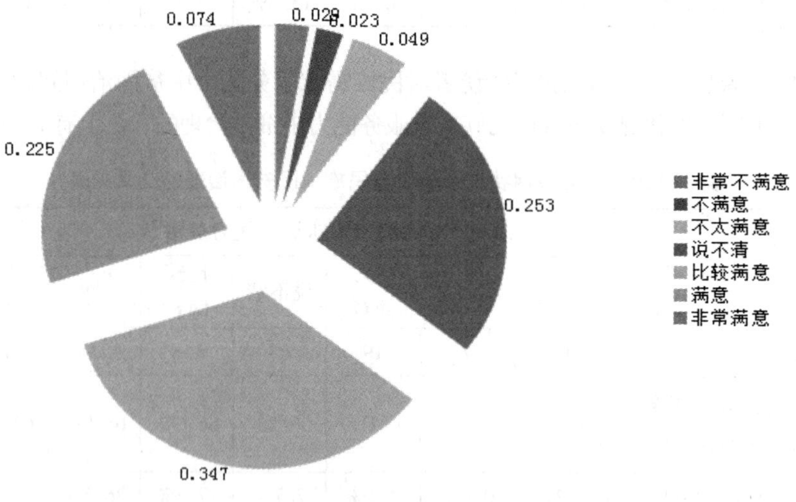

图3-22　西部地区贫困县民族区域自治制度实施情况

表3-161反映出了不同省份受访者对民族区域自治制度实施情况的看法情况。经卡方检验，不同省份受访者在民族区域自治制度实施情况的看法上有显著性差异。

表 3-161　不同省份受访者与民族区域自治制度实施情况的交叉列表

省份	项　目	民族区域自治制度							总计
		完全不同意	不同意	不太同意	说不清	比较同意	同意	非常同意	
贵州	计数	3	8	10	77	98	75	26	297
	占民族区域自治制度的百分比	11.5%	38.1%	22.7%	34.1%	31.5%	37.3%	39.4%	33.2%
	占总计的百分比	0.3%	0.9%	1.1%	8.6%	10.9%	8.4%	2.9%	33.2%
云南	计数	11	8	16	93	87	74	10	299
	占民族区域自治制度的百分比	42.3%	38.1%	36.4%	41.2%	28.0%	36.8%	15.2%	33.4%
	占总计的百分比	1.2%	0.9%	1.8%	10.4%	9.7%	8.3%	1.1%	33.4%
广西	计数	12	5	18	56	126	52	30	299
	占民族区域自治制度的百分比	46.2%	23.8%	40.9%	24.8%	40.5%	25.9%	45.5%	33.4%
	占总计的百分比	1.3%	0.6%	2.0%	6.3%	14.1%	5.8%	3.4%	33.4%
总计	计数	26	21	44	226	311	201	66	895
	占民族区域自治制度的百分比	100.0%	100.0%	100.0%	100.0%	100.0%	100.0%	100.0%	100.0%
	占总计的百分比	2.9%	2.3%	4.9%	25.3%	34.7%	22.5%	7.4%	100.0%

表 3-162 反映出了不同性别受访者对民族区域自治制度实施情况的看法情况。经卡方检验，不同性别受访者在民族区域自治制度实施情况的看法上有显著性差异。

表 3-162　不同性别受访者与民族区域自治制度实施情况的交叉列表

性别	项　目	民族区域自治制度							总计
		完全不同意	不同意	不太同意	说不清	比较同意	同意	非常同意	
男	计数	20	9	18	108	139	103	40	437
	占民族区域自治制度的百分比	76.9%	45.0%	40.9%	48.4%	44.8%	52.3%	60.6%	49.3%
	占总计的百分比	2.3%	1.0%	2.0%	12.2%	15.7%	11.6%	4.5%	49.3%

续表

性别 \ 项目		民族区域自治制度							总计
		完全不同意	不同意	不太同意	说不清	比较同意	同意	非常同意	
女	计数	6	11	26	115	171	94	26	449
	占民族区域自治制度的百分比	23.1%	55.0%	59.1%	51.6%	55.2%	47.7%	39.4%	50.7%
	占总计的百分比	0.7%	1.2%	2.9%	13.0%	19.3%	10.6%	2.9%	50.7%
总计	计数	26	20	44	223	310	197	66	886
	占民族区域自治制度的百分比	100.0%	100.0%	100.0%	100.0%	100.0%	100.0%	100.0%	100.0%
	占总计的百分比	2.9%	2.3%	5.0%	25.2%	35.0%	22.2%	7.4%	100.0%

表 3-163 反映出了不同受教育程度受访者对民族区域自治制度实施情况的看法情况。经卡方检验，不同受教育程度受访者在民族区域自治制度实施情况的看法上有显著性差异。

表 3-163　不同受教育程度受访者与民族区域自治制度实施情况的交叉列表

教育分组 \ 项目		民族区域自治制度							总计
		完全不同意	不同意	不太同意	说不清	比较同意	同意	非常同意	
未上学	计数	0	0	1	8	15	7	0	31
	占民族区域自治制度的百分比	0.0%	0.0%	2.3%	3.5%	4.8%	3.5%	0.0%	3.5%
	占总计的百分比	0.0%	0.0%	0.1%	0.9%	1.7%	0.8%	0.0%	3.5%
小学	计数	5	2	9	30	64	23	3	136
	占民族区域自治制度的百分比	19.2%	9.5%	20.5%	13.3%	20.6%	11.4%	4.5%	15.2%
	占总计的百分比	0.6%	0.2%	1.0%	3.4%	7.2%	2.6%	0.3%	15.2%
初中	计数	4	3	10	42	64	29	16	168
	占民族区域自治制度的百分比	15.4%	14.3%	22.7%	18.6%	20.6%	14.4%	24.2%	18.8%
	占总计的百分比	0.4%	0.3%	1.1%	4.7%	7.2%	3.2%	1.8%	18.8%

续表

教育分组	项目	民族区域自治制度							总计
		完全不同意	不同意	不太同意	说不清	比较同意	同意	非常同意	
高中	计数	3	10	8	59	46	41	14	181
	占民族区域自治制度的百分比	11.5%	47.6%	18.2%	26.1%	14.8%	20.4%	21.2%	20.2%
	占总计的百分比	0.3%	1.1%	0.9%	6.6%	5.1%	4.6%	1.6%	20.2%
专科	计数	6	4	11	42	47	51	13	174
	占民族区域自治制度的百分比	23.1%	19.0%	25.0%	18.6%	15.1%	25.4%	19.7%	19.4%
	占总计的百分比	0.7%	0.4%	1.2%	4.7%	5.3%	5.7%	1.5%	19.4%
本科	计数	3	0	0	31	47	34	11	126
	占民族区域自治制度的百分比	11.5%	0.0%	0.0%	13.7%	15.1%	16.9%	16.7%	14.1%
	占总计的百分比	0.3%	0.0%	0.0%	3.5%	5.3%	3.8%	1.2%	14.1%
研究生	计数	5	2	5	14	28	16	9	79
	占民族区域自治制度的百分比	19.2%	9.5%	11.4%	6.2%	9.0%	8.0%	13.6%	8.8%
	占总计的百分比	0.6%	0.2%	0.6%	1.6%	3.1%	1.8%	1.0%	8.8%
总计	计数	26	21	44	226	311	201	66	895
	占民族区域自治制度的百分比	100.0%	100.0%	100.0%	100.0%	100.0%	100.0%	100.0%	100.0%
	占总计的百分比	2.9%	2.3%	4.9%	25.3%	34.7%	22.5%	7.4%	100.0%

表3-164反映出了不同收入水平受访者对民族区域自治制度实施情况的看法情况。经卡方检验，不同收入水平受访者在民族区域自治制度实施情况的看法上有显著性差异。

表 3-164 不同收入水平受访者与民族区域自治制度实施情况的交叉列表

收入分组	项目	民族区域自治制度							总计
		完全不同意	不同意	不太同意	说不清	比较同意	同意	非常同意	
低收入者	计数	8	6	22	83	147	66	20	352
	占民族区域自治制度的百分比	30.8%	28.6%	50.0%	36.7%	47.3%	32.8%	30.3%	39.3%
	占总计的百分比	0.9%	0.7%	2.5%	9.3%	16.4%	7.4%	2.2%	39.3%
中等收入者	计数	9	13	14	85	90	39	19	269
	占民族区域自治制度的百分比	34.6%	61.9%	31.8%	37.6%	28.9%	19.4%	28.8%	30.1%
	占总计的百分比	1.0%	1.5%	1.6%	9.5%	10.1%	4.4%	2.1%	30.1%
高收入者	计数	9	2	8	58	74	96	27	274
	占民族区域自治制度的百分比	34.6%	9.5%	18.2%	25.7%	23.8%	47.8%	40.9%	30.6%
	占总计的百分比	1.0%	0.2%	0.9%	6.5%	8.3%	10.7%	3.0%	30.6%
总计	计数	26	21	44	226	311	201	66	895
	占民族区域自治制度的百分比	100.0%	100.0%	100.0%	100.0%	100.0%	100.0%	100.0%	100.0%
	占总计的百分比	2.9%	2.3%	4.9%	25.3%	34.7%	22.5%	7.4%	100.0%

表 3-165 反映出了不同民族受访者对民族区域自治制度实施情况的看法情况。经卡方检验，不同民族受访者在民族区域自治制度实施情况的看法上有显著性差异。

表 3-165 不同民族受访者与民族区域自治制度实施情况的交叉列表

民族	项目	民族区域自治制度							总计
		完全不同意	不同意	不太同意	说不清	比较同意	同意	非常同意	
汉族	计数	11	13	11	106	77	90	23	331
	占民族区域自治制度的百分比	42.3%	61.9%	25.0%	47.1%	24.8%	44.8%	34.8%	37.0%
	占总计的百分比	1.2%	1.5%	1.2%	11.9%	8.6%	10.1%	2.6%	37.0%

续表

民族	项　目	民族区域自治制度 完全不同意	不同意	不太同意	说不清	比较同意	同意	非常同意	总计
苗族	计数	2	1	2	23	30	17	7	82
	占民族区域自治制度的百分比	7.7%	4.8%	4.5%	10.2%	9.6%	8.5%	10.6%	9.2%
	占总计的百分比	0.2%	0.1%	0.2%	2.6%	3.4%	1.9%	0.8%	9.2%
布依族	计数	0	0	0	1	0	1	1	3
	占民族区域自治制度的百分比	0.0%	0.0%	0.0%	0.4%	0.0%	0.5%	1.5%	0.3%
	占总计的百分比	0.0%	0.0%	0.0%	0.1%	0.0%	0.1%	0.1%	0.3%
侗族	计数	4	3	10	22	67	27	10	143
	占民族区域自治制度的百分比	15.4%	14.3%	22.7%	9.8%	21.5%	13.4%	15.2%	16.0%
	占总计的百分比	0.4%	0.3%	1.1%	2.5%	7.5%	3.0%	1.1%	16.0%
壮族	计数	3	0	5	23	37	15	6	89
	占民族区域自治制度的百分比	11.5%	0.0%	11.4%	10.2%	11.9%	7.5%	9.1%	10.0%
	占总计的百分比	0.3%	0.0%	0.6%	2.6%	4.1%	1.7%	0.7%	10.0%
白族	计数	1	0	1	5	7	3	1	18
	占民族区域自治制度的百分比	3.8%	0.0%	2.3%	2.2%	2.3%	1.5%	1.5%	2.0%
	占总计的百分比	0.1%	0.0%	0.1%	0.6%	0.8%	0.3%	0.1%	2.0%
哈尼族	计数	0	0	0	1	0	0	0	1
	占民族区域自治制度的百分比	0.0%	0.0%	0.0%	0.4%	0.0%	0.0%	0.0%	0.1%
	占总计的百分比	0.0%	0.0%	0.0%	0.1%	0.0%	0.0%	0.0%	0.1%
彝族	计数	1	0	10	22	64	28	4	129
	占民族区域自治制度的百分比	3.8%	0.0%	22.7%	9.8%	20.6%	13.9%	6.1%	14.4%
	占总计的百分比	0.1%	0.0%	1.1%	2.5%	7.2%	3.1%	0.4%	14.4%

续表

民族	项目	民族区域自治制度							总计
		完全不同意	不同意	不太同意	说不清	比较同意	同意	非常同意	
瑶族	计数	4	4	5	17	27	14	14	85
	占民族区域自治制度的百分比	15.4%	19.0%	11.4%	7.6%	8.7%	7.0%	21.2%	9.5%
	占总计的百分比	0.4%	0.4%	0.6%	1.9%	3.0%	1.6%	1.6%	9.5%
仫佬族	计数	0	0	0	1	0	2	0	3
	占民族区域自治制度的百分比	0.0%	0.0%	0.0%	0.4%	0.0%	1.0%	0.0%	0.3%
	占总计的百分比	0.0%	0.0%	0.0%	0.1%	0.0%	0.2%	0.0%	0.3%
回族	计数	0	0	0	4	2	3	0	9
	占民族区域自治制度的百分比	0.0%	0.0%	0.0%	1.8%	0.6%	1.5%	0.0%	1.0%
	占总计的百分比	0.0%	0.0%	0.0%	0.4%	0.2%	0.3%	0.0%	1.0%
土家族	计数	0	0	0	0	0	1	0	1
	占民族区域自治制度的百分比	0.0%	0.0%	0.0%	0.0%	0.0%	0.5%	0.0%	0.1%
	占总计的百分比	0.0%	0.0%	0.0%	0.0%	0.0%	0.1%	0.0%	0.1%
总计	计数	26	21	44	225	311	201	66	894
	占民族区域自治制度的百分比	100.0%	100.0%	100.0%	100.0%	100.0%	100.0%	100.0%	100.0%
	占总计的百分比	2.9%	2.3%	4.9%	25.2%	34.8%	22.5%	7.4%	100.0%

表3-166反映出了不同职业受访者对民族区域自治制度实施情况的看法情况。经卡方检验，不同职业受访者在民族区域自治制度实施情况的看法上有显著性差异。

表 3-166　不同职业受访者与民族区域自治制度实施情况的交叉列表

职业	项目	民族区域自治制度							总计
		完全不同意	不同意	不太同意	说不清	比较同意	同意	非常同意	
农业劳动者	计数	4	7	10	33	59	24	10	147
	占民族区域自治制度的百分比	15.4%	33.3%	22.7%	14.7%	19.1%	12.1%	15.2%	16.5%
	占总计的百分比	0.4%	0.8%	1.1%	3.7%	6.6%	2.7%	1.1%	16.5%
企业工人	计数	1	4	3	14	14	12	6	54
	占民族区域自治制度的百分比	3.8%	19.0%	6.8%	6.3%	4.5%	6.0%	9.1%	6.1%
	占总计的百分比	0.1%	0.4%	0.3%	1.6%	1.6%	1.3%	0.7%	6.1%
事业单位人员	计数	8	1	4	26	61	49	19	168
	占民族区域自治制度的百分比	30.8%	4.8%	9.1%	11.6%	19.7%	24.6%	28.8%	18.9%
	占总计的百分比	0.9%	0.1%	0.4%	2.9%	6.9%	5.5%	2.1%	18.9%
政府机关人员	计数	5	1	2	12	23	33	13	89
	占民族区域自治制度的百分比	19.2%	4.8%	4.5%	5.4%	7.4%	16.6%	19.7%	10.0%
	占总计的百分比	0.6%	0.1%	0.2%	1.3%	2.6%	3.7%	1.5%	10.0%
个体劳动者/个体工商户	计数	2	2	5	27	36	25	3	100
	占民族区域自治制度的百分比	7.7%	9.5%	11.4%	12.1%	11.7%	12.6%	4.5%	11.2%
	占总计的百分比	0.2%	0.2%	0.6%	3.0%	4.0%	2.8%	0.3%	11.2%
打工者	计数	1	2	9	45	47	22	4	130
	占民族区域自治制度的百分比	3.8%	9.5%	20.5%	20.1%	15.2%	11.1%	6.1%	14.6%
	占总计的百分比	0.1%	0.2%	1.0%	5.1%	5.3%	2.5%	0.4%	14.6%
私营企业主	计数	0	0	3	6	3	2	1	15
	占民族区域自治制度的百分比	0.0%	0.0%	6.8%	2.7%	1.0%	1.0%	1.5%	1.7%
	占总计的百分比	0.0%	0.0%	0.3%	0.7%	0.3%	0.2%	0.1%	1.7%

续表

职业	项目	民族区域自治制度							总计
		完全不同意	不同意	不太同意	说不清	比较同意	同意	非常同意	
学生	计数	3	4	5	41	54	19	7	133
	占民族区域自治制度的百分比	11.5%	19.0%	11.4%	18.3%	17.5%	9.5%	10.6%	15.0%
	占总计的百分比	0.3%	0.4%	0.6%	4.6%	6.1%	2.1%	0.8%	15.0%
待业人员	计数	1	0	3	11	7	3	0	25
	占民族区域自治制度的百分比	3.8%	0.0%	6.8%	4.9%	2.3%	1.5%	0.0%	2.8%
	占总计的百分比	0.1%	0.0%	0.3%	1.2%	0.8%	0.3%	0.0%	2.8%
退休人员	计数	1	0	0	9	5	9	3	27
	占民族区域自治制度的百分比	3.8%	0.0%	0.0%	4.0%	1.6%	4.5%	4.5%	3.0%
	占总计的百分比	0.1%	0.0%	0.0%	1.0%	0.6%	1.0%	0.3%	3.0%
村干部	计数	0	0	0	0	0	1	0	1
	占民族区域自治制度的百分比	0.0%	0.0%	0.0%	0.0%	0.0%	0.5%	0.0%	0.1%
	占总计的百分比	0.0%	0.0%	0.0%	0.0%	0.0%	0.1%	0.0%	0.1%
总计	计数	26	21	44	224	309	199	66	889
	占民族区域自治制度的百分比	100.0%	100.0%	100.0%	100.0%	100.0%	100.0%	100.0%	100.0%
	占总计的百分比	2.9%	2.4%	4.9%	25.2%	34.8%	22.4%	7.4%	100.0%

表3-167反映出了不同政治面貌受访者对民族区域自治制度实施情况的看法情况。经卡方检验，不同政治面貌受访者在民族区域自治制度实施情况的看法上有显著性差异。

表 3-167　不同政治面貌受访者与民族区域自治制度实施情况的交叉列表

政治成分	项　目	民族区域自治制度							总计
		完全不同意	不同意	不太同意	说不清	比较同意	同意	非常同意	
中共党员	计数	12	3	6	31	65	73	25	215
	占民族区域自治制度的百分比	48.0%	14.3%	13.6%	14.0%	20.9%	36.9%	37.9%	24.2%
	占总计的百分比	1.4%	0.3%	0.7%	3.5%	7.3%	8.2%	2.8%	24.2%
非中共党员	计数	13	18	38	191	246	125	41	672
	占民族区域自治制度的百分比	52.0%	85.7%	86.4%	86.0%	79.1%	63.1%	62.1%	75.8%
	占总计的百分比	1.5%	2.0%	4.3%	21.5%	27.7%	14.1%	4.6%	75.8%
总计	计数	25	21	44	222	311	198	66	887
	占民族区域自治制度的百分比	100.0%	100.0%	100.0%	100.0%	100.0%	100.0%	100.0%	100.0%
	占总计的百分比	2.8%	2.4%	5.0%	25.0%	35.1%	22.3%	7.4%	100.0%

表 3-168 反映出了不同婚姻状况受访者对民族区域自治制度实施情况的看法情况。经卡方检验，不同婚姻状况受访者在民族区域自治制度实施情况的看法上有显著性差异。

表 3-168　不同婚姻状况受访者与民族区域自治制度实施情况的交叉列表

婚否	项　目	民族区域自治制度							总计
		完全不同意	不同意	不太同意	说不清	比较同意	同意	非常同意	
已婚	计数	20	16	28	120	206	141	43	574
	占民族区域自治制度的百分比	80.0%	76.2%	63.6%	54.8%	66.5%	70.9%	66.2%	65.0%
	占总计的百分比	2.3%	1.8%	3.2%	13.6%	23.3%	16.0%	4.9%	65.0%
未婚	计数	5	5	16	99	104	58	22	309
	占民族区域自治制度的百分比	20.0%	23.8%	36.4%	45.2%	33.5%	29.1%	33.8%	35.0%
	占总计的百分比	0.6%	0.6%	1.8%	11.2%	11.8%	6.6%	2.5%	35.0%
总计	计数	25	21	44	219	310	199	65	883
	占民族区域自治制度的百分比	100.0%	100.0%	100.0%	100.0%	100.0%	100.0%	100.0%	100.0%
	占总计的百分比	2.8%	2.4%	5.0%	24.8%	35.1%	22.5%	7.4%	100.0%

表 3-169 反映出了不同居住地受访者对民族区域自治制度实施情况的看法情况。经卡方检验，不同居住地受访者在民族区域自治制度实施情况的看法上有显著性差异。

表 3-169　不同居住地受访者与民族区域自治制度实施情况的交叉列表

居住地	项　目	民族区域自治制度							总计
		完全不同意	不同意	不太同意	说不清	比较同意	同意	非常同意	
农村	计数	8	12	21	87	156	71	18	373
	占民族区域自治制度的百分比	30.8%	57.1%	47.7%	38.7%	50.2%	35.5%	27.7%	41.8%
	占总计的百分比	0.9%	1.3%	2.4%	9.8%	17.5%	8.0%	2.0%	41.8%
乡镇所在地	计数	6	5	10	35	42	30	12	140
	占民族区域自治制度的百分比	23.1%	23.8%	22.7%	15.6%	13.5%	15.0%	18.5%	15.7%
	占总计的百分比	0.7%	0.6%	1.1%	3.9%	4.7%	3.4%	1.3%	15.7%
县城	计数	10	4	7	86	94	87	31	319
	占民族区域自治制度的百分比	38.5%	19.0%	15.9%	38.2%	30.2%	43.5%	47.7%	35.8%
	占总计的百分比	1.1%	0.4%	0.8%	9.6%	10.5%	9.8%	3.5%	35.8%
市城区	计数	1	0	3	10	14	7	3	38
	占民族区域自治制度的百分比	3.8%	0.0%	6.8%	4.4%	4.5%	3.5%	4.6%	4.3%
	占总计的百分比	0.1%	0.0%	0.3%	1.1%	1.6%	0.8%	0.3%	4.3%
城郊结合部	计数	1	0	3	7	5	5	1	22
	占民族区域自治制度的百分比	3.8%	0.0%	6.8%	3.1%	1.6%	2.5%	1.5%	2.5%
	占总计的百分比	0.1%	0.0%	0.3%	0.8%	0.6%	0.6%	0.1%	2.5%
总计	计数	26	21	44	225	311	200	65	892
	占民族区域自治制度的百分比	100.0%	100.0%	100.0%	100.0%	100.0%	100.0%	100.0%	100.0%
	占总计的百分比	2.9%	2.4%	4.9%	25.2%	34.9%	22.4%	7.3%	100.0%

题项“民族政策在本地区得到了很好地贯彻执行”是用来测量西部地区贫困县民众对民族政策的贯彻执行情况的看法。经统计，选“完全不同意”的有 11 人，占比 1.1%，选“不同意”的有 19 人，占比 2.1%，选“不太同意”的有 67 人，占比 7.5%，选“说不清”的有 191 人，占比 21.3%，选“比较同意”的有 234 人，占比 26.1%，选“同意”

的有268人，占比29.9%，选“完全同意”的有106人，占比11.8%（如图3-23所示）。这表明，有超过六成的受访者认为西部地区贫困县政府在民族政策的贯彻落实上表现好，认为民族政策贯彻落实表现不好的受访者占一成多，也有三成多的人不愿意发表意见。

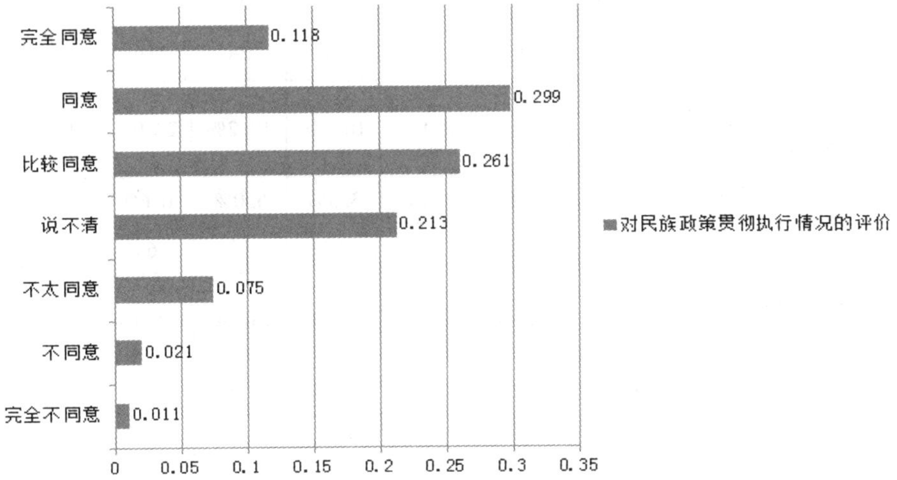

图3-23 民族政策贯彻执行情况

表3-170反映出了不同受教育程度受访者对民族政策贯彻执行情况的看法情况。经卡方检验，不同受教育程度受访者在民族政策贯彻执行情况的看法上有显著性差异。

表3-170 不同受教育程度受访者与民族政策贯彻执行情况的交叉列表

教育分组	项目	民族政策执行好							总计
		完全不同意	不同意	不太同意	说不清	比较同意	同意	非常同意	
未上学	计数	0	0	0	9	7	8	7	31
	占民族政策执行好的百分比	0.0%	0.0%	0.0%	4.7%	3.0%	3.0%	6.6%	3.5%
	占总计的百分比	0.0%	0.0%	0.0%	1.0%	0.8%	0.9%	0.8%	3.5%
小学	计数	2	2	5	43	37	32	16	137
	占民族政策执行好的百分比	20.0%	10.5%	7.5%	22.5%	15.8%	11.9%	15.1%	15.3%
	占总计的百分比	0.2%	0.2%	0.6%	4.8%	4.1%	3.6%	1.8%	15.3%
初中	计数	3	4	14	32	38	53	23	167
	占民族政策执行好的百分比	30.0%	21.1%	20.9%	16.8%	16.2%	19.8%	21.7%	18.7%
	占总计的百分比	0.3%	0.4%	1.6%	3.6%	4.2%	5.9%	2.6%	18.7%

续表

教育分组	项目	民族政策执行好							总计
		完全不同意	不同意	不太同意	说不清	比较同意	同意	非常同意	
高中	计数	2	4	18	31	45	59	21	180
	占民族政策执行好的百分比	20.0%	21.1%	26.9%	16.2%	19.2%	22.0%	19.8%	20.1%
	占总计的百分比	0.2%	0.4%	2.0%	3.5%	5.0%	6.6%	2.3%	20.1%
专科	计数	1	4	15	37	38	64	15	174
	占民族政策执行好的百分比	10.0%	21.1%	22.4%	19.4%	16.2%	23.9%	14.2%	19.4%
	占总计的百分比	0.1%	0.4%	1.7%	4.1%	4.2%	7.2%	1.7%	19.4%
本科	计数	0	1	4	28	44	34	15	126
	占民族政策执行好的百分比	0.0%	5.3%	6.0%	14.7%	18.8%	12.7%	14.2%	14.1%
	占总计的百分比	0.0%	0.1%	0.4%	3.1%	4.9%	3.8%	1.7%	14.1%
研究生	计数	2	4	11	11	25	18	9	80
	占民族政策执行好的百分比	20.0%	21.1%	16.4%	5.8%	10.7%	6.7%	8.5%	8.9%
	占总计的百分比	0.2%	0.4%	1.2%	1.2%	2.8%	2.0%	1.0%	8.9%
总计	计数	10	19	67	191	234	268	106	895
	占民族政策执行好的百分比	100.0%	100.0%	100.0%	100.0%	100.0%	100.0%	100.0%	100.0%
	占总计的百分比	1.1%	2.1%	7.5%	21.3%	26.1%	29.9%	11.8%	100.0%

表3-171反映出了不同收入水平受访者对民族政策贯彻执行情况的看法情况。经卡方检验，不同收入水平受访者在民族政策贯彻执行情况的看法上有显著性差异。

表 3-171　不同收入水平受访者与民族政策贯彻执行情况的交叉列表

收入分组	项　目	民族政策执行好							总计
		完全不同意	不同意	不太同意	说不清	比较同意	同意	非常同意	
低收入者	计数	5	5	32	95	82	90	41	350
	占民族政策执行好的百分比	50.0%	26.3%	47.8%	49.7%	35.0%	33.6%	38.7%	39.1%
	占总计的百分比	0.6%	0.6%	3.6%	10.6%	9.2%	10.1%	4.6%	39.1%
中等收入者	计数	3	9	18	58	67	79	35	269
	占民族政策执行好的百分比	30.0%	47.4%	26.9%	30.4%	28.6%	29.5%	33.0%	30.1%
	占总计的百分比	0.3%	1.0%	2.0%	6.5%	7.5%	8.8%	3.9%	30.1%
高收入者	计数	2	5	17	38	85	99	30	276
	占民族政策执行好的百分比	20.0%	26.3%	25.4%	19.9%	36.3%	36.9%	28.3%	30.8%
	占总计的百分比	0.2%	0.6%	1.9%	4.2%	9.5%	11.1%	3.4%	30.8%
总计	计数	10	19	67	191	234	268	106	895
	占民族政策执行好的百分比	100.0%	100.0%	100.0%	100.0%	100.0%	100.0%	100.0%	100.0%
	占总计的百分比	1.1%	2.1%	7.5%	21.3%	26.1%	29.9%	11.8%	100.0%

表 3-172 反映出了不同民族受访者对民族政策贯彻执行情况的看法情况。经卡方检验，不同民族受访者在民族政策贯彻执行情况的看法上有显著性差异。

表 3-172　不同民族受访者与民族政策贯彻执行情况的交叉列表

民族	项　目	民族政策执行好							总计
		完全不同意	不同意	不太同意	说不清	比较同意	同意	非常同意	
汉族	计数	4	10	29	65	83	114	27	332
	占民族政策执行好的百分比	40.0%	52.6%	43.3%	34.2%	35.5%	42.5%	25.5%	37.1%
	占总计的百分比	0.4%	1.1%	3.2%	7.3%	9.3%	12.8%	3.0%	37.1%

续表

民族	项目	民族政策执行好							总计
		完全不同意	不同意	不太同意	说不清	比较同意	同意	非常同意	
苗族	计数	0	1	8	20	21	20	12	82
	占民族政策执行好的百分比	0.0%	5.3%	11.9%	10.5%	9.0%	7.5%	11.3%	9.2%
	占总计的百分比	0.0%	0.1%	0.9%	2.2%	2.3%	2.2%	1.3%	9.2%
布依族	计数	0	0	0	1	0	1	1	3
	占民族政策执行好的百分比	0.0%	0.0%	0.0%	0.5%	0.0%	0.4%	0.9%	0.3%
	占总计的百分比	0.0%	0.0%	0.0%	0.1%	0.0%	0.1%	0.1%	0.3%
侗族	计数	1	2	9	16	46	52	18	144
	占民族政策执行好的百分比	10.0%	10.5%	13.4%	8.4%	19.7%	19.4%	17.0%	16.1%
	占总计的百分比	0.1%	0.2%	1.0%	1.8%	5.1%	5.8%	2.0%	16.1%
壮族	计数	0	2	3	21	25	30	7	88
	占民族政策执行好的百分比	0.0%	10.5%	4.5%	11.1%	10.7%	11.2%	6.6%	9.8%
	占总计的百分比	0.0%	0.2%	0.3%	2.3%	2.8%	3.4%	0.8%	9.8%
白族	计数	0	2	3	2	4	6	1	18
	占民族政策执行好的百分比	0.0%	10.5%	4.5%	1.1%	1.7%	2.2%	0.9%	2.0%
	占总计的百分比	0.0%	0.2%	0.3%	0.2%	0.4%	0.7%	0.1%	2.0%
哈尼族	计数	0	0	0	0	1	0	0	1
	占民族政策执行好的百分比	0.0%	0.0%	0.0%	0.0%	0.4%	0.0%	0.0%	0.1%
	占总计的百分比	0.0%	0.0%	0.0%	0.0%	0.1%	0.0%	0.0%	0.1%
彝族	计数	1	0	3	47	31	22	25	129
	占民族政策执行好的百分比	10.0%	0.0%	4.5%	24.7%	13.2%	8.2%	23.6%	14.4%
	占总计的百分比	0.1%	0.0%	0.3%	5.3%	3.5%	2.5%	2.8%	14.4%

续表

民族	项目	民族政策执行好							总计
		完全不同意	不同意	不太同意	说不清	比较同意	同意	非常同意	
瑶族	计数	4	2	11	17	19	16	15	84
	占民族政策执行好的百分比	40.0%	10.5%	16.4%	8.9%	8.1%	6.0%	14.2%	9.4%
	占总计的百分比	0.4%	0.2%	1.2%	1.9%	2.1%	1.8%	1.7%	9.4%
仫佬族	计数	0	0	0	0	0	3	0	3
	占民族政策执行好的百分比	0.0%	0.0%	0.0%	0.0%	0.0%	1.1%	0.0%	0.3%
	占总计的百分比	0.0%	0.0%	0.0%	0.0%	0.0%	0.3%	0.0%	0.3%
回族	计数	0	0	1	0	4	4	0	9
	占民族政策执行好的百分比	0.0%	0.0%	1.5%	0.0%	1.7%	1.5%	0.0%	1.0%
	占总计的百分比	0.0%	0.0%	0.1%	0.0%	0.4%	0.4%	0.0%	1.0%
土家族	计数	0	0	0	1	0	0	0	1
	占民族政策执行好的百分比	0.0%	0.0%	0.0%	0.5%	0.0%	0.0%	0.0%	0.1%
	占总计的百分比	0.0%	0.0%	0.0%	0.1%	0.0%	0.0%	0.0%	0.1%
总计	计数	10	19	67	190	234	268	106	894
	占民族政策执行好的百分比	100.0%	100.0%	100.0%	100.0%	100.0%	100.0%	100.0%	100.0%
	占总计的百分比	1.1%	2.1%	7.5%	21.3%	26.2%	30.0%	11.9%	100.0%

表3-173反映出了不同职业受访者对民族政策贯彻执行情况的看法情况。经卡方检验，不同职业受访者在民族政策贯彻执行情况的看法上有显著性差异。

表 3-173　不同职业受访者与民族政策贯彻执行情况的交叉列表

职业	项目	民族政策执行好 完全不同意	不同意	不太同意	说不清	比较同意	同意	非常同意	总计
农业劳动者	计数	0	4	11	41	32	42	16	146
	占民族政策执行好的百分比	0.0%	21.1%	16.4%	21.6%	13.8%	15.8%	15.2%	16.4%
	占总计的百分比	0.0%	0.4%	1.2%	4.6%	3.6%	4.7%	1.8%	16.4%
企业工人	计数	1	4	9	12	9	13	6	54
	占民族政策执行好的百分比	10.0%	21.1%	13.4%	6.3%	3.9%	4.9%	5.7%	6.1%
	占总计的百分比	0.1%	0.4%	1.0%	1.3%	1.0%	1.5%	0.7%	6.1%
事业单位人员	计数	0	2	7	23	58	49	30	169
	占民族政策执行好的百分比	0.0%	10.5%	10.4%	12.1%	25.0%	18.4%	28.6%	19.0%
	占总计的百分比	0.0%	0.2%	0.8%	2.6%	6.5%	5.5%	3.4%	19.0%
政府机关人员	计数	2	1	0	13	24	37	13	90
	占民族政策执行好的百分比	20.0%	5.3%	0.0%	6.8%	10.3%	13.9%	12.4%	10.1%
	占总计的百分比	0.2%	0.1%	0.0%	1.5%	2.7%	4.2%	1.5%	10.1%
个体劳动者/个体工商户	计数	2	0	9	20	30	30	9	100
	占民族政策执行好的百分比	20.0%	0.0%	13.4%	10.5%	12.9%	11.3%	8.6%	11.2%
	占总计的百分比	0.2%	0.0%	1.0%	2.2%	3.4%	3.4%	1.0%	11.2%
打工者	计数	2	4	8	26	37	36	16	129
	占民族政策执行好的百分比	20.0%	21.1%	11.9%	13.7%	15.9%	13.5%	15.2%	14.5%
	占总计的百分比	0.2%	0.4%	0.9%	2.9%	4.2%	4.0%	1.8%	14.5%
私营企业主	计数	1	0	0	6	3	5	0	15
	占民族政策执行好的百分比	10.0%	0.0%	0.0%	3.2%	1.3%	1.9%	0.0%	1.7%
	占总计的百分比	0.1%	0.0%	0.0%	0.7%	0.3%	0.6%	0.0%	1.7%

续表

职业	项目	民族政策执行好							总计
		完全不同意	不同意	不太同意	说不清	比较同意	同意	非常同意	
学生	计数	2	3	18	39	32	28	10	132
	占民族政策执行好的百分比	20.0%	15.8%	26.9%	20.5%	13.8%	10.5%	9.5%	14.8%
	占总计的百分比	0.2%	0.3%	2.0%	4.4%	3.6%	3.1%	1.1%	14.8%
待业人员	计数	0	0	3	6	3	11	2	25
	占民族政策执行好的百分比	0.0%	0.0%	4.5%	3.2%	1.3%	4.1%	1.9%	2.8%
	占总计的百分比	0.0%	0.0%	0.3%	0.7%	0.3%	1.2%	0.2%	2.8%
退休人员	计数	0	1	2	4	4	14	3	28
	占民族政策执行好的百分比	0.0%	5.3%	3.0%	2.1%	1.7%	5.3%	2.9%	3.1%
	占总计的百分比	0.0%	0.1%	0.2%	0.4%	0.4%	1.6%	0.3%	3.1%
村干部	计数	0	0	0	0	0	1	0	1
	占民族政策执行好的百分比	0.0%	0.0%	0.0%	0.0%	0.0%	0.4%	0.0%	0.1%
	占总计的百分比	0.0%	0.0%	0.0%	0.0%	0.0%	0.1%	0.0%	0.1%
总计	计数	10	19	67	190	232	266	105	889
	占民族政策执行好的百分比	100.0%	100.0%	100.0%	100.0%	100.0%	100.0%	100.0%	100.0%
	占总计的百分比	1.1%	2.1%	7.5%	21.4%	26.1%	29.9%	11.8%	100.0%

表3-174反映出了不同婚姻状况受访者对民族政策贯彻执行情况的看法情况。经卡方检验，不同婚姻状况受访者在民族政策贯彻执行情况的看法上有显著性差异。

表 3-174　不同婚姻状况受访者与民族政策贯彻执行情况的交叉列表

婚否	项　目	民族政策执行好							总计
		完全不同意	不同意	不太同意	说不清	比较同意	同意	非常同意	
已婚	计数	6	10	37	115	144	193	71	576
	占民族政策执行好的百分比	60.0%	52.6%	56.9%	60.5%	62.1%	72.8%	68.9%	65.2%
	占总计的百分比	0.7%	1.1%	4.2%	13.0%	16.3%	21.8%	8.0%	65.2%
未婚	计数	4	9	28	75	88	72	32	308
	占民族政策执行好的百分比	40.0%	47.4%	43.1%	39.5%	37.9%	27.2%	31.1%	34.8%
	占总计的百分比	0.5%	1.0%	3.2%	8.5%	10.0%	8.1%	3.6%	34.8%
总计	计数	10	19	65	190	232	265	103	884
	占民族政策执行好的百分比	100.0%	100.0%	100.0%	100.0%	100.0%	100.0%	100.0%	100.0%
	占总计的百分比	1.1%	2.1%	7.4%	21.5%	26.2%	30.0%	11.7%	100.0%

表 3-175 反映出了不同居住地受访者对民族政策贯彻执行情况的看法情况。经卡方检验，不同居住地受访者在民族政策贯彻执行情况的看法上有显著性差异。

表 3-175　不同居住地受访者与民族政策贯彻执行情况的交叉列表

居住地	项　目	民族政策执行好							总计
		完全不同意	不同意	不太同意	说不清	比较同意	同意	非常同意	
农村	计数	5	6	28	103	89	95	48	374
	占民族政策执行好的百分比	50.0%	31.6%	41.8%	54.5%	38.0%	35.6%	45.3%	41.9%
	占总计的百分比	0.6%	0.7%	3.1%	11.5%	10.0%	10.7%	5.4%	41.9%
乡镇所在地	计数	1	0	10	27	34	50	17	139
	占民族政策执行好的百分比	10.0%	0.0%	14.9%	14.3%	14.5%	18.7%	16.0%	15.6%
	占总计的百分比	0.1%	0.0%	1.1%	3.0%	3.8%	5.6%	1.9%	15.6%

续表

居住地＼项目		民族政策执行好							总计
		完全不同意	不同意	不太同意	说不清	比较同意	同意	非常同意	
县城	计数	3	13	21	48	92	104	37	318
	占民族政策执行好的百分比	30.0%	68.4%	31.3%	25.4%	39.3%	39.0%	34.9%	35.7%
	占总计的百分比	0.3%	1.5%	2.4%	5.4%	10.3%	11.7%	4.1%	35.7%
市城区	计数	1	0	6	7	12	10	2	38
	占民族政策执行好的百分比	10.0%	0.0%	9.0%	3.7%	5.1%	3.7%	1.9%	4.3%
	占总计的百分比	0.1%	0.0%	0.7%	0.8%	1.3%	1.1%	0.2%	4.3%
城郊结合部	计数	0	0	2	4	7	8	2	23
	占民族政策执行好的百分比	0.0%	0.0%	3.0%	2.1%	3.0%	3.0%	1.9%	2.6%
	占总计的百分比	0.0%	0.0%	0.2%	0.4%	0.8%	0.9%	0.2%	2.6%
总计	计数	10	19	67	189	234	267	106	892
	占民族政策执行好的百分比	100.0%	100.0%	100.0%	100.0%	100.0%	100.0%	100.0%	100.0%
	占总计的百分比	1.1%	2.1%	7.5%	21.2%	26.2%	29.9%	11.9%	100.0%

题项“近五年来，本地政府主要领导人没有出现过严重违反党纪国法的事件”是用来测量西部地区贫困县民众对政治稳定情况的看法。经统计，选“完全不同意”的有19人，占比2.2%，选“不同意”的有33人，占比3.8%，选“不太同意”的有73人，占比8.5%，选“说不清”的有195人，占比22.6%，选“比较同意”的有231人，占比26.8%，选“同意”的有226人，占比26.2%，选“完全同意”的有86人，占比10%（如图3-24所示）。这表明，有超过六成的受访者认为西部地区贫困县政府在政治稳定上表现好，认为民族地区政治稳定表现不好的受访者占一成多，也有两成多的人不愿意发表意见。

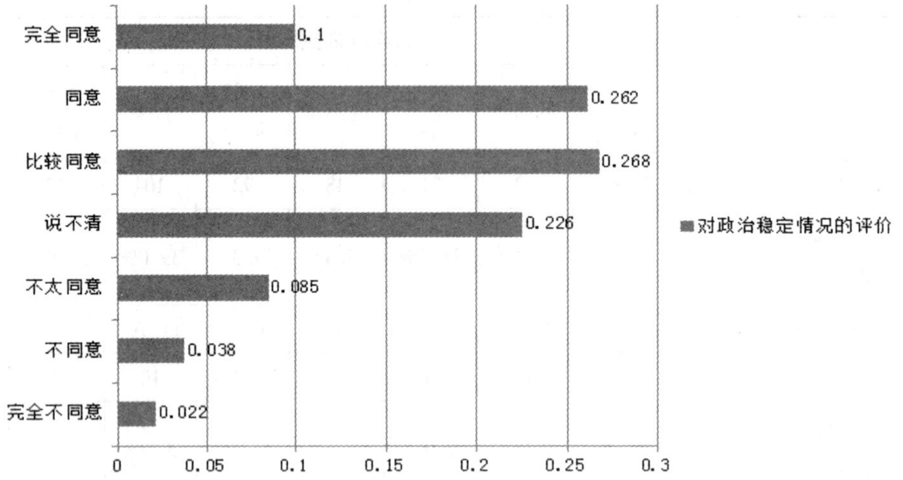

图 3-24 民族地区政治稳定情况

表 3-176 反映出了不同年龄受访者对民族地区政治稳定情况的看法情况。经卡方检验，不同年龄受访者在民族地区政治稳定情况的看法上有显著性差异。

表 3-176 不同年龄受访者与民族地区政治稳定情况的交叉列表

年龄分组	项目	主要领导没有严重违纪违法							总计
		完全不同意	不同意	不太同意	说不清	比较同意	同意	非常同意	
20 岁以下	计数	0	1	1	5	1	1	2	11
	占主要领导没有严重违纪违法的百分比	0.0%	3.1%	1.4%	2.6%	0.4%	0.4%	2.3%	1.3%
	占总计的百分比	0.0%	0.1%	0.1%	0.6%	0.1%	0.1%	0.2%	1.3%
20-30 岁	计数	9	18	34	71	82	67	36	317
	占主要领导没有严重违纪违法的百分比	50.0%	56.3%	46.6%	36.8%	36.4%	30.0%	41.9%	37.3%
	占总计的百分比	1.1%	2.1%	4.0%	8.4%	9.6%	7.9%	4.2%	37.3%
30-40 岁	计数	6	7	5	46	61	72	26	223
	占主要领导没有严重违纪违法的百分比	33.3%	21.9%	6.8%	23.8%	27.1%	32.3%	30.2%	26.2%
	占总计的百分比	0.7%	0.8%	0.6%	5.4%	7.2%	8.5%	3.1%	26.2%

续表

年龄分组	项　目	主要领导没有严重违纪违法							总计
		完全不同意	不同意	不太同意	说不清	比较同意	同意	非常同意	
40-50 岁	计数	3	4	21	35	50	46	11	170
	占主要领导没有严重违纪违法的百分比	16.7%	12.5%	28.8%	18.1%	22.2%	20.6%	12.8%	20.0%
	占总计的百分比	0.4%	0.5%	2.5%	4.1%	5.9%	5.4%	1.3%	20.0%
50-60 岁	计数	0	1	7	20	19	28	9	84
	占主要领导没有严重违纪违法的百分比	0.0%	3.1%	9.6%	10.4%	8.4%	12.6%	10.5%	9.9%
	占总计的百分比	0.0%	0.1%	0.8%	2.4%	2.2%	3.3%	1.1%	9.9%
60 岁以上	计数	0	1	5	16	12	9	2	45
	占主要领导没有严重违纪违法的百分比	0.0%	3.1%	6.8%	8.3%	5.3%	4.0%	2.3%	5.3%
	占总计的百分比	0.0%	0.1%	0.6%	1.9%	1.4%	1.1%	0.2%	5.3%
总计	计数	18	32	73	193	225	223	86	850
	占主要领导没有严重违纪违法的百分比	100.0%	100.0%	100.0%	100.0%	100.0%	100.0%	100.0%	100.0%
	占总计的百分比	2.1%	3.8%	8.6%	22.7%	26.5%	26.2%	10.1%	100.0%

表 3-177 反映出了不同受教育程度受访者对民族地区政治稳定情况的看法情况。经卡方检验，不同受教育程度受访者在民族地区政治稳定情况的看法上有显著性差异。

表 3-177　不同受教育程度受访者与民族地区政治稳定情况的交叉列表

教育分组	项　目	主要领导没有严重违纪违法							总计
		完全不同意	不同意	不太同意	说不清	比较同意	同意	非常同意	
未上学	计数	0	0	0	7	4	18	1	30
	占主要领导没有严重违纪违法的百分比	0.0%	0.0%	0.0%	3.6%	1.7%	8.0%	1.2%	3.5%
	占总计的百分比	0.0%	0.0%	0.0%	0.8%	0.5%	2.1%	0.1%	3.5%

续表

教育分组	项目	主要领导没有严重违纪违法							总计
		完全不同意	不同意	不太同意	说不清	比较同意	同意	非常同意	
小学	计数	3	2	12	30	36	48	4	135
	占主要领导没有严重违纪违法的百分比	15.8%	6.1%	16.4%	15.4%	15.6%	21.2%	4.7%	15.6%
	占总计的百分比	0.3%	0.2%	1.4%	3.5%	4.2%	5.6%	0.5%	15.6%
初中	计数	3	5	15	44	47	33	14	161
	占主要领导没有严重违纪违法的百分比	15.8%	15.2%	20.5%	22.6%	20.3%	14.6%	16.3%	18.7%
	占总计的百分比	0.3%	0.6%	1.7%	5.1%	5.4%	3.8%	1.6%	18.7%
高中	计数	2	3	16	41	45	49	19	175
	占主要领导没有严重违纪违法的百分比	10.5%	9.1%	21.9%	21.0%	19.5%	21.7%	22.1%	20.3%
	占总计的百分比	0.2%	0.3%	1.9%	4.8%	5.2%	5.7%	2.2%	20.3%
专科	计数	6	10	16	34	42	40	20	168
	占主要领导没有严重违纪违法的百分比	31.6%	30.3%	21.9%	17.4%	18.2%	17.7%	23.3%	19.5%
	占总计的百分比	0.7%	1.2%	1.9%	3.9%	4.9%	4.6%	2.3%	19.5%
本科	计数	2	6	8	26	36	24	16	118
	占主要领导没有严重违纪违法的百分比	10.5%	18.2%	11.0%	13.3%	15.6%	10.6%	18.6%	13.7%
	占总计的百分比	0.2%	0.7%	0.9%	3.0%	4.2%	2.8%	1.9%	13.7%
研究生	计数	3	7	6	13	21	14	12	76
	占主要领导没有严重违纪违法的百分比	15.8%	21.2%	8.2%	6.7%	9.1%	6.2%	14.0%	8.8%
	占总计的百分比	0.3%	0.8%	0.7%	1.5%	2.4%	1.6%	1.4%	8.8%
总计	计数	19	33	73	195	231	226	86	863
	占主要领导没有严重违纪违法的百分比	100.0%	100.0%	100.0%	100.0%	100.0%	100.0%	100.0%	100.0%
	占总计的百分比	2.2%	3.8%	8.5%	22.6%	26.8%	26.2%	10.0%	100.0%

表 3-178 反映出了不同民族受访者对民族地区政治稳定情况的看法情况。经卡方检验，不同民族受访者在民族地区政治稳定情况的看法上有显著性差异。

表 3-178　不同民族受访者与民族地区政治稳定情况的交叉列表

民族	项目	主要领导没有严重违纪违法							总计
		完全不同意	不同意	不太同意	说不清	比较同意	同意	非常同意	
汉族	计数	6	11	28	83	80	81	32	321
	占主要领导没有严重违纪违法的百分比	31.6%	33.3%	38.4%	42.6%	34.6%	35.8%	37.6%	37.2%
	占总计的百分比	0.7%	1.3%	3.2%	9.6%	9.3%	9.4%	3.7%	37.2%
苗族	计数	2	5	10	14	25	16	9	81
	占主要领导没有严重违纪违法的百分比	10.5%	15.2%	13.7%	7.2%	10.8%	7.1%	10.6%	9.4%
	占总计的百分比	0.2%	0.6%	1.2%	1.6%	2.9%	1.9%	1.0%	9.4%
布依族	计数	0	0	1	0	1	0	1	3
	占主要领导没有严重违纪违法的百分比	0.0%	0.0%	1.4%	0.0%	0.4%	0.0%	1.2%	0.3%
	占总计的百分比	0.0%	0.0%	0.1%	0.0%	0.1%	0.0%	0.1%	0.3%
侗族	计数	4	5	16	21	46	24	23	139
	占主要领导没有严重违纪违法的百分比	21.1%	15.2%	21.9%	10.8%	19.9%	10.6%	27.1%	16.1%
	占总计的百分比	0.5%	0.6%	1.9%	2.4%	5.3%	2.8%	2.7%	16.1%
壮族	计数	0	2	2	29	22	19	7	81
	占主要领导没有严重违纪违法的百分比	0.0%	6.1%	2.7%	14.9%	9.5%	8.4%	8.2%	9.4%
	占总计的百分比	0.0%	0.2%	0.2%	3.4%	2.6%	2.2%	0.8%	9.4%
白族	计数	1	1	2	4	6	4	0	18
	占主要领导没有严重违纪违法的百分比	5.3%	3.0%	2.7%	2.1%	2.6%	1.8%	0.0%	2.1%
	占总计的百分比	0.1%	0.1%	0.2%	0.5%	0.7%	0.5%	0.0%	2.1%
哈尼族	计数	0	0	0	0	1	0	0	1
	占主要领导没有严重违纪违法的百分比	0.0%	0.0%	0.0%	0.0%	0.4%	0.0%	0.0%	0.1%
	占总计的百分比	0.0%	0.0%	0.0%	0.0%	0.1%	0.0%	0.0%	0.1%

续表

民族	项目	主要领导没有严重违纪违法							总计
		完全不同意	不同意	不太同意	说不清	比较同意	同意	非常同意	
彝族	计数	0	3	4	21	30	68	3	129
	占主要领导没有严重违纪违法的百分比	0.0%	9.1%	5.5%	10.8%	13.0%	30.1%	3.5%	15.0%
	占总计的百分比	0.0%	0.3%	0.5%	2.4%	3.5%	7.9%	0.3%	15.0%
瑶族	计数	6	5	8	20	16	12	9	76
	占主要领导没有严重违纪违法的百分比	31.6%	15.2%	11.0%	10.3%	6.9%	5.3%	10.6%	8.8%
	占总计的百分比	0.7%	0.6%	0.9%	2.3%	1.9%	1.4%	1.0%	8.8%
仫佬族	计数	0	0	0	1	2	0	0	3
	占主要领导没有严重违纪违法的百分比	0.0%	0.0%	0.0%	0.5%	0.9%	0.0%	0.0%	0.3%
	占总计的百分比	0.0%	0.0%	0.0%	0.1%	0.2%	0.0%	0.0%	0.3%
回族	计数	0	1	1	2	2	2	1	9
	占主要领导没有严重违纪违法的百分比	0.0%	3.0%	1.4%	1.0%	0.9%	0.9%	1.2%	1.0%
	占总计的百分比	0.0%	0.1%	0.1%	0.2%	0.2%	0.2%	0.1%	1.0%
土家族	计数	0	0	1	0	0	0	0	1
	占主要领导没有严重违纪违法的百分比	0.0%	0.0%	1.4%	0.0%	0.0%	0.0%	0.0%	0.1%
	占总计的百分比	0.0%	0.0%	0.1%	0.0%	0.0%	0.0%	0.0%	0.1%
总计	计数	19	33	73	195	231	226	85	862
	占主要领导没有严重违纪违法的百分比	100.0%	100.0%	100.0%	100.0%	100.0%	100.0%	100.0%	100.0%
	占总计的百分比	2.2%	3.8%	8.5%	22.6%	26.8%	26.2%	9.9%	100.0%

表 3-179 反映出了不同职业受访者对民族地区政治稳定情况的看法情况。经卡方检验，不同职业受访者在民族地区政治稳定情况的看法上有显著性差异。

表 3-179　不同职业受访者与民族地区政治稳定情况的交叉列表

职业	项目	主要领导没有严重违纪违法							总计
		完全不同意	不同意	不太同意	说不清	比较同意	同意	非常同意	
农业劳动者	计数	3	1	19	29	39	36	12	139
	占主要领导没有严重违纪违法的百分比	17.6%	3.0%	26.0%	14.9%	16.9%	16.0%	14.3%	16.2%
	占总计的百分比	0.4%	0.1%	2.2%	3.4%	4.6%	4.2%	1.4%	16.2%
企业工人	计数	0	4	7	11	17	7	8	54
	占主要领导没有严重违纪违法的百分比	0.0%	12.1%	9.6%	5.7%	7.4%	3.1%	9.5%	6.3%
	占总计的百分比	0.0%	0.5%	0.8%	1.3%	2.0%	0.8%	0.9%	6.3%
事业单位人员	计数	3	6	7	26	46	49	25	162
	占主要领导没有严重违纪违法的百分比	17.6%	18.2%	9.6%	13.4%	19.9%	21.8%	29.8%	18.9%
	占总计的百分比	0.4%	0.7%	0.8%	3.0%	5.4%	5.7%	2.9%	18.9%
政府机关人员	计数	4	1	8	11	19	26	20	89
	占主要领导没有严重违纪违法的百分比	23.5%	3.0%	11.0%	5.7%	8.2%	11.6%	23.8%	10.4%
	占总计的百分比	0.5%	0.1%	0.9%	1.3%	2.2%	3.0%	2.3%	10.4%
个体劳动者/个体工商户	计数	0	3	5	25	32	28	4	97
	占主要领导没有严重违纪违法的百分比	0.0%	9.1%	6.8%	12.9%	13.9%	12.4%	4.8%	11.3%
	占总计的百分比	0.0%	0.4%	0.6%	2.9%	3.7%	3.3%	0.5%	11.3%
打工者	计数	1	2	7	38	29	46	4	127
	占主要领导没有严重违纪违法的百分比	5.9%	6.1%	9.6%	19.6%	12.6%	20.4%	4.8%	14.8%
	占总计的百分比	0.1%	0.2%	0.8%	4.4%	3.4%	5.4%	0.5%	14.8%
私营企业主	计数	0	1	2	6	3	3	0	15
	占主要领导没有严重违纪违法的百分比	0.0%	3.0%	2.7%	3.1%	1.3%	1.3%	0.0%	1.8%
	占总计的百分比	0.0%	0.1%	0.2%	0.7%	0.4%	0.4%	0.0%	1.8%

续表

职业	项目	主要领导没有严重违纪违法							总计
		完全不同意	不同意	不太同意	说不清	比较同意	同意	非常同意	
学生	计数	6	14	12	34	34	15	7	122
	占主要领导没有严重违纪违法的百分比	35.3%	42.4%	16.4%	17.5%	14.7%	6.7%	8.3%	14.2%
	占总计的百分比	0.7%	1.6%	1.4%	4.0%	4.0%	1.8%	0.8%	14.2%
待业人员	计数	0	1	6	6	5	5	0	23
	占主要领导没有严重违纪违法的百分比	0.0%	3.0%	8.2%	3.1%	2.2%	2.2%	0.0%	2.7%
	占总计的百分比	0.0%	0.1%	0.7%	0.7%	0.6%	0.6%	0.0%	2.7%
退休人员	计数	0	0	0	8	7	9	4	28
	占主要领导没有严重违纪违法的百分比	0.0%	0.0%	0.0%	4.1%	3.0%	4.0%	4.8%	3.3%
	占总计的百分比	0.0%	0.0%	0.0%	0.9%	0.8%	1.1%	0.5%	3.3%
村干部	计数	0	0	0	0	0	1	0	1
	占主要领导没有严重违纪违法的百分比	0.0%	0.0%	0.0%	0.0%	0.0%	0.4%	0.0%	0.1%
	占总计的百分比	0.0%	0.0%	0.0%	0.0%	0.0%	0.1%	0.0%	0.1%
总计	计数	17	33	73	194	231	225	84	857
	占主要领导没有严重违纪违法的百分比	100.0%	100.0%	100.0%	100.0%	100.0%	100.0%	100.0%	100.0%
	占总计的百分比	2.0%	3.9%	8.5%	22.6%	27.0%	26.3%	9.8%	100.0%

表3-180反映出了不同政治面貌受访者对民族地区政治稳定情况的看法情况。经卡方检验，不同政治面貌受访者在民族地区政治稳定情况的看法上有显著性差异。

表 3-180　不同政治面貌受访者与民族地区政治稳定情况的交叉列表

政治成分	项　目	主要领导没有严重违纪违法							总计
		完全不同意	不同意	不太同意	说不清	比较同意	同意	非常同意	
中共党员	计数	8	2	14	25	54	66	41	210
	占主要领导没有严重违纪违法的百分比	42. 1%	6. 1%	19. 7%	12. 8%	23. 6%	29. 3%	48. 8%	24. 5%
	占总计的百分比	0. 9%	0. 2%	1. 6%	2. 9%	6. 3%	7. 7%	4. 8%	24. 5%
非中共党员	计数	11	31	57	170	175	159	43	646
	占主要领导没有严重违纪违法的百分比	57. 9%	93. 9%	80. 3%	87. 2%	76. 4%	70. 7%	51. 2%	75. 5%
	占总计的百分比	1. 3%	3. 6%	6. 7%	19. 9%	20. 4%	18. 6%	5. 0%	75. 5%
总计	计数	19	33	71	195	229	225	84	856
	占主要领导没有严重违纪违法的百分比	100. 0%	100. 0%	100. 0%	100. 0%	100. 0%	100. 0%	100. 0%	100. 0%
	占总计的百分比	2. 2%	3. 9%	8. 3%	22. 8%	26. 8%	26. 3%	9. 8%	100. 0%

表 3-181 反映出了不同婚姻状况受访者对民族地区政治稳定情况的看法情况。经卡方检验，不同婚姻状况受访者在民族地区政治稳定情况的看法上有显著性差异。

表 3-181　不同婚姻状况受访者与民族地区政治稳定情况的交叉列表

婚否	项　目	主要领导没有严重违纪违法							总计
		完全不同意	不同意	不太同意	说不清	比较同意	同意	非常同意	
已婚	计数	10	12	40	122	153	166	58	561
	占主要领导没有严重违纪违法的百分比	52. 6%	36. 4%	55. 6%	62. 9%	66. 8%	74. 8%	69. 9%	65. 8%
	占总计的百分比	1. 2%	1. 4%	4. 7%	14. 3%	18. 0%	19. 5%	6. 8%	65. 8%
未婚	计数	9	21	32	72	76	56	25	291
	占主要领导没有严重违纪违法的百分比	47. 4%	63. 6%	44. 4%	37. 1%	33. 2%	25. 2%	30. 1%	34. 2%
	占总计的百分比	1. 1%	2. 5%	3. 8%	8. 5%	8. 9%	6. 6%	2. 9%	34. 2%
总计	计数	19	33	72	194	229	222	83	852
	占主要领导没有严重违纪违法的百分比	100. 0%	100. 0%	100. 0%	100. 0%	100. 0%	100. 0%	100. 0%	100. 0%
	占总计的百分比	2. 2%	3. 9%	8. 5%	22. 8%	26. 9%	26. 1%	9. 7%	100. 0%

表3-182反映出了不同居住地受访者对民族地区政治稳定情况的看法情况。经卡方检验，不同居住地受访者在民族地区政治稳定情况的看法上有显著性差异。

表3-182 不同居住地受访者与民族地区政治稳定情况的交叉列表

居住地 \ 项目		主要领导没有严重违纪违法							总计
		完全不同意	不同意	不太同意	说不清	比较同意	同意	非常同意	
农村	计数	10	10	35	84	86	109	21	355
	占主要领导没有严重违纪违法的百分比	52.6%	30.3%	47.9%	43.3%	37.4%	48.4%	24.7%	41.3%
	占总计的百分比	1.2%	1.2%	4.1%	9.8%	10.0%	12.7%	2.4%	41.3%
乡镇所在地	计数	2	4	9	26	43	30	22	136
	占主要领导没有严重违纪违法的百分比	10.5%	12.1%	12.3%	13.4%	18.7%	13.3%	25.9%	15.8%
	占总计的百分比	0.2%	0.5%	1.0%	3.0%	5.0%	3.5%	2.6%	15.8%
县城	计数	6	16	21	72	83	72	38	308
	占主要领导没有严重违纪违法的百分比	31.6%	48.5%	28.8%	37.1%	36.1%	32.0%	44.7%	35.9%
	占总计的百分比	0.7%	1.9%	2.4%	8.4%	9.7%	8.4%	4.4%	35.9%
市城区	计数	1	2	4	6	16	7	2	38
	占主要领导没有严重违纪违法的百分比	5.3%	6.1%	5.5%	3.1%	7.0%	3.1%	2.4%	4.4%
	占总计的百分比	0.1%	0.2%	0.5%	0.7%	1.9%	0.8%	0.2%	4.4%
城郊结合部	计数	0	1	4	6	2	7	2	22
	占主要领导没有严重违纪违法的百分比	0.0%	3.0%	5.5%	3.1%	0.9%	3.1%	2.4%	2.6%
	占总计的百分比	0.0%	0.1%	0.5%	0.7%	0.2%	0.8%	0.2%	2.6%
总计	计数	19	33	73	194	230	225	85	859
	占主要领导没有严重违纪违法的百分比	100.0%	100.0%	100.0%	100.0%	100.0%	100.0%	100.0%	100.0%
	占总计的百分比	2.2%	3.8%	8.5%	22.6%	26.8%	26.2%	9.9%	100.0%

2. 经济环境

从2017年县市的社会经济主要指标来看，云南永平县第一产业增加值为142266万元，第二产业增加值为120675万元，云南宁蒗县第一产业增加值为82902万元，第二产业增加值为136169万元，云南盐津县第一产业增加值为95989万元，第二产业增加值为178837万元；广西富川县第一产业增加值为256899万元，第二产业增加值为221878万元，广西东兰县第一产业增加值为73305万元，第二产业增加值为58738万元，广西三江县第一产业增加值为184249万元，第二产业增加值为99395万元；贵州从江县第一产业增加值为175350万元，第二产业增加值为152482万元，贵州黄平县第一产业增加值为176172万元，第二产业增加值为65572万元，贵州赫章县第一产业增加值为456000万元，第二产业增加值为294729万元；可见，这些贫困县的整体经济环境较好，经济运行良好。

题项“本地经济活跃，经济发展具有可持续性”是用来测量西部地区贫困县民众对经济运行情况的看法，侧重于对经济环境的评价。经统计，选“完全不同意”的有14人，占比1.6%，选“不同意”的有28人，占比3.1%，选“不太同意”的有81人，占比9%，选“说不清”的有225人，占比25.1%，选“比较同意”的有244人，占比27.2%，选“同意”的有207人，占比23.1%，选“完全同意”的有99人，占比11%（如图3-25所示）。这表明，有超过六成的受访者认为西部地区贫困县政府在经济运行上表现好，认为民族地区经济运行得不好的受访者占一成多，也有两成多的人不愿意发表意见。

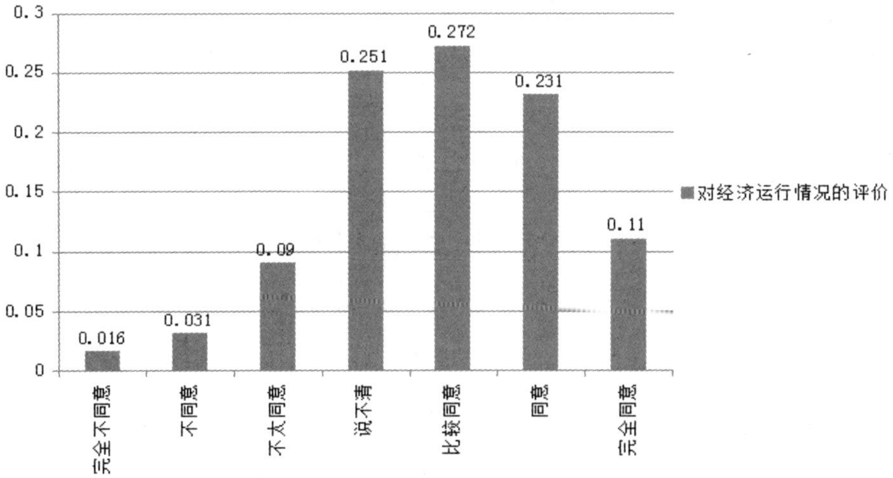

图3-25　民族地区经济环境情况

表3-183反映出了不同受教育程度受访者对民族地区经济运行情况的看法情况。经卡方检验，不同受教育程度受访者在民族地区经济运行情况的看法上有显著性差异。

表 3-183　不同受教育程度受访者与民族地区经济运行情况的交叉列表

教育分组	项　目	经济发展可持续							总计
		完全不同意	不同意	不太同意	说不清	比较同意	同意	非常同意	
未上学	计数	0	0	0	9	6	9	7	31
	占经济发展可持续的百分比	0.0%	0.0%	0.0%	4.0%	2.5%	4.3%	7.1%	3.5%
	占总计的百分比	0.0%	0.0%	0.0%	1.0%	0.7%	1.0%	0.8%	3.5%
小学	计数	0	2	3	59	36	21	16	137
	占经济发展可持续的百分比	0.0%	7.1%	3.7%	26.2%	14.8%	10.1%	16.2%	15.3%
	占总计的百分比	0.0%	0.2%	0.3%	6.6%	4.0%	2.3%	1.8%	15.3%
初中	计数	2	6	13	52	48	33	13	167
	占经济发展可持续的百分比	14.3%	21.4%	16.0%	23.1%	19.7%	15.9%	13.1%	18.6%
	占总计的百分比	0.2%	0.7%	1.4%	5.8%	5.3%	3.7%	1.4%	18.6%
高中	计数	7	5	17	41	50	41	21	182
	占经济发展可持续的百分比	50.0%	17.9%	21.0%	18.2%	20.5%	19.8%	21.2%	20.3%
	占总计的百分比	0.8%	0.6%	1.9%	4.6%	5.6%	4.6%	2.3%	20.3%
专科	计数	2	1	20	33	41	54	23	174
	占经济发展可持续的百分比	14.3%	3.6%	24.7%	14.7%	16.8%	26.1%	23.2%	19.4%
	占总计的百分比	0.2%	0.1%	2.2%	3.7%	4.6%	6.0%	2.6%	19.4%
本科	计数	1	10	19	14	41	29	12	126
	占经济发展可持续的百分比	7.1%	35.7%	23.5%	6.2%	16.8%	14.0%	12.1%	14.0%
	占总计的百分比	0.1%	1.1%	2.1%	1.6%	4.6%	3.2%	1.3%	14.0%
研究生	计数	2	4	9	17	22	20	7	81
	占经济发展可持续的百分比	14.3%	14.3%	11.1%	7.6%	9.0%	9.7%	7.1%	9.0%
	占总计的百分比	0.2%	0.4%	1.0%	1.9%	2.4%	2.2%	0.8%	9.0%

续表

教育分组	项　目	经济发展可持续							总计
		完全不同意	不同意	不太同意	说不清	比较同意	同意	非常同意	
总计	计数	14	28	81	225	244	207	99	898
	占经济发展可持续的百分比	100.0%	100.0%	100.0%	100.0%	100.0%	100.0%	100.0%	100.0%
	占总计的百分比	1.6%	3.1%	9.0%	25.1%	27.2%	23.1%	11.0%	100.0%

表 3-184 反映出了不同收入水平受访者对民族地区经济运行情况的看法情况。经卡方检验，不同收入水平受访者在民族地区经济运行情况的看法上有显著性差异。

表 3-184　不同收入水平受访者与民族地区经济运行情况的交叉列表

收入分组	项　目	经济发展可持续							总计
		完全不同意	不同意	不太同意	说不清	比较同意	同意	非常同意	
低收入者	计数	2	10	29	113	87	72	40	353
	占经济发展可持续的百分比	14.3%	35.7%	35.8%	50.2%	35.7%	34.8%	40.4%	39.3%
	占总计的百分比	0.2%	1.1%	3.2%	12.6%	9.7%	8.0%	4.5%	39.3%
中等收入者	计数	7	11	21	74	69	60	27	269
	占经济发展可持续的百分比	50.0%	39.3%	25.9%	32.9%	28.3%	29.0%	27.3%	30.0%
	占总计的百分比	0.8%	1.2%	2.3%	8.2%	7.7%	6.7%	3.0%	30.0%
高收入者	计数	5	7	31	38	88	75	32	276
	占经济发展可持续的百分比	35.7%	25.0%	38.3%	16.9%	36.1%	36.2%	32.3%	30.7%
	占总计的百分比	0.6%	0.8%	3.5%	4.2%	9.8%	8.4%	3.6%	30.7%
总计	计数	14	28	81	225	244	207	99	898
	占经济发展可持续的百分比	100.0%	100.0%	100.0%	100.0%	100.0%	100.0%	100.0%	100.0%
	占总计的百分比	1.6%	3.1%	9.0%	25.1%	27.2%	23.1%	11.0%	100.0%

表 3-185 反映出了不同民族受访者对民族地区经济运行情况的看法情况。经卡方检验，不同民族受访者在民族地区经济运行情况的看法上有显著性差异。

表 3-185 不同民族受访者与民族地区经济运行情况的交叉列表

民族	项目	经济发展可持续							总计
		完全不同意	不同意	不太同意	说不清	比较同意	同意	非常同意	
汉族	计数	10	12	37	72	84	84	34	333
	占经济发展可持续的百分比	71.4%	42.9%	45.7%	32.0%	34.4%	40.6%	34.7%	37.1%
	占总计的百分比	1.1%	1.3%	4.1%	8.0%	9.4%	9.4%	3.8%	37.1%
苗族	计数	0	4	14	17	20	19	8	82
	占经济发展可持续的百分比	0.0%	14.3%	17.3%	7.6%	8.2%	9.2%	8.2%	9.1%
	占总计的百分比	0.0%	0.4%	1.6%	1.9%	2.2%	2.1%	0.9%	9.1%
布依族	计数	0	0	0	1	0	1	1	3
	占经济发展可持续的百分比	0.0%	0.0%	0.0%	0.4%	0.0%	0.5%	1.0%	0.3%
	占总计的百分比	0.0%	0.0%	0.0%	0.1%	0.0%	0.1%	0.1%	0.3%
侗族	计数	2	4	9	34	49	30	16	144
	占经济发展可持续的百分比	14.3%	14.3%	11.1%	15.1%	20.1%	14.5%	16.3%	16.1%
	占总计的百分比	0.2%	0.4%	1.0%	3.8%	5.5%	3.3%	1.8%	16.1%
壮族	计数	0	0	6	19	29	31	4	89
	占经济发展可持续的百分比	0.0%	0.0%	7.4%	8.4%	11.9%	15.0%	4.1%	9.9%
	占总计的百分比	0.0%	0.0%	0.7%	2.1%	3.2%	3.5%	0.4%	9.9%
白族	计数	0	1	4	3	2	3	5	18
	占经济发展可持续的百分比	0.0%	3.6%	4.9%	1.3%	0.8%	1.4%	5.1%	2.0%
	占总计的百分比	0.0%	0.1%	0.4%	0.3%	0.2%	0.3%	0.6%	2.0%
哈尼族	计数	0	0	1	0	0	0	0	1
	占经济发展可持续的百分比	0.0%	0.0%	1.2%	0.0%	0.0%	0.0%	0.0%	0.1%
	占总计的百分比	0.0%	0.0%	0.1%	0.0%	0.0%	0.0%	0.0%	0.1%

续表

民族	项目	经济发展可持续							总计
		完全不同意	不同意	不太同意	说不清	比较同意	同意	非常同意	
彝族	计数	1	3	2	45	33	21	24	129
	占经济发展可持续的百分比	7.1%	10.7%	2.5%	20.0%	13.5%	10.1%	24.5%	14.4%
	占总计的百分比	0.1%	0.3%	0.2%	5.0%	3.7%	2.3%	2.7%	14.4%
瑶族	计数	1	4	6	30	23	15	6	85
	占经济发展可持续的百分比	7.1%	14.3%	7.4%	13.3%	9.4%	7.2%	6.1%	9.5%
	占总计的百分比	0.1%	0.4%	0.7%	3.3%	2.6%	1.7%	0.7%	9.5%
仫佬族	计数	0	0	0	1	1	1	0	3
	占经济发展可持续的百分比	0.0%	0.0%	0.0%	0.4%	0.4%	0.5%	0.0%	0.3%
	占总计的百分比	0.0%	0.0%	0.0%	0.1%	0.1%	0.1%	0.0%	0.3%
回族	计数	0	0	2	3	3	1	0	9
	占经济发展可持续的百分比	0.0%	0.0%	2.5%	1.3%	1.2%	0.5%	0.0%	1.0%
	占总计的百分比	0.0%	0.0%	0.2%	0.3%	0.3%	0.1%	0.0%	1.0%
土家族	计数	0	0	0	0	0	1	0	1
	占经济发展可持续的百分比	0.0%	0.0%	0.0%	0.0%	0.0%	0.5%	0.0%	0.1%
	占总计的百分比	0.0%	0.0%	0.0%	0.0%	0.0%	0.1%	0.0%	0.1%
总计	计数	14	28	81	225	244	207	98	897
	占经济发展可持续的百分比	100.0%	100.0%	100.0%	100.0%	100.0%	100.0%	100.0%	100.0%
	占总计的百分比	1.6%	3.1%	9.0%	25.1%	27.2%	23.1%	10.9%	100.0%

表3-186反映出了不同职业受访者对民族地区经济运行情况的看法情况。经卡方检验，不同职业受访者在民族地区经济运行情况的看法上有显著性差异。

表 3-186 不同职业受访者与民族地区经济运行情况的交叉列表

职业	项目	经济发展可持续							总计
		完全不同意	不同意	不太同意	说不清	比较同意	同意	非常同意	
农业劳动者	计数	2	6	11	52	34	28	14	147
	占经济发展可持续的百分比	14.3%	21.4%	13.6%	23.2%	14.1%	13.7%	14.1%	16.5%
	占总计的百分比	0.2%	0.7%	1.2%	5.8%	3.8%	3.1%	1.6%	16.5%
企业工人	计数	1	2	13	13	7	14	4	54
	占经济发展可持续的百分比	7.1%	7.1%	16.0%	5.8%	2.9%	6.8%	4.0%	6.1%
	占总计的百分比	0.1%	0.2%	1.5%	1.5%	0.8%	1.6%	0.4%	6.1%
事业单位人员	计数	1	4	14	28	54	40	28	169
	占经济发展可持续的百分比	7.1%	14.3%	17.3%	12.5%	22.4%	19.5%	28.3%	18.9%
	占总计的百分比	0.1%	0.4%	1.6%	3.1%	6.1%	4.5%	3.1%	18.9%
政府机关人员	计数	3	4	2	7	26	37	11	90
	占经济发展可持续的百分比	21.4%	14.3%	2.5%	3.1%	10.8%	18.0%	11.1%	10.1%
	占总计的百分比	0.3%	0.4%	0.2%	0.8%	2.9%	4.1%	1.2%	10.1%
个体劳动者/个体工商户	计数	3	1	6	26	29	22	12	99
	占经济发展可持续的百分比	21.4%	3.6%	7.4%	11.6%	12.0%	10.7%	12.1%	11.1%
	占总计的百分比	0.3%	0.1%	0.7%	2.9%	3.3%	2.5%	1.3%	11.1%
打工者	计数	2	4	10	39	48	19	8	130
	占经济发展可持续的百分比	14.3%	14.3%	12.3%	17.4%	19.9%	9.3%	8.1%	14.6%
	占总计的百分比	0.2%	0.4%	1.1%	4.4%	5.4%	2.1%	0.9%	14.6%
私营企业主	计数	1	0	4	5	2	3	0	15
	占经济发展可持续的百分比	7.1%	0.0%	4.9%	2.2%	0.8%	1.5%	0.0%	1.7%
	占总计的百分比	0.1%	0.0%	0.4%	0.6%	0.2%	0.3%	0.0%	1.7%

续表

职业	项目	经济发展可持续							总计
		完全不同意	不同意	不太同意	说不清	比较同意	同意	非常同意	
学生	计数	1	6	16	36	31	27	17	134
	占经济发展可持续的百分比	7.1%	21.4%	19.8%	16.1%	12.9%	13.2%	17.2%	15.0%
	占总计的百分比	0.1%	0.7%	1.8%	4.0%	3.5%	3.0%	1.9%	15.0%
待业人员	计数	0	1	4	8	5	7	0	25
	占经济发展可持续的百分比	0.0%	3.6%	4.9%	3.6%	2.1%	3.4%	0.0%	2.8%
	占总计的百分比	0.0%	0.1%	0.4%	0.9%	0.6%	0.8%	0.0%	2.8%
退休人员	计数	0	0	1	10	5	7	5	28
	占经济发展可持续的百分比	0.0%	0.0%	1.2%	4.5%	2.1%	3.4%	5.1%	3.1%
	占总计的百分比	0.0%	0.0%	0.1%	1.1%	0.6%	0.8%	0.6%	3.1%
村干部	计数	0	0	0	0	0	1	0	1
	占经济发展可持续的百分比	0.0%	0.0%	0.0%	0.0%	0.0%	0.5%	0.0%	0.1%
	占总计的百分比	0.0%	0.0%	0.0%	0.0%	0.0%	0.1%	0.0%	0.1%
总计	计数	14	28	81	224	241	205	99	892
	占经济发展可持续的百分比	100.0%	100.0%	100.0%	100.0%	100.0%	100.0%	100.0%	100.0%
	占总计的百分比	1.6%	3.1%	9.1%	25.1%	27.0%	23.0%	11.1%	100.0%

表3-187反映出了不同政治面貌受访者对民族地区经济运行情况的看法情况。经卡方检验，不同政治面貌受访者在民族地区经济运行情况的看法上有显著性差异。

表 3-187 不同政治面貌受访者与民族地区经济运行情况的交叉列表

政治成分	项目	经济发展可持续							总计
		完全不同意	不同意	不太同意	说不清	比较同意	同意	非常同意	
中共党员	计数	3	4	22	33	54	65	35	216
	占经济发展可持续的百分比	21.4%	14.3%	27.8%	14.8%	22.3%	31.6%	35.7%	24.3%
	占总计的百分比	0.3%	0.4%	2.5%	3.7%	6.1%	7.3%	3.9%	24.3%
非中共党员	计数	11	24	57	190	188	141	63	674
	占经济发展可持续的百分比	78.6%	85.7%	72.2%	85.2%	77.7%	68.4%	64.3%	75.7%
	占总计的百分比	1.2%	2.7%	6.4%	21.3%	21.1%	15.8%	7.1%	75.7%
总计	计数	14	28	79	223	242	206	98	890
	占经济发展可持续的百分比	100.0%	100.0%	100.0%	100.0%	100.0%	100.0%	100.0%	100.0%
	占总计的百分比	1.6%	3.1%	8.9%	25.1%	27.2%	23.1%	11.0%	100.0%

表 3-188 反映出了不同婚姻状况受访者对民族地区经济运行情况的看法情况。经卡方检验，不同婚姻状况受访者在民族地区经济运行情况的看法上有显著性差异。

表 3-188 不同婚姻状况受访者与民族地区经济运行情况的交叉列表

婚否	项目	经济发展可持续							总计
		完全不同意	不同意	不太同意	说不清	比较同意	同意	非常同意	
已婚	计数	13	13	46	149	152	131	71	575
	占经济发展可持续的百分比	92.9%	48.1%	59.0%	67.1%	62.8%	63.9%	72.4%	64.9%
	占总计的百分比	1.5%	1.5%	5.2%	16.8%	17.2%	14.8%	8.0%	64.9%
未婚	计数	1	14	32	73	90	74	27	311
	占经济发展可持续的百分比	7.1%	51.9%	41.0%	32.9%	37.2%	36.1%	27.6%	35.1%
	占总计的百分比	0.1%	1.6%	3.6%	8.2%	10.2%	8.4%	3.0%	35.1%

续表

婚否 \ 项目		经济发展可持续							总计
		完全不同意	不同意	不太同意	说不清	比较同意	同意	非常同意	
总计	计数	14	27	78	222	242	205	98	886
	占经济发展可持续的百分比	100.0%	100.0%	100.0%	100.0%	100.0%	100.0%	100.0%	100.0%
	占总计的百分比	1.6%	3.0%	8.8%	25.1%	27.3%	23.1%	11.1%	100.0%

表 3-189 反映出了不同居住地受访者对民族地区经济运行情况的看法情况。经卡方检验，不同居住地受访者在民族地区经济运行情况的看法上有显著性差异。

表 3-189　不同居住地受访者与民族地区经济运行情况的交叉列表

居住地 \ 项目		经济发展可持续							总计
		完全不同意	不同意	不太同意	说不清	比较同意	同意	非常同意	
农村	计数	3	12	28	123	85	76	47	374
	占经济发展可持续的百分比	21.4%	42.9%	34.6%	54.9%	35.0%	37.1%	47.5%	41.8%
	占总计的百分比	0.3%	1.3%	3.1%	13.8%	9.5%	8.5%	5.3%	41.8%
乡镇所在地	计数	1	1	13	25	46	41	13	140
	占经济发展可持续的百分比	7.1%	3.6%	16.0%	11.2%	18.9%	20.0%	13.1%	15.7%
	占总计的百分比	0.1%	0.1%	1.5%	2.8%	5.1%	4.6%	1.5%	15.7%
县城	计数	10	14	32	63	94	72	34	319
	占经济发展可持续的百分比	71.4%	50.0%	39.5%	28.1%	38.7%	35.1%	34.3%	35.7%
	占总计的百分比	1.1%	1.6%	3.6%	7.0%	10.5%	8.1%	3.8%	35.7%
市城区	计数	0	1	5	9	12	8	3	38
	占经济发展可持续的百分比	0.0%	3.6%	6.2%	4.0%	4.9%	3.9%	3.0%	4.3%
	占总计的百分比	0.0%	0.1%	0.6%	1.0%	1.3%	0.9%	0.3%	4.3%

续表

居住地	项目	经济发展可持续							总计
		完全不同意	不同意	不太同意	说不清	比较同意	同意	非常同意	
城郊结合部	计数	0	0	3	4	6	8	2	23
	占经济发展可持续的百分比	0.0%	0.0%	3.7%	1.8%	2.5%	3.9%	2.0%	2.6%
	占总计的百分比	0.0%	0.0%	0.3%	0.4%	0.7%	0.9%	0.2%	2.6%
总计	计数	14	28	81	224	243	205	99	894
	占经济发展可持续的百分比	100.0%	100.0%	100.0%	100.0%	100.0%	100.0%	100.0%	100.0%
	占总计的百分比	1.6%	3.1%	9.1%	25.1%	27.2%	22.9%	11.1%	100.0%

3. 社会环境

题项“本地区老百姓的法律意识都越来越强了”是用来测量西部地区贫困县民众对社会环境中法律意识的看法。经统计，选“完全不同意”的有9人，占比1%，选“不同意”的有21人，占比2.4%，选“不太同意”的有63人，占比7.1%，选“说不清”的有153人，占比17.1%，选“比较同意”的有248人，占比27.8%，选“同意”的有301人，占比33.7%，选“完全同意”的有98人，占比11%（如图3-26所示）。这表明，有超过七成的受访者认为西部地区贫困县在社会环境方面老百姓法律意识上较好，认为民族地区老百姓法律意识不强的受访者占一成多，也有接近两成的人不愿意发表意见。

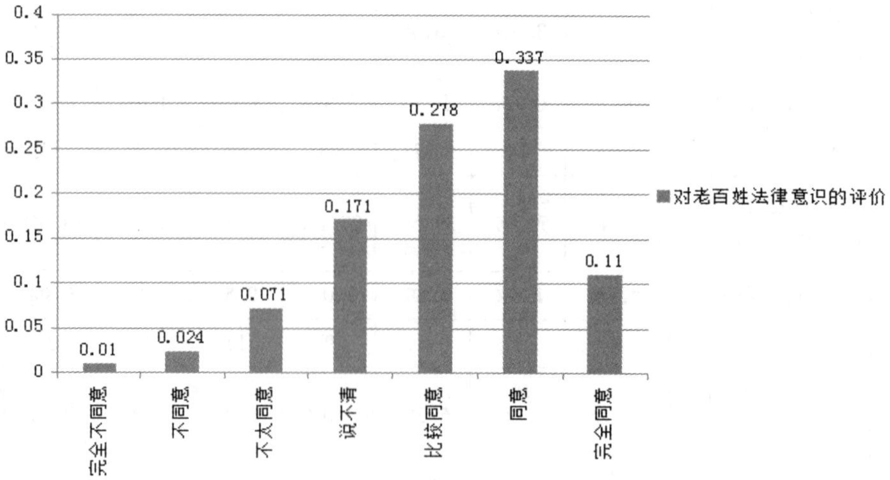

图3-26　民族地区法律意识情况

表3-190反映出了不同省份受访者对民族地区民众法律意识情况的看法情况。经卡方检验，不同省份受访者在民族地区民众法律意识情况的看法上有显著性差异。

表 3-190　不同省份受访者与民族地区民众法律意识情况的交叉列表

省份	项目	法律意识							总计
		完全不同意	不同意	不太同意	说不清	比较同意	同意	非常同意	
贵州	计数	5	7	22	54	85	91	33	297
	占法律意识的百分比	55.6%	33.3%	34.9%	35.3%	34.3%	30.2%	33.7%	33.3%
	占总计的百分比	0.6%	0.8%	2.5%	6.0%	9.5%	10.2%	3.7%	33.3%
云南	计数	1	2	19	58	82	96	42	300
	占法律意识的百分比	11.1%	9.5%	30.2%	37.9%	33.1%	31.9%	42.9%	33.6%
	占总计的百分比	0.1%	0.2%	2.1%	6.5%	9.2%	10.8%	4.7%	33.6%
广西	计数	3	12	22	41	81	114	23	296
	占法律意识的百分比	33.3%	57.1%	34.9%	26.8%	32.7%	37.9%	23.5%	33.1%
	占总计的百分比	0.3%	1.3%	2.5%	4.6%	9.1%	12.8%	2.6%	33.1%
总计	计数	9	21	63	153	248	301	98	893
	占法律意识的百分比	100.0%	100.0%	100.0%	100.0%	100.0%	100.0%	100.0%	100.0%
	占总计的百分比	1.0%	2.4%	7.1%	17.1%	27.8%	33.7%	11.0%	100.0%

表 3-191 反映出了不同受教育程度受访者对民族地区民众法律意识情况的看法情况。经卡方检验，不同受教育程度受访者在民族地区民众法律意识情况的看法上有显著性差异。

表 3-191　不同受教育程度受访者与民族地区民众法律意识情况的交叉列表

教育分组	项目	法律意识							总计
		完全不同意	不同意	不太同意	说不清	比较同意	同意	非常同意	
未上学	计数	0	0	1	10	4	10	6	31
	占法律意识的百分比	0.0%	0.0%	1.6%	6.5%	1.6%	3.3%	6.1%	3.5%
	占总计的百分比	0.0%	0.0%	0.1%	1.1%	0.4%	1.1%	0.7%	3.5%
小学	计数	0	1	9	31	36	40	18	135
	占法律意识的百分比	0.0%	4.8%	14.3%	20.3%	14.5%	13.3%	18.4%	15.1%
	占总计的百分比	0.0%	0.1%	1.0%	3.5%	4.0%	4.5%	2.0%	15.1%
初中	计数	1	5	8	30	42	59	23	168
	占法律意识的百分比	11.1%	23.8%	12.7%	19.6%	16.9%	19.6%	23.5%	18.8%
	占总计的百分比	0.1%	0.6%	0.9%	3.4%	4.7%	6.6%	2.6%	18.8%

续表

教育分组	项目	法律意识							总计
		完全不同意	不同意	不太同意	说不清	比较同意	同意	非常同意	
高中	计数	1	5	19	17	65	57	16	180
	占法律意识的百分比	11.1%	23.8%	30.2%	11.1%	26.2%	18.9%	16.3%	20.2%
	占总计的百分比	0.1%	0.6%	2.1%	1.9%	7.3%	6.4%	1.8%	20.2%
专科	计数	2	5	15	31	45	57	18	173
	占法律意识的百分比	22.2%	23.8%	23.8%	20.3%	18.1%	18.9%	18.4%	19.4%
	占总计的百分比	0.2%	0.6%	1.7%	3.5%	5.0%	6.4%	2.0%	19.4%
本科	计数	2	1	4	19	37	52	10	125
	占法律意识的百分比	22.2%	4.8%	6.3%	12.4%	14.9%	17.3%	10.2%	14.0%
	占总计的百分比	0.2%	0.1%	0.4%	2.1%	4.1%	5.8%	1.1%	14.0%
研究生	计数	3	4	7	15	19	26	7	81
	占法律意识的百分比	33.3%	19.0%	11.1%	9.8%	7.7%	8.6%	7.1%	9.1%
	占总计的百分比	0.3%	0.4%	0.8%	1.7%	2.1%	2.9%	0.8%	9.1%
总计	计数	9	21	63	153	248	301	98	893
	占法律意识的百分比	100.0%	100.0%	100.0%	100.0%	100.0%	100.0%	100.0%	100.0%
	占总计的百分比	1.0%	2.4%	7.1%	17.1%	27.8%	33.7%	11.0%	100.0%

表3-192反映出了不同收入水平受访者对民族地区民众法律意识情况的看法情况。经卡方检验，不同收入水平受访者在民族地区民众法律意识情况的看法上有显著性差异。

表3-192　不同收入水平受访者与民族地区民众法律意识情况的交叉列表

收入分组	项目	法律意识							总计
		完全不同意	不同意	不太同意	说不清	比较同意	同意	非常同意	
低收入者	计数	3	12	29	78	98	96	34	350
	占法律意识的百分比	33.3%	57.1%	46.0%	51.0%	39.5%	31.9%	34.7%	39.2%
	占总计的百分比	0.3%	1.3%	3.2%	8.7%	11.0%	10.8%	3.8%	39.2%
中等收入者	计数	2	7	18	37	80	88	36	268
	占法律意识的百分比	22.2%	33.3%	28.6%	24.2%	32.3%	29.2%	36.7%	30.0%
	占总计的百分比	0.2%	0.8%	2.0%	4.1%	9.0%	9.9%	4.0%	30.0%

续表

收入分组	项目	法律意识							总计
		完全不同意	不同意	不太同意	说不清	比较同意	同意	非常同意	
高收入者	计数	4	2	16	38	70	117	28	275
	占法律意识的百分比	44.4%	9.5%	25.4%	24.8%	28.2%	38.9%	28.6%	30.8%
	占总计的百分比	0.4%	0.2%	1.8%	4.3%	7.8%	13.1%	3.1%	30.8%
总计	计数	9	21	63	153	248	301	98	893
	占法律意识的百分比	100.0%	100.0%	100.0%	100.0%	100.0%	100.0%	100.0%	100.0%
	占总计的百分比	1.0%	2.4%	7.1%	17.1%	27.8%	33.7%	11.0%	100.0%

表3-193反映出了不同民族受访者对民族地区民众法律意识情况的看法情况。经卡方检验，不同民族受访者在民族地区民众法律意识情况的看法上有显著性差异。

表3-193　不同民族受访者与民族地区民众法律意识情况的交叉列表

民族	项目	法律意识							总计
		完全不同意	不同意	不太同意	说不清	比较同意	同意	非常同意	
汉族	计数	7	5	20	56	93	120	31	332
	占法律意识的百分比	77.8%	23.8%	31.7%	36.6%	37.5%	40.0%	31.6%	37.2%
	占总计的百分比	0.8%	0.6%	2.2%	6.3%	10.4%	13.5%	3.5%	37.2%
苗族	计数	0	4	7	11	22	28	10	82
	占法律意识的百分比	0.0%	19.0%	11.1%	7.2%	8.9%	9.3%	10.2%	9.2%
	占总计的百分比	0.0%	0.4%	0.8%	1.2%	2.5%	3.1%	1.1%	9.2%
布依族	计数	0	0	1	0	0	0	1	2
	占法律意识的百分比	0.0%	0.0%	1.6%	0.0%	0.0%	0.0%	1.0%	0.2%
	占总计的百分比	0.0%	0.0%	0.1%	0.0%	0.0%	0.0%	0.1%	0.2%
侗族	计数	0	4	5	13	52	53	16	143
	占法律意识的百分比	0.0%	19.0%	7.9%	8.5%	21.0%	17.7%	16.3%	16.0%
	占总计的百分比	0.0%	0.4%	0.6%	1.5%	5.8%	5.9%	1.8%	16.0%
壮族	计数	0	0	8	10	23	42	5	88
	占法律意识的百分比	0.0%	0.0%	12.7%	6.5%	9.3%	14.0%	5.1%	9.9%
	占总计的百分比	0.0%	0.0%	0.9%	1.1%	2.6%	4.7%	0.6%	9.9%

续表

民族	项目	法律意识							总计
		完全不同意	不同意	不太同意	说不清	比较同意	同意	非常同意	
白族	计数	0	0	4	3	6	4	1	18
	占法律意识的百分比	0.0%	0.0%	6.3%	2.0%	2.4%	1.3%	1.0%	2.0%
	占总计的百分比	0.0%	0.0%	0.4%	0.3%	0.7%	0.4%	0.1%	2.0%
哈尼族	计数	0	0	0	0	1	0	0	1
	占法律意识的百分比	0.0%	0.0%	0.0%	0.0%	0.4%	0.0%	0.0%	0.1%
	占总计的百分比	0.0%	0.0%	0.0%	0.0%	0.1%	0.0%	0.0%	0.1%
彝族	计数	1	0	5	40	33	23	27	129
	占法律意识的百分比	11.1%	0.0%	7.9%	26.1%	13.3%	7.7%	27.6%	14.5%
	占总计的百分比	0.1%	0.0%	0.6%	4.5%	3.7%	2.6%	3.0%	14.5%
瑶族	计数	1	8	10	20	15	24	6	84
	占法律意识的百分比	11.1%	38.1%	15.9%	13.1%	6.0%	8.0%	6.1%	9.4%
	占总计的百分比	0.1%	0.9%	1.1%	2.2%	1.7%	2.7%	0.7%	9.4%
仫佬族	计数	0	0	0	0	0	3	0	3
	占法律意识的百分比	0.0%	0.0%	0.0%	0.0%	0.0%	1.0%	0.0%	0.3%
	占总计的百分比	0.0%	0.0%	0.0%	0.0%	0.0%	0.3%	0.0%	0.3%
回族	计数	0	0	3	0	3	2	1	9
	占法律意识的百分比	0.0%	0.0%	4.8%	0.0%	1.2%	0.7%	1.0%	1.0%
	占总计的百分比	0.0%	0.0%	0.3%	0.0%	0.3%	0.2%	0.1%	1.0%
土家族	计数	0	0	0	0	0	1	0	1
	占法律意识的百分比	0.0%	0.0%	0.0%	0.0%	0.0%	0.3%	0.0%	0.1%
	占总计的百分比	0.0%	0.0%	0.0%	0.0%	0.0%	0.1%	0.0%	0.1%
总计	计数	9	21	63	153	248	300	98	892
	占法律意识的百分比	100.0%	100.0%	100.0%	100.0%	100.0%	100.0%	100.0%	100.0%
	占总计的百分比	1.0%	2.4%	7.1%	17.2%	27.8%	33.6%	11.0%	100.0%

表 3-194 反映出了不同职业受访者对民族地区民众法律意识情况的看法情况。经卡方检验，不同职业受访者在民族地区民众法律意识情况的看法上有显著性差异。

表 3-194　不同职业受访者与民族地区民众法律意识情况的交叉列表

职业	项目	法律意识							总计
		完全不同意	不同意	不太同意	说不清	比较同意	同意	非常同意	
农业劳动者	计数	1	1	10	24	43	48	18	145
	占法律意识的百分比	11. 1%	4. 8%	15. 9%	15. 9%	17. 4%	16. 1%	18. 4%	16. 3%
	占总计的百分比	0. 1%	0. 1%	1. 1%	2. 7%	4. 8%	5. 4%	2. 0%	16. 3%
企业工人	计数	1	2	6	12	13	13	7	54
	占法律意识的百分比	11. 1%	9. 5%	9. 5%	7. 9%	5. 3%	4. 4%	7. 1%	6. 1%
	占总计的百分比	0. 1%	0. 2%	0. 7%	1. 4%	1. 5%	1. 5%	0. 8%	6. 1%
事业单位人员	计数	2	2	12	19	46	62	25	168
	占法律意识的百分比	22. 2%	9. 5%	19. 0%	12. 6%	18. 6%	20. 8%	25. 5%	18. 9%
	占总计的百分比	0. 2%	0. 2%	1. 4%	2. 1%	5. 2%	7. 0%	2. 8%	18. 9%
政府机关人员	计数	1	1	2	10	16	48	12	90
	占法律意识的百分比	11. 1%	4. 8%	3. 2%	6. 6%	6. 5%	16. 1%	12. 2%	10. 1%
	占总计的百分比	0. 1%	0. 1%	0. 2%	1. 1%	1. 8%	5. 4%	1. 4%	10. 1%
个体劳动者/个体工商户	计数	0	2	2	21	35	28	12	100
	占法律意识的百分比	0. 0%	9. 5%	3. 2%	13. 9%	14. 2%	9. 4%	12. 2%	11. 3%
	占总计的百分比	0. 0%	0. 2%	0. 2%	2. 4%	3. 9%	3. 2%	1. 4%	11. 3%
打工者	计数	0	3	7	24	37	43	14	128
	占法律意识的百分比	0. 0%	14. 3%	11. 1%	15. 9%	15. 0%	14. 4%	14. 3%	14. 4%
	占总计的百分比	0. 0%	0. 3%	0. 8%	2. 7%	4. 2%	4. 8%	1. 6%	14. 4%
私营企业主	计数	0	0	2	3	6	3	1	15
	占法律意识的百分比	0. 0%	0. 0%	3. 2%	2. 0%	2. 4%	1. 0%	1. 0%	1. 7%
	占总计的百分比	0. 0%	0. 0%	0. 2%	0. 3%	0. 7%	0. 3%	0. 1%	1. 7%
学生	计数	3	9	17	27	42	31	4	133
	占法律意识的百分比	33. 3%	42. 9%	27. 0%	17. 9%	17. 0%	10. 4%	4. 1%	15. 0%
	占总计的百分比	0. 3%	1. 0%	1. 9%	3. 0%	4. 7%	3. 5%	0. 5%	15. 0%
待业人员	计数	1	1	3	6	5	8	1	25
	占法律意识的百分比	11. 1%	4. 8%	4. 8%	4. 0%	2. 0%	2. 7%	1. 0%	2. 8%
	占总计的百分比	0. 1%	0. 1%	0. 3%	0. 7%	0. 6%	0. 9%	0. 1%	2. 8%

续表

职业	项目	法律意识							总计
		完全不同意	不同意	不太同意	说不清	比较同意	同意	非常同意	
退休人员	计数	0	0	2	5	4	13	4	28
	占法律意识的百分比	0.0%	0.0%	3.2%	3.3%	1.6%	4.4%	4.1%	3.2%
	占总计的百分比	0.0%	0.0%	0.2%	0.6%	0.5%	1.5%	0.5%	3.2%
村干部	计数	0	0	0	0	0	1	0	1
	占法律意识的百分比	0.0%	0.0%	0.0%	0.0%	0.0%	0.3%	0.0%	0.1%
	占总计的百分比	0.0%	0.0%	0.0%	0.0%	0.0%	0.1%	0.0%	0.1%
总计	计数	9	21	63	151	247	298	98	887
	占法律意识的百分比	100.0%	100.0%	100.0%	100.0%	100.0%	100.0%	100.0%	100.0%
	占总计的百分比	1.0%	2.4%	7.1%	17.0%	27.8%	33.6%	11.0%	100.0%

表 3-195 反映出了不同政治面貌受访者对民族地区民众法律意识情况的看法情况。经卡方检验，不同政治面貌受访者在民族地区民众法律意识情况的看法上有显著性差异。

表 3-195　不同政治面貌受访者与民族地区民众法律意识情况的交叉列表

政治成分	项目	法律意识							总计
		完全不同意	不同意	不太同意	说不清	比较同意	同意	非常同意	
中共党员	计数	2	3	7	30	49	86	38	215
	占法律意识的百分比	25.0%	14.3%	11.5%	19.9%	19.8%	28.8%	38.8%	24.3%
	占总计的百分比	0.2%	0.3%	0.8%	3.4%	5.5%	9.7%	4.3%	24.3%
非中共党员	计数	6	18	54	121	198	213	60	670
	占法律意识的百分比	75.0%	85.7%	88.5%	80.1%	80.2%	71.2%	61.2%	75.7%
	占总计的百分比	0.7%	2.0%	6.1%	13.7%	22.4%	24.1%	6.8%	75.7%
总计	计数	8	21	61	151	247	299	98	885
	占法律意识的百分比	100.0%	100.0%	100.0%	100.0%	100.0%	100.0%	100.0%	100.0%
	占总计的百分比	0.9%	2.4%	6.9%	17.1%	27.9%	33.8%	11.1%	100.0%

表 3-196 反映出了不同婚姻状况受访者对民族地区民众法律意识情况的看法情况。经卡方检验，不同婚姻状况受访者在民族地区民众法律意识情况的看法上有显著性差异。

表 3-196　不同婚姻状况受访者与民族地区民众法律意识情况的交叉列表

婚否 \ 项目		法律意识							总计
		完全不同意	不同意	不太同意	说不清	比较同意	同意	非常同意	
已婚	计数	4	7	27	92	158	204	79	571
	占法律意识的百分比	50.0%	35.0%	44.3%	61.3%	64.0%	68.5%	81.4%	64.8%
	占总计的百分比	0.5%	0.8%	3.1%	10.4%	17.9%	23.2%	9.0%	64.8%
未婚	计数	4	13	34	58	89	94	18	310
	占法律意识的百分比	50.0%	65.0%	55.7%	38.7%	36.0%	31.5%	18.6%	35.2%
	占总计的百分比	0.5%	1.5%	3.9%	6.6%	10.1%	10.7%	2.0%	35.2%
总计	计数	8	20	61	150	247	298	97	881
	占法律意识的百分比	100.0%	100.0%	100.0%	100.0%	100.0%	100.0%	100.0%	100.0%
	占总计的百分比	0.9%	2.3%	6.9%	17.0%	28.0%	33.8%	11.0%	100.0%

题项“在本地维持基本生活是有保障的”是用来测量西部地区贫困县民众对维持基本生活情况的看法。经统计，选“完全不同意”的有 10 人，占比 1.1%，选“不同意”的有 17 人，占比 1.9%，选“不太同意”的有 115 人，占比 12.9%，选“说不清”的有 154 人，占比 17.2%，选“比较同意”的有 223 人，占比 24.9%，选“同意”的有 239 人，占比 26.7%，选“完全同意”的有 136 人，占比 15.2%（如图 3-27 所示）。这表明，有六成多的受访者认为西部地区贫困县民众认为维持基本生活有保障，认为没有保障的受访者占一成多，也有接近两成的人不愿意发表意见。

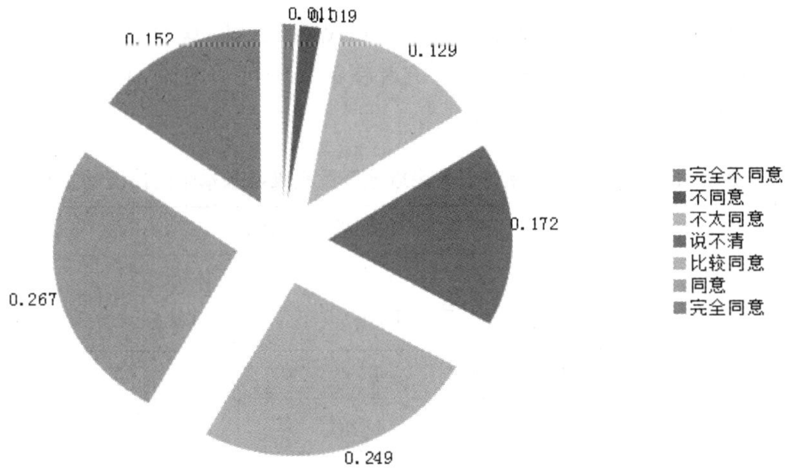

图 3-27　民族地区民众对维持基本生活的看法

表 3-197 反映出了不同省份受访者对民族地区民众对维持基本生活情况的看法情况。经卡方检验，不同省份受访者在民族地区民众对维持基本生活情况的看法上有显著性差异。

表 3-197 不同省份受访者与民族地区民众维持基本生活情况的交叉列表

省份	项目	满意本地生活							总计
		完全不同意	不同意	不太同意	说不清	比较同意	同意	非常同意	
贵州	计数	9	2	31	38	89	78	52	299
	占满意本地生活的百分比	30.0%	7.4%	33.3%	26.4%	37.9%	33.8%	37.4%	33.3%
	占总计的百分比	1.0%	0.2%	3.4%	4.2%	9.9%	8.7%	5.8%	33.3%
云南	计数	8	15	35	52	73	63	54	300
	占满意本地生活的百分比	26.7%	55.6%	37.6%	36.1%	31.1%	27.3%	38.8%	33.4%
	占总计的百分比	0.9%	1.7%	3.9%	5.8%	8.1%	7.0%	6.0%	33.4%
广西	计数	13	10	27	54	73	90	33	300
	占满意本地生活的百分比	43.3%	37.0%	29.0%	37.5%	31.1%	39.0%	23.7%	33.4%
	占总计的百分比	1.4%	1.1%	3.0%	6.0%	8.1%	10.0%	3.7%	33.4%
总计	计数	30	27	93	144	235	231	139	899
	占满意本地生活的百分比	100.0%	100.0%	100.0%	100.0%	100.0%	100.0%	100.0%	100.0%
	占总计的百分比	3.3%	3.0%	10.3%	16.0%	26.1%	25.7%	15.5%	100.0%

表 3-198 反映出了不同受教育程度受访者对民族地区民众对维持基本生活情况的看法情况。经卡方检验，不同受教育程度受访者在民族地区民众对维持基本生活情况的看法上有显著性差异。

表 3-198 不同受教育程度受访者与民族地区民众维持基本生活情况的交叉列表

教育分组	项目	满意本地生活							总计
		完全不同意	不同意	不太同意	说不清	比较同意	同意	非常同意	
未上学	计数	0	1	4	10	8	2	6	31
	占满意本地生活的百分比	0.0%	3.7%	4.3%	6.9%	3.4%	0.9%	4.3%	3.4%
	占总计的百分比	0.0%	0.1%	0.4%	1.1%	0.9%	0.2%	0.7%	3.4%

续表

教育分组	项　目	满意本地生活							总计
		完全不同意	不同意	不太同意	说不清	比较同意	同意	非常同意	
小学	计数	4	5	23	36	35	17	17	137
	占满意本地生活的百分比	13.3%	18.5%	24.7%	25.0%	14.9%	7.4%	12.2%	15.2%
	占总计的百分比	0.4%	0.6%	2.6%	4.0%	3.9%	1.9%	1.9%	15.2%
初中	计数	7	4	18	27	41	42	29	168
	占满意本地生活的百分比	23.3%	14.8%	19.4%	18.8%	17.4%	18.2%	20.9%	18.7%
	占总计的百分比	0.8%	0.4%	2.0%	3.0%	4.6%	4.7%	3.2%	18.7%
高中	计数	9	5	10	27	54	49	28	182
	占满意本地生活的百分比	30.0%	18.5%	10.8%	18.8%	23.0%	21.2%	20.1%	20.2%
	占总计的百分比	1.0%	0.6%	1.1%	3.0%	6.0%	5.5%	3.1%	20.2%
专科	计数	3	5	13	26	37	58	32	174
	占满意本地生活的百分比	10.0%	18.5%	14.0%	18.1%	15.7%	25.1%	23.0%	19.4%
	占总计的百分比	0.3%	0.6%	1.4%	2.9%	4.1%	6.5%	3.6%	19.4%
本科	计数	1	3	13	10	37	47	15	126
	占满意本地生活的百分比	3.3%	11.1%	14.0%	6.9%	15.7%	20.3%	10.8%	14.0%
	占总计的百分比	0.1%	0.3%	1.4%	1.1%	4.1%	5.2%	1.7%	14.0%
研究生	计数	6	4	12	8	23	16	12	81
	占满意本地生活的百分比	20.0%	14.8%	12.9%	5.6%	9.8%	6.9%	8.6%	9.0%
	占总计的百分比	0.7%	0.4%	1.3%	0.9%	2.6%	1.8%	1.3%	9.0%
总计	计数	30	27	93	144	235	231	139	899
	占满意本地生活的百分比	100.0%	100.0%	100.0%	100.0%	100.0%	100.0%	100.0%	100.0%
	占总计的百分比	3.3%	3.0%	10.3%	16.0%	26.1%	25.7%	15.5%	100.0%

表3-199反映出了不同收入水平受访者对民族地区民众对维持基本生活情况的看法情况。经卡方检验，不同收入水平受访者在民族地区民众对维持基本生活情况的看法上有显著性差异。

表3-199 不同收入水平受访者与民族地区民众维持基本生活情况的交叉列表

收入分组	项目	满意本地生活							总计
		完全不同意	不同意	不太同意	说不清	比较同意	同意	非常同意	
低收入者	计数	15	10	51	84	74	65	54	353
	占满意本地生活的百分比	50.0%	37.0%	54.8%	58.3%	31.5%	28.1%	38.8%	39.3%
	占总计的百分比	1.7%	1.1%	5.7%	9.3%	8.2%	7.2%	6.0%	39.3%
中等收入者	计数	11	9	21	43	75	65	46	270
	占满意本地生活的百分比	36.7%	33.3%	22.6%	29.9%	31.9%	28.1%	33.1%	30.0%
	占总计的百分比	1.2%	1.0%	2.3%	4.8%	8.3%	7.2%	5.1%	30.0%
高收入者	计数	4	8	21	17	86	101	39	276
	占满意本地生活的百分比	13.3%	29.6%	22.6%	11.8%	36.6%	43.7%	28.1%	30.7%
	占总计的百分比	0.4%	0.9%	2.3%	1.9%	9.6%	11.2%	4.3%	30.7%
总计	计数	30	27	93	144	235	231	139	899
	占满意本地生活的百分比	100.0%	100.0%	100.0%	100.0%	100.0%	100.0%	100.0%	100.0%
	占总计的百分比	3.3%	3.0%	10.3%	16.0%	26.1%	25.7%	15.5%	100.0%

表3-200反映出了不同民族受访者对民族地区民众对维持基本生活情况的看法情况。经卡方检验，不同民族受访者在民族地区民众对维持基本生活情况的看法上有显著性差异。

表3-200 不同民族受访者与民族地区民众维持基本生活情况的交叉列表

民族	项目	满意本地生活							总计
		完全不同意	不同意	不太同意	说不清	比较同意	同意	非常同意	
汉族	计数	16	15	30	37	90	97	49	334
	占满意本地生活的百分比	53.3%	55.6%	32.3%	25.7%	38.3%	42.0%	35.5%	37.2%
	占总计的百分比	1.8%	1.7%	3.3%	4.1%	10.0%	10.8%	5.5%	37.2%

续表

民族	项目	满意本地生活							总计
		完全不同意	不同意	不太同意	说不清	比较同意	同意	非常同意	
苗族	计数	3	1	7	9	24	24	14	82
	占满意本地生活的百分比	10.0%	3.7%	7.5%	6.3%	10.2%	10.4%	10.1%	9.1%
	占总计的百分比	0.3%	0.1%	0.8%	1.0%	2.7%	2.7%	1.6%	9.1%
布依族	计数	0	0	1	0	0	1	1	3
	占满意本地生活的百分比	0.0%	0.0%	1.1%	0.0%	0.0%	0.4%	0.7%	0.3%
	占总计的百分比	0.0%	0.0%	0.1%	0.0%	0.0%	0.1%	0.1%	0.3%
侗族	计数	6	2	9	28	52	27	20	144
	占满意本地生活的百分比	20.0%	7.4%	9.7%	19.4%	22.1%	11.7%	14.5%	16.0%
	占总计的百分比	0.7%	0.2%	1.0%	3.1%	5.8%	3.0%	2.2%	16.0%
壮族	计数	0	2	7	7	22	41	10	89
	占满意本地生活的百分比	0.0%	7.4%	7.5%	4.9%	9.4%	17.7%	7.2%	9.9%
	占总计的百分比	0.0%	0.2%	0.8%	0.8%	2.4%	4.6%	1.1%	9.9%
白族	计数	1	1	3	2	1	7	3	18
	占满意本地生活的百分比	3.3%	3.7%	3.2%	1.4%	0.4%	3.0%	2.2%	2.0%
	占总计的百分比	0.1%	0.1%	0.3%	0.2%	0.1%	0.8%	0.3%	2.0%
哈尼族	计数	0	0	0	0	1	0	0	1
	占满意本地生活的百分比	0.0%	0.0%	0.0%	0.0%	0.4%	0.0%	0.0%	0.1%
	占总计的百分比	0.0%	0.0%	0.0%	0.0%	0.1%	0.0%	0.0%	0.1%
彝族	计数	1	0	24	43	25	8	28	129
	占满意本地生活的百分比	3.3%	0.0%	25.8%	29.9%	10.6%	3.5%	20.3%	14.4%
	占总计的百分比	0.1%	0.0%	2.7%	4.8%	2.8%	0.9%	3.1%	14.4%

续表

民族	项目	满意本地生活							总计
		完全不同意	不同意	不太同意	说不清	比较同意	同意	非常同意	
瑶族	计数	3	6	11	17	18	19	11	85
	占满意本地生活的百分比	10.0%	22.2%	11.8%	11.8%	7.7%	8.2%	8.0%	9.5%
	占总计的百分比	0.3%	0.7%	1.2%	1.9%	2.0%	2.1%	1.2%	9.5%
仫佬族	计数	0	0	0	0	0	3	0	3
	占满意本地生活的百分比	0.0%	0.0%	0.0%	0.0%	0.0%	1.3%	0.0%	0.3%
	占总计的百分比	0.0%	0.0%	0.0%	0.0%	0.0%	0.3%	0.0%	0.3%
回族	计数	0	0	1	1	2	3	2	9
	占满意本地生活的百分比	0.0%	0.0%	1.1%	0.7%	0.9%	1.3%	1.4%	1.0%
	占总计的百分比	0.0%	0.0%	0.1%	0.1%	0.2%	0.3%	0.2%	1.0%
土家族	计数	0	0	0	0	0	1	0	1
	占满意本地生活的百分比	0.0%	0.0%	0.0%	0.0%	0.0%	0.4%	0.0%	0.1%
	占总计的百分比	0.0%	0.0%	0.0%	0.0%	0.0%	0.1%	0.0%	0.1%
总计	计数	30	27	93	144	235	231	138	898
	占满意本地生活的百分比	100.0%	100.0%	100.0%	100.0%	100.0%	100.0%	100.0%	100.0%
	占总计的百分比	3.3%	3.0%	10.4%	16.0%	26.2%	25.7%	15.4%	100.0%

表3-201反映出了不同职业受访者对民族地区民众对维持基本生活情况的看法情况。经卡方检验，不同职业受访者在民族地区民众对维持基本生活情况的看法上有显著性差异。

表 3-201　不同职业受访者与民族地区民众维持基本生活情况的交叉列表

职业	项目	满意本地生活：完全不同意	不同意	不太同意	说不清	比较同意	同意	非常同意	总计
农业劳动者	计数	9	4	17	36	35	28	18	147
	占满意本地生活的百分比	30.0%	15.4%	18.3%	25.0%	15.1%	12.2%	13.0%	16.5%
	占总计的百分比	1.0%	0.4%	1.9%	4.0%	3.9%	3.1%	2.0%	16.5%
企业工人	计数	3	2	10	5	11	12	11	54
	占满意本地生活的百分比	10.0%	7.7%	10.8%	3.5%	4.7%	5.2%	8.0%	6.0%
	占总计的百分比	0.3%	0.2%	1.1%	0.6%	1.2%	1.3%	1.2%	6.0%
事业单位人员	计数	2	3	14	20	52	44	34	169
	占满意本地生活的百分比	6.7%	11.5%	15.1%	13.9%	22.4%	19.1%	24.6%	18.9%
	占总计的百分比	0.2%	0.3%	1.6%	2.2%	5.8%	4.9%	3.8%	18.9%
政府机关人员	计数	2	2	4	3	30	34	15	90
	占满意本地生活的百分比	6.7%	7.7%	4.3%	2.1%	12.9%	14.8%	10.9%	10.1%
	占总计的百分比	0.2%	0.2%	0.4%	0.3%	3.4%	3.8%	1.7%	10.1%
个体劳动者/个体工商户	计数	2	2	11	14	34	25	12	100
	占满意本地生活的百分比	6.7%	7.7%	11.8%	9.7%	14.7%	10.9%	8.7%	11.2%
	占总计的百分比	0.2%	0.2%	1.2%	1.6%	3.8%	2.8%	1.3%	11.2%
打工者	计数	3	6	15	30	30	28	18	130
	占满意本地生活的百分比	10.0%	23.1%	16.1%	20.8%	12.9%	12.2%	13.0%	14.6%
	占总计的百分比	0.3%	0.7%	1.7%	3.4%	3.4%	3.1%	2.0%	14.6%
私营企业主	计数	1	0	1	4	1	7	1	15
	占满意本地生活的百分比	3.3%	0.0%	1.1%	2.8%	0.4%	3.0%	0.7%	1.7%
	占总计的百分比	0.1%	0.0%	0.1%	0.4%	0.1%	0.8%	0.1%	1.7%

续表

职业	项目	满意本地生活							总计
		完全不同意	不同意	不太同意	说不清	比较同意	同意	非常同意	
学生	计数	7	7	17	25	26	30	22	134
	占满意本地生活的百分比	23.3%	26.9%	18.3%	17.4%	11.2%	13.0%	15.9%	15.0%
	占总计的百分比	0.8%	0.8%	1.9%	2.8%	2.9%	3.4%	2.5%	15.0%
待业人员	计数	1	0	4	5	6	7	2	25
	占满意本地生活的百分比	3.3%	0.0%	4.3%	3.5%	2.6%	3.0%	1.4%	2.8%
	占总计的百分比	0.1%	0.0%	0.4%	0.6%	0.7%	0.8%	0.2%	2.8%
退休人员	计数	0	0	0	2	7	14	5	28
	占满意本地生活的百分比	0.0%	0.0%	0.0%	1.4%	3.0%	6.1%	3.6%	3.1%
	占总计的百分比	0.0%	0.0%	0.0%	0.2%	0.8%	1.6%	0.6%	3.1%
村干部	计数	0	0	0	0	0	1	0	1
	占满意本地生活的百分比	0.0%	0.0%	0.0%	0.0%	0.0%	0.4%	0.0%	0.1%
	占总计的百分比	0.0%	0.0%	0.0%	0.0%	0.0%	0.1%	0.0%	0.1%
总计	计数	30	26	93	144	232	230	138	893
	占满意本地生活的百分比	100.0%	100.0%	100.0%	100.0%	100.0%	100.0%	100.0%	100.0%
	占总计的百分比	3.4%	2.9%	10.4%	16.1%	26.0%	25.8%	15.5%	100.0%

表3-202反映出了不同政治面貌受访者对民族地区民众对维持基本生活情况的看法情况。经卡方检验，不同政治面貌受访者在民族地区民众对维持基本生活情况的看法上有显著性差异。

表 3-202　不同政治面貌受访者与民族地区民众维持基本生活情况的交叉列表

政治成分	项　目	满意本地生活							总计
		完全不同意	不同意	不太同意	说不清	比较同意	同意	非常同意	
中共党员	计数	2	7	12	23	51	70	51	216
	占满意本地生活的百分比	7.4%	25.9%	13.0%	16.1%	21.9%	30.4%	36.7%	24.2%
	占总计的百分比	0.2%	0.8%	1.3%	2.6%	5.7%	7.9%	5.7%	24.2%
非中共党员	计数	25	20	80	120	182	160	88	675
	占满意本地生活的百分比	92.6%	74.1%	87.0%	83.9%	78.1%	69.6%	63.3%	75.8%
	占总计的百分比	2.8%	2.2%	9.0%	13.5%	20.4%	18.0%	9.9%	75.8%
总计	计数	27	27	92	143	233	230	139	891
	占满意本地生活的百分比	100.0%	100.0%	100.0%	100.0%	100.0%	100.0%	100.0%	100.0%
	占总计的百分比	3.0%	3.0%	10.3%	16.0%	26.2%	25.8%	15.6%	100.0%

表 3-203 反映出了不同婚姻状况受访者对民族地区民众对维持基本生活情况的看法情况。经卡方检验，不同婚姻状况受访者在民族地区民众对维持基本生活情况的看法上有显著性差异。

表 3-203　不同婚姻状况受访者与民族地区民众维持基本生活情况的交叉列表

婚否	项　目	满意本地生活							总计
		完全不同意	不同意	不太同意	说不清	比较同意	同意	非常同意	
已婚	计数	17	11	52	90	161	146	99	576
	占满意本地生活的百分比	60.7%	40.7%	55.9%	63.4%	69.4%	63.8%	72.8%	64.9%
	占总计的百分比	1.9%	1.2%	5.9%	10.1%	18.2%	16.5%	11.2%	64.9%
未婚	计数	11	16	41	52	71	83	37	311
	占满意本地生活的百分比	39.3%	59.3%	44.1%	36.6%	30.6%	36.2%	27.2%	35.1%
	占总计的百分比	1.2%	1.8%	4.6%	5.9%	8.0%	9.4%	4.2%	35.1%

续表

婚否 \ 项目		满意本地生活							总计
		完全不同意	不同意	不太同意	说不清	比较同意	同意	非常同意	
总计	计数	28	27	93	142	232	229	136	887
	占满意本地生活的百分比	100.0%	100.0%	100.0%	100.0%	100.0%	100.0%	100.0%	100.0%
	占总计的百分比	3.2%	3.0%	10.5%	16.0%	26.2%	25.8%	15.3%	100.0%

表3-204反映出了不同居住地受访者对民族地区民众对维持基本生活情况的看法情况。经卡方检验，不同居住地受访者在民族地区民众对维持基本生活情况的看法上有显著性差异。

表3-204 不同居住地受访者与民族地区民众维持基本生活情况的交叉列表

居住地 \ 项目		满意本地生活							总计
		完全不同意	不同意	不太同意	说不清	比较同意	同意	非常同意	
农村	计数	14	11	50	89	79	77	54	374
	占满意本地生活的百分比	48.3%	40.7%	53.8%	61.8%	33.9%	33.3%	39.1%	41.8%
	占总计的百分比	1.6%	1.2%	5.6%	9.9%	8.8%	8.6%	6.0%	41.8%
乡镇所在地	计数	4	6	8	14	48	39	21	140
	占满意本地生活的百分比	13.8%	22.2%	8.6%	9.7%	20.6%	16.9%	15.2%	15.6%
	占总计的百分比	0.4%	0.7%	0.9%	1.6%	5.4%	4.4%	2.3%	15.6%
县城	计数	8	9	30	33	90	95	55	320
	占满意本地生活的百分比	27.6%	33.3%	32.3%	22.9%	38.6%	41.1%	39.9%	35.8%
	占总计的百分比	0.9%	1.0%	3.4%	3.7%	10.1%	10.6%	6.1%	35.8%
市城区	计数	2	1	3	4	13	12	3	38
	占满意本地生活的百分比	6.9%	3.7%	3.2%	2.8%	5.6%	5.2%	2.2%	4.2%
	占总计的百分比	0.2%	0.1%	0.3%	0.4%	1.5%	1.3%	0.3%	4.2%

续表

居住地	项　目	满意本地生活							总计
		完全不同意	不同意	不太同意	说不清	比较同意	同意	非常同意	
城郊结合部	计数	1	0	2	4	3	8	5	23
	占满意本地生活的百分比	3.4%	0.0%	2.2%	2.8%	1.3%	3.5%	3.6%	2.6%
	占总计的百分比	0.1%	0.0%	0.2%	0.4%	0.3%	0.9%	0.6%	2.6%
总计	计数	29	27	93	144	233	231	138	895
	占满意本地生活的百分比	100.0%	100.0%	100.0%	100.0%	100.0%	100.0%	100.0%	100.0%
	占总计的百分比	3.2%	3.0%	10.4%	16.1%	26.0%	25.8%	15.4%	100.0%

题项“本地城乡差距并不大”是用来测量西部地区贫困县民众对城乡差距情况的看法。经统计，选“完全不同意”的有 48 人，占比 5.4%，选“不同意”的有 89 人，占比 9.9%，选“不太同意”的有 131 人，占比 14.6%，选“说不清”的有 199 人，占比 22.2%，选“比较同意”的有 188 人，占比 20.9%，选“同意”的有 188 人，占比 21%，选“完全同意”的有 54 人，占比 6%（如图 3-28 所示）。这表明，有四成多的受访者认为西部地区贫困县社会城乡差异不大，认为城乡差异大的受访者占接近三成，也有两成多的人不愿意发表意见。

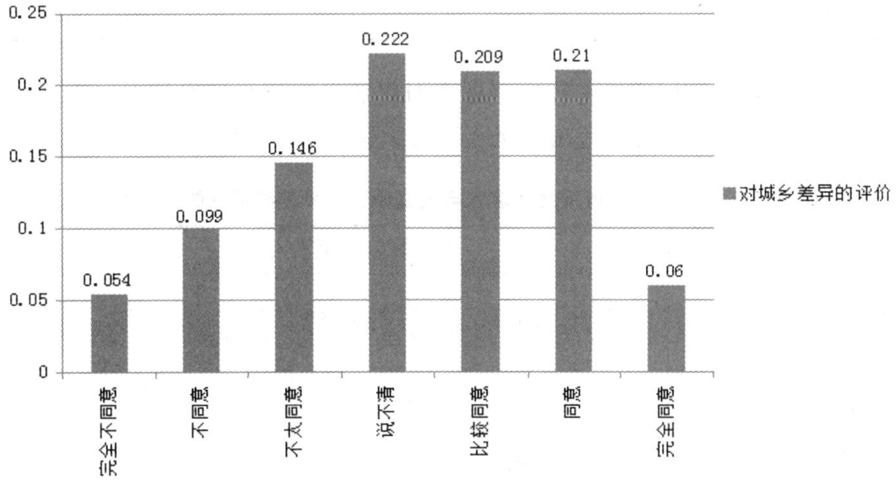

图 3-28　对民族地区城乡差异情况的评价

表 3-205 反映出了不同省份受访者对民族地区城乡差异情况的看法情况。经卡方检验，不同省份受访者在民族地区城乡差异情况的看法上有显著性差异。

表 3-205　不同省份受访者与民族地区城乡差异情况的交叉列表

省份	项目	城乡差距							总计
		完全不同意	不同意	不太同意	说不清	比较同意	同意	非常同意	
贵州	计数	9	20	50	74	60	57	28	298
	占城乡差距不大的百分比	18.8%	22.5%	38.2%	37.2%	32.1%	30.3%	51.9%	33.3%
	占总计的百分比	1.0%	2.2%	5.6%	8.3%	6.7%	6.4%	3.1%	33.3%
云南	计数	16	39	40	63	57	80	5	300
	占城乡差距不大的百分比	33.3%	43.8%	30.5%	31.7%	30.5%	42.6%	9.3%	33.5%
	占总计的百分比	1.8%	4.4%	4.5%	7.0%	6.4%	8.9%	0.6%	33.5%
广西	计数	23	30	41	62	70	51	21	298
	占城乡差距不大的百分比	47.9%	33.7%	31.3%	31.2%	37.4%	27.1%	38.9%	33.3%
	占总计的百分比	2.6%	3.3%	4.6%	6.9%	7.8%	5.7%	2.3%	33.3%
总计	计数	48	89	131	199	187	188	54	896
	占城乡差距不大的百分比	100.0%	100.0%	100.0%	100.0%	100.0%	100.0%	100.0%	100.0%
	占总计的百分比	5.4%	9.9%	14.6%	22.2%	20.9%	21.0%	6.0%	100.0%

表 3-206 反映出了不同受教育程度受访者对民族地区城乡差异情况的看法情况。经卡方检验，不同受教育程度受访者在民族地区城乡差异情况的看法上有显著性差异。

表 3-206　不同受教育程度受访者与民族地区城乡差异情况的交叉列表

教育分组	项目	城乡差距不大							总计
		完全不同意	不同意	不太同意	说不清	比较同意	同意	非常同意	
未上学	计数	2	0	0	8	5	16	0	31
	占城乡差距不大的百分比	4.2%	0.0%	0.0%	4.0%	2.7%	8.5%	0.0%	3.5%
	占总计的百分比	0.2%	0.0%	0.0%	0.9%	0.6%	1.8%	0.0%	3.5%

续表

教育分组	项目	城乡差距不大 完全不同意	不同意	不太同意	说不清	比较同意	同意	非常同意	总计
小学	计数	5	10	14	32	28	44	4	137
	占城乡差距不大的百分比	10.4%	11.2%	10.7%	16.1%	15.0%	23.4%	7.4%	15.3%
	占总计的百分比	0.6%	1.1%	1.6%	3.6%	3.1%	4.9%	0.4%	15.3%
初中	计数	11	23	20	36	30	35	13	168
	占城乡差距不大的百分比	22.9%	25.8%	15.3%	18.1%	16.0%	18.6%	24.1%	18.8%
	占总计的百分比	1.2%	2.6%	2.2%	4.0%	3.3%	3.9%	1.5%	18.8%
高中	计数	10	18	29	35	43	30	16	181
	占城乡差距不大的百分比	20.8%	20.2%	22.1%	17.6%	23.0%	16.0%	29.6%	20.2%
	占总计的百分比	1.1%	2.0%	3.2%	3.9%	4.8%	3.3%	1.8%	20.2%
专科	计数	6	21	24	41	39	33	9	173
	占城乡差距不大的百分比	12.5%	23.6%	18.3%	20.6%	20.9%	17.6%	16.7%	19.3%
	占总计的百分比	0.7%	2.3%	2.7%	4.6%	4.4%	3.7%	1.0%	19.3%
本科	计数	7	15	29	29	25	15	6	126
	占城乡差距不大的百分比	14.6%	16.9%	22.1%	14.6%	13.4%	8.0%	11.1%	14.1%
	占总计的百分比	0.8%	1.7%	3.2%	3.2%	2.8%	1.7%	0.7%	14.1%
研究生	计数	7	2	15	18	17	15	6	80
	占城乡差距不大的百分比	14.6%	2.2%	11.5%	9.0%	9.1%	8.0%	11.1%	8.9%
	占总计的百分比	0.8%	0.2%	1.7%	2.0%	1.9%	1.7%	0.7%	8.9%
总计	计数	48	89	131	199	187	188	54	896
	占城乡差距不大的百分比	100.0%	100.0%	100.0%	100.0%	100.0%	100.0%	100.0%	100.0%
	占总计的百分比	5.4%	9.9%	14.6%	22.2%	20.9%	21.0%	6.0%	100.0%

表 3-207 反映出了不同收入水平受访者对民族地区城乡差异情况的看法情况。经卡方检验，不同收入水平受访者在民族地区城乡差异情况的看法上有显著性差异。

表 3-207　不同收入水平受访者与民族地区城乡差异情况的交叉列表

收入分组	项　目	城乡差距不大							总计
		完全不同意	不同意	不太同意	说不清	比较同意	同意	非常同意	
低收入者	计数	19	21	50	88	72	85	16	351
	占城乡差距不大的百分比	39.6%	23.6%	38.2%	44.2%	38.5%	45.2%	29.6%	39.2%
	占总计的百分比	2.1%	2.3%	5.6%	9.8%	8.0%	9.5%	1.8%	39.2%
中等收入者	计数	18	33	35	58	61	46	18	269
	占城乡差距不大的百分比	37.5%	37.1%	26.7%	29.1%	32.6%	24.5%	33.3%	30.0%
	占总计的百分比	2.0%	3.7%	3.9%	6.5%	6.8%	5.1%	2.0%	30.0%
高收入者	计数	11	35	46	53	54	57	20	276
	占城乡差距不大的百分比	22.9%	39.3%	35.1%	26.6%	28.9%	30.3%	37.0%	30.8%
	占总计的百分比	1.2%	3.9%	5.1%	5.9%	6.0%	6.4%	2.2%	30.8%
总计	计数	48	89	131	199	187	188	54	896
	占城乡差距不大的百分比	100.0%	100.0%	100.0%	100.0%	100.0%	100.0%	100.0%	100.0%
	占总计的百分比	5.4%	9.9%	14.6%	22.2%	20.9%	21.0%	6.0%	100.0%

表 3-208 反映出了不同民族受访者对民族地区城乡差异情况的看法情况。经卡方检验，不同民族受访者在民族地区城乡差异情况的看法上有显著性差异。

表 3-208　不同民族受访者与民族地区城乡差异情况的交叉列表

民族	项　目	城乡差距不大							总计
		完全不同意	不同意	不太同意	说不清	比较同意	同意	非常同意	
汉族	计数	20	51	58	72	60	55	16	332
	占城乡差距不大的百分比	41.7%	57.3%	44.3%	36.4%	32.1%	29.3%	29.6%	37.1%
	占总计的百分比	2.2%	5.7%	6.5%	8.0%	6.7%	6.1%	1.8%	37.1%

续表

民族	项目	城乡差距不大							总计
		完全不同意	不同意	不太同意	说不清	比较同意	同意	非常同意	
苗族	计数	3	5	12	23	19	10	10	82
	占城乡差距不大的百分比	6.3%	5.6%	9.2%	11.6%	10.2%	5.3%	18.5%	9.2%
	占总计的百分比	0.3%	0.6%	1.3%	2.6%	2.1%	1.1%	1.1%	9.2%
布依族	计数	0	0	0	1	1	0	1	3
	占城乡差距不大的百分比	0.0%	0.0%	0.0%	0.5%	0.5%	0.0%	1.9%	0.3%
	占总计的百分比	0.0%	0.0%	0.0%	0.1%	0.1%	0.0%	0.1%	0.3%
侗族	计数	9	4	17	39	39	24	12	144
	占城乡差距不大的百分比	18.8%	4.5%	13.0%	19.7%	20.9%	12.8%	22.2%	16.1%
	占总计的百分比	1.0%	0.4%	1.9%	4.4%	4.4%	2.7%	1.3%	16.1%
壮族	计数	7	11	15	14	24	12	6	89
	占城乡差距不大的百分比	14.6%	12.4%	11.5%	7.1%	12.8%	6.4%	11.1%	9.9%
	占总计的百分比	0.8%	1.2%	1.7%	1.6%	2.7%	1.3%	0.7%	9.9%
白族	计数	2	2	4	6	3	1	0	18
	占城乡差距不大的百分比	4.2%	2.2%	3.1%	3.0%	1.6%	0.5%	0.0%	2.0%
	占总计的百分比	0.2%	0.2%	0.4%	0.7%	0.3%	0.1%	0.0%	2.0%
哈尼族	计数	0	0	1	0	0	0	0	1
	占城乡差距不大的百分比	0.0%	0.0%	0.8%	0.0%	0.0%	0.0%	0.0%	0.1%
	占总计的百分比	0.0%	0.0%	0.1%	0.0%	0.0%	0.0%	0.0%	0.1%
彝族	计数	2	5	10	22	23	65	2	129
	占城乡差距不大的百分比	4.2%	5.6%	7.6%	11.1%	12.3%	34.6%	3.7%	14.4%
	占总计的百分比	0.2%	0.6%	1.1%	2.5%	2.6%	7.3%	0.2%	14.4%

续表

民族	项目	城乡差距不大							总计
		完全不同意	不同意	不太同意	说不清	比较同意	同意	非常同意	
瑶族	计数	5	10	9	19	15	19	7	84
	占城乡差距不大的百分比	10.4%	11.2%	6.9%	9.6%	8.0%	10.1%	13.0%	9.4%
	占总计的百分比	0.6%	1.1%	1.0%	2.1%	1.7%	2.1%	0.8%	9.4%
仫佬族	计数	0	0	1	0	1	1	0	3
	占城乡差距不大的百分比	0.0%	0.0%	0.8%	0.0%	0.5%	0.5%	0.0%	0.3%
	占总计的百分比	0.0%	0.0%	0.1%	0.0%	0.1%	0.1%	0.0%	0.3%
回族	计数	0	1	4	2	2	0	0	9
	占城乡差距不大的百分比	0.0%	1.1%	3.1%	1.0%	1.1%	0.0%	0.0%	1.0%
	占总计的百分比	0.0%	0.1%	0.4%	0.2%	0.2%	0.0%	0.0%	1.0%
土家族	计数	0	0	0	0	0	1	0	1
	占城乡差距不大的百分比	0.0%	0.0%	0.0%	0.0%	0.0%	0.5%	0.0%	0.1%
	占总计的百分比	0.0%	0.0%	0.0%	0.0%	0.0%	0.1%	0.0%	0.1%
总计	计数	48	89	131	198	187	188	54	895
	占城乡差距不大的百分比	100.0%	100.0%	100.0%	100.0%	100.0%	100.0%	100.0%	100.0%
	占总计的百分比	5.4%	9.9%	14.6%	22.1%	20.9%	21.0%	6.0%	100.0%

表3-209反映出了不同职业受访者对民族地区城乡差异情况的看法情况。经卡方检验，不同职业受访者在民族地区城乡差异情况的看法上有显著性差异。

表 3-209　不同职业受访者与民族地区城乡差异情况的交叉列表

职业	项目	城乡差距不大 完全不同意	不同意	不太同意	说不清	比较同意	同意	非常同意	总计
农业劳动者	计数	11	12	22	34	28	31	8	146
	占城乡差距不大的百分比	23.4%	13.5%	16.8%	17.1%	15.2%	16.6%	15.1%	16.4%
	占总计的百分比	1.2%	1.3%	2.5%	3.8%	3.1%	3.5%	0.9%	16.4%
企业工人	计数	2	8	15	12	5	9	3	54
	占城乡差距不大的百分比	4.3%	9.0%	11.5%	6.0%	2.7%	4.8%	5.7%	6.1%
	占总计的百分比	0.2%	0.9%	1.7%	1.3%	0.6%	1.0%	0.3%	6.1%
事业单位人员	计数	6	16	26	31	33	40	17	169
	占城乡差距不大的百分比	12.8%	18.0%	19.8%	15.6%	17.9%	21.4%	32.1%	19.0%
	占总计的百分比	0.7%	1.8%	2.9%	3.5%	3.7%	4.5%	1.9%	19.0%
政府机关人员	计数	5	4	6	17	25	24	9	90
	占城乡差距不大的百分比	10.6%	4.5%	4.6%	8.5%	13.6%	12.8%	17.0%	10.1%
	占总计的百分比	0.6%	0.4%	0.7%	1.9%	2.8%	2.7%	1.0%	10.1%
个体劳动者/个体工商户	计数	3	10	10	24	23	27	3	100
	占城乡差距不大的百分比	6.4%	11.2%	7.6%	12.1%	12.5%	14.4%	5.7%	11.2%
	占总计的百分比	0.3%	1.1%	1.1%	2.7%	2.6%	3.0%	0.3%	11.2%
打工者	计数	7	20	14	30	28	25	6	130
	占城乡差距不大的百分比	14.9%	22.5%	10.7%	15.1%	15.2%	13.4%	11.3%	14.6%
	占总计的百分比	0.8%	2.2%	1.6%	3.4%	3.1%	2.8%	0.7%	14.6%
私营企业主	计数	3	2	2	5	0	3	0	15
	占城乡差距不大的百分比	6.4%	2.2%	1.5%	2.5%	0.0%	1.6%	0.0%	1.7%
	占总计的百分比	0.3%	0.2%	0.2%	0.6%	0.0%	0.3%	0.0%	1.7%

续表

职业	项目	城乡差距不大							总计
		完全不同意	不同意	不太同意	说不清	比较同意	同意	非常同意	
学生	计数	9	12	28	37	28	15	3	132
	占城乡差距不大的百分比	19.1%	13.5%	21.4%	18.6%	15.2%	8.0%	5.7%	14.8%
	占总计的百分比	1.0%	1.3%	3.1%	4.2%	3.1%	1.7%	0.3%	14.8%
待业人员	计数	1	3	5	5	8	3	0	25
	占城乡差距不大的百分比	2.1%	3.4%	3.8%	2.5%	4.3%	1.6%	0.0%	2.8%
	占总计的百分比	0.1%	0.3%	0.6%	0.6%	0.9%	0.3%	0.0%	2.8%
退休人员	计数	0	2	3	4	6	9	4	28
	占城乡差距不大的百分比	0.0%	2.2%	2.3%	2.0%	3.3%	4.8%	7.5%	3.1%
	占总计的百分比	0.0%	0.2%	0.3%	0.4%	0.7%	1.0%	0.4%	3.1%
村干部	计数	0	0	0	0	0	1	0	1
	占城乡差距不大的百分比	0.0%	0.0%	0.0%	0.0%	0.0%	0.5%	0.0%	0.1%
	占总计的百分比	0.0%	0.0%	0.0%	0.0%	0.0%	0.1%	0.0%	0.1%
总计	计数	47	89	131	199	184	187	53	890
	占城乡差距不大的百分比	100.0%	100.0%	100.0%	100.0%	100.0%	100.0%	100.0%	100.0%
	占总计的百分比	5.3%	10.0%	14.7%	22.4%	20.7%	21.0%	6.0%	100.0%

表3-210反映出了不同政治面貌受访者对民族地区城乡差异情况的看法情况。经卡方检验，不同政治面貌受访者在民族地区城乡差异情况的看法上有显著性差异。

表 3-210　不同政治面貌受访者与民族地区城乡差异情况的交叉列表

政治成分	项　目	城乡差距不大							总计
		完全不同意	不同意	不太同意	说不清	比较同意	同意	非常同意	
中共党员	计数	11	19	28	30	52	53	22	215
	占城乡差距不大的百分比	22.9%	21.8%	21.5%	15.2%	27.8%	28.5%	41.5%	24.2%
	占总计的百分比	1.2%	2.1%	3.1%	3.4%	5.8%	6.0%	2.5%	24.2%
非中共党员	计数	37	68	102	168	135	133	31	674
	占城乡差距不大的百分比	77.1%	78.2%	78.5%	84.8%	72.2%	71.5%	58.5%	75.8%
	占总计的百分比	4.2%	7.6%	11.5%	18.9%	15.2%	15.0%	3.5%	75.8%
总计	计数	48	87	130	198	187	186	53	889
	占城乡差距不大的百分比	100.0%	100.0%	100.0%	100.0%	100.0%	100.0%	100.0%	100.0%
	占总计的百分比	5.4%	9.8%	14.6%	22.3%	21.0%	20.9%	6.0%	100.0%

表 3-211 反映出了不同婚姻状况受访者对民族地区城乡差异情况的看法情况。经卡方检验，不同婚姻状况受访者在民族地区城乡差异情况的看法上有显著性差异。

表 3-211　不同婚姻状况受访者与民族地区城乡差异情况的交叉列表

婚否	项　目	城乡差距不大							总计
		完全不同意	不同意	不太同意	说不清	比较同意	同意	非常同意	
已婚	计数	26	57	77	116	117	143	39	575
	占城乡差距不大的百分比	54.2%	64.8%	59.7%	58.9%	62.9%	77.7%	73.6%	65.0%
	占总计的百分比	2.9%	6.4%	8.7%	13.1%	13.2%	16.2%	4.4%	65.0%
未婚	计数	22	31	52	81	69	41	14	310
	占城乡差距不大的百分比	45.8%	35.2%	40.3%	41.1%	37.1%	22.3%	26.4%	35.0%
	占总计的百分比	2.5%	3.5%	5.9%	9.2%	7.8%	4.6%	1.6%	35.0%
总计	计数	48	88	129	197	186	184	53	885
	占城乡差距不大的百分比	100.0%	100.0%	100.0%	100.0%	100.0%	100.0%	100.0%	100.0%
	占总计的百分比	5.4%	9.9%	14.6%	22.3%	21.0%	20.8%	6.0%	100.0%

题项“本地贫富差距在您认为的合理范围之内”是用来测量西部地区贫困县民众对贫富差距情况的看法。经统计，选“完全不同意”的有29人，占比3.2%，选“不同意”的有72人，占比8%，选“不太同意”的有177人，占比19.7%，选“说不清”的有210人，占比23.4%，选“比较同意”的有178人，占比19.8%，选“同意”的有135人，占比15%，选“完全同意”的有98人，占比10.9%（如图3-29所示）。这表明，有超过四成的受访者认为西部地区贫困县政府在贫富差距上表现好，认为贫富差距上表现不好的受访者占三成多，也有两成多的人不愿意发表意见。

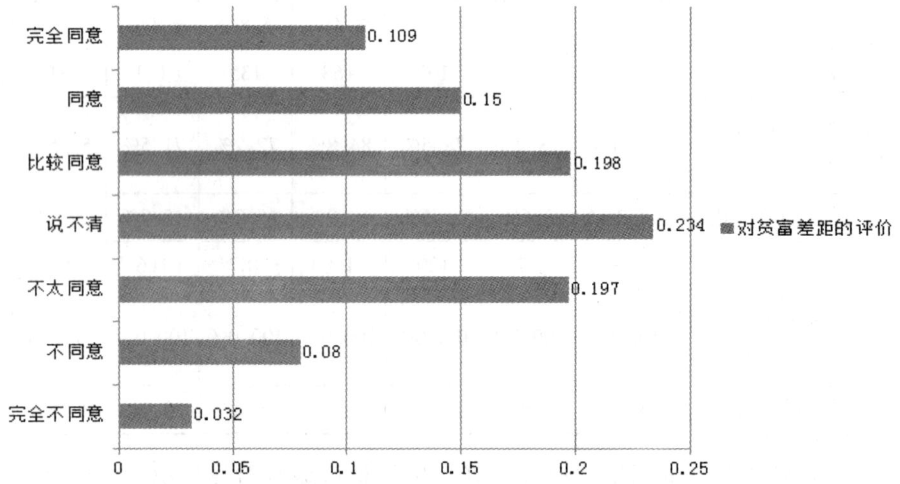

图3-29 对民族地区贫富差距情况的评价

表3-212反映出了不同省份受访者对民族地区贫富差距情况的看法情况。经卡方检验，不同省份受访者在民族地区贫富差距情况的看法上有显著性差异。

表3-212 不同省份受访者与民族地区贫富差距情况的交叉列表

省份	项目	贫富差距不大							总计
		完全不同意	不同意	不太同意	说不清	比较同意	同意	非常同意	
贵州	计数	7	11	52	70	77	52	30	299
	占贫富差距不大的百分比	24.1%	15.3%	29.4%	33.3%	43.3%	38.5%	30.6%	33.3%
	占总计的百分比	0.8%	1.2%	5.8%	7.8%	8.6%	5.8%	3.3%	33.3%
云南	计数	10	33	80	64	40	31	42	300
	占贫富差距不大的百分比	34.5%	45.8%	45.2%	30.5%	22.5%	23.0%	42.9%	33.4%
	占总计的百分比	1.1%	3.7%	8.9%	7.1%	4.4%	3.4%	4.7%	33.4%

续表

省份	项　目	贫富差距不大							总计
		完全不同意	不同意	不太同意	说不清	比较同意	同意	非常同意	
广西	计数	12	28	45	76	61	52	26	300
	占贫富差距不大的百分比	41.4%	38.9%	25.4%	36.2%	34.3%	38.5%	26.5%	33.4%
	占总计的百分比	1.3%	3.1%	5.0%	8.5%	6.8%	5.8%	2.9%	33.4%
总计	计数	29	72	177	210	178	135	98	899
	占贫富差距不大的百分比	100.0%	100.0%	100.0%	100.0%	100.0%	100.0%	100.0%	100.0%
	占总计的百分比	3.2%	8.0%	19.7%	23.4%	19.8%	15.0%	10.9%	100.0%

表 3-213 反映出了不同受教育程度受访者对民族地区贫富差距情况的看法情况。经卡方检验，不同受教育程度受访者在民族地区贫富差距情况的看法上有显著性差异。

表 3-213　不同受教育程度受访者与民族地区贫富差距情况的交叉列表

教育分组	项　目	贫富差距不大							总计
		完全不同意	不同意	不太同意	说不清	比较同意	同意	非常同意	
未上学	计数	1	0	8	6	2	2	12	31
	占贫富差距不大的百分比	3.4%	0.0%	4.5%	2.9%	1.1%	1.5%	12.2%	3.4%
	占总计的百分比	0.1%	0.0%	0.9%	0.7%	0.2%	0.2%	1.3%	3.4%
小学	计数	3	7	44	33	17	8	25	137
	占贫富差距不大的百分比	10.3%	9.7%	24.9%	15.7%	9.6%	5.9%	25.5%	15.2%
	占总计的百分比	0.3%	0.8%	4.9%	3.7%	1.9%	0.9%	2.8%	15.2%
初中	计数	7	15	33	46	27	21	19	168
	占贫富差距不大的百分比	24.1%	20.8%	18.6%	21.9%	15.2%	15.6%	19.4%	18.7%
	占总计的百分比	0.8%	1.7%	3.7%	5.1%	3.0%	2.3%	2.1%	18.7%

续表

教育分组	项目	贫富差距不大							总计
		完全不同意	不同意	不太同意	说不清	比较同意	同意	非常同意	
高中	计数	6	17	27	42	39	29	22	182
	占贫富差距不大的百分比	20.7%	23.6%	15.3%	20.0%	21.9%	21.5%	22.4%	20.2%
	占总计的百分比	0.7%	1.9%	3.0%	4.7%	4.3%	3.2%	2.4%	20.2%
专科	计数	6	15	25	42	41	35	10	174
	占贫富差距不大的百分比	20.7%	20.8%	14.1%	20.0%	23.0%	25.9%	10.2%	19.4%
	占总计的百分比	0.7%	1.7%	2.8%	4.7%	4.6%	3.9%	1.1%	19.4%
本科	计数	3	13	25	25	32	24	4	126
	占贫富差距不大的百分比	10.3%	18.1%	14.1%	11.9%	18.0%	17.8%	4.1%	14.0%
	占总计的百分比	0.3%	1.4%	2.8%	2.8%	3.6%	2.7%	0.4%	14.0%
研究生	计数	3	5	15	16	20	16	6	81
	占贫富差距不大的百分比	10.3%	6.9%	8.5%	7.6%	11.2%	11.9%	6.1%	9.0%
	占总计的百分比	0.3%	0.6%	1.7%	1.8%	2.2%	1.8%	0.7%	9.0%
总计	计数	29	72	177	210	178	135	98	899
	占贫富差距不大的百分比	100.0%	100.0%	100.0%	100.0%	100.0%	100.0%	100.0%	100.0%
	占总计的百分比	3.2%	8.0%	19.7%	23.4%	19.8%	15.0%	10.9%	100.0%

表3-214反映出了不同收入水平受访者对民族地区贫富差距情况的看法情况。经卡方检验，不同收入水平受访者在民族地区贫富差距情况的看法上有显著性差异。

表 3-214　不同收入水平受访者与民族地区贫富差距情况的交叉列表

收入分组	项　目	贫富差距不大							总计
		完全不同意	不同意	不太同意	说不清	比较同意	同意	非常同意	
低收入者	计数	10	18	92	91	60	36	46	353
	占贫富差距不大的百分比	34. 5%	25. 0%	52. 0%	43. 3%	33. 7%	26. 7%	46. 9%	39. 3%
	占总计的百分比	1. 1%	2. 0%	10. 2%	10. 1%	6. 7%	4. 0%	5. 1%	39. 3%
中等收入者	计数	13	31	36	72	54	34	30	270
	占贫富差距不大的百分比	44. 8%	43. 1%	20. 3%	34. 3%	30. 3%	25. 2%	30. 6%	30. 0%
	占总计的百分比	1. 4%	3. 4%	4. 0%	8. 0%	6. 0%	3. 8%	3. 3%	30. 0%
高收入者	计数	6	23	49	47	64	65	22	276
	占贫富差距不大的百分比	20. 7%	31. 9%	27. 7%	22. 4%	36. 0%	48. 1%	22. 4%	30. 7%
	占总计的百分比	0. 7%	2. 6%	5. 5%	5. 2%	7. 1%	7. 2%	2. 4%	30. 7%
总计	计数	29	72	177	210	178	135	98	899
	占贫富差距不大的百分比	100. 0%	100. 0%	100. 0%	100. 0%	100. 0%	100. 0%	100. 0%	100. 0%
	占总计的百分比	3. 2%	8. 0%	19. 7%	23. 4%	19. 8%	15. 0%	10. 9%	100. 0%

表 3-215 反映出了不同民族受访者对民族地区贫富差距情况的看法情况。经卡方检验，不同民族受访者在民族地区贫富差距情况的看法上有显著性差异。

表 3-215　不同民族受访者与民族地区贫富差距情况的交叉列表

民族	项　目	贫富差距不大							总计
		完全不同意	不同意	不太同意	说不清	比较同意	同意	非常同意	
汉族	计数	17	40	61	75	63	58	20	334
	占贫富差距不大的百分比	58. 6%	55. 6%	34. 5%	35. 9%	35. 4%	43. 0%	20. 4%	37. 2%
	占总计的百分比	1. 9%	4. 5%	6. 8%	8. 4%	7. 0%	6. 5%	2. 2%	37. 2%

续表

民族	项目	贫富差距不大							总计
		完全不同意	不同意	不太同意	说不清	比较同意	同意	非常同意	
苗族	计数	1	4	18	17	23	11	8	82
	占贫富差距不大的百分比	3.4%	5.6%	10.2%	8.1%	12.9%	8.1%	8.2%	9.1%
	占总计的百分比	0.1%	0.4%	2.0%	1.9%	2.6%	1.2%	0.9%	9.1%
布依族	计数	0	0	0	1	0	1	1	3
	占贫富差距不大的百分比	0.0%	0.0%	0.0%	0.5%	0.0%	0.7%	1.0%	0.3%
	占总计的百分比	0.0%	0.0%	0.0%	0.1%	0.0%	0.1%	0.1%	0.3%
侗族	计数	2	6	20	36	42	25	13	144
	占贫富差距不大的百分比	6.9%	8.3%	11.3%	17.2%	23.6%	18.5%	13.3%	16.0%
	占总计的百分比	0.2%	0.7%	2.2%	4.0%	4.7%	2.8%	1.4%	16.0%
壮族	计数	4	10	11	20	17	21	6	89
	占贫富差距不大的百分比	13.8%	13.9%	6.2%	9.6%	9.6%	15.6%	6.1%	9.9%
	占总计的百分比	0.4%	1.1%	1.2%	2.2%	1.9%	2.3%	0.7%	9.9%
白族	计数	1	0	3	6	7	1	0	18
	占贫富差距不大的百分比	3.4%	0.0%	1.7%	2.9%	3.9%	0.7%	0.0%	2.0%
	占总计的百分比	0.1%	0.0%	0.3%	0.7%	0.8%	0.1%	0.0%	2.0%
哈尼族	计数	0	0	0	1	0	0	0	1
	占贫富差距不大的百分比	0.0%	0.0%	0.0%	0.5%	0.0%	0.0%	0.0%	0.1%
	占总计的百分比	0.0%	0.0%	0.0%	0.1%	0.0%	0.0%	0.0%	0.1%
彝族	计数	0	3	49	23	9	4	41	129
	占贫富差距不大的百分比	0.0%	4.2%	27.7%	11.0%	5.1%	3.0%	41.8%	14.4%
	占总计的百分比	0.0%	0.3%	5.5%	2.6%	1.0%	0.4%	4.6%	14.4%

续表

民族	项　目	贫富差距不大							总计
		完全不同意	不同意	不太同意	说不清	比较同意	同意	非常同意	
瑶族	计数	4	8	11	26	15	12	9	85
	占贫富差距不大的百分比	13.8%	11.1%	6.2%	12.4%	8.4%	8.9%	9.2%	9.5%
	占总计的百分比	0.4%	0.9%	1.2%	2.9%	1.7%	1.3%	1.0%	9.5%
仫佬族	计数	0	0	1	0	2	0	0	3
	占贫富差距不大的百分比	0.0%	0.0%	0.6%	0.0%	1.1%	0.0%	0.0%	0.3%
	占总计的百分比	0.0%	0.0%	0.1%	0.0%	0.2%	0.0%	0.0%	0.3%
回族	计数	0	1	3	3	0	2	0	9
	占贫富差距不大的百分比	0.0%	1.4%	1.7%	1.4%	0.0%	1.5%	0.0%	1.0%
	占总计的百分比	0.0%	0.1%	0.3%	0.3%	0.0%	0.2%	0.0%	1.0%
土家族	计数	0	0	0	1	0	0	0	1
	占贫富差距不大的百分比	0.0%	0.0%	0.0%	0.5%	0.0%	0.0%	0.0%	0.1%
	占总计的百分比	0.0%	0.0%	0.0%	0.1%	0.0%	0.0%	0.0%	0.1%
总计	计数	29	72	177	209	178	135	98	898
	占贫富差距不大的百分比	100.0%	100.0%	100.0%	100.0%	100.0%	100.0%	100.0%	100.0%
	占总计的百分比	3.2%	8.0%	19.7%	23.3%	19.8%	15.0%	10.9%	100.0%

表3-216反映出了不同职业受访者对民族地区贫富差距情况的看法情况。经卡方检验，不同职业受访者在民族地区贫富差距情况的看法上有显著性差异。

表 3-216 不同职业受访者与民族地区贫富差距情况的交叉列表

职业	项目	贫富差距不大							总计
		完全不同意	不同意	不太同意	说不清	比较同意	同意	非常同意	
农业劳动者	计数	3	12	40	41	24	9	18	147
	占贫富差距不大的百分比	10.3%	16.9%	22.6%	19.5%	13.7%	6.7%	18.6%	16.5%
	占总计的百分比	0.3%	1.3%	4.5%	4.6%	2.7%	1.0%	2.0%	16.5%
企业工人	计数	2	8	14	13	6	8	3	54
	占贫富差距不大的百分比	6.9%	11.3%	7.9%	6.2%	3.4%	6.0%	3.1%	6.0%
	占总计的百分比	0.2%	0.9%	1.6%	1.5%	0.7%	0.9%	0.3%	6.0%
事业单位人员	计数	5	12	33	26	37	30	26	169
	占贫富差距不大的百分比	17.2%	16.9%	18.6%	12.4%	21.1%	22.4%	26.8%	18.9%
	占总计的百分比	0.6%	1.3%	3.7%	2.9%	4.1%	3.4%	2.9%	18.9%
政府机关人员	计数	3	3	4	15	25	32	8	90
	占贫富差距不大的百分比	10.3%	4.2%	2.3%	7.1%	14.3%	23.9%	8.2%	10.1%
	占总计的百分比	0.3%	0.3%	0.4%	1.7%	2.8%	3.6%	0.9%	10.1%
个体劳动者/个体工商户	计数	4	7	17	27	21	15	9	100
	占贫富差距不大的百分比	13.8%	9.9%	9.6%	12.9%	12.0%	11.2%	9.3%	11.2%
	占总计的百分比	0.4%	0.8%	1.9%	3.0%	2.4%	1.7%	1.0%	11.2%
打工者	计数	4	13	32	28	20	13	20	130
	占贫富差距不大的百分比	13.8%	18.3%	18.1%	13.3%	11.4%	9.7%	20.6%	14.6%
	占总计的百分比	0.4%	1.5%	3.6%	3.1%	2.2%	1.5%	2.2%	14.6%
私营企业主	计数	1	2	1	6	1	3	1	15
	占贫富差距不大的百分比	3.4%	2.8%	0.6%	2.9%	0.6%	2.2%	1.0%	1.7%
	占总计的百分比	0.1%	0.2%	0.1%	0.7%	0.1%	0.3%	0.1%	1.7%

续表

职业	项目	贫富差距不大							总计
		完全不同意	不同意	不太同意	说不清	比较同意	同意	非常同意	
学生	计数	6	9	27	43	32	15	2	134
	占贫富差距不大的百分比	20.7%	12.7%	15.3%	20.5%	18.3%	11.2%	2.1%	15.0%
	占总计的百分比	0.7%	1.0%	3.0%	4.8%	3.6%	1.7%	0.2%	15.0%
待业人员	计数	1	3	5	8	6	2	0	25
	占贫富差距不大的百分比	3.4%	4.2%	2.8%	3.8%	3.4%	1.5%	0.0%	2.8%
	占总计的百分比	0.1%	0.3%	0.6%	0.9%	0.7%	0.2%	0.0%	2.8%
退休人员	计数	0	2	4	3	3	6	10	28
	占贫富差距不大的百分比	0.0%	2.8%	2.3%	1.4%	1.7%	4.5%	10.3%	3.1%
	占总计的百分比	0.0%	0.2%	0.4%	0.3%	0.3%	0.7%	1.1%	3.1%
村干部	计数	0	0	0	0	0	1	0	1
	占贫富差距不大的百分比	0.0%	0.0%	0.0%	0.0%	0.0%	0.7%	0.0%	0.1%
	占总计的百分比	0.0%	0.0%	0.0%	0.0%	0.0%	0.1%	0.0%	0.1%
总计	计数	29	71	177	210	175	134	97	893
	占贫富差距不大的百分比	100.0%	100.0%	100.0%	100.0%	100.0%	100.0%	100.0%	100.0%
	占总计的百分比	3.2%	8.0%	19.8%	23.5%	19.6%	15.0%	10.9%	100.0%

表 3-217 反映出了不同政治面貌受访者对民族地区贫富差距情况的看法情况。经卡方检验，不同政治面貌受访者在民族地区贫富差距情况的看法上有显著性差异。

表 3-217　不同政治面貌受访者与民族地区贫富差距情况的交叉列表

政治成分	项　目	贫富差距不大							总计
		完全不同意	不同意	不太同意	说不清	比较同意	同意	非常同意	
中共党员	计数	6	21	41	32	37	52	27	216
	占贫富差距不大的百分比	20.7%	29.6%	23.6%	15.4%	20.8%	38.8%	27.8%	24.2%
	占总计的百分比	0.7%	2.4%	4.6%	3.6%	4.2%	5.8%	3.0%	24.2%
非中共党员	计数	23	50	133	176	141	82	70	675
	占贫富差距不大的百分比	79.3%	70.4%	76.4%	84.6%	79.2%	61.2%	72.2%	75.8%
	占总计的百分比	2.6%	5.6%	14.9%	19.8%	15.8%	9.2%	7.9%	75.8%
总计	计数	29	71	174	208	178	134	97	891
	占贫富差距不大的百分比	100.0%	100.0%	100.0%	100.0%	100.0%	100.0%	100.0%	100.0%
	占总计的百分比	3.3%	8.0%	19.5%	23.3%	20.0%	15.0%	10.9%	100.0%

表 3-218 反映出了不同婚姻状况受访者对民族地区贫富差距情况的看法情况。经卡方检验，不同婚姻状况受访者在民族地区贫富差距情况的看法上有显著性差异。

表 3-218　不同婚姻状况受访者与民族地区贫富差距情况的交叉列表

婚否	项　目	贫富差距不大							总计
		完全不同意	不同意	不太同意	说不清	比较同意	同意	非常同意	
已婚	计数	20	43	124	124	95	89	81	576
	占贫富差距不大的百分比	69.0%	60.6%	72.1%	59.6%	53.4%	66.9%	84.4%	64.9%
	占总计的百分比	2.3%	4.8%	14.0%	14.0%	10.7%	10.0%	9.1%	64.9%
未婚	计数	9	28	48	84	83	44	15	311
	占贫富差距不大的百分比	31.0%	39.4%	27.9%	40.4%	46.6%	33.1%	15.6%	35.1%
	占总计的百分比	1.0%	3.2%	5.4%	9.5%	9.4%	5.0%	1.7%	35.1%

续表

婚否	项目	贫富差距不大							总计
		完全不同意	不同意	不太同意	说不清	比较同意	同意	非常同意	
总计	计数	29	71	172	208	178	133	96	887
	占贫富差距不大的百分比	100.0%	100.0%	100.0%	100.0%	100.0%	100.0%	100.0%	100.0%
	占总计的百分比	3.3%	8.0%	19.4%	23.4%	20.1%	15.0%	10.8%	100.0%

表 3-219 反映出了不同居住地受访者对民族地区贫富差距情况的看法情况。经卡方检验，不同居住地受访者在民族地区贫富差距情况的看法上有显著性差异。

表 3-219　不同居住地受访者与民族地区贫富差距情况的交叉列表

居住地	项目	贫富差距不大							总计
		完全不同意	不同意	不太同意	说不清	比较同意	同意	非常同意	
农村	计数	10	24	94	101	54	38	53	374
	占贫富差距不大的百分比	34.5%	33.3%	53.4%	48.1%	30.5%	28.4%	54.6%	41.8%
	占总计的百分比	1.1%	2.7%	10.5%	11.3%	6.0%	4.2%	5.9%	41.8%
乡镇所在地	计数	7	15	18	25	33	28	14	140
	占贫富差距不大的百分比	24.1%	20.8%	10.2%	11.9%	18.6%	20.9%	14.4%	15.6%
	占总计的百分比	0.8%	1.7%	2.0%	2.8%	3.7%	3.1%	1.6%	15.6%
县城	计数	10	32	51	74	72	54	27	320
	占贫富差距不大的百分比	34.5%	44.4%	29.0%	35.2%	40.7%	40.3%	27.8%	35.8%
	占总计的百分比	1.1%	3.6%	5.7%	8.3%	8.0%	6.0%	3.0%	35.8%
市城区	计数	2	1	7	6	15	6	1	38
	占贫富差距不大的百分比	6.9%	1.4%	4.0%	2.9%	8.5%	4.5%	1.0%	4.2%
	占总计的百分比	0.2%	0.1%	0.8%	0.7%	1.7%	0.7%	0.1%	4.2%

续表

居住地	项目	贫富差距不大							总计
		完全不同意	不同意	不太同意	说不清	比较同意	同意	非常同意	
城郊结合部	计数	0	0	6	4	3	8	2	23
	占贫富差距不大的百分比	0.0%	0.0%	3.4%	1.9%	1.7%	6.0%	2.1%	2.6%
	占总计的百分比	0.0%	0.0%	0.7%	0.4%	0.3%	0.9%	0.2%	2.6%
总计	计数	29	72	176	210	177	134	97	895
	占贫富差距不大的百分比	100.0%	100.0%	100.0%	100.0%	100.0%	100.0%	100.0%	100.0%
	占总计的百分比	3.2%	8.0%	19.7%	23.5%	19.8%	15.0%	10.8%	100.0%

题项“本地各民族群众之间相安无事”是用来测量西部地区贫困县民众对民族矛盾和民族冲突情况的看法。经统计，选“完全不同意”的有 14 人，占比 1.6%，选“不同意”的有 28 人，占比 3.1%，选“不太同意”的有 83 人，占比 9.3%，选“说不清”的有 168 人，占比 18.8%，选“比较同意”的有 209 人，占比 23.3%，选“同意”的有 290 人，占比 32.4%，选“完全同意”的有 104 人，占比 11.6%（如图 3-30 所示）。这表明，有超过六成的受访者认为西部地区贫困县政府在民族矛盾上表现好，认为民族矛盾上表现不好的受访者占一成多，也有不超过两成的人不愿意发表意见。

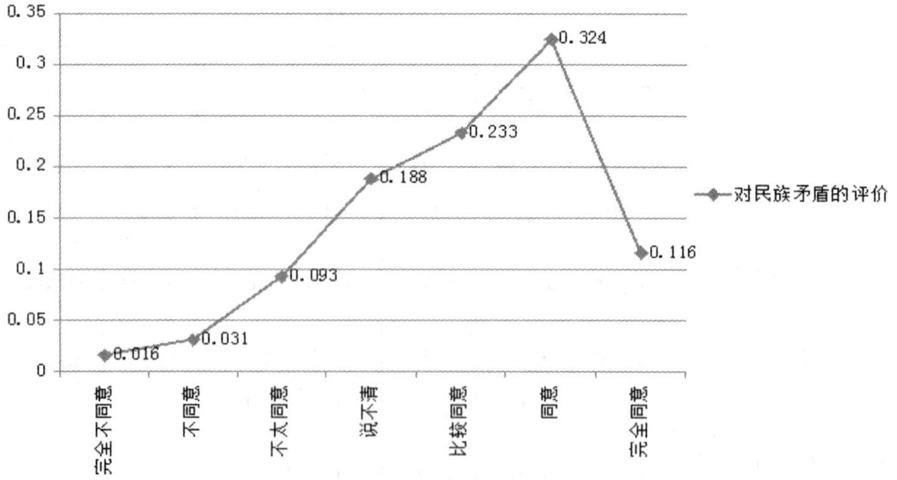

图 3-30　对民族地区民族矛盾情况的评价

表 3-220 反映出了不同性别受访者对民族地区民族矛盾情况的看法情况。经卡方检验，不同性别受访者在民族地区民族矛盾情况的看法上有显著性差异。

表 3-220　不同性别受访者与民族地区民族矛盾情况的交叉列表

性别	项　目	民族矛盾和冲突少							总计
		完全不同意	不同意	不太同意	说不清	比较同意	同意	非常同意	
男	计数	7	13	46	68	90	154	59	437
	占民族矛盾和冲突少的百分比	50.0%	46.4%	55.4%	40.5%	43.7%	54.0%	56.7%	49.2%
	占总计的百分比	0.8%	1.5%	5.2%	7.7%	10.1%	17.3%	6.6%	49.2%
女	计数	7	15	37	100	116	131	45	451
	占民族矛盾和冲突少的百分比	50.0%	53.6%	44.6%	59.5%	56.3%	46.0%	43.3%	50.8%
	占总计的百分比	0.8%	1.7%	4.2%	11.3%	13.1%	14.8%	5.1%	50.8%
总计	计数	14	28	83	168	206	285	104	888
	占民族矛盾和冲突少的百分比	100.0%	100.0%	100.0%	100.0%	100.0%	100.0%	100.0%	100.0%
	占总计的百分比	1.6%	3.2%	9.3%	18.9%	23.2%	32.1%	11.7%	100.0%

表 3-221 反映出了不同受教育程度受访者对民族地区民族矛盾情况的看法情况。经卡方检验，不同受教育程度受访者在民族地区民族矛盾情况的看法上有显著性差异。

表 3-221　不同受教育程度受访者与民族地区民族矛盾情况的交叉列表

教育分组	项　目	民族矛盾和冲突少							总计
		完全不同意	不同意	不太同意	说不清	比较同意	同意	非常同意	
未上学	计数	0	0	3	10	8	3	7	31
	占民族矛盾和冲突少的百分比	0.0%	0.0%	3.6%	6.0%	3.8%	1.0%	6.7%	3.5%
	占总计的百分比	0.0%	0.0%	0.3%	1.1%	0.9%	0.3%	0.8%	3.5%
小学	计数	1	1	18	40	29	30	18	137
	占民族矛盾和冲突少的百分比	7.1%	3.6%	21.7%	23.8%	13.9%	10.3%	17.3%	15.3%
	占总计的百分比	0.1%	0.1%	2.0%	4.5%	3.2%	3.3%	2.0%	15.3%

续表

教育分组	项 目	民族矛盾和冲突少							总计
		完全不同意	不同意	不太同意	说不清	比较同意	同意	非常同意	
初中	计数	3	6	14	31	40	57	17	168
	占民族矛盾和冲突少的百分比	21.4%	21.4%	16.9%	18.5%	19.1%	19.7%	16.3%	18.8%
	占总计的百分比	0.3%	0.7%	1.6%	3.5%	4.5%	6.4%	1.9%	18.8%
高中	计数	4	9	15	23	40	62	27	180
	占民族矛盾和冲突少的百分比	28.6%	32.1%	18.1%	13.7%	19.1%	21.4%	26.0%	20.1%
	占总计的百分比	0.4%	1.0%	1.7%	2.6%	4.5%	6.9%	3.0%	20.1%
专科	计数	2	8	14	31	35	69	15	174
	占民族矛盾和冲突少的百分比	14.3%	28.6%	16.9%	18.5%	16.7%	23.8%	14.4%	19.4%
	占总计的百分比	0.2%	0.9%	1.6%	3.5%	3.9%	7.7%	1.7%	19.4%
本科	计数	1	2	8	19	39	45	11	125
	占民族矛盾和冲突少的百分比	7.1%	7.1%	9.6%	11.3%	18.7%	15.5%	10.6%	14.0%
	占总计的百分比	0.1%	0.2%	0.9%	2.1%	4.4%	5.0%	1.2%	14.0%
研究生	计数	3	2	11	14	18	24	9	81
	占民族矛盾和冲突少的百分比	21.4%	7.1%	13.3%	8.3%	8.6%	8.3%	8.7%	9.0%
	占总计的百分比	0.3%	0.2%	1.2%	1.6%	2.0%	2.7%	1.0%	9.0%
总计	计数	14	28	83	168	209	290	104	896
	占民族矛盾和冲突少的百分比	100.0%	100.0%	100.0%	100.0%	100.0%	100.0%	100.0%	100.0%
	占总计的百分比	1.6%	3.1%	9.3%	18.8%	23.3%	32.4%	11.6%	100.0%

表3-222反映出了不同收入水平受访者对民族地区民族矛盾情况的看法情况。经卡方检验，不同收入水平受访者在民族地区民族矛盾情况的看法上有显著性差异。

表 3-222　不同收入水平受访者与民族地区民族矛盾情况的交叉列表

收入分组	项　目	民族矛盾和冲突少							总计
		完全不同意	不同意	不太同意	说不清	比较同意	同意	非常同意	
低收入者	计数	6	7	51	88	86	71	43	352
	占民族矛盾和冲突少的百分比	42.9%	25.0%	61.4%	52.4%	41.1%	24.5%	41.3%	39.3%
	占总计的百分比	0.7%	0.8%	5.7%	9.8%	9.6%	7.9%	4.8%	39.3%
中等收入者	计数	5	13	17	45	64	91	33	268
	占民族矛盾和冲突少的百分比	35.7%	46.4%	20.5%	26.8%	30.6%	31.4%	31.7%	29.9%
	占总计的百分比	0.6%	1.5%	1.9%	5.0%	7.1%	10.2%	3.7%	29.9%
高收入者	计数	3	8	15	35	59	128	28	276
	占民族矛盾和冲突少的百分比	21.4%	28.6%	18.1%	20.8%	28.2%	44.1%	26.9%	30.8%
	占总计的百分比	0.3%	0.9%	1.7%	3.9%	6.6%	14.3%	3.1%	30.8%
总计	计数	14	28	83	168	209	290	104	896
	占民族矛盾和冲突少的百分比	100.0%	100.0%	100.0%	100.0%	100.0%	100.0%	100.0%	100.0%
	占总计的百分比	1.6%	3.1%	9.3%	18.8%	23.3%	32.4%	11.6%	100.0%

表 3-223 反映出了不同民族受访者对民族地区民族矛盾情况的看法情况。经卡方检验，不同民族受访者在民族地区民族矛盾情况的看法上有显著性差异。

表 3-223　不同民族受访者与民族地区民族矛盾情况的交叉列表

民族	项　目	民族矛盾和冲突少							总计
		完全不同意	不同意	不太同意	说不清	比较同意	同意	非常同意	
汉族	计数	8	11	27	52	64	144	25	331
	占民族矛盾和冲突少的百分比	57.1%	39.3%	32.5%	31.1%	30.6%	49.7%	24.0%	37.0%
	占总计的百分比	0.9%	1.2%	3.0%	5.8%	7.2%	16.1%	2.8%	37.0%

续表

民族	项目	民族矛盾和冲突少							总计
		完全不同意	不同意	不太同意	说不清	比较同意	同意	非常同意	
苗族	计数	0	4	5	15	19	26	13	82
	占民族矛盾和冲突少的百分比	0.0%	14.3%	6.0%	9.0%	9.1%	9.0%	12.5%	9.2%
	占总计的百分比	0.0%	0.4%	0.6%	1.7%	2.1%	2.9%	1.5%	9.2%
布依族	计数	0	0	1	0	0	1	1	3
	占民族矛盾和冲突少的百分比	0.0%	0.0%	1.2%	0.0%	0.0%	0.3%	1.0%	0.3%
	占总计的百分比	0.0%	0.0%	0.1%	0.0%	0.0%	0.1%	0.1%	0.3%
侗族	计数	1	3	4	23	47	49	17	144
	占民族矛盾和冲突少的百分比	7.1%	10.7%	4.8%	13.8%	22.5%	16.9%	16.3%	16.1%
	占总计的百分比	0.1%	0.3%	0.4%	2.6%	5.3%	5.5%	1.9%	16.1%
壮族	计数	0	4	6	15	23	34	7	89
	占民族矛盾和冲突少的百分比	0.0%	14.3%	7.2%	9.0%	11.0%	11.7%	6.7%	9.9%
	占总计的百分比	0.0%	0.4%	0.7%	1.7%	2.6%	3.8%	0.8%	9.9%
白族	计数	0	3	3	1	6	4	1	18
	占民族矛盾和冲突少的百分比	0.0%	10.7%	3.6%	0.6%	2.9%	1.4%	1.0%	2.0%
	占总计的百分比	0.0%	0.3%	0.3%	0.1%	0.7%	0.4%	0.1%	2.0%
哈尼族	计数	0	0	0	0	1	0	0	1
	占民族矛盾和冲突少的百分比	0.0%	0.0%	0.0%	0.0%	0.5%	0.0%	0.0%	0.1%
	占总计的百分比	0.0%	0.0%	0.0%	0.0%	0.1%	0.0%	0.0%	0.1%
彝族	计数	1	1	23	43	26	10	25	129
	占民族矛盾和冲突少的百分比	7.1%	3.6%	27.7%	25.7%	12.4%	3.4%	24.0%	14.4%
	占总计的百分比	0.1%	0.1%	2.6%	4.8%	2.9%	1.1%	2.8%	14.4%

续表

民族	项　目	民族矛盾和冲突少							总计
		完全不同意	不同意	不太同意	说不清	比较同意	同意	非常同意	
瑶族	计数	4	2	12	17	20	17	13	85
	占民族矛盾和冲突少的百分比	28.6%	7.1%	14.5%	10.2%	9.6%	5.9%	12.5%	9.5%
	占总计的百分比	0.4%	0.2%	1.3%	1.9%	2.2%	1.9%	1.5%	9.5%
仫佬族	计数	0	0	0	0	0	2	1	3
	占民族矛盾和冲突少的百分比	0.0%	0.0%	0.0%	0.0%	0.0%	0.7%	1.0%	0.3%
	占总计的百分比	0.0%	0.0%	0.0%	0.0%	0.0%	0.2%	0.1%	0.3%
回族	计数	0	0	2	1	3	2	1	9
	占民族矛盾和冲突少的百分比	0.0%	0.0%	2.4%	0.6%	1.4%	0.7%	1.0%	1.0%
	占总计的百分比	0.0%	0.0%	0.2%	0.1%	0.3%	0.2%	0.1%	1.0%
土家族	计数	0	0	0	0	0	1	0	1
	占民族矛盾和冲突少的百分比	0.0%	0.0%	0.0%	0.0%	0.0%	0.3%	0.0%	0.1%
	占总计的百分比	0.0%	0.0%	0.0%	0.0%	0.0%	0.1%	0.0%	0.1%
总计	计数	14	28	83	167	209	290	104	895
	占民族矛盾和冲突少的百分比	100.0%	100.0%	100.0%	100.0%	100.0%	100.0%	100.0%	100.0%
	占总计的百分比	1.6%	3.1%	9.3%	18.7%	23.4%	32.4%	11.6%	100.0%

表 3-224 反映出了不同职业受访者对民族地区民族矛盾情况的看法情况。经卡方检验，不同职业受访者在民族地区民族矛盾情况的看法上有显著性差异。

表 3-224　不同职业受访者与民族地区民族矛盾情况的交叉列表

职业	项目	民族矛盾和冲突少							总计
		完全不同意	不同意	不太同意	说不清	比较同意	同意	非常同意	
农业劳动者	计数	3	2	13	34	30	49	16	147
	占民族矛盾和冲突少的百分比	21.4%	7.1%	15.7%	20.4%	14.4%	17.0%	15.7%	16.5%
	占总计的百分比	0.3%	0.2%	1.5%	3.8%	3.4%	5.5%	1.8%	16.5%
企业工人	计数	1	3	9	12	6	14	9	54
	占民族矛盾和冲突少的百分比	7.1%	10.7%	10.8%	7.2%	2.9%	4.9%	8.8%	6.1%
	占总计的百分比	0.1%	0.3%	1.0%	1.3%	0.7%	1.6%	1.0%	6.1%
事业单位人员	计数	1	6	11	18	48	58	27	169
	占民族矛盾和冲突少的百分比	7.1%	21.4%	13.3%	10.8%	23.1%	20.1%	26.5%	19.0%
	占总计的百分比	0.1%	0.7%	1.2%	2.0%	5.4%	6.5%	3.0%	19.0%
政府机关人员	计数	2	1	0	11	15	47	13	89
	占民族矛盾和冲突少的百分比	14.3%	3.6%	0.0%	6.6%	7.2%	16.3%	12.7%	10.0%
	占总计的百分比	0.2%	0.1%	0.0%	1.2%	1.7%	5.3%	1.5%	10.0%
个体劳动者/个体工商户	计数	1	4	8	20	26	31	10	100
	占民族矛盾和冲突少的百分比	7.1%	14.3%	9.6%	12.0%	12.5%	10.8%	9.8%	11.2%
	占总计的百分比	0.1%	0.4%	0.9%	2.2%	2.9%	3.5%	1.1%	11.2%
打工者	计数	2	6	16	25	36	30	13	128
	占民族矛盾和冲突少的百分比	14.3%	21.4%	19.3%	15.0%	17.3%	10.4%	12.7%	14.4%
	占总计的百分比	0.2%	0.7%	1.8%	2.8%	4.0%	3.4%	1.5%	14.4%
私营企业主	计数	0	0	1	6	1	6	1	15
	占民族矛盾和冲突少的百分比	0.0%	0.0%	1.2%	3.6%	0.5%	2.1%	1.0%	1.7%
	占总计的百分比	0.0%	0.0%	0.1%	0.7%	0.1%	0.7%	0.1%	1.7%

续表

职业	项　目	民族矛盾和冲突少							总计
		完全不同意	不同意	不太同意	说不清	比较同意	同意	非常同意	
学生	计数	4	5	18	35	38	26	8	134
	占民族矛盾和冲突少的百分比	28.6%	17.9%	21.7%	21.0%	18.3%	9.0%	7.8%	15.1%
	占总计的百分比	0.4%	0.6%	2.0%	3.9%	4.3%	2.9%	0.9%	15.1%
待业人员	计数	0	1	5	5	4	9	1	25
	占民族矛盾和冲突少的百分比	0.0%	3.6%	6.0%	3.0%	1.9%	3.1%	1.0%	2.8%
	占总计的百分比	0.0%	0.1%	0.6%	0.6%	0.4%	1.0%	0.1%	2.8%
退休人员	计数	0	0	2	1	4	17	4	28
	占民族矛盾和冲突少的百分比	0.0%	0.0%	2.4%	0.6%	1.9%	5.9%	3.9%	3.1%
	占总计的百分比	0.0%	0.0%	0.2%	0.1%	0.4%	1.9%	0.4%	3.1%
村干部	计数	0	0	0	0	0	1	0	1
	占民族矛盾和冲突少的百分比	0.0%	0.0%	0.0%	0.0%	0.0%	0.3%	0.0%	0.1%
	占总计的百分比	0.0%	0.0%	0.0%	0.0%	0.0%	0.1%	0.0%	0.1%
总计	计数	14	28	83	167	208	288	102	890
	占民族矛盾和冲突少的百分比	100.0%	100.0%	100.0%	100.0%	100.0%	100.0%	100.0%	100.0%
	占总计的百分比	1.6%	3.1%	9.3%	18.8%	23.4%	32.4%	11.5%	100.0%

表 3-225 反映出了不同政治面貌受访者对民族地区民族矛盾情况的看法情况。经卡方检验，不同政治面貌受访者在民族地区民族矛盾情况的看法上有显著性差异。

表 3-225 不同政治面貌受访者与民族地区民族矛盾情况的交叉列表

政治成分	项 目	民族矛盾和冲突少							总计
		完全不同意	不同意	不太同意	说不清	比较同意	同意	非常同意	
中共党员	计数	2	5	13	30	41	90	34	215
	占民族矛盾和冲突少的百分比	14. 3%	17. 9%	16. 0%	18. 1%	19. 7%	31. 1%	33. 3%	24. 2%
	占总计的百分比	0. 2%	0. 6%	1. 5%	3. 4%	4. 6%	10. 1%	3. 8%	24. 2%
非中共党员	计数	12	23	68	136	167	199	68	673
	占民族矛盾和冲突少的百分比	85. 7%	82. 1%	84. 0%	81. 9%	80. 3%	68. 9%	66. 7%	75. 8%
	占总计的百分比	1. 4%	2. 6%	7. 7%	15. 3%	18. 8%	22. 4%	7. 7%	75. 8%
总计	计数	14	28	81	166	208	289	102	888
	占民族矛盾和冲突少的百分比	100. 0%	100. 0%	100. 0%	100. 0%	100. 0%	100. 0%	100. 0%	100. 0%
	占总计的百分比	1. 6%	3. 2%	9. 1%	18. 7%	23. 4%	32. 5%	11. 5%	100. 0%

表 3-226 反映出了不同婚姻状况受访者对民族地区民族矛盾情况的看法情况。经卡方检验，不同婚姻状况受访者在民族地区民族矛盾情况的看法上有显著性差异。

表 3-226 不同婚姻状况受访者与民族地区民族矛盾情况的交叉列表

婚否	项 目	民族矛盾和冲突少							总计
		完全不同意	不同意	不太同意	说不清	比较同意	同意	非常同意	
已婚	计数	9	17	47	96	124	210	71	574
	占民族矛盾和冲突少的百分比	64. 3%	60. 7%	58. 8%	57. 8%	59. 3%	73. 2%	71. 0%	64. 9%
	占总计的百分比	1. 0%	1. 9%	5. 3%	10. 9%	14. 0%	23. 8%	8. 0%	64. 9%
未婚	计数	5	11	33	70	85	77	29	310
	占民族矛盾和冲突少的百分比	35. 7%	39. 3%	41. 3%	42. 2%	40. 7%	26. 8%	29. 0%	35. 1%
	占总计的百分比	0. 6%	1. 2%	3. 7%	7. 9%	9. 6%	8. 7%	3. 3%	35. 1%
总计	计数	14	28	80	166	209	287	100	884
	占民族矛盾和冲突少的百分比	100. 0%	100. 0%	100. 0%	100. 0%	100. 0%	100. 0%	100. 0%	100. 0%
	占总计的百分比	1. 6%	3. 2%	9. 0%	18. 8%	23. 6%	32. 5%	11. 3%	100. 0%

表3-227反映出了不同居住地受访者对民族地区民族矛盾情况的看法情况。经卡方检验，不同居住地受访者在民族地区民族矛盾情况的看法上有显著性差异。

表3-227　不同居住地受访者与民族地区民族矛盾情况的交叉列表

居住地	项目	民族矛盾和冲突少							总计
		完全不同意	不同意	不太同意	说不清	比较同意	同意	非常同意	
农村	计数	7	8	44	92	85	87	51	374
	占民族矛盾和冲突少的百分比	50.0%	28.6%	53.0%	54.8%	41.1%	30.2%	49.0%	41.9%
	占总计的百分比	0.8%	0.9%	4.9%	10.3%	9.5%	9.8%	5.7%	41.9%
乡镇所在地	计数	2	5	8	17	36	57	14	139
	占民族矛盾和冲突少的百分比	14.3%	17.9%	9.6%	10.1%	17.4%	19.8%	13.5%	15.6%
	占总计的百分比	0.2%	0.6%	0.9%	1.9%	4.0%	6.4%	1.6%	15.6%
县城	计数	4	14	21	49	74	123	33	318
	占民族矛盾和冲突少的百分比	28.6%	50.0%	25.3%	29.2%	35.7%	42.7%	31.7%	35.7%
	占总计的百分比	0.4%	1.6%	2.4%	5.5%	8.3%	13.8%	3.7%	35.7%
市城区	计数	0	1	4	8	8	13	4	38
	占民族矛盾和冲突少的百分比	0.0%	3.6%	4.8%	4.8%	3.9%	4.5%	3.8%	4.3%
	占总计的百分比	0.0%	0.1%	0.4%	0.9%	0.9%	1.5%	0.4%	4.3%
城郊结合部	计数	1	0	6	2	4	8	2	23
	占民族矛盾和冲突少的百分比	7.1%	0.0%	7.2%	1.2%	1.9%	2.8%	1.9%	2.6%
	占总计的百分比	0.1%	0.0%	0.7%	0.2%	0.4%	0.9%	0.2%	2.6%
总计	计数	14	28	83	168	207	288	104	892
	占民族矛盾和冲突少的百分比	100.0%	100.0%	100.0%	100.0%	100.0%	100.0%	100.0%	100.0%
	占总计的百分比	1.6%	3.1%	9.3%	18.8%	23.2%	32.3%	11.7%	100.0%

题项“我对未来10年享受更多更好公共服务充满信心”是用来测量西部地区贫困县民众对公共服务供给信心情况的看法。经统计，选“完全不同意”的有16人，占比1.8%，选“不同意”的有35人，占比3.9%，选“不太同意”的有75人，占比8.3%，选“说不清”的有159人，占比17.7%，选“比较同意”的有243人，占比27%，选

“同意”的有 246 人，占比 27.4%，选“完全同意”的有 125 人，占比 27.4%（如图 3-31 所示）。这表明，有接近七成的受访者认为西部地区贫困县政府在未来公共服务供给信心上表现好，认为未来公共服务供给信心表现不好的受访者占一成多，也有接近两成的人不愿意发表意见。

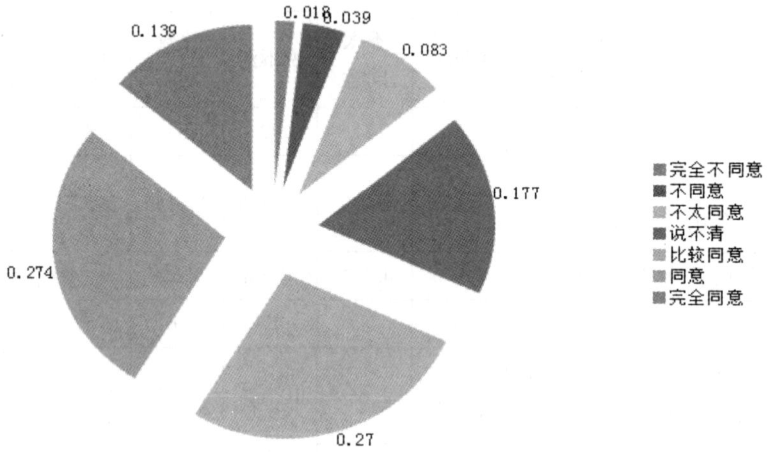

图 3-31　对民族地区公共服务供给信心情况的评价

表 3-228 反映出了不同省份受访者对民族地区公共服务供给信心情况的看法情况。经卡方检验，不同省份受访者在民族地区公共服务供给信心情况的看法上有显著性差异。

表 3-228　不同省份受访者与民族地区公共服务供给信心情况的交叉列表

省份	项目	公共服务的信心							总计
		完全不同意	不同意	不太同意	说不清	比较同意	同意	非常同意	
贵州	计数	8	11	25	45	92	60	58	299
	占公共服务的信心的百分比	50.0%	31.4%	33.3%	28.3%	37.9%	24.4%	46.4%	33.3%
	占总计的百分比	0.9%	1.2%	2.8%	5.0%	10.2%	6.7%	6.5%	33.3%
云南	计数	4	7	20	36	81	119	33	300
	占公共服务的信心的百分比	25.0%	20.0%	26.7%	22.6%	33.3%	48.4%	26.4%	33.4%
	占总计的百分比	0.4%	0.8%	2.2%	4.0%	9.0%	13.2%	3.7%	33.4%
广西	计数	4	17	30	78	70	67	34	300
	占公共服务的信心的百分比	25.0%	48.6%	40.0%	49.1%	28.8%	27.2%	27.2%	33.4%
	占总计的百分比	0.4%	1.9%	3.3%	8.7%	7.8%	7.5%	3.8%	33.4%

续表

省份	项目	公共服务的信心							总计
		完全不同意	不同意	不太同意	说不清	比较同意	同意	非常同意	
总计	计数	16	35	75	159	243	246	125	899
	占公共服务的信心的百分比	100.0%	100.0%	100.0%	100.0%	100.0%	100.0%	100.0%	100.0%
	占总计的百分比	1.8%	3.9%	8.3%	17.7%	27.0%	27.4%	13.9%	100.0%

表 3-229 反映出了不同受教育程度受访者对民族地区公共服务供给信心情况的看法情况。经卡方检验，不同受教育程度受访者在民族地区公共服务供给信心情况的看法上有显著性差异。

表 3-229　不同受教育程度受访者与民族地区公共服务供给信心情况的交叉列表

教育分组	项目	公共服务的信心							总计
		完全不同意	不同意	不太同意	说不清	比较同意	同意	非常同意	
未上学	计数	0	1	0	8	5	17	0	31
	占公共服务的信心的百分比	0.0%	2.9%	0.0%	5.0%	2.1%	6.9%	0.0%	3.4%
	占总计的百分比	0.0%	0.1%	0.0%	0.9%	0.6%	1.9%	0.0%	3.4%
小学	计数	0	1	7	28	41	53	7	137
	占公共服务的信心的百分比	0.0%	2.9%	9.3%	17.6%	16.9%	21.5%	5.6%	15.2%
	占总计的百分比	0.0%	0.1%	0.8%	3.1%	4.6%	5.9%	0.8%	15.2%
初中	计数	7	4	16	36	38	44	23	168
	占公共服务的信心的百分比	43.8%	11.4%	21.3%	22.6%	15.6%	17.9%	18.4%	18.7%
	占总计的百分比	0.8%	0.4%	1.8%	4.0%	4.2%	4.9%	2.6%	18.7%
高中	计数	3	4	24	29	43	48	31	182
	占公共服务的信心的百分比	18.8%	11.4%	32.0%	18.2%	17.7%	19.5%	24.8%	20.2%
	占总计的百分比	0.3%	0.4%	2.7%	3.2%	4.8%	5.3%	3.4%	20.2%

续表

教育分组	项目	公共服务的信心							总计
		完全不同意	不同意	不太同意	说不清	比较同意	同意	非常同意	
专科	计数	3	7	18	33	47	40	26	174
	占公共服务的信心的百分比	18.8%	20.0%	24.0%	20.8%	19.3%	16.3%	20.8%	19.4%
	占总计的百分比	0.3%	0.8%	2.0%	3.7%	5.2%	4.4%	2.9%	19.4%
本科	计数	1	4	7	10	52	29	23	126
	占公共服务的信心的百分比	6.3%	11.4%	9.3%	6.3%	21.4%	11.8%	18.4%	14.0%
	占总计的百分比	0.1%	0.4%	0.8%	1.1%	5.8%	3.2%	2.6%	14.0%
研究生	计数	2	14	3	15	17	15	15	81
	占公共服务的信心的百分比	12.5%	40.0%	4.0%	9.4%	7.0%	6.1%	12.0%	9.0%
	占总计的百分比	0.2%	1.6%	0.3%	1.7%	1.9%	1.7%	1.7%	9.0%
总计	计数	16	35	75	159	243	246	125	899
	占公共服务的信心的百分比	100.0%	100.0%	100.0%	100.0%	100.0%	100.0%	100.0%	100.0%
	占总计的百分比	1.8%	3.9%	8.3%	17.7%	27.0%	27.4%	13.9%	100.0%

表 3-230 反映出了不同收入水平受访者对民族地区公共服务供给信心情况的看法情况。经卡方检验，不同收入水平受访者在民族地区公共服务供给信心情况的看法上有显著性差异。

表 3-230 不同收入水平受访者与民族地区公共服务供给信心情况的交叉列表

收入分组	项目	公共服务的信心							总计
		完全不同意	不同意	不太同意	说不清	比较同意	同意	非常同意	
低收入者	计数	4	17	32	85	88	101	26	353
	占公共服务的信心的百分比	25.0%	48.6%	42.7%	53.5%	36.2%	41.1%	20.8%	39.3%
	占总计的百分比	0.4%	1.9%	3.6%	9.5%	9.8%	11.2%	2.9%	39.3%

续表

收入分组	项　目	公共服务的信心							总计
		完全不同意	不同意	不太同意	说不清	比较同意	同意	非常同意	
中等收入者	计数	7	9	28	49	73	68	36	270
	占公共服务的信心的百分比	43.8%	25.7%	37.3%	30.8%	30.0%	27.6%	28.8%	30.0%
	占总计的百分比	0.8%	1.0%	3.1%	5.5%	8.1%	7.6%	4.0%	30.0%
高收入者	计数	5	9	15	25	82	77	63	276
	占公共服务的信心的百分比	31.3%	25.7%	20.0%	15.7%	33.7%	31.3%	50.4%	30.7%
	占总计的百分比	0.6%	1.0%	1.7%	2.8%	9.1%	8.6%	7.0%	30.7%
总计	计数	16	35	75	159	243	246	125	899
	占公共服务的信心的百分比	100.0%	100.0%	100.0%	100.0%	100.0%	100.0%	100.0%	100.0%
	占总计的百分比	1.8%	3.9%	8.3%	17.7%	27.0%	27.4%	13.9%	100.0%

表3-231反映出了不同民族受访者对民族地区公共服务供给信心情况的看法情况。经卡方检验，不同民族受访者在民族地区公共服务供给信心情况的看法上有显著性差异。

表3-231　不同民族受访者与民族地区公共服务供给信心情况的交叉列表

民族	项　目	公共服务的信心							总计
		完全不同意	不同意	不太同意	说不清	比较同意	同意	非常同意	
汉族	计数	8	14	34	40	97	85	56	334
	占公共服务的信心的百分比	50.0%	40.0%	45.3%	25.2%	40.1%	34.6%	44.8%	37.2%
	占总计的百分比	0.9%	1.6%	3.8%	4.5%	10.8%	9.5%	6.2%	37.2%
苗族	计数	2	6	8	11	24	14	17	82
	占公共服务的信心的百分比	12.5%	17.1%	10.7%	6.9%	9.9%	5.7%	13.6%	9.1%
	占总计的百分比	0.2%	0.7%	0.9%	1.2%	2.7%	1.6%	1.9%	9.1%

续表

民族	项目	公共服务的信心							总计
		完全不同意	不同意	不太同意	说不清	比较同意	同意	非常同意	
布依族	计数	0	0	1	0	0	1	1	3
	占公共服务的信心的百分比	0.0%	0.0%	1.3%	0.0%	0.0%	0.4%	0.8%	0.3%
	占总计的百分比	0.0%	0.0%	0.1%	0.0%	0.0%	0.1%	0.1%	0.3%
侗族	计数	1	5	7	35	46	26	24	144
	占公共服务的信心的百分比	6.3%	14.3%	9.3%	22.0%	19.0%	10.6%	19.2%	16.0%
	占总计的百分比	0.1%	0.6%	0.8%	3.9%	5.1%	2.9%	2.7%	16.0%
壮族	计数	0	4	7	22	22	29	5	89
	占公共服务的信心的百分比	0.0%	11.4%	9.3%	13.8%	9.1%	11.8%	4.0%	9.9%
	占总计的百分比	0.0%	0.4%	0.8%	2.4%	2.4%	3.2%	0.6%	9.9%
白族	计数	2	1	2	1	6	2	4	18
	占公共服务的信心的百分比	12.5%	2.9%	2.7%	0.6%	2.5%	0.8%	3.2%	2.0%
	占总计的百分比	0.2%	0.1%	0.2%	0.1%	0.7%	0.2%	0.4%	2.0%
哈尼族	计数	0	0	0	0	0	1	0	1
	占公共服务的信心的百分比	0.0%	0.0%	0.0%	0.0%	0.0%	0.4%	0.0%	0.1%
	占总计的百分比	0.0%	0.0%	0.0%	0.0%	0.0%	0.1%	0.0%	0.1%
彝族	计数	0	1	3	23	28	68	6	129
	占公共服务的信心的百分比	0.0%	2.9%	4.0%	14.5%	11.6%	27.6%	4.8%	14.4%
	占总计的百分比	0.0%	0.1%	0.3%	2.6%	3.1%	7.6%	0.7%	14.4%
瑶族	计数	3	2	13	24	18	16	9	85
	占公共服务的信心的百分比	18.8%	5.7%	17.3%	15.1%	7.4%	6.5%	7.2%	9.5%
	占总计的百分比	0.3%	0.2%	1.4%	2.7%	2.0%	1.8%	1.0%	9.5%

续表

民族 \ 项目		公共服务的信心							总计
		完全不同意	不同意	不太同意	说不清	比较同意	同意	非常同意	
仫佬族	计数	0	0	0	0	0	1	2	3
	占公共服务的信心的百分比	0.0%	0.0%	0.0%	0.0%	0.0%	0.4%	1.6%	0.3%
	占总计的百分比	0.0%	0.0%	0.0%	0.0%	0.0%	0.1%	0.2%	0.3%
回族	计数	0	2	0	3	1	3	0	9
	占公共服务的信心的百分比	0.0%	5.7%	0.0%	1.9%	0.4%	1.2%	0.0%	1.0%
	占总计的百分比	0.0%	0.2%	0.0%	0.3%	0.1%	0.3%	0.0%	1.0%
土家族	计数	0	0	0	0	0	0	1	1
	占公共服务的信心的百分比	0.0%	0.0%	0.0%	0.0%	0.0%	0.0%	0.8%	0.1%
	占总计的百分比	0.0%	0.0%	0.0%	0.0%	0.0%	0.0%	0.1%	0.1%
总计	计数	16	35	75	159	242	246	125	898
	占公共服务的信心的百分比	100.0%	100.0%	100.0%	100.0%	100.0%	100.0%	100.0%	100.0%
	占总计的百分比	1.8%	3.9%	8.4%	17.7%	26.9%	27.4%	13.9%	100.0%

表3-232反映出了不同职业受访者对民族地区公共服务供给信心情况的看法情况。经卡方检验，不同职业受访者在民族地区公共服务供给信心情况的看法上有显著性差异。

表3-232　不同职业受访者与民族地区公共服务供给信心情况的交叉列表

职业 \ 项目		公共服务的信心							总计
		完全不同意	不同意	不太同意	说不清	比较同意	同意	非常同意	
农业劳动者	计数	2	5	12	41	31	43	13	147
	占公共服务的信心的百分比	12.5%	14.3%	16.0%	25.9%	12.9%	17.6%	10.5%	16.5%
	占总计的百分比	0.2%	0.6%	1.3%	4.6%	3.5%	4.8%	1.5%	16.5%

续表

职业	项目	公共服务的信心：完全不同意	不同意	不太同意	说不清	比较同意	同意	非常同意	总计
企业工人	计数	3	2	4	2	13	17	13	54
	占公共服务的信心的百分比	18.8%	5.7%	5.3%	1.3%	5.4%	7.0%	10.5%	6.0%
	占总计的百分比	0.3%	0.2%	0.4%	0.2%	1.5%	1.9%	1.5%	6.0%
事业单位人员	计数	1	2	4	19	62	47	34	169
	占公共服务的信心的百分比	6.3%	5.7%	5.3%	12.0%	25.7%	19.3%	27.4%	18.9%
	占总计的百分比	0.1%	0.2%	0.4%	2.1%	6.9%	5.3%	3.8%	18.9%
政府机关人员	计数	2	7	5	7	15	31	23	90
	占公共服务的信心的百分比	12.5%	20.0%	6.7%	4.4%	6.2%	12.7%	18.5%	10.1%
	占总计的百分比	0.2%	0.8%	0.6%	0.8%	1.7%	3.5%	2.6%	10.1%
个体劳动者/个体工商户	计数	2	2	10	16	29	31	10	100
	占公共服务的信心的百分比	12.5%	5.7%	13.3%	10.1%	12.0%	12.7%	8.1%	11.2%
	占总计的百分比	0.2%	0.2%	1.1%	1.8%	3.2%	3.5%	1.1%	11.2%
打工者	计数	2	4	17	30	36	36	5	130
	占公共服务的信心的百分比	12.5%	11.4%	22.7%	19.0%	14.9%	14.8%	4.0%	14.6%
	占总计的百分比	0.2%	0.4%	1.9%	3.4%	4.0%	4.0%	0.6%	14.6%
私营企业主	计数	1	2	0	4	3	4	1	15
	占公共服务的信心的百分比	6.3%	5.7%	0.0%	2.5%	1.2%	1.6%	0.8%	1.7%
	占总计的百分比	0.1%	0.2%	0.0%	0.4%	0.3%	0.4%	0.1%	1.7%
学生	计数	2	10	14	32	40	24	12	134
	占公共服务的信心的百分比	12.5%	28.6%	18.7%	20.3%	16.6%	9.8%	9.7%	15.0%
	占总计的百分比	0.2%	1.1%	1.6%	3.6%	4.5%	2.7%	1.3%	15.0%

续表

职业	项　目	公共服务的信心							总计
		完全不同意	不同意	不太同意	说不清	比较同意	同意	非常同意	
待业人员	计数	1	1	7	3	7	5	1	25
	占公共服务的信心的百分比	6.3%	2.9%	9.3%	1.9%	2.9%	2.0%	0.8%	2.8%
	占总计的百分比	0.1%	0.1%	0.8%	0.3%	0.8%	0.6%	0.1%	2.8%
退休人员	计数	0	0	2	4	5	6	11	28
	占公共服务的信心的百分比	0.0%	0.0%	2.7%	2.5%	2.1%	2.5%	8.9%	3.1%
	占总计的百分比	0.0%	0.0%	0.2%	0.4%	0.6%	0.7%	1.2%	3.1%
村干部	计数	0	0	0	0	0	0	1	1
	占公共服务的信心的百分比	0.0%	0.0%	0.0%	0.0%	0.0%	0.0%	0.8%	0.1%
	占总计的百分比	0.0%	0.0%	0.0%	0.0%	0.0%	0.0%	0.1%	0.1%
总计	计数	16	35	75	158	241	244	124	893
	占公共服务的信心的百分比	100.0%	100.0%	100.0%	100.0%	100.0%	100.0%	100.0%	100.0%
	占总计的百分比	1.8%	3.9%	8.4%	17.7%	27.0%	27.3%	13.9%	100.0%

表 3-233 反映出了不同政治面貌受访者对民族地区公共服务供给信心情况的看法情况。经卡方检验，不同政治面貌受访者在民族地区公共服务供给信心情况的看法上有显著性差异。

表 3-233　不同政治面貌受访者与民族地区公共服务供给信心情况的交叉列表

政治成分	项　目	公共服务的信心							总计
		完全不同意	不同意	不太同意	说不清	比较同意	同意	非常同意	
中共党员	计数	3	4	13	16	58	67	55	216
	占公共服务的信心的百分比	20.0%	11.8%	17.6%	10.1%	24.1%	27.3%	44.4%	24.2%
	占总计的百分比	0.3%	0.4%	1.5%	1.8%	6.5%	7.5%	6.2%	24.2%

续表

政治成分	项目	公共服务的信心							总计
		完全不同意	不同意	不太同意	说不清	比较同意	同意	非常同意	
非中共党员	计数	12	30	61	142	183	178	69	675
	占公共服务的信心的百分比	80.0%	88.2%	82.4%	89.9%	75.9%	72.7%	55.6%	75.8%
	占总计的百分比	1.3%	3.4%	6.8%	15.9%	20.5%	20.0%	7.7%	75.8%
总计	计数	15	34	74	158	241	245	124	891
	占公共服务的信心的百分比	100.0%	100.0%	100.0%	100.0%	100.0%	100.0%	100.0%	100.0%
	占总计的百分比	1.7%	3.8%	8.3%	17.7%	27.0%	27.5%	13.9%	100.0%

表3-234反映出了不同婚姻状况受访者对民族地区公共服务供给信心情况的看法情况。经卡方检验，不同婚姻状况受访者在民族地区公共服务供给信心情况的看法上有显著性差异。

表3-234 不同婚姻状况受访者与民族地区公共服务供给信心情况的交叉列表

婚否	项目	公共服务的信心							总计
		完全不同意	不同意	不太同意	说不清	比较同意	同意	非常同意	
已婚	计数	10	11	40	95	153	179	88	576
	占公共服务的信心的百分比	66.7%	32.4%	54.1%	59.7%	63.5%	74.3%	71.5%	64.9%
	占总计的百分比	1.1%	1.2%	4.5%	10.7%	17.2%	20.2%	9.9%	64.9%
未婚	计数	5	23	34	64	88	62	35	311
	占公共服务的信心的百分比	33.3%	67.6%	45.9%	40.3%	36.5%	25.7%	28.5%	35.1%
	占总计的百分比	0.6%	2.6%	3.8%	7.2%	9.9%	7.0%	3.9%	35.1%
总计	计数	15	34	74	159	241	241	123	887
	占公共服务的信心的百分比	100.0%	100.0%	100.0%	100.0%	100.0%	100.0%	100.0%	100.0%
	占总计的百分比	1.7%	3.8%	8.3%	17.9%	27.2%	27.2%	13.9%	100.0%

表3-235反映出了不同居住地受访者对民族地区公共服务供给信心情况的看法情况。经卡方检验，不同居住地受访者在民族地区公共服务供给信心情况的看法上有显著性差异。

表 3-235　不同居住地受访者与民族地区公共服务供给信心情况的交叉列表

农村	项　目	公共服务的信心							总计
		完全不同意	不同意	不太同意	说不清	比较同意	同意	非常同意	
居住地	计数	8	12	32	86	87	117	32	374
	占公共服务的信心的百分比	50.0%	34.3%	43.2%	54.1%	36.0%	47.8%	25.8%	41.8%
	占总计的百分比	0.9%	1.3%	3.6%	9.6%	9.7%	13.1%	3.6%	41.8%
乡镇所在地	计数	1	8	12	19	45	37	18	140
	占公共服务的信心的百分比	6.3%	22.9%	16.2%	11.9%	18.6%	15.1%	14.5%	15.6%
	占总计的百分比	0.1%	0.9%	1.3%	2.1%	5.0%	4.1%	2.0%	15.6%
县城	计数	5	12	26	43	95	70	69	320
	占公共服务的信心的百分比	31.3%	34.3%	35.1%	27.0%	39.3%	28.6%	55.6%	35.8%
	占总计的百分比	0.6%	1.3%	2.9%	4.8%	10.6%	7.8%	7.7%	35.8%
市城区	计数	2	1	3	7	9	13	3	38
	占公共服务的信心的百分比	12.5%	2.9%	4.1%	4.4%	3.7%	5.3%	2.4%	4.2%
	占总计的百分比	0.2%	0.1%	0.3%	0.8%	1.0%	1.5%	0.3%	4.2%
城郊结合部	计数	0	2	1	4	6	8	2	23
	占公共服务的信心的百分比	0.0%	5.7%	1.4%	2.5%	2.5%	3.3%	1.6%	2.6%
	占总计的百分比	0.0%	0.2%	0.1%	0.4%	0.7%	0.9%	0.2%	2.6%
总计	计数	16	35	74	159	242	245	124	895
	占公共服务的信心的百分比	100.0%	100.0%	100.0%	100.0%	100.0%	100.0%	100.0%	100.0%
	占总计的百分比	1.8%	3.9%	8.3%	17.8%	27.0%	27.4%	13.9%	100.0%

题项“本地社会组织和民众普通具有遵纪守法的意识”是用来测量西部地区贫困县民众对组织与个人守法意识情况的看法。经统计，选“完全不同意”的有 13 人，占比 1.5%，选“不同意”的有 7 人，占比 0.8%，选“不太同意”的有 80 人，占比 9%，选“说不清”的有 136 人，占比 15.3%，选“比较同意”的有 238 人，占比 26.7%，选“同意”的有 346 人，占比 38.8%，选“完全同意”的有 71 人，占比 8%（如图 3-32 所示）。这表明，有超过七成的受访者认为西部地区贫困县组织与个人守法意识表现好，认

为组织与个人守法意识表现不好的受访者占一成多，也有一成多的人不愿意发表意见。

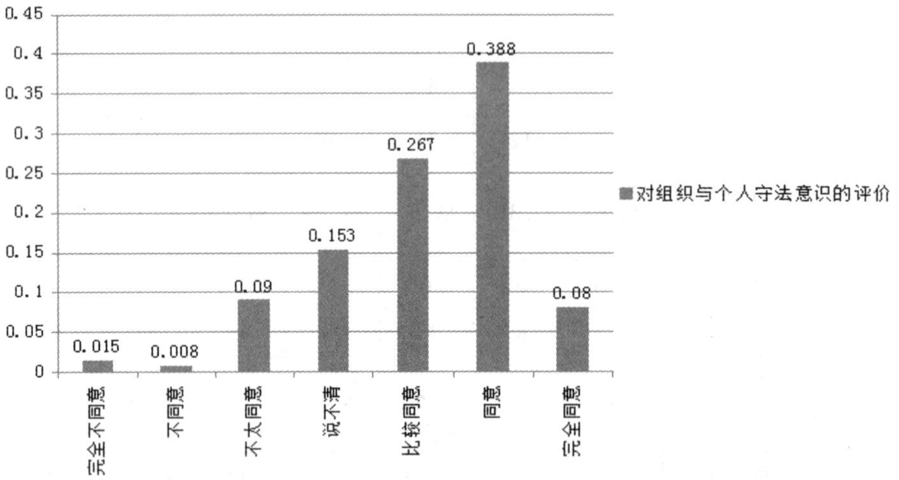

图 3-32　对民族地区组织与个人守法意识情况的评价

表 3-236 反映出了不同省份受访者对民族地区组织与个人守法意识情况的看法情况。经卡方检验，不同省份受访者在民族地区组织与个人守法意识情况的看法上有显著性差异。

表 3-236　不同省份受访者与民族地区组织与个人守法意识情况的交叉列表

省份	项　目	组织与个人守法意识强							总计
		完全不同意	不同意	不太同意	说不清	比较同意	同意	非常同意	
贵州	计数	8	1	30	55	84	87	32	297
	占组织与个人守法意识强的百分比	61.5%	14.3%	37.5%	40.4%	35.3%	25.1%	45.1%	33.3%
	占总计的百分比	0.9%	0.1%	3.4%	6.2%	9.4%	9.8%	3.6%	33.3%
云南	计数	2	2	17	40	71	155	13	300
	占组织与个人守法意识强的百分比	15.4%	28.6%	21.3%	29.4%	29.8%	44.8%	18.3%	33.7%
	占总计的百分比	0.2%	0.2%	1.9%	4.5%	8.0%	17.4%	1.5%	33.7%
广西	计数	3	4	33	41	83	104	26	294
	占组织与个人守法意识强的百分比	23.1%	57.1%	41.3%	30.1%	34.9%	30.1%	36.6%	33.0%
	占总计的百分比	0.3%	0.4%	3.7%	4.6%	9.3%	11.7%	2.9%	33.0%

续表

省份	项　目	组织与个人守法意识强							总计
		完全不同意	不同意	不太同意	说不清	比较同意	同意	非常同意	
总计	计数	13	7	80	136	238	346	71	891
	占组织与个人守法意识强的百分比	100.0%	100.0%	100.0%	100.0%	100.0%	100.0%	100.0%	100.0%
	占总计的百分比	1.5%	0.8%	9.0%	15.3%	26.7%	38.8%	8.0%	100.0%

表3-237反映出了不同收入水平受访者对民族地区组织与个人守法意识情况的看法情况。经卡方检验，不同收入水平受访者在民族地区组织与个人守法意识情况的看法上有显著性差异。

表3-237　不同收入水平受访者与民族地区组织与个人守法意识情况的交叉列表

收入分组	项　目	组织与个人守法意识强							总计
		完全不同意	不同意	不太同意	说不清	比较同意	同意	非常同意	
低收入者	计数	1	4	36	64	96	133	13	347
	占组织与个人守法意识强的百分比	7.7%	57.1%	45.0%	47.1%	40.3%	38.4%	18.3%	38.9%
	占总计的百分比	0.1%	0.4%	4.0%	7.2%	10.8%	14.9%	1.5%	38.9%
中等收入者	计数	7	2	22	44	74	94	25	268
	占组织与个人守法意识强的百分比	53.8%	28.6%	27.5%	32.4%	31.1%	27.2%	35.2%	30.1%
	占总计的百分比	0.8%	0.2%	2.5%	4.9%	8.3%	10.5%	2.8%	30.1%
高收入者	计数	5	1	22	28	68	119	33	276
	占组织与个人守法意识强的百分比	38.5%	14.3%	27.5%	20.6%	28.6%	34.4%	46.5%	31.0%
	占总计的百分比	0.6%	0.1%	2.5%	3.1%	7.6%	13.4%	3.7%	31.0%
总计	计数	13	7	80	136	238	346	71	891
	占组织与个人守法意识强的百分比	100.0%	100.0%	100.0%	100.0%	100.0%	100.0%	100.0%	100.0%
	占总计的百分比	1.5%	0.8%	9.0%	15.3%	26.7%	38.8%	8.0%	100.0%

表3-238反映出了不同民族受访者对民族地区组织与个人守法意识情况的看法情况。经卡方检验，不同民族受访者在民族地区组织与个人守法意识情况的看法上有显著性差异。

表 3-238　不同民族受访者与民族地区组织与个人守法意识情况的交叉列表

民族	项目	组织与个人守法意识强							总计
		完全不同意	不同意	不太同意	说不清	比较同意	同意	非常同意	
汉族	计数	11	2	31	47	84	130	25	330
	占组织与个人守法意识强的百分比	84.6%	28.6%	38.8%	34.6%	35.3%	37.7%	35.2%	37.1%
	占总计的百分比	1.2%	0.2%	3.5%	5.3%	9.4%	14.6%	2.8%	37.1%
苗族	计数	0	1	9	14	20	27	11	82
	占组织与个人守法意识强的百分比	0.0%	14.3%	11.3%	10.3%	8.4%	7.8%	15.5%	9.2%
	占总计的百分比	0.0%	0.1%	1.0%	1.6%	2.2%	3.0%	1.2%	9.2%
布依族	计数	0	0	0	1	0	1	1	3
	占组织与个人守法意识强的百分比	0.0%	0.0%	0.0%	0.7%	0.0%	0.3%	1.4%	0.3%
	占总计的百分比	0.0%	0.0%	0.0%	0.1%	0.0%	0.1%	0.1%	0.3%
侗族	计数	1	2	6	19	52	41	21	142
	占组织与个人守法意识强的百分比	7.7%	28.6%	7.5%	14.0%	21.8%	11.9%	29.6%	16.0%
	占总计的百分比	0.1%	0.2%	0.7%	2.1%	5.8%	4.6%	2.4%	16.0%
壮族	计数	0	0	7	12	25	41	4	89
	占组织与个人守法意识强的百分比	0.0%	0.0%	8.8%	8.8%	10.5%	11.9%	5.6%	10.0%
	占总计的百分比	0.0%	0.0%	0.8%	1.3%	2.8%	4.6%	0.4%	10.0%
白族	计数	1	1	1	3	4	5	3	18
	占组织与个人守法意识强的百分比	7.7%	14.3%	1.3%	2.2%	1.7%	1.4%	4.2%	2.0%
	占总计的百分比	0.1%	0.1%	0.1%	0.3%	0.4%	0.6%	0.3%	2.0%
哈尼族	计数	0	0	0	0	1	0	0	1
	占组织与个人守法意识强的百分比	0.0%	0.0%	0.0%	0.0%	0.4%	0.0%	0.0%	0.1%
	占总计的百分比	0.0%	0.0%	0.0%	0.0%	0.1%	0.0%	0.0%	0.1%

续表

民族	项目	组织与个人守法意识强							总计
		完全不同意	不同意	不太同意	说不清	比较同意	同意	非常同意	
彝族	计数	0	0	3	23	29	73	1	129
	占组织与个人守法意识强的百分比	0.0%	0.0%	3.8%	16.9%	12.2%	21.2%	1.4%	14.5%
	占总计的百分比	0.0%	0.0%	0.3%	2.6%	3.3%	8.2%	0.1%	14.5%
瑶族	计数	0	1	20	16	20	21	5	83
	占组织与个人守法意识强的百分比	0.0%	14.3%	25.0%	11.8%	8.4%	6.1%	7.0%	9.3%
	占总计的百分比	0.0%	0.1%	2.2%	1.8%	2.2%	2.4%	0.6%	9.3%
仫佬族	计数	0	0	0	0	0	3	0	3
	占组织与个人守法意识强的百分比	0.0%	0.0%	0.0%	0.0%	0.0%	0.9%	0.0%	0.3%
	占总计的百分比	0.0%	0.0%	0.0%	0.0%	0.0%	0.3%	0.0%	0.3%
回族	计数	0	0	3	1	3	2	0	9
	占组织与个人守法意识强的百分比	0.0%	0.0%	3.8%	0.7%	1.3%	0.6%	0.0%	1.0%
	占总计的百分比	0.0%	0.0%	0.3%	0.1%	0.3%	0.2%	0.0%	1.0%
土家族	计数	0	0	0	0	0	1	0	1
	占组织与个人守法意识强的百分比	0.0%	0.0%	0.0%	0.0%	0.0%	0.3%	0.0%	0.1%
	占总计的百分比	0.0%	0.0%	0.0%	0.0%	0.0%	0.1%	0.0%	0.1%
总计	计数	13	7	80	136	238	345	71	890
	占组织与个人守法意识强的百分比	100.0%	100.0%	100.0%	100.0%	100.0%	100.0%	100.0%	100.0%
	占总计的百分比	1.5%	0.8%	9.0%	15.3%	26.7%	38.8%	8.0%	100.0%

4. 技术环境

题项“本地民众智能手机使用的情况很普遍”是用来测量西部地区贫困县民众对基本公共服务技术环境情况的看法。经统计，选“完全不同意”的有 7 人，占比 0.8%，选“不同意”的有 15 人，占比 1.7%，选“不太同意”的有 58 人，占比 6.5%，选“说不清”的有 133 人，占比 14.9%，选“比较同意”的有 213 人，占比 23.9%，选“同意”的有 269 人，占比 30.2%，选“完全同意”的有 195 人，占比 21.9%（如图 3-33 所示）。

这表明，有超过七成的受访者认为西部地区贫困县政府在公共服务技术环境表现好，说明智能手机在民族地区贫困县也得到了大面积普及，认为公共服务技术环境表现不好的受访者占比不足一成，也有一成多的人不愿意发表意见。

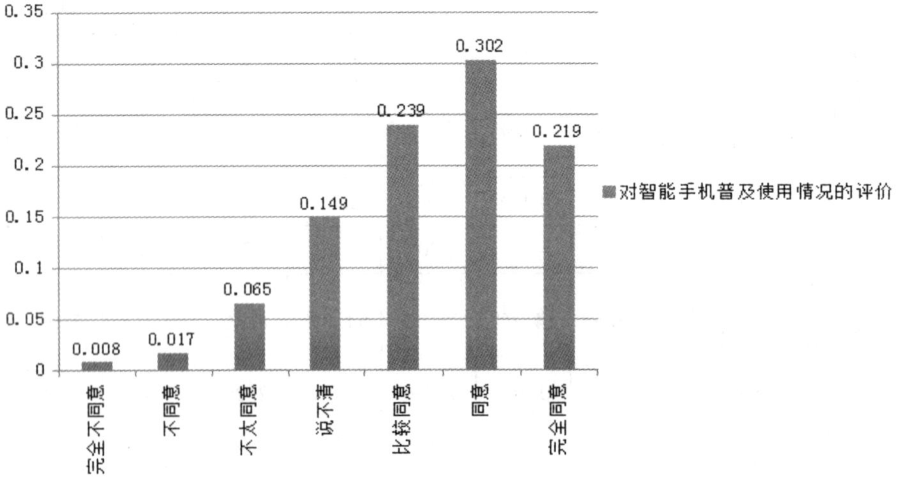

图 3-33　对民族地区公共服务技术环境情况的评价

表 3-239 反映出了不同省份受访者对民族地区公共服务技术环境情况的看法情况。经卡方检验，不同省份受访者在民族地区公共服务技术环境情况的看法上有显著性差异。

表 3-239　不同省份受访者与民族地区公共服务技术环境情况的交叉列表

省份	项目	智能手机使用普及							总计
		完全不同意	不同意	不太同意	说不清	比较同意	同意	非常同意	
贵州	计数	2	5	14	47	96	69	65	298
	占智能手机使用普及的百分比	28.6%	33.3%	24.1%	35.3%	45.1%	25.7%	33.3%	33.5%
	占总计的百分比	0.2%	0.6%	1.6%	5.3%	10.8%	7.8%	7.3%	33.5%
云南	计数	1	3	29	53	45	94	75	300
	占智能手机使用普及的百分比	14.3%	20.0%	50.0%	39.8%	21.1%	34.9%	38.5%	33.7%
	占总计的百分比	0.1%	0.3%	3.3%	6.0%	5.1%	10.6%	8.4%	33.7%
广西	计数	4	7	15	33	72	106	55	292
	占智能手机使用普及的百分比	57.1%	46.7%	25.9%	24.8%	33.8%	39.4%	28.2%	32.8%
	占总计的百分比	0.4%	0.8%	1.7%	3.7%	8.1%	11.9%	6.2%	32.8%

续表

省份	项目	智能手机使用普及							总计
		完全不同意	不同意	不太同意	说不清	比较同意	同意	非常同意	
总计	计数	7	15	58	133	213	269	195	890
	占智能手机使用普及的百分比	100.0%	100.0%	100.0%	100.0%	100.0%	100.0%	100.0%	100.0%
	占总计的百分比	0.8%	1.7%	6.5%	14.9%	23.9%	30.2%	21.9%	100.0%

表 3-240 反映出了不同年龄受访者对民族地区公共服务技术环境情况的看法情况。经卡方检验，不同年龄受访者在民族地区公共服务技术环境情况的看法上有显著性差异。

表 3-240　不同年龄受访者与民族地区公共服务技术环境情况的交叉列表

年龄分组	项目	智能手机使用普及							总计
		完全不同意	不同意	不太同意	说不清	比较同意	同意	非常同意	
20 岁以下	计数	0	0	0	1	3	3	4	11
	占智能手机使用普及的百分比	0.0%	0.0%	0.0%	0.8%	1.5%	1.1%	2.1%	1.3%
	占总计的百分比	0.0%	0.0%	0.0%	0.1%	0.3%	0.3%	0.5%	1.3%
20-30 岁	计数	4	5	21	47	92	88	73	330
	占智能手机使用普及的百分比	57.1%	33.3%	36.2%	35.6%	44.7%	33.0%	38.0%	37.6%
	占总计的百分比	0.5%	0.6%	2.4%	5.4%	10.5%	10.0%	8.3%	37.6%
30-40 岁	计数	1	2	19	43	49	59	55	228
	占智能手机使用普及的百分比	14.3%	13.3%	32.8%	32.6%	23.8%	22.1%	28.6%	26.0%
	占总计的百分比	0.1%	0.2%	2.2%	4.9%	5.6%	6.7%	6.3%	26.0%
40-50 岁	计数	2	1	11	26	37	69	29	175
	占智能手机使用普及的百分比	28.6%	6.7%	19.0%	19.7%	18.0%	25.8%	15.1%	20.0%
	占总计的百分比	0.2%	0.1%	1.3%	3.0%	4.2%	7.9%	3.3%	20.0%

续表

年龄分组	项目	智能手机使用普及							总计
		完全不同意	不同意	不太同意	说不清	比较同意	同意	非常同意	
50-60岁	计数	0	4	4	10	17	27	25	87
	占智能手机使用普及的百分比	0.0%	26.7%	6.9%	7.6%	8.3%	10.1%	13.0%	9.9%
	占总计的百分比	0.0%	0.5%	0.5%	1.1%	1.9%	3.1%	2.9%	9.9%
60岁以上	计数	0	3	3	5	8	21	6	46
	占智能手机使用普及的百分比	0.0%	20.0%	5.2%	3.8%	3.9%	7.9%	3.1%	5.2%
	占总计的百分比	0.0%	0.3%	0.3%	0.6%	0.9%	2.4%	0.7%	5.2%
总计	计数	7	15	58	132	206	267	192	877
	占智能手机使用普及的百分比	100.0%	100.0%	100.0%	100.0%	100.0%	100.0%	100.0%	100.0%
	占总计的百分比	0.8%	1.7%	6.6%	15.1%	23.5%	30.4%	21.9%	100.0%

表3-241反映出了不同受教育程度受访者对民族地区公共服务技术环境情况的看法情况。经卡方检验，不同受教育程度受访者在民族地区公共服务技术环境情况的看法上有显著性差异。

表3-241 不同受教育程度受访者与民族地区公共服务技术环境情况的交叉列表

教育分组	项目	智能手机使用普及							总计
		完全不同意	不同意	不太同意	说不清	比较同意	同意	非常同意	
未上学	计数	0	0	3	9	10	2	7	31
	占智能手机使用普及的百分比	0.0%	0.0%	5.2%	6.8%	4.7%	0.7%	3.6%	3.5%
	占总计的百分比	0.0%	0.0%	0.3%	1.0%	1.1%	0.2%	0.8%	3.5%
小学	计数	0	0	18	30	24	43	20	135
	占智能手机使用普及的百分比	0.0%	0.0%	31.0%	22.6%	11.3%	16.0%	10.3%	15.2%
	占总计的百分比	0.0%	0.0%	2.0%	3.4%	2.7%	4.8%	2.2%	15.2%

续表

教育分组	项　目	智能手机使用普及							总计
		完全不同意	不同意	不太同意	说不清	比较同意	同意	非常同意	
初中	计数	2	7	9	23	35	61	28	165
	占智能手机使用普及的百分比	28.6%	46.7%	15.5%	17.3%	16.4%	22.7%	14.4%	18.5%
	占总计的百分比	0.2%	0.8%	1.0%	2.6%	3.9%	6.9%	3.1%	18.5%
高中	计数	1	3	10	29	38	54	45	180
	占智能手机使用普及的百分比	14.3%	20.0%	17.2%	21.8%	17.8%	20.1%	23.1%	20.2%
	占总计的百分比	0.1%	0.3%	1.1%	3.3%	4.3%	6.1%	5.1%	20.2%
专科	计数	2	3	11	21	41	54	40	172
	占智能手机使用普及的百分比	28.6%	20.0%	19.0%	15.8%	19.2%	20.1%	20.5%	19.3%
	占总计的百分比	0.2%	0.3%	1.2%	2.4%	4.6%	6.1%	4.5%	19.3%
本科	计数	0	2	3	13	41	33	34	126
	占智能手机使用普及的百分比	0.0%	13.3%	5.2%	9.8%	19.2%	12.3%	17.4%	14.2%
	占总计的百分比	0.0%	0.2%	0.3%	1.5%	4.6%	3.7%	3.8%	14.2%
研究生	计数	2	0	4	8	24	22	21	81
	占智能手机使用普及的百分比	28.6%	0.0%	6.9%	6.0%	11.3%	8.2%	10.8%	9.1%
	占总计的百分比	0.2%	0.0%	0.4%	0.9%	2.7%	2.5%	2.4%	9.1%
总计	计数	7	15	58	133	213	269	195	890
	占智能手机使用普及的百分比	100.0%	100.0%	100.0%	100.0%	100.0%	100.0%	100.0%	100.0%
	占总计的百分比	0.8%	1.7%	6.5%	14.9%	23.9%	30.2%	21.9%	100.0%

表3-242反映出了不同收入水平受访者对民族地区公共服务技术环境情况的看法情况。经卡方检验，不同收入水平受访者在民族地区公共服务技术环境情况的看法上有显著性差异。

表 3-242 不同收入水平受访者与民族地区公共服务技术环境情况的交叉列表

收入分组	项目	智能手机使用普及							总计
		完全不同意	不同意	不太同意	说不清	比较同意	同意	非常同意	
低收入者	计数	1	4	37	67	87	93	55	344
	占智能手机使用普及的百分比	14.3%	26.7%	63.8%	50.4%	40.8%	34.6%	28.2%	38.7%
	占总计的百分比	0.1%	0.4%	4.2%	7.5%	9.8%	10.4%	6.2%	38.7%
中等收入者	计数	3	10	14	42	60	84	57	270
	占智能手机使用普及的百分比	42.9%	66.7%	24.1%	31.6%	28.2%	31.2%	29.2%	30.3%
	占总计的百分比	0.3%	1.1%	1.6%	4.7%	6.7%	9.4%	6.4%	30.3%
高收入者	计数	3	1	7	24	66	92	83	276
	占智能手机使用普及的百分比	42.9%	6.7%	12.1%	18.0%	31.0%	34.2%	42.6%	31.0%
	占总计的百分比	0.3%	0.1%	0.8%	2.7%	7.4%	10.3%	9.3%	31.0%
总计	计数	7	15	58	133	213	269	195	890
	占智能手机使用普及的百分比	100.0%	100.0%	100.0%	100.0%	100.0%	100.0%	100.0%	100.0%
	占总计的百分比	0.8%	1.7%	6.5%	14.9%	23.9%	30.2%	21.9%	100.0%

表 3-243 反映出了不同民族受访者对民族地区公共服务技术环境情况的看法情况。经卡方检验，不同民族受访者在民族地区公共服务技术环境情况的看法上有显著性差异。

表 3-243 不同民族受访者与民族地区公共服务技术环境情况的交叉列表

民族	项目	智能手机使用普及							总计
		完全不同意	不同意	不太同意	说不清	比较同意	同意	非常同意	
汉族	计数	4	8	9	38	76	117	81	333
	占智能手机使用普及的百分比	57.1%	53.3%	15.5%	28.6%	35.8%	43.5%	41.5%	37.5%
	占总计的百分比	0.4%	0.9%	1.0%	4.3%	8.5%	13.2%	9.1%	37.5%

续表

民族	项目	智能手机使用普及							总计
		完全不同意	不同意	不太同意	说不清	比较同意	同意	非常同意	
苗族	计数	0	1	10	14	16	19	22	82
	占智能手机使用普及的百分比	0.0%	6.7%	17.2%	10.5%	7.5%	7.1%	11.3%	9.2%
	占总计的百分比	0.0%	0.1%	1.1%	1.6%	1.8%	2.1%	2.5%	9.2%
布依族	计数	0	0	0	1	0	1	1	3
	占智能手机使用普及的百分比	0.0%	0.0%	0.0%	0.8%	0.0%	0.4%	0.5%	0.3%
	占总计的百分比	0.0%	0.0%	0.0%	0.1%	0.0%	0.1%	0.1%	0.3%
侗族	计数	0	0	6	18	40	54	26	144
	占智能手机使用普及的百分比	0.0%	0.0%	10.3%	13.5%	18.9%	20.1%	13.3%	16.2%
	占总计的百分比	0.0%	0.0%	0.7%	2.0%	4.5%	6.1%	2.9%	16.2%
壮族	计数	1	1	3	7	27	31	19	89
	占智能手机使用普及的百分比	14.3%	6.7%	5.2%	5.3%	12.7%	11.5%	9.7%	10.0%
	占总计的百分比	0.1%	0.1%	0.3%	0.8%	3.0%	3.5%	2.1%	10.0%
白族	计数	0	0	1	1	4	7	5	18
	占智能手机使用普及的百分比	0.0%	0.0%	1.7%	0.8%	1.9%	2.6%	2.6%	2.0%
	占总计的百分比	0.0%	0.0%	0.1%	0.1%	0.4%	0.8%	0.6%	2.0%
哈尼族	计数	0	0	0	0	0	1	0	1
	占智能手机使用普及的百分比	0.0%	0.0%	0.0%	0.0%	0.0%	0.4%	0.0%	0.1%
	占总计的百分比	0.0%	0.0%	0.0%	0.0%	0.0%	0.1%	0.0%	0.1%
彝族	计数	0	1	22	39	29	12	26	129
	占智能手机使用普及的百分比	0.0%	6.7%	37.9%	29.3%	13.7%	4.5%	13.3%	14.5%
	占总计的百分比	0.0%	0.1%	2.5%	4.4%	3.3%	1.3%	2.9%	14.5%

续表

民族	项目	智能手机使用普及							总计
		完全不同意	不同意	不太同意	说不清	比较同意	同意	非常同意	
瑶族	计数	2	4	6	13	20	20	12	77
	占智能手机使用普及的百分比	28.6%	26.7%	10.3%	9.8%	9.4%	7.4%	6.2%	8.7%
	占总计的百分比	0.2%	0.4%	0.7%	1.5%	2.2%	2.2%	1.3%	8.7%
仫佬族	计数	0	0	0	0	0	2	1	3
	占智能手机使用普及的百分比	0.0%	0.0%	0.0%	0.0%	0.0%	0.7%	0.5%	0.3%
	占总计的百分比	0.0%	0.0%	0.0%	0.0%	0.0%	0.2%	0.1%	0.3%
回族	计数	0	0	1	1	0	5	2	9
	占智能手机使用普及的百分比	0.0%	0.0%	1.7%	0.8%	0.0%	1.9%	1.0%	1.0%
	占总计的百分比	0.0%	0.0%	0.1%	0.1%	0.0%	0.6%	0.2%	1.0%
土家族	计数	0	0	0	1	0	0	0	1
	占智能手机使用普及的百分比	0.0%	0.0%	0.0%	0.8%	0.0%	0.0%	0.0%	0.1%
	占总计的百分比	0.0%	0.0%	0.0%	0.1%	0.0%	0.0%	0.0%	0.1%
总计	计数	7	15	58	133	212	269	195	889
	占智能手机使用普及的百分比	100.0%	100.0%	100.0%	100.0%	100.0%	100.0%	100.0%	100.0%
	占总计的百分比	0.8%	1.7%	6.5%	15.0%	23.8%	30.3%	21.9%	100.0%

表 3-244 反映出了不同职业受访者对民族地区公共服务技术环境情况的看法情况。经卡方检验，不同职业受访者在民族地区公共服务技术环境情况的看法上有显著性差异。

表 3-244　不同职业受访者与民族地区公共服务技术环境情况的交叉列表

职业	项目	智能手机使用普及							总计
		完全不同意	不同意	不太同意	说不清	比较同意	同意	非常同意	
农业劳动者	计数	1	2	10	29	33	50	19	144
	占智能手机使用普及的百分比	14.3%	13.3%	17.2%	21.8%	15.7%	18.7%	9.8%	16.3%
	占总计的百分比	0.1%	0.2%	1.1%	3.3%	3.7%	5.7%	2.1%	16.3%
企业工人	计数	1	1	4	9	10	14	15	54
	占智能手机使用普及的百分比	14.3%	6.7%	6.9%	6.8%	4.8%	5.2%	7.8%	6.1%
	占总计的百分比	0.1%	0.1%	0.5%	1.0%	1.1%	1.6%	1.7%	6.1%
事业单位人员	计数	2	0	13	21	41	43	49	169
	占智能手机使用普及的百分比	28.6%	0.0%	22.4%	15.8%	19.5%	16.0%	25.4%	19.1%
	占总计的百分比	0.2%	0.0%	1.5%	2.4%	4.6%	4.9%	5.5%	19.1%
政府机关人员	计数	1	0	2	1	19	35	32	90
	占智能手机使用普及的百分比	14.3%	0.0%	3.4%	0.8%	9.0%	13.1%	16.6%	10.2%
	占总计的百分比	0.1%	0.0%	0.2%	0.1%	2.1%	4.0%	3.6%	10.2%
个体劳动者/个体工商户	计数	0	0	7	21	21	34	17	100
	占智能手机使用普及的百分比	0.0%	0.0%	12.1%	15.8%	10.0%	12.7%	8.8%	11.3%
	占总计的百分比	0.0%	0.0%	0.8%	2.4%	2.4%	3.8%	1.9%	11.3%
打工者	计数	1	3	9	25	31	41	20	130
	占智能手机使用普及的百分比	14.3%	20.0%	15.5%	18.8%	14.8%	15.3%	10.4%	14.7%
	占总计的百分比	0.1%	0.3%	1.0%	2.8%	3.5%	4.6%	2.3%	14.7%
私营企业主	计数	0	2	1	5	2	3	2	15
	占智能手机使用普及的百分比	0.0%	13.3%	1.7%	3.8%	1.0%	1.1%	1.0%	1.7%
	占总计的百分比	0.0%	0.2%	0.1%	0.6%	0.2%	0.3%	0.2%	1.7%

续表

职业	项目	智能手机使用普及							总计
		完全不同意	不同意	不太同意	说不清	比较同意	同意	非常同意	
学生	计数	1	4	9	18	41	31	24	128
	占智能手机使用普及的百分比	14.3%	26.7%	15.5%	13.5%	19.5%	11.6%	12.4%	14.5%
	占总计的百分比	0.1%	0.5%	1.0%	2.0%	4.6%	3.5%	2.7%	14.5%
待业人员	计数	0	3	3	2	6	9	2	25
	占智能手机使用普及的百分比	0.0%	20.0%	5.2%	1.5%	2.9%	3.4%	1.0%	2.8%
	占总计的百分比	0.0%	0.3%	0.3%	0.2%	0.7%	1.0%	0.2%	2.8%
退休人员	计数	0	0	0	2	6	7	13	28
	占智能手机使用普及的百分比	0.0%	0.0%	0.0%	1.5%	2.9%	2.6%	6.7%	3.2%
	占总计的百分比	0.0%	0.0%	0.0%	0.2%	0.7%	0.8%	1.5%	3.2%
村干部	计数	0	0	0	0	0	1	0	1
	占智能手机使用普及的百分比	0.0%	0.0%	0.0%	0.0%	0.0%	0.4%	0.0%	0.1%
	占总计的百分比	0.0%	0.0%	0.0%	0.0%	0.0%	0.1%	0.0%	0.1%
总计	计数	7	15	58	133	210	268	193	884
	占智能手机使用普及的百分比	100.0%	100.0%	100.0%	100.0%	100.0%	100.0%	100.0%	100.0%
	占总计的百分比	0.8%	1.7%	6.6%	15.0%	23.8%	30.3%	21.8%	100.0%

表3-245反映出了不同政治面貌受访者对民族地区公共服务技术环境情况的看法情况。经卡方检验，不同政治面貌受访者在民族地区公共服务技术环境情况的看法上有显著性差异。

表 3-245 不同政治面貌受访者与民族地区公共服务技术环境情况的交叉列表

政治成分	项目	智能手机使用普及							总计
		完全不同意	不同意	不太同意	说不清	比较同意	同意	非常同意	
中共党员	计数	1	0	10	23	36	76	69	215
	占智能手机使用普及的百分比	14.3%	0.0%	17.5%	17.6%	17.1%	28.4%	35.6%	24.3%
	占总计的百分比	0.1%	0.0%	1.1%	2.6%	4.1%	8.6%	7.8%	24.3%
非中共党员	计数	6	15	47	108	175	192	125	668
	占智能手机使用普及的百分比	85.7%	100.0%	82.5%	82.4%	82.9%	71.6%	64.4%	75.7%
	占总计的百分比	0.7%	1.7%	5.3%	12.2%	19.8%	21.7%	14.2%	75.7%
总计	计数	7	15	57	131	211	268	194	883
	占智能手机使用普及的百分比	100.0%	100.0%	100.0%	100.0%	100.0%	100.0%	100.0%	100.0%
	占总计的百分比	0.8%	1.7%	6.5%	14.8%	23.9%	30.4%	22.0%	100.0%

表 3-246 反映出了不同居住地受访者对民族地区公共服务技术环境情况的看法情况。经卡方检验，不同居住地受访者在民族地区公共服务技术环境情况的看法上有显著性差异。

表 3-246 不同居住地受访者与民族地区公共服务技术环境情况的交叉列表

居住地	项目	智能手机使用普及							总计
		完全不同意	不同意	不太同意	说不清	比较同意	同意	非常同意	
农村	计数	2	8	36	74	83	91	72	366
	占智能手机使用普及的百分比	28.6%	53.3%	62.1%	56.1%	39.3%	34.0%	36.9%	41.3%
	占总计的百分比	0.2%	0.9%	4.1%	8.4%	9.4%	10.3%	8.1%	41.3%
乡镇所在地	计数	0	2	7	13	30	59	29	140
	占智能手机使用普及的百分比	0.0%	13.3%	12.1%	9.8%	14.2%	22.0%	14.9%	15.8%
	占总计的百分比	0.0%	0.2%	0.8%	1.5%	3.4%	6.7%	3.3%	15.8%

续表

居住地	项目	智能手机使用普及							总计
		完全不同意	不同意	不太同意	说不清	比较同意	同意	非常同意	
县城	计数	4	5	11	32	81	101	85	319
	占智能手机使用普及的百分比	57.1%	33.3%	19.0%	24.2%	38.4%	37.7%	43.6%	36.0%
	占总计的百分比	0.5%	0.6%	1.2%	3.6%	9.1%	11.4%	9.6%	36.0%
市城区	计数	0	0	2	7	14	9	6	38
	占智能手机使用普及的百分比	0.0%	0.0%	3.4%	5.3%	6.6%	3.4%	3.1%	4.3%
	占总计的百分比	0.0%	0.0%	0.2%	0.8%	1.6%	1.0%	0.7%	4.3%
城郊结合部	计数	1	0	2	6	3	8	3	23
	占智能手机使用普及的百分比	14.3%	0.0%	3.4%	4.5%	1.4%	3.0%	1.5%	2.6%
	占总计的百分比	0.1%	0.0%	0.2%	0.7%	0.3%	0.9%	0.3%	2.6%
总计	计数	7	15	58	132	211	268	195	886
	占智能手机使用普及的百分比	100.0%	100.0%	100.0%	100.0%	100.0%	100.0%	100.0%	100.0%
	占总计的百分比	0.8%	1.7%	6.5%	14.9%	23.8%	30.2%	22.0%	100.0%

二、公务员素质要素

1. 公务员素质和能力

题项“本地方的官员干部办事能力强”是用来测量西部地区贫困县民众对公务员能力的看法。经统计，选“完全不同意”的有 16 人，占比 1.8%，选“不同意”的有 31 人，占比 3.5%，选“不太同意”的有 98 人，占比 11%，选“说不清”的有 211 人，占比 23.7%，选“比较同意”的有 236 人，占比 26.5%，选“同意”的有 231 人，占比 26%，选“完全同意”的有 67 人，占比 7.5%（如图 3-34 所示）。这表明，有六成的受访者认为西部地区贫困县政府公务员能力表现好，认为公务员公共服务能力表现不好的受访者占一成多，也有两成多的人不愿意发表意见。

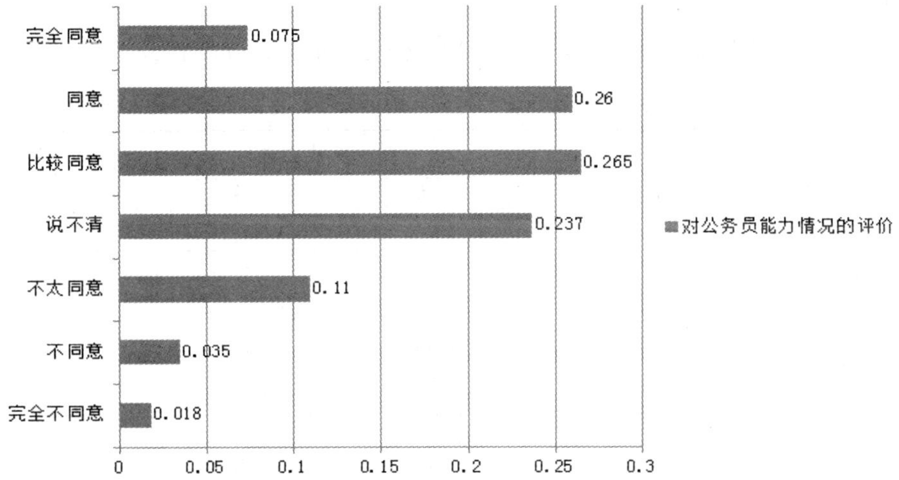

图 3-34　对民族地区公务员能力情况的评价

表 3-247 反映出了不同省份受访者对民族地区公务员能力情况的看法情况。经卡方检验，不同省份受访者在民族地区公务员能力情况的看法上有显著性差异。

表 3-247　不同省份受访者与民族地区公务员能力情况的交叉列表

省份	项　目	官员办事能力强							总计
		完全不同意	不同意	不太同意	说不清	比较同意	同意	非常同意	
贵州	计数	5	10	47	75	82	53	26	298
	占官员办事能力强的百分比	31.3%	32.3%	48.0%	35.5%	34.7%	22.9%	38.8%	33.5%
	占总计的百分比	0.6%	1.1%	5.3%	8.4%	9.2%	6.0%	2.9%	33.5%
云南	计数	6	13	30	66	72	104	9	300
	占官员办事能力强的百分比	37.5%	41.9%	30.6%	31.3%	30.5%	45.0%	13.4%	33.7%
	占总计的百分比	0.7%	1.5%	3.4%	7.4%	8.1%	11.7%	1.0%	33.7%
广西	计数	5	8	21	70	82	74	32	292
	占官员办事能力强的百分比	31.3%	25.8%	21.4%	33.2%	34.7%	32.0%	47.8%	32.8%
	占总计的百分比	0.6%	0.9%	2.4%	7.9%	9.2%	8.3%	3.6%	32.8%
总计	计数	16	31	98	211	236	231	67	890
	占官员办事能力强的百分比	100.0%	100.0%	100.0%	100.0%	100.0%	100.0%	100.0%	100.0%
	占总计的百分比	1.8%	3.5%	11.0%	23.7%	26.5%	26.0%	7.5%	100.0%

表 3-248 反映出了不同受教育程度受访者对民族地区公务员能力情况的看法情况。经卡方检验，不同受教育程度受访者在民族地区公务员能力情况的看法上有显著性差异。

表 3-248　不同受教育程度受访者与民族地区公务员能力情况的交叉列表

教育分组	项　目	官员办事能力强							总计
		完全不同意	不同意	不太同意	说不清	比较同意	同意	非常同意	
未上学	计数	0	1	0	7	7	16	0	31
	占官员办事能力强的百分比	0.0%	3.2%	0.0%	3.3%	3.0%	6.9%	0.0%	3.5%
	占总计的百分比	0.0%	0.1%	0.0%	0.8%	0.8%	1.8%	0.0%	3.5%
小学	计数	1	2	6	33	39	52	2	135
	占官员办事能力强的百分比	6.3%	6.5%	6.1%	15.6%	16.5%	22.5%	3.0%	15.2%
	占总计的百分比	0.1%	0.2%	0.7%	3.7%	4.4%	5.8%	0.2%	15.2%
初中	计数	3	7	12	53	36	37	16	164
	占官员办事能力强的百分比	18.8%	22.6%	12.2%	25.1%	15.3%	16.0%	23.9%	18.4%
	占总计的百分比	0.3%	0.8%	1.3%	6.0%	4.0%	4.2%	1.8%	18.4%
高中	计数	6	10	20	42	48	38	17	181
	占官员办事能力强的百分比	37.5%	32.3%	20.4%	19.9%	20.3%	16.5%	25.4%	20.3%
	占总计的百分比	0.7%	1.1%	2.2%	4.7%	5.4%	4.3%	1.9%	20.3%
专科	计数	0	5	27	36	49	41	14	172
	占官员办事能力强的百分比	0.0%	16.1%	27.6%	17.1%	20.8%	17.7%	20.9%	19.3%
	占总计的百分比	0.0%	0.6%	3.0%	4.0%	5.5%	4.6%	1.6%	19.3%
本科	计数	2	4	22	23	35	29	11	126
	占官员办事能力强的百分比	12.5%	12.9%	22.4%	10.9%	14.8%	12.6%	16.4%	14.2%
	占总计的百分比	0.2%	0.4%	2.5%	2.6%	3.9%	3.3%	1.2%	14.2%
研究生	计数	4	2	11	17	22	18	7	81
	占官员办事能力强的百分比	25.0%	6.5%	11.2%	8.1%	9.3%	7.8%	10.4%	9.1%
	占总计的百分比	0.4%	0.2%	1.2%	1.9%	2.5%	2.0%	0.8%	9.1%

续表

教育分组	项目	官员办事能力强							总计
		完全不同意	不同意	不太同意	说不清	比较同意	同意	非常同意	
总计	计数	16	31	98	211	236	231	67	890
	占官员办事能力强的百分比	100.0%	100.0%	100.0%	100.0%	100.0%	100.0%	100.0%	100.0%
	占总计的百分比	1.8%	3.5%	11.0%	23.7%	26.5%	26.0%	7.5%	100.0%

表 3-249 反映出了不同收入水平受访者对民族地区公务员能力情况的看法情况。经卡方检验，不同收入水平受访者在民族地区公务员能力情况的看法上有显著性差异。

表 3-249 不同收入水平受访者与民族地区公务员能力情况的交叉列表

收入分组	项目	官员办事能力强							总计
		完全不同意	不同意	不太同意	说不清	比较同意	同意	非常同意	
低收入者	计数	3	12	32	88	96	99	15	345
	占官员办事能力强的百分比	18.8%	38.7%	32.7%	41.7%	40.7%	42.9%	22.4%	38.8%
	占总计的百分比	0.3%	1.3%	3.6%	9.9%	10.8%	11.1%	1.7%	38.8%
中等收入者	计数	10	10	27	74	67	56	25	269
	占官员办事能力强的百分比	62.5%	32.3%	27.6%	35.1%	28.4%	24.2%	37.3%	30.2%
	占总计的百分比	1.1%	1.1%	3.0%	8.3%	7.5%	6.3%	2.8%	30.2%
高收入者	计数	3	9	39	49	73	76	27	276
	占官员办事能力强的百分比	18.8%	29.0%	39.8%	23.2%	30.9%	32.9%	40.3%	31.0%
	占总计的百分比	0.3%	1.0%	4.4%	5.5%	8.2%	8.5%	3.0%	31.0%
总计	计数	16	31	98	211	236	231	67	890
	占官员办事能力强的百分比	100.0%	100.0%	100.0%	100.0%	100.0%	100.0%	100.0%	100.0%
	占总计的百分比	1.8%	3.5%	11.0%	23.7%	26.5%	26.0%	7.5%	100.0%

表 3-250 反映出了不同民族受访者对民族地区公务员能力情况的看法情况。经卡方检验，不同民族受访者在民族地区公务员能力情况的看法上有显著性差异。

表 3-250　不同民族受访者与民族地区公务员能力情况的交叉列表

民族	项　目	官员办事能力强							总计
		完全不同意	不同意	不太同意	说不清	比较同意	同意	非常同意	
汉族	计数	11	16	49	79	85	72	21	333
	占官员办事能力强的百分比	68.8%	53.3%	50.0%	37.4%	36.0%	31.2%	31.3%	37.5%
	占总计的百分比	1.2%	1.8%	5.5%	8.9%	9.6%	8.1%	2.4%	37.5%
苗族	计数	1	1	10	22	27	15	6	82
	占官员办事能力强的百分比	6.3%	3.3%	10.2%	10.4%	11.4%	6.5%	9.0%	9.2%
	占总计的百分比	0.1%	0.1%	1.1%	2.5%	3.0%	1.7%	0.7%	9.2%
布依族	计数	0	0	0	1	1	0	1	3
	占官员办事能力强的百分比	0.0%	0.0%	0.0%	0.5%	0.4%	0.0%	1.5%	0.3%
	占总计的百分比	0.0%	0.0%	0.0%	0.1%	0.1%	0.0%	0.1%	0.3%
侗族	计数	1	1	10	36	41	34	21	144
	占官员办事能力强的百分比	6.3%	3.3%	10.2%	17.1%	17.4%	14.7%	31.3%	16.2%
	占总计的百分比	0.1%	0.1%	1.1%	4.0%	4.6%	3.8%	2.4%	16.2%
壮族	计数	0	2	5	22	29	23	8	89
	占官员办事能力强的百分比	0.0%	6.7%	5.1%	10.4%	12.3%	10.0%	11.9%	10.0%
	占总计的百分比	0.0%	0.2%	0.6%	2.5%	3.3%	2.6%	0.9%	10.0%
白族	计数	1	2	5	2	4	3	1	18
	占官员办事能力强的百分比	6.3%	6.7%	5.1%	0.9%	1.7%	1.3%	1.5%	2.0%
	占总计的百分比	0.1%	0.2%	0.6%	0.2%	0.4%	0.3%	0.1%	2.0%
哈尼族	计数	0	0	0	1	0	0	0	1
	占官员办事能力强的百分比	0.0%	0.0%	0.0%	0.5%	0.0%	0.0%	0.0%	0.1%
	占总计的百分比	0.0%	0.0%	0.0%	0.1%	0.0%	0.0%	0.0%	0.1%

续表

民族	项目	官员办事能力强							总计
		完全不同意	不同意	不太同意	说不清	比较同意	同意	非常同意	
彝族	计数	0	3	8	24	26	66	2	129
	占官员办事能力强的百分比	0.0%	10.0%	8.2%	11.4%	11.0%	28.6%	3.0%	14.5%
	占总计的百分比	0.0%	0.3%	0.9%	2.7%	2.9%	7.4%	0.2%	14.5%
瑶族	计数	2	5	6	21	19	17	7	77
	占官员办事能力强的百分比	12.5%	16.7%	6.1%	10.0%	8.1%	7.4%	10.4%	8.7%
	占总计的百分比	0.2%	0.6%	0.7%	2.4%	2.1%	1.9%	0.8%	8.7%
仫佬族	计数	0	0	0	0	3	0	0	3
	占官员办事能力强的百分比	0.0%	0.0%	0.0%	0.0%	1.3%	0.0%	0.0%	0.3%
	占总计的百分比	0.0%	0.0%	0.0%	0.0%	0.3%	0.0%	0.0%	0.3%
回族	计数	0	0	4	3	1	1	0	9
	占官员办事能力强的百分比	0.0%	0.0%	4.1%	1.4%	0.4%	0.4%	0.0%	1.0%
	占总计的百分比	0.0%	0.0%	0.4%	0.3%	0.1%	0.1%	0.0%	1.0%
土家族	计数	0	0	1	0	0	0	0	1
	占官员办事能力强的百分比	0.0%	0.0%	1.0%	0.0%	0.0%	0.0%	0.0%	0.1%
	占总计的百分比	0.0%	0.0%	0.1%	0.0%	0.0%	0.0%	0.0%	0.1%
总计	计数	16	30	98	211	236	231	67	889
	占官员办事能力强的百分比	100.0%	100.0%	100.0%	100.0%	100.0%	100.0%	100.0%	100.0%
	占总计的百分比	1.8%	3.4%	11.0%	23.7%	26.5%	26.0%	7.5%	100.0%

表 3-251 反映出了不同职业受访者对民族地区公务员能力情况的看法情况。经卡方检验，不同职业受访者在民族地区公务员能力情况的看法上有显著性差异。

表 3-251　不同职业受访者与民族地区公务员能力情况的交叉列表

职业	项目	官员办事能力强							总计
		完全不同意	不同意	不太同意	说不清	比较同意	同意	非常同意	
农业劳动者	计数	3	4	13	42	41	33	8	144
	占官员办事能力强的百分比	18.8%	12.9%	13.3%	20.1%	17.6%	14.3%	11.9%	16.3%
	占总计的百分比	0.3%	0.5%	1.5%	4.8%	4.6%	3.7%	0.9%	16.3%
企业工人	计数	2	3	16	15	8	7	3	54
	占官员办事能力强的百分比	12.5%	9.7%	16.3%	7.2%	3.4%	3.0%	4.5%	6.1%
	占总计的百分比	0.2%	0.3%	1.8%	1.7%	0.9%	0.8%	0.3%	6.1%
事业单位人员	计数	0	6	19	27	54	48	15	169
	占官员办事能力强的百分比	0.0%	19.4%	19.4%	12.9%	23.2%	20.9%	22.4%	19.1%
	占总计的百分比	0.0%	0.7%	2.1%	3.1%	6.1%	5.4%	1.7%	19.1%
政府机关人员	计数	2	0	7	12	18	35	16	90
	占官员办事能力强的百分比	12.5%	0.0%	7.1%	5.7%	7.7%	15.2%	23.9%	10.2%
	占总计的百分比	0.2%	0.0%	0.8%	1.4%	2.0%	4.0%	1.8%	10.2%
个体劳动者/个体工商户	计数	3	4	7	21	32	27	6	100
	占官员办事能力强的百分比	18.8%	12.9%	7.1%	10.0%	13.7%	11.7%	9.0%	11.3%
	占总计的百分比	0.3%	0.5%	0.8%	2.4%	3.6%	3.1%	0.7%	11.3%
打工者	计数	3	5	9	40	29	37	6	129
	占官员办事能力强的百分比	18.8%	16.1%	9.2%	19.1%	12.4%	16.1%	9.0%	14.6%
	占总计的百分比	0.3%	0.6%	1.0%	4.5%	3.3%	4.2%	0.7%	14.6%
私营企业主	计数	1	1	3	7	1	2	0	15
	占官员办事能力强的百分比	6.3%	3.2%	3.1%	3.3%	0.4%	0.9%	0.0%	1.7%
	占总计的百分比	0.1%	0.1%	0.3%	0.8%	0.1%	0.2%	0.0%	1.7%

续表

职业	项目	官员办事能力强							总计
		完全不同意	不同意	不太同意	说不清	比较同意	同意	非常同意	
学生	计数	2	7	16	30	44	23	7	129
	占官员办事能力强的百分比	12.5%	22.6%	16.3%	14.4%	18.9%	10.0%	10.4%	14.6%
	占总计的百分比	0.2%	0.8%	1.8%	3.4%	5.0%	2.6%	0.8%	14.6%
待业人员	计数	0	1	7	9	4	4	0	25
	占官员办事能力强的百分比	0.0%	3.2%	7.1%	4.3%	1.7%	1.7%	0.0%	2.8%
	占总计的百分比	0.0%	0.1%	0.8%	1.0%	0.5%	0.5%	0.0%	2.8%
退休人员	计数	0	0	1	6	2	14	5	28
	占官员办事能力强的百分比	0.0%	0.0%	1.0%	2.9%	0.9%	6.1%	7.5%	3.2%
	占总计的百分比	0.0%	0.0%	0.1%	0.7%	0.2%	1.6%	0.6%	3.2%
村干部	计数	0	0	0	0	0	0	1	1
	占官员办事能力强的百分比	0.0%	0.0%	0.0%	0.0%	0.0%	0.0%	1.5%	0.1%
	占总计的百分比	0.0%	0.0%	0.0%	0.0%	0.0%	0.0%	0.1%	0.1%
总计	计数	16	31	98	209	233	230	67	884
	占官员办事能力强的百分比	100.0%	100.0%	100.0%	100.0%	100.0%	100.0%	100.0%	100.0%
	占总计的百分比	1.8%	3.5%	11.1%	23.6%	26.4%	26.0%	7.6%	100.0%

表 3-252 反映出了不同政治面貌受访者对民族地区公务员能力情况的看法情况。经卡方检验，不同政治面貌受访者在民族地区公务员能力情况的看法上有显著性差异。

表 3-252　不同政治面貌受访者与民族地区公务员能力情况的交叉列表

政治成分	项目	官员办事能力强							总计
		完全不同意	不同意	不太同意	说不清	比较同意	同意	非常同意	
中共党员	计数	1	5	20	35	55	70	29	215
	占官员办事能力强的百分比	6.7%	16.1%	20.8%	16.8%	23.4%	30.4%	43.3%	24.4%
	占总计的百分比	0.1%	0.6%	2.3%	4.0%	6.2%	7.9%	3.3%	24.4%
非中共党员	计数	14	26	76	173	180	160	38	667
	占官员办事能力强的百分比	93.3%	83.9%	79.2%	83.2%	76.6%	69.6%	56.7%	75.6%
	占总计的百分比	1.6%	2.9%	8.6%	19.6%	20.4%	18.1%	4.3%	75.6%
总计	计数	15	31	96	208	235	230	67	882
	占官员办事能力强的百分比	100.0%	100.0%	100.0%	100.0%	100.0%	100.0%	100.0%	100.0%
	占总计的百分比	1.7%	3.5%	10.9%	23.6%	26.6%	26.1%	7.6%	100.0%

表 3-253 反映出了不同婚姻状况受访者对民族地区公务员能力情况的看法情况。经卡方检验，不同婚姻状况受访者在民族地区公务员能力情况的看法上有显著性差异。

表 3-253　不同婚姻状况受访者与民族地区公务员能力情况的交叉列表

婚否	项目	官员办事能力强							总计
		完全不同意	不同意	不太同意	说不清	比较同意	同意	非常同意	
已婚	计数	10	22	50	135	142	171	43	573
	占官员办事能力强的百分比	66.7%	71.0%	53.2%	64.3%	60.9%	74.7%	64.2%	65.2%
	占总计的百分比	1.1%	2.5%	5.7%	15.4%	16.2%	19.5%	4.9%	65.2%
未婚	计数	5	9	44	75	91	58	24	306
	占官员办事能力强的百分比	33.3%	29.0%	46.8%	35.7%	39.1%	25.3%	35.8%	34.8%
	占总计的百分比	0.6%	1.0%	5.0%	8.5%	10.4%	6.6%	2.7%	34.8%

续表

婚否＼项目		官员办事能力强							总计
		完全不同意	不同意	不太同意	说不清	比较同意	同意	非常同意	
总计	计数	15	31	94	210	233	229	67	879
	占官员办事能力强的百分比	100.0%	100.0%	100.0%	100.0%	100.0%	100.0%	100.0%	100.0%
	占总计的百分比	1.7%	3.5%	10.7%	23.9%	26.5%	26.1%	7.6%	100.0%

表3-254反映出了不同居住地受访者对民族地区公务员能力情况的看法情况。经卡方检验，不同居住地受访者在民族地区公务员能力情况的看法上有显著性差异。

表3-254　不同居住地受访者与民族地区公务员能力情况的交叉列表

居住地＼项目		官员办事能力强							总计
		完全不同意	不同意	不太同意	说不清	比较同意	同意	非常同意	
农村	计数	7	8	30	91	98	114	18	366
	占官员办事能力强的百分比	43.8%	25.8%	30.6%	43.5%	41.7%	49.6%	26.9%	41.3%
	占总计的百分比	0.8%	0.9%	3.4%	10.3%	11.1%	12.9%	2.0%	41.3%
乡镇所在地	计数	2	3	12	28	46	32	17	140
	占官员办事能力强的百分比	12.5%	9.7%	12.2%	13.4%	19.6%	13.9%	25.4%	15.8%
	占总计的百分比	0.2%	0.3%	1.4%	3.2%	5.2%	3.6%	1.9%	15.8%
县城	计数	7	19	50	72	73	70	28	319
	占官员办事能力强的百分比	43.8%	61.3%	51.0%	34.4%	31.1%	30.4%	41.8%	36.0%
	占总计的百分比	0.8%	2.1%	5.6%	8.1%	8.2%	7.9%	3.2%	36.0%
市城区	计数	0	1	4	12	12	7	2	38
	占官员办事能力强的百分比	0.0%	3.2%	4.1%	5.7%	5.1%	3.0%	3.0%	4.3%
	占总计的百分比	0.0%	0.1%	0.5%	1.4%	1.4%	0.8%	0.2%	4.3%

续表

居住地	项目	官员办事能力强							总计
		完全不同意	不同意	不太同意	说不清	比较同意	同意	非常同意	
城郊结合部	计数	0	0	2	6	6	7	2	23
	占官员办事能力强的百分比	0.0%	0.0%	2.0%	2.9%	2.6%	3.0%	3.0%	2.6%
	占总计的百分比	0.0%	0.0%	0.2%	0.7%	0.7%	0.8%	0.2%	2.6%
总计	计数	16	31	98	209	235	230	67	886
	占官员办事能力强的百分比	100.0%	100.0%	100.0%	100.0%	100.0%	100.0%	100.0%	100.0%
	占总计的百分比	1.8%	3.5%	11.1%	23.6%	26.5%	26.0%	7.6%	100.0%

题项“本地政府人员对待民众时，有礼貌有素质”是用来测量西部地区贫困县民众对政府公务员素质情况的看法。经统计，选“完全不同意”的有 16 人，占比 1.8%，选“不同意”的有 29 人，占比 3.3%，选“不太同意”的有 88 人，占比 9.9%，选“说不清”的有 187 人，占比 21.1%，选“比较同意”的有 228 人，占比 25.7%，选“同意”的有 240 人，占比 27%，选“完全同意”的有 100 人，占比 11.3%（如图 3-35 所示）。这表明，有超过六成的受访者认为西部地区贫困县政府公务员素质表现好，认为公务员素质表现不好的受访者占比不足一成，也有两成多的人不愿意发表意见。

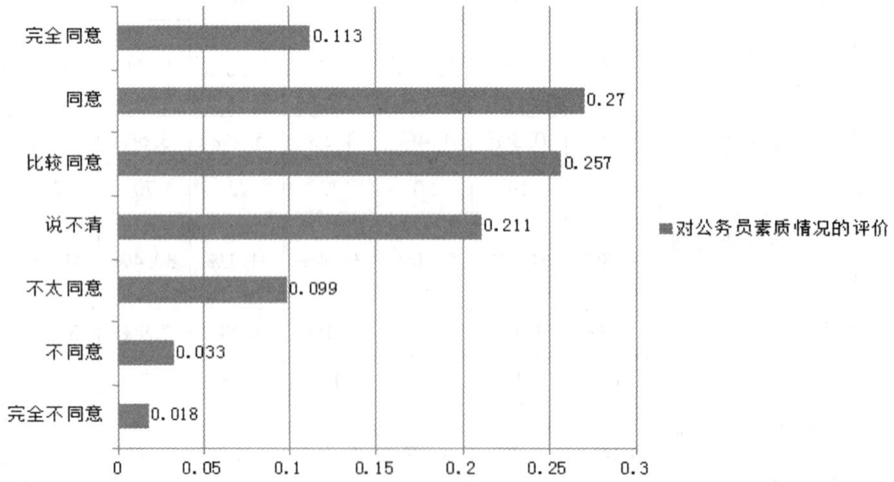

图 3-35 对民族地区政府公务员素质情况的评价

2. 公务员培训

题项“政府会经常组织公务员到外地参观学习”是用来测量西部地区贫困县民众对政府公务员培训情况的看法。经统计，选“完全不同意”的有 13 人，占比 1.5%，选

“不同意”的有16人，占比1.8%，选“不太同意”的有110人，占比12.4%，选“说不清”的有267人，占比30%，选“比较同意”的有183人，占比20.6%，选“同意”的有193人，占比21.7%，选“完全同意”的有107人，占比12%（如图3-36所示）。这表明，有五成多的受访者认为西部地区贫困县政府在公务员培训上表现好，认为公务员培训方面表现不好的受访者占一成多，也有三成的人不愿意发表意见。

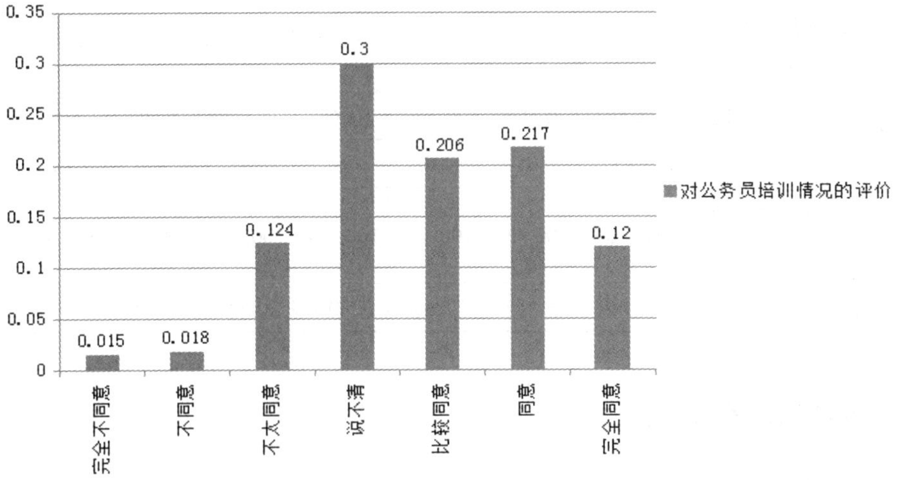

图3-36　对民族地区公务员培训情况的评价

表3-255反映出了不同省份受访者对民族地区公务员培训情况的看法情况。经卡方检验，不同省份受访者在民族地区公务员培训情况的看法上有显著性差异。

表3-255　不同省份受访者与民族地区公务员培训情况的交叉列表

省份	项目	公务员参观学习							总计
		完全不同意	不同意	不太同意	说不清	比较同意	同意	非常同意	
贵州	计数	3	5	28	100	69	63	29	297
	占公务员参观学习的百分比	23.1%	31.3%	25.5%	37.5%	37.7%	32.6%	27.1%	33.4%
	占总计的百分比	0.3%	0.6%	3.1%	11.2%	7.8%	7.1%	3.3%	33.4%
云南	计数	3	3	62	73	44	70	45	300
	占公务员参观学习的百分比	23.1%	18.8%	56.4%	27.3%	24.0%	36.3%	42.1%	33.7%
	占总计的百分比	0.3%	0.3%	7.0%	8.2%	4.9%	7.9%	5.1%	33.7%

续表

省份 \ 项目		公务员参观学习							总计
		完全不同意	不同意	不太同意	说不清	比较同意	同意	非常同意	
广西	计数	7	8	20	94	70	60	33	292
	占公务员参观学习的百分比	53.8%	50.0%	18.2%	35.2%	38.3%	31.1%	30.8%	32.8%
	占总计的百分比	0.8%	0.9%	2.2%	10.6%	7.9%	6.7%	3.7%	32.8%
总计	计数	13	16	110	267	183	193	107	889
	占公务员参观学习的百分比	100.0%	100.0%	100.0%	100.0%	100.0%	100.0%	100.0%	100.0%
	占总计的百分比	1.5%	1.8%	12.4%	30.0%	20.6%	21.7%	12.0%	100.0%

三、政府回应要素

1. 责任机制

题项“本地政府对不顾民众利益的官员进行了惩处”是用来测量西部地区贫困县民众对政府责任机制情况的看法。经统计，选“完全不同意”的有 13 人，占比 1.5%，选“不同意”的有 30 人，占比 3.4%，选“不太同意”的有 97 人，占比 10.9%，选“说不清”的有 244 人，占比 27.4%，选“比较同意”的有 220 人，占比 24.7%，选“同意”的有 192 人，占比 21.5%，选“完全同意”的有 95 人，占比 10.7%（如图 3-37 所示）。这表明，有五成多的受访者认为西部地区贫困县政府在责任机制上表现好，认为政府责任机制方面表现不好的受访者占一成多，也有接近三成的人不愿意发表意见。

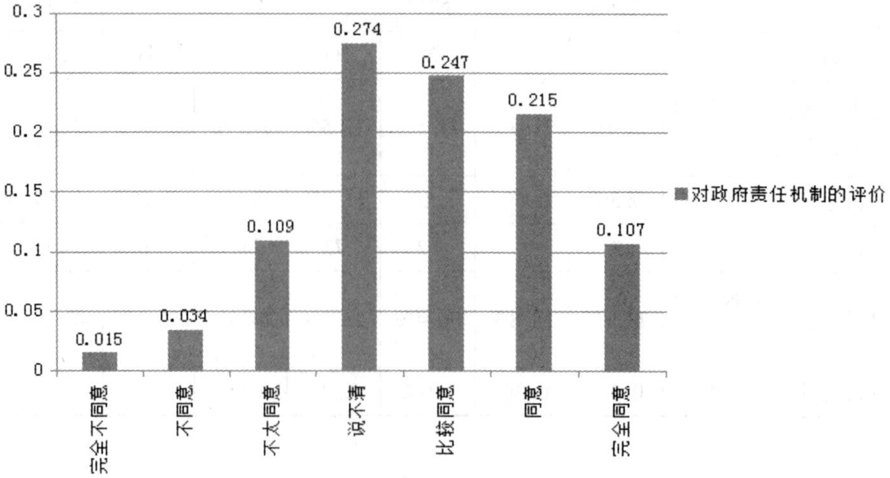

图 3-37　对民族地区政府责任机制之一的评价

题项“本地政府各部门规章制度完善，且有可行性”也是用来测量西部地区贫困县民众对政府责任机制情况的看法。经统计，选“完全不同意”的有9人，占比1%，选“不同意”的有20人，占比2.2%，选“不太同意”的有74人，占比8.3%，选“说不清”的有218人，占比24.3%，选“比较同意”的有265人，占比29.6%，选“同意”的有215人，占比24%，选“完全同意”的有95人，占比10.6%（如图3-38所示）。这表明，有六成多的受访者认为西部地区贫困县政府在规章制度上表现好，认为规章制度方面表现不好的受访者占一成多，也有两成多的人不愿意发表意见。

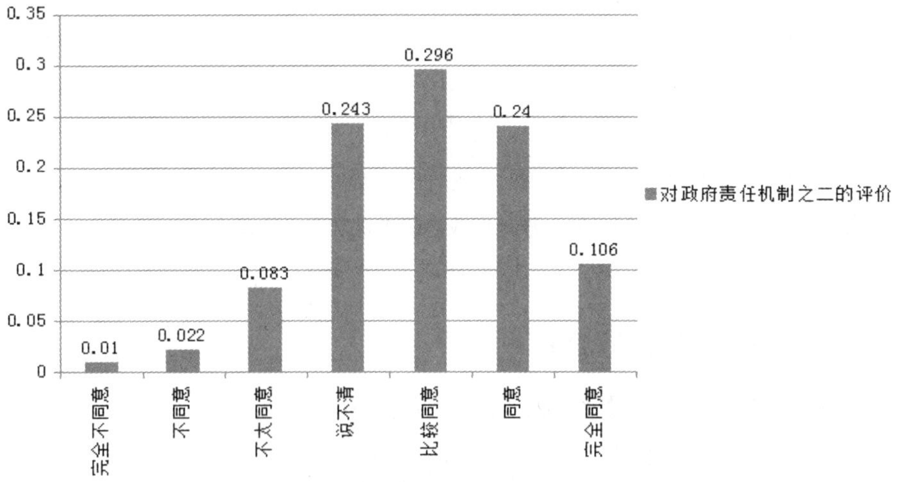

图3-38 对民族地区政府责任机制之二的评价

2. 回应机制

题项“本地政府能对民众反映的问题做出回应”是用来测量西部地区贫困县民众对政府回应机制情况的看法。经统计，选“完全不同意”的有13人，占比1.4%，选“不同意”的有26人，占比2.9%，选“不太同意”的有83人，占比9.3%，选“说不清”的有207人，占比23.1%，选“比较同意”的有237人，占比26.4%，选“同意”的有237人，占比26.4%，选“完全同意”的有94人，占比10.5%（如图3-39所示）。这表明，有六成多的受访者认为西部地区贫困县政府在回应机制上表现好，认为政府回应机制方面表现不好的受访者占一成多，也有两成多的人不愿意发表意见。

题项“绩效考核起到了规范和激励公务员的效果”也是用来测量西部地区贫困县民众对政府回应机制情况的看法。经统计，选“完全不同意”的有17人，占比1.9%，选“不同意”的有30人，占比3.3%，选“不太同意”的有106人，占比11.8%，选“说不清”的有158人，占比17.6%，选“比较同意”的有247人，占比27.5%，选“同意”的有209人，占比23.3%，选“完全同意”的有130人，占比14.5%（如图3-40所示）。这表明，有六成多的受访者认为西部地区贫困县政府在回应机制之二上表现好，认为政府回应机制之二表现不好的受访者占一成多，也有一成多的人不愿意发表意见。

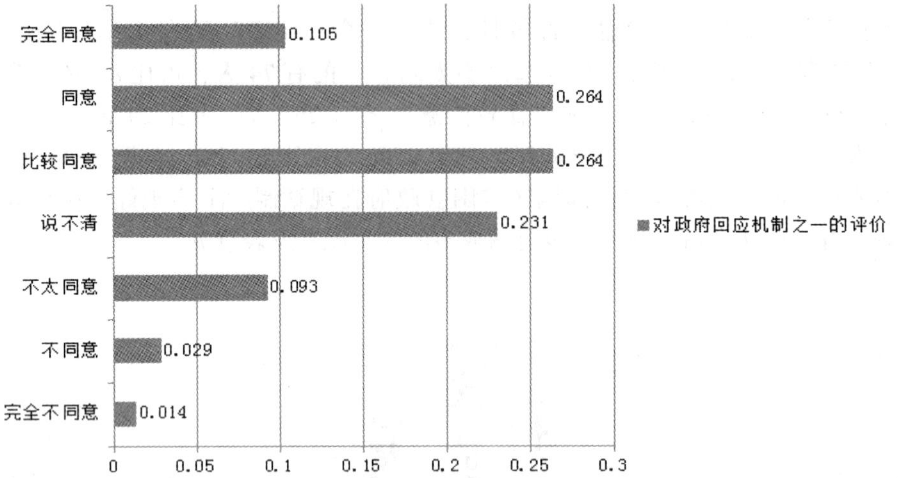

图 3-39　对民族地区政府回应机制情况的评价

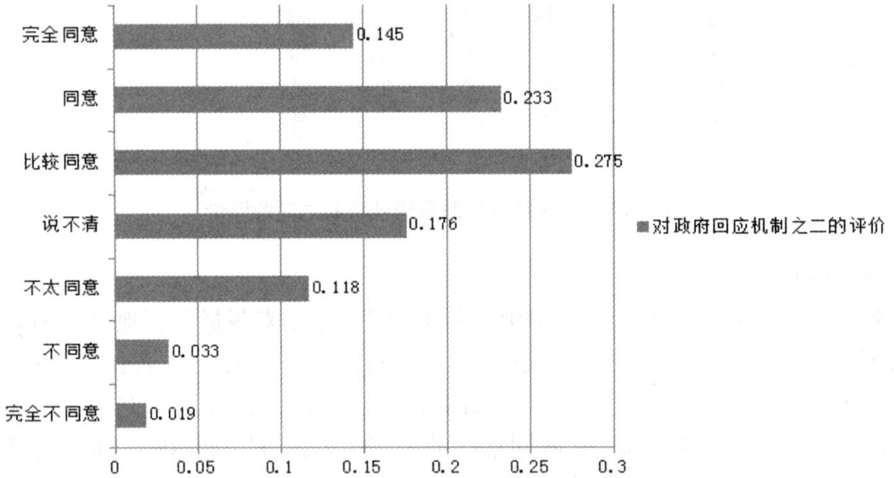

图 3-40　对民族地区政府回应机制之二的评价

3. 回应行为

题项“政府人员会告知公民提供服务的准确时间”是用来测量西部地区贫困县民众对政府回应行为情况的看法。经统计，选“完全不同意”的有 12 人，占比 1.3%，选“不同意”的有 30 人，占比 3.3%，选“不太同意”的有 64 人，占比 7.1%，选“说不清”的有 235 人，占比 26.2%，选“比较同意”的有 249 人，占比 27.8%，选“同意”的有 222 人，占比 24.7%，选“完全同意”的有 85 人，占比 9.5%（如图 3-41 所示）。这表明，有六成多的受访者认为西部地区贫困县政府在回应行为上表现好，认为政府回应行为方面表现不好的受访者占一成多，也有两成的人不愿意发表意见。

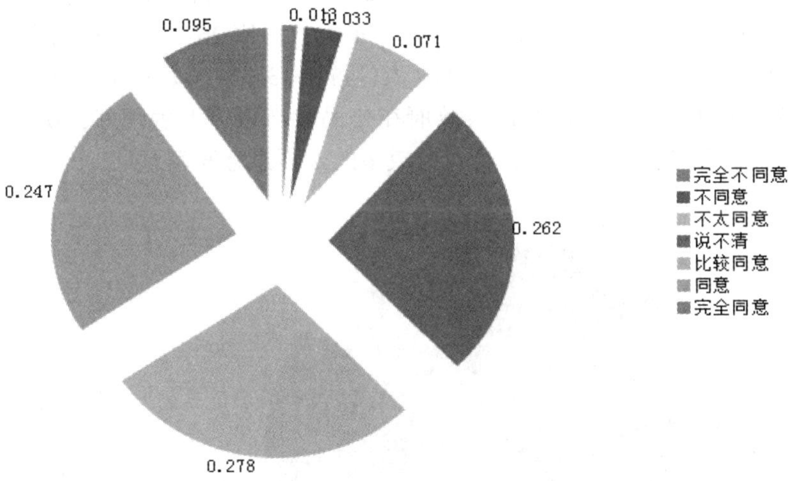

图 3-41 对民族地区政府回应行为情况的评价

4. 公民参与

题项“我愿意参与到政府组织的各项活动中去”是用来测量西部地区贫困县民众对公民参与情况的看法。经统计，选“完全不同意”的有 6 人，占比 0.7%，选“不同意”的有 24 人，占比 2.7%，选“不太同意”的有 43 人，占比 4.8%，选“说不清”的有 190 人，占比 21.2%，选“比较同意”的有 270 人，占比 30.1%，选“同意”的有 240 人，占比 26.8%，选“完全同意”的有 124 人，占比 13.8%（如图 3-42 所示）。这表明，有七成多的受访者认为西部地区贫困县的公民原因参与政府活动，认为不愿意参与政府活动的受访者占不到一成，也有两成多的人不愿意发表意见。

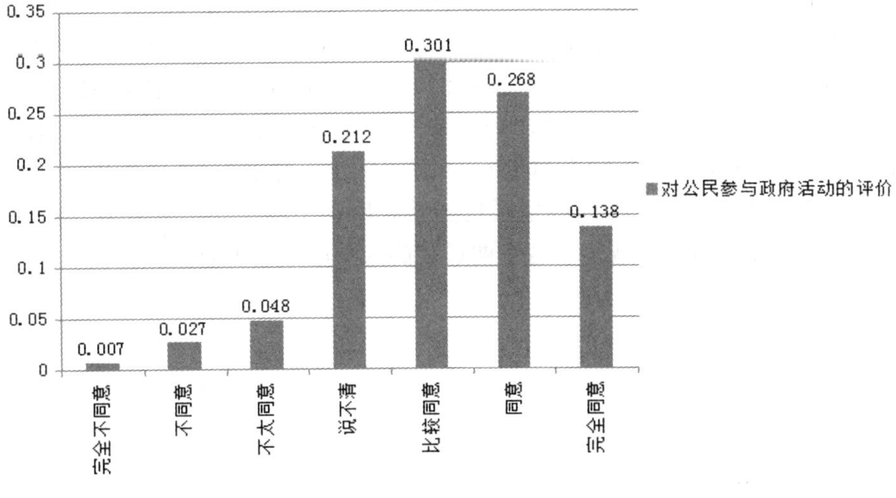

图 3-42 对民族地区公民参与政府活动情况的评价

题项“本地群众有渠道得到关于政府的信息”是用来测量西部地区贫困县民众对公民参与渠道情况的看法。经统计，选“完全不同意”的有 17 人，占比 1.9%，选“不同意”的有21人，占比2.4%，选“不太同意”的有98人，占比11%，选“说不清”的有207人，占比23.2%，选“比较同意”的有234人，占比26.2%，选“同意”的有197人，占比22.1%，选“完全同意”的有119人，占比13.3%（如图3-43所示）。这表明，有六成多的受访者认为西部地区贫困县政府在公民参与渠道上表现好，认为公民参与渠道方面表现不好的受访者占一成多，也有两成多的人不愿意发表意见。

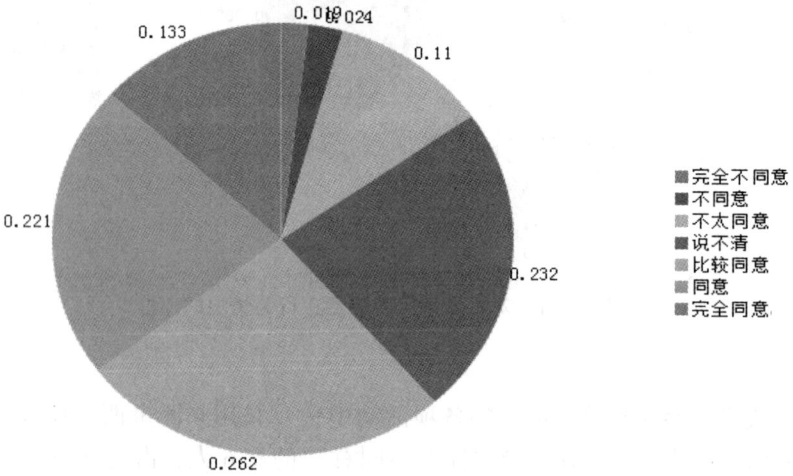

图3-43　对民族地区公民参与渠道情况的评价

四、系统互动要素

1. 干群关系

题项“我相信周围干部能帮我解决生活中的实际困难”是用来测量西部地区贫困县民众对干群关系情况的看法。经统计，选“完全不同意”的有13人，占比1.4%，选“不同意”的有23人，占比2.6%，选“不太同意”的有61人，占比6.8%，选“说不清”的有219人，占比24.4%，选“比较同意”的有267人，占比29.8%，选“同意”的有246人，占比27.4%，选“完全同意”的有68人，占比7.6%（如图3-44所示）。这表明，有六成多的受访者认为西部地区贫困县政府在干群关系上表现好，认为干群关系方面表现不好的受访者占一成多，也有两成多的人不愿意发表意见。

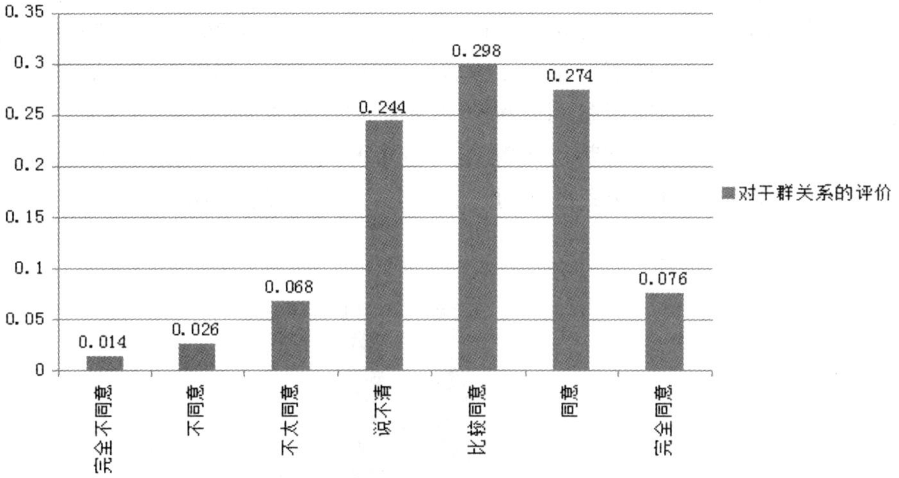

图 3-44　对民族地区干群关系情况的评价

2. 政府信任

题项“我相信本地政府所发布的政务信息并能落实”是用来测量西部地区贫困县民众对政府信任情况的看法。经统计，选“完全不同意”的有 5 人，占比 0.6%，选“不同意”的有 26 人，占比 2.9%，选“不太同意”的有 98 人，占比 10.9%，选“说不清”的有 223 人，占比 24.9%，选“比较同意”的有 248 人，占比 27.7%，选“同意”的有 214 人，占比 23.9%，选“完全同意”的有 81 人，占比 9.1%（如图 3-45 所示）。这表明，有六成多的受访者认为西部地区贫困县民众在政府信任上表现好，认为政府信任方面表现不好的受访者占一成多，也有两成多的人不愿意发表意见。

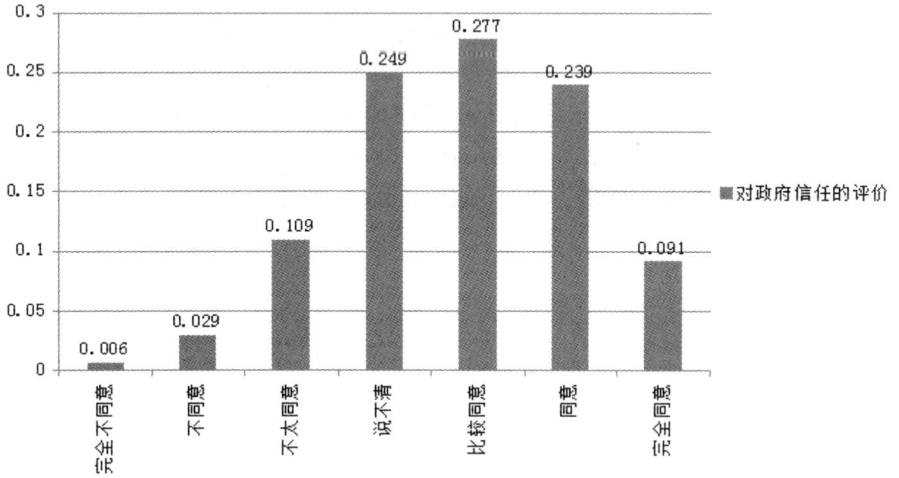

图 3-45　对民族地区政府信任情况的评价

题项“相信党和政府能够管好自己的干部队伍”也是用来测量西部地区贫困县民众对政府信任情况的看法。经统计，选“完全不同意”的有 10 人，占比 1.1%，选“不同意”的有 24 人，占比 2.7%，选“不太同意”的有 55 人，占比 6.1%，选“说不清”的有 165 人，占比 18.4%，选“比较同意”的有 257 人，占比 28.7%，选“同意”的有 261 人，占比 29.1%，选“完全同意”的有 125 人，占比 13.9%（如图 3-46 所示）。这表明，有七成多的受访者认为西部地区贫困县民众相信党和政府管理好自己干部上表现好，可见，进入新时代，高压反腐的态势已经深入人心并得到了广大民众的认可，认为党和政府管理干部方面表现不好的受访者占不到一成，也有一成多的人不愿意发表意见。

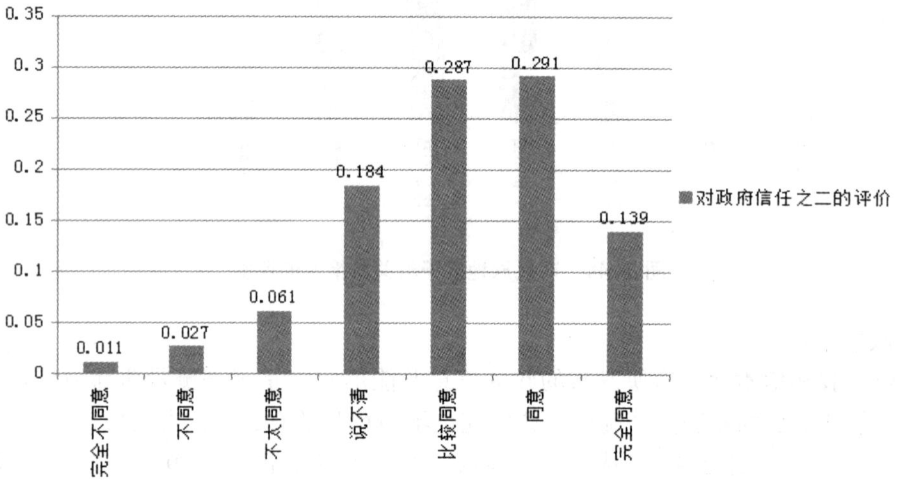

图 3-46　对民族地区政府信任之二情况的评价

3. 利益表达

题项“我有办法和途径去政府解决我切身相关的问题”是用来测量西部地区贫困县民众对利益表达情况的看法。经统计，选“完全不同意”的有 10 人，占比 1.1%，选“不同意”的有 32 人，占比 3.6%，选“不太同意”的有 85 人，占比 9.5%，选“说不清”的有 188 人，占比 20.9%，选“比较同意”的有 271 人，占比 30.2%，选“同意”的有 248 人，占比 27.6%，选“完全同意”的有 64 人，占比 7.1%（如图 3-47 所示）。这表明，有六成多的受访者认为西部地区贫困县民众在利益表达上表现好，认为利益表达方面表现不好的受访者占一成多，也有两成多的人不愿意发表意见。

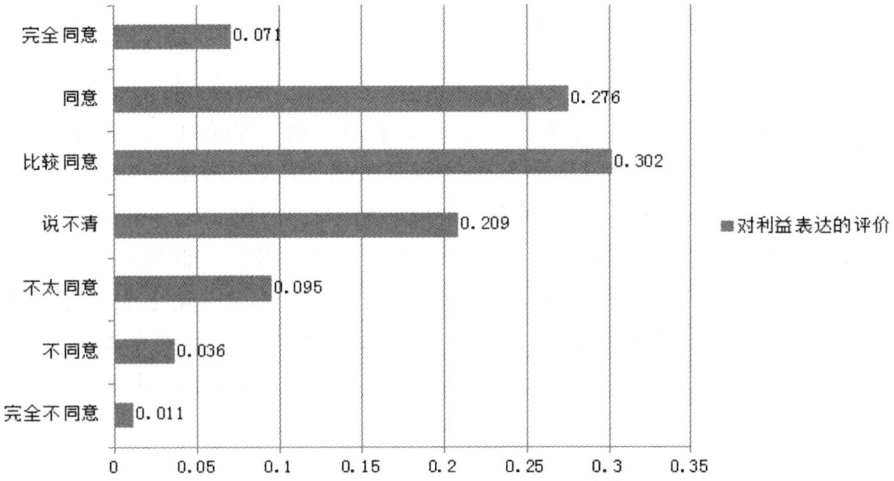

图 3-47　对民族地区利益表达情况的评价

4. 依法行政

题项“本地政府工作人员普遍具有依法行政的观念”是用来测量西部地区贫困县民众对政府人员依法行政的看法。经统计，选“完全不同意”的有 9 人，占比 1%，选“不同意”的有 21 人，占比 2.3%，选“不太同意”的有 96 人，占比 10.7%，选“说不清”的有 169 人，占比 18.9%，选“比较同意”的有 256 人，占比 28.6%，选“同意”的有 226 人，占比 25.2%，选“完全同意”的有 119 人，占比 13.3%（如图 3-48 所示）。这表明，有六成多的受访者认为西部地区贫困县政府人员在依法行政上表现好，认为依法行政方面表现不好的受访者占一成多，也有接近两成的人不愿意发表意见。

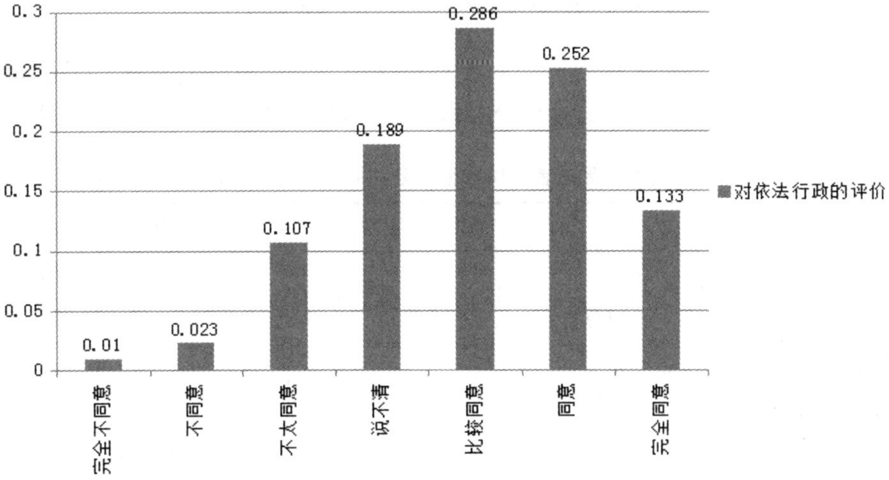

图 3-48　对民族地区政府人员依法行政观念的评价

五、基本公共服务均等化要素

题项“本地政府正努力实现基本公共服务均等化”是用来测量西部地区贫困县民众对公共服务均等化情况的看法。经统计，选“完全不同意”的有 17 人，占比 1.9%，选“不同意”的有 18 人，占比 2%，选“不太同意”的有 56 人，占比 6.3%，选“说不清”的有 157 人，占比 17.5%，选“比较同意”的有 261 人，占比 29.1%，选“同意”的有 299 人，占比 33.4%，选“完全同意”的有 88 人，占比 9.8%（如图 3-49 所示）。这表明，有七成多的受访者认为西部地区贫困县政府在公共服务均等化上表现好，认为公共服务均等化方面表现不好的受访者占一成多，也有不到两成的人不愿意发表意见，可见，政府在推进公共服务均等化上的努力还是得到了相当大多数民众的认可。

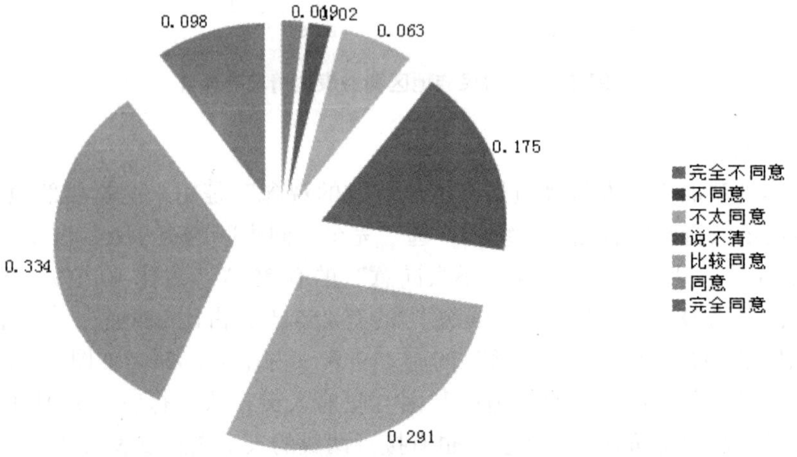

图 3-49　对民族地区公共服务均等化情况的评价

表 3-256 反映出了不同省份受访者对民族地区公共服务均等化情况的看法情况。经卡方检验，不同省份受访者在民族地区公共服务均等化情况的看法上有显著性差异。

表 3-256　不同省份受访者与民族地区公共服务均等化情况的交叉列表

省份	项目	政府正努力实现基本公共服务均等化							总计
		完全不同意	不同意	不太同意	说不清	比较同意	同意	非常同意	
贵州	计数	6	4	23	60	87	84	35	299
	占政府正努力实现基本公共服务均等化的百分比	35.3%	22.2%	41.1%	38.2%	33.3%	28.1%	39.8%	33.4%
	占总计的百分比	0.7%	0.4%	2.6%	6.7%	9.7%	9.4%	3.9%	33.4%

续表

省份	项目	政府正努力实现基本公共服务均等化							总计
		完全不同意	不同意	不太同意	说不清	比较同意	同意	非常同意	
云南	计数	6	9	15	41	82	127	17	297
	占政府正努力实现基本公共服务均等化的百分比	35.3%	50.0%	26.8%	26.1%	31.4%	42.5%	19.3%	33.1%
	占总计的百分比	0.7%	1.0%	1.7%	4.6%	9.2%	14.2%	1.9%	33.1%
广西	计数	5	5	18	56	92	88	36	300
	占政府正努力实现基本公共服务均等化的百分比	29.4%	27.8%	32.1%	35.7%	35.2%	29.4%	40.9%	33.5%
	占总计的百分比	0.6%	0.6%	2.0%	6.3%	10.3%	9.8%	4.0%	33.5%
总计	计数	17	18	56	157	261	299	88	896
	占政府正努力实现基本公共服务均等化的百分比	100.0%	100.0%	100.0%	100.0%	100.0%	100.0%	100.0%	100.0%
	占总计的百分比	1.9%	2.0%	6.3%	17.5%	29.1%	33.4%	9.8%	100.0%

表 3-257 反映出了不同受教育程度受访者对民族地区公共服务均等化情况的看法情况。经卡方检验，不同受教育程度受访者在民族地区公共服务均等化情况的看法上有显著性差异。

表 3-257　不同受教育程度受访者与民族地区公共服务均等化情况的交叉列表

教育分组	项目	政府正努力实现基本公共服务均等化							总计
		完全不同意	不同意	不太同意	说不清	比较同意	同意	非常同意	
未上学	计数	0	0	0	8	5	17	1	31
	占政府正努力实现基本公共服务均等化的百分比	0.0%	0.0%	0.0%	5.1%	1.9%	5.7%	1.1%	3.5%
	占总计的百分比	0.0%	0.0%	0.0%	0.9%	0.6%	1.9%	0.1%	3.5%
小学	计数	0	4	4	29	41	54	4	136
	占政府正努力实现基本公共服务均等化的百分比	0.0%	22.2%	7.1%	18.5%	15.7%	18.1%	4.5%	15.2%
	占总计的百分比	0.0%	0.4%	0.4%	3.2%	4.6%	6.0%	0.4%	15.2%

续表

教育分组	项目	政府正努力实现基本公共服务均等化							总计
		完全不同意	不同意	不太同意	说不清	比较同意	同意	非常同意	
初中	计数	2	7	11	31	45	54	16	166
	占政府正努力实现基本公共服务均等化的百分比	11.8%	38.9%	19.6%	19.7%	17.2%	18.1%	18.2%	18.5%
	占总计的百分比	0.2%	0.8%	1.2%	3.5%	5.0%	6.0%	1.8%	18.5%
高中	计数	6	1	17	27	52	60	19	182
	占政府正努力实现基本公共服务均等化的百分比	35.3%	5.6%	30.4%	17.2%	19.9%	20.1%	21.6%	20.3%
	占总计的百分比	0.7%	0.1%	1.9%	3.0%	5.8%	6.7%	2.1%	20.3%
专科	计数	5	3	14	28	55	53	16	174
	占政府正努力实现基本公共服务均等化的百分比	29.4%	16.7%	25.0%	17.8%	21.1%	17.7%	18.2%	19.4%
	占总计的百分比	0.6%	0.3%	1.6%	3.1%	6.1%	5.9%	1.8%	19.4%
本科	计数	1	2	5	20	47	36	15	126
	占政府正努力实现基本公共服务均等化的百分比	5.9%	11.1%	8.9%	12.7%	18.0%	12.0%	17.0%	14.1%
	占总计的百分比	0.1%	0.2%	0.6%	2.2%	5.2%	4.0%	1.7%	14.1%
研究生	计数	3	1	5	14	16	25	17	81
	占政府正努力实现基本公共服务均等化的百分比	17.6%	5.6%	8.9%	8.9%	6.1%	8.4%	19.3%	9.0%
	占总计的百分比	0.3%	0.1%	0.6%	1.6%	1.8%	2.8%	1.9%	9.0%
总计	计数	17	18	56	157	261	299	88	896
	占政府正努力实现基本公共服务均等化的百分比	100.0%	100.0%	100.0%	100.0%	100.0%	100.0%	100.0%	100.0%
	占总计的百分比	1.9%	2.0%	6.3%	17.5%	29.1%	33.4%	9.8%	100.0%

表3-258反映出了不同收入水平受访者对民族地区公共服务均等化情况的看法情况。经卡方检验，不同收入水平受访者在民族地区公共服务均等化情况的看法上有显著性差异。

表 3-258　不同收入水平受访者与民族地区公共服务均等化情况的交叉列表

收入分组	项目	政府正努力实现基本公共服务均等化							总计
		完全不同意	不同意	不太同意	说不清	比较同意	同意	非常同意	
低收入者	计数	5	5	28	72	98	125	19	352
	占政府正努力实现基本公共服务均等化的百分比	29.4%	27.8%	50.0%	45.9%	37.5%	41.8%	21.6%	39.3%
	占总计的百分比	0.6%	0.6%	3.1%	8.0%	10.9%	14.0%	2.1%	39.3%
中等收入者	计数	9	8	20	43	76	83	29	268
	占政府正努力实现基本公共服务均等化的百分比	52.9%	44.4%	35.7%	27.4%	29.1%	27.8%	33.0%	29.9%
	占总计的百分比	1.0%	0.9%	2.2%	4.8%	8.5%	9.3%	3.2%	29.9%
高收入者	计数	3	5	8	42	87	91	40	276
	占政府正努力实现基本公共服务均等化的百分比	17.6%	27.8%	14.3%	26.8%	33.3%	30.4%	45.5%	30.8%
	占总计的百分比	0.3%	0.6%	0.9%	4.7%	9.7%	10.2%	4.5%	30.8%
总计	计数	17	18	56	157	261	299	88	896
	占政府正努力实现基本公共服务均等化的百分比	100.0%	100.0%	100.0%	100.0%	100.0%	100.0%	100.0%	100.0%
	占总计的百分比	1.9%	2.0%	6.3%	17.5%	29.1%	33.4%	9.8%	100.0%

表 3-259 反映出了不同民族受访者对民族地区公共服务均等化情况的看法情况。经卡方检验，不同民族受访者在民族地区公共服务均等化情况的看法上有显著性差异。

表 3-259　不同民族受访者与民族地区公共服务均等化情况的交叉列表

民族	项目	政府正努力实现基本公共服务均等化							总计
		完全不同意	不同意	不太同意	说不清	比较同意	同意	非常同意	
汉族	计数	9	8	23	52	99	105	37	333
	占政府正努力实现基本公共服务均等化的百分比	52.9%	44.4%	41.1%	33.1%	37.9%	35.2%	42.0%	37.2%
	占总计的百分比	1.0%	0.9%	2.6%	5.8%	11.1%	11.7%	4.1%	37.2%

续表

民族	项目	政府正努力实现基本公共服务均等化							总计
		完全不同意	不同意	不太同意	说不清	比较同意	同意	非常同意	
苗族	计数	1	3	9	20	20	21	8	82
	占政府正努力实现基本公共服务均等化的百分比	5.9%	16.7%	16.1%	12.7%	7.7%	7.0%	9.1%	9.2%
	占总计的百分比	0.1%	0.3%	1.0%	2.2%	2.2%	2.3%	0.9%	9.2%
布依族	计数	0	0	0	1	1	0	1	3
	占政府正努力实现基本公共服务均等化的百分比	0.0%	0.0%	0.0%	0.6%	0.4%	0.0%	1.1%	0.3%
	占总计的百分比	0.0%	0.0%	0.0%	0.1%	0.1%	0.0%	0.1%	0.3%
侗族	计数	2	0	10	28	48	38	18	144
	占政府正努力实现基本公共服务均等化的百分比	11.8%	0.0%	17.9%	17.8%	18.4%	12.8%	20.5%	16.1%
	占总计的百分比	0.2%	0.0%	1.1%	3.1%	5.4%	4.2%	2.0%	16.1%
壮族	计数	1	1	1	14	34	32	6	89
	占政府正努力实现基本公共服务均等化的百分比	5.9%	5.6%	1.8%	8.9%	13.0%	10.7%	6.8%	9.9%
	占总计的百分比	0.1%	0.1%	0.1%	1.6%	3.8%	3.6%	0.7%	9.9%
白族	计数	1	2	0	3	4	6	1	17
	占政府正努力实现基本公共服务均等化的百分比	5.9%	11.1%	0.0%	1.9%	1.5%	2.0%	1.1%	1.9%
	占总计的百分比	0.1%	0.2%	0.0%	0.3%	0.4%	0.7%	0.1%	1.9%
哈尼族	计数	0	0	0	0	1	0	0	1
	占政府正努力实现基本公共服务均等化的百分比	0.0%	0.0%	0.0%	0.0%	0.4%	0.0%	0.0%	0.1%
	占总计的百分比	0.0%	0.0%	0.0%	0.0%	0.1%	0.0%	0.0%	0.1%

续表

民族	项目	政府正努力实现基本公共服务均等化							总计
		完全不同意	不同意	不太同意	说不清	比较同意	同意	非常同意	
彝族	计数	0	0	5	22	27	69	5	128
	占政府正努力实现基本公共服务均等化的百分比	0.0%	0.0%	8.9%	14.0%	10.3%	23.2%	5.7%	14.3%
	占总计的百分比	0.0%	0.0%	0.6%	2.5%	3.0%	7.7%	0.6%	14.3%
瑶族	计数	3	3	7	15	26	19	12	85
	占政府正努力实现基本公共服务均等化的百分比	17.6%	16.7%	12.5%	9.6%	10.0%	6.4%	13.6%	9.5%
	占总计的百分比	0.3%	0.3%	0.8%	1.7%	2.9%	2.1%	1.3%	9.5%
仫佬族	计数	0	0	0	0	0	3	0	3
	占政府正努力实现基本公共服务均等化的百分比	0.0%	0.0%	0.0%	0.0%	0.0%	1.0%	0.0%	0.3%
	占总计的百分比	0.0%	0.0%	0.0%	0.0%	0.0%	0.3%	0.0%	0.3%
回族	计数	0	1	1	1	1	5	0	9
	占政府正努力实现基本公共服务均等化的百分比	0.0%	5.6%	1.8%	0.6%	0.4%	1.7%	0.0%	1.0%
	占总计的百分比	0.0%	0.1%	0.1%	0.1%	0.1%	0.6%	0.0%	1.0%
土家族	计数	0	0	0	1	0	0	0	1
	占政府正努力实现基本公共服务均等化的百分比	0.0%	0.0%	0.0%	0.6%	0.0%	0.0%	0.0%	0.1%
	占总计的百分比	0.0%	0.0%	0.0%	0.1%	0.0%	0.0%	0.0%	0.1%
总计	计数	17	18	56	157	261	298	88	895
	占政府正努力实现基本公共服务均等化的百分比	100.0%	100.0%	100.0%	100.0%	100.0%	100.0%	100.0%	100.0%
	占总计的百分比	1.9%	2.0%	6.3%	17.5%	29.2%	33.3%	9.8%	100.0%

六、其他要素

1. 公共服务不满意之处

题项“您认为本民族地区群众在政府办事时最不满意的是什么”是用来考察西部地区贫困县民众对政府提供公共服务的不满之处的看法。经统计，选“政府部门的办事效率”的有 293 人，占比 33.4%，排在第一位；选“利益表达的渠道太少”的有 173 人，占比 19.7%，排在第二位；选“政府工作人员的态度”的有 146 人，占比 16.7%，排在第三位；选“政府部门办事的透明度”的有 103 人，占比 11.8%，排在第四位；选“政府部门办事的公正性”的有 97 人，占比 11.1%，排在第五位；选“利益表达的渠道不通畅”的有 48 人，占比 5.5%，排在第六位；选“没有不满意的”的有 9 人，占比 1%，排在第七位；选“不知道”的有 5 人，占比 0.6%，排在第八位；选“不能真正为民所想”的有 1 人，占比 0.1%，排在第九位；选“无地方民族特色”的也有 1 人，占比 0.1%，排在并列第九位（如图 3-50 所示）。可见，办事效率、利益表达渠道、办事透明度等均是政府在提供公共服务时需要注意和改进的地方。

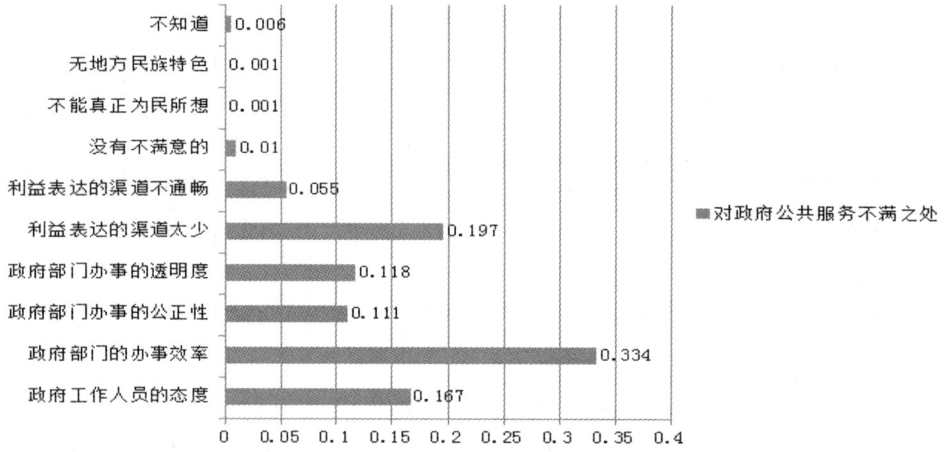

图 3-50　对民族地区公共服务不满意之处

2. 公共服务供给的有效性

题项“您认为现在的政府提供的公共服务对解决群众的困难有帮助吗?”是用来考察西部地区贫困县民众对政府提供公共服务的帮助性的看法。经统计，选“反而会添乱”的有 4 人，占比 0.4%，选“没帮助”的有 28 人，占比 3.1%，选“不太有帮助”的有 73 人，占比 8.2%，选“说不清”的有 135 人，占比 15.2%，选“有点帮助”的有 355 人，占比 39.9%，选“有帮助”的有 249 人，占比 28%，选“有很大帮助”的有 46 人，占比 5.2%（如图 3-51 所示）。这表明，有七成多的受访者认为西部地区贫困县政府提供的公共服务有帮助，认为政府提供的公共服务没有帮助的受访者占一成多，也有一成多的人不愿意发表意见。

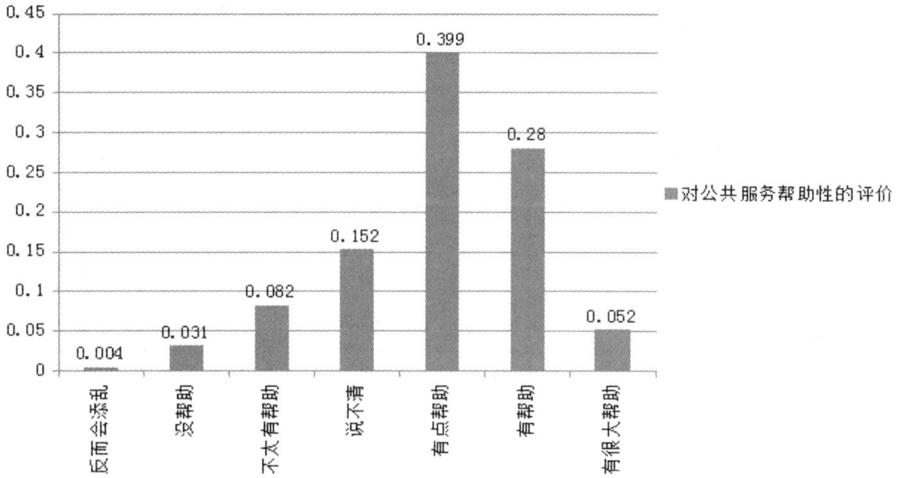

图 3-51　对民族地区公共服务帮助性的评价

3. 对当前社会问题严重性的看法

通过询问受访者对下岗失业问题、社会治安问题、贫富分化问题、生活贫困问题、官员腐败问题、社会公德问题、通货膨胀问题、财产纠纷问题、医疗疾病问题的严重性看法，借助李克特五级量表，由“非常严重”到“不严重”的分级，以此来考察民众对这些社会问题的评价，由此得到表 3-260 的情况。

表 3-260　民众对当前社会问题的评价

	下岗失业问题（%）	社会治安问题（%）	贫富分化问题（%）	生活贫困问题（%）	官员腐败问题（%）	社会公德问题（%）	通货膨胀问题（%）	财产纠纷问题（%）	医疗疾病问题（%）
非常严重	5.9	3.0	6.8	6.3	6.0	4.0	6.4	2.4	8.3
比较严重	23.6	17.1	27.7	26.2	16.8	16.7	18.3	12.8	18.4
一般	46.2	35.6	36.6	38.9	38.2	37.3	43.0	44.4	36.8
不太严重	17.4	25.2	20.4	21.8	26.0	27.5	23.0	27.4	24.5
不严重	6.8	19.1	8.4	6.8	13.0	14.4	9.3	13.0	12.0
总计	100.0	100.0	100.0	100.0	100.0	100.0	100.0	100.0	100.0

通过对以上九个方面的社会问题由“非常严重”到“不严重”的李克特五级量表打分，以此来考察民众对这些社会问题的打分均值情况，通过均值比较，得到表 3-261 的情况。可见，在西部地区民众认为社会问题的严重性排序依次是：贫富分化问题和下岗失业问题、生活贫困问题、通货膨胀问题、医疗疾病问题、官员腐败问题、社会公德问题、财产纠纷问题、社会治安问题。

表 3-261　民众对当前社会问题的均值比较

	个案数	平均值
下岗失业问题	894	2.96
社会治安问题	894	3.40
贫富分化问题	891	2.96
生活贫困问题	891	2.97
官员腐败问题	889	3.23
社会公德问题	890	3.31
通货膨胀问题	894	3.11
财产纠纷问题	891	3.36
疾病医疗问题	884	3.14

与此相对照的是，大约十年前在贵州民族地区所做的问卷调查中，排名的先后顺序是：贫富分化问题、官员腐败问题、生活贫困问题、通货膨胀问题、下岗失业问题、医疗疾病问题、社会公德问题、社会治安问题、财产纠纷问题。这说明，在西部地区，贫富分化问题、生活贫困问题依然是困扰西部地区的严重社会问题，而下岗失业问题、医疗疾病问题、财产纠纷问题排名的上升，意味着这些问题在变得严重起来，而官员腐败问题排序下降，意味着这些问题的治理有了初步成效，而社会治安问题一直不是困扰西部地区的严重社会问题，也意味着西部地区社会治安状况良好，受到了西部各族群众的一致性认可。

4. 公共服务供给影响因素

题项“您认为影响政府提供公共服务最重要的因素是什么”是用来考察西部地区贫困县民众对公共服务影响因素情况的看法。经统计，选“政府财政能力”的有 256 人，占比 28.8%，排在第一位；选“政府服务意愿”的有 155 人，占比 17.4%，排在第二位；选“本地经济社会状况”的有 100 人，占比 11.2%，排在第三位；选“政府考核指标”的有 89 人，占比 10%，排在第四位；选“民众参与”的有 44 人，占比 4.9%，排在第五位；选“服务需求”的有 43 人，占比 4.8%，排在第六位；选“党的方针政策”的有 42 人，占比 4.7%，排在第七位；选“思想观念”的有 38 人，占比 4.3%，排在第八位；选“宏观经济形势”的有 33 人，占比 3.7%，排在第九位；选“维稳压力”的有 31 人，占比 3.4%，排在第十位；选“利益分化”的有 25 人，占比 2.8%，排在第十一位；选“人口流动”的有 18 人，占比 2%，排在第十二位；选“城乡二元结构”的有 10 人，占比 1.1%，排在第十三位；选“民族矛盾”的有 4 人，占比 0.4%，排在第十四位；选“供给机制”的有 2 人，占比 0.2%，排在第十五位（如表 3-262 所示）。可见，多数受访者还是能较为理性地看待政府的公共服务影响因素的，民众认为排在前三位的影响因素分别是：政府财政能力、政府服务意愿、本地经济社会状况。客观地看，这些影响因素已经触及到了政府的主观意愿与客观能力，以及外在的经济社会环境等重要因素，对理解西部地区贫困县政府公共服务供给因素有较大启发意义。

表 3-262 公共服务供给影响因素

排序	影响因素	百分比
1	政府财政能力	28.8%
2	政府服务意愿	17.4%
3	本地经济社会状况	11.2%
4	政府考核指标	10%
5	民众参与	4.9%
6	服务需求	4.8%
7	党的方针政策	4.7%
8	思想观念	4.3%
9	宏观经济形势	3.7%
10	维稳压力	3.4%
11	利益分化	2.8%
12	人口流动	2%
13	城乡二元结构	1.1%
14	民族矛盾	0.4%
15	供给机制	0.2%

5. 民众急需的公共服务

“您最需要本地政府为您提供的服务有哪些?”的题项，是考察的是民众对基本公共服务类型的需求，在 891 个有效样本中，选“就业信息咨询”的有 181 人，占比 7.3%，选“职业介绍”的有 371 人，占比 14.9%，选“生活环境美化”的有 329 人，占比 13.2%，选“法律援助”的有 177 人，占比 7.1%，选“政策法律法规咨询”的有 144 人，占比 5.8%，选“权益维护”的有 253 人，占比 10.2%，选“职业技能培训”的有 267 人，占比 10.7%，选“技术技能鉴定”的有 39 人，占比 1.6%，选“办理证件或证明”的有 82 人，占比 3.3%，选“体育健身服务”的有 102 人，占比 4.1%，选“生殖健康服务”的有 17 人，占比 0.7%，选“残疾人特殊服务”的有 49 人，占比 2%，选“教育培训服务”的有 101 人，占比 4.1%，选“休闲娱乐服务”的有 101 人，占比 4.1%，选“生活困难帮扶服务”的有 308 人，占比 12.4%，选“农副产品价格稳定”的有 2 人，占比 0.1%，选“提高工资”的有 1 人，占比 0%，选“对待农民好点”的有 1 人，占比 0%，选“养老保险”的有 1 人，占比 0%，选“医疗服务”的有 1 人，占比 0%，选“停车服务”的有 1 人，占比 0%，选“按时休节假日”的有 1 人，占比 0%，选“完成烂尾楼”的有 1 人，占比 0%（如图 3-52）。可见，受访民众急需的公共服务排在前五位的分别是：职业介绍、生活环境美化、生活困难帮扶服务、职业技能培训、权益维护。对于西部地区贫困县受访民众来说，解决生计与贫困问题依然是政府提供的基本公共服务的首选项。

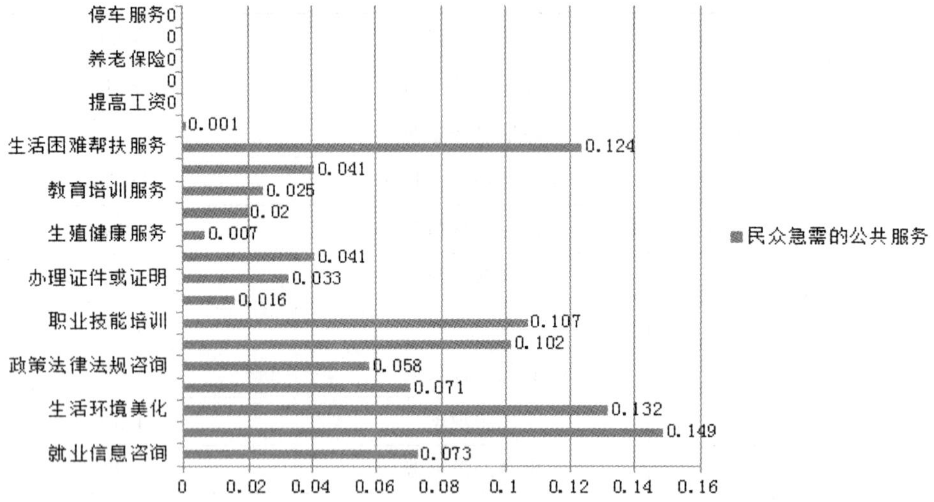

图 3-52　民众急需的公共服务

第四节　基本公共服务满意度

基本公共服务满意度量表由25个满意度分量表构成，涉及基础教育、公共医疗卫生、公共基础设施、公共交通、社会保障、社会服务、环境保护、食品安全等诸多方面。

一、社会公平发展评价

题项“本地社会财富的分配体现了公平”是考察受访者对社会公平发展的满意度。经统计，在896个有效样本中，回答“完全不同意”的有29人，占比3.2%，选“不同意”的有58人，占比6.5%，选“不太同意”的有134人，占比15%，选“说不清”的有237人，占比26.5%，选“比较同意”的有206人，占比23%，选“同意”的有150人，占比16.7%，选“完全同意”的有82人，占比9.2%（如图3-53）。可见，超过四成的受访者对于社会公平发展给予了积极评价，有两成多的受访者对于社会公平发展给予了消极评价，有两成多的受访者未发表意见。

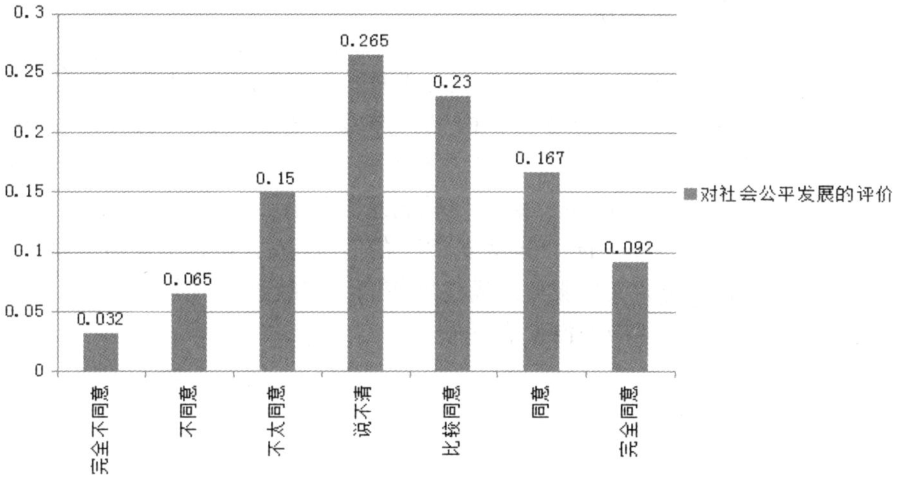

图 3-53　对社会公平发展的评价

二、生活满意度评价

题项“您很满意在本地生活”是考察受访者对生活满意度的评价。经统计，在 899 个有效样本中，回答“完全不同意”的有 30 人，占比 3.3%，选“不同意”的有 27 人，占比 3%，选“不太同意”的有 93 人，占比 10.3%，选“说不清”的有 144 人，占比 16%，选“比较同意”的有 235 人，占比 26.1%，选“同意”的有 231 人，占比 25.7%，选“完全同意”的有 139 人，占比 15.5%（如图 3-54）。可见，有接近七成的受访者给予了生活满意度以积极评价，有一成多的受访者对生活满意度给予了消极评价，有一成多的受访者没有发表意见。

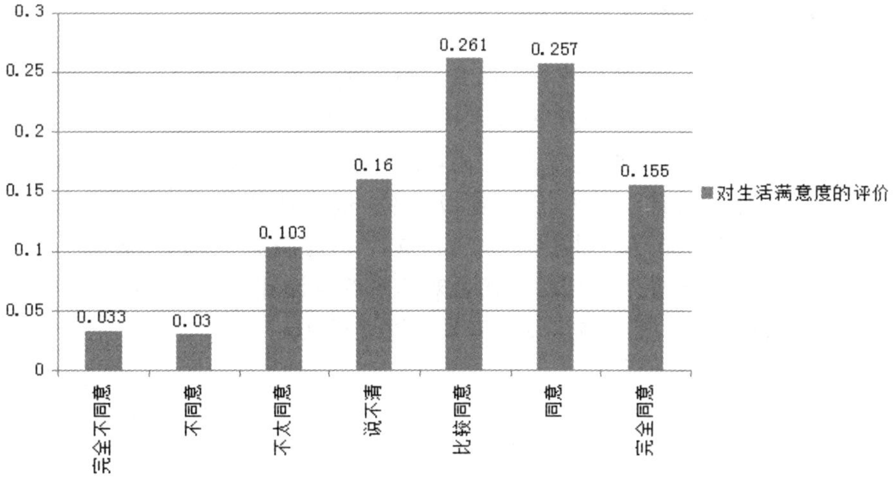

图 3-54　对生活满意度的评价

三、文化设施满意度评价

“您对公共文化资源（如图书馆、阅览室）的评价”的题项，测试的是民众对公共文化服务的满意度，在896个有效样本中，回答“非常不满意”的有55人，占比6.1%，选“不满意”的有78人，占比8.7%，选“不太满意”的有113人，占比12.6%，选“说不清”的有186人，占比20.8%，选“比较满意”的有246人，占比27.5%，选“满意”的有163人，占比18.2%，选“非常满意”的有55人，占比6.1%（如图3-55）。可见，有五成多受访者对公共文化服务的满意度较高，有接近三成的人给予了消极评价，有两成多受访民众对公共文化服务没发表意见。

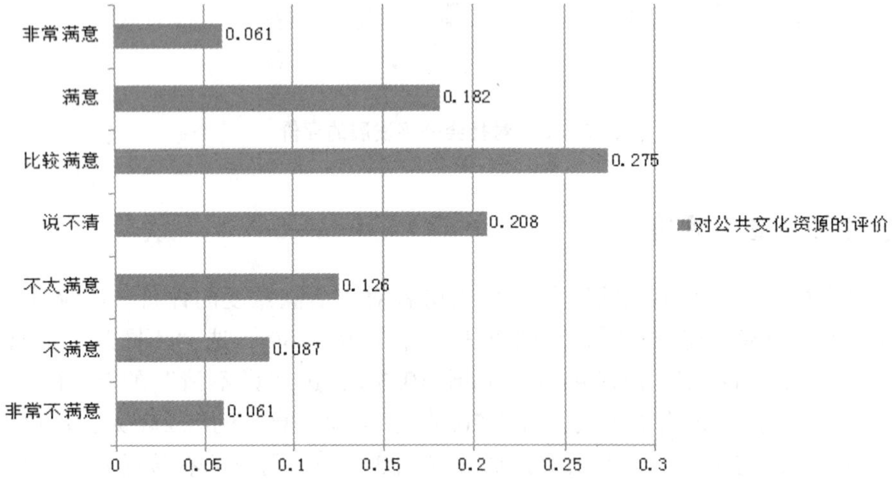

图3-55　公共文化资源满意度

四、体育健身设施满意度评价

“您对体育健身设施（如健身器材、体育场馆）的评价”的题项，测试的是民众对体育健身服务的满意度，在897个有效样本中，回答“非常不满意”的有56人，占比6.2%，选“不满意”的有75人，占比8.4%，选“不太满意”的有160人，占比17.8%，选“说不清”的有156人，占比17.4%，选“比较满意”的有224人，占比25%，选“满意”的有160人，占比17.8%，选“非常满意”的有66人，占比7.4%（如图3-56）。可见，也有超过五成的受访者对体育健身设施给予了积极评价，有三成多的受访者给予了消极评价，有一成多受访者没有发表意见。

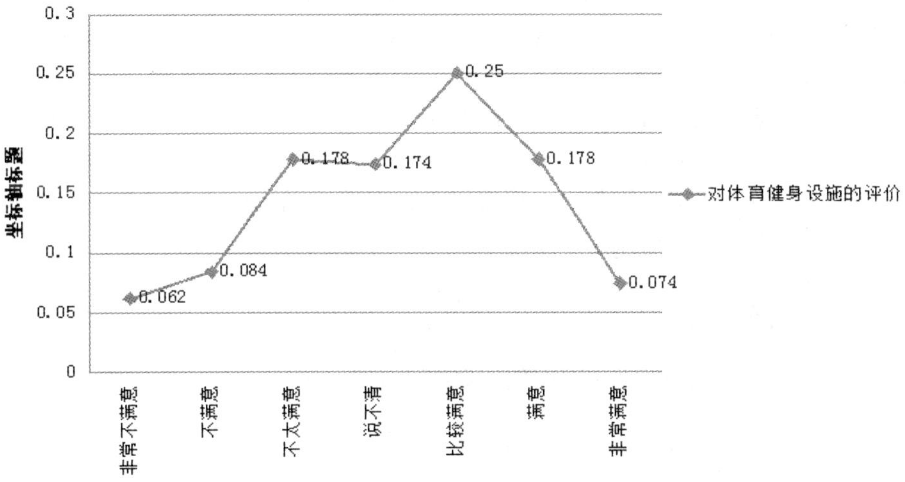

图 3-56　体育健身设施满意度

五、公共交通满意度评价

“您对公路运输网络的评价”的题项，测试的是民众公共交通满意度，在 897 个有效样本中，回答“非常不满意”的有 32 人，占比 3.6%，选“不满意”的有 53 人，占比 5.9%，选“不太满意”的有 95 人，占比 10.6%，选“说不清”的有 167 人，占比 18.6%，选“比较满意”的有 248 人，占比 27.6%，选“满意”的有 239 人，占比 26.6%，选“非常满意”的有 63 人，占比 7%（如图 3-57）。可见，有六成多的受访者对公路网络运输给予了积极评价，有两成多的受访者给予了消极评价，有接近两成的受访者没有发表意见。

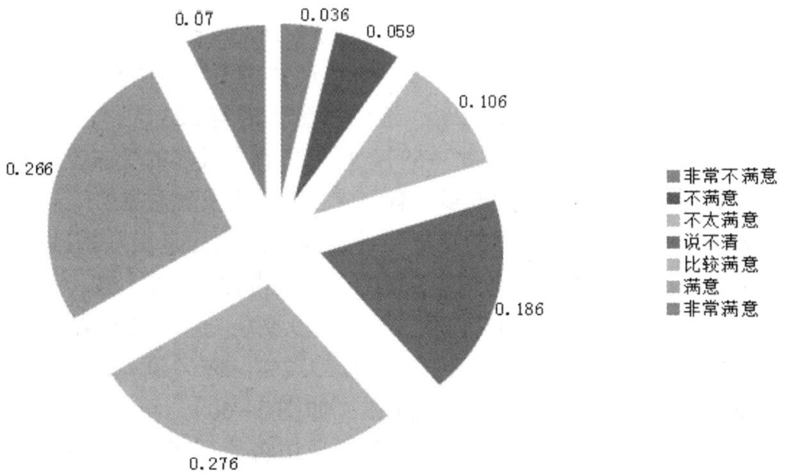

图 3-57　公路运输网络满意度

“您对家附近道路硬化的评价”的题项，测试的是民众对公共交通服务的满意度，在896个有效样本中，回答“非常不满意”的有36人，占比4%，选“不满意”的有51人，占比5.7%，选“不太满意”的有86人，占比9.6%，选“说不清”的有140人，占比15.6%，选“比较满意”的有259人，占比28.9%，选“满意”的有262人，占比29.2%，选“非常满意”的有62人，占比6.9%（如图3-58）。可见，有六成多的受访者对道路硬化这样的公共交通服务给予积极评价，有接近两成的受访者给予了消极评价，有一成多的受访者没有发表意见。

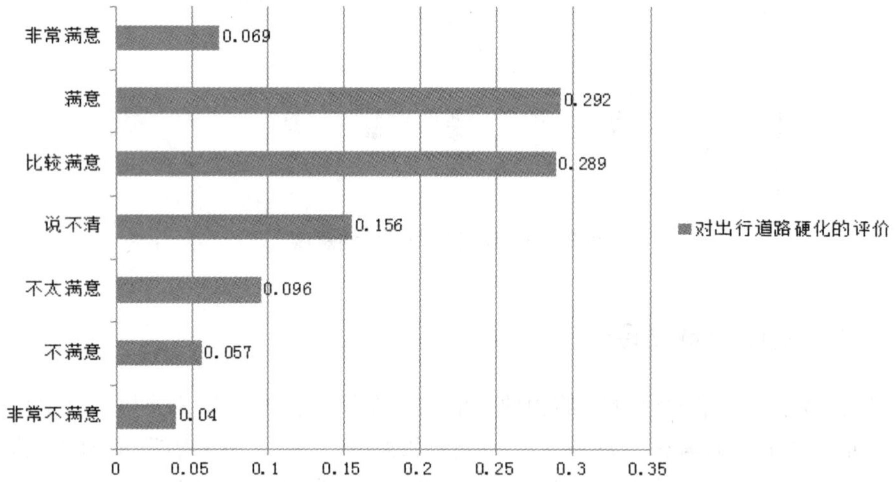

图3-58 道路硬化满意度

六、基础教育满意度评价

“您对小学和初中教育质量的评价”的题项，测试的是民众基础教育满意度，在897个有效样本中，回答“非常不满意”的有20人，占比2.2%，选“不满意”的有46人，占比5.1%，选“不太满意”的有119人，占比13.3%，选“说不清”的有150人，占比16.7%，选“比较满意”的有280人，占比31.2%，选“满意”的有223人，占比24.9%，选“非常满意”的有59人，占比6.6%（如图3-59）。可见，有六成多的受访者给予教学质量以积极评价，给予消极评价的受访者占两成多，有一成多的人未发表意见。

“您对小学和初中教师队伍建设的评价”的题项，测试的是民众基础教育满意度，在898个有效样本中，回答“非常不满意”的有13人，占比1.4%，选“不满意”的有38人，占比4.2%，选“不太满意”的有89人，占比9.9%，选“说不清”的有166人，占比18.5%，选“比较满意”的有298人，占比33.2%，选“满意”的有240人，占比26.7%，选“非常满意”的有54人，占比6%（如图3-60）。可见，有超过六成的人对基础教育教师队伍给予了积极评价，有一成多的受访者给予了消极评价，有一成多的人未发表意见。

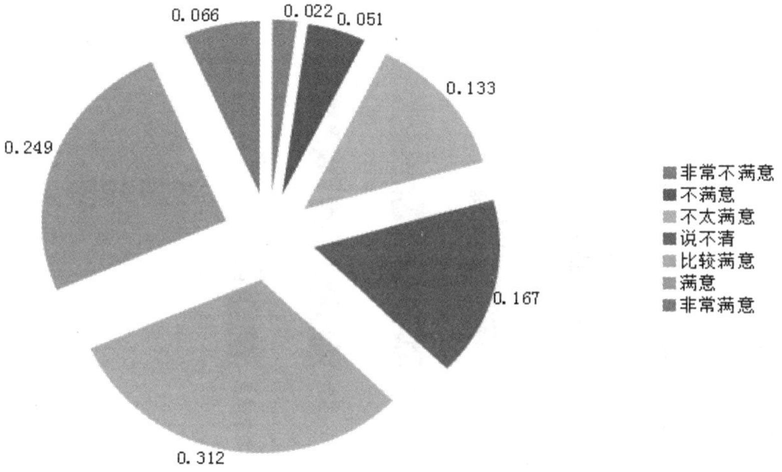

图 3-59　教学质量满意度

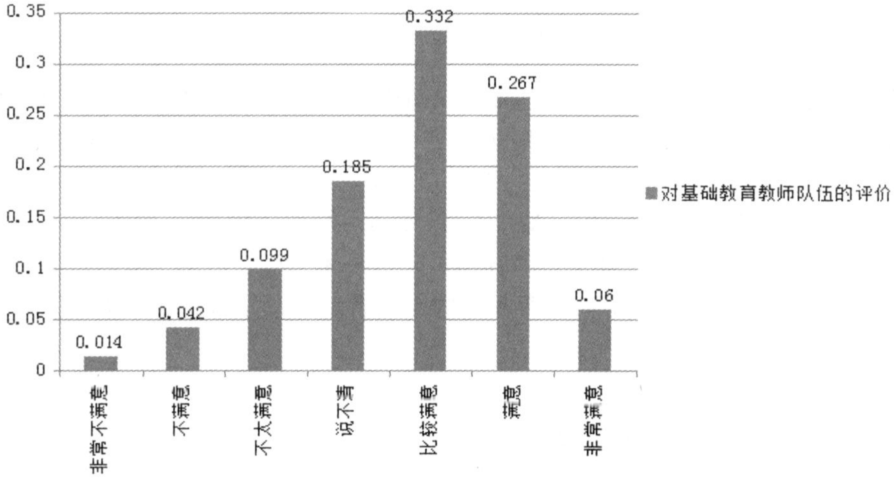

图 3-60　教师队伍满意度

“您对小学和初中教学条件的评价”的题项，测试的是民众基础教育满意度，在 897 个有效样本中，回答“非常不满意”的有 11 人，占比 1.2%，选“不满意”的有 31 人，占比 3.5%，选“不太满意”的有 136 人，占比 15.2%，选“说不清”的有 136 人，占比 15.2%，选“比较满意”的有 266 人，占比 29.7%，选“满意”的有 249 人，占比 27.8%，选“非常满意”的有 68 人，占比 7.6%（如图 3-61）。可见，有超过六成的受访者给予了积极评价，有接近两成的人给予了消极评价，有一成多的人未表明看法。

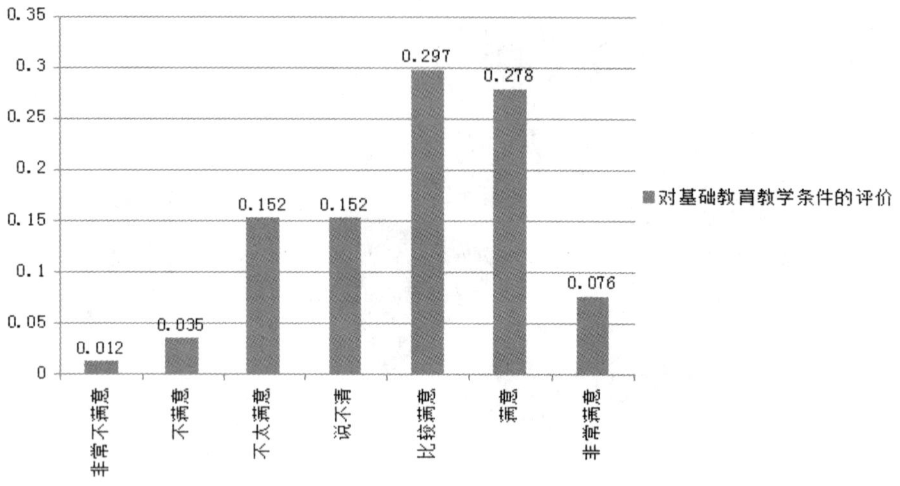

图 3-61 教学条件满意度

七、公共医疗卫生满意度评价

“您对看病方便性的评价”的题项，测试的是民众公共医疗卫生满意度，在 897 个有效样本中，回答“非常不满意”的有 44 人，占比 4.9%，选“不满意”的有 46 人，占比 5.1%，选“不太满意”的有 138 人，占比 15.4%，选“说不清”的有 129 人，占比 14.4%，选“比较满意”的有 292 人，占比 32.6%，选“满意”的有 194 人，占比 21.6%，选“非常满意”的有 54 人，占比 6%（如图 3-62）。可见，有六成多的受访者对看病的方便性给予了积极评价，有两成多的受访者给予了消极评价，有一成多的受访者未发表意见。

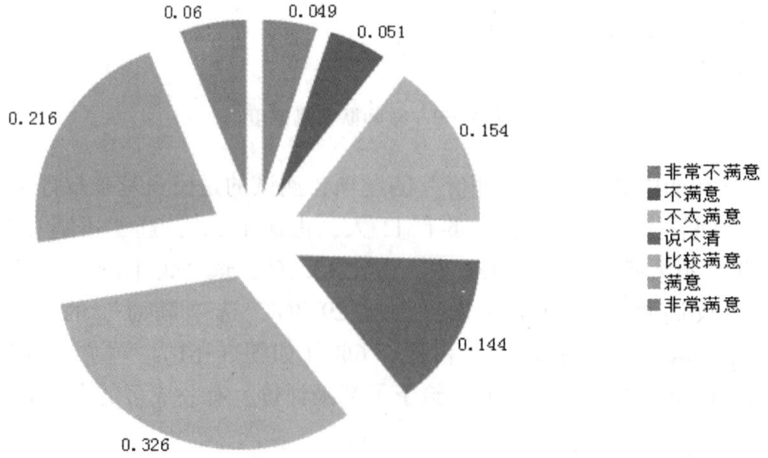

图 3-62 看病方便性满意度

“您对医生医术水平的评价”的题项，测试的是民众公共医疗卫生满意度，在895个有效样本中，回答“非常不满意”的有46人，占比5.1%，选“不满意”的有64人，占比7.2%，选“不太满意”的有139人，占比15.5%，选“说不清”的有179人，占比20%，选“比较满意”的有265人，占比29.6%，选“满意”的有152人，占比17%，选“非常满意”的有50人，占比5.6%（如图3-63）。可见，有超过五成多的受访者对医生医术水平给予了积极评价，有接近三成的人给予了消极评价，有两成多的受访者未发表意见。

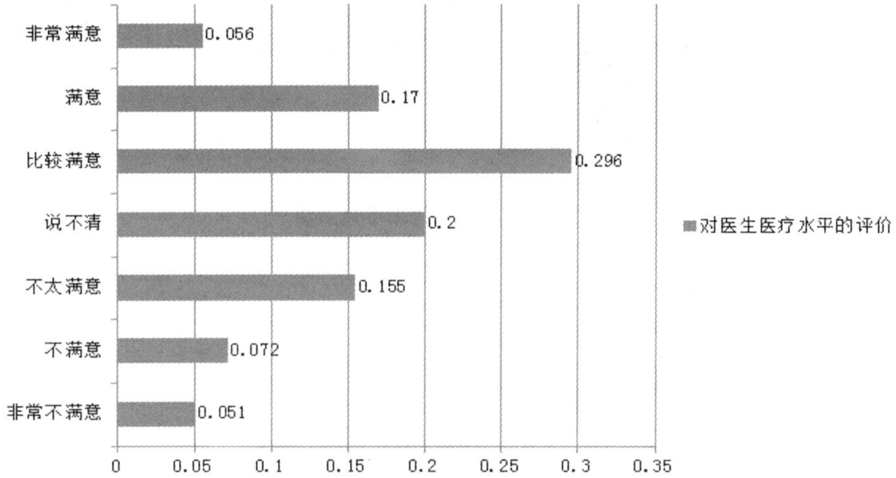

图3-63　医生医术水平满意度

“您对常用药物价格的评价”的题项，测试的是民众公共医疗卫生满意度，在898个有效样本中，回答“非常不满意”的有94人，占比10.5%，选“不满意”的有89人，占比9.9%，选“不太满意”的有214人，占比23.8%，选“说不清”的有154人，占比17.1%，选“比较满意”的有183人，占比20.4%，选“满意”的有94人，占比10.5%，选“非常满意”的有70人，占比7.8%（如图3-64）。可见，有三成多的受访者对药物价格给予了积极评价，有四成多的受访者对此给予了消极评价，也有一成多的受访者没有发表意见。这说明，医疗支付水平上受访者的意见比较大，消极评价者要多于积极评价者。

“您对医疗服务体系的评价”的题项，测试的是民众公共医疗卫生满意度，在897个有效样本中，回答“非常不满意”的有50人，占比5.6%，选“不满意”的有67人，占比7.5%，选“不太满意”的有139人，占比15.5%，选“说不清”的有218人，占比24.3%，选“比较满意”的有256人，占比28.5%，选“满意”的有118人，占比13.2%，选“非常满意”的有49人，占比5.5%（如图3-65）。可见，有四成多的受访者对医疗服务体系给予了积极评价，有接近三成多的受访者给予了消极评价，有两成多的受访者未发表意见。

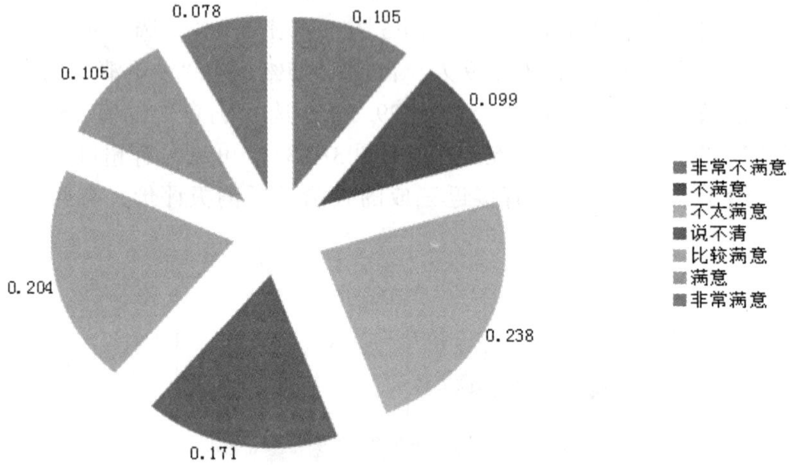

图 3-64 医疗支付水平满意度

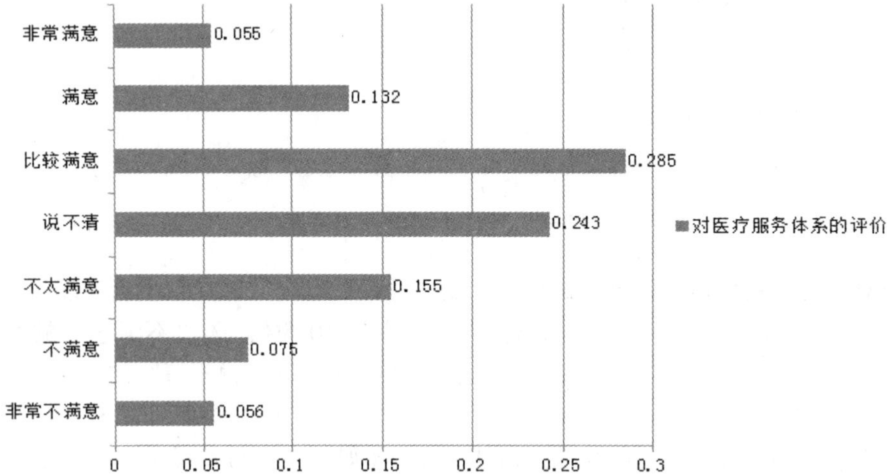

图 3-65 医疗服务体系满意度

八、社会保障满意度评价

“您对养老保险的评价”的题项，测试的是民众对社会保障服务的满意度，在 897 个有效样本中，回答“非常不满意”的有 18 人，占比 26%，选“不满意”的有 45 人，占比 5%，选“不太满意”的有 98 人，占比 10.9%，选“说不清”的有 196 人，占比 21.9%，选“比较满意”的有 256 人，占比 28.5%，选“满意”的有 201 人，占比 22.4%，选“非常满意”的有 83 人，占比 9.3%（如图 3-66）。可见，有六成多的人对养老保险给予积极评价，有接近两成的人给予消极评价，也有两成多的人没有发表意见。

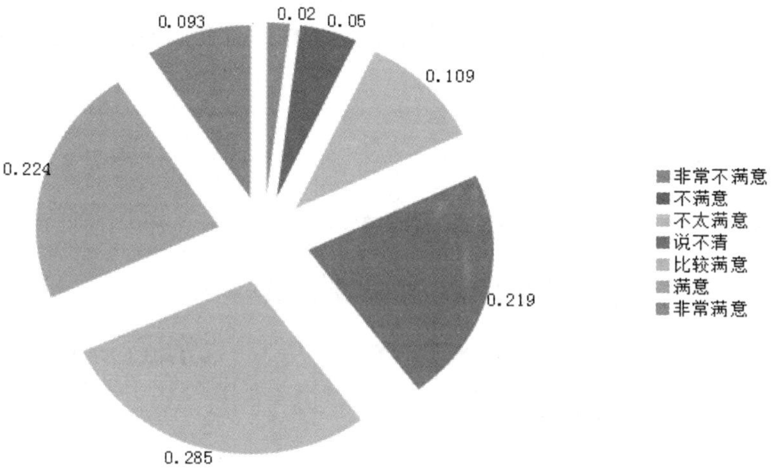

图 3-66　养老保险满意度

“您对最低生活保障的评价”的题项，测试的是民众对社会保障服务的满意度，在894个有效样本中，回答“非常不满意”的有26人，占比2.9%，选“不满意”的有49人，占比5.5%，选“不太满意”的有93人，占比10.4%，选“说不清”的有209人，占比23.4%，选“比较满意”的有271人，占比30.3%，选“满意”的有188人，占比21%，选“非常满意”的有58人，占比6.5%（如图3-67）。可见，五成多的受访者对最低生活保障给予了积极评价，有接近两成的受访者给予了消极评价，有两成多的受访者未发表意见。

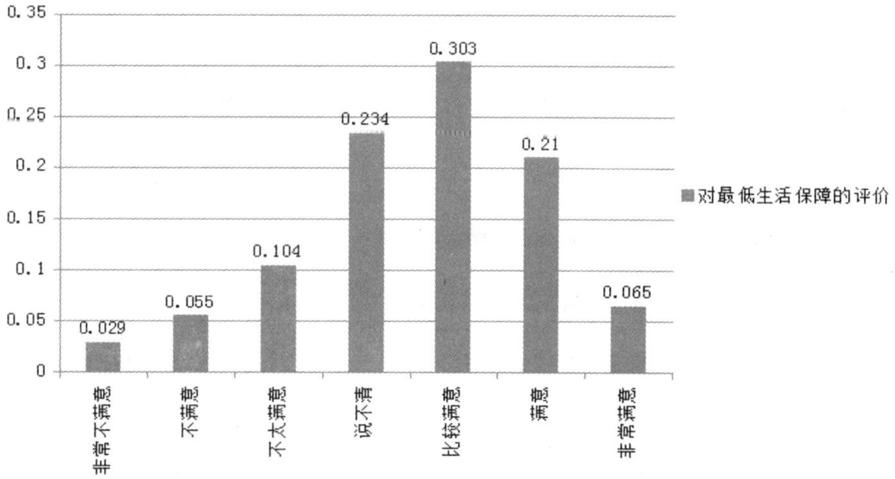

图 3-67　最低生活保障满意度

“您对解决低收入家庭的住房保障的评价”的题项，测试的是民众对社会保障服务的满意度，在897个有效样本中，回答“非常不满意”的有22人，占比2.5%，选“不满意”的有36人，占比4%，选“不太满意”的有110人，占比12.3%，选“说不清”的有191人，占比21.3%，选“比较满意”的有252人，占比28.1%，选“满意”的有210

人，占比 23.4%，选“非常满意”的有 76 人，占比 8.5%（如图 3-68）。可见，有六成的受访者给予了积极评价，有两成多的受访者给予中立评价，有不到两成的受访者给予消极评价，消极评价者要少于积极评价者。

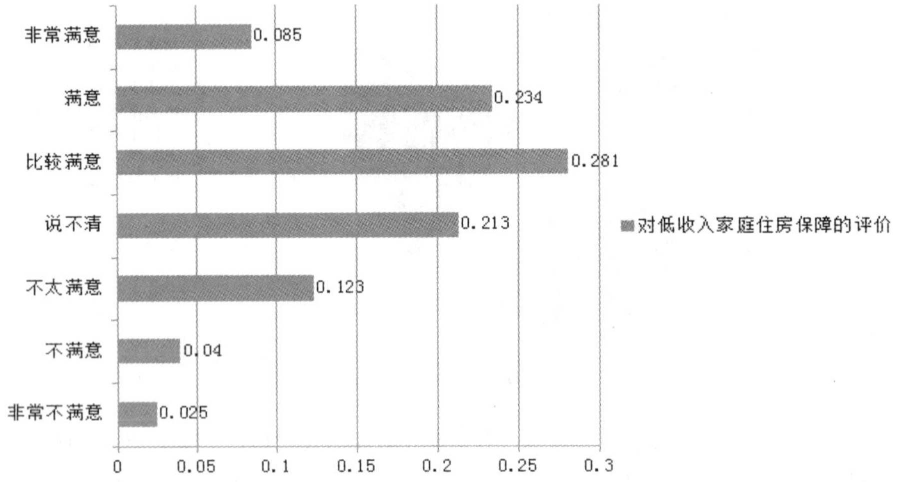

图 3-68　低收入家庭住房保障满意度

“您对特困户危房改造的评价”的题项，测试的是民众对社会保障服务的满意度，在 897 个有效样本中，回答“非常不满意”的有 18 人，占比 2%，选“不满意”的有 41 人，占比 4.6%，选“不太满意”的有 85 人，占比 9.5%，选“说不清”的有 176 人，占比 19.6%，选“比较满意”的有 287 人，占比 29.8%，选“满意”的有 228 人，占比 25.4%，选“非常满意”的有 82 人，占比 9.1%（如图 3-69）。可见，有六成多的受访者给予了积极评价，有近两成的受访者给予中立评价，有一成多的受访者给予消极评价，该项满意度上，积极评价者要多于消极评价者。

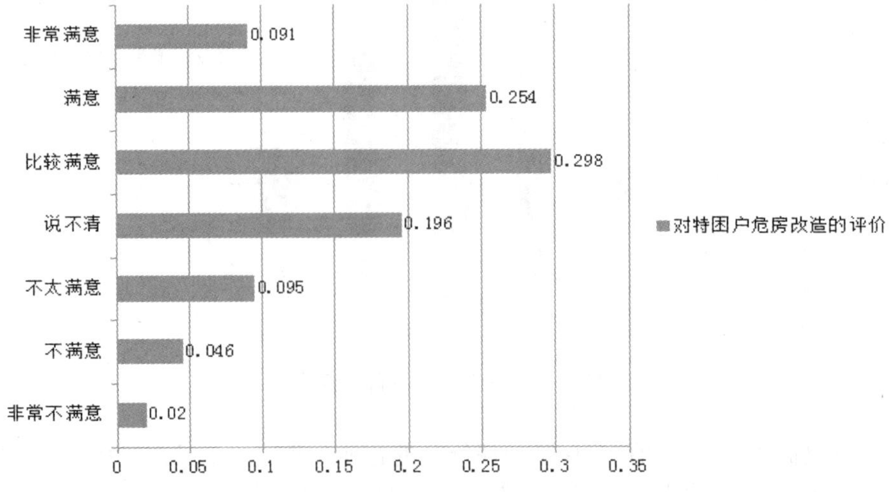

图 3-69　特困户危房改造满意度

九、社会服务满意度评价

"您对社会福利服务（如惠农政策、家电下乡）的评价"的题项，测试的是民众对社会服务的满意度，在 896 个有效样本中，回答"非常不满意"的有 16 人，占比 1.8%，选"不满意"的有 35 人，占比 3.9%，选"不太满意"的有 79 人，占比 8.8%，选"说不清"的有 213 人，占比 23.8%，选"比较满意"的有 286 人，占比 31.9%，选"满意"的有 198 人，占比 22.1%，选"非常满意"的有 69 人，占比 7.7%（如图 3-70）。可见，有六成多的受访者给予了积极评价，有两成多的受访者给予中立评价，有一成多的受访者给予消极评价。

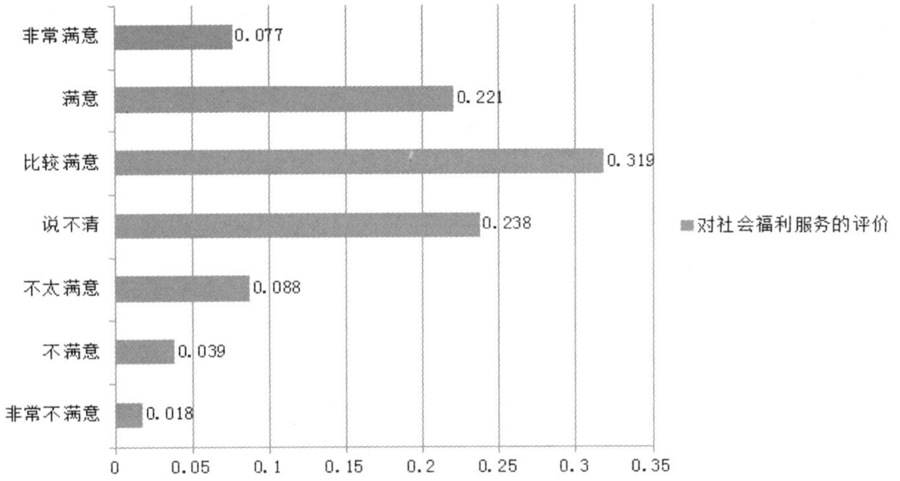

图 3-70　社会福利服务满意度

"您对就业服务的评价"的题项，测试的是民众对社会服务的满意度，在 890 个有效样本中，回答"非常不满意"的有 27 人，占比 3%，选"不满意"的有 39 人，占比 4.4%，选"不太满意"的有 111 人，占比 12.5%，选"说不清"的有 277 人，占比 31.1%，选"比较满意"的有 229 人，占比 25.7%，选"满意"的有 155 人，占比 17.4%，选"非常满意"的有 52 人，占比 5.8%（如图 3-71）。可见，有四成多的受访者对就业服务给予了积极评价，有三成多的受访者给予中立评价，有近两成的受访者给予消极评价，满意者多于不满意者。

"您对劳动者职业技能培训的评价"的题项，测试的是民众对社会服务的满意度，897 个有效样本中，回答"非常不满意"的有 19 人，占比 2.1%，选"不满意"的有 52 人，占比 5.8%，选"不太满意"的有 109 人，占比 12.2%，选"说不清"的有 275 人，占比 30.7%，选"比较满意"的有 229 人，占比 25.5%，选"满意"的有 159 人，占比 17.7%，选"非常满意"的有 54 人，占比 6%（如图 3-72）。可见，对劳动者职业技能培训社会服务给予积极评价的受访者占接近五成，给予消极评价的受访者占两成多，未发表意见的受访者占三成多。

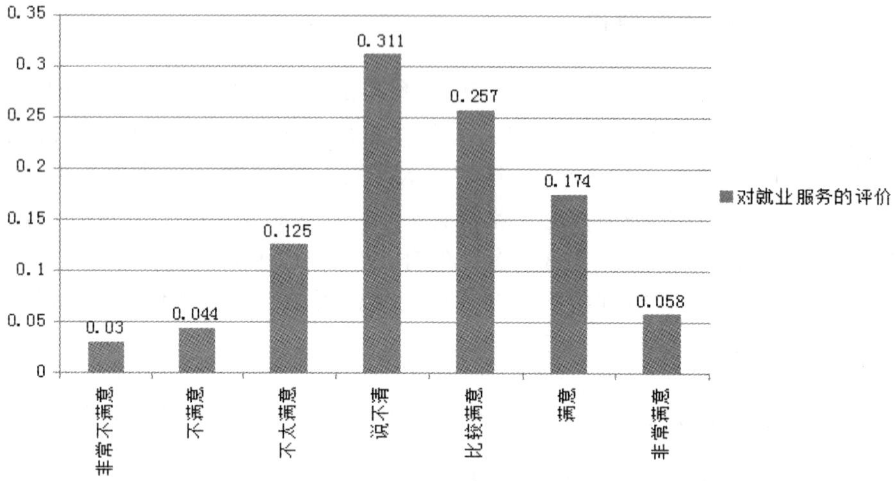

图 3-71 就业服务满意度

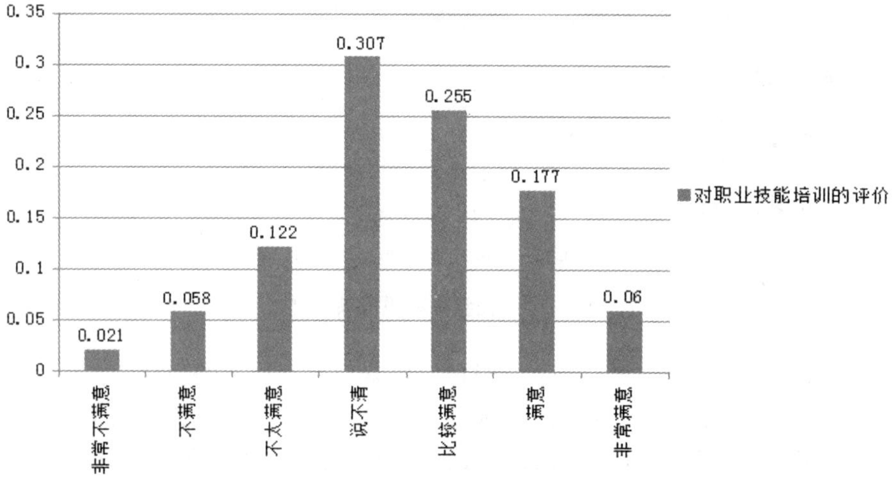

图 3-72 职业技能培训满意度

十、社会治安评价

题项“目前本地的社会治安良好”是考察受访者对社会治安的评价。经统计，在 898 个有效样本中，回答“完全不同意”的有 12 人，占比 1.3%，选“不同意”的有 21 人，占比 2.3%，选“不太同意”的有 56 人，占比 6.2%，选“说不清”的有 122 人，占比 13.6%，选“比较同意”的有 228 人，占比 25.4%，选“同意”的有 362 人，占比 40.3%，选“完全同意”的有 97 人，占比 10.8%（如图 3-73）。可见，有七成六的受访者对社会治安给予了积极评价，有不到一成的受访者对社会治安给予了消极评价，有一成多的受访者未发表意见。这说明，西部地区贫困县社会治安这项公共服务的满意度较高，社会治安良好。

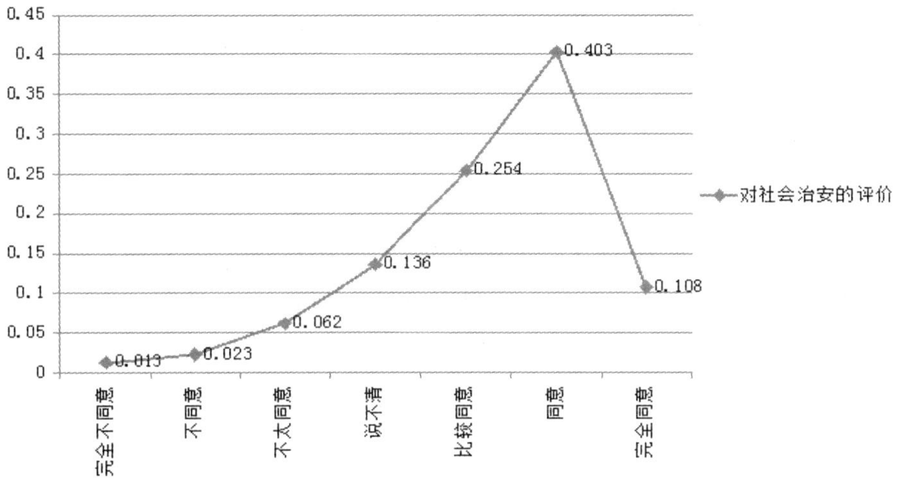

图 3-73　对社会治安的评价

十一、食品安全满意度评价

“您对食品安全的评价”的题项，测试的是民众对食品安全服务的满意度，在 890 个有效样本中，回答“非常不满意”的有 36 人，占比 4%，选“不满意”的有 67 人，占比 7.5%，选“不太满意”的有 127 人，占比 14.3%，选“说不清”的有 176 人，占比 19.8%，选“比较满意”的有 259 人，占比 29.1%，选“满意”的有 170 人，占比 19.1%，选“非常满意”的有 55 人，占比 6.2%（如图 3-74）。这说明，有五成多的受访者对食品安全给予了积极评价，有两成多的受访者对此给予了消极评价，有接近两成的受访者没有发表意见。

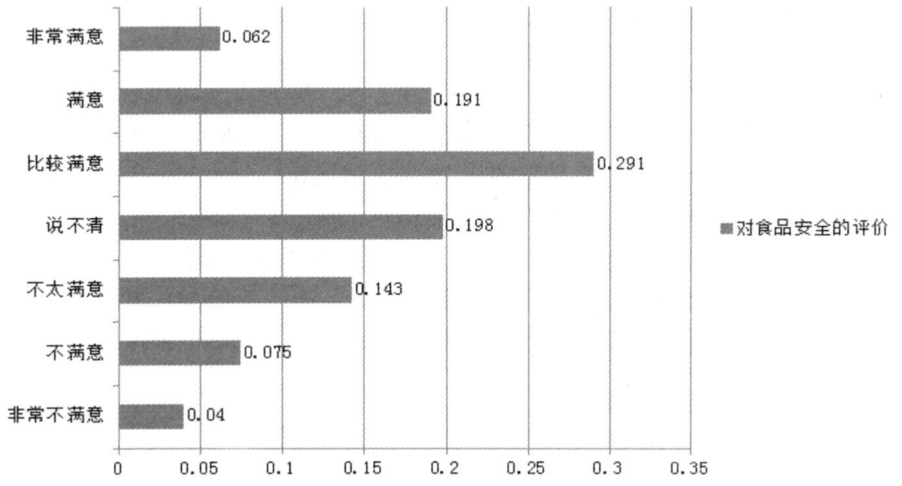

图 3-74　食品安全满意度

十二、生态环境满意度评价

“您对生态环境保护的评价”的题项，测试的是民众对环保服务的满意度，在897个有效样本中，回答“非常不满意”的有33人，占比3.7%，选“不满意”的有40人，占比4.5%，选“不太满意”的有131人，占比14.6%，选“说不清”的有142人，占比15.8%，选“比较满意”的有295人，占比32.9%，选“满意”的有182人，占比20.3%，选“非常满意”的有74人，占比8.2%（如图3-75）。这说明，有六成多的受访者对生态环境保护给予了积极评价，有两成多的受访者给予了消极评价，有一成多的受访者未发表意见。

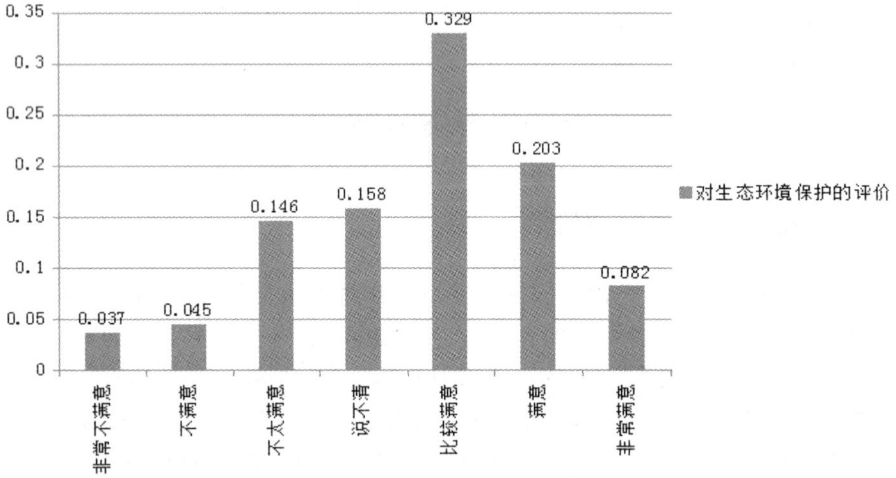

图3-75 环境保护满意度

十三、民族需求满意度评价

“您对政府弘扬民族传统习俗的评价”的题项，测试的是民众对民族特殊需求的满意度，在897个有效样本中，回答“非常不满意”的有11人，占比1.2%，选“不满意”的有18人，占比2%，选“不太满意”的有72人，占比8%，选“说不清”的有186人，占比20.7%，选“比较满意”的有231人，占比25.8%，选“满意”的有289人，占比32.2%，选“非常满意”的有90人，占比10%（如图3-76）。这表明，有接近七成的受访者对民族需求服务表示满意，有一成多的受访者对民族需求服务，有两成多的受访者未发表意见，可见，在西部地区政府在弘扬民族传统习俗上还是得到了相对多数的各民族群众的认可。

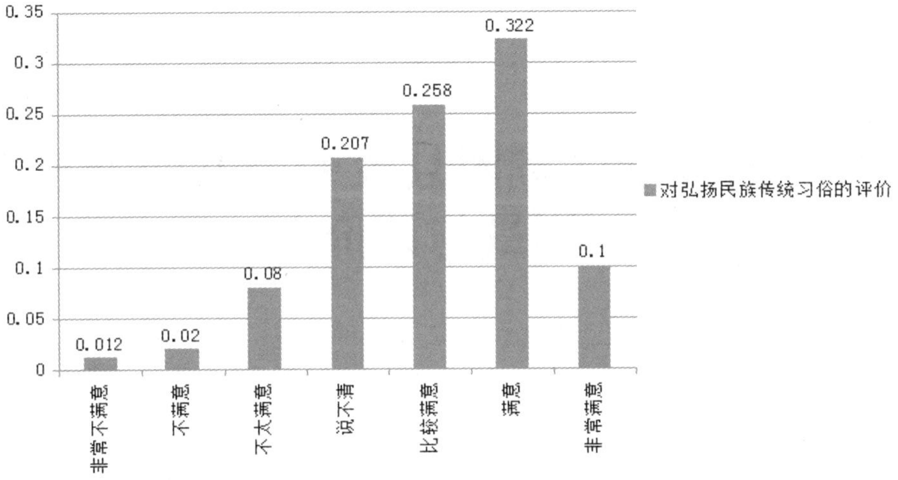

图 3-76　民族需求满意度

十四、贫困治理满意度评价

"您对精准扶贫的评价"的题项，测试的是民众对贫困治理的满意度，在 896 个有效样本中，回答"非常不满意"的有 27 人，占比 3%，选"不满意"的有 33 人，占比 3.7%，选"不太满意"的有 89 人，占比 9.9%，选"说不清"的有 148 人，占比 16.5%，选"比较满意"的有 233 人，占比 26%，选"满意"的有 238 人，占比 26.6%，选"非常满意"的有 128 人，占比 14.3%（如图 3-77）。可见，有超过六成的受访者对精准扶贫给予了积极评价，满意度较高，有一成多的受访者对此给予了消极评价，也有一成多的受访者未发表意见。

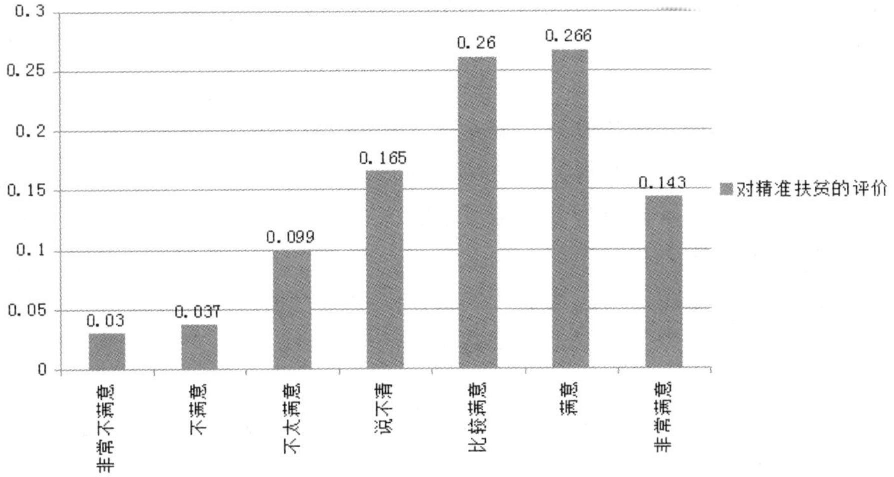

图 3-77　贫困治理满意度

第四章 西部地区贫困县政府公共服务能力的测量与评价

第一节 模型构建

公共服务能力属于政府能力范畴，其展现的是政府为公民和社会提供公共产品和公共服务过程中所释放出的能量和意志，既包括了公共服务的意愿，也包括了公共服务的产出结构，既有过程要素成分，也有结果表现成分。因而，学界对于政府公共服务能力的指标设计与测量模型均是建立在政府能力构成维度基础之上的，这集中体现在，较多的学者参考了胡鞍钢、王绍光、张国庆、金太军、汪永成、李江涛、施雪华、周平、刘寅斌、何艳玲等研究者对于政府能力维度的划分，在此基础上进而探讨政府公共服务能力的结构和维度。从研究的进路来看，学界普遍采用的是直接测量与间接测量两种思路，通过三种路径进行公共服务能力研究，第一种是定性与定量相结合的路径，代表人物是沈荣华、张立荣、李晓园、王敬尧、鄂义太、张序等人，第二种是比较分析路径，代表人物是刘寅斌、方茜等人，第三种是公共服务绩效评价路径，代表人物是孔进、江义华等人。从实证研究的角度看，张立荣教授构建了五个维度的县级政府公共服务能力，其中包括了规划能力、资源汲取能力、资源配置能力、执行能力、危机管理能力①。李晓园在其两本著作《当代中国县级政府公共服务能力及其影响因素的实证研究》② 和《包容性增长视角下的县级公共服务能力研究》③ 中均继续采用了以上五种能力的划分，其建构的县级政府工服务能力结构研究模型就涵盖了这样五个维度。张序研究员将公共服务能力的基本维度划分为静态能力和动态能力两大部分，静态能力包括公共服务投入能力和各类公共服务能力，而动态能力则包括了公共服务供给能力和公共服务治理能力④。并且，张序研究员还在其著作《中国民族地区公共服务能力建设》中专门对民族地区一般公共

① 张立荣，李晓园．县级政府公共服务能力结构的理论建构、实证检测及政策建议［J］．中国行政管理，2010，(5)

② 李晓园．当代中国县级政府公共服务能力及其影响因素的实证研究［M］．北京：中国社会科学出版社，2010. p56.

③ 李晓园．包容性增长视角下的县级公共服务能力研究［M］．北京：中国社会科学出版社，2016. P124.

④ 张序，劳承玉．公共服务能力建设：一个研究框架［J］．理论与改革，2013，(2)

服务能力，如就业服务、社会福利与社会救助、社会保障、义务教育、公共卫生与基础医疗等领域的公共服务能力，进行全国和各省的评价与排序，同事，也对11个民族地区如内蒙古、海南、四川、贵州、云南、西藏、甘肃、青海、宁夏、新疆等省区的民族地区的特殊公共服务能力进行了评价和排序，侧重于对民族特殊用品供应、民族语言文字使用和民族文化弘扬三个方面进行考察①。学者鄂义太和吕中军则从过程指标角度，将公共服务能力结构细分为，回应能力要素、规划能力要素、资源汲取与投入能力要素、内部管理能力要素、自治能力要素、资源配置与优化能力要素六个维度对公共服务能力进行评估模型建构，又从结构指标角度，将公共服务能力与就业产出、社会保障和社会福利产出、教育产出、卫生医疗事业产出、文化事业产出、基础设施产出、环境保护产出、民族特殊产品产出等八个方面挂钩，以客观数据来衡量民族自治地方的公共服务能力②。学者张正岩则从经济发展、社会管理、政策执行、制度创新四个维度对县级政府公共服务能力进行评价，并且，他还将县级政府公共服务能力评价模型进一步划分为积极因素角度（每个一级指标涵盖三个二级指标）和消极因素角度（每个一级指标涵盖一个二级指标）的二级指标评价模型，并给予了每个二级因素以25%的权重③。程灏等人则从公众感知的角度，构建了一个涵盖基础服务、公共事业、居住环境、公共安全、公共信息五个维度的政府公共服务框架体系，也赋予了每个二级指标以具体的权重④。雷玉琼则从潜在公共服务供给能力和有效供给能力两个层面构建了乡镇政府公共服务能力具体衡量指标及权重，潜在的公共服务供给能力包括经济资源、人力资源、制度资源、社会资源、文化资源的27个基础指标及权重，有效公共服务能力指标则从生产性公共服务、生活性公共服务、福利性公共服务三个维度，构建了一个囊括农田水利设施、农技站服务、医疗服务、通讯基础设施、法律援助、公共卫生、基础教育、农业保险、生态环境在内的20个具体公共服务指标及权重⑤。以上各学者的研究为评估西部地区贫困县政府公共服务能力及其构建相应的指标体系提供了极具参考价值的成果，结合笔者曾在《论西部地区县级政府公共服务能力建设与大部制改革》一文中对民族地区县级政府公共服务能力结构做出的四个层面划分，即公共财政能力、公共资源配置能力、公共危机管理能力、公共政策执行能力⑥，并结合民族地区特殊公共服务能力需求，将西部地区贫困县政府公共服务能力具体分为公共服务投入能力、公共资源配置能力、公共危机管理能力、公共政策执行能力、民族需求服务能力等五个维度，以此来建构起贫困县政府公共服务能力结构模型（如图4-1所示）。

① 张序等．中国民族地区公共服务能力建设［M］．北京：民族出版社，2011. P163-165.

② 鄂义太等．民族自治地方政府公共服务能力研究［M］．北京：中央民族大学出版社，2011. P82-85.

③ 张正岩．试论县级政府公共服务能力及其评价［J］．浙江万里学院学报，2011，(4)

④ 程灏等．政府公共服务能力评价体系的构建及验证［J］．西华大学学报（哲学社会科学版），2017，(6)

⑤ 雷玉琼等．乡镇政府公共服务供给能力评估体系建构［J］．中国行政管理，2015，(11)

⑥ 龙立军．论西部地区县级政府公共服务能力建设与大部制改革［J］．前沿，2013，(2)

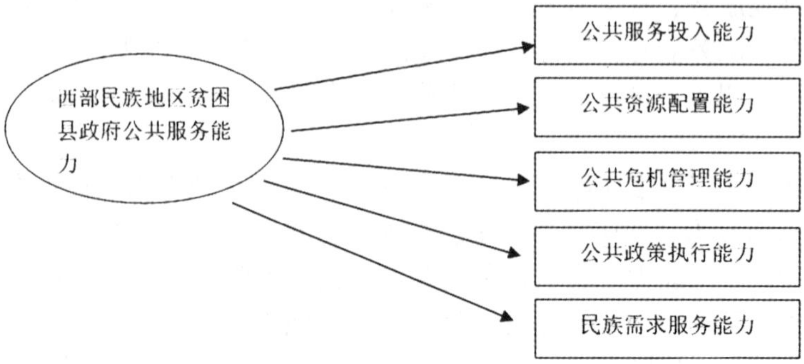

图 4-1　西部地区贫困县政府公共服务能力结构模型

第二节　量表构建与因子分析

为了符合民族地区实际情况，对西部地区贫困县政府公共服务能力的调查指标设计主要围绕着财政税收、转移支付、民族干部使用情况、外部支持、公共资源配置的优先性、公共资源配置的公平性、公共资源配置的效率性、公共资源配置的可靠性、危机信息沟通、危机沟通机制、危机应急处理、危机善后处理、公共政策执行效率、公共政策执行机制、民族语言倡导、民族文化弘扬、民族宗教尊重和贫困治理等方面来进行。具体而言，通过采用李科特七级量表，询问受访者对以下 18 个方面（20 个题项）内容的意见，其中，选项数字 1 到 7，代表的是“完全不同意”、“不同意”、“不太同意”、“说不清”、“比较同意”、“同意” 和“完全同意”，并进行正向记分，代表的分值是从 1 分到 7 分，这样，就形成了一个西部地区贫困县公共服务能力的量表。

为了降维和验证因子维度，本研究对西部地区贫困县公共服务能力量表进行了因子分析，经 spss23.0 版本的软件统计，该量表的 KMO 和巴特利特球形度检验系数为 0.948，显著性为 0.000，近似卡方值为 12591.128，自由度为 190，非常适合做因子分析，同时，对具体公共服务能力维度的 KMO 和巴特利特检验得到表 4-1。

表 4-1　KMO 和巴特利特检验

量表名称	KMO 和巴特利特系数	评价
公共服务能力	0.948	非常适合进行因子分析
公共服务投入能力	0.805	适合进行因子分析
公共资源配置能力	0.817	适合进行因子分析
公共危机管理能力	0.831	适合进行因子分析
公共政策执行能力	0.704	尚可进行因子分析
民族需求服务能力	0.806	适合进行因子分析

通过对公共服务能力量表进行因子分析，运用主成分分析法，并经最大方差法旋转后得到五个维度的成分矩阵（见表 4-2）。此时，五个因子的旋转载荷平方和累计为 74.599%。

表 4-2　旋转后的成分矩阵

旋转后的成分矩阵[a]	成分				
	1	2	3	4	5
民族需求服务能力文化	0.807				
民族需求服务能力文字	0.749				
民族需求服务能力宗教	0.723				
政策执行能力效率 2	0.621				
民族需求服务能力贫困	0.589			0.584	
税收能力		0.816			
转移支付能力		0.758			
干部配备能力		0.685			
社会支持能力		0.625			
配置能力公平性		0.565	0.408		
危机管理能力应急处置			0.782		
危机管理能力善后处理			0.770		
危机管理能力信息沟通			0.639		
政策执行能力效率 1			0.579		
配置能力优先性 1				0.711	
配置能力可靠性				0.703	
危机管理能力机制			0.586	0.639	
政策执行能力机制	0.527			0.606	
配置能力效率性					0.775
配置能力优先性 2					0.675

提取方法：主成分分析法。
旋转方法：凯撒正态化最大方差法
a. 旋转在 8 次迭代后已收敛

经过提取公因子和降维处理以及删除不必要的题项后，得到新的五个因子的公共服务能力量表（见表 4-3）。

表 4-3 公共服务能力量表的因子分析

	民族需求服务能力因子	公共服务投入能力因子	公共危机管理能力因子	公共政策执行能力因子	公共服务配置能力因子	共量
民族需求服务能力 2	0.839					0.855
民族需求服务能力 1	0.776					0.792
民族需求服务能力 3	0.740					0.771
公共服务投入能力 1		0.821				0.756
公共服务投入能力 2		0.751				0.782
公共服务投入能力 3		0.703				0.763
公共服务投入能力 4		0.601				0.675
公共危机管理能力 3			0.823			0.868
公共危机管理能力 2			0.791			0.866
公共危机管理能力 1			0.658			0.868
公共政策执行能力 1				0.825		0.833
公共政策执行能力 2				0.718		0.739
公共服务配置能力 2					0.766	0.806
公共服务配置能力 1					0.755	0.790
旋转载荷平方和						78.811
Pc（组合信度）						0.929
Bartlett						7761.638

续表

	民族需求服务能力因子	公共服务投入能力因子	公共危机管理能力因子	公共政策执行能力因子	公共服务配置能力因子	共量
DF						91
KMO						0.925
P						0.000

经统计，公共服务能力量表以及各维度的能力见表4-4所示。从表中可见，公共服务投入能力、公共服务配置能力、公共政策执行能力的评分均值是高于中位数值的，这说明这三种能力处于中等偏上一点的水平，而公共危机管理能力、民族需求服务能力和总的公共服务能力评分均值是低于中位数值的，这也说明这三种能力处于中等偏下的水平。由此可见，西部地区贫困县政府公共服务能力处于中下水平。学者张序从能力效果角度对民族地区公共服务能力进行了评价和排序，其研究表明云南处于第三位，广西处于第六位，贵州处于第十一位①，而学者鄂义太等人则通过公共服务整体产出衡量和横向比较，其认为云南处于公共服务能力第二个层次，而广西和贵州则处于最差的第三个层次，具体说来，贵州、广西等产出水平相对较低，云南总体处于中等水平，且各能力投入间不平衡②，这些研究均说明以广西、云南、贵州为代表的西部地区，其公共服务能力处于中下水平，这也和本项贫困县政府公共服务能力评估的结果大体吻合。

表4-4　公共服务能力量表的统计分析

		公共服务投入能力	公共资源配置能力	公共危机管理能力	公共政策执行能力	民族需求服务能力	公共服务能力
个案数	有效	891	893	895	894	898	881
	缺失	8	6	4	5	1	18
平均值		4.3333	5.0174	4.9561	4.6477	5.1166	4.7813
中位数		4.2500	5.0000	5.0000	4.5000	5.3333	4.7857
众数		4.00	4.00	5.00	4.00	6.00	4.00
标准差		1.18185	1.18992	1.19866	1.19607	1.15760	0.97555
偏度		0.133	-0.456	-0.443	-0.429	-0.522	-0.113
偏度标准误差		0.082	0.082	0.082	0.082	0.082	0.082
峰度		0.234	0.110	0.292	0.099	0.195	0.728
峰度标准误差		0.164	0.163	0.163	0.163	0.163	0.165
最小值		1.00	1.00	1.00	1.00	1.00	1.29
最大值		7.00	7.00	7.00	7.00	7.00	7.00
总和		3861.00	4480.50	4435.67	4155.00	4594.67	4212.36

① 张序等．中国民族地区公共服务能力建设［M］．北京：民族出版社，2011．P169．
② 鄂义太等．民族自治地方政府公共服务能力研究［M］．北京：中央民族大学出版社，2011．P100-101．

第三节　信效度检验

一、信度检验

所谓信度，主要是指量表的一致性和可靠性程度，因而，信度分析主要用于检验资料的可靠性和稳定性程度，也用于评估统计资料的随机性误差大小。李晓园教授指出，在李克特量表中常用的信度检验方法有两种，一种是“Cronbach's α”系数，另一种是“折半信度”，其中，Crockert 和 Algina（1986）认为“Cronbach's α”系数是估计信度的最低限度，估计内部的一致性系数时，用“Cronbach's α”系数要优于折半法[①]。学者吴明隆也曾指出，如果“Cronbach's α”系数在 0.8 以上，则说明该份量表或问卷的信度系数好，如果“Cronbach's α”系数在 0.7-0.8 之间，这说明该份量表或问卷的信度可以接受，如果是分量表，其“Cronbach's α”系数最好在 0.7 以上，如果是“Cronbach's α”系数在 0.6-0.7 之间，则说明其信度还可以接受[②]。因此，通过信度分析，既可以判断量表测量变量的一致性程度，也可以修正量表的个别项，从而提升量表的可靠性程度。

从表 4-5 可知，衡量西部地区贫困县政府公共服务能力的各维度亚能力的信度系数均大于 0.7，总量表信度系数也大于 0.8，这说明这些观察变量对于测量各维度的亚能力和总能力上具有较好的可靠性或一致性。

表 4-5　公共服务能力各维度量表信度分析结果

	总问项数	信度系数	评价
公共服务能力总量表	14	0.929	好，但有共线性风险
公共服务投入能力	4	0.841	好
公共资源配置能力	2	0.753	可以接受
公共危机管理能力	3	0.887	好
公共政策执行能力	2	0.733	可以接受
民族需求服务能力	3	0.869	好

二、效度检验

就其含义来说，所谓的效度是指：“测量工具能够正确测量出所要测量（研究者所设计）的特质的程度。测量效度就是要确认所收集的数据能否得到所要得到的结论，反映所要讨论的问题。”[③] 效度种类较多，归纳起来，大致有三种，一种是内容效度，就是看

① 李晓园．包容性增长视角下的县级公共服务能力研究［M］．北京：中国社会科学出版社，2016. P132.

② 吴明隆．SPSS 统计应用实务：问卷分析与应用统计［M］．北京：科学出版社，2003. P109.

③ 李晓园．当代中国县级政府公共服务能力及其影响因素的实证研究［M］．北京：中国社会科学出版社，2010. p. 104.

测量内容是否反映了潜变量的特质，或是否反映了所要揭示的对象，常用题目分布的合理性来判断；第二种是结构效度或收敛效度，就是看测量的内容或实际测得的分数在多大程度上能够解释某一待测对象，常用统计检验的方法来判断；第三种是标准效度，就是衡量一个测验能否有效而制定的一个较为理想的标准，一般采用过去一段测验的平均值或社会公认某个测验的得分作为效标分数，再用测验分数与效标分数间的相关系数来衡量测验的有效性。在此，为了研究的方便，本研究将以收敛效度和区别效度来检验量表的效度。

1. 收敛效度

通常用 AVE（Average Variance Extracted，平均方差萃取量）来作为收敛效度的指标，根据 Fornell 和 Larcker（1981）的建议 AVE 原则上要大于 0.5 才有效。根据因子分析的结果，公共服务能力和各维度量表的 KMO 巴特利特球度检验均在 0.7 以上，均适合做因子分析，并且，根据之前做的信度分析，各个量表的信度也在 0.7 以上，符合 Hair 的建议，各量表具有内部一致性，经统计，得到的各量表的收敛效度如下（见表 4-6）。

表 4-6 公共服务能力各维度量表收敛效度分析结果

量表	Cronbach's α	AVE	平均值	标准差	个案数
公共服务能力	0.929	0.788	4.781	0.976	881
公共服务投入能力	0.841	0.523	4.333	1.182	891
公共资源配置能力	0.753	0.578	5.017	1.190	893
公共危机管理能力	0.887	0.579	4.956	1.199	895
公共政策执行能力	0.733	0.598	4.648	1.196	894
民族需求服务能力	0.869	0.618	5.117	1.158	898

2. 区别效度

区别效度是看各维度之间的相关性以及差异程度。通过双因素相关分析，计算出各维度间的相关性系数，再与收敛效度的开根号系数相比较（见表内斜线加粗数值），其均大于相关性系数，这说明区别效度成立（见表 4-7）。

表 4-7 公共服务能力各维度量表区别效度分析结果

	信度系数	收敛效度	区别效度				
量表	Cronbach'sα	AVE	公共服务投入能力	公共资源配置能力	公共危机管理能力	公共政策执行能力	民族需求服务能力
公共服务投入能力	0.841	0.523	0.723	0.588**	0.589**	0.582**	0.571**
公共资源配置能力	0.753	0.578		0.760	0.641**	0.557**	0.601**
公共危机管理能力	0.887	0.579			0.761	0.566**	0.689**
公共政策执行能力	0.733	0.598				0.773	0.461**
民族需求服务能力	0.869	0.618					0.786

**. 在 0.01 级别（双尾），相关性显著。

注：对角线粗体字为 AVE 开根号值，上三角为各能力维度间之皮尔逊相关。

第五章　西部地区贫困县政府公共服务能力的影响因素分析

第一节　研究假设与因子分析

一、研究假设

学者张开云等人认为，地方政府公共服务能力主要受四个方面的因素影响，即经济因素（如地方经济发展实力、财政制度安排、政府规模成本）、社会因素、政治因素（政府理念与政治观念、相关法律法规、职能范围、公共管理者素质）、信息与技术因素（信息不对称、沟通模式、表达渠道）[①]。本研究借鉴了陈捷教授关于中国民众政治支持研究中所提出的政治支持相关关系分析框架[②]和李晓园教授提出的四个维度（行政环境、人力资源、政府回应、行政文化）影响因素关系模型[③]，提出有五个大的方面要素在影响着西部地区政府公共服务能力，即行政生态要素、公务员素质要素、政府回应要素、系统互动要素、基本公共服务均等化要素，进而，构建起西部地区贫困县政府公共服务能力影响因素关系模型（如图 5-1 所示）。

---

① 张云开等．地方政府公共服务供给能力：影响因素与实现路径［J］．中国行政管理，2010，（1）

② ［美］陈捷．中国民众政治支持的测量与分析［M］．安佳译，广州：中山大学出版社，2011.

③ 李晓园．当代中国县级政府公共服务能力及其影响因素的实证研究［M］．北京：中国社会科学出版社，2010. p. 67.

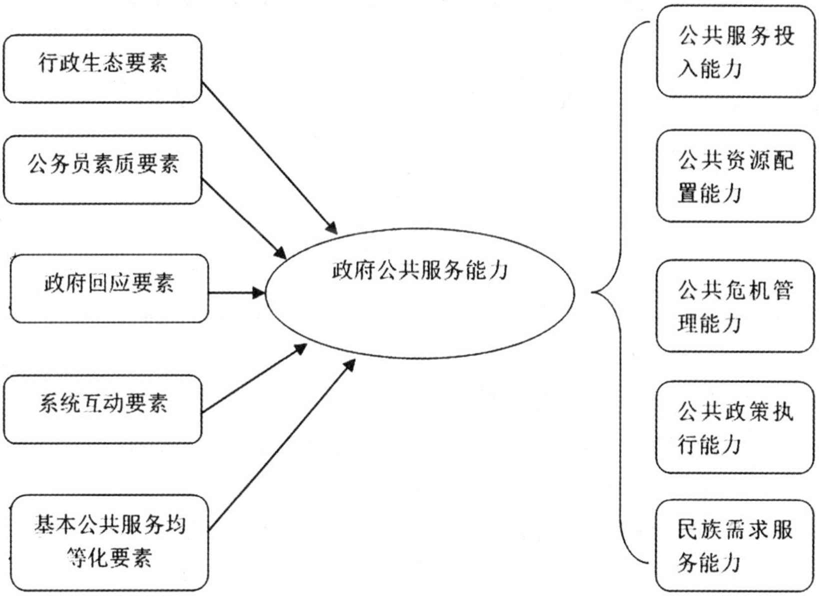

图 5-1　西部地区贫困县政府公共服务能力影响因素与公共服务能力关系模型

从构成维度看，可将这些影响因素与公共服务能力构成维度关系模型为图 5-2 所示。

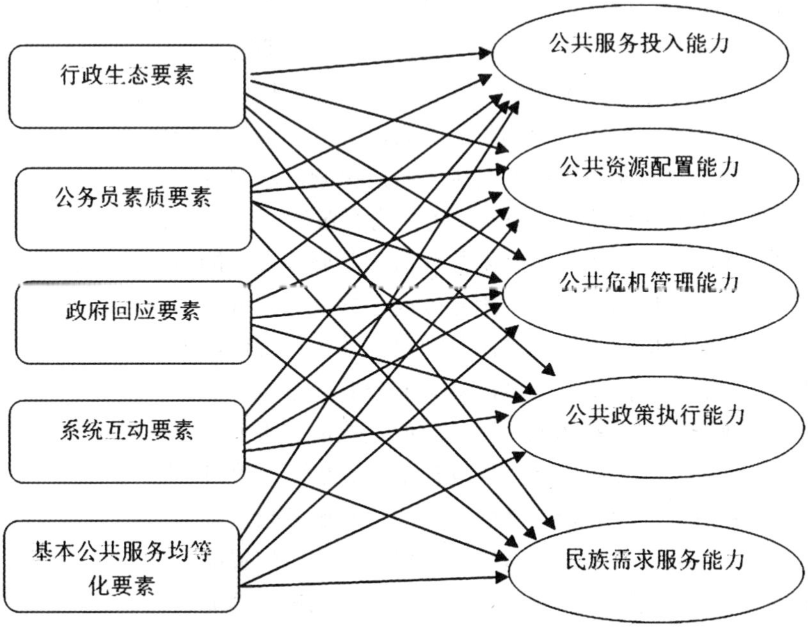

图 5-2　西部地区贫困县政府公共服务能力影响因素与公共服务能力构成维度关系模型

假设有一系列社会政治因素（包括五个层面的内容）对西部地区贫困县政府公共服务能力起到各不相同的影响作用，且相互之间的假设关系如下表 4-1 所示：

表 5-1 西部地区贫困县政府公共服务能力影响因素的假设关系

关系类型	政府公共服务能力
行政生态要素（政治环境、经济环境、社会环境、技术环境、社会人口属性）	—
公务员素质要素（公务员素质、公务员能力、公务员培训）	+
政府回应要素（责任机制、回应机制、回应行为、公民参与）	+
系统互动要素（干群关系、政府信任、利益表达、依法行政）	+
基本公共服务均等化（服务信心、均等化评价）	—

注：+代表相关性强；—代表相关性弱

根据研究的需要，提出如下系列假设：

假设 1：西部地区贫困县政府公共服务能力受行政生态因素影响

假设 1-1：行政生态因素影响贫困县政府公共服务投入能力；

假设 1-2：行政生态因素影响贫困县政府公共资源配置能力；

假设 1-3：行政生态因素影响贫困县政府公共危机管理能力；

假设 1-4：行政生态因素影响贫困县政府公共政策执行能力；

假设 1-5：行政生态因素影响贫困县政府民族需求服务能力；

假设 2：西部地区贫困县政府公共服务能力受公务员素质因素影响

假设 2-1：公务员素质因素影响贫困县政府公共服务投入能力；

假设 2-2：公务员素质因素影响贫困县政府公共资源配置能力；

假设 2-3：公务员素质因素影响贫困县政府公共危机管理能力；

假设 2-4：公务员素质因素影响贫困县政府公共政策执行能力；

假设 2-5：公务员素质因素影响贫困县政府民族需求服务能力；

假设 3：西部地区贫困县政府公共服务能力受政府回应因素影响

假设 3-1：政府回应因素影响贫困县政府公共服务投入能力；

假设 3-2：政府回应因素影响贫困县政府公共资源配置能力；

假设 3-3：政府回应因素影响贫困县政府公共危机管理能力；

假设 3-4：政府回应因素影响贫困县政府公共政策执行能力；

假设 3-5：政府回应因素影响贫困县政府民族需求服务能力；

假设 4：西部地区贫困县政府公共服务能力受系统互动因素影响

假设 4-1：系统互动因素影响贫困县政府公共服务投入能力；

假设 4-2：系统互动因素影响贫困县政府公共资源配置能力；

假设 4-3：系统互动因素影响贫困县政府公共危机管理能力；

假设 4-4：系统互动因素影响贫困县政府公共政策执行能力；

假设 4-5：系统互动因素影响贫困县政府民族需求服务能力；

假设 5：西部地区贫困县政府公共服务能力受公共服务均等化因素影响

假设 5-1：公共服务均等化因素影响贫困县政府公共服务投入能力；

假设 5-2：公共服务均等化因素影响贫困县政府公共资源配置能力；

假设 5-3：公共服务均等化因素影响贫困县政府公共危机管理能力；

假设 5-4：公共服务均等化因素影响贫困县政府公共政策执行能力；

假设 5-5：公共服务均等化因素影响贫困县政府民族需求服务能力。

二、因子分析

1. 行政生态要素量表因子分析

行政生态要素包含了政治环境、经济环境、社会环境、技术信息环境等层面题项，为验证这些题项的解释力和降维，本研究运用 spss23.0 软件，对这些方面的十个题项进行了主成分分析法，并提取公因子。经统计，得到表 5-2 的结果，可见，该量表的 KMO 巴特利特球形度检验值为 0.888，适合进行因子分析。

表 5-2　行政生态量表 KMO 和巴特利特球形度检验

KMO 和巴特利特检验		
KMO 取样适切性量数		0.888
巴特利特球形度检验	近似卡方	4130.617
	自由度	45
	显著性	0.000

通过最大方差法，旋转之后的成分矩阵看，提取的两个因子要素其总方差解释能力为 63.057%，在可接受的范围之内（见表 5-3）。通过删除不必要的题项后，将得到的成分 1 重新命名为新的社会环境因子，将成分 2 重新命名为新的政治环境因子。这时，新量表的总方差解释能力为 67.254%。

表 5-3　行政生态量表旋转后的成分矩阵

旋转后的成分矩阵[a]		
	成分	
	1	2
智能手机使用普及	0.832	
维持基本生活	0.778	
法律意识	0.732	
民族矛盾和冲突少	0.717	
民族政策执行好	0.649	0.512
经济发展可持续	0.588	0.424
组织与个人守法意识强	0.586	0.445
城乡差距不大		0.899
贫富差距不大		0.708
主要领导没有严重违纪违法		0.675

提取方法：主成分分析法。

旋转方法：凯撒正态化最大方差法。

a. 旋转在 3 次迭代后已收敛。

将社会环境因子和政治环境因子合并取平均数后，得到行政生态因子，经统计，行政生态因子的得分为4.83，略高于中位数4.81，这说明西部地区贫困县受访民众对行政生态因子的打分处于中等偏上一点的水平（见表5-4）。

表5-4　行政生态因子统计结果

统计		
行政生态因子		
个案数	有效	846
	缺失	53
平均值		4.8331
中位数		4.8125
众数		5.00
标准差		1.01034
偏度		-0.083
偏度标准误差		0.084
峰度		0.146
峰度标准误差		0.168
最小值		1.00
最大值		7.00
总和		4088.79

2. 公务员素质要素因子分析

公务员素质量表既包括了公务员办事能力的题项，也有公务员礼貌素质的题项，还有公务员培训交流以提升素质的题项。通过因子分析，该量表的KMO巴特利特特球形度检验值在0.666（见表5-5），根据学界其他研究者的观点，该值还是勉强可以进行因子分析[①]。经统计，通过主成分分析法，该量表提取了一个成分的因子，其总方差解释能力在70.74%，符合研究的需要（见表5-6）。

表5-5　公务员素质量表KMO和巴特利特特球形度检验

KMO和巴特利特检验		
KMO取样适切性量数		0.666
巴特利特特球形度检验	近似卡方	853.437
	自由度	3
	显著性	0.000

① 李晓园．包容性增长视角下的县级公共服务能力研究［M］．北京：中国社会科学出版社，2016. P134.

表 5-6　公务员素质量表总方差解释

总方差解释						
成分	初始特征值			提取载荷平方和		
	总计	方差百分比	累积%	总计	方差百分比	累积%
1	2.122	70.736	70.736	2.122	70.736	70.736
2	0.556	18.517	89.253			
3	0.322	10.747	100.000			

提取方法：主成分分析法。

经统计，公务员素质因子的得分为 4.83，低于中位数 5，这说明西部地区贫困县受访民众对公务员素质因子的打分处于中等偏下一点的水平（见表 5-7）。

表 5-7　公务员素质因子统计结果

统计		
公务员素质因子		
个案数	有效	885
	缺失	14
平均值		4.8305
中位数		5.0000
众数		4.67
标准差		1.14350
偏度		-0.276
偏度标准误差		0.082
峰度		0.051
峰度标准误差		0.164
最小值		1.00
最大值		7.00
总和		4275.00

3. 政府回应要素因子分析

政府回应量表既包括了政府责任机制的题项，也有政府回应机制的题项，也有政府回应行为的题项，还有公民参与的题项。通过因子分析，该量表的 KMO 巴特利特球形度检验值在 0.889（见表 5-8），该值是适合进行因子分析的。经统计，通过主成分分析法，该量表提取了一个成分的因子，其总方差解释能力在 65.79%，其值是可以接受的（见表 5-9）。

表 5-8 政府回应量表 KMO 和巴特利特球形度检验

KMO 和巴特利特检验		
KMO 取样适切性量数。		0.889
巴特利特球形度检验	近似卡方	2847.737
	自由度	15
	显著性	0.000

表 5-9 政府回应量表总方差解释

总方差解释						
成分	初始特征值			提取载荷平方和		
	总计	方差百分比	累积%	总计	方差百分比	累积%
1	3.947	65.786	65.786	3.947	65.786	65.786
2	0.554	9.231	75.017			
3	0.504	8.405	83.421			
4	0.395	6.579	90.001			
5	0.324	5.401	95.402			
6	0.276	4.598	100.000			

提取方法：主成分分析法。

经统计，政府回应因子的得分为 4.93，低于中位数 5，这说明西部地区贫困县受访民众对政府回应因子的打分处于中等偏下一点的水平（见表 5-10）。

表 5-10 政府回应因子统计结果

统计		
政府回应因子		
个案数	有效	881
	缺失	18
平均值		4.9309
中位数		5.0000
众数		5.00
标准差		1.07164
偏度		-0.178
偏度标准误差		0.082
峰度		0.199
峰度标准误差		0.165
最小值		1.00
最大值		7.00
总和		4344.17

4. 系统互动要素因子分析

系统互动要素量表既包括了干群关系的题项，也有政府信任的题项，也有利益表达的题项，还有依法行政的题项。通过因子分析，该量表的 KMO 巴特利特球形度检验值在 0.81（见表 5-11），该值是适合进行因子分析的。经统计，通过主成分分析法，该量表提取了一个成分的因子，其总方差解释能力在 68.08%，其值是可以接受的（见表 5-12）。

表 5-11　系统互动要素量表 KMO 和巴特利特球形度检验

KMO 和巴特利特检验		
KMO 取样适切性量数。		0.810
巴特利特球形度检验	近似卡方	2495.019
	自由度	10
	显著性	0.000

表 5-12　系统互动要素量表总方差解释

总方差解释						
成分	初始特征值			提取载荷平方和		
	总计	方差百分比	累积%	总计	方差百分比	累积%
1	3.404	68.080	68.080	3.404	68.080	68.080
2	0.697	13.946	82.026			
3	0.374	7.481	89.508			
4	0.298	5.968	95.475			
5	0.226	4.525	100.000			

提取方法：主成分分析法。

经统计，系统互动因子的得分为 4.95，低于中位数 5，这说明西部地区贫困县受访民众对系统互动因子的打分处于中等偏下一点的水平（见表 5-13）。

表 5-13　系统互动因子统计结果

统计		
系统互动因子		
个案数	有效	890
	缺失	9
平均值		4.9535
中位数		5.0000
众数		5.00
标准差		1.06036

续表

偏度	-0.366
偏度标准误差	0.082
峰度	0.416
峰度标准误差	0.164
最小值	1.00
最大值	7.00
总和	4408.60

5. 基本公共服务均等化要素因子分析

系统互动要素量表既包括了对公共服务的信心的题项，也有对公共服务均等化评价的题项。通过因子分析，该量表的 KMO 巴特利特球形度检验值在 0.5（见表 5-14），该值是不适合进行因子分析的。因而，作为量表是不恰当的。这说明此量表的开发是不成功和不合理的。

表 5-14 公共服务均等化要素量表 KMO 和巴特利特球形度检验

KMO 和巴特利特检验		
KMO 取样适切性量数。		0.500
巴特利特球形度检验	近似卡方	254.777
	自由度	1
	显著性	0.000

第二节 信效度检验

一、信度检验

信度检验主要用于反映和检验量表的稳定性和一致性程度。目前，学界大多数在用 Cronbach's α 来检测量表的信度。经统计，行政生态要素、公务员素质要素、政府回应要素、系统互动要素等量表的信度系数如下（见表 5-15）。

表 5-15　影响因素量表信度分析结果

	总问项数	Cronbach's α 系数	评价
行政生态要素量表	7	0.833	好
公务员素质要素量表	3	0.792	可以接受
政府回应要素量表	6	0.895	好
系统互动要素量表	5	0.882	好

可见，各量表的信度系数均在0.7以上，均是可以接受的，各量表的题项间存在较好的一致性和稳定性关系。

二、效度检验

1. 行政生态量表的效度检验

在此，对行政生态量表的效度检验将从收敛效度和区别效度两个角度去验证。经统计，其KMO和巴特利特检验值是0.810适合进行因子分析。经主成分分析法和最大方差法，旋转之后得到的成分矩阵，经计算其AVE（平均方差萃取量）如表5-16所示。可见，AVE均是大于0.5的，收敛效度成立。

表 5-16　行政生态量表收敛效度统计表

	成分		
	社会环境因子	政治环境因子	AVE
智能手机使用普及	0.839		0.600
维持基本生活	0.795		
法律意识	0.735		
民族矛盾和冲突少	0.723		
城乡差距不大		0.906	0.608
贫富差距不大		0.741	
主要领导没有严重违纪违法		0.674	
提取方法：主成分分析法。 旋转方法：凯撒正态化最大方差法。			
a. 旋转在3次迭代后已收敛。			

通过计算相关性系数，并与AVE开根号值相比较，可知，AVE开根号值要大于相关系数值，区别效度成立（见表5-17）。

表 5-17　行政生态量表区别效度统计表

因子	AVE	社会环境因子	政治环境因子
社会环境因子	0. 600	0. 775	0.523^{**}
政治环境因子	0. 608		0. 780

注：对角线加粗值为 AVE 开根号值

2. 公务员素质量表的效度检验

在此，对公务员素质量表的效度检验将从收敛效度和区别效度两个角度去验证。经统计，其 KMO 和巴特利特检验值是 0. 666 勉强能进行因子分析。经主成分分析法和最大方差法，旋转之后得到的成分矩阵，经计算其 AVE（平均方差萃取量）如表 5-18 所示。其中，AVE 的各值均大于 0. 5，说明收敛效度成立。

表 5-18　公务员素质量表收敛效度统计表

	因子	AVE
政府人员对待民众态度好	0. 893	0. 797
官员办事能力强	0. 822	0. 676
公务员参观学习	0. 805	0. 648

通过计算相关性系数，并与 AVE 开根号值相比较，可知，AVE 开根号值要大于相关系数值，区别效度成立（见表 5-19）。

表 5-19　公务员素质量表区别效度统计表

	AVE	官员办事能力强	政府人员对待民众态度好	公务员参观学习
官员办事能力强	0. 676	0. 822	0.630^{**}	0.446^{**}
政府人员对待民众态度好	0. 797		0. 893	0.602^{**}
公务员参观学习	0. 648			0. 805

注：对角线加粗值为 AVE 开根号值

3. 政府回应要素量表的效度检验

在此，对政府回应量表的效度检验将从收敛效度和区别效度两个角度去验证。经统计，其 KMO 和巴特利特检验值是 0. 889 适合进行因子分析。经主成分分析法和最大方差法，旋转之后得到的成分矩阵，经计算其 AVE（平均方差萃取量）如表 5-20 所示。其中，AVE 的各值均大于 0. 5，说明收敛效度成立。

表 5-20　政府回应量表收敛效度统计表

因子		AVE
政府对民众诉求及时回应	0. 844	0. 712
政府人员告知服务时间	0. 827	0. 684

续表

因子		AVE
政府部门规章制度完善	0.826	0.682
绩效考核规范和激励公务员	0.803	0.645
民众愿意参与政府活动	0.801	0.642
惩处不顾民众利益的官员	0.763	0.582

通过计算相关性系数，并与 AVE 开根号值相比较，可知，AVE 开根号值要大于相关系数值，区别效度成立（见表 5-21）。

表 5-21　政府回应量表区别效度统计表

	AVE	惩处不顾民众利益的官员	政府部门规章制度完善	政府对民众诉求及时回应	绩效考核规范和激励公务员	政府人员告知服务时间	民众愿意参与政府活动
惩处不顾民众利益的官员	0.582	0.763	0.556**	0.629**	0.499**	0.544**	0.495**
政府部门规章制度完善	0.682		0.826	0.592**	0.668**	0.577**	0.597**
政府对民众诉求及时回应	0.712			0.844	0.603**	0.675**	0.562**
绩效考核规范和激励公务员	0.645				0.803	0.550**	0.572**
政府人员告知服务时间	0.684					0.827	0.645**
民众愿意参与政府活动	0.642						0.801

注：对角线加粗值为 AVE 开根号值

4. 系统互动要素的效度检验

在此，对系统互动量表的效度检验将从收敛效度和区别效度两个角度去验证。经统计，其 KMO 和巴特利特检验值是 0.810 适合进行因子分析。经主成分分析法和最大方差法，旋转之后得到的成分矩阵，经计算其 AVE（平均方差萃取量）如表 5-22 所示。其中，AVE 的各值均大于 0.5，说明收敛效度成立。

表 5-22　系统互动量表收敛效度统计表

因子		AVE
相信政府发布的信息	0.858	0.736
相信党和政府能管好干部	0.841	0.707
干部能解决实际困难	0.826	0.682
政府人员有依法行政观念	0.813	0.661
有找政府解决问题的途径	0.786	0.618

通过计算相关性系数，并与 AVE 开根号值相比较，可知，AVE 开根号值要大于相关系数值，区别效度成立（见表 5-23）。

表 5-23　系统互动量表区别效度统计表

因子	AVE	干部能解决实际困难	相信政府发布的信息	有找政府解决问题的途径	相信党和政府能管好干部	政府人员有依法行政观念
干部能解决实际困难	0.682	0.826	0.652**	0.710**	0.562**	0.483**
相信政府发布的信息	0.736		0.858	0.536**	0.662**	0.664**
有找政府解决问题的途径	0.618			0.786	0.522**	0.486**
相信党和政府能管好干部	0.707				0.841	0.707**
政府人员有依法行政观念	0.661					0.813

注：对角线加粗值为 AVE 开根号值

第三节　各影响因素对公共服务能力的双变量相关性分析

一、社会人口属性与政府公共服务能力的相关性分析

通过社会人口属性与政府公共服务能力进行双变量相关性分析，得到表 5-24 的结果。由表可知，职业、政治成分、婚姻状况、收入状况与政府公共服务能力的相关性具有显著性，而性别、民族、居住地、年龄、教育情况则相关性不具有显著性。

表 5-24　社会人口属性与政府公共服务能力相关性分析

斯皮尔曼 Rho 相关性										
		性别	民族	职业	政治成分	婚否	居住地	年龄分组	教育分组	收入分组
公共服务能力	相关系数	-0.017	0.025	-0.072*	-0.150**	-0.093**	-0.008	0.057	0.009	0.071*
	个案数	873	880	875	873	869	878	868	881	881

*. 在 0.05 级别（双尾），相关性显著。

**. 在 0.01 级别（双尾），相关性显著

将职业与公共服务能力进行交叉列表分析，得到表 5-25 的结果。经卡方检验，不同职业对公共服务能力打分分组中，有显著性差异。

表 5-25　职业与政府公共服务能力分组交叉列表

			公共服务能力分组			总计
			公共服务能力低分组	公共服务能力中分组	公共服务能力高分组	
职业	农业劳动者	计数	47	50	49	146
		占职业的百分比	32.2%	34.2%	33.6%	100.0%
		占总计的百分比	5.4%	5.7%	5.6%	16.7%
	企业工人	计数	25	17	12	54
		占职业的百分比	46.3%	31.5%	22.2%	100.0%
		占总计的百分比	2.9%	1.9%	1.4%	6.2%
	事业单位人员	计数	44	63	58	165
		占职业的百分比	26.7%	38.2%	35.2%	100.0%
		占总计的百分比	5.0%	7.2%	6.6%	18.9%
	政府机关人员	计数	14	28	47	89
		占职业的百分比	15.7%	31.5%	52.8%	100.0%
		占总计的百分比	1.6%	3.2%	5.4%	10.2%
	个体劳动者/个体工商户	计数	37	34	26	97
		占职业的百分比	38.1%	35.1%	26.8%	100.0%
		占总计的百分比	4.2%	3.9%	3.0%	11.1%
	打工者	计数	51	43	34	128
		占职业的百分比	39.8%	33.6%	26.6%	100.0%
		占总计的百分比	5.8%	4.9%	3.9%	14.6%
	私营企业主	计数	6	7	2	15
		占职业的百分比	40.0%	46.7%	13.3%	100.0%
		占总计的百分比	0.7%	0.8%	0.2%	1.7%
	学生	计数	48	53	28	129
		占职业的百分比	37.2%	41.1%	21.7%	100.0%
		占总计的百分比	5.5%	6.1%	3.2%	14.7%
	待业人员	计数	13	4	7	24
		占职业的百分比	54.2%	16.7%	29.2%	100.0%
		占总计的百分比	1.5%	0.5%	0.8%	2.7%
	退休人员	计数	3	12	12	27
		占职业的百分比	11.1%	44.4%	44.4%	100.0%
		占总计的百分比	0.3%	1.4%	1.4%	3.1%

续表

			公共服务能力分组			总计
			公共服务能力低分组	公共服务能力中分组	公共服务能力高分组	
职业	村干部	计数	0	0	1	1
		占职业的百分比	0.0%	0.0%	100.0%	100.0%
		占总计的百分比	0.0%	0.0%	0.1%	0.1%
总计		计数	288	311	276	875
		占职业的百分比	32.9%	35.5%	31.5%	100.0%
		占总计的百分比	32.9%	35.5%	31.5%	100.0%

将政治面貌与公共服务能力进行交叉列表分析，得到表 5-26 的结果。经卡方检验，不同政治面貌对公共服务能力打分分组中，有显著性差异。

表 5-26 政治面貌与政府公共服务能力分组交叉列表

			公共服务能力分组			总计
			公共服务能力低分组	公共服务能力中分组	公共服务能力高分组	
政治成分	中共党员	计数	57	56	102	215
		占政治成分的百分比	26.5%	26.0%	47.4%	100.0%
		占总计的百分比	6.5%	6.4%	11.7%	24.6%
	非中共党员	计数	226	256	176	658
		占政治成分的百分比	34.3%	38.9%	26.7%	100.0%
		占总计的百分比	25.9%	29.3%	20.2%	75.4%
总计		计数	283	312	278	873
		占政治成分的百分比	32.4%	35.7%	31.8%	100.0%
		占总计的百分比	32.4%	35.7%	31.8%	100.0%

将婚姻状况与公共服务能力进行交叉列表分析，得到表 5-27 的结果。经卡方检验，不同婚姻状况对公共服务能力打分分组中，有显著性差异。

表 5-27　婚姻状况与政府公共服务能力分组交叉列表

婚否＊公共服务能力分组交叉表						
			公共服务能力分组			总计
			公共服务能力低分组	公共服务能力中分组	公共服务能力高分组	
婚否	已婚	计数	182	185	202	569
		占婚否的百分比	32.0%	32.5%	35.5%	100.0%
		占总计的百分比	20.9%	21.3%	23.2%	65.5%
	未婚	计数	102	124	74	300
		占婚否的百分比	34.0%	41.3%	24.7%	100.0%
		占总计的百分比	11.7%	14.3%	8.5%	34.5%
总计		计数	284	309	276	869
		占婚否的百分比	32.7%	35.6%	31.8%	100.0%
		占总计的百分比	32.7%	35.6%	31.8%	100.0%

将收入状况与公共服务能力进行交叉列表分析，得到表 5-28 的结果。经卡方检验，不同收入状况对公共服务能力打分分组中，有显著性差异。

表 5-28　收入状况与政府公共服务能力分组交叉列表

			公共服务能力分组			总计
			公共服务能力低分组	公共服务能力中分组	公共服务能力高分组	
收入分组	低收入者	计数	132	104	110	346
		占收入分组的百分比	38.2%	30.1%	31.8%	100.0%
		占总计的百分比	15.0%	11.8%	12.5%	39.3%
	中等收入者	计数	88	99	77	264
		占收入分组的百分比	33.3%	37.5%	29.2%	100.0%
		占总计的百分比	10.0%	11.2%	8.7%	30.0%
	高收入者	计数	68	111	92	271
		占收入分组的百分比	25.1%	41.0%	33.9%	100.0%
		占总计的百分比	7.7%	12.6%	10.4%	30.8%
总计		计数	288	314	279	881
		占收入分组的百分比	32.7%	35.6%	31.7%	100.0%
		占总计的百分比	32.7%	35.6%	31.7%	100.0%

二、社会人口属性与政府公共服务能力各维度的相关性分析

1. 社会人口属性与公共服务投入能力的相关性分析

通过社会人口属性与政府公共服务投入能力进行双变量相关性分析，得到表 5-29 的结果。由表可知，民族、居住地、收入状况与政府公共服务投入能力的相关性具有显著性，而性别、职业、婚姻状况、政治成分、年龄、教育情况则相关性不具有显著性。

表 5-29　社会人口属性与政府公共服务投入能力相关性分析

		性别	民族	职业	政治成分	婚否	居住地	年龄分组	教育分组	收入分组
公共服务投入能力	斯皮尔曼相关系数	-0.008	0.148**	-0.054	-0.027	-0.042	-0.069*	0.042	-0.076*	-0.073*
	个案数	883	890	885	883	879	887	878	891	891

**. 在 0.01 级别（双尾），相关性显著。

*. 在 0.05 级别（双尾），相关性显著。

将民族与公共服务投入能力进行交叉列表分析，得到表 5-30 的结果。经卡方检验，不同收入状况对公共服务投入能力打分分组中，有显著性差异。

表 5-30　不同民族与政府公共服务投入能力分组交叉列表

		公共服务能力分组		
		公共服务能力低分组	公共服务能力中分组	公共服务能力高分组
汉族	计数	184	80	66
	占民族的百分比	55.8%	24.2%	20.0%
	占总计的百分比	20.7%	9.0%	7.4%
苗族	计数	29	26	27
	占民族的百分比	35.4%	31.7%	32.9%
	占总计的百分比	3.3%	2.9%	3.0%
布依族	计数	1	0	2
	占民族的百分比	33.3%	0.0%	66.7%
	占总计的百分比	0.1%	0.0%	0.2%
侗族	计数	46	38	59
	占民族的百分比	32.2%	26.6%	41.3%
	占总计的百分比	5.2%	4.3%	6.6%

续表

		公共服务能力分组		
		公共服务能力低分组	公共服务能力中分组	公共服务能力高分组
壮族	计数	31	29	28
	占民族的百分比	35.2%	33.0%	31.8%
	占总计的百分比	3.5%	3.3%	3.1%
白族	计数	10	4	4
	占民族的百分比	55.6%	22.2%	22.2%
	占总计的百分比	1.1%	0.4%	0.4%
哈尼族	计数	0	1	0
	占民族的百分比	0.0%	100.0%	0.0%
	占总计的百分比	0.0%	0.1%	0.0%
彝族	计数	72	9	47
	占民族的百分比	56.3%	7.0%	36.7%
	占总计的百分比	8.1%	1.0%	5.3%
瑶族	计数	41	15	28
	占民族的百分比	48.8%	17.9%	33.3%
	占总计的百分比	4.6%	1.7%	3.1%
仫佬族	计数	0	1	2
	占民族的百分比	0.0%	33.3%	66.7%
	占总计的百分比	0.0%	0.1%	0.2%
回族	计数	6	2	1
	占民族的百分比	66.7%	22.2%	11.1%
	占总计的百分比	0.7%	0.2%	0.1%
土家族	计数	0	1	0
	占民族的百分比	0.0%	100.0%	0.0%
	占总计的百分比	0.0%	0.1%	0.0%
总计	计数	420	206	264
	占民族的百分比	47.2%	23.1%	29.7%
	占总计的百分比	47.2%	23.1%	29.7%

将居住地与公共服务投入能力进行交叉列表分析，得到表 5-31 的结果。经卡方检验，不同居住地对公共服务投入能力打分分组中，没有显著性差异。

表 5-31 不同居住地与政府公共服务投入能力分组交叉列表

		公共服务能力分组		
		公共服务能力低分组	公共服务能力中分组	公共服务能力高分组
农村	计数	180	82	109
	占居住地的百分比	48.5%	22.1%	29.4%
	占总计的百分比	20.3%	9.2%	12.3%
乡镇所在地	计数	58	31	51
	占居住地的百分比	41.4%	22.1%	36.4%
	占总计的百分比	6.5%	3.5%	5.7%
县城	计数	149	80	86
	占居住地的百分比	47.3%	25.4%	27.3%
	占总计的百分比	16.8%	9.0%	9.7%
市城区	计数	18	10	10
	占居住地的百分比	47.4%	26.3%	26.3%
	占总计的百分比	2.0%	1.1%	1.1%
城郊结合部	计数	15	2	6
	占居住地的百分比	65.2%	8.7%	26.1%
	占总计的百分比	1.7%	0.2%	0.7%
总计	计数	420	205	262
	占居住地的百分比	47.4%	23.1%	29.5%
	占总计的百分比	47.4%	23.1%	29.5%

将收入水平与公共服务投入能力进行交叉列表分析，得到表 5-32 的结果。经卡方检验，不同收入水平对公共服务投入能力打分分组中，没有显著性差异。

表 5-32 不同收入水平与政府公共服务投入能力分组交叉列表

		公共服务能力分组		
		公共服务能力低分组	公共服务能力中分组	公共服务能力高分组
低收入者	计数	161	78	111
	占收入分组的百分比	46.0%	22.3%	31.7%
	占总计的百分比	18.1%	8.8%	12.5%

续表

		公共服务能力分组		
		公共服务能力低分组	公共服务能力中分组	公共服务能力高分组
中等收入者	计数	131	62	74
	占收入分组的百分比	49.1%	23.2%	27.7%
	占总计的百分比	14.7%	7.0%	8.3%
高收入者	计数	129	66	79
	占收入分组的百分比	47.1%	24.1%	28.8%
	占总计的百分比	14.5%	7.4%	8.9%
总计	计数	421	206	264
	占收入分组的百分比	47.3%	23.1%	29.6%
	占总计的百分比	47.3%	23.1%	29.6%

2. 社会人口属性与公共资源配置能力的相关性分析

通过社会人口属性与政府公共资源配置能力进行双变量相关性分析，得到表 5-33 的结果。由表可知，职业、政治成分、婚姻状况、收入状况与政府公共资源配置能力的相关性具有显著性，而性别、民族、年龄、居住地、教育情况则相关性不具有显著性。

表 5-33　社会人口属性与政府公共资源配置能力相关性分析

		性别	民族	职业	政治成分	婚否	居住地	年龄分组	教育分组	收入分组
公共资源配置能力	斯皮尔曼相关系数	-0.060	-0.030	-0.072*	-0.157**	-0.069*	0.028	0.038	0.048	0.127**
	个案数	884	892	887	885	881	889	880	893	893

**. 在 0.01 级别（双尾），相关性显著。

*. 在 0.05 级别（双尾），相关性显著。

将职业与公共资源配置能力进行交叉列表分析，得到表 5-34 的结果。经卡方检验，不同职业对公共资源配置能力打分分组中，有显著性差异。

表 5-34 不同职业与政府公共资源配置能力分组交叉列表

		公共资源配置能力		
		公共资源配置能力低分组	公共资源配置能力中分组	公共资源配置能力高分组
农业劳动者	计数	57	55	35
	占职业的百分比	38.8%	37.4%	23.8%
	占总计的百分比	6.4%	6.2%	3.9%
企业工人	计数	18	16	20
	占职业的百分比	33.3%	29.6%	37.0%
	占总计的百分比	2.0%	1.8%	2.3%
事业单位人员	计数	60	48	60
	占职业的百分比	35.7%	28.6%	35.7%
	占总计的百分比	6.8%	5.4%	6.8%
政府机关人员	计数	14	30	45
	占职业的百分比	15.7%	33.7%	50.6%
	占总计的百分比	1.6%	3.4%	5.1%
个体劳动者/个体工商户	计数	41	26	30
	占职业的百分比	42.3%	26.8%	30.9%
	占总计的百分比	4.6%	2.9%	3.4%
打工者	计数	55	46	28
	占职业的百分比	42.6%	35.7%	21.7%
	占总计的百分比	6.2%	5.2%	3.2%
私营企业主	计数	5	4	6
	占职业的百分比	33.3%	26.7%	40.0%
	占总计的百分比	0.6%	0.5%	0.7%
学生	计数	61	42	31
	占职业的百分比	45.5%	31.3%	23.1%
	占总计的百分比	6.9%	4.7%	3.5%
待业人员	计数	12	4	9
	占职业的百分比	48.0%	16.0%	36.0%
	占总计的百分比	1.4%	0.5%	1.0%

续表

		公共资源配置能力		
		公共资源配置能力低分组	公共资源配置能力中分组	公共资源配置能力高分组
退休人员	计数	12	3	13
	占职业的百分比	42.9%	10.7%	46.4%
	占总计的百分比	1.4%	0.3%	1.5%
村干部	计数	0	0	1
	占职业的百分比	0.0%	0.0%	100.0%
	占总计的百分比	0.0%	0.0%	0.1%
总计	计数	335	274	278
	占职业的百分比	37.8%	30.9%	31.3%
	占总计的百分比	37.8%	30.9%	31.3%

将政治面貌与公共资源配置能力进行交叉列表分析，得到表 5-35 的结果。经卡方检验，不同政治面貌对公共资源配置能力打分分组中，有显著性差异。

表 5-35 不同政治面貌与政府公共资源配置能力分组交叉列表

		公共资源配置能力		
		公共资源配置能力低分组	公共资源配置能力中分组	公共资源配置能力高分组
中共党员	计数	59	56	100
	占政治成分的百分比	27.4%	26.0%	46.5%
	占总计的百分比	6.7%	6.3%	11.3%
非中共党员	计数	271	219	180
	占政治成分的百分比	40.4%	32.7%	26.9%
	占总计的百分比	30.6%	24.7%	20.3%
总计	计数	330	275	280
	占政治成分的百分比	37.3%	31.1%	31.6%
	占总计的百分比	37.3%	31.1%	31.6%

将婚姻状况与公共资源配置能力进行交叉列表分析，得到表 5-36 的结果。经卡方检验，不同婚姻状况对公共资源配置能力打分分组中，没有显著性差异。

表 5-36 不同婚姻状况与政府公共资源配置能力分组交叉列表

		公共资源配置能力		
		公共资源配置能力低分组	公共资源配置能力中分组	公共资源配置能力高分组
已婚	计数	209	170	195
	占婚否的百分比	36.4%	29.6%	34.0%
	占总计的百分比	23.7%	19.3%	22.1%
未婚	计数	120	105	82
	占婚否的百分比	39.1%	34.2%	26.7%
	占总计的百分比	13.6%	11.9%	9.3%
总计	计数	329	275	277
	占婚否的百分比	37.3%	31.2%	31.4%
	占总计的百分比	37.3%	31.2%	31.4%

将收入水平与公共资源配置能力进行交叉列表分析，得到表 5-37 的结果。经卡方检验，不同收入水平对公共资源配置能力打分分组中，有显著性差异。

表 5-37 不同收入水平与政府公共资源配置能力分组交叉列表

		公共资源配置能力		
		公共资源配置能力低分组	公共资源配置能力中分组	公共资源配置能力高分组
低收入者	计数	160	106	86
	占收入分组的百分比	45.5%	30.1%	24.4%
	占总计的百分比	17.9%	11.9%	9.6%
中等收入者	计数	100	84	85
	占收入分组的百分比	37.2%	31.2%	31.6%
	占总计的百分比	11.2%	9.4%	9.5%
高收入者	计数	77	85	110
	占收入分组的百分比	28.3%	31.3%	40.4%
	占总计的百分比	8.6%	9.5%	12.3%
高收入者	计数	337	275	281
	占收入分组的百分比	37.7%	30.8%	31.5%
	占总计的百分比	37.7%	30.8%	31.5%

3. 社会人口属性与公共危机管理能力的相关性分析

通过社会人口属性与政府公共危机管理能力进行双变量相关性分析，得到表 5-38 的结果。由表可知，民族、职业、政治成分、婚姻状况、居住地、年龄、收入状况与政府公共危机管理能力的相关性具有显著性，而性别、教育情况则相关性不具有显著性。

表 5-38　社会人口属性与政府公共危机管理能力相关性分析

		性别	民族	职业	政治成分	婚否	居住地	年龄分组	教育分组	收入分组
公共危机管理能力	斯皮尔曼相关系数	-0.036	-0.100**	-0.082*	-0.224**	-0.142**	0.080*	0.099**	0.042	0.156**
	个案数	886	894	889	887	883	892	882	895	895

**. 在 0.01 级别（双尾），相关性显著。

*. 在 0.05 级别（双尾），相关性显著。

将民族与公共危机管理能力进行交叉列表分析，得到表 5-39 的结果。经卡方检验，不同民族对公共危机管理能力打分分组中，有显著性差异。

表 5-39 不同民族与政府公共危机管理能力分组交叉列表

		公共危机管理能力分组		
		公共危机管理能力低分组	公共危机管理能力中分组	公共危机管理能力高分组
汉族	计数	123	117	93
	占民族的百分比	36.9%	35.1%	27.9%
	占总计的百分比	13.8%	13.1%	10.4%
苗族	计数	24	32	26
	占民族的百分比	29.3%	39.0%	31.7%
	占总计的百分比	2.7%	3.6%	2.9%
布依族	计数	1	0	2
	占民族的百分比	33.3%	0.0%	66.7%
	占总计的百分比	0.1%	0.0%	0.2%
侗族	计数	44	54	43
	占民族的百分比	31.2%	38.3%	30.5%
	占总计的百分比	4.9%	6.0%	4.8%
壮族	计数	47	25	17
	占民族的百分比	52.8%	28.1%	19.1%
	占总计的百分比	5.3%	2.8%	1.9%

续表

		公共危机管理能力分组		
		公共危机管理能力低分组	公共危机管理能力中分组	公共危机管理能力高分组
白族	计数	12	3	3
	占民族的百分比	66.7%	16.7%	16.7%
	占总计的百分比	1.3%	0.3%	0.3%
哈尼族	计数	0	1	0
	占民族的百分比	0.0%	100.0%	0.0%
	占总计的百分比	0.0%	0.1%	0.0%
彝族	计数	74	7	48
	占民族的百分比	57.4%	5.4%	37.2%
	占总计的百分比	8.3%	0.8%	5.4%
瑶族	计数	45	23	17
	占民族的百分比	52.9%	27.1%	20.0%
	占总计的百分比	5.0%	2.6%	1.9%
仫佬族	计数	1	0	2
	占民族的百分比	33.3%	0.0%	66.7%
	占总计的百分比	0.1%	0.0%	0.2%
回族	计数	5	3	1
	占民族的百分比	55.6%	33.3%	11.1%
	占总计的百分比	0.6%	0.3%	0.1%
土家族	计数	0	1	0
	占民族的百分比	0.0%	100.0%	0.0%
	占总计的百分比	0.0%	0.1%	0.0%
	计数	376	266	252
	占民族的百分比	42.1%	29.8%	28.2%
	占总计的百分比	42.1%	29.8%	28.2%

将职业与公共危机管理能力进行交叉列表分析，得到表5-40的结果。经卡方检验，不同职业对公共危机管理能力打分分组中，有显著性差异。

表 5-40　不同职业与政府公共危机管理能力分组交叉列表

		公共危机管理能力分组		
		公共危机管理能力低分组	公共危机管理能力中分组	公共危机管理能力高分组
农业劳动者	计数	72	38	37
	占职业的百分比	49.0%	25.9%	25.2%
	占总计的百分比	8.1%	4.3%	4.2%
企业工人	计数	26	11	17
	占职业的百分比	48.1%	20.4%	31.5%
	占总计的百分比	2.9%	1.2%	1.9%
事业单位人员	计数	55	51	63
	占职业的百分比	32.5%	30.2%	37.3%
	占总计的百分比	6.2%	5.7%	7.1%
政府机关人员	计数	15	25	49
	占职业的百分比	16.9%	28.1%	55.1%
	占总计的百分比	1.7%	2.8%	5.5%
个体劳动者/个体工商户	计数	43	33	24
	占职业的百分比	43.0%	33.0%	24.0%
	占总计的百分比	4.8%	3.7%	2.7%
打工者	计数	65	36	28
	占职业的百分比	50.4%	27.9%	21.7%
	占总计的百分比	7.3%	4.0%	3.1%
私营企业主	计数	7	6	2
	占职业的百分比	46.7%	40.0%	13.3%
	占总计的百分比	0.8%	0.7%	0.2%
学生	计数	74	44	15
	占职业的百分比	55.6%	33.1%	11.3%
	占总计的百分比	8.3%	4.9%	1.7%
待业人员	计数	13	6	6
	占职业的百分比	52.0%	24.0%	24.0%
	占总计的百分比	1.5%	0.7%	0.7%

续表

		公共危机管理能力分组		
		公共危机管理能力低分组	公共危机管理能力中分组	公共危机管理能力高分组
退休人员	计数	5	13	9
	占职业的百分比	18.5%	48.1%	33.3%
	占总计的百分比	0.6%	1.5%	1.0%
村干部	计数	0	0	1
	占职业的百分比	0.0%	0.0%	100.0%
	占总计的百分比	0.0%	0.0%	0.1%
	计数	375	263	251
	占职业的百分比	42.2%	29.6%	28.2%
	占总计的百分比	42.2%	29.6%	28.2%

将政治面貌与公共危机管理能力进行交叉列表分析，得到表 5-41 的结果。经卡方检验，不同政治面貌对公共危机管理能力打分分组中，有显著性差异。

表 5-41　不同政治面貌与政府公共危机管理能力分组交叉列表

		公共危机管理能力分组		
		公共危机管理能力低分组	公共危机管理能力中分组	公共危机管理能力高分组
中共党员	计数	54	59	103
	占政治成分的百分比	25.0%	27.3%	47.7%
	占总计的百分比	6.1%	6.7%	11.6%
非中共党员	计数	319	204	148
	占政治成分的百分比	47.5%	30.4%	22.1%
	占总计的百分比	36.0%	23.0%	16.7%
	计数	373	263	251
	占政治成分的百分比	42.1%	29.7%	28.3%
	占总计的百分比	42.1%	29.7%	28.3%

将婚姻状况与公共危机管理能力进行交叉列表分析，得到表 5-42 的结果。经卡方检验，不同婚姻状况对公共危机管理能力打分分组中，有显著性差异。

表 5-42　不同婚姻状况与政府公共危机管理能力分组交叉列表

		公共危机管理能力分组		
		公共危机管理能力低分组	公共危机管理能力中分组	公共危机管理能力高分组
已婚	计数	227	148	199
	占婚否的百分比	39.5%	25.8%	34.7%
	占总计的百分比	25.7%	16.8%	22.5%
未婚	计数	146	113	50
	占婚否的百分比	47.2%	36.6%	16.2%
	占总计的百分比	16.5%	12.8%	5.7%
	计数	373	261	249
	占婚否的百分比	42.2%	29.6%	28.2%
	占总计的百分比	42.2%	29.6%	28.2%

将居住地与公共危机管理能力进行交叉列表分析，得到表 5-43 的结果。经卡方检验，不同居住地对公共危机管理能力打分分组中，有显著性差异。

表 5-43　不同居住地与政府公共危机管理能力分组交叉列表

		公共危机管理能力分组		
		公共危机管理能力低分组	公共危机管理能力中分组	公共危机管理能力高分组
农村	计数	188	94	90
	占居住地的百分比	50.5%	25.3%	24.2%
	占总计的百分比	21.1%	10.5%	10.1%
乡镇所在地	计数	37	53	50
	占居住地的百分比	26.4%	37.9%	35.7%
	占总计的百分比	4.1%	5.9%	5.6%
县城	计数	123	98	98
	占居住地的百分比	38.6%	30.7%	30.7%
	占总计的百分比	13.8%	11.0%	11.0%
市城区	计数	18	11	9
	占居住地的百分比	47.4%	28.9%	23.7%
	占总计的百分比	2.0%	1.2%	1.0%

续表

		公共危机管理能力分组		
		公共危机管理能力低分组	公共危机管理能力中分组	公共危机管理能力高分组
城郊结合部	计数	10	10	3
	占居住地的百分比	43. 5%	43. 5%	13. 0%
	占总计的百分比	1. 1%	1. 1%	0. 3%
	计数	376	266	250
	占居住地的百分比	42. 2%	29. 8%	28. 0%
	占总计的百分比	42. 2%	29. 8%	28. 0%

将收入水平与公共危机管理能力进行交叉列表分析，得到表 5-44 的结果。经卡方检验，不同收入水平对公共危机管理能力打分分组中，有显著性差异。

表 5-44 不同收入水平与政府公共危机管理能力分组交叉列表

		公共危机管理能力分组		
		公共危机管理能力低分组	公共危机管理能力中分组	公共危机管理能力高分组
低收入者	计数	179	90	83
	占收入分组的百分比	50. 9%	25. 6%	23. 6%
	占总计的百分比	20. 0%	10. 1%	9. 3%
中等收入者	计数	113	82	73
	占收入分组的百分比	42. 2%	30. 6%	27. 2%
	占总计的百分比	12. 6%	9. 2%	8. 2%
高收入者	计数	85	94	96
	占收入分组的百分比	30. 9%	34. 2%	34. 9%
	占总计的百分比	9. 5%	10. 5%	10. 7%
	计数	377	266	252
	占收入分组的百分比	42. 1%	29. 7%	28. 2%
	占总计的百分比	42. 1%	29. 7%	28. 2%

4. 社会人口属性与公共政策执行能力的相关性分析

通过社会人口属性与政府公共政策执行能力进行双变量相关性分析，得到表 5-45 的结果。由表可知，民族、政治成分、婚姻状况、居住地、教育情况与政府公共政策执行能力的相关性具有显著性，而性别、职业、年龄、收入状况则相关性不具有显著性。

表 5-45　社会人口属性与政府公共政策执行能力相关性分析

		性别	民族	职业	政治成分	婚否	居住地	年龄分组	教育分组	收入分组
公共政策执行能力	斯皮尔曼相关系数	-0.025	0.138**	-0.063	-0.174**	-0.145**	-0.106**	0.063	-0.069*	-0.029
	个案数	885	893	888	886	882	890	881	894	894

**. 在 0.01 级别（双尾），相关性显著。

*. 在 0.05 级别（双尾），相关性显著。

将民族与公共政策执行能力进行交叉列表分析，得到表 5-46 的结果。经卡方检验，不同民族对公共政策执行能力打分分组中，有显著性差异。

表 5-46　不同民族与政府公共政策执行能力分组交叉列表

		公共政策执行能力分组		
		公共政策执行能力低分组	公共政策执行能力中分组	公共政策执行能力高分组
汉族	计数	140	105	88
	占民族的百分比	42.0%	31.5%	26.4%
	占总计的百分比	15.7%	11.8%	9.9%
苗族	计数	35	23	24
	占民族的百分比	42.7%	28.0%	29.3%
	占总计的百分比	3.9%	2.6%	2.7%
布依族	计数	1	0	2
	占民族的百分比	33.3%	0.0%	66.7%
	占总计的百分比	0.1%	0.0%	0.2%
侗族	计数	47	54	43
	占民族的百分比	32.6%	37.5%	29.9%
	占总计的百分比	5.3%	6.0%	4.8%
壮族	计数	25	40	24
	占民族的百分比	28.1%	44.9%	27.0%
	占总计的百分比	2.8%	4.5%	2.7%
白族	计数	7	7	2
	占民族的百分比	43.8%	43.8%	12.5%
	占总计的百分比	0.8%	0.8%	0.2%

续表

		公共政策执行能力分组		
		公共政策执行能力低分组	公共政策执行能力中分组	公共政策执行能力高分组
哈尼族	计数	0	1	0
	占民族的百分比	0.0%	100.0%	0.0%
	占总计的百分比	0.0%	0.1%	0.0%
彝族	计数	35	25	69
	占民族的百分比	27.1%	19.4%	53.5%
	占总计的百分比	3.9%	2.8%	7.7%
瑶族	计数	34	22	27
	占民族的百分比	41.0%	26.5%	32.5%
	占总计的百分比	3.8%	2.5%	3.0%
仫佬族	计数	1	1	1
	占民族的百分比	33.3%	33.3%	33.3%
	占总计的百分比	0.1%	0.1%	0.1%
回族	计数	4	3	2
	占民族的百分比	44.4%	33.3%	22.2%
	占总计的百分比	0.4%	0.3%	0.2%
土家族	计数	0	1	0
	占民族的百分比	0.0%	100.0%	0.0%
	占总计的百分比	0.0%	0.1%	0.0%
	计数	329	282	282
	占民族的百分比	36.8%	31.6%	31.6%
	占总计的百分比	36.8%	31.6%	31.6%

将政治面貌与公共政策执行能力进行交叉列表分析，得到表 5-47 的结果。经卡方检验，不同政治面貌对公共政策执行能力打分分组中，有显著性差异。

表 5-47 不同政治面貌与政府公共政策执行能力分组交叉列表

		公共政策执行能力分组		
		公共政策执行能力低分组	公共政策执行能力中分组	公共政策执行能力高分组
中共党员	计数	52	66	98
	占政治成分的百分比	24.1%	30.6%	45.4%
	占总计的百分比	5.9%	7.4%	11.1%
非中共党员	计数	273	215	182
	占政治成分的百分比	40.7%	32.1%	27.2%
	占总计的百分比	30.8%	24.3%	20.5%
	计数	325	281	280
	占政治成分的百分比	36.7%	31.7%	31.6%
	占总计的百分比	36.7%	31.7%	31.6%

将婚姻状况与公共政策执行能力进行交叉列表分析，得到表 5-48 的结果。经卡方检验，不同婚姻状况对公共政策执行能力打分分组中，有显著性差异。

表 5-48 不同婚姻状况与政府公共政策执行能力分组交叉列表

		公共政策执行能力分组		
		公共政策执行能力低分组	公共政策执行能力中分组	公共政策执行能力高分组
已婚	计数	193	173	210
	占婚否的百分比	33.5%	30.0%	36.5%
	占总计的百分比	21.9%	19.6%	23.8%
未婚	计数	130	107	69
	占婚否的百分比	42.5%	35.0%	22.5%
	占总计的百分比	14.7%	12.1%	7.8%
	计数	323	280	279
	占婚否的百分比	36.6%	31.7%	31.6%
	占总计的百分比	36.6%	31.7%	31.6%

将居住地与公共政策执行能力进行交叉列表分析，得到表 5-49 的结果。经卡方检验，不同居住地对公共政策执行能力打分分组中，有显著性差异。

表 5-49　不同居住地与政府公共政策执行能力分组交叉列表

		公共政策执行能力分组		
		公共政策执行能力低分组	公共政策执行能力中分组	公共政策执行能力高分组
农村	计数	126	117	130
	占居住地的百分比	33.8%	31.4%	34.9%
	占总计的百分比	14.2%	13.1%	14.6%
乡镇所在地	计数	44	48	48
	占居住地的百分比	31.4%	34.3%	34.3%
	占总计的百分比	4.9%	5.4%	5.4%
县城	计数	130	98	88
	占居住地的百分比	41.1%	31.0%	27.8%
	占总计的百分比	14.6%	11.0%	9.9%
市城区	计数	15	14	9
	占居住地的百分比	39.5%	36.8%	23.7%
	占总计的百分比	1.7%	1.6%	1.0%
城郊结合部	计数	15	3	5
	占居住地的百分比	65.2%	13.0%	21.7%
	占总计的百分比	1.7%	0.3%	0.6%
	计数	330	280	280
	占居住地的百分比	37.1%	31.5%	31.5%
	占总计的百分比	37.1%	31.5%	31.5%

将教育状况与公共政策执行能力进行交叉列表分析，得到表 5-50 的结果。经卡方检验，不同教育状况对公共政策执行能力打分分组中，有显著性差异。

表 5-50　不同教育状况与政府公共政策执行能力分组交叉列表

		公共政策执行能力分组		
		公共政策执行能力低分组	公共政策执行能力中分组	公共政策执行能力高分组
未上学	计数	10	4	17
	占教育分组的百分比	32.3%	12.9%	54.8%
	占总计的百分比	1.1%	0.4%	1.9%

续表

		公共政策执行能力分组		
		公共政策执行能力低分组	公共政策执行能力中分组	公共政策执行能力高分组
小学	计数	43	40	54
	占教育分组的百分比	31.4%	29.2%	39.4%
	占总计的百分比	4.8%	4.5%	6.0%
初中	计数	69	57	42
	占教育分组的百分比	41.1%	33.9%	25.0%
	占总计的百分比	7.7%	6.4%	4.7%
高中	计数	71	50	61
	占教育分组的百分比	39.0%	27.5%	33.5%
	占总计的百分比	7.9%	5.6%	6.8%
专科	计数	61	61	51
	占教育分组的百分比	35.3%	35.3%	29.5%
	占总计的百分比	6.8%	6.8%	5.7%
本科	计数	50	44	30
	占教育分组的百分比	40.3%	35.5%	24.2%
	占总计的百分比	5.6%	4.9%	3.4%
研究生	计数	26	26	27
	占教育分组的百分比	32.9%	32.9%	34.2%
	占总计的百分比	2.9%	2.9%	3.0%
	计数	330	282	282
	占教育分组的百分比	36.9%	31.5%	31.5%
	占总计的百分比	36.9%	31.5%	31.5%

5. 社会人口属性与民族需求服务能力的相关性分析

通过社会人口属性与政府民族需求服务能力进行双变量相关性分析，得到表 5-51 的结果。由表可知，政治成分、收入状况与政府民族需求服务能力的相关性具有显著性，而民族、性别、婚姻状况、职业、年龄、居住地、教育情况则相关性不具有显著性。

表 5-51 社会人口属性与政府民族需求服务能力相关性分析

		性别	民族	职业	政治成分	婚否	居住地	年龄分组	教育分组	收入分组
民族需求服务能力	相关系数	0.013	-0.061	-0.035	-0.113**	-0.048	0.003	0.004	0.046	0.101**
	个案数	889	897	892	890	886	894	885	898	898

**. 在 0.01 级别（双尾），相关性显著。

*. 在 0.05 级别（双尾），相关性显著。

将政治面貌与民族需求服务能力进行交叉列表分析，得到表 5-52 的结果。经卡方检验，不同政治面貌对民族需求服务能力打分分组中，有显著性差异。

表 5-52 不同政治面貌与政府民族需求服务能力分组交叉列表

		民族需求服务能力分组		
		民族需求服务能力低分组	民族需求服务能力中分组	民族需求服务能力高分组
中共党员	计数	65	105	46
	占政治成分的百分比	30.1%	48.6%	21.3%
	占总计的百分比	7.3%	11.8%	5.2%
非中共党员	计数	264	333	77
	占政治成分的百分比	39.2%	49.4%	11.4%
	占总计的百分比	29.7%	37.4%	8.7%
	计数	329	438	123
	占政治成分的百分比	37.0%	49.2%	13.8%
	占总计的百分比	37.0%	49.2%	13.8%

将收入水平与民族需求服务能力进行交叉列表分析，得到表 5-53 的结果。经卡方检验，不同收入水平对民族需求服务能力打分分组中，有显著性差异。

表 5-53 不同收入水平与政府民族需求服务能力分组交叉列表

		民族需求服务能力分组		
		民族需求服务能力低分组	民族需求服务能力中分组	民族需求服务能力高分组
低收入者	计数	150	161	42
	占收入分组的百分比	42.5%	45.6%	11.9%
	占总计的百分比	16.7%	17.9%	4.7%

续表

		民族需求服务能力分组		
		民族需求服务能力低分组	民族需求服务能力中分组	民族需求服务能力高分组
中等收入者	计数	100	126	44
	占收入分组的百分比	37.0%	46.7%	16.3%
	占总计的百分比	11.1%	14.0%	4.9%
高收入者	计数	85	153	37
	占收入分组的百分比	30.9%	55.6%	13.5%
	占总计的百分比	9.5%	17.0%	4.1%
高收入者	计数	335	440	123
	占收入分组的百分比	37.3%	49.0%	13.7%
	占总计的百分比	37.3%	49.0%	13.7%

三、各影响因素与政府公共服务能力的相关性分析

通过各影响因子与政府公共服务能力进行双变量相关性分析，得到表 5-54 的结果。由表可知，行政生态因子、公务员素质因子、政府回应因子、系统互动因子、均等化因子与政府公共服务能力的相关性具有显著性。其中，政府回应因子的相关系数最大，均等化因子相关系数最小。

表 5-54 各影响因子与政府公共服务能力相关性分析

		行政生态因子	公务员素质因子	政府回应因子	系统互动因子	均等化因子
公共服务能力	皮尔逊相关性	0.691**	0.636**	0.707**	0.659**	0.536**
	个案数	830	868	864	872	878

**. 在 0.01 级别（双尾），相关性显著。

*. 在 0.05 级别（双尾），相关性显著。

四、各影响因素与政府公共服务能力各维度的相关性分析

1. 各影响因素与公共服务投入能力的相关性分析

通过各影响因子与政府公共服务投入能力进行双变量相关性分析，得到表 5-55 的结果。由表可知，行政生态因子、公务员素质因子、政府回应因子、系统互动因子、均等化因子与政府公共服务投入能力的相关性具有显著性。其中，政府回应因子的相关系数最大，均等化因子相关系数最小。

表 5-55 各影响因子与政府公共服务投入能力相关性分析

		行政生态因子	公务员素质因子	政府回应因子	系统互动因子	均等化因子
公共服务投入能力	皮尔逊相关性	0.564**	0.514**	0.572**	0.533**	0.385**
	个案数	840	878	874	882	888

**. 在 0.01 级别（双尾），相关性显著。

*. 在 0.05 级别（双尾），相关性显著。

2. 各影响因素与公共资源配置能力的相关性分析

通过各影响因子与政府公共资源配置能力进行双变量相关性分析，得到表 5-56 的结果。由表可知，行政生态因子、公务员素质因子、政府回应因子、系统互动因子、均等化因子与政府公共资源配置能力的相关性具有显著性。其中，政府回应因子的相关系数最大，均等化因子相关系数最小。

表 5-56 各影响因子与政府公共资源配置能力相关性分析

		行政生态因子	公务员素质因子	政府回应因子	系统互动因子	均等化因子
公共资源配置能力	皮尔逊相关性	0.517**	0.460**	0.549**	0.529**	0.423**
	个案数	840	879	875	884	890

**. 在 0.01 级别（双尾），相关性显著。

*. 在 0.05 级别（双尾），相关性显著。

3. 各影响因素与公共危机管理能力的相关性分析

通过各影响因子与政府公共危机管理能力进行双变量相关性分析，得到表 5-57 的结果。由表可知，行政生态因子、公务员素质因子、政府回应因子、系统互动因子、均等化因子与政府公共危机管理能力的相关性具有显著性。其中，政府回应因子的相关系数最大，均等化因子相关系数最小。

表 5-57 各影响因子与政府公共危机管理能力相关性分析

		行政生态因子	公务员素质因子	政府回应因子	系统互动因子	均等化因子
公共危机管理能力	皮尔逊相关性	0.606**	0.554**	0.629**	0.551**	0.457**
	个案数	842	881	877	886	892

**. 在 0.01 级别（双尾），相关性显著。

*. 在 0.05 级别（双尾），相关性显著。

4. 各影响因素与公共政策执行能力的相关性分析

通过各影响因子与政府公共政策执行能力进行双变量相关性分析，得到表 5-58 的结果。由表可知，行政生态因子、公务员素质因子、政府回应因子、系统互动因子、均等化因子与政府公共政策执行能力的相关性具有显著性。其中，均等化因子的相关系数最大，政府回应因子相关系数最小。

表 5-58　各影响因子与政府公共政策执行能力相关性分析

		行政生态因子	公务员素质因子	政府回应因子	系统互动因子	均等化因子
公共政策执行能力	皮尔逊相关性	0.550**	0.518**	0.492**	0.549**	0.554**
	个案数	841	880	876	885	891

* *. 在 0.01 级别（双尾），相关性显著。
*. 在 0.05 级别（双尾），相关性显著。

5. 各影响因素与民族需求服务能力的相关性分析

通过各影响因子与政府民族需求服务能力进行双变量相关性分析，得到表 5-59 的结果。由表可知，行政生态因子、公务员素质因子、政府回应因子、系统互动因子、均等化因子与政府民族需求服务能力的相关性具有显著性。其中，政府回应因子的相关系数最大，均等化因子相关系数最小。

表 5-59　各影响因子与政府民族需求服务能力相关性分析

		行政生态因子	公务员素质因子	政府回应因子	系统互动因子	均等化因子
民族需求服务能力	皮尔逊相关性	0.575**	0.535**	0.619**	0.536**	0.424**
	个案数	845	884	880	889	895

* *. 在 0.01 级别（双尾），相关性显著。
*. 在 0.05 级别（双尾），相关性显著。

第四节　多变量回归分析

一、政府公共服务能力的多变量回归分析

为了检验前面的五个假设是否成立，也为了弄清各影响因素对公共服务能力的独立影响和相对强度，以及验证因果关系，本研究专门对各影响因素做多元回归分析。经统计，得到表 5-60 的结果如下：

表 5-60　政府公共服务能力的多元回归统计表

自变量	非标准化系数		标准化系数	t	显著性	B 的 95.0% 置信区间		共线性统计	R 方	德宾-沃森
	B	标准误差	Beta			下限	上限	VIF		
(常量)	1.244	0.122		10.231	0.000	1.006	1.483		0.552	1.623
行政生态因子	0.311	0.044	0.322	7.125	0.000	0.226	0.397	3.657		
公务员素质因子	-0.011	0.041	-0.012	-0.258	0.797	-0.091	0.070	3.995		
政府回应因子	0.325	0.056	0.361	5.815	0.000	0.215	0.435	6.895		
系统互动因子	0.143	0.048	0.155	2.977	0.003	0.049	0.237	4.843		
均等化因子	-0.041	0.031	-0.049	-1.355	0.176	-0.101	0.019	2.301		

由以上回归表 5-60，本研究可以得出这样一些结论。

一是五个影响因子中，VIF 的值除了政府回应因子的值大于 5 之外，其他均小于 5，虽然根据多数研究者的建议，VIF 值设定在 5，如果大于则有共线性问题，但是根据国外学者 Hair 的观点，可以放宽到 10，同时，因 VIF 没有成对出现大于 5 的值，所以，政府回应因子虽有共线性风险，但仍予以保留。

二是德宾-沃森的值为 1.623，在值 2 左右，说明这些影响因子不存在自我相关的问题。

三是 ANOVA 报表来看，其 P 值为 0.000，表明其有显著性，这说明至少有一个因素对公共服务能力的影响是成立的。

四是从显著性上看，公务员素质因子和均等化因子均大于 0.05，所以，这两个因子对公共服务能力的影响不显著。而行政生态因子、政府回应因子和系统互动因子的显著性均为 0.000，这说明这三个因子对政府公共服务能力有显著性影响。由此可见，前面假设的五种关系中，假设 1（政府公共服务能力受行政生态要素影响）、假设 3（政府公共服务能力受政府回应要素影响）、假设 4（政府公共服务能力受系统互动要素影响）均成立，而假设 2（政府公共服务能力受公务员素质要素影响）和假设 5（政府公共服务能力受基本公共服务均等化要素影响）不成立。与此相对照，李晓园教授通过对江苏、江西和陕西三省的实证数据证明政府人力资源因素是政府公共服务能力最重要的影响因素①，但是，在西部地区贫困县的实证数据则不支持公务员素质因素对政府公共服务能力有显著性影响。

五是从 R 方 0.552 来看，这些因素对西部地区贫困县的政府公共服务能力的解释力

① 李晓园．包容性增长视角下的县级公共服务能力研究［M］．北京：中国社会科学出版社，2016. P196.

在 55.2%，其值大于 0.19，小于 0.67，这说明这些影响因素具有中度解释能力。

六是从标准化系数来看，在有影响力的因素中，行政生态因子的影响最大，其次是政府回应因子的影响，最后才是系统互动因子的影响。

通过剔除掉没有影响力的因子后，再次回归分析得到表 5-61 的结果（见表 5-61）。通过对三个因子建构的回归模型的比较，行政生态因子的解释力是 47.7%，而行政生态因子和政府回应因子的解释力则上升到 54%，当系统互动因子引入变成行政生态因子、政府回应因子和系统互动因子三个影响因素是其解释力则上升为 54.4%。

表 5-61　三个回归模型比较

模型		未标准化系数		标准化系数	t	显著性	B 的 95.0%置信区间		R 方	调整后 R 方	共线性统计
		B	标准误差	Beta			下限	上限			VIF
1	（常量）	1.576	0.121		13.000	0.000	1.338	1.814	0.477	0.476	
	行政生态因子	0.667	0.025	0.690	27.206	0.000	0.619	0.715			1.000
2	（常量）	1.310	0.116		11.252	0.000	1.081	1.538	0.540	0.539	
	行政生态因子	0.312	0.041	0.323	7.690	0.000	0.232	0.392			3.116
	政府回应因子	0.402	0.038	0.446	10.613	0.000	0.328	0.476			3.116
3	（常量）	1.232	0.120		10.292	0.000	0.997	1.467	0.544	0.542	
	行政生态因子	0.301	0.041	0.312	7.416	0.000	0.222	0.381			3.148
	政府回应因子	0.308	0.052	0.341	5.910	0.000	0.206	0.410			5.937
	系统互动因子	0.119	0.046	0.130	2.621	0.009	0.030	0.209			4.346

二、公共服务能力结构维度的多元回归分析

1. 公共服务投入能力的多元回归分析

通过将行政生态因子、公务员素质因子、政府回应因子、系统互动因子、公共服务均等化因子与公共服务投入能力做回归分析，得到表 5-62 的结果（见表 5-62）。经统计，从 VIF 值看，其政府回应因子具有共线性的风险，其他四个因子则没有共线性问题。其德宾-沃森的值为 1.392，这说明不存在自我相关的问题。其 ANOVA 的 P 值为 0.000，这说明其有显著性，至少有一个因素对政府公共服务投入能力具有影响力。同时从 t 值的显著性中可以看出，公务员素质因子的 P 值为 0.725，要大于 0.05，而行政生态因子、政府回应因子、系统互动因子、均等化因子的 P 值均为 0.000，这说明公务员素质因子对公

共服务投入能力没有影响，而其他四个因子有影响力，说明假设 1-2 不成立，其他四个假设成立。从 R 方的值来看，五个因素对公共服务投入能力具有 37.8%的解释力，属于中等影响强度。从五个模型的比较中可以看出，行政生态因子单独的解释力在 31.8%，当公务员素质因子加入影响时，其解释力增加 1.2%，而当政府回应因子加入影响时，其解释力则增加 3%，当系统互动因子加入影响时，其解释力增加 0.2%，当均等化因子加入影响时，其解释力增加 1%，其总的解释力增加到 37.8%。

表 5-62　公共服务投入能力回归分析表

模型		未标准化系数		标准化系数	t	显著性	R 方	调整后 R 方	共线性统计
		B	标准误差	Beta					VIF
1	（常量）	1.112	0.167		6.656	0.000	0.324	0.323	
	行政生态因子	0.670	0.034	0.569	19.797	0.000			1.000
2	（常量）	1.006	0.168		5.985	0.000	0.336	0.334	
	行政生态因子	0.508	0.055	0.432	9.302	0.000			2.646
	公务员素质因子	0.183	0.049	0.175	3.760	0.000			2.646
3	（常量）	0.844	0.167		5.068	0.000	0.366	0.363	
	行政生态因子	0.334	0.060	0.284	5.544	0.000			3.375
	公务员素质因子	-0.015	0.057	-0.014	-0.255	0.799			3.835
	政府回应因子	0.398	0.064	0.362	6.194	0.000			4.387
4	（常量）	0.770	0.172		4.484	0.000	0.368	0.365	
	行政生态因子	0.329	0.060	0.280	5.461	0.000			3.383
	公务员素质因子	-0.026	0.058	-0.025	-0.453	0.651			3.886
	政府回应因子	0.315	0.080	0.287	3.937	0.000			6.823
	系统互动因子	0.113	0.065	0.101	1.734	0.083			4.348

续表

模型		未标准化系数		标准化系数	t	显著性	R方	调整后R方	共线性统计
		B	标准误差	Beta					VIF
5	(常量)	0.886	0.173		5.107	0.000	0.378	0.374	
	行政生态因子	0.374	0.061	0.318	6.114	0.000			3.527
	公务员素质因子	-0.020	0.057	-0.019	-0.352	0.725			3.890
	政府回应因子	0.328	0.079	0.299	4.128	0.000			6.837
	系统互动因子	0.187	0.068	0.167	2.753	0.006			4.785
	均等化因子	-0.156	0.043	-0.151	-3.598	0.000			2.290

2. 公共资源配置能力的多元回归分析

通过将行政生态因子、公务员素质因子、政府回应因子、系统互动因子、公共服务均等化因子与公共资源配置能力做回归分析，得到表5-63的结果（见表5-63）。经统计，其政府回应因子的VIF值大于5，具有共线性的风险，其他四个因子则没有共线性问题。其德宾-沃森的值为1.701，这说明不存在自我相关的问题。其ANOVA的P值为0.000，这说明其有显著性，至少有一个因素对政府公共资源配置能力具有影响力。同时从t值的显著性中可以看出，均等化因子的P值为0.547，要大于0.05，而行政生态因子、公务员素质因子、政府回应因子、系统互动因子的P值均小于0.05，这说明均等化因子对公共资源配置能力没有影响，而其他四个因子有影响力，可见，研究假设2-5不成立，其他2-1、2-2、2-3和2-4假设成立。从R方的值来看，五个因素对公共资源配置能力具有42.8%的解释力，属于中等影响强度。从五个模型的比较中可以看出，行政生态因子单独的解释力在26.5%，当公务员素质因子加入影响时，其解释力增加到27.3%，而当政府回应因子加入影响时，其解释力则增加到33.3%，当系统互动因子加入影响时，其解释力增加到34%，当均等化因子加入影响时，其解释力还是34%，可见，均等化因子确无影响。

表 5-63　公共资源配置能力回归分析表

模型		未标准化系数		标准化系数	t	显著性	R 方	调整后 R 方	共线性统计
		B	标准误差	Beta					VIF
1	(常量)	2.131	0.173		12.328	0.000	0.265	0.264	
	行政生态因子	0.601	0.035	0.515	17.169	0.000			1.000
2	(常量)	2.043	0.174		11.719	0.000	0.273	0.2716611	
	行政生态因子	0.460	0.058	0.395	7.978	0.000			2.746
	公务员素质因子	0.158	0.052	0.151	3.054	0.002			2.746
3	(常量)	1.812	0.169		10.701	0.000	0.333	0.331	
	行政生态因子	0.218	0.062	0.186	3.499	0.000			3.471
	公务员素质因子	-0.121	0.059	-0.116	-2.045	0.041			3.941
	政府回应因子	0.560	0.066	0.513	8.543	0.000			4.404
4	(常量)	1.689	0.174		9.710	0.000	0.340	0.337	
	行政生态因子	0.208	0.062	0.178	3.346	0.001			3.482
	公务员素质因子	-0.140	0.060	-0.134	-2.361	0.018			3.990
	政府回应因子	0.421	0.081	0.386	5.194	0.000			6.809
	系统互动因子	0.191	0.066	0.171	2.872	0.004			4.355

续表

模型		未标准化系数		标准化系数	t	显著性	R 方	调整后 R 方	共线性统计
		B	标准误差	Beta					VIF
5	（常量）	1.709	0.177		9.649	0.000	0.340	0.336	
	行政生态因子	0.215	0.063	0.184	3.397	0.001			3.632
	公务员素质因子	-0.140	0.060	-0.133	-2.343	0.019			3.993
	政府回应因子	0.423	0.081	0.388	5.213	0.000			6.821
	系统互动因子	0.203	0.070	0.182	2.917	0.004			4.810
	均等化因子	-0.027	0.045	-0.026	-0.603	0.547			2.303

3. 公共危机管理能力的多元回归分析

通过将行政生态因子、公务员素质因子、政府回应因子、系统互动因子、公共服务均等化因子与公共危机管理能力做回归分析，得到表 5-64 的结果（见表 5-64）。经统计，其政府回应因子的 VIF 值大于 5，具有共线性的风险，其他四个因子则没有共线性问题。其德宾-沃森的值为 1.706，这说明不存在自我相关的问题。其 ANOVA 的 P 值为 0.000，这说明其有显著性，至少有一个因素对政府公共危机管理能力具有影响力。同时从 t 值的显著性中可以看出，公务员素质因子的 P 值为 0.907、系统互动因子的 P 值为 0.813、均等化因子的 P 值为 0.262，要大于 0.05，而行政生态因子、政府回应因子的 P 值均为 0.00，这说明公务员素质因子、系统互动因子、均等化因子对公共危机管理能力没有影响，而其他两个因子有影响力，可见，研究假设 3-2、3-4、3-5 不成立，其他 3-1 和 3-3 假设成立。从 R 方的值来看，五个因素对公共危机管理能力具有 42.8%的解释力，属于中等影响强度。从五个模型的比较中可以看出，行政生态因子单独的解释力在 37.1%，当公务员素质因子加入影响时，其解释力增加到 38.9%，而当政府回应因子加入影响时，其解释力则增加到 42.73%，当系统互动因子加入影响时，其解释力增加到 42.8%，当均等化因子加入影响时，其解释力还是 42.8%，可见，均等化因子确无影响。

表 5-64　公共危机管理能力回归分析表

模型		未标准化系数		标准化系数	t	显著性	R 方	调整后 R 方	共线性统计
		B	标准误差	Beta					VIF
1	(常量)	1. 441	0. 164		8. 780	0. 000	0. 371	0. 370	
	行政生态因子	0. 731	0. 033	0. 609	21. 989	0. 000			1. 000
2	(常量)	1. 311	0. 164		7. 990	0. 000	0. 389	0. 387	
	行政生态因子	0. 525	0. 053	0. 438	9. 821	0. 000			2. 659
	公务员素质因子	0. 232	0. 048	0. 217	4. 872	0. 000			2. 659
3	(常量)	1. 117	0. 161		6. 936	0. 000	0. 427	0. 425	
	行政生态因子	0. 325	0. 058	0. 271	5. 565	0. 000			3. 381
	公务员素质因子	0. 004	0. 055	0. 004	0. 074	0. 941			3. 839
	政府回应因子	0. 459	0. 062	0. 410	7. 417	0. 000			4. 360
4	(常量)	1. 122	0. 166		6. 748	0. 000	0. 428	0. 425	
	行政生态因子	0. 325	0. 059	0. 271	5. 559	0. 000			3. 393
	公务员素质因子	0. 005	0. 056	0. 005	0. 086	0. 931			3. 890
	政府回应因子	0. 464	0. 077	0. 415	6. 019	0. 000			6. 761
	系统互动因子	-0. 007	0. 063	-0. 006	-0. 111	0. 912			4. 353

续表

模型		未标准化系数		标准化系数	t	显著性	R 方	调整后 R 方	共线性统计
		B	标准误差	Beta					VIF
5	(常量)	1.157	0.169		6.841	0.000	0.428	0.425	
	行政生态因子	0.339	0.060	0.282	5.672	0.000			3.532
	公务员素质因子	0.007	0.056	0.006	0.117	0.907			3.893
	政府回应因子	0.469	0.077	0.418	6.067	0.000			6.777
	系统互动因子	0.016	0.066	0.014	0.236	0.813			4.796
	均等化因子	-0.048	0.042	-0.045	-1.124	0.262			2.294

4. 公共政策执行能力的多元回归分析

通过将行政生态因子、公务员素质因子、政府回应因子、系统互动因子、公共服务均等化因子与公共政策执行能力做回归分析，得到表 5-65 的结果（见表 5-65）。经统计，从 VIF 值来看，政府回应因子具有共线性的风险，其他四个因子则没有共线性问题。其德宾-沃森的值为 1.664，这说明不存在自我相关的问题。其 ANOVA 的 P 值为 0.000，这说明其有显著性，至少有一个因素对政府公共政策执行能力具有影响力。同时从 t 值的显著性中可以看出，行政生态因子、公务员素质因子、政府回应因子、系统互动因子、均等化因子的 P 值均小于 0.05，这说明五个影响因子对公共政策执行能力均有影响，可见，研究假设 4-1、4-2、4-3、4-4、4-5 均成立。从 R 方的值来看，五个因素对公共服务投入能力具有 39.6%的解释力，属于中等影响强度。从五个模型的比较中可以看出，行政生态因子单独的解释力在 30.1%，当公务员素质因子加入影响时，其解释力增加到 32%，而当政府回应因子加入影响时，其解释力还是 32%，当系统互动因子加入影响时，其解释力增加到 36.4%，当均等化因子加入影响时，其解释力增加到 39.6%。

表 5-65 公共政策执行能力回归分析表

模型		未标准化系数		标准化系数	t	显著性	R 方	调整后 R 方	共线性统计
		B	标准误差	Beta					VIF
1	(常量)	1.600	0.168		9.530	0.000	0.301	0.3002747	
	行政生态因子	0.638	0.034	0.549	18.774	0.000			1.000
2	(常量)	1.466	0.168		8.719	0.000	0.320	0.319	
	行政生态因子	0.429	0.055	0.369	7.777	0.000			2.699
	公务员素质因子	0.237	0.049	0.227	4.794	0.000			2.699
3	(常量)	1.462	0.170		8.579	0.000	0.320	0.318	
	行政生态因子	0.425	0.062	0.366	6.874	0.000			3.400
	公务员素质因子	0.233	0.059	0.224	3.924	0.000			3.897
	政府回应因子	0.007	0.066	0.007	0.113	0.910			4.354
4	(常量)	1.147	0.170		6.742	0.000	0.364	0.361	
	行政生态因子	0.403	0.060	0.347	6.724	0.000			3.408
	公务员素质因子	0.181	0.058	0.174	3.128	0.002			3.954
	政府回应因子	-0.346	0.079	-0.318	-4.380	0.000			6.745
	系统互动因子	0.486	0.065	0.437	7.514	0.000			4.341

续表

模型		未标准化系数		标准化系数	t	显著性	R方	调整后R方	共线性统计
		B	标准误差	Beta					VIF
5	(常量)	0.939	0.169		5.561	0.000	0.396	0.393	
	行政生态因子	0.324	0.060	0.279	5.428	0.000			3.552
	公务员素质因子	0.172	0.056	0.165	3.053	0.002			3.956
	政府回应因子	-0.371	0.077	-0.341	-4.813	0.000			6.762
	系统互动因子	0.354	0.066	0.318	5.346	0.000			4.782
	均等化因子	0.278	0.042	0.271	6.580	0.000			2.292

5. 民族需求服务能力的多元回归分析

通过将行政生态因子、公务员素质因子、政府回应因子、系统互动因子、公共服务均等化因子与民族需求服务能力做回归分析，得到表5-66的结果（见表5-66）。经统计，从VIF值看，其政府回应因子具有共线性的风险，其他四个因子则没有共线性问题。其德宾-沃森的值为1.698，这说明不存在自我相关的问题。其ANOVA的P值为0.000，这说明其有显著性，至少有一个因素对政府民族需求服务能力具有影响力。同时从t值的显著性中可以看出，公务员素质因子的P值为0.429和系统互动因子的P值为0.730，要大于0.05，而行政生态因子、政府回应因子、均等化因子的P值均小于0.05，这说明公务员素质因子和系统互动因子对民族需求服务能力没有影响，而其他两个因子有影响力，可见，研究假设5-1、5-3、5-5成立，而研究假设5-2、5-4不成立。从R方的值来看，五个因素对民族需求服务能力具有41.3%的解释力，属于中等影响强度。从五个模型的比较中可以看出，行政生态因子单独的解释力在33.7%，当公务员素质因子加入影响时，其解释力增加1.6%，而当政府回应因子加入影响时，其解释力则增加5.4%，当系统互动因子加入影响时，其解释力增加0%，当均等化因子加入影响时，其解释力增加0.6%，其总的解释力增加到41.3%。

表 5-66　民族需求服务能力回归分析表

模型		未标准化系数		标准化系数	t	显著性	R 方	调整后 R 方	共线性统计
		B	标准误差	Beta					VIF
1	（常量）	1. 944	0. 160		12. 164	0. 000	0. 337	0. 337	
	行政生态因子	0. 662	0. 032	0. 581	20. 456	0. 000			1. 000
2	（常量）	1. 827	0. 160		11. 398	0. 000	0. 353	0. 351	
	行政生态因子	0. 480	0. 052	0. 421	9. 199	0. 000			2. 652
	公务员素质因子	0. 206	0. 046	0. 203	4. 439	0. 000			2. 652
3	（常量）	1. 605	0. 156		10. 312	0. 000	0. 407	0. 404	
	行政生态因子	0. 256	0. 056	0. 225	4. 557	0. 000			3. 365
	公务员素质因子	-0. 050	0. 054	-0. 049	-0. 938	0. 349			3. 838
	政府回应因子	0. 516	0. 060	0. 483	8. 618	0. 000			4. 349
4	（常量）	1. 628	0. 161		10. 130	0. 000	0. 407	0. 404	
	行政生态因子	0. 258	0. 056	0. 226	4. 580	0. 000			3. 375
	公务员素质因子	-0. 047	0. 054	-0. 046	-0. 866	0. 387			3. 888
	政府回应因子	0. 541	0. 075	0. 507	7. 255	0. 000			6. 754
	系统互动因子	-0. 035	0. 061	-0. 032	-0. 574	0. 566			4. 336

续表

模型		未标准化系数		标准化系数	t	显著性	R 方	调整后 R 方	共线性统计
		B	标准误差	Beta					VIF
5	(常量)	1.718	0.163		10.551	0.000	0.413	0.410	
	行政生态因子	0.293	0.057	0.257	5.106	0.000			3.520
	公务员素质因子	−0.042	0.054	−0.042	−0.791	0.429			3.891
	政府回应因子	0.552	0.074	0.517	7.425	0.000			6.770
	系统互动因子	0.022	0.064	0.020	0.346	0.730			4.772
	均等化因子	−0.121	0.041	−0.120	−2.960	0.003			2.293

第六章　满意度中介模型的检验

第一节　满意度量表构建

为了考察西部地区贫困县基本公共服务的满意度情况，本研究的调查指标设计主要围绕着基础教育满意度、医疗满意度、文化资源满意度、体育健身设施满意度、公共交通满意度、社会保障满意度、社会服务满意度、社会福利满意度、食品安全满意度、生态环境满意度、民族需求满意度、贫困治理满意度等方面来进行。具体而言，通过采用李科特七级量表，询问受访者对以下基本公共服务的方方面面（22 个题项）内容的意见，其中，选项数字 1 到 7，代表的是“非常不满意”、“不满意”、“不太满意”、“说不清”、“比较满意”、“满意” 和 “非常满意”，并进行正向记分，代表的分值是从 1 分到 7 分，这样，就形成了一个西部地区贫困县公共服务满意度的量表。

为了降维和验证因子维度，本研究对西部地区贫困县公共服务满意度量表进行了因子分析，经 spss23.0 版本的软件统计，该量表的 KMO 和巴特利特球形度检验系数为 0.945，显著性为 0.000，近似卡方值为 14633.524，自由度为 231，非常适合做因子分析，同时，对具体公共服务能力维度的 KMO 和巴特利特检验得到表 6-1：

表 6-1　KMO 和巴特利特检验

KMO 和巴特利特检验		
KMO 取样适切性量数。		0.945
巴特利特球形度检验	近似卡方	14633.524
	自由度	231
	显著性	0.000

通过对公共服务满意度量表进行因子分析，运用主成分分析法，并经最大方差法旋转后得到四个维度的成分矩阵（见表 6-2）。此时，四个因子的旋转载荷平方和累计为 69.664%。

表 6-2　旋转后的成分矩阵

旋转后的成分矩阵[a]				
	成分			
	1	2	3	4
对特困户危房改造评价	0.809			
对低收入家庭住房保障评价	0.782			
对社会福利服务评价	0.721			
对最低生活保障评价	0.711			
对生态环境保护评价	0.711			
对养老保险评价	0.703			
对精准扶贫评价	0.680			
对弘扬民族传统习俗评价	0.669			
对就业服务评价	0.637			
对食品安全评价	0.624			
对职业技能培训评价	0.543			0.482
对出行道路硬化评价	0.522			0.426
对医疗服务体系评价		0.787		
对医疗水平评价		0.784		
对药物价格评价		0.728		
对医疗便利性评价		0.649		
基础教育教学质量评价			0.830	
基础教育教师队伍评价			0.799	
基础教育教学条件评价			0.701	
对体育健身设施评价				0.773
对公共文化资源评价				0.771
对公路网络运输评价	0.450			0.589
提取方法：主成分分析法。 旋转方法：凯撒正态化最大方差法。				
a. 旋转在 7 次迭代后已收敛。				

通过降维和删除不必要的题项后，得到四个维度的公共服务满意度因子，分别将因子 1 命名为社会保障社会服务满意度因子（mps）、因子 2 命名为医疗服务满意度因子（mpy），因子 3 命名为教育服务满意度因子（mpj），因子 4 命名为文化与体育服务满意度因子（mpt），并将这些题项组成的总量表命名为总满意度评价因子（mpz）。经统计，得到表 6-3 的结果。可见，西部地区贫困县受访民众对社会保障与社会服务满意度的评价

得分低于中位数，是处于中下水平的满意度评价，对医疗服务满意度的评价得分略高于中位数，是处于中上水平的满意度评价，对教育服务满意度的评价得分低于中位数，是处于中下水平的满意度评价，对文化与体育服务满意度的评价得分低于中位数，也是处于中下水平的满意度评价，对总的公共服务满意度的评价得分低于中位数，仍然是处于中下水平的满意度评价。

表 6-3　满意度影响因子统计

		总满意度评价因子	社会保障与社会服务满意度因子	医疗服务满意度因子	教育服务满意度因子	文化与体育服务满意度因子
个案数	有效	868	878	893	896	895
	缺失	31	21	6	3	4
平均值		4.5948	4.7289	4.2556	4.7809	4.3151
中位数		4.6316	4.8500	4.2500	5.0000	4.5000
众数		5.00	5.00	5.00	5.00	5.00
标准差		1.04890	1.10182	1.33593	1.21474	1.50192
偏度		−0.087	−0.342	−0.190	−0.433	−0.331
偏度标准误差		0.083	0.083	0.082	0.082	0.082
峰度		0.108	0.156	−0.150	−0.087	−0.500
峰度标准误差		0.166	0.165	0.163	0.163	0.163
最小值		1.16	1.00	1.00	1.00	1.00
最大值		7.00	7.00	7.00	7.00	7.00
总和		3988.26	4152.00	3800.25	4283.67	3862.00

经删除不必要题项后的新满意度量表的基本情况统计如下（见表 6-4）。

表 6-4　公共服务满意度量表情况

	成分				共量
	1	2	3	4	
对特困户危房改造评价	0.816				0.723
对低收入家庭住房保障评价	0.798				0.757
对最低生活保障评价	0.731				0.701
对社会福利服务评价	0.729				0.641
对养老保险评价	0.726				0.665
对生态环境保护评价	0.698				0.650
对精准扶贫评价	0.672				0.594

续表

	成分				共量
	1	2	3	4	
对弘扬民族传统习俗评价	0.651				0.594
对就业服务评价	0.650				0.647
对食品安全评价	0.602				0.603
对医疗水平评价		0.782			0.791
对医疗服务体系评价		0.768			0.793
对医疗便利性评价		0.745			0.738
对药物价格评价		0.694		0.409	0.723
基础教育教学质量评价			0.856		0.871
基础教育教师队伍评价			0.839		0.873
基础教育教学条件评价			0.695		0.744
对公共文化资源评价				0.803	0.838
对体育健身设施评价				0.772	0.802
旋转载荷平方和					72.356
Pc（组合信度）					0.950
Bartlett					12392.732
DF					171
KMO					0.938
P					0.000

第二节　信效度分析

一、信度分析

为了检验量表的可靠性和一致性，本研究对公共服务量表进行了信度分析。

从表6-5可知，衡量西部地区贫困县政府公共服务满意度的各因子的信度系数均大于0.7，总量表信度系数也大于0.8，这说明这些观察变量对于测量各维度的亚能力和总能力上具有较好的可靠性或一致性。

表 6-5　公共服务能力各维度量表信度分析结果

	总问项数	信度系数	评价
公共服务满意度总量表	19	0.950	好，但有共线性风险
社会保障与社会服务满意度因子	10	0.934	好，但有共线性风险
医疗服务满意度因子	4	0.883	好
教育服务满意度因子	3	0.886	好
文化与体育服务满意度因子	2	0.871	好

二、效度分析

本研究将对公共服务满意度各维度因子的收敛效度（AVE）和区别效度进行分析，得到表 6-6 的结果（见表 6-6）。由表可见，所有维度的满意度因子的 AVE 均大于 0.5，说明收敛效度成立。而表斜线加粗的值均大于相关性系数，这也说明这些维度的满意度因子的区别效度也是成立的。

表 6-6　公共服务满意度效度分析

AVE	社会保障与社会服务满意度因子	医疗服务满意度因子	教育服务满意度因子	文化与体育服务满意度因子
0.504	0.710	0.647**	0.623**	0.614**
0.560		0.748	0.619**	0.610**
0.640			0.800	0.503**
0.620				0.787

注：对角线加粗值为 AVE 开根号所得。

第三节　研究假设

目前学界对公共服务能力的研究多表现为自变量与因变量的直接关系研究，如李晓园教授、张立荣教授等对政府公共服务能力的量化研究，还没有进展到中介作用的研究程度，尚缺乏对中间环节和过程机制的探讨。公共服务满意度通常是指接受政府公共服务的公民的主观感受与态度，表现为公民对政府提供的公共服务的内容、环境、品质等的主观获得感与满足感。并且，作为中介变量要成立，需要满足一些条件，这正如有学者指出的："一种变量应当满足什么条件才能成为自变量与因变量关系中的中介变量？在温忠麟等人看来需要满足如下四个条件：一是自变量与因变量显著相关；二是自变量必须显著影响中介变量；三是中介变量对因变量有显著影响；四是中介变量会减弱或消除自变量对因变量的影响作用。”① 根据研究的需要，并结合之前的回归分析结果，本项研究做出如下假设，如图 6-1 所示。

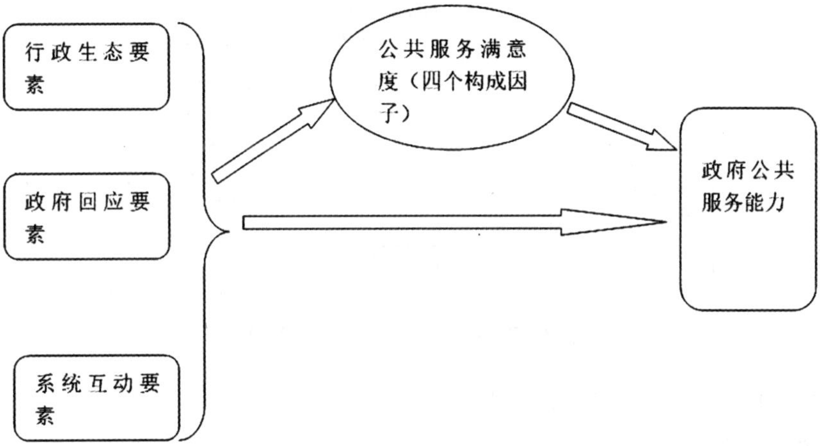

图 6-1　中介效应模型研究假设

根据中介效应统计研究模型（见图 6-2），则将以上研究模型修改为图 6-3 所示。

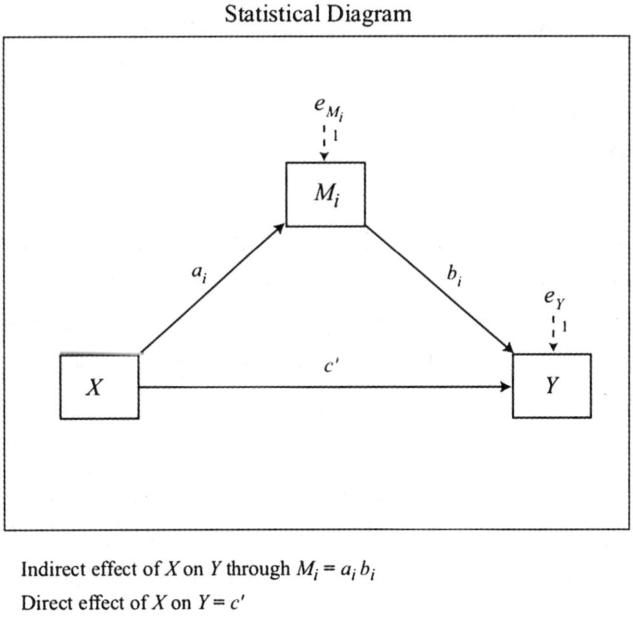

图 6-2　中介效应统计模型

① 林培锦等．大学教师科研压力对科研绩效的影响——工作满意度、情绪智力的中介和调节作用［J］．福建师范大学学报（哲学社会科学版）．2018，（6）

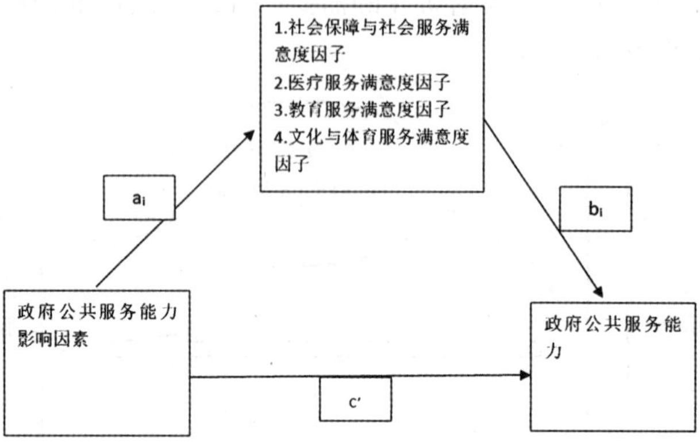

图 6-3　中介效应统计研究模型

结合以上分析，本研究提出如下假设：

假设 1：行政生态要素通过公共服务满意度影响政府公共服务能力。

假设 1-1：行政生态要素通过社会保障与社会服务满意度因子影响政府公共服务能力。

假设 1-2：行政生态要素通过医疗服务满意度因子影响政府公共服务能力。

假设 1-3：行政生态要素通过教育服务满意度因子影响政府公共服务能力。

假设 1-4：行政生态要素通过文化与体育服务满意度因子影响政府公共服务能力。

假设 2：政府回应要素通过公共服务满意度影响政府公共服务能力。

假设 2-1：政府回应要素通过社会保障与社会服务满意度因子影响政府公共服务能力。

假设 2-2：政府回应要素通过医疗服务满意度因子影响政府公共服务能力。

假设 2-3：政府回应要素通过教育服务满意度因子影响政府公共服务能力。

假设 2-4：政府回应要素通过文化与体育服务满意度因子影响政府公共服务能力。

假设 3：系统互动要素通过公共服务满意度影响政府公共服务能力。

假设 3-1：系统互动要素通过社会保障与社会服务满意度因子影响政府公共服务能力。

假设 3-2：系统互动要素通过医疗服务满意度因子影响政府公共服务能力。

假设 3-3：系统互动要素通过教育服务满意度因子影响政府公共服务能力。

假设 3-4：系统互动要素通过文化与体育服务满意度因子影响政府公共服务能力。

第四节　满意度中介模型检验

一、行政生态要素影响作用下的满意度中介模型检验

本研究运用 PROCESS Procedure for SPSS Release 2.15（Written by Andrew F. Hayes,

Ph. D.）进行满意度中介模型分析，将行政生态（xs）作为自变量，将政府公共服务能力（ggnl）作为因变量，将政府回应要素（zhy）和系统互动要素（hdy）作为控制变量，并将 M1 社会保障与社会服务满意度因子（mps）、M2 医疗服务满意度因子（mpy）、M3 教育服务满意度因子（mpj）、M4 文化与体育服务满意度因子（mpt）作为中介变量进行分析，得到表 6-7 的结果。

表 6-7　行政生态要素做自变量的四个中介变量统计结果

因变量	自变量	coeff	se	t	p	LLCI	ULCI
mps	constant	1. 409	0. 165	8. 541	0	1. 085	1. 732
	xs	0. 33	0. 056	5. 856	0	0. 22	0. 441
	hdy	0. 249	0. 063	3. 951	0	0. 125	0. 373
	zhy	0. 102	0. 072	1. 418	0. 157	−0. 039	0. 243
mpy	constant	0. 932	0. 217	4. 287	0	0. 505	1. 359
	xs	0. 494	0. 074	6. 644	0	0. 348	0. 64
	hdy	0. 316	0. 083	3. 803	0	0. 153	0. 479
	zhy	−0. 127	0. 095	−1. 337	0. 182	−0. 313	0. 059
mpj	constant	1. 921	0. 196	9. 804	0	1. 536	2. 305
	xs	0. 346	0. 067	5. 165	0	0. 215	0. 478
	hdy	0. 122	0. 075	1. 634	0. 103	−0. 025	0. 27
	zhy	0. 124	0. 085	1. 453	0. 147	−0. 044	0. 29
mpt	constant	0. 885	0. 244	3. 631	0	0. 406	1. 363
	xs	0. 655	0. 083	7. 855	0	0. 491	0. 818
	hdy	0. 181	0. 093	1. 944	0. 052	−0. 002	0. 364
	zhy	−0. 124	0. 106	−1. 164	0. 245	−0. 332	0. 085
ggnl	constant	1. 088	0. 13	8. 359	0	0. 833	1. 344
	mps	0. 08	0. 033	2. 394	0. 017	0. 014	0. 146
	mpy	0. 056	0. 027	2. 099	0. 036	0. 004	0. 109
	mpj	−0. 016	0. 028	−0. 569	0. 569	−0. 07	0. 038
	mpt	−0. 012	0. 022	−0. 551	0. 582	−0. 055	0. 031
	xs	0. 267	0. 043	6. 171	0	0. 182	0. 352
	hdy	0. 08	0. 047	1. 712	0. 087	−0. 012	0. 172
	zhy	0. 31	0. 053	5. 82	0	0. 205	0. 414

注：mps = 社会保障与社会服务满意度因子；mpy = 医疗服务满意度因子；mpj = 教育服务满意度因子；mpt = 文化与体育服务满意度因子；ggnl = 公共服务能力。

结合表6-8和6-9来看，自变量对因变量的总影响和直接影响的P值均为0，这说明行政生态要素对公共服务能力有影响，同时，从表5-9来看，mps（社会保障与社会服务满意度因子）和mpy（医疗服务满意度因子）的置信区间不包括0，参照Preacher和Halers（2004）提出的bootstrap方法进行中介效应检验，样本量选择1000，在95%的置信区间下，中介检验的结果（从BootLLCI到BootULCI）没有包含0，表明两个满意度因子的中介效应显著，且中介效应大小分别为0.026和0.028，假设1-1和1-2成立。mpj（教育服务满意度因子）和mpt（文化与体育服务满意度因子）的在95%的置信区间下，中介检验的结果（从BootLLCI到BootULCI）包含0，表明这两个满意度因子的中介效应不显著，假设1-3和1-4不成立。并且，在总影响和直接影响都显著的情况下，mps（社会保障与社会服务满意度因子）和mpy（医疗服务满意度因子）这两个因子为部分中介效应因子。从C1到C6的置信区间来看，其均包含了0，说明影响因子的中介大小不显著，各影响因素同等重要。

表6-8 总影响表与直接影响表

	Effect	SE	t	p	LLCI	ULCI
总影响	0.308	0.042	7.366	0	0.226	0.39
直接影响	0.267	0.043	6.171	0	0.182	0.352

表6-9 间接影响表

	Effect	Boot SE	BootLLCI	BootULCI
TOTAL	0.041	0.016	0.012	0.072
mps	0.026	0.014	0.004	0.06
mpy	0.028	0.012	0.006	0.056
mpj	-0.005	0.01	-0.028	0.015
mpt	-0.008	0.015	-0.037	0.021
（C1）	-0.001	0.02	-0.039	0.041
（C2）	0.032	0.019	-0.004	0.077
（C3）	0.034	0.023	-0.009	0.084
（C4）	0.033	0.018	-0.002	0.072
（C5）	0.036	0.02	-0.001	0.077
（C6）	0.002	0.018	-0.037	0.03

注：（C1）= mps-mpy；（C2）= mps-mpj；（C3）= mps-mpt；（C4）= mpy-mpj；（C5）= mpy-mpt；（C6）= mpj-mpt

二、政府回应要素影响作用下的满意度中介模型检验

本研究将政府回应要素（zhy）作为自变量，将政府公共服务能力（ggnl）作为因变量，将行政生态（xs）和系统互动要素（hdy）作为控制变量，并将M1社会保障与社会

服务满意度因子（mps）、M2 医疗服务满意度因子（mpy）、M3 教育服务满意度因子（mpj）、M4 文化与体育服务满意度因子（mpt）作为中介变量进行分析，得到表 6-10 的结果。

表 6-10　政府回应要素做自变量的四个中介变量统计结果

因变量	自变量	coeff	se	t	p	LLCI	ULCI
mps	constant	1. 409	0. 165	8. 541	0	1. 085	1. 732
	xs	0. 33	0. 056	5. 856	0	0. 22	0. 441
	hdy	0. 249	0. 063	3. 951	0	0. 125	0. 373
	zhy	0. 102	0. 072	1. 418	0. 157	-0. 039	0. 243
mpy	constant	0. 932	0. 217	4. 287	0	0. 505	1. 359
	xs	0. 494	0. 074	6. 644	0	0. 348	0. 64
	hdy	0. 316	0. 083	3. 803	0	0. 153	0. 479
	zhy	-0. 127	0. 095	-1. 337	0. 182	-0. 313	0. 059
mpj	constant	1. 921	0. 196	9. 804	0	1. 536	2. 305
	xs	0. 346	0. 067	5. 165	0	0. 215	0. 478
	hdy	0. 122	0. 075	1. 634	0. 103	-0. 025	0. 27
	zhy	0. 124	0. 085	1. 453	0. 147	-0. 044	0. 292
mpt	constant	0. 885	0. 244	3. 631	0	0. 406	1. 363
	xs	0. 655	0. 083	7. 855	0	0. 491	0. 818
	hdy	0. 181	0. 093	1. 944	0. 052	-0. 002	0. 364
	zhy	-0. 124	0. 106	-1. 164	0. 245	-0. 332	0. 085
ggnl	constant	1. 088	0. 13	8. 359	0	0. 833	1. 344
	mps	0. 08	0. 033	2. 394	0. 017	0. 014	0. 146
	mpy	0. 056	0. 027	2. 099	0. 036	0. 004	0. 109
	mpj	-0. 016	0. 028	-0. 569	0. 569	-0. 07	0. 038
	mpt	-0. 012	0. 022	-0. 551	0. 582	-0. 055	0. 031
	xs	0. 267	0. 043	6. 171	0	0. 182	0. 352
	hdy	0. 08	0. 047	1. 712	0. 087	-0. 012	0. 172
	zhy	0. 31	0. 053	5. 82	0	0. 205	0. 414

注：mps＝社会保障与社会服务满意度因子；mpy＝医疗服务满意度因子；mpj＝教育服务满意度因子；mpt＝文化与体育服务满意度因子；ggnl＝公共服务能力。

结合表 6-11 和 6-12 来看，自变量对因变量的总影响和直接影响的 P 值均为 0，这说明政府回应要素对公共服务能力有影响，同时，从表 5-12 来看，mps（社会保障与社会服务满意度因子）和 mpy（医疗服务满意度因子）的置信区间不包括 0，参照 Preacher 和

Halers（2004）提出的 bootstrap 方法进行中介效应检验，样本量选择 1000，在 95%的置信区间下，中介检验的结果（从 BootLLCI 到 BootULCI）没有包含 0，表明两个满意度因子的中介效应显著，且中介效应大小分别为 0.026 和 0.028，假设 2-1 和 2-2 成立。mpj（教育服务满意度因子）和 mpt（文化与体育服务满意度因子）的在 95%的置信区间下，中介检验的结果（从 BootLLCI 到 BootULCI）包含 0，表明这两个满意度因子的中介效应不显著，假设 2-3 和 2-4 不成立。并且，在总影响和直接影响都显著的情况下，mps（社会保障与社会服务满意度因子）和 mpy（医疗服务满意度因子）这两个因子为部分中介效应因子。从 C1 到 C6 的置信区间来看，其均包含了 0，说明影响因子的中介大小不显著，各影响因素同等重要。

表 6-11　总影响表与直接影响表

	Effect	SE	t	p	LLCI	ULCI
总影响	0.308	0.042	7.366	0	0.226	0.39
直接影响	0.267	0.043	6.171	0	0.182	0.352

表 6-12　间接影响表

	Effect	Boot SE	BootLLCI	BootULCI
TOTAL	0.041	0.016	0.012	0.072
mps	0.026	0.014	0.004	0.06
mpy	0.028	0.012	0.006	0.056
mpj	-0.005	0.01	-0.028	0.015
mpt	-0.008	0.015	-0.037	0.021
（C1）	-0.001	0.02	-0.039	0.041
（C2）	0.032	0.019	-0.004	0.077
（C3）	0.034	0.023	-0.009	0.084
（C4）	0.033	0.018	-0.002	0.072
（C5）	0.036	0.02	-0.001	0.077
（C6）	0.002	0.018	-0.037	0.038

注：（C1）= mps-mpy；（C2）= mps-mpj；（C3）= mps-mpt；（C4）= mpy-mpj；（C5）= mpy-mpt；（C6）= mpj-mpt

三、系统互动要素影响作用下的满意度中介模型检验

本研究将系统互动要素（hdy）作为自变量，将政府公共服务能力（ggnl）作为因变量，将行政生态（xs）和政府回应要素（zhy）作为控制变量，并将 M1 社会保障与社会服务满意度因子（mps）、M2 医疗服务满意度因子（mpy）、M3 教育服务满意度因子（mpj）、M4 文化与体育服务满意度因子（mpt）作为中介变量进行分析，得到表 6-13 的结果。

表 6-13 系统互动要素做自变量的四个中介变量统计结果

因变量	自变量	coeff	se	t	p	LLCI	ULCI
mps	constant	1.409	0.165	8.541	0	1.085	1.732
	hdy	0.249	0.063	3.951	0	0.125	0.373
	xs	0.33	0.056	5.856	0	0.22	0.441
	zhy	0.102	0.072	1.418	0.157	-0.039	0.243
mpy	constant	0.932	0.217	4.287	0	0.505	1.359
	hdy	0.316	0.083	3.803	0	0.153	0.479
	xs	0.494	0.074	6.644	0	0.348	0.64
	zhy	-0.127	0.095	-1.337	0.182	-0.313	0.059
mpj	constant	1.921	0.196	9.804	0	1.536	2.305
	hdy	0.122	0.075	1.634	0.103	-0.025	0.27
	xs	0.346	0.067	5.165	0	0.215	0.478
	zhy	0.124	0.085	1.453	0.147	-0.044	0.292
mpt	constant	0.885	0.244	3.631	0	0.406	1.363
	hdy	0.181	0.093	1.944	0.052	-0.002	0.364
	xs	0.655	0.083	7.855	0	0.491	0.818
	zhy	-0.124	0.106	-1.164	0.245	-0.332	0.085
ggnl	constant	1.088	0.13	8.359	0	0.833	1.344
	mps	0.08	0.033	2.394	0.017	0.014	0.146
	mpy	0.056	0.027	2.099	0.036	0.004	0.109
	mpj	-0.016	0.028	-0.569	0.569	-0.07	0.038
	mpt	-0.012	0.022	-0.551	0.582	-0.055	0.031
	hdy	0.08	0.047	1.712	0.087	-0.012	0.172
	xs	0.267	0.043	6.171	0	0.182	0.352
	zhy	0.31	0.053	5.82	0	0.205	0.414

注：mps=社会保障与社会服务满意度因子；mpy=医疗服务满意度因子；mpj=教育服务满意度因子；mpt=文化与体育服务满意度因子；ggnl=公共服务能力。

结合表6-14和6-15来看，自变量对因变量的总影响的P值为0，而直接影响的P值大于0.05，这说明总影响存在，但系统互动要素对公共服务能力没有直接影响，同时，从表6-15来看，mps（社会保障与社会服务满意度因子）和mpy（医疗服务满意度因子）的置信区间不包括0，参照Preacher和Halers（2004）提出的bootstrap方法进行中介效应检验，样本量选择1000，在95%的置信区间下，中介检验的结果（从BootLLCI到BootULCI）没有包含0，表明两个满意度因子的中介效应显著，且中介效应大小分别为0.02和0.018，假设3-1和3-2成立。mpj（教育服务满意度因子）和mpt（文化与体育服务满意度因子）的在95%的置信区间下，中介检验的结果（从BootLLCI到BootULCI）包含0，表明这两个满意度因子的中介效应不显著，假设3-3和3-4不成立。并且，在直接影响不显著的情况下，mps（社会保障与社会服务满意度因子）和mpy（医疗服务满意度因子）这两个因子为完全中介效应因子。从C1到C6的置信区间来看，C1和C6包含了0，说明这两个影响因子的中介大小不显著，而C2、C3、C4、C5的置信区间不包括0，区间为正值区间，也说明在中介效应上mps>mpj，mps>mpt，mpy>mpj，mpy>mpt。

表6-14　总影响表与直接影响表

	Effect	SE	t	p	LLCI	ULCI
总影响	0. 114	0. 047	2. 44	0. 015	0. 022	0. 206
直接影响	0. 08	0. 047	1. 712	0. 087	-0. 012	0. 172

表6-15　间接影响表

	Effect	Boot SE	BootLLCI	BootULCI
TOTAL	0. 034	0. 011	0. 015	0. 061
mps	0. 02	0. 011	0. 003	0. 051
mpy	0. 018	0. 009	0. 004	0. 04
mpj	-0. 002	0. 005	-0. 018	0. 004
mpt	-0. 002	0. 005	-0. 017	0. 005
（C1）	0. 002	0. 015	-0. 026	0. 033
（C2）	0. 022	0. 014	0. 002	0. 06
（C3）	0. 022	0. 014	0. 001	0. 059
（C4）	0. 02	0. 011	0. 003	0. 047
（C5）	0. 02	0. 011	0. 003	0. 048
（C6）	0	0. 007	-0. 014	0. 014

注：（C1）= mps-mpy；（C2）= mps-mpj；（C3）= mps-mpt；（C4）= mpy-mpj；（C5）= mpy-mpt；（C6）= mpj-mpt

第七章　西部地区贫困县政府公共服务能力提升的对策分析

第一节　公共服务核心能力体系建设

就其种类来说，公共服务能力可以划分为很多种类，例如，公共服务管理能力、公共服务学习能力、公共服务应变能力、公共服务创新能力、公共服务规制能力、公共服务治理能力、公共服务供给能力、公共资源配置能力、公共服务绩效评估能力、公共服务参与能力、公共财政能力、公共教育能力、公共卫生与医疗能力、公共文化服务能力、公共交通能力、就业服务能力等等，不同的划分角度和划分标准均有其合理性。对此，学者尹继卫将其划分为公共服务核心能力和基本能力两大体系对于公共服务能力的建设具有较大的启发意义。他认为，核心能力体系包含了三大能力，即宏观调控能力、社会管理能力、公共服务（服务指导）能力，而基本能力则有三个层次九个方面的内容构成，三个层次是最高层的战略管理能力、目标管理能力、科学决策能力，让公众更多参与政府决策，第二个层次是中观层次的信息管理能力、统筹合作能力、人力资源开发能力，最底层的公共服务能力是绩效管理能力、监督管理能力、资源整合能力①。学者张序在公共服务投入能力、公共服务供给能力、公共服务治理能力和各类具体公共服务能力基础上，也同样提出由公共服务财政能力、公共服务供给能力和公共服务治理能力三大公共服务核心能力框架②，同样具有参考价值。结合前人研究的成果和因子分析的结果，本研究认为公共服务投入能力、公共资源配置能力、公共危机管理能力、公共政策执行能力和民族需求服务能力为西部地区贫困县政府公共服务核心能力。从调查数据来看，公共服务投入能力的得分均值为4.33分，高于中位数的4.25分，公共资源配置能力的得分均值为5.01分，也高于中位数5分，公共政策执行能力的得分均值为4.64分，也高于中位数的4.5分，而公共危机管理能力的得分均值为4.96分，低于中位数的5分，民族需求服务能力的得分均值为5.12分，低于中位数的5.33分，这说明受访者对前面三种能力给予了中等偏上一点的评价，而给后两种能力给予了中等偏下的评价。从得分的绝对值来

---

① 尹继卫．中国政府公共服务能力建设思考［J］．中国行政管理．2004，（8）：75.
② 张序．公共服务能力建设：一个研究框架［J］．理论与改革．2013，（2）：27.

看，这五种公共服务能力维度中，从低到高分别为：公共服务投入能力、公共政策执行能力、公共危机管理能力、公共资源配置能力和民族需求服务能力。因而，这五种公共服务能力均是西部地区贫困县政府着力需要建设的内容，尤其是比较薄弱的公共服务投入能力、公共政策执行能力、公共危机管理能力等方面。

一、公共服务投入能力建设

西部地区贫困县在政府公共服务能力中，最薄弱的环节就在于公共服务投入能力低下，这不仅体现在其财政规模有限，财政收入的自给率低，较为严重地依赖于财政转移支付模式，而且其能够获得的社会资金支持以及外来经费投入也极为有限。以贵州民族地区为例，有研究者曾对2007年到2016年间贵州民族地区财政收入状况进行了整理，从公共财政收入同比增长的情况看，贵州民族地区在多数时候每年都在以两位数的比率在增长，但是财政自给率的却始终维持在20%左右，最多也不超过30%①，这说明在民族地区财政收入增长状况难以满足财政支出的需要，而在有限的财政资源中，用于公共服务的支出就更加严重地受制于总财力状况，更加显得捉襟见肘。当然，西部地区的公共服务投入能力不仅包括财力方面的投入能力，还包括人才资源的投入能力，也包括社会资源利用和投入能力。为此，为提升西部地区贫困县公共服务能力，就需要从三个大的方面着手加强。

1. 公共财政汲取与投入能力建设。为增强和充实其公共财政能力，为此需要从以下几个方面着手加强建设。

一是改革完善省以下分税制财政管理体制，确保贫困县基本公共服务中事权与财权合理配置。目前，西部地区贫困县的基本公共服务范围过广，导致其财力无力支撑包括教育、卫生、文化、社会保障、生态环境、公共基础设施、社会治安和就业等一系列过广、过多的基本公共服务。为此，应当明确西部地区贫困县的基本公共服务范围，有重点的确保民生类基本公共服务，优先解决中低收入者和无收入能力者基本生存条件的公共服务，重点明确在就业、社会保障、义务教育、医疗卫生、养老、住房等领域的基本公共服务职责。这就需要取消在非以上支出领域内的最低财政支出增长幅度，同时，省级以上财政需设立以上民生基本公共服务领域的专项财政项目，在这些领域强化最低财政支出的增长幅度，做到刚性增长。明确中央和省级政府在公共基础设施建设、生态环境保护、民族文化传承中的责任。

二是调整转移支付结构，增强西部地区贫困县的公共服务供给能力。当前，上级政府财力相对于贫困县来说，是处于财力集中的状况，上级政府对县级政府的转移性指出包括了返还性支出、财力性转移支出、专项转移支出，和其他转移支出等，并且，上级政府的一般性转移支付占据了大部分份额，相反，专项转移支付只占了较小一部分份额，因而，在具体转移支付改革中，转移支付分类口径、规模和方式仍有较大优化和改革的空间。对于一般性转移支付，应当重点加大对贫困县的非均衡性转移支付，尤其是加大生态功能区转移支付和老少边穷地区转移支付的力度。上级政府应当改善转移支付系数，

① 余心丹．贵州省民族地区财政能力对基本公共服务供给的影响研究［J］．中国集体经济．2018，（35）：29.

积极通过专项转移支付来实现特殊时期对于西部地区贫困县的扶持性政策目标。

三是赋予西部地区贫困县税收立法自治权。对于西部地区贫困县依靠自身条件是很难获得公共服务较为充足的资金的，因而，给予其一定的税收立法自主权，既能够调节其税收安排的灵活性，也能够在一定程度上实现上级政府上收的数额大、稳定性强和增收潜力大的优质税种实现共享。西部地区贫困县也要建立非税收入管理体系。对非税收入进行分类管理和统筹安排，将其纳入综合财政预算，将特许权收入、资源有偿使用收入、土地出让金收入等非税性收入，进行细化管理和合理定价。允许西部地区贫困县发行一定量的地方债券，缓解其融资难和公共服务资金压力，但也要注意控制其债券发行规模和风险预警监控，防止其发生债务危机。

四是加快建立和健全横向转移支付制度。东部发达地区对西部地区贫困县的政府加强对口支援，实施东西部之间的横向转移支付制度，也是充实民族地区县级政府公共财政能力的有效途径，这也是较为关键性的环节。五是建立科学合理的财政支出体系。在严格限定基本公共服务支出范围的前提下，实行民族地区贫困县基本公共服务硬考核，将其支出范围和支出比重作为政府绩效考核机制的硬指标。改变现有绩效考核体系中，对公共服务体系考核难以适用的成本-收益分析法和最低费用选择法，加强对基本公共服务所产生的社会效益的评价，把基本公共服务具体项目质量纳入到考核指标体系中，建立起财政支出绩效评价体系。

2. 人才资源投入能力建设。吸引得了人才，留得住人才，激励得起人才，这才能为民族地区贫困县公共服务能力建设提供可靠的智力保障和人才优势。然而，民族地区贫困县因生活品质与发展格局的滞后，在吸引人才方面较为乏力，为此，必须把构筑人才高地和人才储备作为政府重要目标纳入政府发展规划和落实项目，制定人才优惠清单，在较多领域均给予人才以绿色通道和优惠政策。这就要做到如下几点：

一是以提升人才能力为核心，统筹协调推进党政人才队伍建设，尤其是民族干部队伍建设。实施民族干部培育工程，以坚定理想信念、增强执政本领、提高领导科学发展能力为核心，以各级骨干党政领导人才为重点，建设一支政治坚定、勇于创新、勤政廉洁、求真务实、奋发有为的高素质、强能力的复合型党政人才队伍。

二是以人才开发项目为载体，突出抓好高层次、高技能人才培养工作。加强政策与项目引导，吸引各类优秀人才到经济社会发展重点领域服务。培养储备一批掌握核心技术、关键技术和共性技术的专业技术人才，形成重点专业领域技术人才群体。同时，围绕加强党的执政能力建设和先进性建设的要求，开展大规模党政人才教育培训，实施高素质党政人才质量提升工程。要整合重点领域相关部门工作力量，完善协调合作机制，形成重点领域复合型人才开发的合力。

三是建立新的人才管理服务体制。围绕用好用活人才，加快推进人才管理体制改革，完善政府宏观管理、市场有效配置、单位自主用人、人才自主择业的人才管理体制。进一步规范行政行为，取消不利于人才发展的行政性限制和干预。健全人才市场体系，大力发展人才中介服务组织，充分发挥市场配置人才资源的基础性作用。分类推进事业单位人事制度改革，完善聘用制度和岗位管理制度，建立符合现代企业制度要求的人事制度，扩大和落实单位用人自主权。

四是建立完善人才激励机制。建立健全以考核评价为基础、以岗位定薪酬、以能力定工资、以贡献定报酬，短期激励与中长期激励相结合的薪酬制度。探索符合不同类型人才队伍的收入分配制度，完善专业技术人才岗位绩效工资制度。健全以政府奖励为导向、用人单位为主体和社会力量参与的人才激励体系。

五是积极探索建立机关、国企事业单位人才合理流动的机制。完善党政人才、企业经营管理人才、专业技术人才交流和挂职锻炼制度。扩大党政机关和国有企事业单位领导人员跨地区、跨部门交流任职范围。拓宽党政人才来源渠道，完善从企事业单位和社会组织选拔人才的制度。完善党政机关向企业、事业单位人才流动的社会保险衔接办法。同时，要统筹城乡和区域人才队伍协调发展，进一步加强区域人才资源开发的交流与合作，促进人才合理有序流动。

六是实施各类人才服务民族地区贫困县的激励政策。继续做好吸引各类人才到西部地区贫困县服务工作。“高校毕业生到村任职计划”、“一村一名大学生工程”、“三支一扶计划”、“大学生志愿服务西部计划”、“高校毕业生就业见习计划”、“特岗教师计划”和选调高校优秀毕业生到贫困县各级党政机关工作等，均对这些人才给予奖励和政策照顾。对到贫困县农村基层工作的人才，在职务职称晋升和工资待遇等方面实行倾斜政策。逐步提高省市党政机关从这些县优先招录公务员的比例。制定西部地区贫困县生源高校毕业生回乡创业就业扶持办法，开发基层社会管理和公共服务岗位，为这些县充实大批回得去、用得上、留得住的人才。加大实施公职人员到西部地区贫困县基层服务和锻炼的派遣和轮调办法。完善科技特派员到西部地区贫困县农村和企业服务的政策措施。

3. 社会资源投入能力建设。公共服务的供给中发挥政府的角色固然重要，但是社会组织和社会资源的作用也不可忽视。一是政府购买公共服务激活和优化配置社会资源。西部地区贫困县拥有丰富的民族文化资源和生态旅游资源，而这些非物质的、无形的、文化的、符号的资源往往是具有无可替代性，通过政府购买公共文化服务，将使得这些资源的开发和运用显示出再造和创新民族传统的活力。政府应当激活社会资源要素，采用政府购买公共服务或者政府与社会协作的方式，来多方筹措和运营基本公共服务，政府需要在制定行业服务标准、服务质量、计费方式、盈利分配、监督政策等方面发挥作用，建立起公共服务的资格认证与监管措施，对公共资金进行财务审计和权益维护，保护社会组织的合理利益和服务收费标准以及行业规范，也要保障公众对公共服务内容和收费依据以及质量品质的知情权和选择权，这样才能建立起政府——社会——公众三方协作的机制，这样，也才能培育和增强社会资源的投入能力。二是实现社会资源优化配置的技术创新。现代的网络技术和信息化系统将给西部地区贫困县的社会资源优化配置提供技术平台，通过将物理性、实体性社区与数字化、网络化社区融为一体，形成政府组织、经济组织、社会组织和个人力量的融合，使社会资源通过网络化和信息化的技术平台来实现社会资源的优化配置。

二、公共政策执行能力建设

公共政策执行能力也是民族地区贫困县政府公共服务能力的薄弱环节。为切实推进政府公共政策执行能力建设，可采取以下一些办法。

一是设立和优化综合性公共服务部门执行机构并给予职能保障。在现有职能体系下，由于业务对接和政策推行的需要，政府职能部门的设置往往遵循着“对口设置、职能同构”的原则。但是，这种职能设置方式易造成县级政府公共服务部门与上级政府公共服务部门的职责划分不清、权责不一的现象，在具体运作中也易发生“越俎代庖”、“相互推诿”、“缺位”、“错位”等情况。因此，为切实推进公共服务部门的服务效能就十分有必要建立起符合民族地区实际的综合性公共服务部门执行机构。这样的公共服务部门必须解决事权和财权相匹配的问题、权力与责任相统一的问题、供给与需求相平衡的问题、以及一般能力要素与特殊能力要素相兼顾的问题。此外，该部门还必须解决大部制部门内部协调的问题，实现职能整合与优化。

二是对西部地区贫困县政府公务员进行专门执行能力培养。一方面从主观上看，西部地区贫困县各级公务员还存在学历结构偏低、知识理论更新缓慢、缺乏马克思主义理论的系统教育，理想信念也不够明确，另一方面从客观上看，则因为民族干部队伍历练机会较少，干部轮岗有限，现代管理技能的训练不够，因而，在这双重作用下，公共政策执行能力就会大打折扣，公共政策执行效果也会受到影响。这就必须加强西部地区贫困县各级干部的学习机会和学习条件，不仅在各级党校和培训机构接受专业化知识熏陶和用最新的社会科学管理知识来武装头脑，也必须让其在实践中去学习和锻炼，从工作第一线和基层岗位去丰富工作经历和处理具体问题经验，注重在应对复杂局面和突发性公共事件中接受考验和锻炼，以多岗位轮换和重要岗位见习的方式，增进民族干部交流和综合执行能力提升。

三是强化执行机制建设来保证执行能力稳定性。机制建设是制度化水平的重要表现。强化西部地区贫困县的政府政策执行能力建设也必须大力促使各项制度安排和管理规范机制化。其中，权责配置机制、执行监督机制、执行激励机制、执行协调机制、执行绩效评价机制等均是保证政策执行能力的机制建设内容。权责不清、权责不对等均是对公共政策执行能力的掣肘，权责配置机制就是要解决权责匹配的问题。执行监督机制和执行绩效评价机制均是保证政策执行能力有效输出的条件，将发挥重要的作用。执行激励机制则是解决公共政策执行能力的动力问题，适当引入竞争机制和功绩机制，这样才能激发政府活力，释放公共政策执行能力，提高工作效率和服务质量。

四是运用先进技术手段来改善执行流程和确保执行监督，维护高水平执行效率。黄其松教授指出，大数据时代通过发挥大数据技术不仅使得政府流程再造，而且能够发挥权力监督和制约的技术路径，实现“数据铁笼”，本质上将权力流程数据化、权力数据融合化和权力数据监察化，通过实时采集记录行政行为数据，全方位监控行政执法①，这样，不仅起到了利用现代数据技术监督行政执行，而且还能提升行政执行能力。此外，凭借现代网络技术和通信技术，建设网上政务大厅和智能服务 APP，让数据跑路而非老百姓跑路，也能有效提高公共政策执行能力，保证执行的高效和高质量。

三、公共危机管理能力建设

西部地区一方面由于其偏远而相对恶劣的自然环境，使得地震、泥石流、洪涝、干

① 黄其松．结构重塑与流程再造：大数据时代政府治理体系转型［J］．贵州社会科学，2018，（1）：36

旱等自然灾害频发，易引发危机民族地区民众生命和财产安全的公共危机事件，另一方面则由于社会利益的分化和民族意识的觉醒，加之复杂的民族习俗、宗教信仰以及多元化的利益需求等共同作用，也易引发民族间的摩擦甚至是社会冲突，极易酿成社会公共危机事件或群体性事件，这正如周平教授指出的："随着少数民族的发展和逐渐成熟，尤其是随着各个少数民族的民族意识的觉醒和趋于强烈，各个少数民族对自己的利益的体认更加深刻，民族的利益要求也更加强烈。在这种情况下，民族间的摩擦和龃龉也会增多。民族关系中的摩擦和矛盾的表现形式具有多样性，实质都是族际间的利益争夺"①。因而，公共危机管理能力既是西部地区县级政府公共服务能力建设的重要内容，也是对其公共服务能力的严峻考验。

一是可以通过大部制改革，即设置公共危机管理应急办公室来处理公共危机事件和突发性事件。西部地区县级政府推行大部制改革，不仅能实现公共部门决策、执行与监督的三者适当分离，以利于提高决策效率和增强执行力度，也能落实问责机制，以利于提升政府应对公共危机的责任意识和应急快速反应能力，还能增强政府部门内部的协调与沟通，以利于建立整体性与专业性相统一的多部门联动机制和程序来增强预警和化解公共危机的能力。

二是加强政府公共关系方面的培训和锻炼。公共危机事件其实是对政府公关能力的考验，尤其是进入自媒体时代，民众也成为消息的发布者和舆论的影响者，这方面必须加强与新闻媒体以及广大民众打交道的能力，以提升西部地区贫困县应对复杂局面和新闻舆情的能力。这不仅要求西部地区贫困县政府平时就要加强应急行动预案的研究，制定详细和可操作的应急方案，而且需要快速应对，获得第一信息的发布时机，第一时间表明政府的态度并采取行动来平息事件以获得信任和支持。这也需要建立专业化的新闻发言人队伍和新闻发布机制。尤其需要强化公共危机事件中的政治敏感性和组织纪律性，提高政府公关人员的心理素质、信息技术素质和灵活应变素质。

三是做好公共危机预警机制建设。这不仅要求强化危机意识和危机预防（如资源储备、协调分工、领导体系、信息系统等）建设，也要做好灾害预报和舆情监控跟踪，还要常态化地组织民众进行有针对性和规模化的危机演习。有学者就指出，鉴于公共危机的突发性、紧迫性和复杂性的特点，需要正确面对公共危机管理中的变与常，以克服公共危机管理能力上可能出现的三种不确定性，也就是，资源的即时需求与资源存量及使用的矛盾、精神能力的变化性与社会心理整合需要的矛盾、行动能力的缺陷性②。

四是将公共危机管理能力建设纳入电子政务建设的内容。电子政府建设在应对公共危机时，利用现代信息技术和通信手段，有其自身的优势，集中表现为，它可以是数据收集交换平台，也可以是信息发布交流平台，也可以是决策制定传达平台，还可以是危机普及教育平台③。建立公共危机应急处理中心，构建起完善的信息资源数据库，使得西部地区贫困县建立起信息汇总、信息处理和信息发布等信息资源库，通过信息化流程来应对各种突发性公共危机事件。

---

① 周平．中国族际政治整合模式研究［J］．政治学研究．2005，（2）．

② 韩志明．政府公共危机管理能力的不确定性分析［J］．湖北社会科学，2007，（3）：15

③ 吴义敏．电子政务建设与提升公共危机管理能力［J］．新疆社科论坛，2009，（5）：54

五是建立公共危机常态化教育机制。现代社会通常把公共危机教育融入国民教育体系之中，但这对于西部地区贫困县来说，仍然显得不够，这就需要通过常态化的教育机制，如公共危机知识讲座、模拟灾害救助、公共危机演习等，来实现贫困县各族人民对公共危机意识的培育，这样才能提高各族民众之间相互救助的能力，减少危机带来的损失，也达到提高公共危机心理承受能力的目的和战胜危机的信心。

六是建立公共危机救助体系。科学、完备的公共危机救助体系是公共危机管理能力的重要支撑，对此，西部地区贫困县需建立起公共危机救助协调机制，以便于在自然灾害事件和社会危机事件中能紧急调拨救灾款项和物资，能及时组织公共危机应急救援专业队伍，能调配救援装备器材和保障物资，也能召集救灾服务志愿者队伍。

因而，西部地区贫困县通过电子政务建设，能有效地提高政务的透明度和信息的开放度，能够提供民众与政府之间更多更直接更迅速的双向交流，促进政府沟通和信息反馈。

四、公共资源配置能力建设

公共资源配置能力是指作为公共部门的政府对公共资金、公共物品、公共政策等公共资源的使用、分配和管理的能力，也包括对公共资源的吸纳、积聚和分配等过程中实现公共资源的效益最大化的能力。其直接决定了公共资源在不同的人群、不同的项目和不同的地域间的使用情况和配置程度。对此，有研究者就指出政府的公共资源配置能力困境会影响到公共服务的效率和公平①。由于西部地区贫困县政府通常面临着经济发展滞后、社会建设水平低下的严峻局面，因而政府通常会将经济发展置于优先位置，使得公共资源多向经济效益较好和 GDP 增长明显的领域和项目上投入和使用，进而使得社会建设较为失衡，社会公平和正义容易受到忽视。西部地区贫困县政府公共资源配置能力建设主要是解决发展的优先性与发展的均衡性、效率与公平之间的矛盾问题。因而，公共资源配置能力的强弱直接决定了民族地区贫困县政府对有限公共资源使用方向的把握问题。有研究者根据浙江经济发展的经验事实，得出公共资源配置能力受区位条件、要素资源存在状况、资源配置方式、地方政府经济理性等方面的约束和影响，地区经济增长是由地区资源配置能力决定的②。因而，在西部地区贫困县一般处于老、少、边、穷地区，自然资源禀赋恶劣，区位优势和要素资源存在状况均不占优势的情况下，公共资源配置能力建设不得不从资源配置方式和地方政府经济理性两个角度入手进行建设。

对此，一是加强制度变迁，提高制度效率，以实现弯道超车和后发赶超。这一点贵州近年来在大数据和大生态上做文章，实现了经济较为瞩目的增长得到证明。二是强化政府经济理性与政府管理效率建设，既要激活市场逻辑来驱动发展，也要激发政府高效运转的条件，通过贫困县政府高效运作来增强公共资源的配置能力。三是驱动公共资源配置的市场化改革。西部地区贫困县要积极拓宽公共资源市场化配置的领域，在自然资源领域，要深化国有土地使用权的有偿出让，在行政资源领域实行管理与服务相分离，在社会公共资源领域，实现经营权公开出让。

---

① 丁辉侠．地方政府提供公共服务的能力与动力分析［J］．河南社会科学．2012，（9）

② 傅允生．资源配置能力变动与浙江经济增长［J］．浙江学刊，2007，（6）：169-176

五、民族需求服务能力建设

学者张序曾将民族地区的民族需求服务能力作为公共服务能力的特殊能力要素专门进行探讨和评估，其认为在民族特殊用品供应能力上云南排第 7 位，广西排 11 位，贵州排 9 位，在民族语言文字使用上，云南排第 6 位，广西排 3 位，贵州排 10 位，在民族文化弘扬上，云南排第 1 位，广西排第 8 位，贵州排第 11 位，在综合性得分排序上，云南排第 6 位，广西排第 8 位，贵州排第 10 位①。可见，以滇黔桂三省为代表的西部地区在民族需求服务能力上均显得较为滞后。民族需求服务能力更能体现西部地区贫困县政府公共服务能力的针对性和复杂性，因而，尤其需要重视和强化其能力建设。

一是加强民族需求服务表达机制建设，以增强政府对民族需求服务的感知能力。这需要西部地区贫困县政府注重对本民族地区实际的民族需求层次性和差异性进行分析，搭建专门的民族需求服务网络平台，增强需求反馈和利益表达。

二是针对贫困县实际，尤其需要加大民生性公共服务与发展性公共服务的供给，主要解决西部地区贫困县各民族民众在生活和生产方面的迫切需求，解决诸如社会保障、农村饮用水、公共卫生设施、义务教育、公共道路硬化、自然灾害救助、就业技能培训等领域的民族需求服务。

三是尝试性地推行政府购买公共服务，培养社会力量和转变政府角色。西部地区贫困县的社会拥有民族需求服务领域丰富资源，利用政府购买公共服务的形式，激活社会资源要素和社会组织力量，将民族需求服务供给体系多元化，在此过程中，政府将民族特殊性元素与公共产品的供给有机结合起来，加以政策激励和引导，来满足多样性和特殊性的民族文化需求，提升政府的民族文化需求服务能力。

四是强化民族需求服务社会化改革路径。西部地区贫困县可以鼓励社会力量参与民族需求服务的供给，给予社会组织和社会力量以优惠政策，出台相应的激励措施，在人才培训和组织登记以及资金筹措中提供便利服务，给予必要的帮助，激发社会组织和非营利组织的发展。引导西部地区贫困县的宗教团体、志愿者组织和新兴社会组织在民族需求公共服务中发挥作用。

第二节　公共服务能力支持体系建设

公共服务能力建设支持体系主要是从公共服务环境系统以及环境系统与政府系统互动的角度去探讨的，公共服务能力技术体系其实也是属于支持体系的范畴，只是为了凸显技术体系的重要性，故而将之单独作为一个部分来讨论。基于前文的分析，公共服务能力的支持体系要素中，行政生态要素、政府回应要素和系统互动要素三个要素影响显著，这里就将从这三个角度去讨论。

---

① 张序．中国民族地区公共服务能力建设［M］．北京：民族出版社，2011. P164-165.

一、行政生态体系建设

有学者指出，根据行政生态理论，影响一个国家公共行政的生态要素是五个方面：经济要素、社会要素、沟通网络、符号系统及政治架构①。但实证数据支持的结果是行政生态要素中，政治环境要素和社会环境要素对政府公共服务能力有显著性影响力。所以，行政生态要素需要从这两方面加强建设。

1. 政治环境建设

首先，需要从政治角度为西部地区贫困县政府公共服务能力建设提供更多的顶层设计和公共服务目标指向。在党的重要报告和政府报告中，需把加强西部地区公共服务能力作为重要的工作方针和努力方向。这样，才能为西部地区公共服务能力建设找到政策依据和文件支持。尤其是党和政府所倡导的现代政治理念，如服务型政府，将会对公共服务能力建设产生深远影响。贫困县政府在对中央和上级文件进行解读时，才能感受到政治领导人给予的行动指南。其次，需要从政治角度给予西部地区贫困县政府给予适当的考核压力。将公共服务能力纳入考核范围或作为考核标准，势必将引起贫困县政府对公共服务能力建设工作的重视，也必将大力地向前推进此项工作。再次，需要从政治角度为西部地区贫困县政府公共服务能力建设提供更多政策条件和财力保证。公共服务能力建设迫切需要强大的财力支持，同时也需要在政策环节给予适当地宽松条件，以便有更多公共服务创新的空间。最后，需要从政治角度为西部地区贫困县政府公共服务能力建设提供更多的法治保障和制度环境。法治保障能为公共服务建设提供公平正义的环境，也能提供更多的权利机会，而制度环境则能为公共服务建设提供权威性平台，也能提供行为规范和操作尺度。

2. 社会环境建设

一是社会环境为公共服务能力建设提供民众参与支持。西部地区贫困县政府公共服务能力建设离不开各族民众的参与和支持。政府在公共服务供给与公共政策执行等方面，均需要民众的配合与参与，才能彰显政府的规章制度和管理过程的权威性。二是社会环境能为政府公共服务决策提供要求和支持，这将极大地提升政府的公共服务能力。缺乏针对性和有效性的公共服务将会使得政府公共服务能力大打折扣，因而，社会环境中民众与社会组织的参与决策将有效解决这一问题。三是社会环境能为政府公共服务能力提供有效监督，矫正公共服务能力扭曲。所以，社会环境建设必须唤起民众对政府公共服务能力建设的支持，必须激发社会组织对政府公共服务能力建设的配合，以此来实现新公共服务理念所倡导的政府是服务者而非掌舵者的主张，也践行现代治理理念所高扬的“善治”和“多中心治理”方案。

二、政府回应体系建设

政府回应体系主要通过三个方面内容来影响公共服务能力：责任机制、回应机制和

① 李晓园．当代中国县级政府公共服务能力及其影响因素的实证研究［M］．北京：中国社会科学出版社，2010. P67.

回应行为。因而，政府回应体系建设也需要从这三方面来入手。首先，将责任机制建设摆在政府回应体系建设的重要位置。责任机制建设才能健全西部地区贫困县政府公共服务能力建设的权责体系。尤其是，要建立健全目标责任机制，用有限的资源整合出更多更好的公共服务产品。其次，回应机制建设将大力推进公众意见的回馈与监督。通过回应机制，一方面了解民族地区民众的利益诉求，掌握民众公共服务的意见和要求，另一方面，则通过接受社会公众的投诉和监督，对违规机构做出相应的惩处，以提升公共服务的质量和品质，进而加强其公共服务能力建设。再次，回应行为建设才能落实和保障政策执行，才能为公共服务能力建设提供合乎民族地区广大民众期望的公共服务。

三、系统互动要素建设

系统互动要素建设，也是着重加强三方面内容的提升。一是干群关系建设。通过改善干群关系，增强政府信任，大大提高政府公信力水平，以此来加强政府公共服务能力建设。二是利益表达渠道建设。通过制度安排和制度化水平提升，增加更多西部地区贫困县公众表达利益诉求和维护权益的渠道和方式，来增进民众与政府互信，实现二者的良性互动，以此来加强政府公共服务能力建设。三是加强依法行政建设。推进依法行政建设，必将克服人治色彩和暗箱操作传统，依法行政将为政府的行为划出边界，找到行为依据，降低行政执行的障碍。同时，依法行政也会让民族地区民众养成自觉遵守法律的习惯和传统，将极大地增强公民的公共服务能力认同度，降低行政成本，从而提高政府公共服务能力。

第三节　公共服务能力技术体系建设

一方面，伴随着信息革命浪潮的发展，以互联网、物联网、移动智能设备、云计算为基础，并以数据体量大（Volume）、数据类型多（Variety）、速度快时效高（Velocity）、价值密度低（Value）为特点[①]的大数据时代（又称 DT 时代）已然来临。对于什么是大数据，有学者指出："一般而言，大数据是指大量、多元、高速、重复多变的数据，需要用先进的计算方法和技术实现信息的采集、存储、分析和应用。"[②] 因大数据的独特价值，其正日益对社会生活方式、经济运行机制以及国家治理能力等领域产生重要影响。国务院于 2015 年 9 月 5 日发布了《促进大数据发展行动纲要（国发〔2015〕50 号）》，在其中明确提出了要在公用事业、减灾救灾、社会保障、社区服务等领域全面推广大数据应用，构建以人为本、惠及全民的民生服务新体系的目标，也提出要提升治理能力，打造精准治理、多方协作和社会治理新模式的任务[③]。然而，作为政府治理体系有机组成部分

① 李江静．大数据对国家治理能力现代化的作用及其提升路径［J］．中共中央党校学报，2015，(4)：45.

② 陈振明．政府治理变革的技术基础——大数据与智能化时代的政府改革评述［J］．行政论坛，2015，(6)：3.

③ 中华人民共和国中央人民政府网站．国务院关于印发促进大数据发展行动纲要的通知［EB/OL］．http：//www. gov. cn/zhengce/content/2015-09/05/content_ 10137. htm，2015 - 09 - 05.

的公共服务能力，却是西部地区贫困县政府利用大数据推动治理体系和治理能力现代化的薄弱一环，严重地制约着基本公共服务体系的构建和公共服务能力的提升。另一方面，网上政务中心的设立，极大地提升了公共服务供给的便利性、及时性、有效性。因此，为提升西部地区政府公共服务能力建设的技术体现建设，就必要从这两方面强化建设力度。

其一，实现公共服务供给与大数据的无缝对接，将贫困县政府公共服务能力建设置于大数据平台运行之中。首先，需要解决大数据的基础设施建设问题。这种基础设施既包括物资设备层面的内容，也包括管理方式和政策法规方面的内容。这就需要，建立数据常态机制、设立数据监管机构、引入多元主体、完善立法体系等途径来创新公共服务能力①。同时，也需要建立以需求为导向的公共服务能力建设指南。可以通过智慧化顶层设计、需求感知、平台构建、众包生产、服务供给、数字治理和协同治理，加强西部地区贫困县供给侧公共服务能力的建设。其次，要解决政府流程再造问题。政府流程再造涉及两个方面同时需要解决的问题，一方面是从政府外部环境来看，需要形成一个政府-市场-社会的三元结构状态，三者分别按各自逻辑运行，并在此过程中，形成政府、企业、社会组织和公民为主体的多元共治格局，既需要创新国家治理理念，也需要基于大数据来沟通国家与社会的良性互动，在公共服务供给与需求之间实现服务供给的个性化、精准化、公开化和智能化。另一方面则是政府自身内部的流程再造问题，通过组织结构的重组和职能结构的整合，形成以网络化、扁平化、小型化、弹性化、开放化、透明化为特点的组织特征，其典型模式为顾客与公民导向的，具有个性化选择，多样性参与，快速化行动，注重全面质量管理，整体性、竞争性、创新性、柔性化、职能跨领域的“无缝隙”现代组织形式。再次，要解决基于大数据基础的政府购买公共服务能力建设问题。对此，高晶晶等人就认为大数据在政府购买公共服务中的作用明显，这样的公共服务能力建设，使其公共服务供给中既符合了民意，也能实现过程公平、还能实现全民共享和服务监管等价值②。

其二，强化网上政府大厅建设，加强网上政府服务能力建设。这要求提升执政者重视西部地区贫困县网上政务服务能力的工作地位，优先发展网上政府服务能力，通过开放共享、优化供给和透明法治三个途径去打造“互联网+政务服务”能力建设，进一步拓展网上服务的深度，注重质量标准建设，通过优化政务服务流程和网上服务模式，来减少行政成本，将民生保障服务相关领域的政府数据向贫困县民众提供共享服务，将负面清单、权力清单和责任清单贯彻于公共服务供给过程和网上政府服务之中，从业务、技术、管理三个维度协同提高西部地区贫困县网上政府服务能力。

---

① 肖智婷．大数据时代政府公共服务创新研究［J］．湘潮，2016，(2)：73-74.

② 高晶晶，张跃胜．大数据在政府购买公共服务中的作用探析［J］．管理学刊，2016，(2)：57-62.

第四节　公共服务能力绩效评估体系建设

由于在现有的绩效考核体制之下，重增长轻发展成为各级地方政府较为普遍的政策与行为选择，这就必然导致公共服务指标在绩效评估中处于相对弱化的地位，各级地方政府既无压力也无动力来提供或加大提供公共教育、公共医疗卫生、公共文化、公共体育与健康、公共环境保护等公共服务产品。西部地区县级政府自然也不能例外，甚至情况更为堪忧。在这种情况下，建立和健全公共服务能力评价指标体系就显得尤为迫切。虽然，有研究者针对县级政府基本公共服务绩效运用关键绩效指标法（KPI），从部门角度设计了一套，包括基础教育、医疗卫生、社会保障、公共科技、公共文化、公共设施、生态环境、公共安全、公共行政等在内的9个部门关键绩效指标①，但是，针对县级政府，尤其是民族地区贫困县政府的公共服务能力绩效评价指标体系是缺失的。因此，这就需要结合西部地区具体县域的行政生态和公共服务职能，设计出一整套符合科学性、公平性、公开性、可操作性和民族针对性等原则的公共服务指标体系和绩效考核指标体系，增加干部政绩考核中的公共服务权重和公共服务信息透明度等因素，以此来增强西部地区县级政府公共服务的内生动力，同时也需要加大公共服务能力评价体系的开放性，促进公众参与和互动，以解决政府回应民众公共服务需求的外部动力问题。这样，通过该评价体系建设不仅能促使政府在公共服务供给上有质和量的提升，并且也能促使其积极探索结合民族地区特殊性的公共服务生产方式、供给制度、消费形式、管理模式等方面的创新。

鉴于前文研究的结果，社会保障与社会服务满意度因子和医疗服务满意度因子在政府公共服务能力的影响因素中扮演着部分中介效应的环节，因而，也有必要加强在西部地区这两方面建设的力度。首先，通过增加更多种类的社会保障和社会服务途径，增强民众这方面的满意度。同时，也需要将社会保障和社会服务的品质提高，加大财政对这方面补贴的力度，让各民族民众享受到社会保障与社会服务的普惠性，也有助于提升其满意度评价。其次，医疗服务满意度需要从药品与医疗服务价格入手，让贫困县各族民众看得起病，吃得起药，还应该有针对性地对地区流行性疾病给予医疗救助，政府来为民族地区区域性的疾病，如白内障、肺结核、氟斑牙等给予免费医疗。

① 江易华．当代中国县级政府基本公共服务绩效评估指标体系的理论建构与实证研究［M］．北京：中国社会科学出版社，2010. P106.

附　录

调查地点	问卷编号

西部地区贫困县公共服务能力调查

尊敬的女士/先生：

您好！

随着西部地区经济社会发展进程的加速，如何在经济社会发展的同时，让广大民众享受到更多更好的公共服务，更好发挥出政府公共服务能力，成为人们十分关心的问题。为了弄清楚这方面存在的问题及研究相应解决办法，也为了进行学术研究，我们组织了这次调查，希望能听听您的意见和看法。

您是被我们随机抽中的调查对象。您的意见对我们很重要，这些意见是为学术研究获得准确统计资料服务的，您填写的这份问卷不记名，里面的内容无所谓对错，只是需要您的真实看法，而且我们会对您所提供的意见保密，请您放心！填写问卷大概需要花费您一些时间，感谢您的支持和帮助。

如果您对这项研究有什么想法，可以和龙立军老师联系，联系电话是 0851－3610018/139844034440

贵州民族大学课题调查组

2018 年 12 月 5 日

问卷填写说明：

请在每一个问题后适合自己情况的答案号码上画圈，或者在________处填上适当的内容。

若无特殊说明，请在每个问题后，只选一个答案。

填写问卷时，请不要和他人商量。

Q1. 您的性别是：（请选一项）

1. 男　2. 女

Q2. 您现在的年龄是：________岁（请填数字）

Q3. 您所受教育年限是：________年（请填数字）

Q4. 您的民族是：(请选一项)

1. 汉族　2. 苗族　3. 布依族　4. 侗族　5. 壮族　6. 白族　7. 哈尼族　8. 彝族　9. 其他民族________（请说明）

Q5. 您的主要职业是？(请选一项)

1. 农业劳动者；2. 企业工人；3. 事业单位人员；4. 政府机关人员；5. 个体劳动者/个体工商户；6. 打工者；7. 私营企业主；8. 学生；9. 待业人员；10. 退休人员；11. 其他________（请说明）。

Q6. 您是否为中共党员？　1. 是　2. 否

Q7. 您是否已婚：　1. 是　2. 否

Q8. 您的每月收入大约为________元（请填数字）

Q9. 您的居住地是？(请选一项)

1. 农村　2. 乡镇所在地　3. 县城　4. 市城区　5. 城郊结合部

Q10. 您对民族区域自治制度在本地区实施情况的看法是：(请选一项)

1. 非常不满意　2. 不满意　3. 不太满意　4. 说不清　5. 比较满意　6. 满意　7. 非常满意

Q11. 您对下列说法的看法是？(请在符合的选项上画圈)

题号	内容	完全不同意	不同意	不太同意	说不清楚	比较同意	同意	非常同意
1	本地税收征管得力，本地政府不差钱。	1	2	3	4	5	6	7
2	本民族地区有较好的特殊政策待遇，能获得较大力度的转移支付。	1	2	3	4	5	6	7
3	本地政府的民族干部配备得比较多。	1	2	3	4	5	6	7
4	本民族地区能获得较多的外部帮扶或社会各界资助。	1	2	3	4	5	6	7
5	政府编制的经济社会发展规划充分体现了本县特色	1	2	3	4	5	6	7

续表

题号	内容	完全不同意	不同意	不太同意	说不清楚	比较同意	同意	非常同意
6	本地政府制定经济社会发展规划时兼顾了公平和效率。	1	2	3	4	5	6	7
7	近五年来，本地的经济社会发展效果明显。	1	2	3	4	5	6	7
8	近五年来，本地政府加大了对基础教育、医疗、社会保障等基本公共服务方面的投入。	1	2	3	4	5	6	7
9	本地政府能准确、及时地完成向公民承诺的事情。	1	2	3	4	5	6	7
10	在发生地震、群体性事件等危机时，政府能及时通报和反馈有关信息，稳定群众情绪。	1	2	3	4	5	6	7
11	本地政府已建立减灾防灾机制，有明确的责任人。	1	2	3	4	5	6	7
12	发生天灾人祸时，政府能很快组织人力、物力进行救援。	1	2	3	4	5	6	7
13	危机过后，政府能迅速组织灾后重建工作，恢复秩序。	1	2	3	4	5	6	7
14	找政府人员办事，通常都能得到迅速处理或答复。	1	2	3	4	5	6	7

续表

题号	内容	完全不同意	不同意	不太同意	说不清楚	比较同意	同意	非常同意
15	本地政府有了现代化的公共服务设施，有政务中心或网上办事大厅。	1	2	3	4	5	6	7
16	当地政府各部门都有完善的执行流程及协调机制，办事顺畅。	1	2	3	4	5	6	7
17	本地区，公民使用本民族语言文字得到大力鼓励和支持。	1	2	3	4	5	6	7
18	在当地，本民族的风俗和文化得到了很好地保护和弘扬。	1	2	3	4	5	6	7
19	本地区，民族自己的宗教信仰是受政府保护和尊重的。	1	2	3	4	5	6	7
20	政府在努力解决贫困问题，使老百姓过上好日子	1	2	3	4	5	6	7

Q12. 您是不是同意下列说法？（每项题目后的数字分别代表从完全不同意到完全同意的程度，请在每个题目后选择一种适合您情况的数字上画圈。完全不同意选数字“1”，不同意选数字“2”，不太同意选数字“3”，说不清选数字“4”，比较同意选数字“5”，同意选数字“6”，完全同意选数字“7”）

（1）您很满意在本地生活　—1—2—3—4—5—6—7—

（2）目前本地的社会治安良好　—1—2—3—4—5—6—7—

（3）本地区老百姓的法律意识都越来越强了　—1—2—3—4—5—6—7—

（4）在本地维持基本生活是有保障的　—1—2—3—4—5—6—7—

（5）本地社会财富的分配体现了公平　—1—2—3—4—5—6—7—

（6）本地城乡差距并不大　—1—2—3—4—5—6—7—

（7）本地贫富差距在您认为的合理范围之内　—1—2—3—4—5—6—7—

（8）本地各民族群众之间能相安无事　—1—2—3—4—5—6—7—

（9）民族政策在本地区得到了很好的贯彻执行　—1—2—3—4—5—6—7—

（10）我对未来 10 年享受更多更好公共服务充满信心　—1—2—3—4—5—6—7

（11）本地群众有渠道得到关于政府的信息 —1—2—3—4—5—6—7—

（12）近五年来，本地政府主要领导没有出现过严重违反党纪国法的事件 —1—2—3—4—5—6—7—

（13）本地经济活跃，经济发展具有可持续性 —1—2—3—4—5—6—7—

（14）本地社会组织和民众普遍具有遵纪守法的意识 —1—2—3—4—5—6—7—

（15）本地民众智能手机使用的情况很普遍 —1—2—3—4—5—6—7—

（16）本地方的官员干部办事能力强 —1—2—3—4—5—6—7—

（17）本地政府人员对待民众时，有礼貌有素质 —1—2—3—4—5—6—7—

（18）政府会经常组织公务员到外地参观学习 —1—2—3—4—5—6—7—

（19）本地政府对不顾民众利益的官员进行了惩处 —1—2—3—4—5—6—7—

（20）本地政府能及时对民众反映的问题做出回应 —1—2—3—4—5—6—7—

（21）政府人员会告知公民提供服务的准确时间 —1—2—3—4—5—6—7—

（22）我愿意参与到政府组织的各项活动中去 —1—2—3—4—5—6—7—

（23）我相信周围干部能帮我解决生活中的实际困难 —1—2—3—4—5—6—7—

（24）我相信本地政府所发布的政务信息并能落实 —1—2—3—4—5—6—7—

（25）我有办法和途径去政府解决我切身相关的问题 —1—2—3—4—5—6—7—

（26）相信党和政府能够管好自己的干部队伍 —1—2—3—4—5—6—7—

（27）本地政府工作人员普遍具有依法行政的观念 —1—2—3—4—5—6—7—

（28）本地政府各部门规章制度完善，且有可行性 —1—2—3—4—5—6—7—

（29）政府正努力让农村享受和城市一样的公共服务 —1—2—3—4—5—6—7—

（30）我对政府减小城乡公共服务差别感到满意 —1—2—3—4—5—6—7—

Q13. 您认为本民族地区群众在政府办事时最不满意的是什么？（请选一项）

1. 政府工作人员的态度 2. 政府部门的办事效率 3. 政府部门办事的公正性 4. 政府部门办事的透明度 5. 利益表达的渠道太少 6. 利益表达渠道不通畅 7. 其他________（请说明）

Q14. 您对当前这些社会问题的看法是什么？（请在适当的方格内打“√”）

	1. 非常严重	2. 比较严重	3. 一般	4. 不太严重	5. 不严重
①下岗失业问题	□	□	□	□	□
②社会治安问题	□	□	□	□	□
③贫富分化问题	□	□	□	□	□
④生活贫困问题	□	□	□	□	□
⑤官员腐败问题	□	□	□	□	□
⑥社会公德问题	□	□	□	□	□
⑦通货膨胀问题	□	□	□	□	□
⑧财产纠纷问题	□	□	□	□	□
⑨疾病医疗问题	□	□	□	□	□

Q15. 您认为现在的政府提供的公共服务对解决群众的困难有帮助吗？（请选一项）

1. 反而会添乱 2. 没帮助 3. 不太有帮助 4. 说不清 5. 有点帮助 6. 有帮助 7. 有很大帮助

Q16. 您认为影响政府提供公共服务最重要的因素是什么？（限选一项）

1. 政府财政能力　2. 政府服务意愿　3. 政府考核指标　4. 维稳压力　5. 民众参与　6. 人口流动　7. 宏观经济形势　8. 党的方针政策 9. 民族矛盾　10. 服务需求 11. 本地经济社会状况　12. 思想观念　13. 城乡二元结构　14. 供给机制　15. 利益分化

Q17. 您最需要本地政府为您提供的服务有哪些？（限选三项）

1. 就业信息咨询　2. 职业介绍　3. 生活环境美化　4. 法律援助　5. 政策、法律法规咨询　6. 权益维护　7. 职业技能培训　8. 技术技能鉴定　9. 办理证件或证明　10. 体育健身服务　11. 生殖健康服务　12. 残疾人特殊服务 13. 教育培训服务　14. 休闲娱乐服务　15. 生活困难帮扶服务　16. 其他________（请说明）

Q18. 您对下列各项基本公共服务的满意度为？

题号	公共服务内容	非常不满意	不满意	不太满意	说不清	比较满意	满意	非常满意
1	您对小学和初中教学质量的评价	1	2	3	4	5	6	7
2	您对小学和初中教师队伍建设的评价	1	2	3	4	5	6	7
3	您对小学和初中教学条件的评价	1	2	3	4	5	6	7
4	您对看病方便性的评价	1	2	3	4	5	6	7
5	您对医生医术水平的评价	1	2	3	4	5	6	7
6	您对常用药物价格的评价	1	2	3	4	5	6	7
7	您对医疗服务体系的评价	1	2	3	4	5	6	7
8	您对公共文化资源（如图书馆、阅览室）的评价	1	2	3	4	5	6	7
9	您对体育健身设施（如健身器材、体育场馆）的评价	1	2	3	4	5	6	7
10	您对公路运输网络的评价	1	2	3	4	5	6	7

续表

题号	公共服务内容	非常不满意	不满意	不太满意	说不清	比较满意	满意	非常满意
11	您对家附近道路硬化的评价	1	2	3	4	5	6	7
12	您对养老保险的评价	1	2	3	4	5	6	7
13	您对最低生活保障的评价	1	2	3	4	5	6	7
14	您对社会福利服务（如惠农政策、家电下乡）的评价	1	2	3	4	5	6	7
15	您对解决低收入家庭的住房保障的评价	1	2	3	4	5	6	7
16	您对特困户危房改造的评价	1	2	3	4	5	6	7
17	您对就业服务质量的评价	1	2	3	4	5	6	7
18	您对劳动者职业技能培训的评价	1	2	3	4	5	6	7
19	您对生态环境保护的评价	1	2	3	4	5	6	7
20	您对食品安全的评价	1	2	3	4	5	6	7
21	您对政府弘扬民族传统习俗的评价	1	2	3	4	5	6	7
22	您对精准扶贫的评价	1	2	3	4	5	6	7

主要参考文献

（一）专著

［美］埃莉诺·奥斯特罗姆．公共事务的治理之道：集体行动制度的演进［M］．上海：上海译文出版，2012.

［美］埃莉诺·奥斯特罗姆．规则、博弈与公共池塘资源［M］．王巧玲，任睿译．西安：陕西出版集团，陕西人民出版社，2011.

［美］摩尔．民主与专制的社会起源［M］．托夫等译，北京：华夏出版社，1987.

［美］亨廷顿．变革社会中的政治秩序［M］．李盛平等译，北京：华夏出版社，1988.

［美］戴维·伊斯顿．政治生活的系统分析［M］．王浦劬译，北京：华夏出版社，1999.

［美］杜赞奇．文化、权力与国家：1900-1942年的华北农村［M］．王福明译，南京：江苏人民出版社，2010.

［美］帕特南．使民主运转起来［M］．王列，赖海榕译．南昌：江西人民出版社，2006.

［德］冯·柏伊姆．当代政治理论［M］．李黎译，北京：商务印书馆，1990.

［美］里普森．政治学的重大问题：政治学导论［M］．刘晓等译，北京：华夏出版社，2001.

［美］格林斯坦，波尔斯比．政治学手册精选［M］．北京：商务印书馆，1996.

［美］塞缪尔·亨廷顿．变革社会中的政治秩序［M］．李盛平，杨玉生译，北京：华夏出版社，1988.

［美］加布里埃尔·A·阿尔蒙德，G·宾厄姆·鲍威尔．比较政治学——体系、过程和政策［M］．曹沛霖、郑世平等译，上海：上海译文出版社，1987.

［美］迈克尔·罗斯金等．政治科学（第六版）［M］．林震等译，北京：华夏出版社，2001.

［美］S·N·艾森斯塔得．帝国的政治体系［M］．阎步克译，贵阳：贵州人民出版社，1992.

［美］S·N·艾森斯塔特．反思现代性［M］．旷新年等译，北京：生活．读书．新知三联书店，2006.

［美］保尔·汤普逊．过去的声音：口述史［M］．覃方明等译．沈阳：辽宁教育出版

社，2000.

［美］斯科特．弱者的武器［M］．郑广怀等译．南京：译林出版社，2011.

［美］斯科特．农民的道义经济学［M］．程立显等译，南京：译林出版社，2001.

［美］詹姆斯·斯科特．国家的视角——那些试图改善人类状况的项目是如何失败的［M］．王晓毅译，北京：社会科学文献出版社，2011.

［美］格尔兹著．文化的解释［M］．韩莉译，南京：译林出版社，2008.

［美］罗尔斯．正义论［M］．何怀宏等译，北京：中国社会科学出版社，1988.

［美］罗伯特·达尔．现代政治分析［M］．王沪宁等译，上海：上海译文出版社，1987.

［美］乔·萨托利．民主新论［M］．冯克利等译，北京：东方出版社，1993.

［美］曼瑟尔·奥尔森．集体行动的逻辑［M］．陈郁等译，上海：上海三联书店上海人民出版社，1995.

［美］哈罗德·D·拉斯韦尔．政治学：谁得到什么？何时和如何得到［M］．杨昌裕译，北京：商务印书馆，1992.

［美］朗．权力论［M］．陆震纶、郑明哲译，北京：中国社会科学出版社，2001

［美］西摩·马丁·李普特．政治人——政治的社会基础［M］．张绍宗译，上海：上海人民出版社，1997.

［美］西达·斯考切波．国家与社会革命——对法国、俄国和中国的比较分析［M］．何俊志、王学东译，上海：上海人民出版社，2007.

［美］约瑟夫·熊彼特．资本主义、社会主义与民主［M］．吴良健译，北京：商务印书馆，1999.

［美］施坚雅著．中国农村的市场和社会结构［M］．史建云，徐秀丽译，北京：中国社会科学出版社，1998.

［美］R·H·齐尔科特．比较政治学理论——新范式的探索［M］．高铭，潘世强译，北京：社会科学文献出版社，2001.

［美］约瑟夫·R·斯特雷耶．现代国家的起源［M］．华佳等译，上海：格致出版社上海人民出版社，2010.

［法］米歇尔·福柯．规训与惩罚［M］．刘北成，杨远缨译．北京：生活·读书·新知三联书店，2003.

［法］让-马克·夸克．合法性与政治［M］．佟心远等译，北京：中央编译出版社，2002.

［法］埃马纽埃尔·勒华拉杜里．蒙塔尤——1294-1324年奥克西坦尼的一个小山村［M］．许明龙，马胜利译，北京：商务印书馆，2009.

［法］古斯塔夫·勒庞．乌合之众［M］．冯克利译，北京：中央编译出版社，2004.

［法］H·孟德拉斯．农民的终结［M］．李培林译，北京：社会科学文献出版社，2010.

［美］陈捷．中国民众政治支持的测量与分析［M］．安佳译，广州：中山大学出版社，2011.

［美］登哈特．新公共服务：服务而不是掌舵［M］．北京：中国人民大学出版

社，2010.

张序．中国民族地区公共服务能力建设［M］．北京：民族出版社，2011.

李晓园．当代中国县级政府公共服务能力及其影响因素的实证研究［M］．北京：中国社会科学出版社，2010.

李晓园．包容性增长视角下的县级公共服务能力研究［M］．北京：中国社会科学出版社，2016.

党秀云．民族地区公共服务体系创新研究［M］．北京：人民出版社，2009.

郑洲．西藏基本公共服务能力提升与民生改善研究［M］．北京：社科文献出版社，2017.

方堃．当代中国新型农村公共服务体系研究［M］．北京：中国社会科学出版社，2010.

岳金纶．农民工公共服务：国际经验·本土实践·政策建议［M］．广州：中山大学出版社，2012.

鄂义太，吕中军．民族自治地方政府公共服务能力研究［M］．北京：中央民族大学出版社，2015.

黄恒学等．政府基本公共服务标准化研究［M］．人民出版社，2011.

郑德涛等．社会管理创新与公共服务优化［M］．中山大学出版社，2012.

王浦劬．政府向社会组织购买公共服务研究［M］．北京大学出版社，2010.

淳于淼泠．政府公共服务供给能力研究：以西部地区地方政府为例［M］．北京：北京大学出版社，2017.

江易华．当代中国县级政府基本公共服务绩效评估指标体系的理论建构与实证研究［M］．北京：中国社会科学出版社，2010.

樊丽明．城乡基本公共服务均等化研究［M］．经济科学出版社，2011.

李伟．我国基本公共服务均等化研究［M］．北京：经济科学出版社，2010.

叶晓玲．城乡基本公共服务均等化问题研究［M］．成都：西南交通大学出版社，2011.

樊继达．统筹城乡发展中的基本公共服务均等化［M］．北京：中国财政经济出版社，2008.

徐勇．乡村治理与中国政治［M］．北京：中国社会科学出版社，2003.

徐勇．非均衡的中国政治：城市与乡村比较［M］．北京：中国广播电视出版社，1992.

徐勇．现代国家、乡土社会与制度建构［M］．北京：中国物资出版社，2009.

周平．中国少数民族政治分析［M］．昆明：云南大学出版社，2000.

周平．民族政治学［M］．北京：高等教育出版社，2003.

周平．当代中国地方政府［M］．北京：人民出版社，2007.

周平．中国民族自治地方政府［M］．北京：人民出版社，2007.

方盛举．中国民族自治地方政府发展论纲［M］．北京：人民出版社，2007.

马啸原．边疆少数民族地区政治发展与政治稳定［M］．昆明：云南大学出版社，2000.

安应民．构建均衡发展机制［M］．北京：中国经济出版社，2011.
课题组．让人人平等享受基本公共服务［M］．北京：中国社会科学出版社，2011.
苏时鹏．城镇化进程中的城乡基本公共服务均等化研究［M］．北京：中国农业出版社，2011.
吴大英．改革开放与政治稳定［M］．北京：中国民主法制出版社，1993.
姜鑫．城乡基本公共服务均等化评价与对策［M］．成都：西南财经大学出版社，2012.
卢洪友．中国基本公共服务均等化进程报告［M］．北京：人民出版社，2012.
张静．现代公共规则与乡村社会［M］．上海：上海书店出版社，2006.
张静．基层政权：乡村制度诸问题［M］．杭州：浙江人民出版社，2000.
张静．转型中国：社会公正观研究［M］．北京：中国人民大学出版社，2008.
魏光奇．官治与自治：20世纪上半期的中国县制［M］．北京：商务印书馆，2004.
费孝通．江村经济：中国农民的生活［M］．戴可景译，北京：商务印书馆，2001.
李立志．变迁与重建：1949—1956年的中国社会［M］．南昌：江西人民出版社，2002.
金太军．村庄治理与权力结构［M］．广州：广东省出版集团广东人民出版社，2008.
毛寿龙．政治社会学［M］．北京：中国社会科学出版社，2001.
赵鼎新．社会与政治运动讲义（第二版）［M］．北京：社会科学文献出版社，2012.
张江河．论利益与政治［M］．北京：北京大学出版社，2002.
俞可平．增量民主与善治［M］．北京：社会科学文献出版社，2003.
俞可平．论国家治理现代化［M］．北京：社会科学文献出版社，2014.
俞可平主编．治理与善治［M］．北京：社会科学文献出版社，2000.
俞可平等著．中国公民社会的兴起与治理的变迁［M］．北京：社会科学文献出版社，2002.
俞可平著．公民与第三部门［M］．北京：社会科学文献出版社，2000.
周光辉．论公共权力的合法性［M］．长春：吉林出版集团有限责任公司，2007.
王浦劬．国家治理现代化：理论与策论［M］．北京：人民出版社，2016.
赵树凯．乡镇治理与政府制度化［M］．北京：商务印书馆，2010.
臧雷振．国家治理：研究方法与理论建构［M］．北京：社会科学文献出版社，2016.
燕继荣．国家治理及其改革［M］．北京：北京大学出版社，2015.
阮云强．城市基层党建与社会治理创新［M］．上海：华东理工大学出版社，2018.
胡鞍钢等．中国国家治理现代化［M］．北京：中国人民大学出版社，2014.
杨雪冬．国家治理的逻辑［M］．北京：社会科学文献出版社，2017.
杨雪冬．地方治理的逻辑［M］．北京：社会科学文献出版社，2018.
陈家刚．基层治理［M］．北京：中央编译出版社，2015.
周红云．社会治理［M］．北京：中央编译出版社，2015.
冯仕政．社会治理新蓝图［M］．北京：中国人民大学出版社，2017.
张乾友．社会治理的话语重构［M］．北京：中国社会科学出版社，2017.

（二）期刊

肖智婷．大数据时代政府公共服务创新研究［J］．湘潮，2016，（2）

谭兴中．论提高西部地方政府公共服务能力［J］．西南民族大学学报·人文社科版，2004，（11）

张正岩．试论县级政府公共服务能力及其评价［J］．浙江万里学院学报，2011，（4）

张雷宝．改革开放以来我国公共基础设施服务均等化研究［J］．中国行政管理，2009，（6）

刘寅斌等．我国 31 个省级地方政府公共服务能力的比较研究［J］．统计与决策，2010，（20）

方茜．民族地区公共服务能力的比较研究［J］．生态经济，2010，（5）

张冰．民族地区基层政府公共服务能力均等化评价［J］．湖北社会科学，2009，（11）

郑洲．四川民族地区农村基本公共服务供给能力提升研究［J］．黑龙江民族丛刊（双月刊），2011，（5）

柳劲松．民族地区乡镇公共卫生服务能力非均等化研究［J］．贵州师范大学学报（社会科学版），2009，（5）

田华．试论民族自治地方政府基本公共服务提供能力建设［J］．理论界，2010，（12）

霍晓英．我国民族自治地方政府能力提升与公共服务创新［J］．中共山西省委党校学报，2007，（1）

丁辉侠．地方政府提供公共服务的能力与动力分析［J］．河南社会科学，2012，（9）

李晓园．县级政府公共服务能力与其影响因素关系研究［J］．公共管理学报，2010，（4）

郑恒峰．新型城镇化进程中地方政府公共服务能力建设研究［J］．中共福建省委党校学报，2013，（10）．

淳于淼泠．论公共服务供给能力的内涵与研究框架的构建［J］．西南政法大学学报，2015，（5）．

张序，劳承玉．公共服务能力建设：一个研究框架［J］．理论与改革，2013，（2）

雷玉琼，李岚．乡镇政府公共服务供给能力评估指标体系建构［J］．中国行政管理，2015，（11）

马昊，曾小溪．我国基本公共服务均等化的评价指标体系构建——基于东中西部代表省份的实证研究［J］．江汉论坛，2011，（11）．

张云开等．地方政府公共服务供给能力：影响因素与实现路径［J］．中国行政管理，2010，（1）

吴博，卢爱国．散居型农村社区公共服务设施建设的问题与对策——基于湘中 25 个行政村的实证研究［J］．2011，（03）．

娄峥嵘，徐元善．我国公共服务支出优化：理论模型与实证分析［J］．中国行政管理，2011，（07）．

陈振明，李德国．基本公共服务的均等化与有效供给——基于福建省的思考［J］．中国行政管理，2011，（01）．

林培锦等．大学教师科研压力对科研绩效的影响——工作满意度、情绪智力的中介和调节作用［J］．福建师范大学学报（哲学社会科学版）．2018，（6）

陈全功，程蹊．民族地区的基本公共服务均等化：涵义、现状水平的测量［J］．中南民族大学学报（人文社会科学版），2008，（05）．

谭彦红．民族地区基本公共服务均等化：现状评价与路径选择［J］．经济研究参考，2010，（41）．

何华兵．基本公共服务均等化满意度测评体系的建构与应用［J］．中国行政管理，2012，（11）．

王桢桢，郭正林．公共服务均等化的影响因素及标准化体系建构［J］．学术研究，2009，（6）

陈文权，张欣．十七大以来我国理论界关于"基本公共服务均等化"的讨论综述［J］．云南行政学院学报，2008，（5）

项继权．我国基本公共服务均等化的战略选择［J］．社会主义研究，2009，（01）．

竺乾威：试论经营公共服务：价值、战略与能力建设［J］．江苏行政学院学报，2015，（1）．

张莹．城乡公共服务均等化制度障碍与破解［J］．人民论坛，2014，（34）．

蒋雪梅．贵州省民族地区财政能力对社会性公共服务供给影响研究［J］．贵州民族研究，2015，（4）．

温晓丽．经济新常态视域下提高县级财政保障基本公共服务能力问题研究［J］．理论月刊，2015，（6）．

马得勇．测量治理：国外的研究及其对中国的启示［J］．公共管理学报，2008，（4）．

吴春梅．论农村公共服务决策中的个体能力建设［J］．理论探讨，2014，（1）

吕中军．民族地区政府公共服务能力评价［J］．中央民族大学学报（哲学社会科学版），2014，（3）．

邓佳斌．公共服务能力：公务员角色变革的关键内涵［J］．党政干部学刊，2014，（4）．

毛根胜．政府能力视域下县域基本公共服务均等化研究［J］．广西师范大学学报：哲学社会科学版，2014，（4）．

丁永玲．构建服务型政府应提高公务员公共服务能力［J］．中国党政干部论坛，2014，（8）．

王佃利．公共服务核心能力识别及其发展方式探析［J］．山东行政学院学报，2018，（2）．

余心丹．贵州省民族地区财政能力对基本公共服务供给的影响研究［J］．中国集体经济，2018，（35）．

沈荣华．提高政府公共服务能力的思路选择［J］．中国行政管理，2004，（1）．

陈天祥．政府绩效评估指标体系的构建方法［J］．武汉大学学报（哲学社会科学版），2008，（1）.

梁满艳．中部县级政府公共服务供给能力建设的维度［J］．湖北社会科学，2010，（3）.

尹继卫．中国政府公共服务能力建设思考［J］．中国行政管理，2004，（8）.

程灏．政府公共服务能力评价体系的构建及验证［J］．西华大学学报（哲学社会科学版），2017，（6）.

王旭等．政府能力建设与公共服务的治理变革［J］．学术月刊，2006，（4）.

许才明．民族乡政府治理能力现代化：意蕴与测评指标体系研究［J］．天水行政学院学报，2016，（6）.

黄其松．结构重塑与流程再造：大数据时代政府治理体系转型［J］．贵州社会科学，2018，（1）

高晶晶，张跃胜．大数据在政府购买公共服务中的作用探析［J］．管理学刊，2016，（2）

陈振明．政府治理变革的技术基础——大数据与智能化时代的政府改革评述［J］．行政论坛，2015，（6）

Anet V. Denhardt，Robert B. Denhardt. The New Public Service，Serving，not Steering［M］. Armonk，NY：M. E. Sharp，2003.

Barney，J. Firm resources and sustained compentitive advange［J］. Jounal of management，1991（17）：99-120.

Nelissen，N.. The Adminstrative Capacity of New Type of Governance［J］. Public organization Review，2002（2）：5-22.

Plidano，C. Measuring Public Sector Capacity［J］. World Development，2000（28）：805-822

Coggburn，J. D. and Schneider，S. K.. The Quality of Management and Government Performance：An Empirical Analysis of the American States［J］. Public Administration Review，2003（63）：206-215.

Barney，J. Firm resources and sustained competitive advange［J］. Journal of management，1991（17）：99-120

Fiszbein，A. The Emergence of Local Capacity：Lessens from Colombia［J］. World Development，1997（25）：1029-1043

Stiglitz. Economics of the Public Sector［M］. New York：W. W. Norton & Company，1988.